KB241322

麗末鮮初 性理學의 受容과 學脈

申 千 湜

景仁文化社

머리말

　고려후기는 성리학이 전래·보급·수용되었던 시기이다. 본서는 고려후기 안향에 의하여 전래된 성리학이 이후 고려사회에 정치사회의 사상적 이념으로 정착되어 가는 과정을 조감하면서 이 과정에서 나타나는 역사적 특수성을 살펴보기 위하여 집필하였다. 학계의 연구성과를 살펴보면 고려시대 성리학의 수용은 이미 무인집권 이전에도 있어 왔고, 또 무인집권기에도 이에 대한 연구가 일부 학자들에 의하여 나타나고 있었다는 견해도 찾아볼 수 있다.

　그러나 성리학이 정치사회의 이념적 사상으로 고려사회에 정착하기 시작한 것은 충렬왕 때 안향에 의하여 전래된 성리학에서 찾지 않을 수 없다. 충렬왕 15년(1289) 안향에 의하여 전래된 성리학은 무인집권기를 거치는 동안에 사상적 이념을 잃고 표류하고 있었던 당시 사상계에 새로운 이념적 좌표를 제시하였고, 이로써 성리학은 당시 거의 모든 학자들에게 새로운 사상적 이념으로 수용되어 갔다.

　안향에 의하여 전래된 성리학은 백이정·우탁·권보·이진·신천 등의 학자들에 의하여 더욱 정연되어 갔고, 이제현에 이르러서는 이의 보급에 더욱 박차를 가하게 된다.『고려사』나『고려사절요』에서는 이제현을 평하여 "성리의 학을 즐겨하지 않았다"고 혹평하고 있지만, 그는 당시 학계에서 儒宗으로 존숭을 받았고, 또 성리학의 이념을 몸소 실천한 성리학의 대가였다. 그는 수차에 걸쳐 교관과 고시관을 역임하면서 수많은 문도와 문생들을 배출하였고, 그의 문하에서 배출된 이들 문도와 문생들은 당대의 학문을 대

iv

표하는 학자로 성장하여 성리학의 보급에 크게 기여하게 된다.

공민왕 16년 이후 성리학 보급에 크게 기여한 사람은 이색이었
다. 그는 이제현의 문생으로써 이 시기의 모든 학자들로부터 儒宗
으로 존경을 받았고, 특히 공민왕 16년 겸대사성의 직에 있으면서
행한 교육중흥은 당시 학문적 사조를 성리학으로 재편하는데 크게
공헌하였다. 그와 함께 이 시기에 교육중흥의 일선에서 활약한 정
몽주도 성리학의 보급에 크게 기여하였다.

필자는 공민왕 16년을 기점으로 하여 고려사회의 성리학 수용단
계를 전기와 후기로 구분하여 보았다. 전기는 안향의 성리학 전래
이후 이제현이 생존하던 시기까지로 보았고, 후기는 이색이 겸대
사성으로 교육중흥을 주도한 때부터 이후 성리학이 정치사회의 이
념적 기조로 정착되고 있는 조선초기까지로 보았다.

필자가 이와 같이 시대를 구분한 것은 공민왕 16년까지는 성리
학이 전래하여 보급되는 단계로 보았고, 그 이후는 이색의 교육활
동으로 성리학이 정치사회의 이념적 기조로 수용·정착되었다고
보았기 때문이다. 특히 조선사회가 성리학의 이념을 기치로 건국
하였다는 것에도 주목하였다.

본서는 안향의 성리학 전래에서부터 조선초기까지를 대상으로
하여 크게 4편으로 구분하여 서술하였다.

제1편 안향의 성리학 수용과 학맥에서는 먼저 안향의 생애와 학
문 및 사상을 조감함으로써 안향에 의한 성리학 수용과정과 이후
고려사회에 끼친 그의 영향을 검토하였다. 다음에는 그의 학맥을
검토함으로써 성리학을 전래한 후 그의 문하에서 배출되고 있는
문인들의 성리학 수용과정을 살펴보았다.

제2편 이제현의 성리학 보급과 학맥에서는 안향의 성리학 전래 이후 이를 계승 발전시켜 당시 사회의 사상적 이념으로 승화시키고자 하였던 이제현의 학문적 성향과 그 학맥을 검토하였다. 그는 달관한 성리학자로서 안향과 백이정의 학문을 계승하여 고려사회에 성리학을 보급하는데 크게 공헌하였다. 그의 학문은 이후 이색에게 계승되어 고려후기의 학풍에 새로운 방향을 제시하게 된다.

제3편 고려말의 성리학 보급과 학맥에서는 이 시기를 대표하는 이색의 학맥과 정몽주의 학맥에 주목하였다. 이색은 이제현의 문생으로서 당시 사회에 모든 학자들로부터 유종으로 존경을 받았고, 또 오랫동안 성균관 교관과 과거의 고시관을 역임하여 수많은 문도와 문생들을 배출하였다. 여말선초에 활약한 정치가와 학자들 중에서 그의 문하에서 수학하지 않은 사람이 없었다.

정몽주는 우탁의 학문을 계승한 것으로 전해지는 김득배의 문생으로서 공민왕 16년의 교육개혁 때 이색과 함께 교육중흥의 일선에서 성리학의 보급에 크게 기여하였다. 그의 탁월한 학문적 능력은 이색으로부터 東方理學의 시조로 추대할 만하다는 칭송을 받을 정도였다. 그는 당시 사회에서 이색과 쌍벽을 이루면서 모든 학자들의 존경의 대상이 되었으며, 또 이색과는 평생의 지기로서 서로 존경과 신뢰로 생활하면서 정치적 견해도 같이 하였다.

제4편 조선초기 성리학 보급과 학맥에서는 조선초기 학맥의 근간인 관학의 학맥과 사림의 학맥이 형성되어 가는 배경과 그 전개과정을 연혁해 보고자 하였다. 본 편에서는 관학의 학맥형성을 성균관교육을 비롯한 국가기관의 교육과 이의 권장을 위한 국가정책으로 파악하여 조선초기의 교육개혁을 과거와 연동하여 살펴보았다

사림의 학맥은 여말선초의 정치적 격동기에 고려에 대한 충절을 지켜 정계에서 은퇴한 학자들이 산림에 은거하여 개창한 학맥이다. 이들의 학맥은 그들 제자들에 의하여 계승되어 갔고, 이후 조선사회가 道學理念으로 정착되어 가면서 빛을 발하게 된다. 당시 조선사회의 거의 모든 학자들은 사림학맥의 개창과 도학이념의 개창자로서 길재를 그 표본으로 삼고 있다. 본 편에서는 이러한 조선사회의 학문적 이해를 전제로 길재의 학문과 사상을 살펴보고, 아울러 그의 교육활동을 조감함으로써 그가 조선사회에서 도학의 실천자와 사림학맥의 개창자로 존숭받을 수 있었던 배경을 조감해 보고자 하였다.

본서를 집필하는 과정에서 많은 사람들의 도움을 받았다. 그 동안 대학원 박사과정 학생들은 자료수집과 정리에 헌신적인 노력을 해 주었다. 또 변은숙 박사·김성환 박사·이용빈 박사·김덕원 박사·장덕호 선생·배수나 선생은 본서의 원고정리와 교정 및 편집을 맡아 수고해 주었다. 본서의 출판에 즈음하여 이들 모두에게 고마운 마음을 보낸다. 그리고 어려운 여건에도 불구하고 본서의 출판을 맡아 준 경인문화사 한정희 사장님과 편집을 맡아 준 신학태 선생에게 감사드린다.

2004년 2월

冠岳山 銀河山房에서

著者　申 千 湜

<목 차>

▫ 머 리 말

제1편 안향의 성리학 수용과 학맥 ·························· 1

제1장 안향의 학문과 사상 ····························· 3
　Ⅰ. 생 애 ····························· 3
　Ⅱ. 성리학의 전래 ····················· 11
　Ⅲ. 교육활동 ·························· 24
　Ⅳ. 사 상 ···························· 33

제2장 안향의 학맥 ······························ 37
　Ⅰ. 학맥 형성의 배경 ··················· 37
　Ⅱ. 안향의 학맥 ······················ 42
　　1. 六君子 ························· 44
　　　1) 權 溥・45　　　2) 禹 倬・48　　　3) 白頤正・54
　　　4) 李兆年・57　　　5) 李 瑱・62　　　6) 辛 蕆・66
　　2. 國學中興과 교관 ··················· 67
　　　1) 李 晟・70　　　2) 秋 適・71　　　3) 尹莘傑・73
　　　4) 金承印・74
　　3. 동년 및 동문 ···················· 76
　　　1) 金 晅・76　　　2) 李尊庇・79　　　3) 李 混・81
　　　4) 金 賆・83　　　5) 朴全之・85
　　4. 문 생 ························· 87
　　　1) 尹宣佐・88　　　2) 尹安庇・90　　　3) 趙延壽・91
　　　4) 李彦冲・92　　　5) 金光軾・94　　　6) 洪 侑・94
　　5. 교유문인 ························ 95
　　　1) 薛公儉・95　　　2) 吳 詗・98　　　3) 閔 漬・101
　　　4) 鄭可臣・105　　　5) 吳 潛・109　　　6) 金 恂・112
　　　7) 蔡洪哲・113　　　8) 鄭 瑎・116　　　9) 趙 簡・119
　　　10) 白元恒・121　　　11) 金台鉉・123　　　12) 崔誠之・126
　　　13) 權漢功・129　　　14) 安文凱・133

제2편 이제현의 성리학 보급과 학맥 ·················· 135

제1장 이제현의 학문과 사상 ·················· 137
Ⅰ. 생 애 ·················· 137
Ⅱ. 학문적 배경 ·················· 148
Ⅲ. 학문과 사상 ·················· 162
  1. 유 학 ·················· 163
  2. 대원의식 ·················· 170
  3. 불교의식 ·················· 179
  4. 교육사상 ·················· 185

제2장 이제현의 학맥 ·················· 197
Ⅰ. 학맥 형성의 배경 ·················· 197
Ⅱ. 학맥의 형성 ·················· 202
Ⅲ. 학맥의 활동 ·················· 206
  1. 동 년 ·················· 207
    1) 朴元桂 · 208   2) 全 信210   3) 閔祥正 · 212
    4) 王 伯 · 213
  2. 문 생 ·················· 214
    1) 白文寶 · 215   2) 李 穀 · 217   3) 尹 澤 · 221
    4) 安 輔 · 226
  3. 교유문인 ·················· 228
    1) 安 軸 · 228   2) 朴忠佐 · 231   3) 崔 瀣 · 233
    4) 趙 廉 · 236   5) 崔文度 · 238   6) 金光載 · 240
    7) 閔思平 · 243   8) 李 嵒 · 246   9) 李公遂 · 248
    10) 李仁復 · 251   11) 李達衷 · 255   12) 洪彦博 · 257
    13) 成汝完 · 259   14) 柳 淑 · 261   15) 安 牧 · 266
    16) 金希祖 · 267

제3편 고려말의 성리학 보급과 학맥 ················ 271

제1장 이색의 학문과 학맥 ················ 273
Ⅰ. 이색의 학문 ················ 273
　1. 생　애 ················ 273
　2. 學　問 ················ 282
　　1) 儒　學 · 282　　　2) 佛　敎 · 289　　　3) 文　學 · 294
　　4) 歷　史 · 298
Ⅱ. 이색의 학맥 ················ 305
　1. 학맥 형성의 배경 ················ 305
　2. 이색 학맥의 형성 ················ 316
　　1) 교유문인 ················ 316
　　2) 同　年 ················ 321
　　　(1) 安宗源 · 325　　　(2) 李茂芳 · 327　　　(3) 鄭公權 · 329
　　　(4) 權仲和 · 332
　　3) 門　生 ················ 333
　　　(1) 孟希道 · 341　　　(2) 鄭　坤 · 342　　　(3) 姜　隱 · 343
　　　(4) 盧　嵩 · 344　　　(5) 柳伯濡 · 346　　　(6) 裵仲倫 · 347
　　　(7) 全伯英 · 348　　　(8) 廉廷秀 · 350　　　(9) 金若采 · 351
　　　(10) 曹　庶 · 352　　　(11) 趙　狷 · 354　　　(12) 金　濤 · 357
　　　(13) 趙　涓 · 358　　　(14) 朴　貫 · 360
　　4) 門　徒 ················ 361
　　　(1) 閔安仁 · 365　　　(2) 李　皐 · 366　　　(3) 孔　俯 · 368
　　　(4) 卓　愼 · 369　　　(5) 朴　訔 · 370　　　(6) 韓尙敬 · 374
　　　(7) 李文和 · 378　　　(8) 黃　喜 · 379
　3. 이색 학맥의 활동 ················ 383
　　1) 교관 활동자 ················ 384
　　　(1) 朴尙衷 · 388　　　(2) 金九容 · 391　　　(3) 朴宜中 · 394
　　　(4) 李崇仁 · 397　　　(5) 鄭道傳 · 400　　　(6) 崔　彪 · 403

x

　　(7) 成石璘・405　　　(8) 李　至・407　　　(9) 柳　亮・409
　　(10) 李　行・410　　(11) 尹紹宗・413　　(12) 宋文中・416
　　(13) 王　康・417　　(14) 姜淮伯・419
2) 고시관 역임자 ··· 421
　　(1) 田祿生・424　　　(2) 廉興邦・427　　　(3) 洪仲宣・429
　　(4) 韓　脩・430　　　(5) 安克仁・433　　　(6) 朴　形・435
　　(7) 尹　珍・437　　　(8) 禹玄寶・438　　　(9) 偰長壽・441
　　(10) 李元紘・442
3) 구국활동 문인 ··· 444
　　(1) 姜　蓍・446　　　(2) 安　瑗・449　　　(3) 全五倫・451
　　(4) 安魯生・453　　　(5) 金　瞻・455　　　(6) 成石瑢・459
　　(7) 鄭　熙・460　　　(8) 李　擴・461　　　(9) 李　作・461
　　(10) 權　弘・462　　(11) 崔　關・464　　(12) 李　堂・466
　　(13) 李　來・467

제2장 정몽주의 학문과 학맥 ·· 471

Ⅰ. 정몽주의 생애와 학문 ·· 471

1. 생　애 ·· 471

2. 학문적 배경 ··· 480

3. 교육사상 ·· 492

Ⅱ. 정몽주의 학맥 ·· 510

1. 학맥 형성의 배경 ·· 510

2. 정몽주 학맥의 성격 ··· 515

3. 정몽주 학맥의 활동 ··· 518

1) 은문과 사문 ··· 518
　　(1) 申　賢・519　　　(2) 金得培・523　　　(3) 韓方信・526
　　(4) 申君平・527
2) 동　년 ·· 530
　　(1) 林　樸・530　　　(2) 李仁敏・533　　　(3) 李存吾・534
　　(4) 朴惇之・536　　　(5) 李子庸・537　　　(6) 李立尊・538

(7) 徐鈞衡・539   (8) 郭 樞・540   (9) 柳 珣・543
(10) 柳 源・544   (11) 文益漸・544   (12) 李士渭・546
3) 문 생 ……………………………………………………………… 548
(1) 李 室・549   (2) 禹洪命・549   (3) 王 褘・550
(4) 崔 宣・551   (5) 李 膺・551   (6) 金自知・553
(7) 朴錫命・554   (8) 李伯持・556   (9) 李 原・557
(10) 鄭道復・560   (11) 韓尙德・561   (12) 盧龜山・563
(13) 李 敢・564   (14) 李芳衍・566   (15) 崔 湜・566
(16) 趙 休・567

제4편 조선초기 성리학의 보급과 학맥 ………………………………… 569

제1장 조선초기의 교육개혁과 학맥 …………………………………… 571
Ⅰ. 조선초기의 교육개혁 …………………………………………… 571
1. 과거개혁 ………………………………………………………… 576
2. 교육개혁 ………………………………………………………… 584
Ⅱ. 조선초기 학맥의 개창자와 그 학맥 ………………………… 589
1. 고시관 역임자 …………………………………………………… 589
1) 趙 浚・591   2) 金 湊・594   3) 閔 霽・597
4) 鄭 擢・599   5) 河 崙・600   6) 權 近・603
7) 趙 璞・606   8) 李 詹・609   9) 李 稷・611
10) 南 在・614   11) 卞季良・616   12) 孟思誠・619
13) 金汝知・620
2. 교관 역임자 ……………………………………………………… 624
1) 劉 敬・627   2) 柳 寬・629   3) 金若恒・630
4) 咸傅霖・631   5) 李伯由・633   6) 卞仲良・633
7) 朴 信・635   8) 趙 庸・636   9) 鄭以吾・639
10) 張德良・640   11) 柳伯淳・642   12) 崔 咸・644
13) 權 遇・646   14) 李孟畇・648   15) 尹曾宗・651

제2장 사림학맥의 개창 길재 ·· 653

  Ⅰ. 길재의 생애와 학문적 배경 ··· 654

    1. 성장수학기 ··· 655

    2. 관로활동기 ··· 659

    3. 의리실천기 ··· 663

  Ⅱ. 길재의 교육활동 ··· 668

    1. 학교교육 ··· 669

    2. 사회교화 ··· 673

  Ⅲ. 길재의 사상 ·· 676

    1. 이념적 사상 ··· 676

    2. 실천적 사상 ··· 680

    3. 길재의 사상사적 위치 ·· 682

  ▫ **찾아보기** ▫ 687

제1편

안향의 성리학 수용과 학맥

제1장 안향의 학문과 사상

제2장 안향의 학맥

본편 안향의 성리학 수용과 학맥에서는 먼저 안향의 생애와 학문 및 사상을 조감함으로써 안향에 의한 성리학 수용과정과 이후 고려사회에 미친 그의 영향을 검토하였다. 다음에는 그의 학맥을 검토함으로써 그가 성리학을 전래한 후 그의 문하에서 배출되고 있는 문인들의 성리학 수용과정을 살펴보았다. 그는 당시 모든 학자들에게 유종으로 존숭을 받았고, 그의 문하에는 수많은 학자들이 출입하면서 가르침을 받았다. 이러한 과정에서 성리학은 고려사회의 새로운 사상적 이념으로 정착되어 갈 수 있는 기반으로 조성되어 갔다.

안향의 학문과 사상

Ⅰ. 생 애

安珦(1243~1306)은 무인집권기인 고종 30년에 출생하여 충렬왕 32년까지 활동한 분으로서 당시 정치 사회에 이념적 좌표를 제시한 정치가이며 학자이다. 그는 무인집권기에 생장하였고, 원종 원년(1260)의 과거에 합격하여 처음으로 관로에 나갔다. 이후 그는 유교적 통치이념을 정치신조로 하여 정치개혁의 선봉에 섰고, 충렬왕 15년(1289)에는 元에서 성리학을 수용하고 귀국과 아울러 이를 우리나라에 전하였다. 이로써 그는 무인집권기를 거치는 동안 사상적 이념을 잃고 공동화되고 있었던 당시 사회에 성리학을 전수함으로써 우리 사상계에 새로운 좌표를 제시하게 된다. 이러한 안향의 노력으로 당시 고려사회는 새로운 사상적 좌표를 구하게 되고, 이후 성리학은 고려사회의 정치·사회·사상의 이념적 기조로 정착되어 갔다.

조선의 건국은 바로 성리학을 이념적 기조로 하여 성립되었음을 감안할 때 그가 전래한 성리학의 영향이 어떠했던가를 단적으로 알 수 있다. 그가 사상사적인 측면과 교육사적인 측면에서 또 하나 주요한 의의를 갖는 것은 충렬왕 27년(1301)을 전후하여 행하고 있는 교육 활동이다.

당시 고려사회는 무인집권기와 몽고의 침입, 삼별초의 난, 일본 정벌 등 다난한 정치적 소용돌이가 연속되면서 교육은 거의 황폐화되고 있었다.

이러한 당시 사회에서 그는 위정자들이 행해야 할 당면과제를 교육의 부흥에 있음을 설득하여 國學을 중건하고, 기금을 마련하는 등 교육의 중흥에 전력을 기울이게 된다. 이로써 교육은 중흥되고 이후 그의 이념을 계승한 학자들이 대량으로 배출되면서 고려 후기의 학풍에 새로운 전기가 마련되게 된다.

이러한 그의 공로는 사후 文廟에 배향되는 영광을 입게 되고, 조선시대에는 그를 배향하는 書院이 설립됨으로써 우리나라 서원의 효시를 이루게 된다.

안향은 충렬왕 대를 전후하여 활동한 대학자로 호는 晦軒, 본관은 順興이다. 무인집권기인 고종 30년(1243) 경상도 順興府 竹溪上坪里村에서 출생하여 충렬왕 32년(1306) 64세로 세상을 떠났다.

그는 처음에는 이름을 裕라 하였으나 후에 珦으로 개명하였다. 그러나 조선시대에 와서 문종의 諱가 珦임으로 御諱를 피해서 文廟位板을 비롯한 각종 의례에 처음 이름인 裕로 환원하여 배향토록 하니, 이로써 조선시대에는 裕라는 이름으로 불리게 된다. 증조부는 興威衛의 保勝別將을 지내고 神虎衛의 上護軍으로 추봉된 子美이며, 할아버지는 樞密院副使로 추봉된 永儒이고, 아버지는

密直副使를 지내고 太師門下侍中으로 추봉된 孚이다.

『晦軒先生實紀』와 『順興安氏族譜』에는 그의 증조부인 자미를 시조로 하고, 그 이상의 선대는 보이지 않는다. 그렇다면 자미 이전에는 그의 가계를 빛낸 사람이 없었다는 결론이 나온다. 또 자미가 역임한 최종 관직이 흥위위의 보승별장이라는 武官의 하위 관직임을 볼 때 그는 무인집권기인 명종 말년이나 신종 때에 武藝로 입신한 것이 분명하다.[1]

안향의 할아버지인 영유는 그 나마도 관직이 없었고, 아버지인 부는 『회헌선생실기』에 고종 7년(1220)에 출생하여 25세인 고종 31년(1244)의 甲辰文科에 급제하여 관로에 나가 密直副使·正義大夫·版圖判書를 최종관직으로 하여 致仕하였다고 기록하고 있다. 이것은 검토해 보아야 할 문제이다. 『高麗史』 列傳에는 그의 출신에 대해

> 安珦의 초명은 裕요, 興州人이다. 아버지는 孚로서 本州吏이며, 醫業으로 출신하여 官이 密直副使에 이르러 치사하였다.[2]

라고 하였고, 『海東名臣錄』에도

> 公의 처음 이름은 裕인데, 고쳐 珦으로 하였다. 우리나라에 들어와 諱를 피하여야 할 바 되어 옛 이름으로 환원하였다. 興州人이다. 아버지 孚는 本州의 吏로써 業醫으로 출신하여 官이 密直副使에 이르렀다.[3]

---

1) 『晦軒先生實紀』 권2, 「世系源流」를 보면 子美의 장자인 永儒는 神宗 4년(1201)에 출생하고 있다. 이때 子美의 나이를 20세 전후로 본다면 그의 출생은 1180년을 선후한 시기가 된다. 이때는 明宗 10년(1180)을 선후한 시기이며, 慶大升이 집권하던 때이다. 子美가 20세를 전후하여 무예도 입신하였다면 그 시기는 명종 말년이나 신종 때가 된다.
2) 『高麗史』 권105, 列傳18 安珦.

라고 하고 있다. 이로 볼 때 부가 문과에 급제하였다는 것은 믿을 수 없고,[4] 그의 출신은 본래 州吏로서 의업에 의하여 관로에 진출하였던 것으로 보아야 할 것 같다.

이러한 그의 가계를 볼 때 그의 가문은 안향에 의하여 처음으로 빛을 보게 되는 신흥 가문임을 알 수 있다.

안향은 18세인 元宗 원년(1260)에 知貢擧인 參知政事 李藏用과 同知貢擧인 同知樞密院事 柳璥의 문하에서 급제하여 관로에 나갔다. 이장용과 유경은 經學에 밝은 당대의 석학으로서 모두 大司成을 역임하였고, 또 곧은 성격으로서 왕권의 확립에 크게 기여하였던 자들이다. 따라서 이들은 과거에서도 技藝보다는 大體를 중시하여 이를 기준으로 인재를 선발하였다. 이것은 다음의 자료에서 확인된다.

> 李藏用은 風儀가 아름답고 성품이 총명하고 恭儉沈重하였으며, 經史를 비롯하여 陰陽 · 醫業 · 律曆도 널리 보아 통하지 않은 바가 없었다.[5]

柳璥은 國子監試를 한번 주관하였고, 禮闈(文科)를 세번 주관하였다. 문장을 논할 때는 大體를 먼저 보고, 工拙은 뒤로 하였다. 이로써 그가 선발한 자는 모두 이름 있는 학자가 되었으니, 李尊庇 · 安珦 · 安戩 · 李混 등은 모두 그의 門生이었다.[6]

> 文正公 柳璥은 네 차례나 文衡를 맡았다. 사람을 뽑을 때는 먼저

---

3) 『海東名臣錄』 安裕.
4) 그가 문과에 합격하여 관로에 나갔다면 열전 등의 기록에 이를 표기하였을 것이다. 『晦軒先生實紀』에서 문과출신으로 표기한 것은 가문의 화요를 위하여 후손들이 의도적으로 서술한 것이 아닌가 생각된다.
5) 『高麗史』 권102, 列傳15 李藏用.
6) 『高麗史』 권105, 列傳18 柳璥.

器局과 識見이 있는 사람을 취하였고, 그 뒤에 글의 잘되고 못됨을 살폈다. 그래서 그가 선발한 사람은 모두 이름이 알려졌고, 또 宰相의 자리에 오른 자가 잇달아 많았다.[7]

당시 고려사회의 인재선발은 가문과 인맥에 크게 좌우되고 있었다. 안향이 한미한·가문의 출신으로 과거에 등재할 수 있었던 것은 물론 그의 학문적 능력이 주가 되었겠지만 당시 과거를 주관한 이들의 식견과 선발기준이 크게 작용되었을 것으로 보인다.

안향은 어릴 때부터 행동이 장중하여 함부로 말하거나 웃지 않았으며,[8] 또 학문을 좋아하였다.

과거에 합격하기 전까지는 순흥부 북쪽에 있는 宿水寺에 왕래하면서 학문을 연마하였다. 그기 태어난 곳의 근처에 작은 연못이 있었는데, 그가 이곳에서 항상 벼루를 씻었다 하여 사람들은 이곳을 洗硯池라 이름하였다.[9]

아들 于器가 태어난 원종 6년(1265)에는 그가 출생한 순흥부를 떠나 서울로 本第를 옮겼다. 그는 과거에 합격하자 校書郎을 배수하였고, 곧 直翰林으로 옮겨 文翰을 담당하게 된다.

원종 11년(1270) 三別抄의 亂이 일어나자 난의 주동자들이 안향을 회유하고 그들에게 협조할 것을 강요하였다. 그러나 그는 이것을 완강히 거부하고 도리어 義로써 그들을 설득하였고, 얼마 후 탈출하여 왕에게 귀환하였다. 당시 그의 座主인 유경도 그들에게 협조할 것을 강요낭하었으나 탈출하고 있나.[10]

원종 12년(1271)에는 西道에 奉使하였으나 곧 內侍院으로 소환되었고, 다음 해에는 監察御史에 승보하였다. 충렬왕 원년(1275)에

---

7) 李齊賢, 『櫟翁稗說』 前集 2.

8) 安珦, 『安子年譜』 10歲條.

9) 『晦軒先生實紀』 권3, 附錄 年譜.

10) 『高麗史』 권105, 列傳18 柳璥.

는 尙州判官으로 출보하였다가 3년 후에는 그 동안의 치적이 청렴
하였다는 포상을 받아 版圖司左郎을 배수하였고, 이어 監察侍御
史로 옮겼다가 곧 國子司業으로 승진하였다.11) 이후 그는 右司議
를 거쳐 충렬왕 14년(1288)에는 左副承旨를 배수하였고, 같은 해 9
월에는 同知貢擧가 되어 尹宣佐 등 33명을 선발하였다. 이 해를
전후하여 그는 元으로부터 征東行省員外郎을 배수하였고, 얼마 후
에 本國儒學提擧를 임용 받았다. 충렬왕 15년(1289) 11월에는 왕이
공주와 세자를 대동하고 원으로 갔는데, 이때 그도 왕을 배행하였
다.12)

　　이것이 그가 燕京에 간 첫 번째 使行인데, 그는 이곳에 머무는
동안 원의 학자들과 교유하면서 비로소 성리학을 접하게 된다. 그
가 성리학을 수용하게 된 것은 바로 이 시기가 된다. 충렬왕 16년
(1290) 3월에 충렬왕의 귀국과 더불어 귀환하여 곧 副密直司使를
배수하였다. 그는 그 동안의 관로 생활을 통하여 왕의 신임을 받았
고, 특히 왕의 元行을 호종하는 과정에서 두터운 신뢰를 얻게 된

---

11) 안향이 국자사업을 담당한 정확한 시기는 『高麗史』에서 누락하고 있
　　어 알 수가 없다. 그러나 『安子年譜』別本 충렬왕 4년 36세조에는 이
　　때 그가 국자사업을 담당한 것으로 기록하고 있다. 『高麗史』 열전의
　　기록에는 그가 충렬왕 원년에 尙州判官이 되고, 3년 후에 殿中侍史가
　　되었다가 곧 禿魯花를 배수하고 국자사업이 된 것으로 기록하고 있다.
　　이로 보면 『安子年譜』의 기록은 믿어도 좋을 것 같다. 그러나 『高麗
　　史』 百官志를 보면 충렬왕 원년에는 교육개혁이 있어 국자감을 국학이
　　라 개칭하였고, 또 직제 중에서 祭酒는 典酒로 개칭하였고, 司業은 司
　　藝로 개칭하였다. 이 개혁은 충렬왕 24년에 다시 국학을 성균관으로 개
　　칭하고, 典酒를 祭酒로, 司藝는 司業으로 환원하고 있다(『高麗史』 권
　　76, 志30 百官 成均監). 이로 볼 때 충렬왕 4년에 그가 배수한 직이 국
　　자사업이라 한 것은 國子司藝의 잘못 표현일 것이다. 그러나 필자는
　　열전의 기록을 따랐다.
12) 『安子年譜』에는 이를 충렬왕 15년 윤 10월로 기록하고 있으나 『晦軒
　　先生實紀』나 『高麗史』의 기록에는 11월로 기록하고 있다.

다. 이것은 이후 나라의 중대사가 있을 때는 항상 그에게서 자문을 구하였고, 또 왕이나 왕비가 질병에 걸렸을 때는 그의 집으로 몸을 옮겨 避方하고 있는 것에서도 알 수 있다.[13]

　충렬왕 20년(1294) 4월에는 同知密直司事로서 東南道兵馬使가 되어 合浦에 출진하였고, 이 해 7월에는 知貢擧가 되어 尹安庇 등 33명을 선발하였으며, 이 해 12월에는 知密直司事로 승보하였다. 다음 해 정월에는 密直司使가 되고, 충렬왕 22년(1296) 2월에는 三司左使가 되었으며, 다음 해 12월에는 僉議叅理와 世子貳保를 배수하였다.

　『회헌선생실기』를 보면 이 해에 그는 居齋 후편에 精舍를 신축하고 孔子와 朱子의 眞像을 봉안하여 경모하였고, 호를 晦軒이라 하였다고 기록하고 있다.[14] 충렬왕 24년(1298)에 충선왕이 즉위하여, 叅知機務·行東京留守·集賢殿大學士·鷄林府尹을 배수하였고, 같은 해 7월에는 다시 僉議叅理가 되었다. 다음 달에 충렬왕이 복위하였고 충선왕은 원에 행차하게 되는데, 이때 그는 충선왕을 호종하여 다시 원에 가게 된다. 충렬왕 26년(1300) 8월에 匡靖大夫·贊成事를 배수하였으나 당시 반대파들의 모함으로 壁上三韓三重大匡·都僉議中贊의 직을 받고 현직에서 물러나게 된다. 그러나 얼마 후 찬성사로 복귀하였다. 이때부터 충렬왕 30년(1304)에 判密直司事·都僉議中贊의 직을 사임하여 은퇴할 때까지 그는 당면 국가의 급무를 교육의 중흥에 두어 이에 진력하였다.

　이때 그는 자신의 私邸를 학교 부지로 헌납하였고, 왕에게 건의

---

13) 충렬왕 18년 11월에는 왕이 질병에 걸리자 安珦의 집으로 몸을 옮겨 避方하였고, 충렬왕 19년 3월에는 왕비인 원의 공주가 질병에 걸리자 역시 그의 집으로 피방하고 있다(『高麗史』 권30, 世家30 忠烈王 18년 11월조와 19년 3월소).

14) 『晦軒先生實紀』 권3, 忠烈王 23년 55歲條.

하여 大成殿을 준공하도록 하였다. 또 당대의 석학들을 추천하여 經史敎授都監使로 임용하도록 하기도 하였고, 학교의 장학기금으로 贍學錢을 설치하는 등 교육 중흥에 크게 공헌하게 된다. 그가 이후 문묘에 배향되고 한국사상사와 교육사에서 큰 맥을 이룰 수 있었던 것은 바로 이 시기에 행한 그의 교육활동이라고 보지 않을 수 없다.

충렬왕 30년(1304) 관에서 물러난 뒤에도 그는 계속 교육에 깊은 관심을 가졌다. 2년 후인 충렬왕 32년(1306) 9월에 죽으니, 그의 나이 64세였다. 중렬왕은 그의 부음을 듣고 長湍에 있는 大德山을 葬地로 하사하고, 文成이라는 시호를 내렸다. 장례를 행할 때 七管十二徒의 諸生들이 모두 소복을 입고 길에서 제사를 올렸으니, 당시 그가 행한 교육활동이 어떠했던가를 보여준다. 충숙왕 5년(1318) 2월에 그의 영정을 문묘에 모셨고, 다음 해 6월에는 그의 문생인 辛蔵 등의 건의를 수용하여 문묘에 배향하였다.

이상에서 살펴 본 바와 같이 안향은 무인집권기에서 충렬왕 때까지 활약하면서 고려사회의 새로운 정치질서와 사상적 이념의 정립을 위하여 노력하였다. 그가 생존한 시기는 배몽 항쟁의 시기에서부터 원에 복속되는 과도기적 정치상이 전개되던 시기였다. 그는 무인계통의 혈통을 이어 받아 성격이 담대하였고, 또한 원에 대한 배타적 의식이 팽배하고 있었다.

그의 생애를 조감하면 과거에 합격하여 관로에 진출하는 원종 원년을 전후로 생장수학기와 관로활동기로 구분할 수 있을 것이다. 또 관로활동기는 충렬왕 15년에 그가 왕을 호종하여 원에 가서 성리학을 수용한 시기를 기점으로 하여 전기·후기로 구분할 수 있을 것이다. 전기는 고려적 학문에 기반을 둔 전통적 관로기로서 그의 가문적 배경과 생장적 배경이 기조가 되면서 전통적 통치이념을 지향했던 시기이기도 하다. 후기는 성리학의 수용으로 華夷思想에 입각한 綱目的 유교이념을 기조로 하여 春秋大義로써 당시 고려사회의 국가이념 및 생존이념을 추구하였던 시기로 볼 수 있다. 따라서 그는 이 시기에 학교교육에 전념하여 이러한 이념을 실천할 수 있는 인재의 배출에 전력을 기울이게 된다.

Ⅱ. 성리학의 전래

한국사상사와 교육사에서 안향의 업적으로 가장 높이 평가되는 것은 그에 의한 성리학 전래이다. 충렬왕 15년에 왕을 호종하여 燕京에 가서 원의 학자들과 교유하는 과정에서 성리학을 접하게 된다. 그는 性理의 書를 보고 이를 베끼고 공자와 주자의 眞像을 模寫하여 다음 해 3월 귀국할 때 가져왔는데, 이것이 우리나라에 성리학이 전래된 시초이다.[15] 당시 상황에 대하여 『회헌선생실기』는

15) 우리나라에 성리학이 전래된 것은 이미 고려전기에도 찾아 볼 수 있다. 즉 『宋元學案』 권25, 「龜山學案」의 행장 중에 고려 인종이 당시 宋의 성리학자였던 龜山先生(楊時)의 문안을 묻고 있는 내용이 보인다. 그렇다면 당시 고려에서는 성리학을 알고 있었다는 결론이 나온다. 또 안향이 성리학을 전래하기 이전에도 고려사회는 성리학에 대해서 알고 있었다. 이것은 李齊賢이 『櫟翁稗說』前集2에서 「神孝寺堂頭 正文」을 논한 내용에서 보인다. 고려전기에 이미 성리학이 전래되었다는 것은 당시 고려와 송의 관계에서 볼 때 충분히 가능한 일일 수 있다. 그러나 이것은 당시 고려의 정치사회에서 수용되지 못하였고, 또 얼마 후에 등장한 무인집정으로 그 나마도 맥락이 끊어졌다고 볼 수 있다. 正文의

> 燕京에 머물면서 朱子의 書를 베끼고 孔子와 朱子의 眞像을 模寫
> 하였다. 때에 주자의 서는 당시 우리나라에 행해지지 않고 있었는데,
> 선생께서 처음으로 이를 보고는 孔門의 正脈임을 알고 크게 기뻐하여
> 그 책을 手錄하고 공자와 주자의 진상을 모사하여 귀국하였다. 이때
> 부터 우리나라에 주자의 서가 講究 되었다.[16]

라고 하여 안향이 성리학을 전래하게 되는 과정을 비교적 상세하
게 기록하고 있다. 또『안자연보』別本에서도 위의 내용과 거의 비
슷하게 서술하고 있다.[17] 그러나『고려사』열전에 나오는 내용을
보면 위의 사실을 누락시키고 단지

> 만년에는 항상 晦庵先生(朱子)의 眞을 걸어두고 경모하였고, 마침
> 내 호를 晦軒이라 하였다. 儒琴一張을 두고 매양 선비로서 가히 배울
> 만한 자를 만나면 이를 권하였다.[18]

라고 하여 간략하게 처리하고 있다. 그리고『고려사』열전 白頤正
조에서는

> 이때에 程朱의 學이 중국에 행하고 있었는데, 아직 우리나라에는
> 미치지 아니하였다. 頤正이 元에 있으면서 이것을 배워 우리나라에
> 돌아오니, 李齊賢・朴忠佐가 제일 먼저 이를 배웠다.[19]

성리학 수용은 고려전기에 수용된 것이 전수되었는지, 또 이때를 전후
하여 송 또는 원에서 전수되었는지는 확실하지 않지만 민간적 차원에
서 전수될 수도 있었을 것이다. 그러나 성리학을 전래하여 이를 정치사
회의 이념으로 수용 전파한 사람은 어디까지나 안향으로 보아야 할 것
이다.
16)『晦軒先生實紀』권3, 附錄 年譜 忠烈王 16년.
17)『安子年譜』別本 권1.
18)『高麗史』권105, 列傳18 安珦.
19)『高麗史』권106, 列傳19 白頤正.

라고 하여 白頤正을 성리학의 최초 전래자로 기록하고 있다.

이제현도 『櫟翁稗說』에서 안향의 교육활동을 크게 부각시키고 있지만 그의 성리학 전래에 대한 사실은 누락시키고 있다. 그는 위의 책에서 안향 다음의 기사로 백이정을 서술하면서

> 安珦의 뒤에 彝齋 白頤正이 충선왕을 따라가 燕京에서 10년이나 머물면서 程子와 朱子의 성리학에 관한 책을 많이 얻어 가지고 돌아왔고, 나의 장인인 정승 菊齋 權公(權溥)이 『四書集註』를 얻어 이를 판각하여 널리 보급하니, 학자들은 비로소 道學이 있음을 알게 되었다.[20)

라고 하여 성리학의 전래에 대한 백이성의 업적을 높이 평가하고 있다.

白頤正(1247~1323)은 충렬왕 10년(1284)에 權㫜의 문하에서 등제하여 충렬왕 24년(1298)에 안향과 더불어 충렬왕을 호종하여 원에 들어갔다. 그는 이곳에서 10여년 동안 머물면서 성리학을 체득하고 귀국하였다.[21)

---

20) 『櫟翁稗說』 前集 2.
21) 『淡庵逸集』 卷2, 「文憲公彝齋先生行狀」.
   백이정의 생존연대에 대하여 金忠烈은 『高麗儒學史』에서 1260~1340으로 기록하고 있는데, 무엇을 근거로 한 것인지 알 수 없다. 위의 행장에서는 "淳佑 7년(1247) 9월 日生 … 癸亥 十二月(1323) 卒. 享年七十七"이라고 기록하고 있다. 본고는 위 행장의 기록을 따랐다. 또 김충렬은 『東國通鑑』 충렬왕 원년 춘 정월조에 "백이정을 僉議評理에 임용하였나. 때에 성주학이 중국에 성행하고 동방에는 미치지 못하더니, 백이정이 원에 있으면서 이를 배워가지고 돌아오다"라는 기사를 인용하면서, 이 해에 백이정이 원에서 돌아온 것으로 보아 그가 원에 입국한 시기를 충숙왕 원년에서 10년 진인 충렬왕 31년(1305)으로 보고 있디(1984, 『高麗儒學史』, 고려대 출판부, 16쪽). 그러나 위의 행장에 "戊戌(충렬왕 24년, 1298) 元遣使 刪㞃了爲王 卽忠宣王也 八月徵王入朝 王如元 公以宿衛從之 留都下十年 多取程朱全書而歸 …"라고 기술되어

그의 귀국 연대는 기록이 없어 확실히는 알 수 없지만 거의 모든 기록에서 그가 원에 들어가 10년 동안 머물면서 성리학을 체득하고 귀국하였다는 것으로 보아 충렬왕 34년에 다시 왕위에 즉위하기 위하여 충선왕이 귀국하는데, 이때 왕을 호종하고 귀국하였을 것으로 보인다.22)

백이정은 안향의 4년 후배이다. 그러나 안향은 원종 원년(1260)의 과거에 합격하여 관로에 나갔고, 그는 충렬왕 10년(1284)의 과거에 합격하여 관로에 나아가고 있다. 그렇다면 관로에 있어서는 안향이 무려 24년이나 선배가 된다. 그가 과거에 합격하던 충렬왕 10년에 안향은 이미 國子司業을 거쳐 중견 정치인으로 발돋움하던 때이며, 충렬왕 15년에는 연경에 가서 성리학을 접하여 다음 해에 이를 우리나라에 처음으로 전하고 있다.

그렇다면 그는 그 동안 안향으로부터 많은 학문적 영향을 받았을 것으로 생각할 수 있다. 특히 『고려사』 열전 안향 조에 "儒琴一張을 두고 매양 선비로서 배울만한 자가 있으며 이를 권하였다"라고 하였고, 또 "賓客을 좋아하여 항상 남에게 베풀기를 좋아하였다"는 내용은 이를 말해 준다. 위에서 '儒琴一張'의 내용이 무엇인지는 확실하지 않지만 아마도 그가 연경에 있을 때 베낀 성리학의 내용이었을 것으로 생각된다. 백이정이 안향의 문인이었다는 사실은 『안자연보』에서 보이는데, 여기서는 『梅雲實記』를 인용하여

있는 것을 보면 충렬왕 24년에 충선왕이 원에 갈 때 호종하였음이 확인된다. 이때는 안향도 수행하고 있다. 『東國通鑑』의 기사는 백이정이 원에서 귀국한 연대로 보기는 어렵다. 위의 기사는 백이정이 僉議評理에 임용된 기사이며, 나머지는 그의 과거 행적을 서술한 것일 것이다.
22) 충렬왕 34년은 그가 원에 들어간지 10년이며, 이 해에 원에 있던 충선왕이 귀국하여 다시 왕위에 오르게 된다.

六君子로 불리워지던 안향의 문인 權溥(菊齋)·禹倬(易東)·李瑱(東菴)·李兆年(梅雲堂)·白頤正(彝齋)·辛蔵(德齋) 등과 더불어 義理를 강론하고 正學을 창도하는데 힘썼다.[23]

라고 하고 있고, 또 白文寶는 「文憲公彝齋先生行狀」에서

> 선생의 諱은 頤正이요, 字는 若軒이며, 號는 彝齋이다. … 淳祐 7년(1247) 9월에 출생하였다. 공은 품성이 純厚하고 公輔의 器가 있었다. 어려서부터 권문정 權文正 溥·禹文僖 倬과 더불어 晦軒 安先生의 문하에 출입하면서 학문을 탁마하였으며, 성리의 학문을 자임하였다.[24]

라고 하고 있다. 그렇다면 백이정은 안향의 문인이있음이 확실하다. 그는 안향에게서 성리학을 전수 받았고, 충렬왕 24년에는 원에 가서 10년 동안 머무는 사이에 성리학에 대한 심층적인 연구를 하였으며, 귀국할 때에 성리학에 대한 많은 서적을 갖고 와서 성리학을 보급하는데 큰 공을 세웠다고 보아야 할 것이다.

이제현이 백이정과 권보를 크게 부각시키고 있는 것은 백이정이 그의 스승이고, 권보는 그의 장인이라는 인맥을 고려해 볼 필요가 있다. 그러나 이제현도 『역옹패설』의 내용에서 백이정이 성리학에 대한 서적을 전하였다고 하였을 뿐 처음으로 성리학을 전래하였다고는 하지 않고 있다.

안향은 무인이 집권하고 있던 대몽항쟁기에 생장하였고, 그의 관로 생활도 무인집권기인 원종 원년부터 시작되고 있다. 이러한

---

23) 『安子年譜』 卷2.
　　白頤正이 安珦의 문인이라는데 반대이 의견도 있지만(尹溶均, 1933, 『尹文學士遺稿』, 조선인쇄주식회사, 30쪽). 백이정은 당대의 학문적 배경에서 볼 때 안향의 영향을 받지 않을 수 없었을 것이다.
24) 『淡庵逸集』 권2, 「文憲公彝齋先生行狀」.

안향의 생장적 배경은 그로 하여금 원에 대한 배타적 의식을 갖게 되었고, 이것은 이후 그의 환토생활이나 대원의식에 있어서 일관된 이념적 기조가 되고 있다. 또 그의 증조부 子美는 무인출신으로서 興威衛의 保勝別將이었다. 따라서 그는 무인적 기질도 아울러 갖고 있어 행동이 장중하였고, 정사에 임해서는 소신을 갖고 과감하게 처리하였다. 특히 그의 학문적 소양은 春秋大義에 입각한 王道政治의 실현을 정치이념으로 하게 하였다.

이러한 그의 이념과 행동은 원종 11년 삼별초의 난이 일어났을 때 그들의 회유를 받았지만 이들을 義로써 설득하고 탈출하고 있는 것에서 보이고 있다. 또 원종 12년에는 西都에 奉使하여 공정무사하게 일을 처리하여 조정으로부터 청렴하다는 칭찬을 받았고, 이어 內侍院으로 소환되어서는 규율을 잡고 관기를 확립하였다.

충렬왕 원년(1275)에는 尙州判官으로 출보하였는데, 3년 동안의 치정에서 정사가 청렴하여 조정으로부터 포상을 받게 된다. 그가 상주판관으로 재임 중에 巫女들의 농간을 퇴치한 것은 당시 정치의 규감이 되기도 한다.『고려사』열전에는 이 사실을 다음과 같이 전하고 있다.

    (안향이) 尙州判官이 되니, 때에 巫女 3인이 요사한 신을 받들고 뭇사람들을 유혹하여 陜州로부터 시작하여 각 군현을 돌아다니면서 이르는 곳마다 사람의 소리를 지어 공중에서 불러 은은하게 꾸짖는 것 같이 하니, 듣는 사람들이 달려가 앞을 다투어 제사를 차려 감히 지체하지 못하였고, 각 군의 수령이라 할지라도 또한 그러하였다. 그 巫女가 尙州에 이르자 珦은 이들을 잡아 곤장을 쳐서 칼을 씌우니, 무녀가 神의 말을 칭탁하면서 화복으로 겁을 주었다. 이에 상주인들이 모두 두려워하였으나 珦은 조금도 두려워하지 않았다. 며칠 후에 그 무녀가 애걸함으로 풀어주었더니, 그 뒤에는 요사스러움이 마침내 없어졌다.[25]

이러한 그의 강직한 성격은 충렬왕 14년(1288) 9월 同知貢擧가 되어 인재를 선발할 때도 보인다. 당시 그는 左承旨로서 中贊 許珙과 더불어 과거를 주관하여 尹宣佐 등 33명을 선발하였는데, 이때 재상으로 있던 趙仁規의 아들 瑞가 同進士로 급제하였다. 당시 과거에서는 乙科 3명, 丙科 7명, 同進士 23명인데, 당시 사회에서는 동진사는 '宦不達'한다 하여 모두 이를 싫어하여 同頭라 하였다. 이에 왕은 瑞를 위하여 그의 등급을 올리려 하였으나 안향은 끝까지 이를 반대하였다.[26]

이러한 그의 행동은 바로 왕도정치의 실현과 유교적 통치이념을 구현하겠다는 의지의 표출이기도 하다. 그가 만년에 교육에 전념하였던 것도 이러한 그의 이념이 전제가 되었기 때문이다.

안향은 원의 지배 하에 있는 당시의 정치상을 개탄하였다. 그의 국가관은 외세의 간섭을 받지 않는 자주적 국가관이었다. 이러한 그의 국가관은 충렬왕 15년 왕을 호종하여 원에 갈 때 萬里長城을 지나면서 지은 詩에서 보인다.

粉堞縱橫萬里平　흰 성벽은 종횡으로 만리를 뻗었으니
居民賴此得安生　백성들은 이를 믿고 편안한 생을 누렸구나.
當時若數秦皇罪　당시 秦始皇의 죄를 따진다면
只在焚坑不在城　焚書坑儒가 죄일 뿐, 城 쌓은 일은 아니로다.[27]

위에서 안향의 정치관을 읽을 수 있다. 진시황의 죄를 묻는다면 분서갱유에 있는 것이지, 만리장성을 쌓은데 있는 것이 아니라는 생각은 바로 그의 정치이념이기도 하다. 그는 위의 시에서 진시황이 만리장성을 쌓아 백성들을 외세의 침입으로부터 보호하고자 하

---

25) 『高麗史』 권105, 列傳18 安珦.
26) 『高麗史』 권30, 世家30 忠烈王 14년 9월 癸卯.
27) 『晦軒先生實紀』 卷2, 「題萬里長城」.

였던 것을 칭찬하고 있다. 이것은 고려사회가 국방력의 약화로 원에 복속되고 있었던 당시 정치상을 개탄한 것이기도 하다. 또 그는 진시황의 죄를 분서갱유에 있다고 하여 진시황이 유교적 정치이념을 구현하지 못한 것을 비난하고 있다. 이 시에서 안향이 지향하는 정치관이 무엇이었는가를 이해할 수 있다.

안향은 원의 조정에 출입하면서 조금도 비굴하지 않고 당당하게 임하고 있다. 충렬왕 24년 5월에 왕이 보위를 충선왕에게 傳位하였으나 이 해 8월에는 충렬왕이 다시 복위하고 충선왕은 원으로 들어가게 되는데, 이때 안향이 수행하게 된다. 연경에서 왕을 대신하여 元帝의 질문에 응하게 되는데, 이때 원제에 대한 안향의 태도는 참으로 의젓하다. 『고려사』 열전에서는 다음과 같이 기록하고 있다.

> 어느 날 帝(元 世祖)가 왕(忠宣王)을 급히 부르니 왕이 두려워하였는데, 丞相이 나와서 말하기를 "首席大臣인 자가 입대하라"고 하였다. 안향이 들어가니, 승상이 傳旨하기를 "너의 왕은 어찌하여 공주에게 가까이 하지 않느냐"라고 하였다. 珦이 이르기를 "內殿의 일은 外臣이 알 바가 아닙니다. 지금 이것을 물으신다면 어찌 물음에 답할 수 있겠습니까?"라고 하였다. 승상이 이 말을 帝에게 그대로 말하니, 帝가 말하기를 "이 사람은 가히 大體를 아는 자라 할 수 있다. 어찌 遠人이라고 해서 경멸히 대할 것인가"라고 하고는 다시는 이 일을 묻지 않았다.[28]

성리학에 보이는 역사관은 華夷思想에 입각한 正統論이 기조가 되고 있다. 특히 朱子의 정통론은 理學을 철학적 배경으로 하여 大義名分에 입각한 正名思想으로 구성되고 있다. 주자에 있어서 理란 천지만물의 근본이며, 동시에 자연과 人事를 지배하는 근본이었다. 그러므로 理는 중국과 이민족 관계도 지배하게 되며, 동시에

---

28)『高麗史』卷105, 列傳18 安珦.

天子와 臣民의 관계도 지배하게 된다.[29]

당시 송대에서 正統이란 천하의 不正을 바르게 하고, 천하의 不一을 하나로 한다는 의식에서 출발하였다. 주자는 이것을 華夷的 개념에서 파악하여 漢民族이 천하를 통일한 것은 정통이고, 分立이 통일되었다고 하더라도 그 주체가 이민족이면 正이 아닌 閏統으로 보았다.

안향은 앞에서도 살펴보았지만 무인적 혈통을 갖고 있었고, 또 그는 생장수학기를 바로 몽고와의 적대 관계에 있었던 시대상에서 보냈다. 그리고 그가 과거에 합격하던 원종 원년도 몽고와의 대립 관계에 있었다. 따라서 그는 원에 대하여 배타적 의식을 갖지 않을 수 없었을 것이고, 또 그의 학문적 배경이 經學이라는 점을 감안할 때 춘추대의의 유교적 정치관을 갖지 않을 수 없었을 것이다. 그의 이러한 의식은 충렬왕 15년 왕을 호종하여 원에 갔을 때 지은 「萬里長城」이란 시에서도 보이고, 또 元帝의 질문에 대한 그의 대답에서도 나타나고 있다. 이러한 그의 의식은 원에 체류하는 동안 성리학을 접하게 되자 이에 심취하여 경복하지 않을 수 없었을 것이다. 이에 그는 주자의 書를 베끼고, 또 공자와 주자의 진상을 그려서 귀국할 때에 가저오니, 이것이 우리나라에 성리학이 전래된 시초가 된다. 그가 이때 성리학을 수용하였다는 것은 이후 그의 활동에서 엿볼 수 있다.

안향은 충렬왕 16년에 귀국하자 얼마 후 그의 居齋 후편에 정사를 신축하고 공자와 주자의 진상을 봉안하고 아침저녁으로 참배하여 경모의 뜻을 표하고, 自號를 회헌이라 하였다. 이때의 사실에 대하여 『고려사』에서는 단지

---

29) 閔斗基, 1985, 「朱子의 歷史論」 『中國의 歷史認識』 下, 창작과비평사.

> 항상 晦庵先生의 眞像을 걸어놓고 경모의 뜻을 표하였고, 호를 晦軒이라 하였다.[30]

라고 하여 간략하게 서술하고 있다. 그러나 『晦軒先生實紀』에서는

> 先生이 일찍이 말씀하시기를 晦庵의 공은 공자에 配하기에 족하다. 공자를 배우려면 먼저 회암을 배워야 한다고 하고, 드디어 居齋 후편에 精舍一堂을 지어 공자와 주자의 진상을 봉안하여 아침저녁으로 참배하여 경모하는 뜻을 표하고, 인하여 晦軒이라 號하였다.[31]

라고 하여 구체적으로 당시의 실상을 전하고 있다.

안향이 성리학을 수용하였다는 사실은 충렬왕 24년 원에서 지은 시에서도 보인다. 이때 그는 충선왕의 元行을 호종하여 원에 머물고 있었다.

麒麟公子白狐裘	기린같은 公子께서 白狐裘로 단장하고
寶玦珊瑚劍轆轤	패옥과 산호로 치장하고 녹로검을 허리에 찼구나.
上國觀風思季札	상국의 풍속을 보니 季札이 생각나고
塗山贄玉懷扶婁	塗山의 옥폐백은 扶婁에게 부끄럽다.
傷心漠漠關河雲	막막한 關河에 걸친 구름에 마음 태우고
慣眼依依古塞楡	무성한 옛 요새의 우거진 느릅나무 눈에 익었구나.
最是此時無限痛	이때를 당하여 가장 마음 아픈 것은
百年天下帝單于	백년동안 천하에 單于가 왕노릇 함이로다.[32]

---

30) 『高麗史』 卷105, 列傳18 安珦. "常掛晦菴先生眞 以致景慕逐號晦軒".
31) 『晦軒先生實紀』 권3, 附錄 年譜 忠烈王 23년.
　　위의 사실에 대한 연대는 확실하지 않지만 閔聖徽의 『松京訪古錄』에 이 사실을 戊戌年(충렬왕 24) 前이라고 기록한 내용을 근거로 『晦軒先生實紀』에는 무술년 전년인 충렬왕 23년의 기사에 이것을 부하고 있다. 그러나 무술년 전이라고 하여 바로 전년인 충렬왕 23년이라고 보는 것은 무리인 것 같다. 이것은 안향이 충렬왕 16년에 공자와 주자의 진영을 모사하여 귀국하였다는 점을 볼 때 귀국한 후 얼마 되지 않은 시기에 행한 사실로 보아야 할 것 같다.

위의 시에서 그는 이미 성리학의 正統思想을 수용하고 있었음이 확인된다. 그는 원에서 胡風에 젖어 胡服과 剃頭辮髮로써 즐기고 있는 충선왕을 麒麟公子로 비유하여 비판하였고, 또 당시 원의 풍속은 禮를 잃은 나라라고 보아 季札이 끝까지 徐國에 신의를 지킨 의리를 흠모하고 있다. 또 그는 禹王 같은 聖君에게 扶婁는 예를 올렸는데, 그는 그렇게 하지 못하고 閏統인 원에 가서 예를 올리게 됨을 탄식하고 있다. 이어서 그는 "이때를 당하여 가장 마음 아픈 것은 單于(元)가 100년 동안이나 천하를 지배하고 있는 일"이라고 하여 원 왕조 자체를 부정하고 있다. 이것은 충렬왕 15년에 원에서 지은 「萬里長城」이라는 시와도 맥락을 같이 하고 있다. 그러나 만리장성에 대한 시는 전통적 유교의식에 입각한 그의 정치관이 반영되고 있다면, 위의 시에서는 춘추대의에 입각한 성리학의 정통사관이 내재하고 있음을 찾아볼 수 있다. 이때 그는 元都의 문묘를 배알하였는데, 그곳 學官과의 대담에서 당시에 그는 이미 성리학에 통달하고 있었음을 보여준다. 다음의 기사는 이를 말해 주고 있다.

> 學官이 "東國에도 역시 聖廟가 있느냐"라고 물으니, 선생께서 "우리나라의 문물과 祀典은 한결같이 중국의 제도를 따르고 있는데, 어찌 성묘가 없겠느냐"라고 대답하고 인하여 성리의 설로 변론하니, 그 내용이 朱子의 학설과 일치하였다. 학관 등이 크게 경탄을 더하고 동방의 朱晦菴이라고 하였다.[33]

안향은 충렬왕 15년 연경에서 성리학을 수용한 이후 불교에 대해서도 부정적 측면에서 보게 된다. 그는 寺院의 분에 넘치는 호사

---

32) 『晦軒先生實紀』 권1, 遺集 詩 「侍從忠宣王如元時感吟」.
33) 『晦軒先生實紀』 권3, 附錄 年譜 忠烈王 24년 8월.

스러움을 보면서 도탄에 헤매고 있는 당시 민중들을 생각하게 되
고, 이후 그는 불교배척의 선봉에 서게 된다. 사원의 호사스러움에
대한 비판은 충렬왕 20년(1294) 金海에 있는 甘露寺를 순방하고 지
은 시에서 보인다. 당시 그는 東南道兵馬使가 되어 合浦에 출진하
고 있었는데, 조정에서 지공거로 소환하여 귀환하는 도중이었다.

一葉飛來鏡面平	거울 같은 물결 위에 나뭇잎 하나
輝空金碧梵王城	휘황한 공중에서 금빛 빛나니 梵王城이로다.
嶺頭蒼翠排嵐影	嶺위의 푸른 빛은 嵐를 띄었고
石上潺湲帶雨聲	石上위에 졸졸 흐르는 물은 빗소리를 머금었다.
日暖庭花粧淺錦	날은 따스하고 정원의 꽃은 비단같이 단장하였다.
夜凉山月送微明	서늘한 밤, 산위에 뜬 달은 희미한 빛을 보내도다.
憂民未得湔塗炭	근심스럽도다. 백성들은 도탄에서 헤어나지 못하니
欲向蒲團奇半生	포단에 기대어 반 평생을 허송하였구나.34)

　안향은 위의 시에서 휘황한 금빛으로 장식된 甘露寺의 화려한
모습을 보면서 지금 국난으로 도탄에 헤매고 있는 민중들의 삶을
근심하고 있다. 더 나아가 그는 이러한 상황을 타개하지 못하고 지
금까지 살아온 자기의 삶을 허송세월이었다고 하면서 자탄하고 있
다. 이러한 의식은 바로 성리학적 사상을 수용한 그의 정치철학의
변화를 의미하는 것이기도 하다.

　이상에서 살펴 본 바와 같이 안향은 충렬왕 15년에 연경에 있을
때 성리학 사상을 수용하였고, 또 귀국 후 그의 행적에서 성리학을
이념적 기조로 하여 행동하고 있음도 알 수 있었다. 더 나아가 그
는 성리학의 보급에도 전력하였다. 이것은 『고려사』 열전에서 보
이는 바와 같이 후학들에게 '儒琴一張'을 보여 행동의 강령으로 삼

---

34) 『晦軒先生實紀』 권1, 遺集 詩 「題甘露寺」.

도록 권하고 있는 것에서 알 수 있다. 특히 충렬왕 30년 국학을 중수한 후 국학생들에게 행한 「諭國子諸生」에서 이를 더욱 확신할 수 있다.

> 聖人의 道는 일상생활에서 윤리를 실천하는 것일 뿐이다(聖人之道 不過日用倫理). 자식된 자 마땅히 효도하고, 신하된 자 마땅히 충성하고, 禮로써 집안을 다스리고, 信으로써 벗을 사귀고, 자신을 敬으로 닦고, 일을 함에 있어서는 반드시 誠으로 할 따름이다. 그런데 저 佛敎는 부모를 버리고 집을 나가서 倫을 경멸히 하고 義를 저버리니, 이는 夷狄의 무리인 것이다. 근래 兵戈에 시달린 나머지 학교는 頹廢해지고, 소위 선비란 자들도 학문을 몰라 배운다는 것이 오직 佛書나 즐겨 읽고 아리숭한 丕寂만을 믿고 있으니, 나는 심히 마음 아파하는 바이다. 내 일찍이 중국에서 朱晦庵께서 저술한 바를 보니, 성인의 도를 발명하고 禪佛의 學을 배척한 것이 족히 공자와 짝할 만 하였다. 仲尼의 도를 배우고자 한다면 먼저 朱晦庵을 배우는 것보다 우선하는 것이 없으니, 諸生들은 新書를 읽음에 힘써 게으름이 없도록 하여야 할 것이다.35)

위에서 안향이 국학생들에게 성리의 학문을 배양할 것과 불교를 배척할 것을 권하고 있다. 위의 諭示의 내용도 성리학의 사상을 그대로 반영하고 있다. 서두에 나오는 "聖人之道 不過日用倫理"라는 말은 후에 圃隱 鄭夢周가 공민왕의 숭불에 대하여 "聖人之道 由日用平常之事"라고 한 말과36) 상통하며, 이것은 『中庸』 제1장 "道也者 不可須臾離也 可離非道也"라고 한 내용을 주자가 "道란 日用事物 當行之理"라고 해석한 것을 그대로 수용한 것이기도 하다.

---

35) 『晦軒先生實紀』 권1, 遺集 「諭國子諸生」.
36) 『高麗史』 권117, 列傳30 鄭夢周.

Ⅲ. 교육활동

안향은 무인집권기에 생장하였다. 그가 출생한 고종 30년은 몽고의 침입으로 국가가 전란에 휩싸이게 되었던 시기이며, 과거에 합격한 원종 원년은 비록 최씨 무인정권은 타도되었지만 金俊 등의 무인들이 정권을 장악하고 있었던 시기이다.

당시 고려의 교육상은 이미 무인집권기에 침체상을 벗어나지 못하고 있었고, 이러한 침체상은 고종 19년이래 계속되고 있는 원의 침입으로 더욱 가속화되고 있었다. 비록 그가 출생하던 고종 30년을 전후한 시기는 당시 집정자 崔瑀가 국학을 수리하고 私米 斛을 養賢庫에 기고하여 학교교육의 중흥을 시도하고 있고,[37] 또 고종 38년(1251)에는 江都 花山洞에 새로이 국자감을 창건하여 先聖의 진영을 봉안하는[38] 등 학교교육에 관심을 보이고 있었다. 그러나 이것은 어디까지나 강화도에서의 일이고, 개경을 비롯한 전국은 몽고의 침탈로 학교교육은 부재의 상태에 이르고 있었다.

원종 11년 개경으로 환도하였을 때 국자감을 비롯한 학교교육은 거의 황폐화 되고 있었다. 당시 국자감의 참상을 본 안향은 「題學宮詩」를 지어 당시의 교육상을 개탄하고 있다.

香燈處處 皆祈佛 곳곳마다 香燈 밝혀 부처에 기원하고
簫管家家 盡祀神 집집마다 퉁소 불며 귀신을 섬기는데
獨有數間 夫子廟 오직 夫子廟(文廟)는 數間만 남아 있어
滿庭春草 寂無人 뜰에는 봄 풀이 가득하고 사람의 자취 찾을 수 없네.[39]

---

37) 『高麗史節要』 권16, 高宗 30년 6월.
38) 『高麗史』 권23, 高宗 38년 8월.

당시 사회상은 유교적 통치 질서가 이미 파괴되어 있었고, 정신적 지표를 상실한 당시의 일반적 사조는 불교에 의지하지 않을 수 없는 상황이었다. 이것은 국가적 차원에서 볼 때도 마찬가지였다. 강대한 몽고의 침입을 방어하기에는 국력이 부족하였고, 때문에 국가에서도 부처의 힘을 빌려 국난을 타개해 보겠다는 의도를 가지지 않을 수 없었다. 이로써 고종 38년에는 팔만대장경의 완성을 보게 된다.

개경으로 환도한 이후 당시의 사회상과 교육상을 목도한 안향은 유교적 통치이념의 확립과 교육의 중흥을 기약하게 되고, 이러한 이념은 이후 그의 정치생활을 일관한 신조가 되었다. 그가 원에서 성리학을 수용하여 이를 우리나라에 전하였고, 또 미신 타파의 선봉에 서기도 하고, 아울러 도탄에 허덕이는 백성들을 위하여 노심초사하면서 전력을 다하였던 것도 이러한 이념이 기조가 되고 있

---

39) 『晦軒先生實紀』 권1, 遺集 詩 「題學宮詩」.
　　이 시에 대해서는 지은 시기와 지은이에 대하여 다른 견해가 있다. 우선 지은이에 대하여는 조선시대 세종 21년(1439)에 左參贊 河演이 왕에게 "臣聞諺傳 朝廷使臣 張溥詩云 香燈處處皆祀佛 簫管家家盡祀神 獨有數間夫子廟 滿庭春草寂無人 此詩當時學校之政極衰也"라고 하여 명나라의 사신 張溥가 지은 것으로 말하고 있다(『世宗實錄』 권87, 世宗21년 정월 庚寅). 그러나 李滉의 「次晦軒先生題學宮韻」, 周世鵬의 「竹溪志序」, 曺伸의 「諛聞瑣錄」 등에서는 이를 모두 안향이 지은 것으로 기록하고 있다.
　　지은 시기에 대하여 『晦軒先生實紀』와 『安子年譜』에서는 모두 안향이 국자사업을 제수받은 충렬왕 4년으로 기록하고 있다. 그러나 충렬왕은 교육중흥을 시도했던 왕으로서 즉위 원년에 국자감을 國學이라 개칭하고, 祭酒를 典酒로, 司業은 司藝라 개칭하면서 경학교육의 부흥을 위하여 노력하고 있다. 따라서 충렬왕 4년의 교육상은 「題學宮詩」에서 보는 바와 같은 황폐상은 아니었다. 필자는 이를 강화도에서 개경으로 환도한 이후 즉 원종 11년 이후에서 얼마 되지 않은 시기에 지은 것으로 이해하고자 한다.

었기 때문이다. 특히 그가 행한 교육중흥은 고려후기에 새로운 학풍을 진작하는데 크게 공헌하고 있다. 이제현은 그의 교육업적을 다음과 같이 논하고 있다.

① 나라에서 배반한 탐라를 치고, 동쪽의 倭에게 죄를 묻고, 丁亥年의 勤王과 庚寅年의 도둑을 막는 일 때문에 일이 거의 20여 년이나 걸렸다. 선비들은 모두 갑옷과 투구의 차림으로 활과 창을 잡았고, 책을 끼고 다니며 글을 읽는 이는 열 사람 중에 한 두 사람도 못되었다. 그리고 선배와 늙은 선비들은 모두 죽어서 文籍의 전하는 것이 실낱같이 겨우 이어질 뿐이었다.

② 大德(충렬왕 23, 1297~충렬왕 33, 1307) 말년에 文成公 안향이 재상이 되어 국학을 고쳐 짓고 庠序를 수리하여 李晟·秋適·崔元沖 등을 등용하여 한 經書에 두 명의 교수를 두고 대궐 안에 있는 학교를 개방하여 內侍·五軍·三官의 7품 이하와 중앙과 지방의 생원에 이르기까지 모두 따라서 듣고 배우게 하였다. 또 죽은 郎中 兪咸의 아들이 중이 되어 泗州에 살고 있었는데, 그가 『史記』와 『漢書』에 능통하다는 말을 듣고 서울로 불러오게 하고는 尹莘傑·金承印·徐湮·金元軾·朴理 등을 보내어 그의 가르침을 받도록 하였다.

③ 이에 도포를 입은 선비와 지위가 높은 벼슬아치의 무리 중에서 經書에 능통하고, 옛 일을 알기를 일삼는 무리들이 많이 생겼다.[40]

李齊賢(1287~1367)은 안향의 후학으로서 그의 교육활동을 직접 목격한 자이다. 앞의 내용 중에서 ①은 안향이 교육중흥을 일으키기 전의 교육상을 서술한 것이고, ②는 안향이 행한 교육중흥에 대한 실상을 개진한 것이며, ③은 안향의 교육활동으로 나타나고 있는 결과를 표현한 것이다.

위에서 이제현은 그 동안의 교육부진상에 대한 원인을 ①삼별초의 최종 저항지인 탐라에 대한 군사적 출동(원종 14년) ②원과 더

---

40) 『櫟翁稗說』 前集2.

불어 수차에 걸친 일본 정벌 ③원의 乃顔이 반란을 일으키자 이를
정벌하기 위하여 출동한 충렬왕 13년의 근왕 ④충렬왕 16년 정월
에 있은 내안 잔당들의 침입 등을 들고 있다.

이러한 과정에서 당시 공부하던 선비들은 징용되어 종군하지 않
을 수 없었고, 이로써 학문은 거의 폐기되지 않을 수 없었다고 지
적하고 있다. 이러한 교육 침체상에서 안향은 교육중흥을 위하여
전력을 다하게 되고, 이 결과 다시 학문이 부흥하게 되었다는 것이
당시 이제현이 본 안향의 교육활동이다.

안향이 처음 교관직을 역임한 것은 충렬왕 4년이다.[41] 이때 그가
제수받은 직은 국자사업이었고, 그의 나이 36세였다. 그가 언제까
지 국자사업의 직을 담당했는지는 알 수가 없다.『고려사』의 기록
이나『회헌선생실기』에도 이때부터 충렬왕 14년 右司議大夫를 제
수 받을 때까지는 그의 관력이 누락되고 있다. 그렇다면 그는 그
동안 교관직을 계속 맡았을 가능성을 배제할 수 없다. 왜냐하면 이
시기에 안향이 충렬왕 30년을 전후하여 행한 교육개혁의 일면이
보이고 있기 때문이다. 즉 충렬왕 6년에 왕이 교서를 내려

지금의 儒士들은 다만 科學의 글만을 익히고 經史에 박통한 사람

---

41)『晦軒先生實紀』에는 국자사업을 제수한 연대를 충렬왕 3년으로 기록
하고 있다. 그러나『高麗史』열전의 기록을 보면 그가 尙州判官으로
출보하여 3년 후에 소환되어 版圖左郞과 殿中侍史를 거쳐 국자사업으
로 진출하고 있다. 그렇다면 그가 국자사업에 부임한 해는 빨라도 충렬
왕 4년이 된다. 따라서 필사는『安子年譜』別本 권1, 충렬왕 4년 36세
조의 내용을 따랐다. 그러나『安子年譜』別本에서는 이 해의 사실로써
"先是文安公金良鑑 入宋模聖廟圖以來 朝廷立國子監於西部太平館 因
館置國子司業 至是先生帶是職"이라고 기록하고 있는데, 이것은 무엇
을 근거로 한 것인지 알 수가 없다. 金良鑑은 문종 때의 사람이고, 또
이때 西部太平館에 국자감을 설립하였다는 것은 어떠한 史書에도 나
오지 않는다.

> 이 없으니, 一經과 一史 이상을 통한 사람으로 하여금 국자감에서 교
> 수케 하라.42)

하고 司宰尹 金磾, 正郎 崔雍, 左司諫 方維, 前 通事舍人 柳沈, 權
知祗侯 薛調, 前 祗侯 李邰・吳漢經 등을 經史敎授로 임용하였다.
또 같은 해 5월에는 諸生으로서 등제한 자들을 대상으로 親試를
행하였는데, 여기에 합격한 자들에게는 殿試門生이라는 칭호를 내
리고 있으며,43) 동왕 12년(1286)에는 世子로 하여금 국학에 입학하
도록 하여 六經을 강하도록 하고 있다.44) 누구의 건의인지는 밝히
지 않고, 단지 충렬왕의 敎旨 또는 命으로 나타나고 있는 위의 교
육개혁은 충열왕 30년을 전후하여 안향이 행하고 있는 교육개혁의
내용과 거의 유사하다. 또 이러한 교육개혁은 바로 안향이 지향하
는 교육이념이기도 하다. 이와 같이 볼 때 충렬왕이 행한 이 당시
의 교육개혁은 안향의 건의에 의하여 나타난 것으로 보아도 좋을
것이다. 충렬왕 15년에는 원으로부터 本國儒學提擧로 임용받고 있
는데,45) 고려인으로 이 직을 받은 사람은 안향이 최초가 된다.
  안향이 한국사상사와 교육사에서 교육자로 크게 부각을 받게 되
는 것은 충렬왕 27년 匡正大夫・贊成事의 직에 부임하여 관직을
은퇴할 때까지 행한 교육활동에서 찾을 수 있을 것이다. 그는 충렬
왕 23년 僉議叅理・世子貳保로 임명되자 이 해에 居齋 후편에 精
舍를 신축하여 공자와 주자의 眞影을 봉안하고, 이후 조석으로 참
배하였다. 이때부터 호를 회헌이라 하고, 교육중흥을 자신의 사명
으로 하였다. 충렬왕 27년 원의 학관 耶律希逸이 와서 문묘의 참배

---

42) 『高麗史』 권29, 世家29 忠烈王 6년 3월 辛酉.
43) 『高麗史』 권73, 志27 選擧1 科目1 忠烈王 6년 5월.
44) 『高麗史』 권30, 世家30 忠烈王 12년 7월 壬申.
45) 『高麗史節要』 권21, 忠烈王 15년 4월.

를 요청하였는데, 당시 문묘는 그 동안의 兵火로써 몇 개의 집만
있을 뿐이었다. 그래서 禮官은 안향의 정사로 그를 모셔 이를 聖廟
라 하고 알현하게 하였다. 야율희일은 이를 보고 殿宇가 협소하고,
또 泮宮의 制에도 어긋난다고 하여 왕에게 새로이 건물을 짓도록
건의하고 있다. 이에 안향은 이 정사를 국자감의 터로 국가에 기진
하고, 그는 良醞洞으로 집을 옮겼다.46) 이때의 사실을 『고려사』에
서는 다음과 같이 전하고 있다.

① 耶律希逸이 돌아갔는데, 希逸이 국왕에게 백성 다스리는 術을 말
   하고, 宰輔에게는 憂國의 일을 책하였다. 일찍이 國學의 殿宇가
   좁고 추하여 심히 泮宮의 제도를 잃었음으로 왕에게 말하였던 바
   드디어 文廟를 새롭게 하여 儒風을 진작하였다.47)

② 忠烈王 30년 5월에는 國學에 贍學錢을 설치하고, 또 사람을 강남
   에 보내어 六經과 諸史의 서적을 구입하여 오게 하니, 七管十二
   徒의 諸生으로 經을 끼고 수업 받는 사람이 수백명을 헤아리게
   되었다.48)

또 『高麗史節要』에서는

國學에 贍學錢을 실치하였다. 처음에 贊成事 안향이 학교의 교사
가 크게 허물어지고 날로 쇠퇴하여 가는 것을 우려하여 兩府와 의논
하기를 "재상의 직책은 인재를 양성하는 것보다 더 급한 일이 없는데,
이제 養賢庫가 탕진하여 교육에 쓸 자금이 없으니, 청컨대 6품 이상
은 각기 銀 1斤씩은 내고, 7품 이하는 등급에 따라 布를 내게 하여 양
현고에 돌려 본전은 두고 이식을 받아서 영구히 교육의 자금으로 만
들도록 하자"라고 하니, 兩府에서는 이를 따랐다. 그 사실이 왕께 알
려지니, 왕이 內庫의 금전과 양곡을 내어 이를 보조하였다. 이때 密直
高世라는 사람이 있었는데, 자기는 武人이라 하여 돈내기를 즐겨하지

---

46) 『晦軒先生實紀』 권3, 附錄 年譜 忠烈王 27년.
47) 『高麗史』 卷32, 世家32 忠烈王 27년 5월 甲辰.
48) 『高麗史』 권74, 志28 選擧2 學校.

않았다. 이에 안향이 여러 재상에게 이르기를 "孔子의 교는 만세에 법으로 내려온 바이다. 신하가 임금에게 充성하고, 자식이 이비이에게 효도하며, 아우가 형을 공경하는 것은 누구의 가르침인가? '만일 나는 武夫인데 무엇 때문에 애써서 돈을 내어 저 생도들을 가르칠 필요가 있겠는가'라고 말한다면, 이 사람은 孔子를 위하지 않는 것이니 될 수 있겠는가 라고 하였다. 고세가 이 말을 듣고는 부끄러워하여 즉시 돈을 내었다. 珦은 남은 돈을 博士 金文鼎에게 부탁하여 강남에 보내어 孔子와 七十子의 화상을 그리게 하고, 또 祭器・樂器와 六經・諸子・史의 서적을 구해 오도록 하였다. 이때에 이르러 珦이 密直副使 李㦃과 典法判書 李瑱을 추천하여 經史教授都監使로 임명하기를 청하였다. 이리하여 禁內學館과 內侍・三都監・五庫에서 학문을 닦고자 원하는 선비 및 七管十二徒의 諸生으로 經을 끼고 수업 받는 사람이 문득 수백을 헤아리게 되었다.[49]

라고 하여 당시 상황을 보다 상세하게 기술하고 있다.

위에서 당시 안향의 교육 열의를 알 수 있거니와 주목되는 것은 經史教授都監使에 대한 기사이다. 이에 대한 기록은 『高麗史』 충렬왕 22년 정월조에

經史教授都監을 설치하여 7품 이하로 하여금 經學을 학습케 하도록 하고, 또 一經 一藝를 통한 사람은 우대하여 탁용할 것이며, 무릇 진사와 생도는 모두 防戍을 면하게 하라.[50]

라고 기술하여 경사교수도감의 설립에 대한 기사를 수록하고 있지만 충렬왕 30년에 안향에 의한 經史教授制의 운영은 『고려사』에서는 누락하고 있다.

『晦軒先生實紀』에는 이때 안향이 李㦃・李瑱을 經史教授都監使로 임용할 것과 李晟・秋笛・崔元冲을 經史教授로 임용하도록

---

49) 『高麗史節要』 卷22, 忠烈王 30년 5월 壬子.
50) 『高麗史』 권31, 世家31 忠烈王 22년 정월.

건의하였고, 또 한 經에 두 명의 교관을 배치하여 一經兩敎授制로 교육을 운영하도록 하였다고 하고 있다.[51] 실제로 당시 안향이 일경양교수제로 학교교육을 운영하였다는 것은『고려사』나『고려사절요』에서는 누락하고 있지만 앞에서 살펴본 이제현의『역옹패설』에서 확인되고 있다.[52]

충렬왕 27년 5월 야율희일의 건의로 개축하기 시작한 成均館 大成殿도 안향이 섬학전을 설치한 다음 달인 충렬왕 30년 6월에 준공을 보게 된다. 이 대성전이 낙성되자 왕은 직접 국학에 행차하여 釋奠의 예를 행하였는데, 이때의 行禮는 자못 성대하였다. 이것은

> 왕께서 국학에 행차하시니, 忽憐·林元 등이 수행하였는데, 七管諸生들이 관복을 갖추고 길에 나와 맞이하면서 왕의 덕을 기리는 가요를 바쳤다. 왕은 대성전에 들어가 배알하고, 密直使 李混에게 명하여 入學頌을 짓게 하였으며, 임원에게는 愛日箴을 짓게 하여 생도들에게 보였다.[53]

라는『고려사』의 기록에서 알 수 있다.

안향은 국자감의 운영을 위하여 기금을 조성하고, 또 자신의 家傳奴婢도 이에 헌납하였다. 이것은『고려사』의 관계기록에서는 누락되었지만 조선시대 성종 7년(1476) 5월 都承旨 玄錫圭가 올린 상소와 이 해 8월 成均生貟 尹續宗 등이 올린 상소에서 확인된다.

> ① (成宗 7년 5월) 都承旨 玄錫圭가 상소하기를 "闇山君 閔發은 처음 성균관 奴 都致와 奴 長生을 功臣奴婢로 삼아 賜牌를 받았습니다. 성균관 노비는 원래 고려 안향이 所納한 것입니다. 그러므로 本館(성균관)이 타인에게 이것을 주는 것은 불가한 일입니다"라고

---

51)『晦軒先生實紀』권3, 附錄 年譜 忠烈王 30년.
52)『櫟翁稗說』 전集2.
53)『高麗史』권32, 世家32 忠烈王 30년 6월 丙戌.

하였다.54)

② (成宗 7년 8월) 성균관 생원 尹繼宗 능이 상소하여 말하기를 "前朝
   文成公 安裕는 국학이 쇠퇴함을 애통히 여겨 가전노비를 성균관
   에 施納하여 금일에 이르렀습니다. 그 奴婢 중에서 서울에 있는
   자는 오로지 문묘의 祭享을 받들고 아울러 유생들의 朝夕供養을
   받들고 있습니다. 그리고 居外者는 身貢을 바쳐 유생들이 사용하
   는 油炭과 鋪陳의 경비로 사용하고 있습니다"라고 하였다.55)

위 ①의 내용에서 안향이 家傳奴婢를 헌납한 사실이 확인되고,
②에서는 그 목적이 성균관 교육의 중흥에 있었음이 확인된다. 이
러한 안향의 노력으로 학교교육은 크게 활성화된다.『안자연보』는
이때의 상황을 다음과 같이 설명하고 있다.

    … 齋舍가 거의 모두 수용하지 못하였다. 모두 通經學古로써 일을
   삼았다. 선생이 매일 조퇴 후에 入館하면 諸生이 교관의 뒤를 따라 分
   庭序立하여 禮를 행하였다. 그런 후에 堂에 올라 학문을 강론하고 하
   루종일 토론하였다(考蹟에 이르기를 그 예가 한결같이 座主・門生과
   같았다).56)

이상에서 살펴본 바와 같이 그는 무인집권기의 교육의 황폐상을
지양하고 새로 전래된 성리학 사상을 주지로 교육을 중흥시키는데
전력을 다하였다. 이로써 학교교육은 다시 활기를 띠기 시작하였
고, 이후 紅巾賊을 비롯한 외세의 침입으로 국학이 다시 불타는 수
난을 겪기도 하였다. 그러나 그 전통은 면면히 이어져 공민왕 16년
에는 李穡을 주체로 하는 교육개혁의 맥으로 연승되고, 또 조선시
대에는 그의 학통을 계승하려는 학자들의 노력이 잇달아 중종 38

---

54)『成宗實錄』권67, 成宗 7년 5월 丁卯.
55)『成宗實錄』권69, 成宗 7년 8월 癸酉.
56)『安子年譜』권1, 別本.

년(1543)에는 紹修書院이 설립되니, 이것은 우리나라에서 서원의
시초가 된다.

Ⅳ. 사 상

　안향의 교육사상은 성리학적 유학에 입각한 실천적 이념이었다.
그는 華夷思想에 입각한 朱子의 正統論을 이미 수용하고 있었으
며, 이것은 충렬왕 24년 원에 체류하는 동안에 지은 「侍從忠宣王
如元時感唫」이란 시에서도 보인다. 그가 학교교육의 중흥에 전력
을 다하였던 것도 학교교육을 통하여 성리학적인 역사인식을 배양
하여 자주적 국가의식을 고취하는데 그 한 목적이 있었다. 위의 시
에서 보이고 있는 "이때를 당하여 가장 마음 아픈 것은 백년동안
천하에 선우가 왕 노릇함이로다(最是此時無限痛 百年天下帝單
于)"라는 그의 의식은 바로 성리학적 正統史觀의 발로이며, 이것은
그가 평소에 품었던 이념적 정치관이기도 하다.
　그의 현실적 교육이념은 국학이 준공된 후 국자생들에게 행한
「諭國子諸生」이란 글에서도 찾아 볼 수 있다. 그는 여기서 "聖人
의 道는 현실생활에서 그 윤리를 실천하는데 있다"라고 하여 학문
을 일상생활의 보편적 행동에 대한 규범으로 정의하였다. 이로써
그는 孝와 忠과 禮와 信을 강조하였고, 또 자신의 인격을 도야하기
위하여는 敬을 근간으로 하여야 하며, 일을 함에 있어서는 精과 誠
으로 해야 함을 거듭 강조하고 있다. 여기서 그가 성리학적 윤리관
을 계승하고 있음을 확인할 수 있고, 특히 敬과 精을 강조한 것은

이후 牧隱 李穡이 그의 교육사상의 기조로 敬과 恭과 正性情을 내
세우고 있는 것과 일맥상통한다.57)

　그는 불교를 배척하여 국자생들에게 "불교는 虛無空寂한 뜻을
펴는 異端이니, 이를 배척하도록 하라"고 권하고 있다. 당시의 일
반적 사조는 숭불사상이었고, 이것은 왕을 비롯한 조정 대신이나
당시 일반 민중에게서도 마찬가지였다. 이러한 시대상에서 그가
불교를 배척한 것은 당시 사상적 배경에서 볼 때 혁명적 사고라고
하지 않을 수 없을 것이다. 아마도 고려후기에 斥佛을 주창한 가장
최초의 학자는 바로 안향이었을 것이다.

　그는 국자생을 교육하는데 있어서 誠을 다하였고, 또 그들에게
는 禮를 크게 강조하였다. 이것은 『고려사』 열전에서

　… 諸生으로서 先進에게 禮를 다하지 않는 사람이 있어서 珦이 노
하여 장차 벌하려 하니, 제생들이 사죄하는지라 향이 이들에게 말하
기를 "내가 제생들을 보기를 내 아들과 손자 보듯이 하거늘 제생들은
어찌 이 노부의 뜻을 체득하지 못하는가"라고 하고는 그들을 데리고
집으로 가서 주연을 베푸니, 제생들이 서로 말하기를 "公이 우리를 대
하기를 이와 같이 誠으로 하는데, 만약에 우리가 化服하지 않으면 어
찌 사람이라 하겠는가"라고 하고는 순복하였다.58)

라고 하고 있는 것에서도 알 수 있다. 그의 이러한 태도는 학교교
육에서만 아니라 일상생활에서도 일관하였다. 관로에서 일을 처리
할 때는 판단을 현명하게 하였고, 이로써 同列의 대신들도 모두 경
복하여 따랐으며, 서로 다투는 일이 없었다.『고려사절요』에 보이
는 다음의 기사는 이를 말해준다.

---

57) 申千湜, 1996,「牧隱 李穡의 敎育思想」『牧隱의 生涯와 思想』, 一潮閣.
58)『高麗史』卷105, 列傳18 安珦.

> … (안향은) 사람됨이 장중하고 安詳하니, 사람들이 모두 畏敬하였
> 다. 相府에 있을 때 謀事와 판단을 잘하니, 同列이 順히 따르고 오직
> 삼가하여 감히 다투지 않았다.[59]

이러한 안향의 교육사상은 이후 그의 후학들에게 전승되어 고려 말에는 성리학이 학교교육의 이념으로 정착되었고, 이로써 수 많은 학자들이 배출되게 된다. 조선시대에 李滉은 그의 업적을 기려 그를 봉안한 서원의 賜額을 왕에게 상주하였고, 仁祖 21년(1643)에 申翊聖은 그의 행장을 쓰면서 '東方理學의 祖'라 하여 그의 업적을 높이 평가하였다.

---

59) 『高麗史節要』 권23, 忠烈王 32년 8월.

제2장

안향의 학맥

I. 학맥 형성의 배경

성리학이 우리나라에 전래되는 시기에 대하여는 학자들의 다양한 견해가 있지만 그것이 우리나라 정치·사회의 사상적 기저로 정착하는데 크게 공헌한 사람는 安珦(1243～1306)이다.

안향은 충렬왕 15년에 왕을 호종하어 원에서 朱子의 書를 접하게 되고, 다음 해 귀국할 때 이를 가져오게 된다. 그는 귀국하자 얼마 후 자신의 居齋 후편에 精舍를 신축하고 공자와 주자의 진상을 봉안하어 아침저녁으로 참배하어 경모의 뜻을 표하였고, 또 자신의 호를 晦軒이라 하였다.

그리고 안향은 선비로서 가르침을 청하는 사람이 있으면 '儒琴一張'을 펴서 매양 이를 배우도록 권하였고, 또 빈객을 좋아하여 항상 남에게 베풀기를 즐겨하였다. 성리학에 심취하게 된 이후 그의 門人, 특히 그가 배출한 門生 및 그에게서 배운 門徒늘에게 성리학을 전수하게 되고, 이밖에 同年·同門을 비롯하여 평소에 가까이 지내던 문인들에게도 이를 전수하게 된다. 이로써 성리학은 고려후기의 사상적 기저로 정착을 보게 된다.

그는 일찍부터 유교적 통치이념의 확립을 그의 정치철학으로 하고 있었으며, 이를 위한 학교교육의 중흥을 가장 시급한 당면과제로 파악하고 있었다. 이러한 의도에서 충렬왕 4년에 국자사업의 교관직을 맡게되자 성균관 교육의 중흥을 위하여 전력을 다하였고, 충렬왕 27년(1301) 匡正大夫 贊成事에 부임하여 충렬왕 30년(1304) 판밀직사·도참의중찬의 직을 사임하고 정계에서 은퇴할 때까지 오로지 교육에만 전념하였다. 이 기간 중에 그는 국자감의 중건을 주도하였고, 또 국자감의 교육 기금으로 瞻學錢을 설치하였다. 이밖에 그의 家傳奴婢를 국자감 운영을 위하여 헌납하였고, 또 博士 金文鼎을 강남에 보내어 공자와 七十子의 화상을 그리게 하였으며, 祭器와 樂器 및 六經·諸子·史의 서적도 구해 오도록 하였다.

이러한 안향의 노력으로 당시 학교를 찾아 수업을 받는 사람들이 수백 명을 헤아리게 되었고, 이로써 교육은 크게 활성화되고 풍속은 선양된다. 이때 행한 교육의 주지는 충렬왕 30년 국학을 중수한 후 「諭國子諸生」에서 보는 바와 같이 성리학의 교육이념이었다. 이것은 당시를 평한 崔瀣의 다음과 같은 글에서도 보인다.

至元·大德 연간은 위로 天子의 밝음이 있어 천하가 태평하였고, 太師 충렬왕은 대를 이은 功臣으로 東方을 다스림이 35년이었다. 이때 선비의 풍속은 忠厚하여 권하지 않아도 스스로 학습하였다. 上國 朝廷에 가서 벼슬하는 자는 말할 것도 없고, 우리나라에서 벼슬하는 자들도 모두 조심하고 마음을 가다듬어 浮薄하고 邪僻한 일을 하는 것을 부끄럽게 여겼다. 그런데 20~30년 이래로 세속의 풍속이 날마다 무너져서 무엇으로도 막을 길이 없게 되었고, 간혹 당시의 사실을 들어 말하는 자가 있으면 비웃고 손가락질하여 고루하게 여기지 않는

이가 없게 되었다. 또 이전에는 옛 늙은이들 중에서 법도를 지켜 풍속
을 바로 잡고자 한 자들이 많았지만 요즈음은 이들이 서로 이어 세상
을 하직하니, 세상의 풍류가 아주 없어지고 말았다. 아! 한탄스러운 일
이로다.[1]

안향의 이러한 활동으로 당시 학계는 그를 儒宗으로 받들어 존
숭하였고, 또 그를 중심으로 학맥이 형성되어 가고 있었다.

이밖에 그는 2차에 걸쳐 과거를 주관하여 수많은 門生을 배출하
였다. 그는 충렬왕 14년(1288) 9월에 同知貢擧로서 尹宣佐 등 33명
을 선발하였고,[2] 충렬왕 20년(1294)에는 知貢擧로서 尹安庇 등 33
명을 선발하였다.[3]

당시 고려사회에 있어서 과거의 고시관과 합격자의 관계는 座主
・門生으로 연결되어 이들의 의리는 마치 부자지간의 의리와 같았
다. 과거 합격자의 榜이 발표되면 과거의 고시관은 자기의 門下에
서 합격한 문생들을 불러 學士宴을 베풀어 이들을 축하하였는데,
이때 考試官은 그가 합격할 때의 座主도 초청하였다. 국가에서는
이를 위하여 경비를 출연하기도 하였고, 더 나아가 궁중음악을 하
사하여 축하하기도 하였다. 이러한 사실은 成倪이 『傭齋叢話』에서

前朝 과거에서 試官은 知貢擧와 同知貢擧 2명 뿐이었으며, 文臣으
로서 명망 있는 자로 이를 삼았다. 恩門(考試官)은 門生(과거합격자)
보기를 자제와 같이 하고, 문생은 은문 보기를 부모와 같이 하여 데릴
사위는 내실에 들어가시 못하여도 문생은 특히 상신함을 허하였으니,
이는 문생을 더욱 중히 여기는 까닭이다.[4]

---

1) 『拙稿千百』, 「全栢軒墓誌」, 『東文選』 권12.
2) 『高麗史』 권73, 志27 選擧1 科目1 選場.
3) 『高麗史』 권73, 志27 選擧1 科目1 選場.
4) 『傭齋叢話』 권7.

라고 하고 있는 것에서 알 수 있고, 또 權近이

　　우리 동방은 고려 光宗代 이래로 그 禮가 지극히 풍성하여 무릇 고시를 맡아보는 사람은 반드시 풍성한 음식을 장만해 놓고 公服차림으로 門生을 거느리고 座主를 모셔다가 그의 집에서 잔치하는데, 자기 부모에 대한 대접과 다름이 없게 하였다. 그리하여 왕도 有司에 명하여 廳舍를 마련하도록 하고, 특별히 內樂(궁중음악)을 내려 축하하니, 이로 말미암아 좌주는 문생 보기를 자식과 같이 하고, 문생은 좌주 보기를 어버이와 같이 하였으니, 사제의 예가 후하다고 할 만하다.5)

라고 하고 있는 것에서도 알 수 있다. 또 같은 해에 합격한 자들은 同年으로 결합되어 그들대로의 우의를 돈독히 하면서 정치활동에 있어서도 의견을 거의 같이 하였다. 따라서 당시 사회에 있어서 恩門과 門生은 상호간에 학문적 입지를 같이 하였고, 특히 은문의 학문은 문생들에게 전수되고, 문생들은 은문의 학문을 수용하면서 이후 그의 문생 및 문도들에게 이를 전수하기도 하였다. 또한 동년들은 서로 교류하는 과정에서 상호간에 학문적 교류가 있었을 것이고, 이러한 과정에서 그들은 공통의 학맥을 형성하게 되면서 이를 그들의 문생 및 문하에 전수하기도 하였다. 더 나아가 당시 고려사회는 同年은 아니지만 그들 은문에게서 배출된 선후배의 문생들도 그들 상호간에 同門으로 결속되어 우의가 돈독하였다. 이들 선후배의 문생들은 서로 교유하면서 학문을 토론하기도 하였고, 이후 관로에서도 상호간에 협조적이었다.

　안향은 2차에 걸쳐 과거를 주관하여 많은 문생을 배출하였는데, 이것은 이후 그가 성리학을 보급하는데 많은 도움이 되었을 것이다.

　안향은 충렬왕 14년과 충렬왕 20년에 과거를 주관하였는데, 충

---

5)『陽村集』권16,「賀門下侍中平壤趙公浚詩序」.

렬왕 14년은 아직 성리학을 수용하기 이전이었고, 충렬왕 20년은 그가 성리학을 전래한 이후가 된다. 따라서 충렬왕 20년의 과거에 서는 그의 성리학적 학문인식이 선발기준에 많이 반영되었을 것으로 볼 수 있다. 이 해의 과거에 합격한 尹安庇·金光軾·辛蔵 등은 성리학의 대가로 성장하였고, 이후 이들의 문하에서 빼어난 성리학자들이 많이 배출되고 있다. 또 충렬왕 14년에 배출된 문생들도 그의 문하에 출입하면서 성리학에 대한 많은 감화를 받았을 것이다.

그는 당대에도 최고의 학자로 이미 존경의 대상이 되고 있어 同列의 대신들도 그에게 경복하였다.『高麗史節要』에 보이고 있는 "相府에 있을 때 謀事와 판단을 잘하니, 同列도 순히 따르고 오직 삼가하여 감히 다투지 않았다"라고[6] 한 기사는 이를 말해 준다.

이로 볼 때 그의 문생·동문·문도가 아니더라도 당시 학계는 그의 학문관에 공감대를 형성하고 있었음을 알 수 있다. 당시 안향과 관로생활을 같이 하던 사람들은 거의 모두가 그의 문인이었고, 따라서 그들은 서로 출입하면서 교유하였다.

무인집권기와 몽고의 침탈이 계속되는 와중에서 이념적 좌표를 상실하고 공동화되고 있었던 당시 학계에 성리학이 전래되지 학계는 이를 긍정적으로 수용하였던 것으로 볼 수 있다.

안향이 성리학을 수용할 수 있었던 배경은 그의 가문적 혈통과 당시 정치 사회의 시대상에서 찾아 볼 수 있겠지만 그의 은문으로부터 받은 학문적 감화도 무시할 수 없을 것이다. 그는 원종 원년(1260)에 당시 叅知政事 李藏用과 同知樞密院事 柳璥을 은문으로 하여 과거에 합격하였다. 이장용과 유경은 경학에 밝은 석학으로서 모두 大司成을 역임하여 후학의 양성에 크게 기여하였다. 또 이

---

6)『高麗史節要』권23, 忠烈王 32년 8월.

들은 그 동안의 무인집정을 종식하는데 공헌하였고, 또 원의 고려 지배에 대하여는 부정적 측면에서 이를 대하였다. 이들은 모두 王道政治와 주권국가를 이념으로 하였으며, 인재의 선발에 있어서도 학문적 능력보다는 器局과 식견을 우선하였다.[7]

안향이 성리학을 수용할 수 있었던 것도 성리학 사상에서 보이는 왕도정치의 이념과 자주의식에서 큰 감명을 받았기 때문일 것이다. 이러한 그의 학문적 배경은 물론 그가 배양한 전통적 유교의식이 근저가 되었겠지만 과거에 합격한 후 그의 은문으로부터 받은 영향노 무시하지 못할 것이다.

Ⅱ. 안향의 학맥

충렬왕 15년 안향이 원에서 성리학을 수용하고 귀국하자 일차적으로 그의 문인이었던 權溥·禹倬·白頤正·李兆年·李瑱·辛蔵 등에게 이를 전하였다. 이들은 안향으로부터 성리학을 전수 받고, 이후 이를 보급하는 선봉에 서게 된다. 이들은 당시 학계에서 六君子란 호칭을 받게 된다.

그는 교관직을 역임하는 과정에서 수많은 제자를 배출하고 있다. 특히 충렬왕 27년 이후는 교육중흥의 책임을 맡아 성리학의 보급에 전념하였다. 이때를 전후하여 과거에 합격하고 있는 사람들은 거의 모두가 그로부터 교육받은 제자이기도 하다.

---

7) 『高麗史』 권102, 列傳15 李藏用.
　　『高麗史』 권105, 列傳18 柳璥.

또 그는 2차에 걸쳐 과거를 주관하여 많은 문생들을 배출하고 있다. 이들은 이후 그의 문하에서 성리학을 전수받게 되고, 또 그와 함께 과거에 합격한 동년과 그의 은문인 유경·이장용의 문하에서 과거에 합격한 선후배의 동문들도 그와 교유하는 과정에서 성리학을 접하게 된다.

이밖에 그와 더불어 교육중흥을 선도한 당시의 교관들도 그로부터 성리학을 전수 받았고, 또 조정에서 같이 활동하였던 학자들 중에서도 그에게 영향을 받은 사람이 많았다. 이로써 고려후기에는 안향을 정점으로 하는 새로운 학맥이 형성되면서 고려사회의 학문을 주도하게 된다.

안향의 학문은 최초로 성리학을 전수받은 육군자를 비롯하여 동년·동문·문생 및 그와 교유한 문인들에게 계승되고 있으며, 이들은 이후 과거의 고시관 또는 대사성을 비롯한 교관직을 역임하는 과정에서 자신의 문생 및 문도들에게 전승하게 된다.

이로써 고려후기는 성리학이 정치사회의 기저로 정착되어 갔다. 당시 안향으로부터 성리학을 전수 받았을 것으로 보이는 문인들을 살펴보면 다음 <표 1>과 같이 정리할 수 있다.

〈표 1〉 안향의 문인

유 형	이 름
六君子	權溥·禹倬·李瑱·李兆年·白頤正·辛蕆
同 年	李尊庇·金㫒·朴祿之
同 門	金賆·朴全之·李混
門 生	尹宣佐·蔡禑·尹安庇·趙延壽·李彦中·金光軾·辛蕆·洪伯
教 官	李晟·尹莘傑·金文鼎·秋適·金承印
交遊門人	閔漬·金台鉉·趙簡·金恂·吳潛·崔誠之·蔡洪哲·權漢功·金元祥·安軸

이들이 모두 성리학을 수용하였다고는 볼 수 없지만 이들 중에
는 적어도 안향과 교유하는 과정에서 성리학을 접할 수는 있었을
것이다. 또 이들 중에는 직접 원에서 성리학을 수용한 사람도 있을
수 있겠지만 안향과 교유하면서 더욱 학문적 깊이를 더하여 갔을
것이다. 이들의 성리학 수용 여부는 이들의 행장을 검토함으로써
그 실체가 파악될 수 있을 것이다.

본 항에서는 이들을 유형별로 분류하여 그 실체를 구명해 보고
자 한다.

1. 六君子

안향의 문인으로 성리학을 보급하는데 크게 공헌한 사람은 權溥
·李瑱·禹倬·李兆年·白頤正·辛蔵 등을 일차적으로 들 수
있다. 이들은 당시 학계에서 소위 육군자로 불리던 사람들로서 안
향의 문하에서 수학하였으며, 그로부터 성리학을 전수 받고 이를
보급하는데 크게 공헌하게 된다. 이것은 『安子年譜』에서

> (安珦은) 六君子로 불려지던 그의 門人 菊齋 權溥·易東 禹倬·東
> 庵 李瑱·梅雲堂 李兆年·彝齋 白頤正·德齋 辛蔵 등과 더불어 의
> 리를 강론하고, 또 正學을 창도하는데 힘썼다.[8]

라고 하고 있는 것에서 알 수 있고, 또 『梅雲堂先生紀年』에서

> 安珦은 문인 權溥·禹倬·李瑱·白頤正·李兆年·辛蔵 등과 더
> 불어 西部의 大巖上(權溥의 家宅이 있는 磐陀石)에서 강론하였으니,

____

8)『安子年譜』권2.

그때 사람들은 이들을 士園의 六君子라 하였다.[9]

라고 하고 있는 것에서도 보인다. 위의 기사에 대하여 후대에 성리학의 학통을 연원하려는 의도에서 조작된 것이라는 일부 학자들의 부정적 견해도[10] 있으나, 필자가 조사한 바에 의하면 위의 사실을 부정해야 할 근거를 찾아볼 수 없었다. 이것은 안향과 이들과의 관계 및 이들의 학문적인 성업을 검토해 보면 알 수 있을 것이다.

1) 權 溥(1262, 원종 3 ～ 1346, 충목왕 2)

처음에는 이름을 永, 字를 耆卿이라 하였는데, 후에 이름을 溥, 자는 齊滿으로 고쳤다. 號는 菊齋이다. 아버지는 충렬왕 때 贊成事・判典理에 올라 致仕한 呾이다. 呾은 성격이 엄중하고 밝아 정사에 청렴・강직하였으며, 충렬왕 10년 동지공거가 되어 많은 인재를 선발하였는데, 그 중에서 權漢功과 金元祥・崔誠之・蔡洪哲・白頤正 등은 이후 학자 및 정치가로서 이름을 떨쳤다.[11]

권보는 충렬왕 5년(1279) 贊成事 朴恒과 典法判書 郭汝弼의 문하에서 나이 18세로 과거에 등제하였고, 다음 해에 文臣親試에 합격하여 이름을 떨쳤다. 그는 성품이 忠孝하고 慈惠하여 왕으로부터 깊은 신임을 받아 관로가 순탄하였고, 충숙왕 때에는 僉議政丞・判總部事를 제수받고 永嘉府院君에 봉작되었다. 충렬왕 27년(1301)에는 知貢擧를 맡아 李齊賢・朴元桂・盧承綰 등 33명을 선발하였다. 이들 중에서 이제현은 고려후기 성리학의 보급에 크게

---

9) 『三賢紀年』 권1, 梅雲堂先生紀年.
10) 尹塔均, 1933, 『尹文學士遺稿』, 조선인쇄주식회사.
11) 『高麗史』 권107, 列傳20 權呾.

공헌하고 있다. 그도 성리학에 깊은 관심을 가져『朱子四書集註』를 간행하여 성리학의 보급에 힘썼다.
『고려사』열전에서는 이러한 그의 노력을 크게 평가하여

> 溥는 성품이 忠孝하고 친족과 인척들에게 慈惠스러웠고, 또 동료나 친구들에게도 화목하였으며, 독서를 즐겨 늙어서도 쉬지 않았다. 일찍이 朱子의『四書集註』를 널리 펴도록 건의하여 이를 간행하니, 東方의 성리학이 溥로부터 시작되었다.『銀臺集』20권을 주석하였으며, 또 아들 準과 더불어 역대의 효자 64명을 모아 책을 만들어 사위인 李齊賢으로 하여금 贊을 짓게 하고 이름을『孝行錄』이라 하니, 세상에 널리 행하였다.[12]

라고 하여 그를 동방 성리학의 최초 전래자로 부각시키고 있다.
권보의 행장이나 묘지명에서는 안향으로부터 수학하였다는 내용을 찾아볼 수 없다. 그러나『안자연보』와『매운당선생기년』에서는 그가 안향으로부터 수학하였음을 밝히고 있고, 또 白文寶가 지은「文憲公彝齋先生行狀」에서도

> 白頤正은 天資가 純厚하고 公輔의 器가 있었다. 일찍부터 權文正溥 · 禹文僖 倬과 더불어 晦軒 安珦의 門下에 출입하여 가르침을 받고 학문을 연마하였으며, 또 性理의 학을 배우기를 자임하였다.[13]

라고 하여 白頤正 · 禹倬과 더불어 안향에게서 학문을 수학하였음을 밝히고 있다. 백문보는 비록 후학이지만 이들이 생존한 시기에도 활동하여 이들의 활동을 직접 목도하였으며, 백이정 사후 얼마 되지 않는 시기에 위의 행장을 지었다고 볼 때 우탁과 권보는 아직도 생존하고 있었던 시기이다. 따라서 위의 묘지명은 내용 그대로

---

12)『高麗史』권107, 列傳20 權旺 · 權溥.
13)『淡庵先生集』권2,「文憲公彝齋先生行狀」.

보아도 좋을 것이다.

그렇다면 안향으로부터 권보가 수학한 시기는 언제인가 하는 것이 문제이다. 그는 15세가 되던 충렬왕 2년에 成均試에 합격하고, 3년 후인 충렬왕 5년에 文科에 합격하여 관로에 나갔다. 당시의 일반적 사조는 성균시에 합격한 후에는 성균관에 입학하여 학문을 연마한 후에 과거에 응시하였다. 주목되는 것은 충렬왕 4년을 전후한 시기에는 안향이 國子司業의 교관직을 맡고 있었다는 사실이다. 그렇다면 그는 이 시기에 안향으로부터 교육받았을 가능성을 배제할 수 없다. 그와 함께 안향으로부터 수학하였다는 우탁도 그와 同甲으로서 충렬왕 4년에 鄕貢進士에 합격하고 있다. 또 백이정도 충렬왕 10년의 과거에 합격하고 있는데, 성균시의 합격은 그 이전으로 훨씬 소급하여야 할 것이다. 그렇다면 이들 3인은 안향이 국자사업으로 재직하고 있는 동안에 수학하였을 가능성을 찾아볼 수 있다.

그러나 이 시기는 안향이 성리학을 접하지 않았던 시기이다. 안향은 충렬왕 15년(1289)에 원에서 성리학을 접하고 이를 孔門의 正脈이라 하여 이를 베껴 다음 해 귀국할 때 가져오게 된다. 이후 안향은 그의 문하에 출입하는 사람들에게 儒琴一張을 보이고 이를 행하도록 권하고 있는데, 이때 이들도 안향의 문하에 출입하면서 성리학을 접하였을 것이다. 이로써 권보를 비롯한 이들은 성리학을 수용하고 이의 연구에 전념하였을 것이다.

위의 『안자연보』와 『매유당선생기녀』『淡庵先生集』의 내용은 바로 이러한 사실을 말한 것으로 볼 수 있다.

2) 禹 倬 (1262, 원종 3 ~ 1342, 충혜왕 복위 3)

우탁은 丹山人으로 字는 天章 또는 卓夫라 하였고, 號는 丹岩 또는 白雲堂이라 하였으며, 세칭 易東先生이라 불리기도 하였다.

원종 3년(1262) 丹山縣 品達里 新院(현재 忠北 丹陽郡 赤城里)에서 門下侍中으로 追贈된 天珪의 아들로 태어났다. 어려서부터 성품과 지조가 바르고 곧았으며, 천품이 총민하고 학문을 좋아하여 충렬왕 4년(1278) 17세로 鄕貢進士에 선발되고, 충렬왕 16년(1290)에 29세의 나이로 政堂文學 鄭可臣・判秘書事 金賆의 문하에서 과거에 급제하였다. 그는 권보와 동갑으로서 권보가 성균시에 합격한 2년 후에 향공진사에 합격하여 국자감에서 수학하였던 것 같다. 충렬왕 4년에 안향은 국자사업으로 있었는데, 그가 이때 안향으로부터 수학하였다는 것은 『易東先生實記』에서 『東國淵源錄』의 내용을 인용하여

선생이 어릴 때 晦軒先生 裕에게서 처음으로 학문을 배웠다.[14]

라고 하였고, 또 『東國文獻錄』에서

晦軒의 門下에 經을 끼고 수업받는 사람이 七管十二徒를 비롯하여 수백명에 이르렀다. 그 道를 깨닫고 이를 후세에 전하는데, 특히 공을 세워 儒林에 기록된 사람은 易東을 비롯하여 德庵 辛蕆・上黨 白頤正・菊齋 權溥 4명 뿐이다.[15]

라고 하고 있는 것에서 보이고 있다. 위의 인용문 중에서 『동국문

---

14) 『易東先生實記』 권3, 「史乘添載」.
15) 『易東先生實記』 권3.

헌록』의 기사는 충렬왕 27년(1301) 이후 안향이 교육중흥에 전념하였을 때의 기사이다. 이때 우탁이 그의 문하에서 처음으로 교육을 받았다고 보기는 어렵고, 『동국연원록』의 기사에서 '어릴 때'라는 단서가 있는 것을 보면 20세 이전으로 보아야 할 것이다. 그렇다면 그가 처음으로 안향을 만나게 된 것은 향공진사로 선발되어 중앙에 선상된 17세로 보아도 무리가 없을 것이다.

우탁이 과거에 합격하는 충렬왕 16년(1290)을 전후한 시기에 안향은 당시 학계에서 확고한 위치를 확보하고 있었다. 즉 그가 합격하기 전의 과거(충렬왕 14년)에 안향은 左丞旨로 동지공거가 되어 과거를 주관하였고, 그가 합격된 다음의 과거(충렬왕 20년)에는 知貢擧가 되어 과거를 주관하였다.

충렬왕 16년(1290)은 안향이 왕을 호종하고 원에 갔다가 귀국하던 해이며, 성리학을 최초로 전래하였던 시기이다.

우탁은 향공진사로 선발되어 중앙에 선상된 17세 이후 안향의 문하에서 수학하였을 것으로 보이며, 과거에 합격하던 해에는 안향으로부터 성리학을 전수하였을 것이다. 이것은 그가 과거에 급제한 후 寧海司錄을 제수 받아 행한 치적에서도 보인다.

이때 행한 그의 치적에 대하여 『고려사』 열선에는

> 倬은 등과되어 처음 寧海司錄에 선임되었는데, 郡에 妖怪한 神祠가 있어 이름을 八鈴이라 하였다. 이로써 백성들은 귀신들의 장난에 유혹되어 奉祠를 심히 煩瀆하게 하였다. 倬이 이르자 곧 이를 부숴 바다에 던지니, 마침내 淫祠가 드디어 끊어졌다.[16]

라고 하고 있는데, 이것은 충렬왕 원년에 안향이 尙州判官으로 부임하였을 때 巫女들의 농간을 퇴치한 것과[17] 그 맥락을 같이 하고

---

16) 『高麗史』 권109, 列傳22 禹倬.

있다.

그는 충선왕 원년(1309)에는 監察糾正으로 있었는데, 이때 왕이 충렬왕의 후궁인 淑昌院妃를 犯奸하자 이의 부당성을 논박한 것은 후세에 규감이 되기도 한다. 이때의 사실을『고려사』열전에서는 다음과 같이 기록하고 있다.

> 때에 충선왕이 淑昌院妃를 犯奸하거늘 倬이 白衣로 도끼를 가지고 거적자리를 메고 대궐에 나아가 상소하여 그 부당성을 간하였는데, 近臣이 疏를 들고 감히 읽지 못하는지라 倬이 소리질러 말하기를 "卿이 近臣이 되어 능히 잘못된 것을 바르게 하지 못하고 惡을 맞이하기가 이에 이르니, 卿은 그 죄를 아는가"라고 하니, 좌우가 전율하였고, 왕도 크게 부끄러워하였다.[18]

그는 이후 국자좨주로 진출하고 있는데, 이때 그가 행한 교육의 주지는 성리학이었다. 이것은『고려사』열전에서

> 倬은 經史에 박통하였고, 더욱 易學에도 조예가 깊어 卜筮에 통하지 않는 것이 없었다. 程朱의 학이 처음으로 동방에 전하니 이를 아는 자가 없었는데, 倬이 문을 닫고 月餘동안 참구하여 이를 해득하고 생도들을 교수하였다. 이로써 理學이 비로소 행하게 되었다.[19]

라고 하고 있는 것에서 알 수 있다.

그가 언제 국자좨주를 역임하였는지는 정확한 기록이 없어 알 수 없다. 그러나 충숙왕 때는 이미 관직에서 은퇴하여 왕의 부름에도 나아가지 않았음을 볼 때 충선왕 때로 보아야 할 것 같다. 충선왕은 5년 후에 왕위를 충숙왕에게 전위하고 있음을 감안할 때 그

---

17)『高麗史』권105, 列傳18 安珦.
18)『高麗史』권109, 列傳22 禹倬.
19)『高麗史』권109, 列傳22 禹倬.

가 국자좨주를 맡았던 시기는 감찰규정을 역임한 이후가 될 것이다.[20]

　그는 국자좨주를 지내는 동안에 원에 사신으로 가서 그 곳의 학자들과 교유하면서 성리학을 직접 참구하게 된다. 『고려사』에는 그가 원에 갔다는 사실을 누락시키고 있지만 『역동선생실록』이나 조선시대에 趙穆의 『易東書院記』 등에서는 원에 사행했다는 기사가 보인다.

　먼저 『역동선생실록』의 내용을 살펴보자.

> 우리나라에 易이 없었는데, 先生이 중국의 사신으로 들어가 元나라 황제에게 아뢰어 말하기를 "臣의 나라에는 易이 없습니다"라고 하니, 천자가 말하기를 "그대는 易理에 통달했는가"라고 물었다. 先生이 말하기를 "비록 널리 통하는 군자라 하더라도 어찌 易理에 통달할 수 있겠습니까. 易은 理學의 두뇌이니 바라옵건대 한번 보여주십시오"라고 하였다. 이에 천자가 易을 주니, 선생이 玉河關에 나와서 불을 밝히고 하룻밤을 읽고 이튿날 돌려주었다. 천자가 말하기를 "모두 읽었느냐"라고 물으니, 대답하기를 "거의 섭렵했습니다"라고 하였다. 이에 천자가 背誦하게 하니, 선생이 모두 외우는데 막히는 곳이 없었다. 천자가 놀라서 칭송하여 말하기를 "아름답도다. 작고 치우친 나라에 두기는 아깝다. 朱夫子가 다시 태어났구나(美哉 惜置偏邦 朱夫子復生)"라고 하였다. 선생이 환국하여 試誦하고 소금 의심나는 곳이 있어 문을 닫고 한달 쯤 연구하여 이를 해득하고, 이듬해에 중국에 보내어 本易과 서로 대조하여 보게 하니, 한 글자도 착오가 없었다.[21]

---

20) 『耕隱田祖牛年譜』에는 忠穆王 2년 丙戌조이 기사에 "是時從祭酒禹倬 講明程朱性理之學"이라고 하여 충목왕 2년에 국자좨주의 직을 맡았던 것으로 기록하고 있다. 그러나 충목왕 2년 병술은 1346년으로 그가 죽은 4년 후가 된다. 따라서 이것은 오기가 분명하다. 필자는 충목왕 2년 병술은 충선왕 2년 庚戌의 잘못으로 보고자 한다.

21) 『易東先生實錄』 권1, 「史乘遺事」.
　『易東實記』 권1, 「史乘添載」에서는 우탁이 원에 간 시기를 원 順帝 때로 보고 있으나 순제가 재위한 기간은 충혜왕 복위 2년(1341)～공민왕 19년(1370)의 시기이다. 우탁이 죽은 때가 충혜왕 복위 3년(1342)인데,

또 조목의 『역동서원기』에서는

> 易東이 元에 가 있을 때 중국 학자 丁寬이 易東께서 『周易』에 박통함을 찬탄하여 "우리 易이 동방에 있구나(吾易 東已而)"라고 하였던 것을 인용하여 退溪 선생이 易東書院이라고 명명하였다.22)

라고 기술하고 있다.

그렇다면 그가 원에 간 시기는 언제인가? 앞에서 인용한 『역동선생실록』에는 원 순제가 재위하던 시기로 보고 있으나 이것은 잘못이다. 왜냐하면 원의 순제가 재위하던 시기는 충혜왕이 집권하고 있었는데, 이때는 이미 관직에서 물러나 있었기 때문이다. 따라서 그가 원에 간 시기는 충선왕 때로 보지 않을 수 없다. 충선왕 3년에는 원의 武宗이 죽고 仁宗이 새로 즉위하고 있다. 『고려사』의 기록을 보면 충선왕 3년 2월에 左常侍 金之兼을 원에 보내어 皇太子의 탄일을 축하하고 있고, 이 해 12월에는 황태자가 즉위하여 年號를 皇慶으로 고치고 사신을 고려에 보내 조서를 반포하고 있으며, 이때 고려에서는 贊成事 洪詵을 원에 보내어 賀正하고 있다. 이보다 앞서 이 해 11월에는 찬성사 권보가 藏經을 가지고 원에 간 기사가 보인다.23)

우탁이 원에 간 시기도 바로 이때였을 것으로 보인다. 즉 사행의 일행에 포함되어 원에 갔을 것이다. 이것은 『역동선생실록』에서

이때 그의 나이는 81세였다. 만약에 순제 즉위년에 원에 갔다면 이때 그의 나이 80이 되는데, 이것은 이치에 맞지가 않다. 이때는 우탁이 은퇴하여 낙향하고 있을 때였다. 『易東先生實錄』에서는 『易東實記』에 기재된 이러한 모순을 발견하였는지 순제라는 용어를 누락하고, 단지 황제 또는 천자라는 말로 표기하였다. 필자는 『역동선생실록』의 내용을 따랐다.

22) 『易東先生實錄』권1, 史乘.

23) 『高麗史』권33, 世家33 해당연월 기사 참조.

"선생이 환국하여 의심나는 곳이 있어 문을 닫고 한달 동안 연구하여 이를 해득했다"라는 기사와 『고려사』 열전에 "정주의 학이 처음으로 동방에 전하니, 문을 닫고 한달 동안 연구하여 이를 해득하고 생도들을 교수하니 이학이 비로소 행하게 되었다"는 기사는 같은 시기의 내용으로 파악할 수 있기 때문이다. 『고려사』의 기록에서 "이를 해득하고 생도들을 교수하였다"라고 부연하고 있는 것은 그가 國子祭酒로 있을 때의 사실이라는 것을 시사해 준다.

그는 국자좨주의 직을 끝으로 관직에서 은퇴하여 禮安縣에서 만년을 보내었고,[24] 충혜왕 복위 3년(1342)에 죽으니, 향년 81세였다.

우탁의 학문은 이후 그의 문인들에게 계승되어 東方士林의 宗으로 숭앙을 받게 되고, 공민왕 16년(1367)에 鄭夢周·金九容·金若恒과 국학 생도들이 왕에게 시호를 청하니, 국가에서는 文僖公이라는 시호를 내리게 된다.[25] 조선시대 퇴계 이황은 그의 덕을 기려 그가 살던 옛집 근처에 易東書院을 지어 祭享하였고, 숙종 9년(1683)에는 正言 兪明이 서원에 대한 사액을 청하자 왕은 "우탁은 학문과 절의가 높았으니 선비들의 상소를 기다릴 것 없다"라고 하고는 특명으로 賜額을 내렸으며,[26] 이 해 10월에는 역동서원이란

---

24) 禹快濟는 1990, 「易東 禹倬의 思想과 文學」 『大東文化研究』 25에서 우탁이 국자좨주를 역임하고, 이후 진주목사로 부임하였다고 하면서 그 근거로 稼亭 李穀이 지은 「送禹祭酒守晋州」라는 시를 제시하고 있다. 이곡은 1298년에 출생하여 충숙왕 7년(1320)에 과거에 등제하여 이 해에 福州司錄叅軍으로 부임하고 있다. 충선왕 때는 그의 나이 20세 이전으로 성균시에도 합격하지 못한 시기로서 우탁선생과는 같이할 수 있는 계제가 못되었다. 따라서 가정의 시에서 보이는 '禹祭酒'를 우탁이라고 단정지을 수는 없다. 『高麗史』를 비롯한 어떠한 기록에도 우탁이 국자좨주 이후 진주목사로 부임하였다는 내용은 보이지 않는다.

25) 『埜隱田貴生遺稿』, "恭愍王十六年 丁未 圃隱公及惕若齋 金若恒與太學儒生上疏 以爲先生與禹祭酒 皆講明程朱性理之學 實爲東方士林之宗"이라 하여 그에게 시호를 내릴 것을 건의하여 수용되었다.

額號를 내렸다.[27]

3) 白頤正 (1247, 고종 34~1323 충숙왕 10)

백이정은 高宗 34년(1247) 9월에 國學大司成과 寶門閣學士를 지
낸 白文節의 아들로 태어났다. 字는 若軒, 號는 彝齋, 본관은 藍浦
이다.

그의 아버지 白文節은 고종 조에 등제하여 국학좨주를 역임하였
고, 강직한 성품과 빼어난 학식으로 이후 諫官을 거쳐 충렬왕 5년
을 전후한 시기에는 國子大司成의 직에 있었다.[28] 이때는 안향도
國子司業의 직에 있었다. 그렇다면 백문절과 안향은 일찍부터 지
면이 있었을 것이고, 국자감 교관을 같이 역임하는 과정에서 학문
적인 교유도 서로 있었을 것이다.

백이정은 타고난 품성이 순후하여 公輔의 器가 있었으며, 일찍
이 아버지로부터 많은 학문적 영향을 받게 된다.

충렬왕 10년(1284) 判密直司事 金周鼎과 判衛尉寺事 權㫜의 문
하에서 崔誠之·蔡洪哲·權漢功·金元祥 등과 더불어 과거에 급
제하였다. 이 해는 그가 38세 되던 해이며, 그의 아버지 백문절이
죽은 2년 후가 된다. 그렇다면 그는 아버지가 죽기 전인 충렬왕 8
년 이전에 성균시에 합격하였을 것이고,[29] 그 후 국자감에서 수학

---

26) 『肅宗實錄』 권14, 肅宗 9년 정월 丁未.
27) 『肅宗實錄』 권14, 肅宗 9년 10월 癸巳.
28) 『高麗史』 권106, 列傳19 白文節.
29) 忠烈王 8년은 그의 아버지가 죽은 해이므로 응시할 수가 없었을 것이
    며, 그 다음해도 겨를이 없었을 것이다. 『高麗史』 選擧志를 보면 충렬
    왕 8년 이전에는 『高麗史』의 누락인지는 알 수 없지만 충렬왕 5년에
    성균시가 설행되고 있다(『高麗史』 권74, 志28 選擧2 科目2 國子試).

하였을 것이다. 이와 같이 본다면 이때 그는 안향에게서 수학하였을 가능성을 배제할 수 없다. 이것은 백문보가 「彝齋先生行狀」에서 그가 일찍이 권보·우탁과 더불어 안향의 문하에서 수학하였음을 밝히고 있는 것에서 보인다.[30]

「행장」에서는 위의 기사를 이어

> 때에 국가에서는 반란을 정벌하고 그 죄를 문책하기를 20여년이나 하였다. 이로써 선비들은 군인으로 징발 당하여 弓矢를 잡았으니, 독서하는 자는 10명에 한 두명에 불과하고, 文籍의 전함은 겨우 실날 같았다. 晦軒公이 聖廟를 수리하고 공자를 받드니 이에 학문이 일어나고, 諸賢들이 그 문하에 모여 遍經博古로서 학문에 전념하였다.[31]

라고 기록하고 있다. 위의 내용 중 "聖廟를 수리하고 孔子를 받들었다"라는 내용은 충렬왕 27년 이후 안향이 국학진흥을 위하여 교육활동을 실시한 것으로 보아야 하는데, 그렇다고 해서 백이정이 이때 안향에게 수학하였다는 것은 아닐 것이다. 왜냐하면 이때 백이정은 충선왕을 호종하여 원에 있었던 시기이기 때문이다. 그의 아버지 백문절은 안향과 국자감에서 같이 교관으로 재임하였고, 이들의 친분도 각별하였다. 또 안향의 아들 于器는 백이정이 과거에 합격하기 전의 과거에 합격하여 이들 사이에도 서로 교유관계가 있었다. 이와 같이 볼 때 백이정은 비록 안향과는 몇 년의 차이밖에 나지 않지만 그를 스승으로 사숙하였을 것이며, 또 직접 국자감에서 교육도 받았을 것이다.

위 「행장」의 기사는 백이정의 학문적 배경을 설명하는 과정에서 안향이 만년에 행한 교육활동도 아울러 서술한 것으로 보아야 할

---

30) 『淡庵先生集』 권2, 「文憲公彝齋先生行狀」.
31) 『淡庵先生集』 권2, 「文憲公彝齋先生行狀」.

것이다.

충렬왕 24년(1298)에 충선왕은 즉위한지 8개월만에 퇴위하고 원에 가게 된다. 이때 그는 충선왕을 호종하여 원에 갔고, 이곳에서 10년 동안 宿衛하면서 그 동안에 성리학을 본격적으로 연구하게 된다. 10년 후인 충렬왕 34년(1308)에 왕이 죽자 충선왕이 귀국하여 다시 왕위에 오르는데, 이때 그도 충선왕을 따라 귀국하게 된다. 그는 귀국하면서 그 동안에 수집한 程朱의 서를 가지고 왔으며, 이로써 당시 학계는 성리학의 연구에 활기를 띠게 된다. 백문보는 그의 행장에서

> 戊戌(忠烈王 24년)에 왕(忠宣王)이 元으로 돌아감에 공께서는 宿衛로서 호종하였다. 燕京에 머문 10년 동안 程朱全書를 많이 취하여 귀국할 때 가져와 同門 4~5명과 날마다 이를 강론하고 탁마하였다. 동방의 학자들은 비로소 성리학이 있음을 알게 되었다.[32]

라고 하였고, 『고려사』 열전에서는

> 때에 程朱의 學이 중국에 행하여 아직 동방에는 미치지 않았는데, 頤正이 元에 있으면서 이것을 배워 東으로 돌아오니, 李齊賢·朴忠佐가 제일 먼저 師受하였다.[33]

라고 하여 앞의 「행장」에서 밝히고 있는 동문 4~5명 중에서 이제현과 박충좌의 이름을 열거하면서 보다 구체화하고 있다. 또 이제현은 『櫟翁稗說』에서

> 뒤에 彝齋 白頤正이 충선왕을 따라가 燕京에서 10년이나 머물면서

---

32) 『淡庵先生集』 권2, 「文憲公彝齋先生行狀」.
33) 『高麗史』 권106, 列傳119 白文節 附 頤正.

> 程子와 朱子의 성리학에 관한 책을 많이 가지고 돌아왔고, 나의 장인
> 인 菊齋 權公이『四書集註』를 얻어 이를 판각하여 널리 보급하니, 학
> 자들은 비로소 道學이 있음을 알게 되었다.[34]

라고 하여 백이정의 성리학에 대한 서적 전래와 이의 보급에 대한
사실을 더욱 상세하게 서술하고 있다.

백이정은 충선왕 2년(1310)에 왕의 신임을 받아 祿俸을 받는 檢
校宰臣으로 임용되었고,[35] 충숙왕 원년(1314)에는 僉議評理가 되
어 商議會議都監事를 겸하였으며, 후에 上黨君으로 봉작되었다.

충숙왕 10년(1323)에 죽으니, 향년 77세이다. 충숙왕은 그의 죽음
을 애도하여 文憲이란 시호를 내렸다.

백이정은 만년에 관직을 은퇴하고 전원에서 생활하였는데, 이때
지은 시를 보면 만년에도 학문에 계속 정진하였고, 정주의 학문에
심취하고 있었음을 알 수 있다.

矮屋蕭條十肘餘　　초라한 집 보잘 것 없어 겨우 10여 추에 불과하지만
焚香靜讀聖人書　　향을 피어 聖人의 書를 靜讀하노라.
自從人爵生天爵　　자적하며 人爵에 따르니 天爵이 生하는도다.
情欲秋林日漸疎　　情 깊은 가을 수풀, 날이 갈수록 엉성해 지는도다.[36]

4) 李兆年 (1269, 원종 10 ～ 1343, 충혜왕 복위 4)

이조년은 원종 10년 京山府 龍山里에서 출생하였다 字는 元老
이다. 증조는 敦文이고, 할아버지는 得禧이며, 아버지는 長庚인데,
모두 府吏를 지냈다. 어려서부터 志節이 있어 학문에 힘썼고, 恭儉

---

34)『櫟翁稗說』前集 2.
35)『高麗史』권80, 志34 食貨3.
36)『高麗史』권106, 列傳116 白文節 附 頤正.

하고 위엄이 있어 사람들이 두려워하였다. 이러한 그의 인품에 대하여『고려사』열전에서는

> 李兆年은 恭儉하고 위엄이 있어 鄕人들이 두려워하였다. … 어려서부터 志節을 품고 있었고, 또 器局이 있었다. 일찍부터 학문에 힘써 문장에 능하였다. 나이 약관이 못되어 풍채가 뛰어났음으로 草溪 鄭允宜가 그 府에 出使하였을 때 한번 보고 빼어난 사람인 것을 알고 그의 딸로서 부인을 삼게 하였다.[37]

라고 하였고, 李齊賢은 그의 묘지명에서

> 公의 사람됨은 비록 키는 작았지만 才氣가 精悍하여 뜻이 확실하고 과감히 말하였다. 이로써 가는 곳마다 명성을 떨쳤고, 또한 공적이 빼어났다. 특히 그의 大節은 높이 살 만하다.[38]

라고 하였다.

그는 충렬왕 11년(1285)에 鄕貢進士로 선발되니, 이때 그의 나이 17세였다. 충렬왕 20년(1294)에는 안향의 문하에서 과거에 급제하였다.[39]

---

37)『高麗史』권109, 列傳22 李兆年.

38)『益齋亂藁』권7,「文烈公李公墓誌銘」.

39)『高麗史』권109, 列傳22 李兆年.『梅雲堂先生實記』와 이제현이 지은 그의 墓誌銘에서는 충열왕 11년인 17세가 되던 해에 향공진사로서 과거에 합격하였다고 기록하고 있으나 위의『매운당선생실기』에서는 충렬왕 20년까지는 그의 관직이 보이지 않고 있다. 또 충렬왕 20년 7월에 안향이 合浦에 출진하였다가 지공거의 명을 받고 귀경하게 되는데, 이때 안향은 이조년의 고향인 京山府에 들르면서 당시 知州였던 李瑱을 방문하였는데, 이때 이조년도 보게 된다.『晦軒先生實紀』에는 이때 이조년의 직함을 進士라 하고 있다. 그렇다면 아직 及第 전이었음을 알 수 있다. 따라서 필자는『高麗史』列傳의 기록을 따랐고, 17세 때는 향공진사로 선발된 해로 보았다.

그는 17세에 향공진사에 합격한 이후 안향의 문하에 출입하였던 것 같다. 이것은 『매운당선생실기』에

> 李兆年은 17세에 향공진사로서 丙科에 등제하여 晦軒先生 裕를 中京 太廟洞으로 찾아가 뵙고 가르침을 청하였다.40)

라고 하고 있는 것에서 알 수 있다. 이후 그는 안향의 문하에 계속 출입하면서 가르침을 받고 있는데, 충렬왕 20년에는 안향이 그의 고향인 경산부에 들렀을 때 당시 知州였던 李瑱을 방문하고 있는데, 이때 그는 고향에 있으면서 이진과 더불어 안향을 맞이하고 있다. 이때 안향은 이진과 그를 위하여 「自合浦赴過召到京山」이란 시를 지어 주고 있다.41)

이로 볼 때 이조년이 안향의 문하에 출입하게 된 것은 충렬왕 20년 이전부터였음을 알 수 있다. 만약에 그가 17세에 향공진사에 합격하고, 이후 국자감에서 수학하였다면 안향으로부터 직접 교육도 받았을 것이다. 또 그는 충렬왕 20년의 과거에 합격하고 있는데, 이로 볼 때 그는 안향의 문생이 되기도 한다.

충렬왕 20년은 안향이 원에서 성리학을 접하고 이를 우리나라에 전한 이후가 된다. 그렇다면 그는 안향으로부터 성리학을 전수 받았을 것이다. 이것은 『매운당선생실기』 충렬왕 27년조(선생 33세조)에서 그가 일찍부터 안향의 문인인 권보·우탁·백이정·신천 등과 더불어 西部의 大巖上에서 강론하였음을 밝히고 있고, 또 안향이 그의 토지와 노비를 성균관에 모두 부쳐 문인으로 하여금 成均館條制를 增修하게 하였는데, 이때 이조년도 동문의 諸賢과 더불어 그 條制를 삼수하였다고 하고 있는 것에서도 알 수 있다.42)

---

40) 『晦軒先生實記』 선생 17세조.
41) 『晦軒先生實記』 권3.

충렬왕 27년이라면 안향이 찬성사로서 교육중흥을 일으켰던 해이며, 그때 교육의 주지는 안향이 국학을 중수한 후 국자생들에게 행한 「諭國子諸生」에서 보이는 바와 같이 성리학의 배양이었다.43)

그는 과거에 합격한 후 安南書記를 배수하고, 이후 재상의 지위에까지 진출하였다. 그는 在官 중에 수차에 걸쳐 왕을 호종하여 원에 다녀오기도 하였고, 담대한 성격으로 왕의 위기를 수차에 걸쳐 구하였으며, 왕의 비정과 국정의 문란에 대하여는 성리학적 가치관에 입각하여 신랄하게 이를 비판하고 그 시정을 요구하였다.

1332년에 충숙왕이 복위하자 충혜왕은 원에 숙위하게 되는데, 이때 그도 호종하게 된다. 원에서 충혜왕은 그곳의 惡少輩들과 더불어 주색에 몰두하였는데, 이조년은 왕에게

> 전하가 天子를 섬길 때는 마땅히 근신하여야 할 것인데, 어찌 禮를 버리고 情을 방종히 하여 累를 재촉합니까 … 儒者는 비록 質朴하나 모두 능히 經史를 익히고 염치를 아는데, 전하가 이를 지목하여 沙箇里(蒙古語의 儒生이란 말인데, 여기서는 物情에 어두운 書生이란 경박한 뜻으로 사용)라 하여 멀리 하니 어찌된 일입니까. 전하는 능히 아첨배를 물리치고 儒雅를 친하여 행동을 고치고 스스로 삼가하소서.44)

라고 직간하고 있다. 이에 왕은 그의 말에 분을 참지 못하고 담을 넘어 도망하고 있다. 1339년에 충혜왕이 다시 복위하자 "兆年은 늙었으나 그 뜻은 가상하다"라고 하여 政堂文學과 藝文館大提學을 제수하고 星山君에 봉하였다. 왕이 일찍이 北宮에서부터 보행하여

---

42) 『梅雲堂先生實記』 忠烈王 27년.
43) 申千湜, 1996, 「安珦의 敎育思想」 『人文科學硏究論叢』 15, 明知大 人文科學硏究所.
44) 『高麗史』 권109, 列傳22 李兆年.

松岡에 이르러 사냥을 하자 그는 왕에게 그 부당성을 논하면서

> 전하가 老臣의 말을 들어 아첨배들을 멀리하고 賢良을 써서 다스
> 림에 精進하시고 다시는 부질없는 놀이를 하지 않으신다면, 노신은
> 죽어도 지하에서 눈을 감겠습니다.[45]

라고 간하고 있다.

이러한 이조년의 정치관은 바로 유교적 이념의 국가관이며, 아울러 성리학 사상의 이념적 기조이기도 하다. 그의 행동은 성리학의 이념을 현실적으로 실천하는데 있었고, 항상 확고한 신념으로서 소신을 밝혔다. 이것은『고려사』열전에서

> 그가 왕에게 나아갈 때는 그의 신발 소리만 듣고도 왕은 "兆年이
> 온다"라고 하고는 좌우를 물리치고 容儀를 정제하여 기다렸다.[46]

라고 서술한 내용과 또『高麗史節要』의 撰者가

> 충혜왕은 영특하고 슬기로운 재능을 좋지 못한 곳에 사용하였고,
> 나쁜 불량배들을 가까이 하여 음란하여 방종을 자행하였다. 이로써
> 안으로는 부왕에게 꾸지람을 당하고, 위로는 天子에게 죄를 지어 죄
> 수의 몸이 되어 길에서 죽었으니, 마땅하도다. 비록 한 사람의 늙은
> 신하 李兆年의 간절한 간언이 있었으나 말을 듣지 않았으니, 어찌 하
> 겠는가.[47]

라고 평하고 있는 내용에서 엿볼 수 있다.

충혜왕 복위 3년(1342)에는 誠勤翊贊勁節功臣의 호를 내리고 壁上

---

45)『高麗史』권109, 列傳22 李兆年.
46)『高麗史』권109, 列傳22 李兆年.
47)『高麗史節要』권25, 忠惠王 5년 史臣贊.

에 圖形하였고, 다음 해에 향년 75세로 죽으니, 文烈이란 시호를 내렸다. 공민왕 때는 星山侯를 내리고, 충혜왕의 廟庭에 배향하였다.

5) 李 瑱(1244, 고종 31 ~ 1321, 충숙왕 8)

이진은 고종 31년에 贈左僕射 翮의 아들로 태어나 처음에는 이름을 芳衍이라 하였다가 후에 瑱으로 개명하였다. 본관은 慶州이며, 字는 溫古, 號는 東庵이라 하였다. 어려서부터 학문을 좋아하여 百家에 박통하였고, 시에 능하다는 명성이 있었다. 사람들이 혹 어려운 韻으로 시험하여도 붓을 들면 바로 지으니, 마치 오랫동안 구상하였던 것을 쓰는 듯 하였다. 尙書 朴松晋이 한번 보고 기특히 여겨 大器라 칭찬하였다. 충렬왕 5년(1279) 贊成事 朴恒과 典法判書 郭汝弼의 문하에서 과거에 급제하였는데, 이때 그의 나이 36세였다. 그는 詩文에도 뛰어나 충렬왕 때 文臣親試에 2등으로 합격하고 있다. 그는 교육에도 깊은 관심을 가지고 있어 安東府事로 출보하였을 때는 민폐를 근절하고 학교를 일으키는데 전념하였다. 이후 충렬왕 25년(1299)을 전후한 시기에는 국자감 대사성을 역임하였다.[48]

그는 안향과 친분이 두터웠다. 연령상으로는 안향과 불과 1년의 차이였지만 그가 과거에 합격하던 충렬왕 5년(1279)에 안향은 국자사업으로 있어 정치적 기반이 성숙되고 있었던 시기이다. 그는 안향의 문하에 출입하면서 많은 교유를 가졌고, 또 관로에서도 같이 활동하였다. 그가 충렬왕 20년(1294) 京山의 태수로 있을 때 안향은 同知密直司事로서 東南道兵馬使가 되어 合浦에 출진하고 있었

---

48) 『高麗史』 권109, 列傳22 李瑱.

는데, 마침 조정으로부터 지공거의 임명을 받아 소환 당하게 된다. 이에 안향은 귀경하게 되는데, 도중에 경산을 들러 이진을 방문하고는 「自合浦赴過召到京山」이란 시를 지어주고 서로 정담을 나누고 있다.

그가 충렬왕 23년(1297) 右司議大夫를 제수 받았을 때 안향은 僉議叅理・世子貳保를 배수하였고,[49] 충렬왕 24년에 충선왕이 즉위하자 이 해 6월에는 詞林學士・試散騎常侍를 배수하였는데, 이때 안향은 叅知機務・行東京留守・集賢殿大學士・雞林府尹의 직을 받고 있다. 다음 달에 그는 左承旨・秘書尹・知兵曹事・사림학사를 제수하였는데, 이때 안향은 僉議叅理・修文殿大學士・監修國史를 배수하고 있다.[50]

안향은 이진의 학문을 높이 평가하였던 것 같다. 이것은 충렬왕 27년 안향이 찬성사로서 학교교육의 중흥을 꾀할 때 그를 經史敎授都監使로 추천하고 있는 것에서 알 수 있다. 이것은 『고려사』 안향 열전에

> … 密直副使로 致仕한 李㦦과 典法判書 李瑱을 추천하여 經史敎授都監使로 삼으니, 이에 禁內學館・內侍・三都監・五庫에 있는 사람으로써 학문을 익히고자 하는 선비 및 七管十二徒의 諸生으로 經을 끼고 수업 받는 사람이 문득 수백을 헤아리게 되었다.[51]

라고 하고 있는 것에서 보인다.

그는 특히 충선왕으로부터는 많은 신임을 받았던 것 같다. 충선왕은 일찍이 원에서 생활하면서 그 곳의 학자들과 교유한 바 있어 성리학에 대한 이해도 어느 정도 갖추고 있었다. 충선왕은 충렬왕

---

49) 『高麗史』 권31, 世家31 忠烈王 23년 冬 10월.
50) 『高麗史』 권33, 世家33 충신왕의 해당연월 기사 참조.
51) 『高麗史』 권105, 列傳18 安珦.

24년에 세자로서 왕위를 계승하게 되자 詞林院을 설치하여 정치개혁을 주도하였다. 이때 왕은 經學에 博通한 학자들을 중용하여 이들에게 전권을 위임하고 있다. 당시 그와 더불어 朴全之·崔문·吳漢卿은 크게 중용되어 신임을 받았으며, 이들은 당시에 四學士로 불리었다. 이러한 사실은『고려사』에서

> 忠烈王 24년 忠宣王이 세자로서 보위에 올랐다. 2월에 文翰學士 崔문·朴全之·吳漢卿·李瑱 등 四學士가 이르자 "오직 그대 諸學士들은 직언하여 숨김이 없도록 하라"고 하였다.52)

라고 하고 있는 것에서 알 수 있고, 또『고려사』박전지 열전에서

> 世子(忠宣王)가 전위하자 詞林院을 두고 朴全之·崔문·吳漢卿·李瑱으로 學士를 삼아 銓注를 맡게 하였다.53)

라고 하고 있는 것에서도 보인다. 이때 4학사로 중임을 맡은 사람들은 학문에 빼어난 학자들로서 경사에 박통하였으며, 성리학도 이미 수용하고 있었다. 朴全之와 吳漢卿의 경우를 살펴보자.

> (朴全之) 竹州人으로 호는 杏山이며, 원종 9년에 약관의 나이로 柳璥의 문하에서 급제하였다. 충렬왕 5년에 원의 세조가 조서를 내려 衣冠子弟를 뽑아 入侍케 하니, 이에 선발되어 원에 머물면서 中原의 명사와 교유하였다. … 사람됨이 온화 자애하였고, 장성함에 經史에 통하고 術數를 연구하여 사람을 가르침에 게으르지 않았고, 사귐이 편협하지 않아 그의 외조 李藏用은 그가 珍寶로 삼던 서적을 모두 전해 주었다.54)

---

52)『高麗史』권33, 世家33 忠宣王1 忠烈王 24년 壬申.
53)『高麗史』권109, 列傳22 朴全之.
54)『高麗史』권109, 列傳22 朴全之.

(吳漢卿) 초명은 한경인데, 후에 詷으로 고쳤다. 자는 月叟이며, 海州人이다. 원종 초에 監試 제 1등으로 합격하여 東宮侍學으로 선보되었고, 元宗 15년에 兪千遇의 문하에서 등제하여 이후 南京司錄에 선임되었다. … 학문이 精博하였으며, 조정에 있으면서는 비록 현저한 공적은 없었으나 마음이 넓고 대범하여 꾸밈이 없었으며, 大體를 알고 長者의 풍도가 있었다.[55]

이진은 충선왕의 개혁정치에 크게 기여하였다. 이것은 『고려사』 열전에서

충선왕이 본국의 積幣를 개혁할 때 瑱이 上書하였는데, 그 주지는 "殿下는 帝室에 功을 세우고 총애를 받음이 날로 심하니 진실로 공이 있어도 자랑하지 말 것이며, 恩寵에 있어서는 두려운 것 같이 해야 할 것입니다. 또 조정의 신하들과 화친하기를 물과 水乳와 같이 할 것이며, 또한 爵位는 지중한 것이니 功없는 사람에게는 함부로 상을 주지 말 것이며, 하물며 이를 이들의 족당들에게 까지 미치게 해서야 되겠습니까. 지금 세상 사람들은 부왕께서 하사한 것이라 사칭하면서 府庫의 전곡을 도둑질하는 자들을 모두 미워하고 있으니, 이는 살피지 않을 수 없는 일입니다. 이미 이들에게 賜給한 土田은 진실로 有功한 자를 제외하고는 일체 회수하소서. 또 官이 많고 인원이 많으니 六部의 尚書를 제외한 모든 관부는 병합하여 糜費와 祿米를 절약하도록 할 것이며, 近年에는 旱災로 황폐화하여 백성들의 생활이 어려우니 마땅히 不急한 役事는 파하소서"라는 내용이었다.[56]

라고 하고 있는 것에서 알 수 있는데, 이는 당시 정치에서 시급히 해결해야 한 과제이기도 하였다. 왕은 이를 가납하고 그에게 정당문하·商議都僉議司事로 超拜하고, 찬성사를 제수하였다.

충숙왕이 즉위하자 檢校政丞을 제수하고 臨海君에 봉하였다. 충숙왕 원년 6월(1314)에는 찬성사 권보, 三司使 권한공, 評理 조간,

---

55) 『高麗史』 권109, 列傳22 吳詷.
56) 『高麗史』 권109, 列傳22 李瑱.

知密直 안우기 등과 더불어 성균관에 모여 江南에서 새로 구입한 經籍 1만 8백여권을 考閱하였다.[57] 이때 성리학에 대한 서적이 대량 입하되었을 것으로 보인다. 주목되는 것은 안우기와 더불어 이 일을 담당하고 있는데, 안우기는 바로 안향의 아들이다.

충숙왕 2년(1315) 정월에는 고시관이 되어 尹奕과 더불어 과거를 주관하여 朴仁幹 등 33명을 선발하였다.[58] 이때의 과거에서 閔思平·趙廉 등과 더불어 安牧도 합격하고 있는데, 안목은 안향의 손자이며, 그의 아들 제현과는 벗이기도 하다.

충숙왕 8년에 죽으니 향년 78세였고, 조정에서는 文定이란 시호를 내렸다.

6) 辛 蕆 (? ~ 1339, 충혜왕 복위 즉위년)

慶尙道 靈山人으로 호는 德齋이다. 충렬왕 20년에 안향의 문하에서 과거에 급제하였다. 충숙왕 원년(1314)에 選部直郎이 되었고, 충숙왕 13년(1326)에는 國子監試의 시관이 되어 李達中 등을 선발하였다.[59] 충혜왕 복위 즉위년에 判密直司事로서 죽었다. 그 동안에 總郎을 역임하였다.

그는 안향의 문생으로 권보·백이정·우탁·이조년·이진 등과 교유하여 성리학을 연마하였으며, 당시에 六君子의 한 명으로 존경을 받았다. 충숙왕 6년에는 안향을 문묘에 종사하는데 크게 기여하였다. 이것은 『高麗史節要』에서

---

57)『高麗史』권34, 世家34 忠肅王 원년 6월.
58)『高麗史』권73, 志27 選擧1 科目1 選場.
59)『高麗史』권74, 志28 選擧2 科目2 國子試.

文成公 안향을 文廟에 從祀하게 하였다. 혹자가 말하기를 "珦은 비록 국자감에 贍學錢을 설치하도록 건의하여 인재를 양육한 공적은 있지만 어찌 이것으로서 그를 문묘에 종사할 수 있겠는가"라고 하였으나 珦의 門生 總郎 辛蕆이 극력 주장하였으므로 이러한 명이 있었다.[60]

라고 하고 있는 것에서 보이고 있다.

2. 國學中興과 교관

충렬왕 27년을 전후하여 안향은 교육중흥을 위하여 크게 노력하고 있다. 그는 자신의 私邸를 국자감의 基地로 국가에 헌납하였고, 또 국자감의 운영을 위하여 학교기금인 贍學錢을 설치하였으며, 아울러 자신의 家傳奴婢를 헌납하여 국자감 운영의 인적·물적 자원으로 활용하도록 하였다.[61] 그러나 무엇보다도 주목할 만한 사실은 그가 학교교육의 중흥을 위하여 직접 교육활동에 관여하고 있는 점이다. 그는 찬성사의 직에 있으면서 학교교육의 중흥을 위하여 교관으로 활동하였으며, 또 經史敎授都監의 운영을 건의하여 이를 활성화시키고 있다.

당시 안향과 더불어 교육활동에 참여하였던 사람들은 거의 모두가 그로부터 성리학을 전수한 문인이거나 또는 당대의 석학들이었다. 또 경사교수도감의 경우도 교관들은 거의 모두가 그의 천거에 의하여 등용되고 있고, 또 이들은 당시 학계를 대표하고 있는 석학들이었다. 당시 그의 교육활동으로 배출된 문인들 중에서 이후 정

---

60) 『高麗史節要』 권24, 忠肅王 6년 6월.
61) 申十湜, 1996, 「安珦의 敎育思想」『人文科學硏究論叢』 13, 明知人 人文科學硏究所.

치와 학계에 크게 두각을 나타낸 사람들이 많았다.

이때 그와 더불어 교육활동에 종사한 사람으로 경사교수도감에서 활동한 사람들을 찾아보면 李慊·李晟·秋適·崔元冲·李瑱 등이 확인된다. 이것은 『晦軒先生實記』에서

> (忠烈王 30년 6월) 새로이 성균관이 준공되고, 이때에 이르러 聖廟도 또한 완성되었다. 왕께서 성균관에 행차하여 성묘를 배알하니, 七管十二徒의 諸生들이 冠服을 입고서 길에서 영접하여 가요를 올렸다. 왕은 密直 李混으로 하여금 入學頌을 지어 諸生들에게 보이도록 하였다. 선생께서 왕에게 청하여 密直으로서 致仕한 李慊과 典法判書 李瑱을 경사교수도감사로 삼게 하고, 또 李晟·秋適·崔元冲 등을 천거하여 一經에 두명의 교수를 두도록 하였다. 이로써 禁內學館·內侍·三都監·五庫·七管十二徒의 諸生들이 모두 쫓아 학습하니, 經을 끼고 수업받는 자가 무려 수백명에 이르러 齋舍는 이들을 모두 수용할 수 없을 지경이었다.[62]

라고 하고 있는 것에서 보인다. 이산과 이진으로 하여금 경사교수도감사를 삼았다는 것은 『고려사』와 『고려사절요』의 기사에서도 확인되고,[63] 이성·추적·최원충 등을 써서 한 경서에 두명의 교수를 두었다는 것은 이제현의 『역옹패설』에서도 보인다.[64] 이들은 그와 일찍부터 교유하면서 이미 성리학에 조예가 깊었던 사람들로 볼 수 있을 것이다.

이들 외에도 안향과 더불어 성균관에서 교육을 담당한 교관으로는 尹莘傑·金承印·徐湩·金元軾·朴理 등을 찾아볼 수 있다. 이것은 『역옹패설』에서

---

62) 『晦軒先生實紀』 권3, 附錄 年譜.
63) 『高麗史』 권105, 列傳18 安珦.
   『高麗史節要』 권22, 忠烈王 30년 5월 壬子.
64) 『櫟翁稗說』 前集2.

> … 또 죽은 郎中 兪咸의 아들이 중이 되어 泗州에 살고 있었는데, 그가 『史記』와 『漢書』에 능통하다는 말을 듣고 서울로 불러오게 하고는 尹莘傑・金承印・徐湮・金元軾・朴理 등을 보내어 그의 가르침을 받도록 하였다.[65]

라고 하고 있는 것에서 보인다. 위의 기록에서는 이들이 당시에 교관으로 있었다는 내용은 없지만 尹莘傑의 경우 이미 그 동안에 수차에 걸쳐 교관직을 역임하였고, 또 충렬왕 34년(1308)에는 성균악정를 배수하고 있다. 그렇다면 그는 이때 교관직을 맡고 있었음이 분명하다. 이로 볼 때 나머지 사람들도 그와 함께 교관직에 있었던 사람들로 볼 수 있을 것이다. 『역옹패설』의 내용을 살펴볼 때 이들은 당시 교관으로 있으면서 안향의 문하에서 직접 가르침을 받고 있다는 사실도 알 수 있다.

이밖에 金文鼎도 당시에 교관직을 맡고 있었던 것이 확인된다. 이것은 『고려사』 안향 열전에서

> 博士 金文鼎을 강남에 보내어 孔子와 七十子의 화상을 그리게 하고, 祭器와 樂器 및 六經과 諸子史의 서적을 구해오도록 하였다.[66]

라고 한 내용에서 보인다.

당시 그와 함께 활동한 이들 교관들의 학문적 배경에 대하여는 모두 확인할 수는 없다. 그러나 위에 열거한 문인 중에서 비교적 많은 자료를 남기고 있는 사람들을 살펴보면 나머지도 유추할 수 있을 것이다.

---

65) 『櫟翁稗說』 前集2.
66) 『高麗史』 권105, 列傳18 安珦.

1) 李 晟 (1251, 고종 38 ~ 1325, 충숙왕 12)

이성은 潭陽人으로 원종 때에 약관으로 과거에 급제하여 溫水監錄에 선임되었다. 이후 水原司錄으로 옮겼다가 임기가 만료되자 가족을 데리고 竹溪村舍로 들어가 벼슬을 구하지 않고 날마다 墳典을 연구하는 것으로서 임무를 삼았다. 후에 國子博士로 보임되고, 閤門祗侯에 제배되었다. 나이 59세에 左司輔에 제배되었으나 얼마 후에

> 藥砌의 맑은 바람은 나의 늙음을 속였는데
> 竹溪의 밝은 달은 나의 病을 달래는구나.
> 어젯밤에 이미 田舍로 돌아 갈 계책을 세웠는데
> 눈이 다한 江南에 匹馬로 떠나려 하노라.[67]

라는 시를 짓고 다음 날 벼슬을 버리고 田舍로 돌아갔다. 이때 당대의 名儒들이 그의 草堂에 모여 주연을 베풀고 그를 전송하였다.

충렬왕 30년(1304)에는 안향의 천거로 경사교수도감의 교수가 되어 후생들의 교육에 전념하였다. 충선왕이 燕京에 있으면서 그의 명성을 듣고 內書舍人의 직을 超授하였으며, 이후 典儀副令과 藝文應敎를 지내고, 얼마 후 選部議郞으로 전보되었으나 충숙왕 원년(1314)에는 다시 벼슬을 버리고 낙향하였다. 이때 왕은 그에게 民部典書를 가하여 치사케 하였다. 뒤에 다시 化平府使가 되었으나 얼마 후에 또 사직하였다. 충숙왕 12년에 죽으니, 향년 75세였다. 『고려사』 열전에서는 그를 평하여

---

67) 『高麗史節要』 권24, 忠肅王 12년 3월.

그는 사람됨이 검소하여 화려한 것을 싫어하였으며, 어릴 때부터 학문에 힘써 책을 손에서 놓지를 않았다. 이르는 곳마다 배우고자 하는 사람들이 구름과 같이 모여들었으며, 당시 사람들은 그를 일러 五經笥라 하였다.[68]

라고 기술하고 있다.

2) 秋　適 (1246, 고종 33 ～ 1317, 충숙왕 4)

추적은 고종 때 藝文館大提學을 지낸 悔庵 永壽의 아들로 字는 慣中, 號는 露堂 또는 魯堂이라 하였다. 본관은 秋溪이다.

원종 원년 李藏用과 柳璥의 문하에서 급제하였는데,[69] 안향과는 동년이 된다. 과거에 합격하자 安東書記에 발탁되고, 이어 直史館에 선임되었으며, 충렬왕 24년(1298)에는 左司諫이 되었다.[70] 그는 성격이 담대하고 일을 공정히 처리하였으며, 언제나 직언으로서 正道를 따랐다. 이것은 그가 충렬왕 24년 좌사간으로 있을 때 당시 內侍인 黃石良이 권세에 아첨하여 그의 고향 合德部曲을 縣으로 승격시키려 하자 그는 글을 올려 그 부당성을 극간하고 있는 것에서 보인다. 이로써 왕의 미움을 받아 유배를 당하게 된다. 이때의 사실을 『고려사절요』에서는 다음과 같이 전하고 있다.

　　左司諫 秋適을 옥에 가두었다. 이때 內侍 黃石良이 권력에 붙어 세력을 부려 그의 고향인 合德部曲을 승격시켜 縣으로 하고자 하니, 適은 이에 서명하지 않았다. 이에 石良이 內侍 石天補·金光衍과 더불

68) 『高麗史節要』 권109, 列傳22 李晟.
69) 『秋氏九百年史』 秋適.
70) 『高麗史』 권106, 列傳19 秋適.

어 기회를 노려 그를 참소하니, 왕이 노하여 친히 칼을 씌우고 巡馬所에 가두게 하였다. 압송하는 자가 그에게 골목길로 가자 하니, 그는 불가하다고 하고는 말하기를 "죄 있는 자는 모두 有司에 보내어 치죄하게 하는 것인데, 왕이 있는 곳에서 칼을 씌우는 것은 일찍 없었던 일이다. 나는 마땅히 큰 길을 지나면서 國人으로 하여금 이를 보게 할 것이며, 또 諫官으로서 칼을 쓰는 것은 영광스러운 일인데, 어찌 아녀자나 아이들처럼 낯을 가리고 골목길로 갈 것이냐"라고 하였다.71)

얼마 후 풀려나와 충렬왕 25년에는 평안도의 龍灣府使로 출보하였다. 이후 益興都護府使를 거쳐 충렬왕 30년(1304)에는 안향의 추천으로 경사교수도감의 교수가 되어 후생들의 교육에 전념하였다. 이때 그는 송의 曇秀가 저술한 『人天寶鑑』을 참고하여 『明心寶鑑』을 저술하여 교재로 활용하였다.72) 이후 民部尙書 · 藝文館大提學에 이르러 치사하였다. 충숙왕 4년에 죽으니, 향년 72세였다. 文憲이란 시호를 내렸다.

그는 성품이 활달하고 검소하였으며, 행동에 꺼리낌이 없었다. 이것은 『역옹패설』에서

그는 붓과 벼루를 가지고 다녔으며, 간혹 홀로 있을 때는 항상 글을 읽었다. 음식은 무엇이나 꺼리지 않았으며, 집에 귀한 손님이 왔을 때도 "손님을 향연할 때는 다만 따뜻하게 백반을 짓고 생선으로 국을 끓이면 족하지 어찌 백금을 소비하여 八珍味를 만드리오"라고 하여 특별한 음식을 대접하지는 않았다.73)

라고 하고 있는 것에서 알 수 있다.

---

71) 『高麗史節要』 권22, 忠烈王 24년 12월.
72) 『秋氏九百年史』 秋適.
73) 『櫟翁稗說』 前集2, 「露堂先生秋適」.

3) 尹莘傑(1266, 원종 7 ~ 1337, 충숙왕 복위 6)

윤신걸은 원종 7년에 監察御使를 지낸 翊의 아들로 字는 伊之, 본관은 慶州 杞溪이다. 충렬왕 11년(1285) 安戩의 문하에서 司馬試에 장원으로 합격하였다. 충렬왕은 당시 그의 試卷을 보고는 크게 기뻐하여 賀試를 지어 하사하였다.[74]

충렬왕 16년(1290) 5월에 政堂文學 鄭可臣과 判秘書事 金賆의 문하에서 문과에 합격하여 南京司錄에 제수되었고, 충렬왕 20년(1294)에는 國學學諭를 배수하였다. 그는 禹倬과는 같은 해에 과거에 합격한 동년이다.

당시 성균관에서 교육을 담당하는 박사들은 대부분 하나의 經에만 능통하였을 뿐 다른 經典에는 거의 불통하고 있어 그 적임자가 아니었다. 이에 조정에서는 교관의 선발을 엄하게 하고 반드시 五經을 통한 연후에야 교관으로 임용하게 하니, 그가 추천되어 四門大學博士가 되었다.[75]

충렬왕 30년(1304)에는 안향의 명을 받아 漢書에 능통한 故 郎中 兪咸의 아들(당시 僧이었음)을 찾아가 이를 배웠다. 충렬왕 33년(1307)에는 左正言, 左司諫, 左司郎을 차례로 역임하고, 충렬왕 34년에는 成均樂正이 되었다. 충선왕 초에는 白元恒과 더불어 왕에게 『資治通鑑』을 진강하였고, 충숙왕이 즉위하자 師傅가 되었다. 이후 同知春秋館事와 知密直司事를 거쳐 충숙왕 11년(1324)에는 大匡·三司使·進賢館大提學·上護軍을 배수하고, 이 해 겨울에 杞城君에 봉함을 받았다.

---

74) 『高麗史』 권30, 世家30 忠烈王 11년 4월 丁卯.
75) 『高麗史』 권109, 列傳22 尹莘傑.

그는 관로생활 중에 안향으로부터 학문적으로 많은 영향을 받았으며, 충선왕과 충숙왕은 그를 스승으로 받들었다. 오랫동안 인사의 직책을 맡았으나 가볍게 사람을 평가하지 않아 당시 사람들은 그를 長者라 칭송하였다. 또 타고난 품성이 장중하여 말이 별로 없었으며, 이로써 사람들은 그를 칭하여 "흙으로 만든 사람 같아서 그 속에 무엇이 있는지를 알지 못하겠다"라고 하였다.[76]

충숙왕 복위 6년에 죽으니, 향년 72세였다. 莊明이란 시호를 내렸다.

4) 金承印 (? ~ ?)

김승인은 扶安縣人으로 平章事를 지낸 文貞公 坵의 庶子이다. 충렬왕 15년(1289) 右副承旨 李混의 문하에서 성균시에 장원으로 합격하고,[77] 다음 해에 國子進士로서 政堂文學 鄭可臣과 判秘書事 金賆의 문하에서 과거에 급제하였다. 이때 그의 형 叔盂도 합격하였고, 우탁·윤신걸·김문정 등도 함께 급제한 同年이다.[78]

충렬왕 30년(1304)을 전후한 시기에 국자감의 교관이 되어 안향의 문하에서 윤신걸·徐甄 등과 교육활동에 종사하였으며, 안향의 명에 의하여 故 郎中 兪戚의 아들(당시 僧이었음)을 찾아가 『史記』와 『漢書』에 대한 가르침을 받았다.[79] 충선왕 때에 奉常大夫, 試摠部議郎, 藝文館直提學, 知製敎, 同知春秋館事를 역임하였고, 충선왕 5년(1313)에는 江陵道存撫使로 출보하였는데, 이때 그는 강

---

76) 『東文選』 권123, 「故杞城君尹公墓誌」.
77) 『高麗史』 권74, 志28 選擧2 科目2 國子試.
78) 『科擧事蹟』 尙賢錄 2, 榜目.
79) 『櫟翁稗說』 前集2.

릉 花浮山 石硯巖 아래에 향교를 중건하고 교육을 일으키니 문풍이 크게 일어났다.[80] 이때에 그가 강릉에서 향교를 창건한 후 이를 기념하여 지은 「花浮山鄕校刱立律詩」는 지금까지 江陵鄕校에 전해지고 있다. 충숙왕 때는 大司成을 역임하였다.[81]

그의 생몰연대는 알 수 없지만 그는 아버지의 문하에서 교육을 받았다. 그의 아버지 坵는 국자감 교관을 역임한 당대의 석학으로서 神宗·熙宗·康宗의 三朝實錄을 편수하였고, 원에 올리는 表箋은 대부분 그가 작성하였다. 원에서도 그 이름을 떨쳤는데, 원의 翰林學士 王鶚은 그의 문장을 보고 크게 칭찬하며 그를 상면하지 못함을 한탄하고 있다.[82]

당시에 석학으로 이름을 떨친 鄭瑎는 그의 매부이다. 그의 座主인 李混·鄭可臣·金賆 등도 모두 당대의 석학이었으며, 그는 과거에 합격한 후에는 이들의 문하에 출입하면서 가르침을 받았다. 충렬왕 30년을 전후한 시기에는 국자감 교관이 되어 안향으로부터 성리학을 전수 받은 이후 이의 보급에 전력하였다.『扶安金氏世譜』와『江陵鄕校實記』에서 "그가 강릉 화부산 아래에 향교를 중흥하고 널리 道學을 펴니 이를 배우고자 하는 자들이 수 없이 몰렸으며, 이로써 도학이 크게 일어났다"라고 한 기사는 이를 말해 준다.

---

80) 『扶安金氏世譜』 권3, 10세손 承印 및 『江陵鄕校實記』 沿革條에서는 "高麗 忠烈王 5년 癸丑(元 仁宗 皇慶 2년)에 江陵道 存撫使 金承印이 花浮山 아래에 학교를 세웠다"라고 기록하고 있고, 同書 「花浮山 鄕校 刱立律詩」에서도 충렬왕 癸丑年에 창건한 것으로 기록하고 있다. 그러나 충렬왕 5년은 계축년이 아니고 己卯年이다. 또 충렬왕대에는 계축년이 보이지 않는다. 위의 沿革條에서는 皇慶 2년이라고 하였는데, 이 해는 충선왕 5년이며, 바로 계축년이다. 충렬왕 5년에는 김승인이 과거에 급제하기 전이다. 따라서 이때 그가 강릉도 존무사로 출보하였다는 것은 이치에 맞지 않는다.
81) 『高麗史』 권106, 列傳19 金坵.
82) 『高麗史』 권106, 列傳19 金坵.

3. 동년 및 동문

안향은 원종 원년(1360) 叅知政事 이장용과 知密直院事 유경의 문하에서 급제하였다. 이때 함께 합격한 동년으로서 이후 이름을 떨쳤던 사람으로는 金晅·李尊庇·李仁成·秋適 등을 찾아 볼 수 있다.

그의 은문 유경은 이후 원종 3년(1262)과 원종 9년(1268)의 과거에서노 지공거를 맡아 많은 인재를 선발하였는데, 이때 이름을 떨친 문생으로는 金賆·朴全之·李混이 있다. 이들은 안향을 동문선배로 받들어 敬重하게 대하였으며, 그로부터 많은 학문적 영향을 받게 된다. 또 그의 동년들도 그와 막역하게 지내면서 교유하였다.

이러한 과정에서 그의 동년과 동문들도 그로부터 성리학을 접하였을 것이다. 이들은 이후 성균대사성 또는 고시관을 맡아 많은 문생을 배출하였으며, 또 당대의 석학으로 존경을 받았다.

본 항에서는 이들의 행장을 검토하면서 안향과의 관계를 조명하고자 한다.

1) 金 晅(1234, 고종 21 ~ 1305, 충렬왕 31)

김훤은 秘書郎을 지낸 閌의 아들로 字는 用晦, 號는 鈍村이라 하였다. 본관은 義城이다. 고종 45년(1258)에 蔭으로 務安監務로 나갔으나 원종 원년(1260)에 叅知政事 李藏用과 同知樞密院事 柳璥의 문하에서 을과 제3인으로 급제하여 直史館을 배수하였다.

원종 9년(1268)에 直翰林이 되었고, 다음 해에 賀節書狀官이 되어 원에 갔다. 이때에 林衍이 원종을 폐위하고 安慶公 淐을 세우자 元帝는 원에 있는 세자 諶(충렬왕)을 東安公으로 책봉하고 군사를 보내어 임연 일당을 토벌하고자 하였다. 이에 그는 만일 세자가 公으로 책봉되면 민심이 임연에게 기울어진다고 주장하여 그 계획을 중지시켰다.[83]

원종 11년(1270) 원에서 돌아오자 金州防御使로 출보하였다. 이때 密城人들이 수령을 죽이고 반란을 일으켰는데, 그는 慶州判官 嚴守安과 함께 按廉使 李淑眞에게 나아가 토벌할 것을 건의하였으나 이숙진은 두려워하여 術僧을 불러 吉凶을 점치고 고의로 일을 지연시켰다. 이에 그는 칼을 가지고 그 僧을 치니, 숙진이 두려워하여 그의 말을 좇았다. 반적들이 이를 듣고 크게 두려워하여 항복하였다. 또 三別抄가 반란을 일으키자 그는 군사를 일으켜 이들의 진로를 막고 격퇴시켰다. 조정에서는 그 공을 논하여 金州를 金寧府로 승격하고, 그에게는 禮部郎中을 제수하였다.

충렬왕 원년(1275)에 摠郎을 배수하고 全羅道 部副使로 출보하였는데, 이때 全羅道 按察使 盧景綸이 驛을 통해 뇌물을 서울에 수송하는 것을 보고 이를 반이나 몰수하여 국고에 귀속시켰다. 이로써 景綸의 참소를 받아 襄州副使로 좌천되었다. 그러나 1년 후에 소환되어 國子司業을 배수하였고, 이후 東界安集使, 典法摠郎, 全羅道察訪使를 역임하였다.

충렬왕 19년(1293)에는 左諫議大夫에 올라 賀正使가 되어 원에 갔다. 이때 충선왕이 세자로서 燕京에 있었는데, 이로써 春宮侍讀을 배수하여 시종하였다. 충렬왕 21년(1295) 2월에 귀국하였고, 이 해 9월에는 성균시의 시관이 되어 李瑱 등 74명을 선발하였다. 이때 그의 문하에서 배출된 이진은 육군자의 한 명으로 안향으로부

---

83) 『高麗史』 권106, 列傳19 金咺.

터 성리학을 전수하였고, 그의 아들 李齊賢은 그의 학맥을 계승하여 이후 儒宗으로 존경을 받았다. 이 해 10월에는 大司成에 올라 국자감 교육을 총괄하였으며, 얼마 후 세자를 모시고 원에 호종하였다. 충렬왕 22년에는 원에 있으면서 政堂文學을 배수하였다.

다음 해에 참소를 입자 환국하였으며, 이후 병을 칭하고 벼슬에 나아가지 않았다. 조정에서는 그에게 贊成事를 추가하여 치사하도록 하였다. 충렬왕 31년(1305)에 죽으니, 향년 72세였다.[84]

그는 안향과 동년으로서 안향이 충렬왕 4년에 국자사업을 배수하기 전에 이미 국자사업을 맡았고, 또 충렬왕 21년에는 성균대사성도 맡아 교육을 전담하기도 하였다. 그는 수차에 걸쳐 원에 갔고, 또 그 곳에서 春宮侍讀이 되어 충선왕의 교육에도 일익을 담당하였다.

그는 성격이 청렴하고 강직하였으며, 악을 미워하기를 원수와 같이 하였다. 그의 행적에서 술승을 처치하고 부정을 단속한 것은 우탁의 행적과도 상통한다. 이러한 그의 행동을 종합할 때 그는 이미 성리학을 수용하였던 것으로 보이고, 또 그가 안향과 동년이라는 점을 감안할 때 이러한 가능성을 더욱 짙게 한다.

그는 시와 글씨와 그림에 모두 능하여 당시에 三節을 구비하였다고 칭송받았다.[85]

안향의 문인으로서 육군자의 한명인 이진은 그의 문생이었다. 그가 자신의 묘지명을 스스로 지은 후 죽자 이진은 이에 대한 後繼書를 써서 그를 조문하였다.

---

84) 『韓國金石文追補』「金晅自撰墓誌銘」.
85) 『韓國金石文追補』「金晅自撰墓誌後繼書」.

2) 李尊庇 (1233, 고종 20 ~ 1287, 충렬왕 13)

이존비는 及第 璿의 아들로 처음에는 이름을 仁成이라 하였으나 후에 尊庇로 고쳤고, 字는 持正이라 하였다. 본관은 固城이다. 어려서 아버지를 여의고 외삼촌인 白文節의 문하에서 수학하였다.

고종 38년(1251) 李淳牧의 문하에서 南省試에 합격하고, 원종 원년(1260)에 이장용과 유경의 문하에서 안향·김훤 등과 더불어 禮部試에 급제하였다.[86] 과거에 합격하자 星闈에 속하였다가 원종 7년(1266)에 權務의 직을 배수하였고, 이후 秘書·校書의 郎을 거쳐 大學博士에 올라 直翰林을 겸하였다. 원종 9년(1268)에는 權知閣門祇侯가 되고, 다음 해에 殿中內給事를 배수하였다. 이어 병부와 이부의 侍郎과 東宮侍讀學士를 역임하고, 충렬왕 원년(1275)에는 尙書右丞이 되어 南省試를 주관하였다. 이때 金台鉉·趙戩 등 72명을 선발하였다.[87]

충렬왕 4년(1278)에는 司議大夫를 거쳐 左承旨가 되었는데, 이때 左副丞旨 金周鼎의 건의로 必闍赤를 설치하여 기밀사무를 담당하게 하였는데, 이때 그도 필도치가 되어 여기에 참여하였다.[88] 다음 해 2월에는 密直副使가 되었고, 이 해 7월에는 將軍 鄭仁卿과 함께 聖節使가 되어 원에 다녀왔다.[89]

충렬왕 6년(1280) 12월에는 同知密直司事에 올랐고, 다음 해 7월에는 경상·충청·전라도의 都巡問使로 있었는데, 원은 일본 정벌을 위하여 고려에 과다한 물량을 요구하였다. 이에 그는 당면하

---

86) 『高麗墓誌銘集成』「李尊庇墓誌銘」.
87) 『高麗史』 권74, 志28 選擧2 科目2 國子試.
88) 『高麗史』 권104, 列傳17 金周鼎
89) 『高麗史』 권29, 世家29 忠烈王 5년 2월 및 7월조 침조.

고 있는 고려의 어려움을 논하여 그 부당함을 都堂에 상서하였고, 이로써 고려는 군량과 전함을 조달하는데 백성들을 번거롭게 하지 않을 수 있었다.[90] 이 해 12월에는 知密直司事에 올라 世子元賓을 겸하였고,[91] 충렬왕 8년(1282)에는 지공거가 되어 丞旨 郭預와 함께 과거를 주관하여 崔伯倫 등 進士 32명을 선발하였다.[92] 이때 장원으로 급제한 최백윤은 이후 학문과 문장으로 이름을 떨친 崔瀣의 아버지이고, 또 안향의 아들 于器도 이때의 과거에 합격하였다.

그는 충렬왕 원년 성균시관으로 있을 때 배출한 문생들과 이 해에 배출한 문생들을 거느리고 그의 은문 유경을 찾아기 배알하니, 당시 사람들은 모두 이를 칭송하였다.[93]

이후 文翰學士承旨, 監察大夫, 左右常侍를 역임하고, 충렬왕 13년 정월에 돌아가시니, 향년 55세였다.

그의 외삼촌 백문절은 白頤正의 아버지로서 국학대사성을 역임한 당대의 석학이었고, 또 그의 妻父 李溱도 國學祭酒를 역임하고 尙書左僕射와 翰林學士承旨를 지낸 석학이었다. 그는 어려서는 백문절의 문하에서 수학하였고, 이후 이진과 그의 은문인 이장용과 유경의 문하에도 출입하면서 학문을 정연시켰다.

안향과는 동년이면서 아울러 안향의 아들 우기의 은문이기도 하였다. 그는 안향이 성리학을 전래하기 이전에 죽었기 때문에 안향으로부터 성리학에 대한 전수는 없었다고 하더라도 그 자신의 학문적 소양을 미루어 볼 때 이미 성리학에 대한 이해는 있었을 것으로 보인다. 이것은 그가 聖節使로 원에 가서 그 곳의 학자들과 교유하였고, 또 충선왕의 신임을 받아 측근에서 활동하였던 것은 이

---

90) 『高麗史節要』 권21, 忠烈王 13년 정월 李尊庇 卒記.
91) 『高麗史』 권29, 世家29 忠烈王 2년 12월.
92) 『高麗史』 권73, 志27 選擧1 科目1 選場.
93) 『高麗墓誌銘集成』 「李尊庇墓誌銘」.

러한 가능성을 짙게 한다.

　그의 아들 鐵原君 瑀와 그의 孫 鐵城府院君 李君侅는 이후 성리학에 밝아 크게 이름을 떨쳤다. 특히 이군해의 문하에는 이색도 출입하여 많은 감화를 받고 있다.[94]

3) 李　混 (1252, 고종 39 ~ 1312, 충선왕 4)

　이혼은 將軍 阡의 아들로 字는 去華 또는 太初라 하였고, 號는 蒙庵이라 하였다. 본관은 全義이다

　원종 9년 柳璥의 문하에서 급제하였는데, 이때 그의 나이 17세였다. 과거에 급제하자 慶州叅軍을 배수하였고, 이어 國學學正이 되었다. 이후 여러 관직을 거쳐 충렬왕 15년(1289)에는 右副丞旨에 올랐고, 이 해에 成均試를 주관하여 金承印 등 70명을 선발하였다.[95] 金承印은 이후 안향과 함께 국학교관을 맡아 교육중흥에 참여하였고, 그로부터 성리학을 전수하였다. 이후 강릉향교를 중흥하여 이곳의 성리학 보급에 공헌하였다.

　이후 副知密直司事, 西北面都指揮使, 文翰學士丞旨를 거쳐 충렬왕 21년(1295)에는 同知密直司事에 올랐다. 이때 왕이 耽羅의 民戶를 호적에 편입하고 이를 內庫에 예속시키고자 하였는데, 그 부당성을 극간하여 왕의 미움을 얻었다. 이어 무고를 받아 巡馬獄에 투옥되고 파면 당하였다.[96]

　충렬왕 23년(1297) 11월에는 知密直司事를 배수하여 世子元賓을 겸하였고, 다음 해에 官制가 개정되자 檢校司空·西京留守를 배

---

94) 『牧隱文藁』 권17, 「鐵城府院君李文貞公墓誌銘」.
95) 『高麗史』 권74, 志28 選擧2 科目2 國子試.
96) 『高麗史』 권108, 列傳21 李混.

수하였다.

충렬왕 29년(1303) 6월에는 銓曹判書가 되어 銓選을 관할하였고, 이 해 12월에는 지밀직사사가 되고, 다음 해 정월에는 判密直司事에 올랐다. 이 해 6월에 國學의 大成殿이 준공되니 왕을 호종하고 대성전에 가서 謁聖을 하였고, 왕명에 의하여 入學頌을 지어 諸生들을 격려하였다.[97] 이후 判軍簿司事가 되었다가 충렬왕 33년(1307)에는 都僉議贊成事에 올랐고, 이 해 11월에는 賀正使로서 원에 다녀왔다.

충선왕이 즉위하자 僉議侍郎贊成事를 제수하였다. 이 해에 왕의 부름을 받아 正朝使로 원에 가서 충선왕과 의논하여 관제를 개혁하고 돌아왔다. 이로써 大詞伯의 봉함을 받았고, 壁上三韓功臣에 책록되었다. 그러나 얼마 후 모함을 받아 禮州牧使로 좌천되었으나 곧 소환되어 僉議政丞을 배수하였다.

충선왕 4년(1312)에 죽으니, 향년 61세였다. 文莊이라 시호하였다.[98]

그는 안향의 同門 후배로 서로 간에 교분이 두터웠다. 특히 관로생활에서도 안향과 같은 부서에서 봉직한 때가 많았다. 충렬왕 21년에 그가 同知密直司事를 배수하였을 때 안향은 密直司使였고,[99] 충렬왕 23년에 그가 知密直司事로서 世子元賓을 겸하였을 때 안향은 僉議叅理로서 世子貳保를 겸하였다.[100]

이밖에 충렬왕 30년에 국학이 준공되자 그는 왕을 호종하고 대성전에 가서 입학송을 지어 제생들을 격려하였는데, 이때 국학의 책임자는 안향이었다. 그의 아들 異는 안향의 문하에 출입하면서

---

97) 『高麗史』 권32, 世家32 忠烈王 30년 6월.
98) 『高麗史』 권108, 列傳21 李混.
99) 『高麗史節要』 권21, 忠烈王 21년 6월.
100) 『高麗史』 권31, 世家31 忠烈王 23년 11월.

수학하였다.101)

또 그는 수차에 걸쳐 원에 가서 그 곳의 학자들과 교유하였다. 이로 볼 때 그는 안향으로부터 성리학을 접목하였을 것이며, 또 원에서도 성리학을 접하였을 것이다.

4) 金 胼 (1248, 고종 35 ~ 1301, 충렬왕 27)

김변의 字는 損之, 본관은 彦陽이다. 할아버지는 門下侍中을 지낸 就礪이고, 아버지는 門下侍郎平章事를 지낸 佺이다. 일찍이 蔭으로 東北面 都監判官에 選補되었으나 원종 9년(1268)에 안향의 恩門인 柳璥의 문하에서 급제하여 다음해에 國子博士가 되었다.102) 원종 11년(1270)에 閣門祗侯가 되었고, 다음 해에는 禮部郎中이 되었다. 이 해에 세자가 원에 들어가자 호종하였다. 4년 후 원종이 죽고 세자가 충렬왕으로 왕위를 계승하여 귀국하니, 이를 배행하였다. 충렬왕은 귀국할 때를 즈음하여 원에 있을 때 그의 공을 높이 치하하여

> 그대의 공은 큰데 내가 賞을 내린 것은 보잘 것 없었도다. 그대는 비록 죄가 있더라도 열 번 중에서 아홉 번은 용서할 것이요, 자손에 이르도록 또한 그러하리라.103)

라고 하였고, 왕위에 즉위하자 2등 공신을 내렸다. 이후 여러 관직을 거쳐 충렬왕 16년(1290)에는 判秘書寺事가 되었고, 이 해에 同

---

101) 『高麗史』 권105, 列傳18 安珦.
102) 『海東金石苑』 「金胼墓誌銘」
103) 『高麗史』 권103, 列傳16 金就礪 附 胼.

知貢擧가 되어 政堂文學 鄭可臣과 함께 과거를 주관하여 進士 31명과 明經 2명을 선발하였다.104) 명경 출신이 선발된 것은 충렬왕 10년의 과거 이후 처음이다. 이때 합격한 사람으로서 특이할 만한 사람은 윤신걸·김문정·우탁이 있다. 이들 중에서 우탁은 안향으로부터 성리학을 전수하여 이후 이를 대성하였고, 윤신걸과 김문정은 충렬왕 27년 이후 안향이 국학중흥을 일으킬 때 교관으로 활동하였다.

충렬왕 21년(1295)에는 史館의 修撰官이 되어 同修國史로서 치사한 任翊과 더불어 원 世祖의 事蹟을 편찬하였고,105) 이 해에 右丞旨로 올랐다.

충렬왕 24년(1298)에는 同知密直司事가 되었으며, 이후 監察大夫, 判三司事, 寶門閣提學을 거쳐 충렬왕 26년(1300)에는 集賢殿大學士가 되어 同修國史를 겸하였다.

충렬왕 27년 4월에 僉議叅理로 죽으니, 향년 54세였다.

그는 안향의 은문인 유경의 문하에서 합격하였으니, 안향의 同門 후배가 된다. 그의 문하에서 배출된 우탁과 윤신걸·김문정 등이 안향의 문하에서 성리학을 수학하고 있음도 주목된다. 특히 그가 충렬왕 21년에 원 세조의 사적을 편찬하였는데, 원 세조는 성리학으로 정치이념을 삼았다. 이로 볼 때 그는 성리학을 접하였을 것으로 볼 수 있다.『고려사절요』의 찬자는 그를 평하여 "성품이 淳厚하였고, 국정을 돌볼 때는 엄정하고 정대하였다"106)라고 하였고, 그의 墓誌銘은 동문선배이고, 안향의 同年인 金暄이 찬하였다.

그의 학맥은 그의 아들 倫과 손자 希祖에게 家學으로 전승된다.

---

104)『高麗史』권73, 志27 選擧1 科目1 選場.
105)『高麗史』권31, 世家31 忠烈王 21년 3월.
106)『高麗史節要』권22, 忠烈王 27년 夏 4월.

5) 朴全之(1250, 고종 37 ~ 1325, 충숙왕 12)

박전지는 典法判書를 지낸 暉의 아들로 자는 返圓, 호는 杏山 또는 蒙川이라 하였고, 無垢居士라 하기도 하였다. 본관은 竹州이다. 원종 8년(1267)에 金坵의 문하에서 성균시에 합격하고, 다음 해 4월에 柳璥의 문하에서 과거에 급제하였다.

원종 10년(1269)에는 校書郞을 배수하였고, 이후 여러 관직을 거쳐 충렬왕 원년(1275)에는 門下注書에 올랐다.[107]

충렬왕 5년(1279)에는 원의 세조가 고려의 衣冠子弟를 뽑아 입시하게 하였는데, 이때 선발되어 원에 가서 그 곳의 명사들과 교유하여 이름을 떨쳤다. 원의 세조는 그에게 征東省都事를 제수하였고, 귀국하자 이부와 병부의 侍郞에 임명되었으나 어린 나이에 높은 벼슬이라 하여 사양하고 安東府使로 나갔다. 얼마 후 知製敎에 발탁되고 世子(충선왕)의 侍講이 되었다.

충렬왕 24년에 세자가 왕위에 오르자 詞林院을 설치하고 개혁정치를 실시하게 되는데, 이때 그는 왕의 신임을 받아 吳漢卿·李瑱·權溥 등과 더불어 이 일을 주도하였다. 이 해 7월에 三司左使와 翰林學士丞旨를 배수하였고, 8월에는 密直副使로서 中京留守가 되었다.

충렬왕이 복위하자 참소를 입어 일시 파직되었으나 충선왕이 복위하자 延興君에 봉자되었고, 충선왕 복위 2년(1310)에는 僉議贊成事·右文館大提學을 배수하고 벼슬에서 물러났다. 이때 조정에서는 재정상의 이유로 檢校宰臣에게 녹봉을 지급하지 않기로 하였으나 白頤正·趙延壽와 그에게만은 예외로 하였다.[108]

---

107)『高麗墓誌銘集成』「朴全之墓誌銘」.

충숙왕 4년(1317) 9월에는 고시관이 되어 摠部典書 白元恒과 더불어 과거를 주관하여 洪義孫 등을 선발하였다.[109] 이때 충렬왕 31년에 지공거를 역임한 鄭瑎의 손자 頵도 합격하고 있다.[110]

충숙왕 6년(1319)에는 推誠贊化功臣의 호와 藝文館大提學·檢校僉議政丞을 배수하였으며, 충숙왕 8년(1321)에는 守僉議贊成事가 되어 다시 벼슬에서 물러났다.[111] 이때에 瀋陽王의 무리들이 원의 都省에 왕을 참소하는 글을 만들어 그에게 서명하도록 강요하였다. 그는 "개 같은 놈들아, 감히 나에게 욕을 보이려 하느냐"라고 호통하고, 아들 瑗을 원에 보내어 이곳에 있던 왕에게 사실을 아뢰도록 하였다. 충숙왕이 환국하여 그를 다시 불러 벼슬을 내리려 하였으나 나이가 많음을 이유로 사양하였다.

충숙왕 12년에 죽으니, 향년 76세였다. 文匡이란 시호를 내렸다.[112]

그는 어릴 때부터 외할아버지인 李藏用의 문하에서 학문을 수학하였는데, 이장용은 그의 빼어난 재질에 감복하여 평소에 珍寶로 소장하던 서적을 모두 그에게 전해주었다.

그는 안향의 同門 후배로서 가깝게 지냈으며, 특히 안향은 그의 외할아버지 이장용의 문생이기도 하다. 그는 일찍이 원에 가서 그곳의 학자들과 교유하여 명성을 떨쳤고, 또한 우탁의 문하에도 출입하였으며,[113] 백이정·권보·이진과도 각별하게 지냈다. 이로 볼 때 그는 성리학을 접하였을 것으로 볼 수 있고, 안향으로부터도

---

108) 『高麗史』 권80, 志34 食貨 外官祿.
109) 『高麗史』 권73, 志27 選擧1 科目1.
110) 『高麗史』 권106, 列傳19 鄭瑎 附 頵.
111) 『高麗墓誌銘集成』 「朴全之墓誌銘」.
112) 『高麗史』 권109, 列傳22 朴全之.
113) 『易東先生實記』 권3, 「門人錄」.

성리학에 대한 전수가 있었을 것이다. 이것은 그의 墓誌銘에서

> 공은 품성이 온화하고 자애하였으며, 사람을 대할 때는 禮로서 맞
> 이하니, 보는 사람들은 모두 경복하였다. 이로써 원의 小林長老는 한
> 번 보고 감탄하여 그의 眞影을 그려 봉안하였다.[114]

라고 하고 있는 것에서 알 수 있다. 또 그의 학문을 계승하고 있는
아들 瑗(후에 遠으로 개명)과 사위 李稶이 성리학자로 대성하고 있
는 것도 이러한 가능성을 말해 준다.

4. 문　생

安珦은 충렬왕 14년(1288)과 충렬왕 20(1294)년에 考試官을 맡아
많은 門生을 배출하였다. 충렬왕 14년에는 左承旨로서 同知貢擧
가 되어 尹宣佐 등 33명의 進士를 선발하였고, 충렬왕 20년에는 知
貢擧가 되어 尹安庇 등 진사 33명을 선발하였다.

그러나 이들 문생들은 史籍이 인멸되어 대부분 그 행적을 확인
할 수가 없다. 단지 충렬왕 14년의 문생으로서 尹宣佐・蔡禑가 확
인될 뿐이고, 또 충렬왕 20년의 문생으로서는 李兆年・尹安庇・廉
廷秀・李彦冲・金光軾・洪侑・辛蕆 등이 확인될 뿐이다. 그 나마
도 채우의 경우는 三司使를 역임했다는 기록 외에는 달리 그의 행
장을 찾아볼 수 없다. 위의 문생들 중에서 이조년과 신천은 일찍이
안향으로부터 성리학을 전수하여 白頤正・禹倬 등과 함께 육군자
로 존경을 받았다. 이들의 행장은 이미 견항에서 살펴보았다.

본 항에서 이들 두 사람을 제외한 나머지 문생들의 행장을 검도

---

114)『高麗墓誌銘集成』「朴全之墓誌銘」.

하면서 안향과의 관계를 살펴보고자 한다.

1) 尹宣佐(1265, 원종 6 ~ 1343, 충혜왕 복위 4)

윤선좌는 鈴平郡인으로 자는 淳叟이며, 贈僉議評議 均의 아들이다. 태어나면서부터 영리하여 7세에 능히 글을 지었고, 충렬왕 14년(1288)에 中贊 許珙과 左承旨 안향의 문하에서 장원으로 급제하였다. 과거에 합격하자 金海의 掌書記를 거쳐 내직으로 들어와 秘書郞·直文翰署를 역임하였다.

충선왕 초에 左正言을 제수하였고, 이어 右思補로 전직되어 內書舍人과 選部議郞을 겸하였으며, 외임으로 나가서 전라도를 안찰하였다. 이때 그의 강직함이 널리 알려지니, 조정에서는 都律令을 제수하였다. 충숙왕이 즉위하자 왕은 즉위하기 이전부터 그 이름을 익히 들은 바 있어 成均祭酒를 제수하였고, 또 符印을 맡겨 왕의 좌우에 있게 하였다. 충숙왕 즉위년(1313) 12월에는 司憲執義로 옮겼고, 다음 해 원년 閏 3월에는 상왕인 충선왕의 명에 의하여 尹莘傑·白元恒 등과 더불어 충숙왕에게 『資治通鑑』을 진강하였다.[115]

이후 일시 파직되었으나 충숙왕 8년(1321)에는 다시 司憲執義에 봉직되었다. 이 해에 瀋陽王 暠가 원의 황제 英宗에게 아첨하여 충숙왕을 무고하고 그 자리를 빼앗으려 하였는데, 당시 부화지배들이 모두 이에 아부하였다.

權漢功과 蔡洪哲 등이 驪興君 閔漬와 永陽君 趙瑚 등을 맞이하여 심양왕 暠를 왕위에 추대하고 백관을 慈雲寺에 모아 원의 도성

---

115) 『高麗史』 권34, 世家34 忠肅王 원년 閏 3월.

에 올리는 문서에 서명하기를 독촉하였다. 사람들은 다투어 이에
서명하였으나 그가 홀로 말하기를 "나는 우리 임금의 잘못을 알지
못하노라. 신하가 되어 임금을 참소하는 것은 개나 돼지도 하지 않
음이다"라고 하고는 침을 뱉고 나갔다. 이로 인하여 이 일은 성취
되지 못하였다. 후에 충숙왕이 이러한 사실을 알고 탄복하여 말하
기를 "만약에 宣佐가 憲司에 있지 않았다면 일이 어떻게 되었을지
알 수 없다"라고 하였다. 그 때에 왕이 5년 동안이나 원에 억류당
하여 재정이 탕갈하였는데, 隷의 무리들이 府庫를 봉쇄하고 물화
의 수송을 저지하니, 그는 察官 趙琯에게 명하여 일을 주관하는 자
들을 문책하도록 하여 수송이 비로소 행하여졌다.

충숙왕 12년(1325)에 왕이 본국으로 귀환하자 그에게 判典校을
제수하였고, 얼마 후 民部典書를 배하여 漢陽尹으로 삼았다. 이어
왕과 공주가 龍山으로 행차하여 좌우에 이르기를 "尹府尹은 청백
하고 검소하기 때문에 목민관으로 삼았으니, 너희들은 삼가하여
근신하도록 하라"고 하였다.

충혜왕 원년(1331)에 나이가 많음을 이유로 관직에서 물러났다.
그러나 충숙왕 복위 4년(1343)에 왕이 친히 수령을 비준하던 중 雞
林尹에 이르러서는 그 적임자를 찾을 수 없어 오랫동안 붓을 놓고
생각하다가 말하기를 "조정에 신하가 가득하나 尹府尹만한 이가
없다"라고 하고는 그에게 이 직을 배수하였다.

다음해에 僉議評理 · 藝文館大提學 · 監春秋館事를 제수받고
관직에서 물러났다. 충혜왕 복위 4년에 죽으니, 향년 79세였다.

그는 안향의 문생으로서 성리학에 깊은 조예가 있어 이를 연구
하고, 후생들에게 이를 교육하였다. 이것은 尹澤의 행장에서

澤은 尹宣佐의 문하에서 수업하여 經書에 박통하였고, 특히 『左氏
春秋』에 박통하였다.116)

라고 하였고, 또『고려사』열전에서는

> 평생에 家産을 다스리지 않았고, 성품이 술을 마시지 않아 일찍이 희롱하는 말이나 가무를 하지 않았다. 交遊를 삼가하였으며, 承諾을 무겁게 하였다. 또 한거하게 생활하였으며, 혼자 있을 때도 빈객을 대하는 것과 같이 처신하였다. 오직 經史로 스스로를 즐겼으며, 질의하는 자가 있으면 문득 경전에 의거하여 대답하였고, 老莊刑名의 書도 연구하지 않음이 없었음으로 학자들이 많이 귀부하였다.117)

라고 하였으며, 李穀은 그의 묘지명에서

> 교제를 삼가고 승락을 신중히 하였다. 혼자 있을 때도 항상 손님을 대하는 것과 같이 恭으로서 몸을 처신하였고, 오직 經史로서 스스로를 즐겼으며, 의심나는 것을 묻는 자가 있으면 經에 의거하여 대답하였다. 老莊의 서적과 刑名의 학문도 깊이 연구하여 학자들이 많이 따랐다. 문장도 맑고 민첩하였으며, 또 正言 이상의 官職을 겸하고 있었음으로 한 때의 表箋文은 그의 손에서 나온 것이 많았다.118)

라고 하고 있는 것에서 알 수 있다.

이로 볼 때 그의 학문적 배경과 행동강령이 무엇이었는지를 알 수 있다.

2) 尹安庇 (? ~ ?)

윤안비는 贊成事를 지낸 鈴平府院君 珤의 아들로 본관은 坡平이다. 충렬왕 20년(1294) 안향과 閔漬의 문하에서 장원으로 급제하

---

116)『高麗史』권106, 列傳19 尹諧 附 澤.
117)『高麗史』권109, 列傳22 尹宣佐.
118)『稼亭文集』권12,「尹宣佐墓誌銘」.

였다. 충숙왕 8년(1321)에는 三司判官이 되었고,[119] 충혜왕 즉위년에 左代言을 배수하였다. 후에 門下侍郎 贊成事가 되었다.[120]

그의 생몰연대와 위의 기록 이외의 행장은 사적이 인멸하여 알수가 없다. 위에서 그가 門下侍郎 贊成事를 지내고 있음을 볼 때 그도 이 시대에 학자 및 정치가로서 이름을 떨친 것은 분명하다. 또 그가 충렬왕 20년에 장원으로 급제하고 있음을 볼 때 학문적 소양이 높았을 것이며, 이후 안향의 문하에 출입하면서 가르침을 받았을 것이다.

3) 趙延壽(1278, 충렬왕 4 ~ 1325, 충숙왕 12)

조연수는 僉議中贊을 지낸 仁規의 아들로 처음에는 이름을 珝라 하였다가 후에 延壽로 개명하였다. 본관은 平讓이다.

처음에는 蔭으로 벼슬에 나아가 충렬왕 20년(1294)에는 神虎衛 錄事 叅軍事가 되었는데, 이때 과거에 응시하여 안향과 閔漬의 문하에서 급제하였다. 과거에 합격하자 都津令을 배수하였으나 사양히자 왕의 노어움을 사서 하옥되었다. 얼마 후 서방되어 元尹이 되었다. 충숙왕 3년(1316)에는 密直副使 安于器를 대신하여 밀직부사 겸 大司憲이 되었으며,[121] 다음 달에는 藝文館提學을 더 하였다. 이때 權臣 金英甫의 동생인 僧 川門이 형의 세력을 믿고 큰 절의 주지가 되어 많은 첩을 두니, ㄱ의 부인을 투옥시켜 국문하였다. 또 黃州牧使 李緝의 부인 潘氏가 衛士 金南俊과 간통하고 이즙을 죽인 사건이 일어났는데, 그는 이들을 극형에 처하려 하였으나 반

---

119)『高麗墓誌銘集成』「尹玉岳妻 朴氏墓誌銘」.
120)『坡平尹氏太尉公派世譜』上卷.
121)『高麗史』권34, 世家34 忠肅王 3년 3월.

씨의 族僧인 宏敏이 충선왕의 총애를 받고 있어 王旨로 이를 저지하고 특사하였다. 이에 백성들은 이를 갈며 원망하였는데, 그가 반씨의 머리를 깎아 淨業院에 방치하니, 백성들은 모두 통쾌하게 생각하였다.[122]

충숙왕 4년에는 密直使가 되었고, 충숙왕 6년(1319)에는 知密直司事가 되었으며, 다음 해 7월에는 贊成事를 제배하였다. 충숙왕 8년(1321)에는 三司使가 되었다.

충숙왕 11년에는 瀋陽王 暠의 편에 서서 왕을 모함하였다 하여 巡軍獄에 투옥 당하고 가산을 몰수당하였으나 元帝의 명으로 특사되었다. 다음 해 죽으니, 향년 48세였다. 文克이라 시호하였다. 『고려사』와 『고려사절요』에서는 그를 평하여 "財物을 탐하고, 色을 좋아한다[貪財好色]"라고 하여 혹평하고 있다.[123] 그러나 그의 행장에서 보는 바와 같이 황주목사 이즙의 부인과 권신 김영보의 동생을 처벌하고 있는 것을 볼 때 그는 주위의 압력에 굴하지 않고 소신으로 정사를 행하였음도 알 수 있다.

4) 李彦冲(1273, 원종 14 ~ 1338, 충숙왕 복위 7)

이언충은 直文翰署를 지내고 大司成을 증직받은 李蒨의 아들로 자는 立之, 본관은 淸州 全義縣이다. 충렬왕 18년(1292) 左承旨 鄭瑎의 문하에서 성균시에 장원으로 합격하였고, 충렬왕 20년(1294)에 안향과 閔漬의 문하에서 과거에 합격하였다. 이로써 興信宮 錄事로 입사하였고, 충렬왕 33년(1307)을 전후하는 시기에는 國學典

---

122) 『高麗史』 권105, 列傳18 趙仁規 附 延壽.
123) 『高麗史』 권105, 列傳18 趙仁規 附 延壽.
　　　『高麗史節要』 권24, 忠肅王 12년 6월.

酒가 되었으며,[124] 충선왕이 즉위하자 典儀令을 겸하였다. 이 해에 그는 權漢功·崔誠之와 더불어 왕으로부터 輕帶를 하사받았다.[125] 이후 軍簿佐郎을 역임하고 대사성으로 올랐으며, 이후 進賢閣大提學, 檢校選部典書, 行典儀令, 平壤道存撫使, 行平壤尹, 慶尙道鎭邊使, 行金海牧을 역임하였고, 충숙왕 8년(1321)에는 左常寺·判繕工寺·密直副使를 배수하였다.[126] 이후 政堂文學과 僉議評理로 올라 藝文館大提學과 知春秋館事를 겸하였다. 충숙왕 복위 7년에 죽으니, 향년 66세였다.

그는 안향의 문하에서 과거에 합격하여 그의 문하에 출입하면서 학문을 정연시켰다. 이로써 그는 안향으로부터 성리학을 전수하였고, 안향이 죽은 다음 해에는 국학전주가 되어 교육을 담당하였으며, 충숙왕 때는 대사성이 되어 국자감 교육의 책임을 맡기도 하였다. 그는 성리학에 밝은 최성지·권한공 등과 벗하였으며, 그의 문하에는 崔瀣를 비롯한 당대의 석학들이 출입하였다.

최해는 그의 墓誌銘을 지으면서

> … 사람이 베푼 恩德이 四海에 두루 미치는 것을 德이라 하고, 우뢰와 바람이 서로 부딪히는 곳에서 백성을 도탄에서 구하고 사직을 이롭게 하는 것을 功이라 할 것이다. 이와 같이 하면 몸은 비록 가더라도 道는 더욱 들어날 것이며, 세월은 흘러가도 그 이름은 더욱 빛날 것이다. … 그런데 三韓宰相 李公은 바로 그러한 사람이니, 온 나라에서 칭찬하였고 받듦을 받았었다. 나도 일찍이 그 문하에서 공을 본 받았었다.[127]

라고 서술하고 있다.

---

124) 『高麗史』 권32, 世家32 忠烈王 33년 11월.
125) 『高麗史』 권33, 世家33 忠宣王 즉위년.
126) 『高麗史』 권35, 世家35 忠肅王 8년 11월.
127) 『東文選』 권123, 「故政堂文學李公墓誌」.

5) 金光軾 (? ～ ?)

　　김광식은 僉議政丞을 지낸 台鉉의 아들이며, 본관은 光山이다. 충렬왕 20년(1294)에 안향과 민지의 문하에서 과거에 급제하였고, 벼슬은 摠部議郎에 이르렀다.[128]

　　그의 행장은 유실되어 더 이상 알 수가 없다. 그러나 그의 가계는 안향의 가계와 밀접한 관계를 갖는다. 그가 안향의 문하에서 급제하였고, 그의 아버지 태현도 안향으로부터 수학하였다. 안향의 손자인 牧은 그의 매부가 된다.[129]

　　이로 볼 때 그는 안향으로부터 성리학을 전수받았을 것으로 보이고, 이러한 가능성은 그의 동생 光轍과 光載가 禹倬의 문하에 출입하면서 성리학을 전수하고 있는 것에서도 찾아볼 수 있다.[130]

6) 洪 侑

　　홍유는 都僉議舍人을 지낸 侃의 아들로 본관은 豊山이다. 충렬왕 20년 안향과 민지의 문하에서 과거에 급제하였고, 충렬왕 28년(1302)에는 文科親試에서도 급제하였다. 이후 벼슬이 올라 密直使, 進賢閣大提學, 寶門閣大提學을 역임하였다.

　　李齊賢과 교분이 두터웠으며, 그의 아들 李瑞宗에게 딸을 출가시켰다. 李寶林은 外孫이 된다.[131]

---

128)『高麗史』권110, 列傳23 金台鉉.
129)『光山金氏世譜』全州譜.
130)『易東先生實記』권3,「門人錄」.
131)『豊山洪氏大同譜』上系.

5. 교유문인

안향은 당시에 이미 儒宗의 칭호를 받으면서 모든 학자들로부터 존경을 받았다. 또 그는 『고려사』 열전에서 "珦은 莊重하고 安祥하니 사람들이 모두 畏敬하였다. 相府에 있으면서 일을 꾀함과 판단이 뛰어나니, 동열들도 順히 따르고 오직 삼가하여 감히 다투지 못하였다"라고 하였다. 또 "賓客을 좋아하여 남에게 베풀기를 좋아하였다"라고[132] 한 바와 같이 당시 그와 같이 관직에 있었던 사람들은 그의 문인이 아닌 사람이 거의 없었다. 이 중에서 그와 더불어 관로생활을 같이 하면서 이후 文名을 떨친 사람들을 살펴보면 대략 薛公儉·吳詗·閔漬·鄭可臣·吳潛·金恂·蔡洪哲·鄭瑎·趙簡·白元恒·金台鉉·崔誠之·權漢功 등을 들 수 있다. 이들은 안향과 교분이 두터웠으며, 또 학문도 뛰어나 대사성 및 고시관을 역임하면서 많은 문생들을 배출하고 있다.

본 항에서는 이들의 행장을 검토하면서 안향과의 관계를 조명해 보고자 한다.

1) 薛公儉 (1224, 고종 11 ~ 1302, 충렬왕 28)

설공검은 고종 때 樞密院副使를 역임한 愼의 아들로 자는 常儉, 호는 敬齋이며, 본관은 淳昌이다.[133] 처음에는 蔭으로 관직에 나가 喬桐監務가 되었고, 이어 都兵馬錄事에 選補되었다. 고종 45년

---

132) 『高麗史』 권105, 列傳18 安珦.
133) 『淳昌薛氏大同譜』 권1, 上系.

(1258) 平章事 崔滋와 諫議大夫 洪縉의 문하에서 과거에 급제하여 벼슬이 禮部郎中에 올랐다.

원종 12년(1271)에는 軍器監에 제배되어 세자 諶(충렬왕)을 호종하여 원에 갔다. 충렬왕이 즉위하자 右副承宣을 제수 받았고, 충렬왕 2년(1276)에는 同知貢擧가 되어 知貢擧 許珙과 더불어 과거를 주관하여 李益邦 등 33명의 進士와 明經 1명, 恩賜 3명을 선발하였다.134) 충렬왕 4년(1278)에는 密直副使를 배수하고 李尊庇・鄭可臣・金周鼎 등과 함께 필도치가 되었으며, 다음 해에는 知密直司事가 되었다.

이후 監察大夫를 거쳐 知僉議府事에 올랐고, 이어 僉理가 되었는데, 얼마 후 贊成事를 배수하고 벼슬에서 물러났다. 뒤에 中贊을 더 하였다.

충렬왕 28년(1302)에 죽으니, 향년 79세였다. 文良이라 시호하였고, 후에 충렬왕의 묘정에 배향하였다.135)

그는 수차에 걸쳐 원에 다녀왔고, 또 아버지로부터 가학을 전수하여 학문이 높았다. 그의 아버지 형제는 모두 8명이었는데, 이 중에서 3명이 과거에 합격하여 가문을 빛내었다. 그의 할머니는 國大夫人의 봉함을 받았다.

그는 성격이 청렴하고 근신하여 당시 학자들로부터 존경을 받았다. 이것은 『高麗史』 열전에서

그는 성품이 廉謹・正直하여 사물을 접할 때는 恭으로서 하고, 몸가짐을 儉約하게 하였으며, 조정의 관료 중에서 6품 이상에게는 親喪이 있으면 비록 평소에 알지 못하는 사람이라 하더라도 반드시 素服차림으로 찾아가서 弔慰하였으며, 집으로 찾아오는 사람이 있으면 貴

---

134)『高麗史』 권73, 志27 選擧1 科目1 選場.
135)『高麗史』 권105, 列傳18 薛公儉.

> 賤을 막론하고 신을 거꾸로 하여 맞아 들였다. 일찍이 병으로 누워 있을 때 蔡洪哲이 와서 문병하였는데, 베 이불을 덮고 맹석자리를 치고 누워 있어 쓸쓸하기가 마치 절간 같았다. 나와서 탄복하기를 "우리 같은 무리가 공을 바라 볼 때는 마치 땅벌레가 黃鶴을 보는 듯 하다"라고 하였다.136)

라고 하였고, 『高麗史節要』에서도 "禮를 숭상하였다"라고137) 하고 있는 것에서 보인다.

위에서 볼 때 그는 이미 성리학을 수용하고 이를 실천하였던 것 같다. 『고려사』 등의 기록에서는 그가 성리학을 수용하였다던가 또는 학교의 교관을 맡았다는 내용을 찾아볼 수 없지만, 『淳昌薛氏大同譜』에서

> 전쟁 이후 학교가 황폐하여 공은 항상 염려하였다. 이후 학교를 다시 일으키고자 하여 성균관을 중건하고 道學으로서 교육을 폈다. 이로써 중외에 이름을 떨치니, 학자들로서 經을 가지고 그 문하에서 수업하는 자가 1,000여명이나 되었다.138)

라고 한 내용이 보인다.

위에서 볼 때 그는 충렬왕 27년을 전후하던 시기에 안향의 교육 중흥에 교관으로 직접 관여하였고, 또 성리학을 수용하였음을 알 수 있다. 위의 내용에 대한 사료적 검증은 거쳐야겠지만, 적어도 『고려사』와 『고려사절요』에서 보이는 내용만으로도 그는 성리학을 수용하여 이를 생활 규범으로 실천하였음을 보여준다.

---

136) 『高麗史』 권105, 列傳18 薛公儉.
137) 『高麗史節要』 권22, 忠烈王 28년 2월.
138) 『淳昌薛氏大同譜』 권1, 上系 40세손 公儉.

2) 吳 詗(1242, 고종 29 ~ 1314, 충숙왕 원년)

오형은 처음에는 이름을 漢卿이라 하였는데, 충선왕 즉위 이후 詗으로 고쳤다. 자는 月曳, 호는 快菴, 본관은 海州이다. 할아버지는 寶門閣檢閱을 지낸 宗尹이며, 아버지는 國子祭酒를 역임한 克正이다.[139]

원종 원년(1260) 許遂의 문하에서 성균시에 장원으로 합격하여[140] 東宮侍學이 되었고, 다음 해에 知樞密院事 金之岱와 禮部尙書 鄭芝의 문하에서 과거에 급제하였다.[141] 이후 南京司錄과 中書注書를 역임하였고, 충렬왕이 즉위하자 僉議舍人이 되어 金寧府를 다스렸다. 임기를 마치자 軍簿摠郎에 제배되었는데 아직 임명장이 도착하지 않았지만 그는 "임기를 채웠으니 더 머무를 수 없다" 라고 하고는 떠났다. 그런데 그가 떠나자 얼마 되지 않아 按廉使 劉顯이 도둑들에게 살해당하게 된다. 이로써 온 府中이 국문을 당하였으나 그 만은 면하였다.[142]

충렬왕 6년(1280)에 왕이 "지금의 儒士들은 다만 과거의 글만을 익히고 經史에는 박통한 자가 없으니, 앞으로는 一經一史 이상을 통한 사람으로 하여금 국자감에서 교육하게 하라"고 하는 전지를 내리자 그는 金磾·崔雍·薛調 등과 함께 經史教授로 임용 받아 교육을 담당하였다.[143]

---

139) 『海州吳氏世譜』 권1.
140) 『高麗史』 권74, 志28 選擧2 科目2 國子試.
141) 『海州吳氏世譜』 권1에서 인용하고 있는 崔瀣의 '東人之文'에서는 그가 급제한 연대를 '忠敬王 辛酉 鄭□榜'으로 기록하고 있다. 충경왕은 元宗이며, 辛酉는 원종 2년이다. 이 해의 장원은 鄭謙이며, 이때의 榜을 鄭謙榜이라고 한다.
142) 『高麗史』 권109, 列傳22 吳詗.

충렬왕 23년(1297)에는 左司議大夫를 제수하였는데, 이때 안향은 僉議叅理·世子貳保를 배수하였고, 李瑱은 右司議大夫를 배수하고 있다.144) 다음 해 정월에 충선왕이 즉위하여 詞林院을 설치하고 개혁정치를 실시하게 되는데, 그는 侍讀學士가 되어 朴全之·崔旵·李瑱 등과 함께 銓注를 주관하였다.145)

왕은 이들을 四學士라 지칭하여 우대하였는데, 이 해 2월에는 이들에게 鞍馬를 하사하고 "오직 그대들 諸學士들은 直言하여 숨김이 없도록 하라"는 명을 내리고 있다.146) 이 해 6월에는 詞林學士·試左散騎常侍를 배수하였는데, 이때 안향은 叅知機務·行東京留守·進賢殿大學士를 배수하였고, 이진은 詞林學士·試右散騎常侍를, 權永은 詞林侍讀學士·試衛尉卿을 배수하고 있다.147) 다음 달에는 三司右使·詞林學士를 배수하였다.

충선왕이 즉위하여 물러날 때까지 8개월 동안 그는 충선왕을 보필하면서 개혁정치의 선봉에서 활동하였다.

충렬왕이 복위하는 이 해 8월 이후부터 충렬왕 32년(1306)까지는 『고려사』 및 『고려사절요』에서 그의 이름이 보이지 않는다. 그렇다면 그는 충렬왕이 복위하자 정치에서 실각되었거나 아니면 충선왕을 호종하고 원에 갔을 가능성을 찾아 볼 수 있다. 필자는 후자의 경우에 더 많은 가능성을 두고자 한다. 왜냐하면 충선왕이 복위하기 전년인 충렬왕 33년에 그는 密直副使를 배수하고 있고,148) 그 다음해에 충선왕이 복위하자 藝文詞伯이 되어 諸宮과 內僚宮의

---

143) 『高麗史』 권29, 世家29 忠烈王 6년 3월.
144) 『高麗史』 권31, 世家31 忠烈王 23년 12월.
145) 『高麗史』 권109, 列傳22 朴全之.
146) 『高麗史』 권33, 世家33 忠宣王 즉위년 2월.
147) 『高麗史』 권33, 世家33 忠宣王 즉위년 6월.
148) 『高麗史』 권32, 世家32 忠烈王 33년 2월.

명칭을 고치고, 또 宮主를 翁主라 개명하는 정치개혁의 선봉역할
을 맡고 있기 때문이다.149)

이로 볼 때 그는 충선왕이 원에 갔을 때 호종하였고, 충렬왕의
병이 심중하자 귀국하여 충선왕의 귀국을 준비하였던 것으로 볼
수 있다.

그가 이름을 詞이라 개명하게 되는 것도 이때부터이다. 그렇다
면 이때 그의 나이 70에 가까웠는데, 그가 스스로 개명하였을 것으
로는 볼 수 없고, 아마도 충선왕이 그 동안의 노고를 치하하여 이
름을 내린 것으로 보아야 할 것이다. 이후 僉議贊成事, 監春秋館
事, 知選部事를 역임하였고, 얼마 후 벼슬에서 물러났다.

충숙왕 원년(1314)에 죽으니, 향년 73세였다. 文溫이란 시호를 내
렸다.

그는 수차에 걸쳐 관직에서 안향과 함께 활동하였고, 또 이진·
권보 등과도 교유가 두터웠다. 충선왕이 안향과 함께 그를 우대하
였던 것도 그의 학문적 식견이 두터웠기 때문일 것이다. 그는 經學
에 밝아 이미 충렬왕 6년에 經史敎授가 되었고, 안향이 성리학을
전래한 충렬왕 16년 이후는 관로에서 함께 활동을 하면서 교유하
였다.

그렇다면 그는 이미 성리학을 수용하였을 것으로 볼 수 있다.
『고려사』 열전에서도 그를 평하여

> 학문이 精博하였으며, 조정에서 현저한 공적은 없었으나 마음이 넓
> 고 대범하여 꾸밈이 없었다. 또 大體를 알고 長者의 풍이 있었다.150)

라고 하고 있다.

---

149) 『高麗史』 권33, 世家33 忠宣王 즉위년 10월.
150) 『高麗史』 권109, 列傳22 吳詞.

3) 閔 漬(1248, 고종 35 ~ 1326, 충숙왕 13)

민지는 平章事 令謨의 5세 손이며, 아버지는 門下侍中을 지낸 光軍이다. 자는 龍涎, 호는 默軒, 본관은 驪州이다.

어릴 때부터 총명하여 8세 때에 이미 글을 지을 줄 알았다. 원종 5년(1264)에 司馬試에 합격하고, 원종 7년(1266)에는 洪縉과 郭汝益의 문하에서 장원으로 급제하여 南京書記를 배수하였다.

원종 10년(1269)에는 通文院錄事가 되었는데, 이때 왕을 호종하고 원에 갔다. 귀국하자 衛尉主簿를 배수하였고 直翰林을 겸하였다.[151]

충렬왕이 즉위하자 祇侯를 배수하였고, 충렬왕 5년(1279)에 殿中侍使에 올랐으며, 충렬왕 14년(1288)에는 典理正郎이 되었다. 이해 3월에 왕명에 의하여 國學直講 趙簡과 더불어 「新曲」을 지어 올렸으며, 이때 左承旨로 있던 안향도 詩를 지어 올렸다.[152]

충렬왕 16년(1290)에는 禮賓尹으로 세자의 師傅가 되어 세자(충선왕)가 원에 갈 때 鄭可臣과 함께 호종하였다. 이때 元帝가 交趾에 대한 用兵을 물었는데, 그는 군사를 동원하기보다는 使臣을 보내어 항복하도록 하는 것이 좋겠다는 의견을 개진하고 있다.[153]

귀국하자 翰林學士·朝列大夫를 배수하였고, 충렬왕 19년(1293)에는 右承官이 되었는데, 이때 원이 재차 일본 정벌의 계획을 세워 고려에 전함을 제조하게 하려는 움직임을 보이자 왕을 호종하고 다시 원에 가서 그 부당함을 개진하였다. 다음 해에는 동지공거가

---

151) 『高麗墓誌銘集成』「閔漬墓誌銘」.
152) 『高麗史』 권30, 世家30 忠烈王 14년 3월.
153) 『高麗史』 권10, 列傳18 鄭可臣.
　　『益齋亂藁』 권9, 忠憲王 世家.

되어 안향과 더불어 과거를 주관하여 尹安庇 등 진사 33명을 선발
하였다.154) 이때의 과거에서 趙延壽·李彦冲·辛蔵 등이 배출되
고 있는데, 이들은 이후 성리학을 전수하여 이를 보급하는데 큰 공
을 세우고 있다. 이후 그는 이언충의 딸을 그의 아들 祥正의 부인
으로 맞아들였다.

충렬왕 21년(1295)에는 密直學士가 되었으나 世子와의 불화로
관직에서 물러났다. 그는 청빈하게 살아 생활이 몹시 어려웠는데,
이를 안 왕은 쌀 100碩을 하사하여 생활에 보태도록 하였다.155)

충렬왕 24년(1298)에 충선왕이 보위에 오르자 관제개혁을 실시
하고, 그에게 集賢殿大學士·簽光政院事를 제수하였다. 얼마 후
충렬왕이 복위하자 측근에서 보좌하였고, 충렬왕 25년(1299)에는
同修國史를 배수하였는데, 이때 안향은 監修國史를 배수하였다.
이후 監察大夫와 詞林學士를 거쳐 충렬왕 28년(1302)에 僉議祭理
가 되었고, 다음 해에는 判密直司事가 되었다.

충선왕이 즉위하자 簽議政丞을 배수하고 관직에서 물러났다. 충
숙왕 원년(1314)에는 태조 이래의 實錄을 略撰하라는 명을 받았고,
충숙왕 3년 4월에는 驪興君에 봉함을 받았다.156)

충숙왕 8년(1321)에는 吐番에 유배된 충선왕의 소환을 위하여 원
에 갔다. 충숙왕 12년(1325)에는 推誠守正保理功臣에 봉해지고, 다
음 해에 判僉議府事·驪興府院君을 더하였다. 이 해에 죽으니, 향
년 79세였다. 文仁이라 시호하였다.157)

---

154)『高麗史』권73, 志27 選擧1 科目1 選場.
155)『高麗史節要』권21, 忠烈王 22년 7월.
156)『高麗史』권35, 世家35 충숙왕 3년 4월(『高麗史』권107, 列傳20에서
　　　는 그가 驪興君에 봉작되는 시기를 충숙왕 8년이라고 기록하고 있다.
　　　그러나『고려사』세가에서는 충숙왕 3년으로 기록하고 있다. 필자는
　　　세가의 기록을 따랐다).
157)『高麗史』권107, 列傳20 閔漬.

그는 일찍부터 안향과는 교분이 두터웠고, 특히 안향이 성리학을 수용 전래한 충렬왕 16년 이후는 관직에서 같이 봉직하는 때가 많았다. 충렬왕 20년에는 안향이 지공거가 되었을 때 그는 동지공거로 있었고, 충렬왕 25년에는 안향이 監修國史가 되었을 때 그는 同修國史를 배수하고 있다.

이로 볼 때 그는 안향이 성리학을 전래하자 이를 접하였을 것이고, 또 在官 중에 무려 4차에 걸쳐 원에 가서 그 곳의 학자들과도 교유하였는데, 이러한 과정에서 성리학에 대한 이해를 깊이 하였을 것이다. 이것은 그가 역사를 저술하면서 朱子의 史觀을 비판하고 있는 것에서도 알 수 있다. 이제현은 『櫟翁稗說』에서

> 昭穆의 위치를 바꿀 수 없다는 것은 晦庵 朱子의 뜻인데, … 默軒 閔漬는 "昭는 마땅히 바꾸어 穆이 되어야 하고, 穆은 또 마땅히 바꾸어 昭가 되어야 한다"라고 하여 주자를 비난까지 하였는데, 지금 그의 『世代編年』을 보니 "昭穆은 만세에 바꾸지 못할 것"이라고 하였다. 그 말이 어찌하여 이렇게 모순되게 나타나는 것일까.158)

라고 하고 있는데, 여기서 그는 성리학을 전수한 초기에는 朱子의 사관을 비판없이 수용하였고, 이후 이를 비판하는 단계에까지 학문이 성숙하였음을 보여준다.

그는 충렬왕 34년을 전후한 시기에 『世代編年節要』를 편찬하였고, 충숙왕 원년에는 당시 上王이던 충선왕의 명을 받아 『本朝編年綱目』을 편찬하기 시작하여 충숙왕 4년에 이를 완성하게 된다.159)

이제현의 평에서도 보이는 바와 같이 그는 충렬왕 34년(1308)을

---

158) 『櫟翁稗說』前集1, 干制曰 .
159) 邊東明, 1991, 「鄭可臣과 閔漬의 史書編纂活動과 그 傾向」『歷史學報』130.

전후한 시기에 편찬한『세대편년절요』에서는 주자의 說을 그대로 수용하여 "昭穆은 마땅히 바꾸지 못할 것"이라 하였고, 10년 후인 충숙왕 4년(1317)에 편찬한『本朝編年綱目』에서는 주자를 비판하고 "昭穆은 마땅히 바꾸어야 한다"라고 하여 자신의 견해를 수정하고 있다. 이에 대하여『고려사』의 撰者는

> 性理의 學을 알지 못하여 그 論함이 聖人에 위배됨이 있었으며, 심지어 朱子의 昭穆論을 그르다고 하였으니, 그 所見의 편벽함이 이와 같았다.160)

라고 하여 혹평하고 있는데, 이것은 어디까지나 성리학을 맹신한 조선시대의 학문적 배경에서 나온 평가로 볼 수 밖에 없다. 당시 『고려사』찬자들은 안향의 성리학 수용에 대한 사실도 누락시키고 있으며, 심지어 이제현도 "성리학을 좋아하지 않았다"라고 하면서 혹평하고 있다.

그는 비판적 입장에서 성리학을 수용한 당대의 석학이었으며, 특히 그의 문장은 당시에도 높이 평가되고 있었다. 이것은 이제현이 그의 墓誌銘에서

> 국가가 禮로서 天子에게 臣事하고, 賓客과 交隣함에는 반드시 耆儒를 선발하여 詞命을 윤색하게 하였는데, 고종 때에는 李文順公(李奎報), 원종 때는 金文貞公(金坵)과 같은 분들이 있었으며, 충렬왕 때부터 지금에 이르기까지는 驪興府院君 閔公이 그 임무를 전관하였다.161)

라고 하여 그를 李奎報와 金坵를 계승한 문장가로 존경하였고, 또

---

160)『高麗史』권107, 列傳20 閔漬.
161)『高麗墓誌銘集成』「閔漬墓誌銘」.

李穡은 그의 文集에 대한 서문에서

> 선생의 학문이 문장으로 나타나면 人情과 物態가 극진하여 마치 물이 쏟아져 내리듯이 거침이 없었다. 그래서 배우는 자들은 지금까지도 선생을 우두머리로 삼고 있다.[162)

라고 하였다.

민지는 그의 문생 李彦冲의 딸을 장자 祥正의 부인으로 맞아 들였고, 그의 次女는 金元祥에게 출가시켰으며, 그의 외손녀는 崔文度에게 출가시켰다. 이언충·김원상·최문도는 모두 학문이 높았고, 특히 최문도는 崔誠之의 아들로서 성리학에 조예가 깊었다.

4) 鄭可臣 (? ~ 1298, 충렬왕 24)

정가신은 鄕貢進士 松壽의 아들로 처음에는 이름을 興이라 하였다가 후에 可臣으로 개명하였다. 자는 獻之, 본관은 羅州이다. 일찍이 僧 天琪를 따라 서울에 왔으나 빈궁하여 의지할 곳이 없어 그에게 기식하였는데, 그의 주선으로 太府小卿 安弘祐의 네릴사위가 되었다.

고종 때 과거에 급제하여 충렬왕 3년(1277)에는 寶門閣待制가 되었다. 얼마 後 左司議大夫가 되었는데, 이때 李汾禧 형제가 洪茶丘에게 붙어 金方慶의 죄를 꾸미니, 이들과 같이 벼슬함을 부끄럽게 여겨 어머니의 봉양을 구실로 벼슬에서 물러날 것을 청하였다.[163) 그러나 허락을 받지 못하였고, 얼마 후 秘書尹을 배수하여

---

162) 『牧隱文藁』 권8, 「默軒先生文集序」.
163) 『高麗史』 권105, 列傳18 鄭可臣.

필도치에 참여하였다. 충렬왕 5년(1279) 5월에는 좌사의대부가 되어 成均試官을 맡아 詩賦에서 白元恒 등 32명, 十韻詩에서 鄭時 등 33명과 明經 2명을 선발하였다.164) 이 해 7월에는 承旨가 되어 僉議中贊 김방경이 사직을 청하는 글을 올리니, 왕명을 받고 찾아가서 위로하였다.165)

충렬왕 7년(1281)에 원의 일본 정벌을 돕기 위하여 合浦에서 전함을 제작하는데, 이를 독려하기 위하여 왕이 합포로 떠나자 호종하였다.166) 이때 附元輩 尹秀의 말에 미혹되어 儒士까지 징발하여 일본 정벌에 동원하려 하자 그는 "元의 법에도 儒戶는 군사로 징발하지 않는데, 儒生들을 전쟁에 참여하게 하는 것은 부당하다"라고 건의하여 윤허를 받았다.167) 이때를 즈음하여 天變이 일어났는데, 孼子 伍允孚가 재앙을 물리치는 道場을 개설할 것을 요청하자 그는 廉承益과 의논하여 "天變은 왕의 修德으로서 물리쳐야지 浮屠의 법을 이용하여 물리치는 것은 부당하다"라고 역설하였다.

충렬왕 10년(1284)에 密直學士를 배수하였고, 이 해 12월에는 賀正使가 되어 元에 다녀왔다.168) 이후 慶尙道 按廉使, 判三司事, 監察大夫를 역임하였고, 충렬왕 16년(1290) 정월에는 判密直事가 되어 僉議贊成事 洪子藩과 함께 兵部에서 군사들을 사열하였다. 이 해 5월에는 정당문학이 되어 지공거를 제수받아 判秘書事 金胼과 더불어 과거를 운영하여 崔咸一 등 31명을 선발하였다.169) 이때 尹莘傑·禹倬 등도 선발되고 있다. 또 이 해는 안향이 성리학을 전

---

164) 『高麗史』 권74, 志28 選擧2 科目2 國子試.
165) 『高麗史』 권29, 世家29 忠烈王 5년 7월.
166) 『高麗史』 권29, 世家29 忠烈王 7년 4월.
167) 『高麗史』 권105, 列傳18 鄭可臣.
168) 『高麗史』 권29, 世家29 忠烈王 10년 9·12월.
169) 『高麗史』 권73, 志27 選擧1 科目1 選場.

래한 시기가 되기도 한다.

이때를 즈음하여 그는 禮賓尹 閔漬와 더불어 세자(충선왕)의 師傅가 되어 『孝經』·『論語』·『孟子』를 가르쳤으며, 이 해 12월에는 세자가 원에 들어가자 민지와 함께 호종하였다. 이때 원 세조는 그의 학문이 높음에 감복하여 아침부터 오후가 될 때까지 담론하였고, 그 곳의 公卿들로 하여금 그에게 정사를 자문 받도록 하였으며, 특별히 翰林學士와 嘉議大夫라는 벼슬을 제수하였다. 또 세자가 들어올 때는 반드시 그를 대동하게 하였다. 이 동안에 그는 원 세조에게 交趾정벌에 대한 자문을 올렸고, 또 海運에 대한 자문도 올리는 등 많은 정치적 의견을 제시하여 수용되었다.170)

다음 해 7월에도 聖節使가 되어 원에 갔으며, 이 해 9월에는 僉議贊成事가 되어 世子貳師를 겸하였다. 충렬왕 18년(1292)에도 세자를 호종하고 원에 갔으며, 충렬왕 20년(1294)에 원 세조가 죽자 왕과 공주를 모시고 殯殿에서 제사하는데 시종하였다.

충렬왕 21년(1295) 정월에는 僉議侍郎贊成事가 되었으며, 이 해 10월에는 지공거가 되어 金恂과 함께 姜喧 등 27명을 선발하였다.171) 다음 해에는 僉議中贊을 더하여 성절사로서 원에 다녀왔고, 충렬왕 23년(1297)에는 첨의중찬으로서 判典理司事와 世子師를 겸하였다. 다음 해 충선왕이 즉위하자 글을 올려 늙었음을 이유로 벼슬에서 물러날 것을 청하였으나 허락되지 않았고, 壁上三韓三重大匡 守司空을 가하여 5일에 한 번씩 조정에 나오도록 하였다. 얼마 후 죽으니, 文靖이라 시호하였다. 충혜왕이 즉위하자 홍자번과 함께 충선왕 묘정에 배향되었다.

그는 학문이 밝아 당대에 석학으로 존경을 받았으며, 3차에 걸쳐

---

170) 『高麗史』 권105, 列傳18 鄭可臣.
171) 『高麗史』 권73, 志27 選擧1 科目1 選場.

고시관을 역임하여 수많은 문생들을 배출하였다. 역사에도 조예가 깊어『千秋金鏡錄』을 찬수하였고, 날마다 賢士와 大夫들을 불러 학문을 강론하였다. 이것은『고려사』열전에서

> 성품이 정직하고 端嚴하여 일을 처리함이 정밀하였다. 政房에 있을 때는 典故에 따라 모든 일을 결정하였고, 또 銓注에도 엄정하니 세상사람들이 모두 합당하게 여겼고, 이때의 辭令은 대부분 그의 손에서 나왔다. 일찍이『金鏡錄』을 찬하였으며, 거처하는 곳을 雪齋라 편액하고 날마다 賢士·大夫로 더불어 古今을 강론하였으며, 비록 높은 벼슬에 이르렀으나 그 행동은 書生과 같았다. 그가 冢宰가 되니 세상 사람들은 태평세월이 올 것을 기대하였는데, 돌아가시니 나라 사람들이 모두 놀라고 슬퍼하였다.172)

라고 하고 있는 것에서 보인다. 그는 5차에 걸쳐 원에 다녀왔고, 당시 원 세조는 그의 학문에 감복하여 그로부터 많은 정치적 자문을 구하고 있다. 당시 원 세조는 姚樞·許衡 등의 감화를 받아 성리학을 국가의 통치이념으로 수용하였다. 따라서 세조가 그의 학문에 감복하였다는 것은 이미 그가 성리학의 대체를 수용하고 있었음을 의미하는 것이기도 하다. 또 그는 원에 있는 동안에 그 곳의 학자들과 많은 교류를 가지고 있다.

　이로 볼 때 그는 성리학을 이미 수용하고 있었음을 알 수 있고, 특히 안향과 같은 시기에 살아 그와 같이 교유하였음을 감안할 때 이러한 가능성은 더욱 짙어진다. 또 그의 문생인 尹莘傑과 禹倬은 안향에게서 직접 성리학을 수용하고 있음도 주목된다.

---

172)『高麗史』권105, 列傳18 鄭可臣.

5) 吳 潛(1259, 원종 즉위년 ~ 1336, 충숙왕 복위 5)

오잠은 僉議侍郎贊成事를 지낸 璿의 아들로, 처음에는 이름을 祁라 하였다. 자는 興雨, 호는 東軒 본관은 同福이다.

충렬왕 원년(1275) 李仁成의 문하에서 성균시에 합격하였고, 충렬왕 5년(1279)에 贊成事 朴恒과 典法判書 郭汝弼의 문하에서 과거에 급제하였다.[173] 다음 해 5월에는 원의 制科에 응시하여 丙科로 급제하였고, 이로써 秘書校書郎을 제수하였다. 이후 尙乘直長, 司宰注簿, 司直堂後官, 監察御史 등의 관직을 역임하고 東京判官으로 나갔으며, 얼마 후 國學直講을 거쳐 殿中侍史가 되었다.

충렬왕 23년(1297)에는 喬洞에 유배되었으나 곧 풀려 나왔고, 다음 해에는 政房에 들어가 起居郎이 되었으며, 충렬왕 25년(1299)에는 都僉議舍人, 軍簿摠郎, 左副承旨, 秘書尹 등의 관직을 거쳤다.

다음 해 3월에는 右副承旨로 成均試官이 되어 金琅韻 등 69명을 선발하였다.[174] 이 해 7월에는 知監察司事가 되었고, 12월에는 국학대사성을 겸하였다. 이 해에 그는 왕을 호종하고 원에 갔는데, 원으로부디 高麗國 王府斷事官이라는 직을 배수하였다.

충렬왕 27년(1301)에는 同知密直司事에 제수되어 文翰學士를 겸하였고, 다음 해에는 지밀직사사에 올라 지공거가 되어 崔凝 등 33명을 선발하였다.[175] 이 해에 監察大夫, 知都僉議使司事, 寶門閣大司學을 차례로 여인하였고, 충렬왕 29년(1303) 윤 5월에는 政堂文學을 더 하였다. 이때 원에서 斷事官 帖木兒不花가 사신으로 왔는데, 평소에 그를 미워하던 반대파들이 사신들에게 그의 잘못을

---

173)『高麗墓誌銘集成』「吳潛墓誌銘」.
174)『高麗史』 권74, 志28 選擧2 科目2 國子試.
175)『高麗史』 권73, 志27 選擧1 科目1 選場.

고하고 처벌할 것을 강권하였다. 이로써 그는 원으로 압송되어 長安 京兆府에 유배되었고, 이어 汴梁에 유폐되었다.

충선왕 4년(1312)에 풀려나 당시 원에 있던 충선왕을 호종하니, 왕은 그에게 潛이라는 이름을 내리고 예문관대제학과 지춘추관사를 제수하였고, 다음 해에 귀국하여 讞部尙書를 배수하였다. 이어 判典校寺事를 거쳐 이 해 12월에는 僉議評理로서 商議會議都監事를 겸하였다.

충숙왕 원년(1314)에는 三司使를 더하였고, 충숙왕 6년(1319)에는 龜城君의 봉작을 받았다. 다음 해에 예문관대제학과 첨의찬성사를 배수하였으며, 충숙왕 8년(1321)에는 왕을 호종하고 원에 갔고, 충숙왕 11년(1324)에도 燕京에 갔다가 충숙왕 17년(1330)에 환국하였다. 충숙왕 복위 5년에 병으로 죽으니, 향년 78세였다.[176] 文齊란 시호를 내렸다.

『고려사』『고려사절요』에는 그를 "王과 世子를 이간하였다"라거나 "柳淸臣과 더불어 瀋陽王 暠에게 붙어 본국을 참소하였다"라고 기술하여 혹평하였고, 『고려사』 열전에서는 그를 姦臣傳에 수록하고 있다.[177]

그러나 그는 충렬왕·충선왕·충숙왕을 섬겼는데, 이들 왕으로부터 모두 크게 신임을 받고 있다. 만약에 그가 위의 기록대로 왕과 세자를 이간하였다면 이와 같이 신임을 받을 수 있었을 것인가 하는 의문을 갖게 한다. 그가 죽은 해에 知春秋館事로 있던 樗軒 尹奕이 그의 墓誌銘을 썼는데, 그는 "나는 春秋의 徒로서 사람의 善惡을 사실대로 기록하지 않을 수 없다"라고 하면서

---

176) 『高麗墓誌銘集成』「吳潛墓誌銘」.
177) 『高麗史』 권125, 列傳38 姦臣傳 吳潛.

당당한 인걸이었으며, 어지러운 세상에 영웅이었도다.
德은 갖추지 않음이 없었고, 재주는 통하지 않은 것이 없었도다.
조정에 나아가 정사를 도우니, 사람들은 장차 侍中을 기대하였도다.
할 일 없는 자들이 모함을 만들어 공을 배신하였구나.
京兆에 유배되니 멀리 海東을 바라보며 한숨만 쉬었지.[178]

라는 銘을 지어 탄식하고 있다.

그는 위의 銘에서 볼 수 있는 바와 같이 학문이 뛰어났던 것 같다. 성균시의 시관을 거쳤고, 또 지공거로서 인재를 선발하였으며, 성균관 대사성으로서 교육에 책임을 맡았던 사실에서도 그의 학문적 역량을 헤아릴 수 있다.

원에도 여러 차례 나녀왔으며, 그 곳에서 수년 동안 생활하기도 하였다. 이러한 과정에서 그는 성리학을 수용하였을 것이다. 그가 지공거를 맡아 과거를 주관한 충렬왕 28년은 안향이 교육중흥을 위하여 전력하고 있었던 시기였다.

이제현도 그의 문하에 출입하면서 그를 존경하였던 것 같다. 이것은 그가 반대파들의 모함을 받아 원으로 압송되어 유배를 당하자 이제현은

孤臣孑立無攀援　외로운 이 신하 홀로 서서 도움 청할 데가 없구나.
守柱舊轍瞻歸軒　우두커니 서서 돌아오는 수레만 기다리네.
信音漸稀空斷魂　소식이 끊어지니 넋조차 멍해지네.
天光那肯照覆盆　임금은 언제나 이 억울한 누명 벗겨주려나.[179]

라는 시를 지어 아쉬움을 표하고 있는 것에서 알 수 있다.

---

178) 『高麗墓誌銘集成』「吳潛墓誌銘」.
179) 『益齋亂稾』 권2, '在上都奉呈 柳政丞淸臣吳贊成潛」.

6) 金 恂 (1258, 고종 45 ~ 1321, 충숙왕 8)

김순은 僉議中贊을 지낸 方慶의 아들로, 자는 歸厚, 본관은 安東이다. 할아버지는 兵部尙書·翰林學士를 지낸 孝印이다. 아버지는 許珙의 딸을 부인으로 삼았으며, 白頤正은 그의 사위가 된다.[180]

처음에는 문음으로 입사하여 掌牲署丞을 배수하였고, 이어 別將이 되었으나 충렬왕 5년(1279)에 贊成事 朴恒과 典法判書 郭汝弼의 문하에서 과거에 급제하여 攝郞將을 배수하였으며, 얼마 후 國學直講이 되었다. 이때 그의 아버지 方慶이 일본 정벌을 위하여 출정하였는데, 그도 이에 종군하고자 하였으나 허락을 받지 못하자 몰래 배에 올라 종군하였다.

충렬왕 8년(1282)에 殿中侍御史를 배수하였고, 다음 해에 尙州判官이 되었다. 이후 典法左郞, 秘書少尹, 知通禮門事를 역임하고, 충렬왕 14년(1288)에는 世子府의 行移別監이 되어 師傅의 직임을 맡았다.

다음 해에 典法摠郞이 되었고, 이어 軍簿摠郞과 典理摠郞을 거쳐 충렬왕 21년(1295)에는 三司右尹으로써 동지공거를 맡아 鄭可臣과 더불어 과거를 주관하여 姜暄 등 27명을 선발하였다.[181]

충렬왕 23년(1297)에는 國學典酒가 되었으며, 이 해 12월에는 左副承旨을 배수하였다. 이때 안향은 僉議叅理·世子貳保를 배수하였고, 李混은 知密直司事·世子元賓을, 吳漢卿과 李瑱은 左·右司議大夫를 각기 배수하고 있다.[182]

---

180) 『高麗墓誌銘集成』「金恂墓誌銘」.
181) 『高麗史』 권73, 志27 選擧1 科目1 選場.
182) 『高麗史』 권31, 世家31 忠烈王 23년 12월.

다음 해에 충선왕이 즉위하였는데, 이때 관제를 개혁하면서 그에게 光政副使·承旨·成均祭酒를 제수하였다. 이 해 8월에는 충렬왕이 복위하자 三司左使가 되었고, 11월에는 密直副使가 되었다. 충렬왕 25년에는 벼슬에서 물러났다.

충선왕 4년(1312)에는 重大匡·上洛君에 봉작되었고, 충숙왕 8년(1321) 정월에는 判三司事를 배수하였으며, 이 해 8월에는 寶門閣大提學과 上護君을 더하였다. 이 달에 죽으니, 향년 64세였다. 文英이라 시호하였다.

『고려사』열전에서는 "성품이 寬厚하고, 隸書에 능하였으며, 거문고를 즐겼다"라고[183] 평하고 있을 뿐 그의 학문에 대한 내용은 누락시키고 있다. 그러나 그는 일찍부터 아버지 김방경을 따라 원에 여러 차례 다녀왔으며, 또 안향과 이진·오한경·이혼 등과 관로생활을 같이 하여 친분이 두터웠고, 閔漬와도 막역한 사이였다. 민지는 그가 죽은 후에 묘지명을 撰하였다.

이로 볼 때 그는 성리학을 접하지 않을 수 없었을 것이다. 또 權溥는 그의 동년으로써 서로 우의가 두터웠으며, 특히 성리학에 조예가 깊었던 백이정이 그의 사위라는 점을 감안할 때 이러한 가능성을 더욱 짙게 한다.

아들 永旽과 永煦는 그의 학문을 계승·발전시키면서 학자로서 크게 빛을 발하였다.

7) 蔡洪哲 (1262, 원종 3 ~ 1340, 충혜왕 복위 원년)

채홍철은 平康人으로 자는 無悶, 호는 中菴居士라 하였다. 충렬

---

183)『高麗史』권104, 列傳17 金方慶 附 恂.

왕 5년(1279) 右司議大夫 鄭興의 문하에서 성균시에 합격하고, 충렬왕 10년(1284)에 判密直司事 金周鼎과 判衛尉寺事 權㫈의 문하에서 과거에 급제하였다. 崔誠之·權漢功·金元祥·白頤正은 그와 함께 합격한 同年이다. 과거에 합격하자 膺善府錄事를 배수하였으며, 이후 여러 관직을 거쳐 通禮門祗候가 되었다가 충렬왕 21년(1295)을 전후한 시기에는 長興府使가 되었는데, 이때 벼슬에서 물러났다.184) 이후 그는 스스로 中菴居士라 號하고, 불교의 禪旨를 익히고, 거문고와 藥劑 및 독서를 즐기면서 한거하였다.

충선왕이 즉위하자 그의 명망을 익히 알고 있어 그에게 강청하여 司醫副正을 제수하였다. 충선왕 3년(1311) 12월에는 密直副使가 되었고,185) 충선왕 5년(1313) 2월에는 聖節使가 되어 원에 다녀왔다.

충숙왕 원년(1314) 2월에는 知密直事로써 五道巡訪計定使가 되어 토지의 경계를 바로 잡는 일을 전담하였으며, 다음 해에 僉議評理에 올랐다. 이후 三司事와 贊成事를 역임한 후 충숙왕 7년(1320) 7월에는 重大匡에 올라 平康君에 봉작되었다.186)

다음 해에는 왕의 미움을 받아 權漢功과 함께 杖刑을 받고 海島로 유배되었다.『高麗史節要』의 撰者는 이때의 사실에 대하여

先王이 쓰던 옛 사람을 그대로 쓰는 것도 또한 先王의 뜻과 사업을

---

184) 그가 벼슬에서 물러난 시기는 정확하게 알 수는 없다. 그러나 그의 墓誌銘에서 "벼슬에서 물러난지 14년이 되던 충선왕 즉위년(1308)에 다시 벼슬에 나아갔다"라고 서술하고 있는 내용을 볼 때, 충렬왕 21년(1295)을 전후한 시기에 은퇴한 것 같다(『稼亭集』권11,「蔡洪哲墓誌銘」).

185) 그의 墓誌銘에서는 충선왕 4년에 밀직부사를 제수하였다고 기록하고 있으나『高麗史』世家와『高麗史節要』에는 충선왕 3년 12월에 제수 받은 것으로 나타나고 있다. 필자는 후자의 기록을 따랐다.

186)『高麗史』권34, 世家34 忠烈王 7년 7월.

계승하는 일의 한가지이다. 漢功은 太尉王이 중히 여기던 까닭에 이
때 귀양가게 되었으니, 왕이 孝心이 있다고 말할 수 있겠는가?[187]

라고 하여 이들의 유배에 대한 이유를 간접적으로 밝히고 있다. 위
에서 權漢功의 이름만 나타나고 있지만, 채홍철도 같은 이유로 유
배된 것으로 보아야 할 것이다.

1332년 충숙왕이 복위하자 贊成事를 배수하였고, 이후 三重大
匡·順天君으로 改封되고, 純誠輔翊贊化功臣의 호를 받았다. 충
숙왕 복위 5년(1336)에는 지공거가 되어 安珪와 더불어 과거를 주
관하여 南宮敏 등 進士 33명을 선발하였다.[188] 충혜왕 복위 원년
에 죽으니, 향년 79세였다.

『고려사절요』에서는 그를 평하여

사람됨이 재주가 있어 문장과 기예에 모두 능하였으며, 더욱 불교
를 좋아하여 일찍이 자기 집의 북쪽에 旃檀圓을 짓고 온 나라에 약을
보시하니, 많은 사람들이 덕을 입었다. 또한 집의 남쪽에는 中和堂을
지어서 국가의 元老 8명을 맞이하여 耆英會라 하였고,「紫霞洞新曲」
을 지었는데, 지금도 樂府에 그 악보가 있다.[189]

라고 하였고, 李穀은 그의 墓誌銘에서

집 남쪽에 堂을 지어 이름을 中和라 하고, 永嘉君 權溥이하 國相
8명을 초청하여 耆英會를 만드니, 이는 옛날 어진 이를 생각하면서
風流를 되살리기 위함이었다. 공은 識鑑이 뛰어났고, 風猶에도 당대
에 뛰어난 명성이 있었다. 또 사람을 취하는 것에는 모두 구비하지 않
았다고 하더라도 그 허물을 보고 그 어짊을 알았으며, 집에 있으면서
도 남을 대할 때는 한 덩어리의 화기가 가득하였으니, 참으로 위대한

---

187) 『高麗史節要』 권24, 忠肅王 8년 4월
188) 『高麗史』 권73, 志27 選擧2 科目2 選場.
189) 『高麗史節要』 권25, 忠惠王 복위 원년 정월 蔡洪哲 卒記.

> 군자라고 아니 할 수 없다. … 공이 세상을 떠나자 사람들은 모범을
> 잃었고, 나라에서는 길잡이를 잃었으니, 모두 탄식하였고 슬퍼하지 않
> 는 사람이 없었다.[190]

라고 하였다. 『고려사』를 비롯한 각종 史書에서는 그를 일러 "불교에 심취하였다"는 내용만 강조하고 있을 뿐 그가 성리학을 전수하였다는 기록은 찾아볼 수 없다. 그러나 그가 일차적으로 관직에서 물러나는 충렬왕 21년을 전후한 시기에는 안향이 이미 성리학을 전수하였고, 그의 同年인 白頤正과 權漢功은 성리학의 大家로 이름을 떨쳤다. 또 그는 權溥·李齊賢·李穀과도 친하게 교유하였고, 특히 李穀은 앞의 묘지명에서 보는 바와 같이 그를 일러 "참으로 위대한 君子"라고 평하고 있다.

『고려사』 열전에서도 그를 혹평하고 있는 부분이 있지만, 충선왕이 즉위한 후 그를 불러 관직을 제수한 것에 대하여 "당시 士林들이 영광스럽게 여겼다"라고 하였고, 또 "사람됨이 文章이 정교하고, 기예에 모두 능하였다"라고[191] 하고 있다. 그리고 그는 聖節使로서 원에도 다녀왔다.

이로 볼 때 그가 성리학에 대한 이해가 전혀 없었으리라고는 볼 수 없다. 그의 문하에서 과거에 합격한 鄭思道는 이후 성리학의 보급에 크게 공헌하고 있다.

8) 鄭 瑎(1254, 고종 41 ~ 1305, 충렬왕 31)

정해는 監察御史를 지낸 儇의 아들로, 처음에는 이름을 玄繼라

---

190) 『稼亭文集』 권11, 「蔡洪哲墓誌銘」.
191) 『高麗史』 권108, 列傳21 蔡洪哲.

하였으나 후에 瑎로 고쳤다. 자는 晦之, 본관은 淸州이다.

일찍이 아버지를 여의었으나 학문에 힘써 원종 12년(1271) 대사성 韓康의 문하에서 성균시에 합격하고, 다음 해에 元傅와 許珙의 문하에서 과거에 급제하였다.[192] 이로써 秘書敎勘에 보임되었다가 곧 通文院錄事를 배수받았고, 얼마 후 史翰을 지냈다.

충렬왕이 즉위하자 太常錄事로써 필도치을 겸하여 李混·尹珤 등과 더불어 명망을 떨쳤으며,[193] 충렬왕 7년(1281)에는 右正言에 올라 知製敎를 겸하였고, 이 해에 왕이 合浦에 거동할 때 호종하였다. 이후 左補諫과 軍器少尹을 거쳐 충렬왕 13년(1287)에는 秘書少尹이 되어 왕을 호종하고 원에 갔다. 이때의 공으로 귀국하자 閣門祗候를 배수하였다. 다음 해에 春宮侍讀을 겸하였고, 이어 史館修撰官을 거쳐 겨울에는 典理摠郎을 배수하고, 文翰侍讀學士를 겸하였다. 충렬왕 16년(1290)에는 左副承旨로써 司議大夫를 겸하여 銓法을 담당하니, 權臣의 청탁을 물리치고 매사를 법규대로 처리하였다. 이로써 사람들은 모두 그의 공정함을 칭송하였다.[194]

충렬왕 18년(1292)에는 左承旨가 되어 成均試官을 맡아 李彦沖 등 61명을 선발하였고,[195] 충렬왕 20년(1294)에는 知申事에 올랐으며, 이어 副知密直이 되어 南京留守와 廣陵府尹을 맡았디기 다음 해에는 國學大司成이 되었다.[196] 이후 判圖判書, 同知密直, 世子元賓을 역임하였고, 충렬왕 24년(1298)에 충선왕이 즉위하니, 知密直司事가 되어 行省의 石抹也先과 한께 聖節使의 임무를 띠고 원에 파견되었다. 이때 元 황제의 명을 받아 儒學提擧를 배수하였다.[197]

---

192)『牧隱文集』권20,「鄭氏家傳」.
193)『高麗史』권106, 列傳19 鄭瑎.
194)『高麗史』권106, 列傳19 鄭瑎.
195)『高麗史』권74, 志28 選擧2 科目2 國子試.
196)『牧隱文藁』권20,「鄭氏家傳」.

충렬왕 26년(1300)에는 密直使와 典理判書를 거쳐 判三司事가
되었고, 다음 해에는 知都僉議司事가 되었으며, 충렬왕 28년(1302)
에 僉議叅理가 되었다.

충렬왕 31년(1305)에는 贊成事가 되었고, 이 해 4월에는 知貢擧
가 되어 知申事 宋璘과 더불어 과거를 주관하여 張子贇 등 33명을
선발하였다.198) 이 해 6월에 병으로 죽으니, 향년 52세였다. 章敬이
란 시호를 내렸다.

그는 학문이 높고 강직하였으며, 일을 함에는 공정하였다. 충렬
왕의 측근 吳潛과 石天補가 왕의 좌우에서 권력을 전횡하자 閔漬
·金台鉉·洪子藩 등과 정치적 견해를 같이 하여 이들을 탄핵하
였고,199) 安珦과도 조정에서 같이 벼슬하면서 친분이 두터웠으며,
權溥·李瑱과도 교유가 돈독하였다.

그는 수차에 걸쳐 원에 다녀오기도 하였고, 원에서는 그의 학문
을 높이 평가하여 儒學提擧로 임용하고 있다.

이로 볼 때 그는 성리학을 접하였을 것으로 볼 수 있다. 또 그는
2차에 걸쳐 고시관을 역임하여 많은 문생을 배출하였고, 또 충렬왕
20년을 전후한 시기에는 국학대사성을 맡아 교육에 종사하기도 하
였다. 그는 충렬왕 31년에 지공거를 맡았는데, 이때는 안향의 교육
중흥이 결실을 맺고 있었던 시기였음이 주목된다.

이로 볼 때 당시 그의 문하에서 합격된 문생들은 거의 모두가 이
당시 성균관에서 안향으로부터 교육받은 제자였을 것이라는 추론
을 가져볼 수 있다.

---

197) 『高麗史』 권33, 世家33 忠宣王 즉위년 8월.
198) 『高麗史』 권73, 志27 選擧1 科目1 選場.
199) 『高麗史』 권125, 列傳38 吳潛 및 『高麗史』 권105, 列傳18 洪子藩.

9) 趙 簡(? ~ ?)

조간은 金堤縣人으로 충렬왕 5년(1279) 贊成事 朴恒과 典法判書 郭汝弼의 문하에서 장원으로 급제하여 書籍店錄事를 배수하였다. 다음 해에 왕이 문신들을 대상으로 하여 詩賦로써 殿試를 행하였 는데, 이때에도 으뜸으로 뽑혀서 黃牌를 하사하고, 內侍에 소속시 켰다.

충렬왕 14년(1288)에는 國學直講으로 있었는데, 이 해 4월 궁중 정원에 꽃이 만발하자 왕은 여러 신하들을 불러 연회를 베풀고, 그 와 典法正郎 閔漬로 하여금「新曲」을 지어 올리게 하였다. 이때 安珦은 左副承旨로써 시를 지어 올리었다.[200]

이후 補闕로 옮겼다가 얼마 후 부친의 상을 당하자 3년 동안 여 묘하였고, 충렬왕 17년(1291)에 상을 마치자 起居注로 발탁되었 다.[201] 이어 僉議舍人을 거쳐 慶尙道按廉使로 출보하였다.

충렬왕 24년(1298)에 충선왕이 즉위하자 刑曹侍郎을 제수받고, 右諫議大夫를 겸하였다. 이때 안향은 叅知機務・行東京留守・集 賢殿人學士를 배수하였고, 吳漢卿은 詞林學上・試散騎常侍를, 李 瑱은 司林學士・試右散騎常侍를, 權溥는 詞林侍讀學士・試衛尉 卿을 각각 배수하고 있다.[202]

그가 刑曹侍郎・右諫議大夫로 있을 때 왕이 內僚 李之氐에게 兩府官을 제수하니, 그는 告身에 서명하지 않았다. 이에 왕은 그를 불러 "한 대관이 그대를 원망하고 있으니 행동을 삼가라"는 말을 내리고 있다.[203] 이 해 8월에 충렬왕이 복위하자 좌부승지 권보와

---

200)『高麗史』권30, 世家30 忠烈工 14년 4월.
201)『高麗史節要』권21, 忠烈王 17년 9월.
202)『高麗史』권33, 世家33 忠宣王 원년 5월.

摠郎 金台鉉과 더불어 選法을 관장하였다.204)

충렬왕 27년(1301) 5월에는 좌부승지로써 同知貢擧가 되어 密直司事 권보와 더불어 과거를 주관하여 盧承綰 등 33명을 선발하였다.205) 이때의 과거에서 朴元桂·李齊賢·金信·閔祥正 등을 선발하였는데, 이들은 이후 성리학으로 이름을 떨쳤고, 특히 이제현은 儒宗으로 존경을 받았다. 그는 문생들을 거느리고 壽寧宮에 나아가 왕을 배례하니, 왕은 연회를 베풀어 이들을 축하하였고, 그를 殿試門生으로 삼았다.206)

충렬왕 28년(1302) 6월에는 金元祥이 國子博士를 시험하여 六經에 능통한 사람에게는 秩을 높일 것을 건의하였는데, 왕은 이를 받아들여 그와 鄭僐 등으로 하여금 시험을 보게 하였으나 응시자가 겨우 한 두개의 經만 통할뿐이어서 서용하지 않았다.207) 다음 달에는 密直副使와 右常侍를 배수하였다. 충선왕 5년(1313)에는 安于器와 더불어 다시 밀직부사를 배수하였고, 충숙왕이 즉위하자 僉議評理가 되었다.

충숙왕 원년(1314) 6월에는 成均博士 柳衍과 成均學諭 兪迪을 강남에 보내어 書冊 1만 8백권을 구입하였는데, 贊成事 권보·商議會議都監事 이진·三司使 권한공·知密直 안우기 등과 더불어 성균관에 모여 이들 서적을 考閱하였고, 또 經學으로써 성균생들을 시험하였다.208)

이후 門下贊成事로 올라 죽으니, 文良이라 시호하였다.

---

203)『高麗史』권106, 列傳19 趙簡.
204)『高麗史節要』권22, 忠烈王 24년 8월.
205)『高麗史』권73, 志27 選擧1 科目1 選場.
206)『高麗史』권106, 列傳19 趙簡.
207)『高麗史』권32, 世家32 忠烈王 28년 6월.
208)『高麗史』권34, 世家34 忠肅王 원년 6월.

그의 생몰연대는 기록이 없어 알 수가 없다. 그러나 충숙왕 8년 11월에 당시 토번으로 유배된 충선왕이 그에게 글을 보내어 탄원을 요청하고 있는 것을 볼 때[209] 충숙왕 8년까지는 생존하였음이 확인된다.

조간이 안향으로부터 수학하였다는 내용은 찾아볼 수 없지만, 그가 과거에 합격하던 충렬왕 5년은 안향이 국자사업으로 있었다. 이로 볼 때 그도 과거에 합격하기 전에 성균관에서 안향으로부터 수학하였을 가능성을 배제할 수 없다. 그의 동년인 권보·이진 등은 안향으로부터 성리학을 전수받았고, 또 그는 이들과 더불어 관직생활도 같이 하면서 막역하게 지냈으며, 특히 안향의 아들인 안우기와 함께 밀직부사를 역임하면서 친분이 두터웠다.

이로 볼 때 그도 성리학에 깊은 이해가 있었을 것으로 볼 수 있다. 그가 충렬왕 15년을 전후한 시기에 부친의 상에 3년 동안 여묘하였고, 또 그가 과거의 고시관으로 있을 때 배출한 문생들 중에서 성리학의 대가로 성장한 자들이 많았으며, 충숙왕 때는 권보·이진·권한공·안우기 등과 더불어 새로 구입한 서적을 고열하고 있음을 볼 때 이러한 가능성은 더욱 짙어진다.

10) 白元恒(? ~ ?)

백원항은 中郞將을 지낸 眞牛의 아들로 호는 蒼溪, 본관은 水原이다. 할아버지는 三重大匡 平章事를 지낸 文簡公 良臣이다.[210]

백원항은 일찍이 안향의 문하에 출입하여 가르침을 받았으며,

---

209) 『高麗史節要』 권24, 忠肅王 8년 11월.
210) 『白氏大同譜』 권1, 原編.

충렬왕 5년(1279) 5월에 右司議大夫 鄭興(可臣)의 문하에서 성균시에 장원으로 합격하였다.211) 이후 과거에 합격하고, 충선왕 3년(1311) 4월에는 知讞部事로서 選軍別監事가 되었다. 이후 典校令이 되었다가 충숙왕 원년(1314) 윤 3월에는 상왕의 명에 의하여 前選部議郎 尹莘傑과 司憲執義 尹宣佐와 더불어 왕에게 『資治通鑑』을 講하였다. 이때 辛蕆은 選部直郎으로 있었고, 安珦은 散郎을 배수하여 銓注를 맡고 있었다.212)

충숙왕 4년(1317)에는 摠部典書로 있었는데, 이때 同考試官이 되어 延興君 朴全之와 더불어 과거를 주관하여 洪義孫 등에게 급제를 사하였다.213)

충숙왕 5년(1318) 정월에는 尹莘傑과 함께 왕과 더불어 詩로써 唱和하고, 왕은 이들에게 紅鞓을 하사하고 있다. 충숙왕 8년(1321) 2월에는 密直使가 되었으며, 이 해 10월에는 僉議評理에 올랐다. 이때에 上王인 충선왕이 토번으로 유배되니, 그는 朴孝修 등과 妙覺寺에 모여서 원의 中書省에 글을 올려 상왕의 환국을 요청하였다.214) 죽은 후에 文毅란 시호를 내렸다.

그의 생몰연대는 기록이 없어 알 수 없다. 그는 과거에 합격하기 이전부터 안향의 문하에 출입하였으며, 안향은 그에게 많은 가르침을 주고 있다.215) 그가 尹莘傑과 더불어 충선왕의 명에 의하여 충숙왕에게 『資治通鑑』을 강하고 있는 것을 보면, 그는 당대에 석학으로 인정되고 있었음을 알 수 있다.

그는 과거에 합격한 후에도 안향의 문하에 출입하면서 가르침을

---

211) 『高麗史』 권74, 志28 選擧2 科目2 國子試.
212) 『高麗史』 권34, 世家34 忠肅王 9년 閏 3월.
213) 『高麗史』 권73, 志27 選擧1 科目1 選場.
214) 『高麗史』 권35, 世家35 忠肅王 8년 12월.
215) 『高麗史』 권105, 列傳18 安珦.

받았다. 이것은『光山金氏世譜』全州譜의 金周鼎편에서

> (周鼎은) 집 후원에 집을 지어 조정에서 퇴조한 후 여가가 있을 때
> 는 鄭可臣·尹珤와 더불어 유오하면서 政事를 의논하고 經史를 강론
> 하였다. 이때에 사람들은 그 집을 일러 三賢堂이라 하였다. 白公 元恒
> 이 晦軒 安裕의 題를 차하여「三賢堂詩」를 지었다.216)

라고 하고 있는 것에서 보인다.

이로 볼 때 안향과 백원항의 관계를 알 수 있고, 이들도 역시 김
주정과 더불어 교유하였음을 알 수 있다. 특히 백원항은 충렬왕 5
년에 성균시에 합격하고 있는데, 그가 성균시에 합격하고 국자감
에서 수학하였다면 안향으로부터 직접 가르침을 받았을 것이다.
왜냐하면 이때 안향은 국자사업으로 교관직에 있었기 때문이다.

11) 金台鉉(1261, 원종 2 ~ 1330, 충혜왕 즉위년)

김태현은 監察御使를 지낸 須의 아들로 자는 不器, 호는 快軒,
또는 雪菴이라 하였으며, 본관은 光山이다. 都僉議司事를 지내고
안향과 막역하게 지냈던 周鼎은 그의 숙부가 된다.217)

그의 나이 10세 때에 아버지가 靈光副使로서 三別抄의 난을 토
벌하기 위하여 출진하였다가 전사하자 이후 숙부 주정의 문하에서
학문을 익혔다. 주정은 그의 뛰어난 자질에 감탄하여 "우리 집을
일으킬 자는 반드시 너일 것이니, 우리 형은 죽지 아니 하였도다"
고 하였다.218)

---

216)『光山金氏世譜』全州譜 金周鼎
217)『光山金氏世譜』全州譜.
218)『高麗史』권110, 列傳23 金台鉉.

충렬왕 원년(1275) 4월에 尙書右丞 李仁成의 문하에서 성균시에 장원으로 합격하고,[219] 다음 해에 密直司使 許珙과 右副承宣 薛公儉의 문하에서 과거에 급제하였다. 이때 그의 나이는 16세였다. 이어 殿試에도 합격하여 左右衛殺軍을 제수하였으며, 이후 直文翰署, 左右別監, 判鷹坊事를 역임하고, 충렬왕 24년(1298)에 충선왕이 왕위에 오르자 判都摠郎이 되어 左副承旨 權永(溥)·右司議 趙簡·前(司諫) 金祜 등과 더불어 選法을 맡았으며, 이어 右承旨를 배수하였다.

충렬왕이 복위하자 密直司使가 되었고, 충렬왕 25년에는 성균시의 試官이 되어 李蒨 등 70명을 선발하였다.[220]

충렬왕 27년(1301)에는 侍郎贊成事 韓希愈 등과 더불어 당면 時政의 급무를 상언하였고, 다음 해 6월에는 知密直司事가 되어 僉議叅理 閔漬와 함께 급제 20인을 모아 '上丞相國書', '祝聖壽佛疏'를 題目으로 하여 시험을 보아 白仁壽·卜禛 등을 합격시켰다.[221]

충렬왕 29년(1303)에는 지공거가 되어 朴理 등 33명을 선발하였다.[222] 이때 許珙의 아들인 許冠과 李承休의 아들 李衍宗 및 崔瀣도 합격하고 있다. 이 해 12월에는 同知密直司事가 되었는데, 이때 안향은 侍郎贊成事를 배수하였고, 閔漬는 判密直司事, 李混과 權永은 知密直司事를 배수하고 있다.[223]

충렬왕 31년(1305)에는 知都僉議司事가 되었는데, 이때 안향의 아들 于器는 密直副使를 배수하고 있다. 다음 해 8월에는 聖節使가 되어 원에 갔으며, 충선왕이 즉위하자 楊廣水吉道의 計點使·

---

219) 『高麗史』 권74, 志28 選擧2 科目2 國子試.
220) 『高麗史』 권74, 志28 選擧2 科目2 國子試.
221) 『高麗史』 권32, 世家32 忠烈王 28년 6월.
222) 『高麗史』 권73, 志27 選擧1 科目1 選場.
223) 『高麗史』 권32, 世家32 忠烈王 29년 12월.

行水州牧使가 되어 民戶를 정리하였다. 당시 그의 행적이 가장 뛰어나 조정에서는 각 도에 이첩하여 "모든 행정은 양광수길도의 경우를 표본으로 삼아 행하도록 하라"는 傳旨를 내렸다. 이후 商議贊成事로서 벼슬에서 물러나 한거하다가 충숙왕 8년(1321)에는 僉議評理로 복직되고 判三司事를 배수하였다. 이때 원에 의하여 충선왕은 吐蕃으로 유배되고 충숙왕은 원에 억류되었으나 그의 노력으로 국사는 잘 유지되었다. 충숙왕이 귀국하여 정사를 맡게 되자 僉議政丞을 제수받았으나 얼마 후 벼슬에서 물러났다.

충숙왕 17년(1330)에 왕이 원에 있는 세자(충혜왕)에게 전위하려 하였는데, 원은 사신을 보내어 국왕의 印을 빼앗고. 이것을 그에게 주어 行省의 일을 맡도록 하였다. 그러나 사신이 돌아가자 왕은 이를 빼앗고 그를 감금하려 하였다. 이에 그는 가족을 이끌고 金剛山으로 피신하였다. 충혜왕이 즉위하자 그를 불러 다시 行省의 일을 맡도록 하였으나 이 해에 죽었다. 향년 70세였고, 文正이라는 시호를 내렸다.

그는 숙부 김주정의 문하에서 학문을 익혔고, 또 안향과 민지의 문하에도 출입하면서 가르침을 받았다. 김주정은 안향과 민지와는 각별한 사이이여서 그의 집 후원에 별장을 지어 이들과 교유하면서 현액을 三賢堂이라고 하였다.[224] 또 그는 안향의 손자 牧을 그의 사위로 삼았다. 그는 성리학 뿐만 아니라 詩文에도 뛰어나 일찍이 우리나라 시문을 모아 『東國文鑑』을 편찬하기도 하였다

李穡은 그를 평하여

고금을 통하여 책을 저술한 자 많으나 우리 三韓에는 근세에 유독 快軒 文正公이 제일이었다. 그 門人 崔拙翁은 그 다음이다. 편집이

---

224) 『光山金氏世譜』 全州譜 金周鼎.

풍부한 것은 쾌헌을 칭하고, 간택이 정한 것은 최졸옹을 칭한다.[225]

라고 칭송하고 있다.

그는 성격이 맑고 행동에는 절도가 있어 당시 사람들의 존경을 받았다. 이것은 『高麗史』 열전에서

그는 성품이 강직하고, 言動이 禮를 따랐으며, 낮에 눕지 않고, 더위에도 웃옷을 벗지 않았다. 사람 대하기를 和로서 하고, 어머니를 지극한 효도로서 모셨으며, 자손을 가르칠 때는 법도가 있게 하였고, 사람들을 함부로 사귀지 않았다. 또한 仇怨을 삼음이 없었고, 三朝를 歷事함에 進退를 義로서 하였으며, 煩劇함을 처리할 때 그 裁決이 精敏하니, 사람들은 그 밝음에 誠服하였다.[226]

라고 하고 있는 것에서 보인다.

김태현의 門生 崔瀣는 이후 학문과 문장으로 이름을 떨쳤고, 그가 죽자 묘지명을 지어 애도하였다. 그의 아들 光軾·光轍·光載·光輅는 모두 과거에 급제하여 이름을 떨쳤다. 이 중에서 광식은 안향의 문생으로 그 문하에 츨입하였고, 광재는 성균시의 시관이 되었을 때 이색을 문생으로 배출하였다.

12) 崔誠之(1265, 원종 6 ~ 1330, 충숙왕 17)

최성지는 全州人으로 자는 純夫이고, 아버지는 贊成事를 지낸 毗一이다. 元宗 6년에 출생하여 처음에는 이름을 阜라고 하였다가 이후 瑞·琇·實로 개명하였고, 마지막에는 誠之라 하였다. 호는

---

225) 『牧隱文藁』 권9, 「贈金敬淑秘書詩序」.
226) 『高麗史』 권110, 列傳23 金台鉉.

松坡이다.

그는 약관에 성균시에 합격하고, 충렬왕 10년(1284)에 判密直司事 金周鼎과 判衛尉寺事 權㫜의 문하에서 급제하였다. 白頤正·權漢功·金元祥·蔡洪哲은 이때의 과거에 함께 합격한 同年이다.[227] 그는 과거에 합격하자 雞林管記를 제수하여 출보하였다가 얼마 후 史翰을 제수받아 소환되었다.

충렬왕 24년(1298)에 충선왕이 일시 보위에 올랐으나 몇 개월 후에 이를 다시 충렬왕에게 전위하고 원에 가게 되는데, 이때 그는 백이정과 함께 충선왕을 호종하였다. 이로써 그는 원에 머물게 되는데, 그 곳에서 충선왕을 도와 원의 내란을 평정하고, 武宗을 즉위시키는데 공을 세웠다. 이에 知監察司事를 제수받고 策命을 받들어 환국하니, 충렬왕이 기뻐하여 옷 一襲과 銀 三斤을 하사하였다. 충렬왕 34년(1308)에 왕이 죽자 충선왕이 귀국하여 다시 즉위하였는데, 이 해에 그에게 執義를 제수하였다. 얼마 후 同知密直司事와 대사헌을 거쳐 僉議評理가 되었고, 또 얼마 후 贊成事에 나아가 推誠亮節功臣의 호를 하사받고, 光陽君으로 봉작되었다. 충선왕 5년(1313)에는 權漢功과 더불어 과거를 주관하여 安震·金光載 등 33명을 선발하였다.[228] 충숙왕 7년(1320) 柳淸臣 등이 본국에 征東省을 설치하여 원의 內地로 할 것을 주청하였는데, 그는 金廷美·李齊賢 등과 더불어 都省에 글을 올려서 그 부당성을 논하여 설득하니, 마침내 그 이논은 저지되었다. 또 얼마 후 위에 있던 충선왕이 토번으로 유배당하니, 그는 이제현과 함께 원의 郎中에게 글을 올려서

---

227) 이때 그의 나이는 20세였다. 안향은 이 시기를 전후하여 국자시업에 있었다. 이로 볼 때 그는 백이정과 더불어 안향으로부터 학문적 교화를 빋있을 깃이다.

228) 『高麗史』 권73, 志27 選擧1 科目1 選場.

천자에게 말씀드려 金鷄의 은택을 내려 (충선왕을) 동으로 돌아오
게 하여 다시 태양을 볼 수 있도록 해 주시어 聖天子의 세상에 다시
는 구석을 향해 우는 사람이 없도록 해 주소서. 그렇게만 된다면 大丞
相의 아름다운 德은 더욱 원근에 나타나게 될 것이요, 족하는 근본을
잊지 않는 의리와 사람을 잘 구원하는 仁을 천하 사람들이 모두 칭송
하게 될 것입니다.229)

라고 탄원하여 충선왕의 귀환을 부탁하였다.

또 瀋陽王 暠의 무리들이 우리 조정의 잘잘못을 원의 도성에 올
려 고하려 하여 그에게 서명하기를 청하였으나 그는 끝까지 이에
서명하지 않았다. 이에 그 주모자가 錄事를 시켜 이를 다시 강요하
자 그는 소리 높여 "내가 일찍이 宰相의 자리에 있었는데, 어찌 錄
事들이 나를 협박하려고 하느냐"라고 호통하니, 모두 의기가 소침
하였다.

충숙왕 11년(1324)에 관직에서 물러났으며, 동왕 17년에 죽으니,
향년 66세였다. 文簡이라 시호하였다.

『고려사』를 비롯한 각종 史書에서도 그가 성리학을 공부하였다
는 기록은 찾을 수 없지만 그의 행동이 성리학적 가치관에 입각하
고 있음을 알 수 있다. 그는 안향과의 교유가 있었고, 또 이제현과
교유하면서 정치노선을 같이 하고 있음을 볼 때 성리학에 대한 깊
은 이해가 있었던 것으로 볼 수 있다. 특히 그가 원에서 그 곳의 석
학들과 교유하였고, 또 그의 아들 文度가 성리학에 박통하였다는
사실은 이를 더욱 확실하게 하고 있다. 그는 특히 陰陽推步法에 깊
은 조예가 있었다. 『고려사』 열전에서는 그의 행적에 대하여

성품이 강직하여 망언을 하지 않았고, 書法이 楷正하고, 詩에도 볼
만한 것이 있었으며, 특히 陰陽推步法에 조예가 깊었다. 충선왕이 원

---

229) 『益齋亂藁』 권6, 「同崔松坡贈元郎中書」.

에 머물 때 太史局이 曆法에 정밀함을 보고 誠之에게 內帑金 100斤
을 주어 스승을 구하여 수업을 받게 하니, 그는 授時曆術을 모두 얻어
배웠다. 귀국하여 그 學을 전하니, 지금에 이르도록 이것은 준용되고
있다.[230]

라고 하였고, 李齊賢은 그의 묘지명에서

　　공은 성격이 강직하여 망령되이 말하지 않았고, 書法이 楷正하였
　다. 또 詩는 온자하고 재미가 있었으며, 특히 陰陽推步法에 조예가 있
　었다. 風憲·選擧·星官·詞苑을 또한 20년이나 맡아보아 德陵의 후
　한 예우가 공보다 나은 사람이 없었다. 일찍이 春場을 보일 때 安震
　등 33명을 뽑았는데, 그 중에는 명사가 많았다.[231]

라고 하여 그를 높이 평가하고 있다.

13) 權漢功 (? ~ 1349, 충정왕 원년)

　권한공은 僉議評理를 지낸 頔의 아들로 자는 一齋, 본관은 安東
이다. 僉議侍郞贊成事를 지낸 蔡謨는 그의 장인이 되며, 李穡은
그의 손녀사위가 된다.

　충렬왕 10년(1284) 判密直司事 김주정과 判衛尉寺事 權㫜의 문
하에서 과거에 급제하였다.[232] 과거에 합격하자 直史館을 역임하
였으며, 충렬왕 20년(1294)에는 聖節使가 되어 元에 다녀왔다.[233]

　충렬왕 만년에 충선왕이 세자로서 원에 있을 때 최성지와 함께

---

230) 『高麗史』 권108, 列傳21 崔誠之.
231) 『益齋亂藁』 권7, 「崔誠之墓誌銘」.
232) 『淡庵逸集』 2, 「白頤正行狀」.
233) 『高麗史』 권31, 世家31 忠烈王 20년 7월.

세자를 시종하면서 選法을 맡았고, 충선왕이 즉위하자 그 동안의 노고를 치하받아 輕帶를 하사받았다. 이후 왕의 신임을 받아 수시로 궁궐에 출입하였고, 충선왕 원년(1309) 4월에는 密直副使를 제수받았다. 다음 해에는 同知密直司事가 되고, 얼마 후 知密直司事로 올랐다. 충선왕 4년(1312)에는 僉議評理에 특배되었고,[234] 다음 해에는 지공거가 되어 최성지와 더불어 과거를 운영하여 安震 등 33명을 선발하였다.[235] 이때의 과거에서 金光載·李嵒도 선발되고 있다. 이때에 왕이 燕京에 체류하자 그는 최성지와 호종하여 銓注를 맡았는데, 李思溫·金深 등이 "그와 최성지가 뇌물로 전주를 마음대로 한다"라고 원의 조정에 참소하니, 이로써 감옥에 갇히게 된다. 이를 듣고 충선왕이 크게 노하여 태후에게 아뢰어 이들을 석방시키고 고려에 보내었다.

충숙왕이 즉위하자 三司事를 배수하였고, 그 동안 충선왕을 보좌한 공을 높이 평가하여

> 父王을 시종하여 順境과 逆境을 한결같이 하였고, 김심·이사온 등이 여러 해 동안 계략을 꾸며 나라를 도모하고 임금을 위태롭게 하였으나 權漢功·崔誠之·朴景亮 등과 함께 심력을 다하여 끝까지 보필하였으니, 有司는 賞을 내려 포상하라.[236]

라는 명을 내리고 있다. 또 원에서 충렬왕과 충선왕을 추증할 때 正尹 洪瀹과 함께 이 일을 주관하여 鐵卷을 하사받고, 贊成事를 배수하였다.

충숙왕 원년(1314) 6월에는 權溥·李瑱·趙簡·安于器 등과 함께 강남에서 구입한 서적 1만 8백권을 고열하였으며, 아울러 성균

---

234) 『高麗史』 권34, 世家34 忠宣王 4년 6월.
235) 『高麗史』 권73, 志27 選擧1 科目1 選場.
236) 『高麗史』 권125, 列傳38 權漢功.

관 유생들의 시험을 經學으로 운영하여 학업을 권장하였다.237) 또 이 해에 陳慰使가 되어 원에 가서 과거 시행을 축하하였고, 다음 해에도 원에 사신으로 가서 하례하였다. 이때 충선왕이 원에서 降香使가 되어 江蘇와 浙江을 유람하였는데, 그는 이제현과 함께 寶陀山까지 시종하였다.

충숙왕 4년(1317) 11월에도 원에 사신으로 갔다가 귀국할 때 '開府義 駙馬 高麗國王'이라는 冊封을 받아 왔으며, 충숙왕 6년(1319)에도 聖節使가 되어 원에 다녀왔다.

그는 충선왕의 신임을 받았고, 충선왕이 왕위에 물러난 후에도 계속 그에게 전주를 맡기니, 충숙왕은 그를 미워하게 되었다. 이후 충선왕이 토번으로 귀양가자 그와 蔡洪哲을 杖刑에 처하여 해두로 유배하였다. 얼마 후 元帝의 특명으로 풀려 나왔지만 그는 이때부터 반왕파가 되어 瀋陽王 暠를 추대하려는 움직임을 보이게 된다.

충숙왕 9년(1322)에 그는 채홍철·閔漬·李瑚 등과 더불어 백관들을 慈雲寺에 모이게 하여 심왕 추대를 위한 서명운동을 벌이기도 하였다.

충숙왕 11년(1324)에는 醴泉君에 봉작되었으며, 후에 벼슬이 都僉議政丞에 이르렀고, 원의 명을 받아 太子左贊善을 배수하기도 하였다.

충혜왕이 원에 압송되자 宰相과 國老들이 旻天寺에 모여 왕을 위하여 원의 도성에 탄원을 올리려 하였지만, 그는 왕의 덕 없음을 이유로 이에 서명하지 않았다. 이는 당시 왕이 그의 둘째 부인인 康氏를 추행하려 한 것에 대한 반발이기도 하였다. 충정왕 원년(1349)에 죽으니, 文坦이라 시호를 내렸다.

『高麗史』 열전에서는 그를 혹평하여 姦臣傳에 수록하고 있다.

---

237)『高麗史』권34, 世家34 忠肅王 원년 6월.

그러나 그는 충선왕의 두터운 신임을 받았으며, 그 또한 충선왕에 대한 의리를 끝까지 지켰다. 충선왕은 토번에서 유배생활을 하면서 그에게 시를 보냈는데, 이 시에서 그와 충선왕의 돈독한 정의를 살펴볼 수 있다.

> 이 곳 毒煙이 가득 찬 蕃地, 옛날 그 이름은 들었었지.
> 머나먼 이곳, 서울에서 몇 만리나 되는지 알 수 없구나.
> 꿈속에서도 갖은 고초 모두 맛 보았도다.
> 그대를 생각하면 그 情 더욱 잊을 수 없도다.[238]

그는 백이정·최성지와 교분이 두터웠고, 원에서도 같이 활동하였다. 수차에 걸쳐 원에 사신으로 다녀왔으며, 원의 조정에서도 그의 학문을 높이 평가하여 그를 매우 신임하였다.

이로 볼 때 그는 성리학을 이미 수용하였을 것이며, 성리학적 가치관에서 그는 충숙왕과 충혜왕의 반인륜적 행위에 반발하였을 것이다.

충숙왕 원년에 성균관에서 새로 구입한 서책을 권보·이진·안우기 등과 더불어 교열하고 있다는 것도 그가 성리학을 이미 수용하고 있었음을 말해 준다. 그와 더불어 서책을 교열하고 있는 이들은 모두 안향으로부터 성리학을 전수받은 당대의 석학들이었다. 이제현도 그의 문하에 출입하면서 가르침을 받았다. 그가 죽자 이제현은

> 朱顏綠骨地行仙   붉은 얼굴 건강한 몸, 지상의 신선이었는데
> 何事乘雲去不還   어인 일로 구름 타고 떠나신 후 오시지 않으시나.
> 應爲姮娥勸霞液   응당 姮娥에서 감로주를 대접받고
> 醉吟佳句桂花間   취하여 계수나무 숲에서 시를 읊고 있겠지.[239]

---

238) 『高麗史』 권125, 列傳38, 權漢功.

라는 시를 지어 애도하였다.

14) 安文凱(1273, 원종 14~ 1338, 충숙왕 복위 7)

안문개는 檢校軍器監을 지낸 成哲의 아들로 처음에는 이름을 鈞이라 하였다가 후에 文凱로 고쳤다. 자는 國平, 호는 質齋, 본관은 順興이다. 안향과는 族親이 된다. 그는 안향의 할아버지인 永儒의 동생 永麟의 증손이다. 따라서 그는 어려서부터 안향의 문하에서 학문을 익혔다.[240]

충렬왕 때 과거에 급제하여[241] 충숙왕 9년(1322)에는 左副代言이 되었고, 이 해에 왕을 호종하여 원에 갔다. 이로써 충숙왕이 귀국할 때까지 원에서 5년 동안 왕을 시종하였다. 이 동안에 국내의 반왕파들이 왕을 모함하여 장차 화를 예측할 수 없었는데, 그는 왕을 위하여 끝까지 변호하였다. 이로써 왕은 화를 면하고 귀국하였으나 그는 그 곳에서 감옥에 갇히게 된다. 충숙왕 14년(1327)에 누명을 씻고 이해에 귀국하니, 왕은 그 충성을 높이 사서 克仁이란 이름을 내리고 三重大匡·密直副使·右文館大提學을 배수하고 일등공신에 책록하였으며, 또 順興府院君의 작위를 하사하였다.[242]

충숙왕 17년(1330) 2월에는 지공거가 되어 右代言 李湛과 함께 宋天鳳·洪彦博·李達尊·鄭云敬 등 33명과 明經 22명, 恩賜 2

---

239) 『益齋亂藁』 권4, 「悼一齋權政丞」.
240) 『順興安氏族譜』 1, 順興安氏世系圖.
241) 『順興安氏族譜』에는 충렬왕 32년(1306) 丙午年에 합격하였다고 기록되어 있으나 『高麗史』 選擧志의 기록에는 이 해에 과거를 실시한 기록이 보이지 않는다.
242) 『高麗史』 권35, 世家35 忠肅王 14년 11월.

명을 선발하였다.243) 이때 그의 문하에서 선발된 사람들 중에는 이후 이름을 떨친 사람이 많았다. 宋天鳳은 공민왕 2년에 성균시의 고시관으로 많은 문생을 배출하였고, 洪彦博은 공민왕 2년과 공민왕 11년에 과거를 주관하여 李穡·朴尙衷·朴宜中·李崇仁·鄭道傳 등 고려후기에 이름을 떨친 많은 문생들을 배출하였다. 李達尊은 이제현의 맏아들이며, 鄭云敬은 鄭道傳의 아버지로서 이들도 이후 文名을 떨쳤다.

충혜왕 2년(1332)에는 門下侍中·都僉議贊成事를 배수하고 벼슬에서 물러났다. 충숙왕 복위 7년(1338) 贊成事로서 죽으니, 향년 66세였다. 文懿라 시호하였다.

---

243)『高麗史』권73, 志27 選擧1 科目1 選場.

제2편

이제현의 성리학 보급과 학맥

제1장 이제현의 학문과 사상

제2장 이제현의 학맥

이제현(1287~1367)은 충렬왕 13년에 출생하여 공민왕 16년까지 활동하면서 당시 고려사회를 대표하는 정치가 및 학자였다. 정치가로서는 門下侍中의 최고 관직까지 올랐으며, 또 그가 남긴 수많은 문장과 그의 해박한 학문적 지식은 당시 사회에서 이미 儒宗으로 존경을 받고 있었다. 그가 생존하였던 시기는 元의 고려지배가 굳어져 왕권은 유약하였고, 고려의 운명도 큰 위기를 맞고 있었다. 이러한 시기에 그는 수차에 걸쳐 元을 왕래하기도 하고, 또 수차에 걸쳐 表文을 올리기도 하였다. 이러한 과정에서 그는 원의 부당한 내정간섭을 비판하며, 고려의 주권을 보전하기 위하여 온갖 노력을 다 하였다.

그는 달관한 성리학자로서 安珦과 白頤正의 학문을 계승하여 고려사회에 性理學을 부식하는데 크게 공헌하였다. 그의 학문은 이후 李穡에게 계승되어 고려후기의 학풍에 새로운 방향을 제시하게 된다.

그는 비록 학교 교관으로서는 成均樂正과 成均祭酒를 역임하였을 뿐이고, 또 이들 교관직을 역임한 기간도 극히 짧았으나 그의 門下에는 항상 그에게 사사하려는 사람들이 끊이지 않았다. 특히 그는 두 차례에 걸쳐 고시관 및 지공거를 역임하였는데, 이때 그의 문하에서 배출된 사람들은 이후 그의 감화를 받으면서 당시 고려사회를 대표하는 학자 및 정치가로 성장하게 된다.

본 편에서는 먼저 이제현의 학문과 사상을 살펴보고, 다음에 그의 학맥을 구명해 봄으로써 고려후기 성리학의 보급과정을 조명해 보고자 한다.

제1장

이제현의 학문과 사상

Ⅰ. 생 애

이제현은 충렬왕 13년(1287)에 檢校政丞 瑱의 둘째 아들로 태어나 처음에는 이름을 之公이라 하였으나 후에 제현으로 개명하였다. 본관은 慶州이고, 字는 仲思이다. 牧隱 李穡이 撰한 墓誌銘과 『慶州李氏族譜』를 볼 때 그의 家系도 아버지 瑱이 과기에 합격함으로써 관로에 진출하게 되는 신흥사대부 가문임을 알 수 있다. 이색이 찬한 묘지명과 『경주이씨족보』에 나타나는 그의 가계를 살펴보면 다음 <표 2-1>과 같다.[1]

표에서 보듯이 11대조 周復이 左司諫을 역임하였고, 8대조 寵遴은 門下侍郎을 역임하고 있으며, 또 7대조 春貞이 順興府使를 지냈음을 볼 때 고려전기에는 그의 가문이 빛을 발하였던 것 같다.

---

1) 『益齋集』 附錄, 「雞林府院君 謚文忠李公墓誌銘」.
　　『慶州李氏族譜』.

〈표 2-1〉 이제현의 가계

직계	이 름	관직명	비 고
1	金書	三韓功臣太守	金溥의 딸과 결혼
2	潤弘	兵正	
3	承訓	正朝侍郞	
4	周復	左司諫	
5	倄		
6	侈連		
7	寵暹	門下侍郞	
8	春貞	順興府使	
9	玄福	生員	
10	宣用	軍尹	
11	升高	甫尹	
12	得堅	文林郞尙衣直長同正	
13	翮	贈左僕射	
14	瑱	檢校政丞諡文定公	
15	齊賢		

　그러나 玄福 이후 그의 아버지 진에 이르기까지는 한 명도 중앙
의 관로에 진출하지 못하고 있음을 볼 때 무인집권 이후 그의 가문
은 몰락하여 향리로 전락하였던 것 같다. 위의 가계에서 玄福은 생
원이었으나 관로에 진출하지 못하고 있고, 宣用은 향직 9품인 軍
尹이었으며, 그의 고조인 升高는 향직 8품인 甫尹의 직에 있었고,
그의 증조인 得堅은 散職인 同正職에 있었음이 이를 말해 준다.
비록 그의 할아버지인 翮이 左僕射에 증직되고 있지만 이것은 자
손의 영달에 의하여 추증되었던 봉직이었음을 감안할 때 그의 가
문은 무인집권기 이후 크게 퇴락하였던 것을 알 수 있다.

　그는 15세가 되던 충렬왕 27년(1301) 4월에 尙侍 鄭僐의 문하에
서 성균시에 합격하고,[2] 다음 달에 지공거인 密直司使 權永과 동
지공거인 左副承旨 趙簡의 문하에서 文科에 丙科로 급제하였다.[3]

---

2) 『牧隱文藁』 권13,「鷄林府院君 諡文忠李公墓誌銘」.

이때 지공거 권영(후에 權溥로 개칭)은 그의 학문과 器局을 높이 평가하여 그의 딸을 부인으로 삼게 하였다.

권영의 가문은 당시 크게 번창하고 있었다. 권영의 증조는 尙書左僕射를 지낸 守平이었고, 할아버지는 翰林學士를 지낸 韙이며, 아버지는 贊成事·判典理에 올라 致仕한 咺이었다. 또 권영 자신도 충렬왕 5년(1279)의 廉前試에 급제하여 그가 과거에 합격하던 충렬왕 27년에는 密直司使의 직에 있었고, 이후 僉議政丞까지 진출하였다.[4] 또 그는 충렬왕 때 안향이 성리학을 전래하자 그 문하에서 이를 배워 이후 육군자의 한 명으로 이름을 떨쳤다. 이러한 가문을 妻家로 두게 된 이제현은 앞으로의 정치행로 및 그의 학문에 이들로부터 많은 영향을 받게 된다.

그는 과거에 합격한 2년 후인 충렬왕 29년(1303)에 17세로 權務奉先庫判官과 延慶宮錄事를 제수하였으며, 충렬왕 34년에는 藝文春秋館에 선발되었다. 충선왕 원년에는 司憲糾正으로 탁용되었으며, 이후 典校寺丞과 三司判官을 거쳐 왕 4년에는 西海道按廉使로 출보되었다가 얼마 후 成均樂正으로 승전되고, 겨울에는 提擧豊儲倉事가 되었다. 다음 해 內府副令이 되어 豊儲倉의 斗斛과 錙銖(서울 눈금과 사의 치수)를 교감하였는데 이를 무난히 처리하니, 당시 사람들은 그를 일러 不器君子라 칭송하였다.

충선왕 5년(1313)에 충선왕은 왕위를 충숙왕에게 전위하고 연경으로 가서 萬卷堂을 짓고 당시 원의 석학인 姚燧 閻復 元明善·趙孟頫 등과 교유하면서 그를 불렀다. 이로써 그는 원에 가게 되는데, 이것이 원으로의 첫 使行이다. 그가 연경에 도착한 것은 충숙왕 원년(1314) 정월이었다.[5] 이로써 그는 당시 원의 석학들과

---

3)『高麗史』 권110, 列傳23 李齊賢.

4)『益齋亂藁』 권7, 碑銘「文忠公權公墓誌銘」.

교유하게 되고, 이 과정에서 많은 학문적 성취를 보게 된다.

충숙왕 2년(1315)에는 選部議郎을 제수 받았으며, 이 해 가을에는 成均祭酒를 배수하고 議郎을 겸하였으니, 이때 그의 나이 29세였다. 충숙왕 3년(1316) 4월에는 進賢館提學을 배수하고 西蜀에 사신으로 갔는데, 이때 峨眉山을 돌아보면서 많은 詩를 남겼다.

다음 해에는 選部典書에 제수되었고, 이 해 9월에는 명을 받들어 원에 가서 충선왕의 생일을 축하하였다. 충숙왕 6년(1319)에 다시 원에 가서 강남에 降香使로 가는 충선왕을 호종하면서 江浙 지방과 寶陁山을 유람하였는데, 이때 그는『行錄』1卷을 만들었다.6) 당시 충선왕은 그를 지극히 중히 여겨 이름난 화가인 古杭 吳壽山을 불러 그의 초상을 그리게 하고, 北村 湯先生으로 하여금 撰을 쓰게 하였다. 30여년이 지난 후 그는 燕京에 갔다가 이때 그린 자신의 초상을 보고 「我昔留形影」이란 시를 지었다. 충숙왕 7년(1320) 7월에 知密直司事를 배수하고, 아울러 그 동안의 使行에 대한 포상으로 端誠翊贊功臣의 호와 토지 및 노비를 하사 받았다. 또 원에 주청하여 高麗王府斷事官의 직을 배수하였다.

이 해 6월에는 고시관이 되어 崔龍甲 등 33인을 선발하였다.7) 이때 과거에 합격한 사람들 중에는 최용갑 이외에 李穀·白文寶·安輔·尹澤 등 이후 고려의 정치 및 학계에 이름을 빛낸 사람들이 많았다.8) 이에 충숙왕은 인재선발의 공정성과 훌륭한 인재를

---

5)『牧隱文藁』권13,「鷄林府院君 諡文忠李公墓誌銘」.
6)『高麗史節要』권24, 忠肅王 6년 3월.
7)『高麗史』권73, 志28 選擧1 科目1 選場.
　　『益齋先生年譜』에는 이때 知貢擧로써 급제자를 선발하였다고 하고 있으나 忠肅王 2년에는 知貢擧의 명칭을 考試官으로 개칭하였고, 이것은 충숙왕 17년에 다시 지공거로 환원될 때까지 사용되었다(『高麗史』권74, 志28 科擧2 科目2 試官).
8)『淡庵逸集』附錄, 下「行狀」. "忠肅王 庚申九月 中秀才科 李益齋齊

얻었음을 치하하고, 銀瓶 50개와 쌀 100석을 하사하여 學士宴의
경비에 충당하도록 하였다.

학사연은 고려시대에 과거의 고시관이 자신의 門下에서 합격한
사람들을 불러 향연을 베푸는 것을 말하는데, 이때의 향연에서는
그의 부모와 그가 문과에 등제할 때의 시관이었던 권보·조간 및
성균시의 시관이었던 정선 등도 초대하여 그 행사는 자못 성대하
였다. 그는 이때의 사실을 『櫟翁稗說』에서 다음과 같이 회고하고
있다.

> 延祐 庚申年에 내가 외람되게 고시관이 되었을 때에 선군은 연세
> 가 77세였고, 대부인은 70세였으나 모두 건강하였고, 지금 정승으로
> 있는 菊齋 權公은 내가 등과할 때에 지공거였고, 동지공거는 悅軒 趙
> 公이었으며, 성균시를 응시할 때의 시관은 常侍 鄭公이었는데, 이들
> 세분 좌주도 모두 건강하였다. 이에 두루 찾아 뵙고서 초청하였으며,
> 나는 또 국재공의 사위였음으로 卞韓國夫人의 견여도 왕림하니, 사람
> 들은 과거가 있은 이래 일찍이 없었던 일이라고 하였다.9)

이 해 12월 연경에 있던 충선왕이 고려의 환관으로 원 황실의 은
총을 받고 있던 伯顔禿古思의 참소를 받아 吐蕃으로 유배를 당하
게 된다.10) 이곳은 연경과는 1만 5천리나 떨어진 벽지였다. 이때
그는 원에 가게 되는데, 黃土店에 이르러 이 소식을 듣고 울분을
이기지 못하여 시 3편을 짓고, 또 「明夷行」을 지었다.11)

　　賢·朴石齋孝修 知貢擧 李稼亭穀·尹栗亭澤·文敬公安輔 皆同年也"
　9)『櫟翁稗說』後集 1.
10)『高麗史』권122, 列傳35 宦者 任伯顔禿古思.
11) 李穡이 지은 「鷄林府院君 諡文忠李公墓誌銘」에서는 "至治壬戌冬 還
　　京師未至 忠宣王被讖出西蕃 明年公住謁"이라고 하여 그가 至治(壬戌
　　年, 충숙왕 9년, 1322)에 元에 가게 되었다고 기록하고 있다. 그러니 충
　　선왕이 참소를 입어 유배되는 것은 충숙왕 7년이다. 그렇다면 至治 壬
　　戌年의 기록은 잘못일 것이다. 필자는 年譜의 기사를 따랐다.

충숙왕 10년(1323)에는 都僉議司使로서 원에 갔는데, 이때 柳淸臣·吳潛 등이 都堂에 글을 올려 本國(高麗)에 征東省을 설치하여 고려를 內地(元)의 속령으로 편입시키도록 건의하였다. 이에 그는 도당에 글을 올려

> 사직에 주인이 없고 종묘에 제사를 끊어지게 한다는 것은 사리로써 판단하여 본다 하더라도 마땅한 처사라고 하지 않을 것입니다.[12]

라고 하여 그 부당성을 극간하였고, 또『中庸』의 내용을 인용하여

> 나라를 그들의 나라로 그대로 두고 백성들은 그들 나라의 백성으로 내 버려 두십시오.[13]

라고 원을 설득하여 마침내 일을 성사시켰다. 이때까지 충선왕은 토번의 유배지에서 풀려나지 않고 있었는데, 그는 崔誠之와 더불어 원의 郎中과 丞相 拜住에게 글을 올려 왕의 무고함과 왕의 귀국을 호소하였다.[14] 이에 감동한 승상 배주는 元帝에 청하여 유배소를 朶思麻로 옮기게 하였다.

그는 원의 낭중과 승상 배주에게 글을 올린 후 험로를 무릅쓰고 충선왕을 알현하기 위하여 유배지를 찾아갔다. 隴山을 넘고 洮水를 건너는 험한 길을 가면서 많은 시를 남기고 있는데, 그 내용은 모두 충정으로 가득 차 있다. 특히 則天武后의 묘를 지나면서 지은 시에서는 春秋大義에 입각한 성리학적 역사인식을 찾아볼 수 있다.

충숙왕 11년(1324)에는 靖匡大夫·密直司使를 배수하였고, 다음 해는 推誠亮節의 공신호를 하사 받고, 다시 僉議評理·政堂文學

---

12)『高麗史節要』권24, 忠肅王 10년 정월.
13)『高麗史節要』권24, 忠肅王 10년 정월.
14)『高麗史節要』권24, 忠肅王 10년 정월.

으로 승보하였다.

충숙왕 13년(1326)에는 三司使로 옮겼고, 충혜왕이 복위하자 다시 政堂文學이 되었으나 얼마 후 파직되었다. 그러나 충숙왕 복위 5년(1336)에 三重大匡으로 金海君에 봉해졌고, 領藝文館事를 배수하였다. 1339년 충숙왕이 죽은 후 曹頔이 瀋陽王과 결탁하여 난을 일으키자 충혜왕이 정예기병을 거느리고 그를 죽였는데, 그들 무리로써 연경에 있는 자들이 왕을 모함하여 원에서는 왕을 소환하였다. 이에 조정과 백성들은 모두 두려워 하였으나 그는 격분하여 몸을 돌보지 않고 "나는 우리 임금의 신하일 뿐이다"라고 하여 왕을 호종하고 원에 갔다. 그곳에서 글을 올려 그 동안의 사정을 순리대로 논하니 마침내 일이 무마되었다.

충혜왕은 귀국하자 6월에 교서를 내려

> 적신 曹頔이 난을 꾸민 후 과인이 원의 명을 받고 연경에 갔을 때 간신의 잔당들이 허무한 말을 꾸며 국가에 변란을 위협하였으나 시종하였던 신하들은 종시 한결같은 충절로 과인의 몸을 보좌하여 그 공이 막대하였으니, 산천이 변할지라도 그 공은 잊을 수 없다.[15)]

라고 하여 그를 1등 공신으로 책록하고 전답과 노비를 희사하였다.

그러나 그는 조정에서 여전히 부원세력들이 더욱 기승을 부리고 있음을 보고 마침내 벼슬을 버리고 은둔하였다. 이 동안에 『櫟翁稗說』을 저술하게 된다.

충혜왕 복위 4년(1343) 11월에 왕이 원에 잡혀 들어가게 되자 당시 재상과 國老들은 旻天寺에 모여 왕의 죄를 사하여 줄 것을 의논하고, 그로 하여금 이에 대한 글을 짓도록 하였다. 이에 그는 도당에 올리는 글을 지었으나 조정 대신 및 國老들이 서명에 즈음하

---

15) 『高麗史節要』 권25, 忠惠王 복위 3년 6월.

여는 거의 불참하여 무산되었다.[16]

충혜왕 복위 5년(1344) 정월에 충혜왕이 죽고, 다음 달에 忠穆王이 8세로 왕위에 즉위하자 그에게 判三司事를 배수하고 府院君에 봉하여 領孝思觀事로 임명하였으며, 또 書筵을 설치하고 師傅로 삼았다. 이 해 5월에 그는 도당에 글을 올려 왕으로 하여금 格物致知와 誠意·正心의 道를 연마하도록 할 것과 당면 정치의 폐정을 시정하도록 하는 정치개혁안을 제출하였다.

충목왕 2년(1346)에는 箋을 올려 書筵 講說의 직을 면하여 주기를 청하면서 贊成事 安軸과 密直副使 李穀을 천거하여 자신의 직을 대신하도록 건의하였다. 또 이 해 5월에는 『孝行錄』62孝贊을 짓고, 또 序를 지어 책의 첫 머리에 실었고, 10월에는 왕이 閔漬가 찬수한 『本朝編年綱目』에 누락된 것이 많다고 하여 安軸·李穀·李仁復 등과 더불어 다시 수찬하도록 하였으며, 또 충렬왕·충선왕·충목왕 3朝의 실록을 찬수하도록 하였다.

충목왕 4년(1348) 정월에는 金倫·朴忠佐 등과 더불어 전왕인 충혜왕의 시호를 내려줄 것과 전왕을 모함한 允忠을 처벌하도록 하는 내용의 표문을 지어 원에 올렸으며, 3월에는 판삼사사로써 經史都監提調를 겸하였다. 또 이 해 12월에 충목왕이 죽자 그는 후사를 청하는 표문을 갖고 원에 들어갔다.[17]

---

16) 『高麗史節要』 권25, 忠惠王 복위 4년 12월 및 忠惠王 복위 5년 정월.
17) 『年譜』에는 표를 받들고 원에 가서 "忠定王을 즉위시키도록 청하였다"라고 기록하고 있으나 이것은 잘못일 것이다. 충목왕 사후 고려에서는 충목왕의 숙부인 王琪와 庶弟인 王㫝를 추대하여 이들 중에서 왕을 선정해 줄 것을 요청하고 있다(『高麗史』 권37, 世家37 忠穆王 4년 12월 己卯). 위 표문을 살펴보면 王琪를 ①普塔失里王의 母弟, ②황제를 보필한 경험이 있으며, ③나이는 19세로 표현하였다. 또 王㫝는 ① 보탑실리왕의 서자, ②황제를 보필한 일이 없으며, ③나이는 11세라고 하고 있다. 이로 볼 때 王琪의 정통성을 강조하고 있는 느낌을 받을 수 있다.

1351년 10월에 충정왕의 뒤를 이어 祺가 恭愍王으로 왕위에 즉위하였는데, 왕은 귀국하기 이전에 그를 攝政丞·權斷征東行省事에 임용하여 정사를 총괄하게 하였다. 그는 글을 올려 이를 사양하였으나 왕은 윤허하지 않고 都僉議政丞을 제수하였다. 그는 왕이 귀국할 때까지 法司로 하여금 각 도의 치적을 조사하게 하고, 또 국방을 강화하여 왜적의 침입에 대비하게 하였으며, 부패한 관료들을 숙청하는 등 다양한 개혁정치를 실시하였다. 이로써 수개월 동안 왕위가 공석에 있었으나 나라는 이에 힘입어 안정되었다.

공민왕 원년(1352)에는 推誠亮節同德協義贊化功臣의 호를 받았다. 이때 權臣 趙日新이 그가 자기보다 벼슬이 위인 것을 꺼리자 그는 이를 알고 왕에게 세 번이나 표문을 올려 물러날 것을 청하여 마침내 윤허를 받았다. 이 해 10월에 조일신이 숙청되자, 왕은 그에게 右政丞을 제수하고 純誠直節同德贊化의 공신호를 내렸다. 이때 그는 白文寶·李仁復 등과 더불어 政房의 혁파를 비롯한 다양한 정치개혁을 시도하게 된다. 그러나 일이 여의치 않아 다음 해 정월에는 右政丞에서 물러났다. 이 해 5월에는 지공거가 되어 이색 등 33명과 明經 2인을 급제자로 선발하였다[18].

공민왕 3년(1354) 12월에는 다시 우정승에 배수되었으나 다음 해에 물러났으며, 공민왕 5년(1356)에 그의 나이 70이 되자 金海侯에 봉해졌고, 이 해 12월에는 문하시중이 되었다.

다음 해 봄에는 奇轍 일당을 숙청하고 그들의 재산을 몰수하여 이를 兩府에 하사하였는데, 그는 공이 없음을 이유로 사양하여 받지 않았다[19].

이를 뒷받침하는 사료로 이색이 지은 묘지명에 "충정왕이 재위한 3년 동안은 직임을 갖지 않았으니, 이는 공께서 원에 표문을 올려 王祺를 세우자고 청했기 때문이다"라고 한 내용이 보인다.

18) 『高麗史』 권73, 志27 選擧1 科目1 選場.

공민왕 6년(1357) 5월에는 本職으로 致仕 할 것을 청하여 마침내 윤허를 받았다. 당시 나라의 제도는 君으로 봉해진 뒤에 벼슬에서 물러나면 녹봉에 차이를 두어 많이 지급하였는데, 그는 이미 늙은 몸으로 녹봉을 많이 받는 것은 의리에 어긋난다 하여 본직으로 물러날 것을 청했던 것이다. 그러나 조정의 공론은 본직으로 물러나게 한다는 것은 대신을 공경하는 도리가 아니라 하여 왕 11년에 다시 鷄林府院君으로 봉하여 예를 갖추었다.

그는 벼슬에서 물러난 후에도 학문의 연수를 게을리 하지 않았으며, 나라에서도 큰 일이 있을 때는 반드시 사람을 보내어 자문을 구하였다. 또 친히 불러 經史를 강론하게 하였고, 治道를 묻기도 하였다. 그때마다 그는 전례를 들어 비유하면서 성심껏 진달하니, 왕은 더욱 공경하고 중히 여겼다.

공민왕 6년에는 그에게 명하여 宗廟의 昭穆에 대한 서차를 정하도록 하였고, 다음 해 7월에는 京城의 수축에 대한 자문을 구하였으며, 공민왕 10년(1361) 2월에는 그에게『書經』의 無逸篇을 강하도록 하였다.

공민왕 10년에는 紅巾賊의 침입으로 왕이 청주에 피난하였는데, 이들이 물러간 뒤에도 환도하지 않고 있었다. 공민왕 12년(1363) 정월에 그는 兩府의 대신들을 대동하고 왕에게 나아가 그 부당함을 논하고 환도하도록 건의하니, 왕은 이를 수용하였다. 공민왕 14년(1365) 왕이 辛旽을 중용하자 "반드시 후환을 끼칠 자이니 가까이 하지 말도록"하자는 건의를 하였는데, 훗날 신돈이 실각하자 왕은 "益齋의 선견지명은 따를 수 없다"라고 하면서 감탄하였다.

공민왕 16년(1367) 7월에 병으로 죽으니, 향년 81세였다. 나라에서는 文忠이란 시호를 내렸고, 이 해 10월에 有司가 禮를 갖추어

---

19)『高麗史節要』권26, 恭愍王 6년 정월.

牛峯縣 桃李村 선영에 장사를 지냈다. 우왕 2년(1376) 10월에 공민왕의 묘정에 배향되었다.

앞에서 살펴 본 바와 같이 이제현의 생애는 크게 출생(1287) 이후 충렬왕 27년(1301) 과거에 합격할 때까지의 성장수학기, 1301년 이후 관로에서 은퇴하는 공민왕 6년(1357)까지의 관로활동기, 1357년 이후 공민왕 16년(1367) 세상을 떠날 때까지의 은퇴자문기로 구분된다.

그가 관로에 진출하여 은퇴할 때까지는 복잡 미묘한 對元 관계로 국내의 정치사회는 극히 불안한 상태였다. 이러한 정치적 와중에서 그 동안에 在位하였던 왕들은 거의 모두가 원에 소환 당하거나 아니면 압송 또는 구인 당하는 수모를 겪게 된다. 그는 이러한 소용돌이 속에서 7차에 걸쳐 원에 왕래하면서 왕을 호종하였고, 또 그 동안에 수많은 表箋을 올려 원의 부당한 내정 간섭에 대한 부당성을 지적하였으며, 또 소환 및 압송 당한 군왕을 위하여 탄원을 올리기도 하였다.

그는 원에 체류하는 동안 당대의 석학들과 교유하면서 학문적 깊이를 더하여 갔고, 또 유배된 충선왕을 수행 또는 배알하는 과정에서 견문을 넓혀 그의 학문적 안목은 더욱 정연되어 갔다. 이로써 그는 원에서도 존경받는 학자로 두각을 나타냈으며, 고려에서는 부동의 학문적 위치를 확보하여 모든 사람들로부터 존경을 받았다. 이러한 과정에서 그의 정치적 위상도 확고해 지면서 최고의 지위까지 진출하게 된다.

그의 관로활동기는 한마디로 국익과 민생을 위하여 봉사한 시기였다. 특히 그는 수차에 걸쳐 정치개혁을 주도하였는데, 그 대표적인 사례는 충목왕 즉위 초의 정치개혁, 공민왕 원년의 정치개혁, 공민왕 5년 및 12년의 정치개혁이 바로 그것이다.[20]

또 그는 문장과 詩文에도 능통하여 당대 제일의 문한으로 존경을 받았고, 당시 그가 지은 문장과 시는 오늘날까지도 높은 평가를 받고 있다. 특히 성리학에 대한 그의 학문적 식견과 이의 보급을 위한 그의 노력은 이후 학자들의 존경의 대상이 되어 '道學의 唱導者'라는 칭송을 받기도 하였다.

Ⅱ. 학문적 배경

조선시대 世宗 18년 5월에 成均生員 金日孜 등은

… 이로부터 그 뒤로는 세속의 교화가 해이해지고 풍속이 퇴폐해져서 聖人의 道學이 막히고 斯文이 거의 끊어지려 하였는데, 이때를 당하여 益齋 文忠公 李齊賢이 그 사이에 태어나서 뛰어난 자질과 正大高明한 학문으로 북쪽으로는 燕京에 조회하고 남쪽으로는 吳會에 유학하면서 중국의 名儒인 姚公(名은 燧)·閻公(名은 復)·趙子昻(名은 孟頫)·元復初(名은 明善) 같은 분과 더불어 토론하고 연구하여 소견이 더욱 높아지고 지식이 더욱 깊어지게 되어 도학의 바른 것을 미루어 밝히고 性命의 이치를 열어 보이었으니, 글은 문장이 되고 행함은 도덕이 되어 비로소 古文의 學을 창도하였습니다. 그래서 詩書의 혜택이 우리나라에 양양하게 넘치고 禮·樂의 흥성함이 중국을 본받아 우리나라 문학이 이로부터 시작되었음으로 중국의 명유인 湯炳龍은 익재를 贊하기를 "산천 정기를 타고나서 유학에 달통하며 충성스러운 마음으로 정사를 공정히 하였다"라고 하였고, 李穡은 또한 말하기를 "몸은 海東에 있으나 이름은 세계에 넘치며 도덕의 으뜸이요, 문장의 祖宗이다"라고 하였으니, 이것은 지나친 칭찬이 아니옵니다.[21]

---

20) 李淑京, 1989, 「李齊賢세력의 형성과 그 역할」 『韓國史硏究』 64.
21) 『世宗實錄』 권72, 世宗 28년 5월 丁丑.

라고 하여 이제현의 학문적 입지를 높이 평가하고, 文廟에 종사하도록 건의하고 있다. 위에서 그는 古文과 道學의 창도자 및 문장의 祖宗, 그리고 정사를 공정히 한 충신으로 평가되고 있다.

이제현에 대한 위와 같은 평가는 조선초기 학자들이 갖고 있었던 일반적인 사고였다. 이것은 성균생원 김일자의 상소가 나오기 3년 전에 成均司藝였던 金泮도 그를 문묘에 종사하기를 청하면서

본조에서도 崔致遠·薛聰·安珦 등을 從祀에 추가한 뒤에 우리 동방의 교화가 숭상되었습니다. 최치원·설총·안향의 뒤에 오직 익재 이제현이 도학을 唱鳴하였고, 牧隱 李穡이 실로 그 정통을 전하였는데, 臣의 스승 陽村 權近이 홀로 그 宗旨를 얻었습니다. 近의 학문의 연원은 穡에게서 나왔고, 색의 학문의 정통은 제현에게서 나왔으니, 세 분의 학문은 다른 先儒들에 비할 바가 아닙니다. 원의 湯炳龍은 이제현을 찬하기를 "산악의 精氣가 모여서 儒宗이 되었도다"라고 하였습니다.[22]

라고 하고 있는 것에서도 알 수 있다.

김반은 위의 상소에서 도학에 대한 이제현의 입지만을 크게 강조하고 있으나 그는 도학 뿐만 아니라 문장에도 뛰어난 재능을 갖추고 있어 그가 지은 수 많은 시와 서는 당대에도 이미 문장의 조종으로 숭앙되고 있었다. 조선후기의 金澤榮은 그의 詩를 평하여

그의 시는 工妙하고 淸凌하여 모든 것을 모두 구비하였다. 조선 3천년의 역사에서 제일 가는 大家이다.[23]

라고 극찬하고 있다.

---

22) 『世宗實錄』 권59, 世宗 15년 2월 癸巳.
23) 『合刊韶濩堂文集』 권8. "李齊賢之詩 以工妙淸凌 萬象具備 爲朝鮮二千年之第一大家 是以正宗 而雄者也"

그렇다면 그가 동방의 儒宗과 文章의 조종으로 성장할 수 있었던 학문적 배경은 어디에서 찾을 수 있을 것인가?『고려사』나『익재선생연보』및 어떠한 기록에서도 그가 성균시에 합격할 때까지의 수학과정은 누락시키고 있다. 그러나 충렬왕 27년(1301) 그가 15세로서 성균시에 응시할 때는 상당한 학문적 소양이 이미 배양되어 있었던 것 같다. 이것은『고려사』열전에서

> 이제현은 檢校政丞 瑱의 아들이니, 어릴 때부터 우뚝하여 成人과 같았고, 글을 지으니 이미 作者의 기풍이 있었다.[24]

라고 하였고, 또 그의『연보』에서

> 충렬왕 27년 나이 15세로 성균시에 壯元으로 합격하고, 또 文科에 응시하여 丙科에 급제하였는데, 그는 이것을 小技라 말하고 경전을 토론하기를 더욱 부지런히 하여 널리 통하고 정연하게 하니, 瑱(李齊賢의 父)이 기뻐하여 말하기를 "하늘이 혹시 우리 가문을 더욱 크게 할 것인가"라고 하였다.[25]

라고 하고 있는 것에서도 보인다. 이러한 그의 학문적 능력은 이색이 지은 묘지명에서

> 大德 辛丑年에 성균시에 응시하였는데, 常侍 鄭僐이 성균시의 시관이었다. 이때 응시자들이 자기의 재능을 자부하여 서로 자기가 뛰어나다고 자랑하였는데, 公이 지은 글을 듣고서는 모두 의기가 위축되어 아무도 감히 앞을 다투지 못하였으며, 결국은 公이 장원 급제하였다. 菊齋 權公 溥와 悅軒 趙公 簡이 禮闈의 시관이 되었을 때에도 公이 丙科로 급제하였으며, 權公이 공을 사위로 삼았다. 공이 말하기를 "科擧는 작은 재주이니, 이것으로 나의 덕을 기르기에는 부족하다"

---

24)『高麗史』권110, 列傳23 李齊賢.
25)『益齋集』卷首,「文忠公益齋先生年譜」.

라고 하였다. 憤典(古書 즉 經典)을 토론하는데 있어서 널리 알고 정밀하게 연구하고 또 절충하여 지당한 경지에까지 이르게 되니, 文定公이 크게 기뻐하여 말하기를 "하늘이 아마 우리 가문을 더욱 번창시키려는 것인가"라고 하였다.[26]

라고 하고 있는 것에서도 보이고 있다.

위의 『고려사』 열전과 『연보』 및 「익재선생묘지명」에서 주목할 만한 사실을 발견할 수 있다. 위에서 그의 학문수학기에 대한 연혁이 나타나고 있는데, 15세로써 성균시에 응시할 때까지는 科目인 詩·賦를 주로 공부하였고, 과거에 합격하자 이것은 小技라 하여 이후부터 經典의 공부에 전력하였음이 보이고 있다.

이와 같이 볼 때 그가 문장의 조종으로 불리울 수 있었던 시·부에 대한 연마는 성균시에 응시할 때까지의 시기에 이미 배양되고 있었음을 알 수 있다. 그렇다면 이 시기에 시를 비롯하여 그의 학문에 영향을 미친 사람은 누구였을까? 아마도 그의 아버지 瑱이었을 것이다.

그의 아버지 진은 당대에 문장으로 뛰어난 명사였으며, 충렬왕 때 시로써 행한 文臣親試에 2등으로 입격하기도 하였다. 또 진은 안향으로부터 성리학을 전수받은 六君子 중의 한 명이었다.[27] 『고려사』 열전에서는 그의 행장에 대하여

瑱은 어려서부터 학문을 좋아하여 百家를 박통하고 시에 능하였다는 명성이 있었다. 사람이 혹 어려운 韻으로 시험하여도 붓을 들면 바로 지으니 마치 오랫동안 구상하였던 것을 쓰는 듯 하였다. 尙書 李松縉이 한 번 보고 기특히 여겨 '大器'라 칭하였다. … 충렬왕 때 시로써 문신을 親試하여 9명을 뽑았는데, 그는 2등으로 뽑혔다. 安東府使로 나가니, 민폐를 없애고 학교를 일으키는데 힘썼다. … 大司成과 密

---

26) 『益齋集』 附錄, 「鷄林府院君 諡文忠李公墓誌銘」.
27) 『安子年譜』 권2.

　　直丞旨로 옮겼고, 이후 典法判書가 되었다.[28]

라고 하고 있다.

　이진은 문장에만 뛰어 났을 뿐만 아니라 성리학에도 뛰어났고, 또 교육에도 많은 관심을 가지고 있었다. 위의 행장에서 보이는 바와 같이 그는 안동부사로 재임하던 시기에는 학교를 일으키는데 힘썼으며, 충렬왕 25년을 전후한 시기에는 大司成을 역임하여 성균관 교육의 책임을 맡기도 하였다. 그는 충렬왕 30년에는 안향의 추천으로 經史教授都監使가 되어[29] 성균관 교육의 중흥에도 크게 기여하였다. 그는 家業 교육에도 크게 관심을 가졌던 것 같다. 이것은 이제현이『櫟翁稗說』에서

　　　先君은 3형제였다. 할머니 金氏는 성격이 엄하여 친히 書・史를 가르쳤다. 伯父와 季父는 불행히 일찍 세상을 떠나시고 선군이 홀로 연세가 팔순에 이르렀다. 子姪들을 가르치고 길렀으며, 世傳되는 家業을 보전하였다.[30]

라고 하고 있는 것에서도 보인다.

　이러한 그가 아들의 교육에 관심을 갖지 않을 수 없었을 것이다. 이제현은 그가 43세였을 때 낳은 아들이기도 하며, 또 태어날 때부터 총명한 자질을 갖고 있었다. 이제현이 시에 능통하였다는 것은 그의 아버지의 가르침에서 크게 영향을 받았을 것이라는 것은 충분히 이해할 수 있다.

　그가 성장수학기를 거쳐 이후 유종으로 성장할 수 있었던 배경은 권보・안향・백이정・우탁 등으로부터 받은 영향을 무시할 수

---

28)『高麗史』권109, 列傳22 李瑱.
29)『高麗史節要』권22, 忠烈王 30년 5월.
30)『櫟翁稗說』後集2.

없을 것이다.

그는 문과에 급제한 해에 당대의 權門이고 碩學이기도 한 그의 좌주 權溥의 딸을 부인으로 맞이하게 되는데, 이로써 그는 그의 장인인 권보에게 많은 학문적 영향을 받게 된다. 그가 과거에 합격한 후 지금까지 배운 학문은 小技라 하면서 경전의 연마에 전심하고 있는데, 이것은 그의 아버지 진의 영향도 있었겠지만 그의 장인 권보의 영향도 무시할 수 없었을 것이다.

菊齋 권보는 당시 權漢功・崔誠之・白頤正 등을 문하생으로 두었던 학계 및 정계의 거물인 權㫜의 아들로 충선왕 때 왕으로부터 크게 총애를 받아 오랫동안 銓衡을 관장하였다. 특히 그는 성리학에도 깊은 조예를 가져 朱子의 『四書集註』를 간행하여 이를 널리 보급하였다. 이로써 『고려사』 열전에서는 "동방 성리학은 그로부터 시작된다"고[31] 기록하고 있고, 또 이제현도 『역옹패설』에서

> 나의 장인인 정승 菊齋 權公이 『四書集註』를 얻어 판을 새기고 널리 그것을 전하니, 배우는 이들이 또 다시 道學이 있음을 알게 되었다.[32]

라고 하고 있다.

이로 볼 때 그는 장인 권보로부터 학문적 영향을 받았을 것은 당연하다. 이것은 권보가 죽은 후 그가 묘지명을 지었는데, 여기서

> 大德 辛丑年(충렬왕 27년, 1301)에 菊齋 權公 文正公이 春官을 맡아 볼 때에 제현은 다행히도 병과에 합격하였는데, 공이 나를 사위 삼음으로 스승으로 섬겨온 지 47년이 되었다.[33]

---

31) 『高麗史』 권117, 列傳20 權溥.
32) 『櫟翁稗說』 前集2.
33) 『益齋亂藁』 권7, 「文正公權公墓誌銘」.

라고 하고 있는 것에서 알 수 있다.

권보도 이제현의 사람됨과 그 학문을 높이 평가하여 아들보다도 더 사랑하였다. 충혜왕 복위 5년(1344) 8월에 권보는 부인 柳氏가 죽자 묘지명을 사위인 그로 하여금 짓도록 하였으며,[34] 또 충목왕 2년(1346) 6월에는 『孝行錄』을 발간하면서 그 贊을 그로 하여금 쓰게 하고는 序를 짓도록 하였다.[35]

安珦(1243~1306)도 그의 학문에 많은 영향을 미쳤던 것으로 보인다. 『고려사』 열전에

> 이제현과 李異는 동년생으로 함께 유명하였음으로 珦이 불러 시를 짓게 하고 말하기를 "제현은 반드시 귀하여 壽 할 것이나, 異는 오래 살지 못한다"라고 하더니, 과연 징험이 있었다.[36]

라고 한 내용을 보면 이제현은 일찍부터 안향의 문하를 출입하였고, 안향이 그를 무척 아꼈음을 알 수 있다. 그가 과거에 합격하던 충렬왕 27년은 안향이 贊成事로써 교육중흥을 위하여 노력하던 해이기도 하다. 이로써 그는 안향의 교육활동을 직접 목도할 수 있었고, 『역옹패설』에서 이때를 회상하면서

> 大德 말년에 文成公 안향이 재상이 되어서 國學을 고쳐 짓고 庠序를 수리하여 李晟·秋適·崔元冲 등을 써서 한 경서에 두 명의 교수를 두고 禁學·內侍·五軍·三官의 7品 이하와 중앙과 지방의 생원에 이르기까지 모두 와서 듣고 배우게 하였다. … 이에 도포를 입은 선비와 지위가 높은 벼슬아치의 무리로써 經書에 능통하고 옛 일을 널리 알게 되기를 일삼는 사람들이 많이 생겼다.[37]

---

34) 『益齋亂藁』 권7, 「卞韓國大夫人 柳氏墓誌銘」.
35) 『益齋集拾遺』 「孝行錄序」.
36) 『高麗史』 권105, 列傳18 安珦.
37) 『櫟翁稗說』 前集2.

라고 적고 있다. 안향은 그를 문하로써 보다는 친구의 아들로써 더욱 사랑하였고, 그도 안향을 스승으로서보다는 아버지의 친구로써 더 존경하였던 것으로 보인다. 그의 아버지 진은 안향의 1년 후배로써 그와 더불어 막역한 사이로 지냈다. 충렬왕 20년 안향은 同知密直司事로써 東南道兵馬使가 되어 合浦로 출진하였다가 곧 지공거로 소환되는데, 귀경 중에 당시 京山의 太守로 있던 이진을 방문하고, 그에게 「自合浦赴過召到京山」이라는 시를 지어 주고 있다.38) 이때 이제현의 나이 8세 때였다. 또 충렬왕 30년 안향이 교육 중흥에 힘쓸 때 이진을 經史敎授都監使로 추천하고 있다. 이것은 『晦軒先生實紀』에서

> 密直副使로 치사한 李慔과 典法判書 李瑱은 모두 문학에 소양이 있고 李晟·秋適·崔元冲 등은 經史를 밝게 익혔으니, 이들에게 經史敎授都監使의 직책을 내리시고 敎授의 임무를 맡기어 諸生들로 하여금 그들을 따라서 학습하기를 청하였다.39)

라고 하고 있는 것에서 보인다.

이로 볼 때 안향과 이진은 막역한 사이였음을 알 수 있고, 또 서로 출입하면서 왕래하였을 것으로 보인다. 그렇다면 그는 과거에 합격하기 이전에도 안향에게 많은 감화를 받았을 것이다. 또 안향의 손자인 謙齋 牧은 이진의 門生으로 이후 이제현과는 막역한 교유를 하게 된다.

이제현이 안향으로부터 많은 학문적 영향을 받았을 것이라는 사실은 그가 안향을 儒宗으로 존경하고 있었음에서도 알 수 있다. 이 것은 그가 지은 『安謙齋眞贊』에서 보인다.

---

38) 『晦軒先生實紀』 권2.
39) 『晦軒先生實紀』 권2.

> 安 文成公은 일대의 儒宗이었다. 내 나이 20세가 되기 전에 한 번 길에서 뵙고 드디어 사랑을 받았으며, 그의 손자인 謙齋를 알게 되었다. … (겸재는) 겸손하면서도 고루하지 않았고, 온화하면서도 지나치지 않았으며, 확고히 법도를 지키고 엄연히 아름다움을 발휘하였으니, 그는 文成公의 자손으로서 부끄럽지 않았도다. 또 실천에 노력하고 말은 매우 적었으며, 온자한 그의 문장이었고 평담한 그의 시였으니, 東庵 李瑱의 제자로서도 부끄럽지 않았도다. …40)

또 그의 학문에 크게 영향을 미쳤던 사람로 白頤正·崔誠之·禹倬을 찾아볼 수 있다.

백이정(1247~1323)은 고종 때에 國子祭酒를 지내고, 충렬왕 때에 國學大司成을 지낸 당대의 석학 白文節의 아들로서 일찍이 권보의 아버지인 권단의 문하에서 수학하였다. 이로써 백이정은 권보와 교유를 가지게 되고, 이후 이들은 성리학을 보급하는데 다 같이 공헌하고 있다. 이것은『역옹패설』에서

> (안향의) 뒤에 彝齋 白頤正이 충선왕을 따라가 연경에서 10년이나 머물면서 程子와 朱子의 성리학에 대한 책을 많이 얻어 가지고 돌아오니, 나의 장인인 정승 국재 權公(權溥)이『四書集註』를 얻어 이를 판각하여 널리 보급하였다. 이로써 학자들은 비로소 도학이 있음을 알게 되었다.41)

라고 하고 있는 것에서 보이고 있다. 권보와 백이정의 이러한 관계는 권보의 사위였던 그로서는 당연히 백이정과 관계를 가지지 않을 수 없었을 것이다. 이로써 그는 백이정의 문하에서 수학하였을 것으로 생각할 수 있다. 이것은 백이정이 원에서 성리학을 수학하고 귀국한 후에 제일 먼저 이를 그에게 전하고 있는 것에서 알 수

---

40)『益齋亂藁』권9,「安謙齋眞贊」.
41)『櫟翁稗說』前集2.

있다. 『고려사』 열전에

> 때에 程朱의 學이 중국에 행하여 아직 동방에는 미치지 않았는데, 頤正이 원에 있으면서 이것을 배워 동으로 돌아오니, 이제현과 朴忠佐가 제일 먼저 이를 師受하였다.[42]

라고 하였고, 또 『益齋先生年譜』에서도 그가 28세 되던 해에 백이정으로 부터 성리학을 사수하였음을[43] 밝히고 있다.

최성지(1265~1330)는 원에서 성리학을 수학하고 이를 실천한 崔文度의 아버지로써 일찍이 백이정과 더불어 권단의 문하에서 수학하였다. 이후 그는 충선왕을 호종하여 원에서 주로 생활하였으며, 이곳 太史局에서 曆術을 공부하여 이를 고려에 전하였다. 그는 일찍부터 권보와 교유하여 왕래하였으며, 이러한 관계로 이제현은 그에게서도 많은 학문적 영향을 받게 된다. 충숙왕 10년에는 유배된 충선왕의 석방을 위하여 그는 이제현과 더불어 원의 낭중과 승

---

42) 『高麗史』 권106, 列傳19 白頤正.
43) 『益齋集』 卷首, 「文忠公益齋先生年譜」.
　　『益齋先生年譜』에는 『東國通鑑』 충숙왕 원년 춘 정월 조에 "백이정을 僉議評理에 임용하였다. 때에 정주학이 중국에 성행하고 동방에 미치지 못하더니, 이정이 원에 있으면서 이를 배워가지고 돌아오다"라고 한 기사를 인용하면서 이 해에 백이정이 원에서 귀국한 것으로 보아 이 해에 이제현이 성리학을 그에게 사수하였다고 하고 있다. 그래서 위의 연보에서는 「이제현 28세(충숙왕 원년)조」에 이를 수록하고 있다. 그러나 충숙왕 원년 정월에는 그가 충선왕의 부름을 받아 원의 연경에 갔는데(李穡, 「鷄林府院君 謚文忠李公墓誌銘」), 이때 그가 백이정으로 부터 사수하였다는 것은 이치에 맞지 않는다. 필자의 견해로는 백이정이 충렬왕 24년에 안향과 너불어 충선왕을 호종하고 원에 갔다가 10년 후인 충렬왕 34년(1308)에 충선왕이 원에서 귀국하여 왕위에 즉위할 때 충선왕을 호종하고 귀국하였던 것으로도 보인다. 그가 성리학을 사수하였다면 이때일 것이다. 이때는 그의 나이 22세가 된다.

상 拜住에게 글을 올려 탄원하기도 하였고, 또 그가 죽자 이제현은 그를 위하여 묘지명을 썼다.

禹倬(1263~1342)은 경사에 박통하고 특히 역학에 깊었으며, 程朱의 학문이 처음으로 동방에 이르자 능히 이를 아는 사람이 없었는데 그가 문을 닫고 이를 탐구하여 生徒를 교수하니, 비로소 理學이 行하게 되었다고 『高麗史』 열전에 전하고 있다.44)

우탁이 활동하던 시기에 그는 신진학자로서 학문의 탐구에 전념하고 있었다. 이로 볼 때 그는 우탁의 문하에도 출입하면서 교육받았을 것으로 보인다. 특히 우탁이 성균좨주로써 치사하였음을 감안할 때 이러한 가능성을 더욱 짙게 한다.

이밖에도 그의 恩門 鄭僐과 趙簡으로부터도 많은 영향을 받았을 것으로 보인다. 정선은 그가 성균시에 응시할 때의 고시관이었고, 조간은 그가 문과에 응시할 때 동지공거였다. 당시 고시관과 합격자는 좌주·문생으로 연결되어 그 의리는 마치 부자지간의 의리와 같았다. 이와 같이 볼 때 그는 이들 문하에 출입하면서 학문적 영향을 받았을 것으로 생각된다. 충혜왕 7년 그가 고시관으로써 인재를 선발한 후 學士宴을 베풀면서 권보와 더불어 이들 두 사람을 초청하여 자리를 같이 하였던 것도 이러한 맥락에서 생각할 수 있을 것이다. 특히 정선은 『고려사』 열전에서

> 사람됨이 音律에 정통하고 또한 禮에 밝음으로써 그 이름이 널리 알려져 後進들이 모두 나아가 배웠다.45)

라고 하고 있는데, 우탁도 그의 문하에 출입하면서 많은 영향을 받았을 것이다. 그는 聲律을 즐겨하였는데, 이는 바로 정선에게서 받

---

44)『高麗史』권109, 列傳22 禹倬.
45)『高麗史』권108, 列傳21 鄭僐.

은 영향이었을 것이다.

趙簡은 충렬왕 5년의 과거에서 장원으로 급제하여 문명을 떨쳤다. 시·부에 뛰어난 재능이 있어 충렬왕 6년에 시로써 행한 文臣親試에서 제1등을 하였으며, 이후 殿試門生으로서 왕의 총애를 받았다.46) 이제현이 시와 문장에 크게 정연될 수 있었던 것은 그에게서 받은 영향이 많았을 것이다.

또 그의 학문에 영향을 주었을 것으로 생각되는 사람으로는 그와 교유하였던 閔思平·金倫·崔瀣·安軸·朴忠佐 등을 찾아볼 수 있다. 이들은 거의 모두가 그와 비슷한 나이로써 서로 만나 학문을 연마하고, 또 토론하면서 그들 자신의 학문을 정연시켜 나갔다. 민사평·김윤은 그와 더불어 일찍부터 知己로 벗하였으며, 만년에는 같은 마을에 살면서 서로 왕래하였다. 이것은 당시 이들에게서 수학하였던 목은 이색이

> 익재선생과 愚谷선생께서는 竹軒 김윤 정승과 더불어 같은 마을에 살아 당시 사람들은 이들을 鐵洞三菴이라 불렀는데 … 竹軒先生이 세상을 떠나시자 閔思平이 또 그 집에 와서 살았으므로 三菴이라는 이름이 끊어지지 않았으며, 온 세상에서는 그 분들을 존경하였다.47)

라고 하고 있는 것에서 알 수 있다.

崔瀣와 安軸은 성리학을 비롯하여 시문에도 빼어난 당대의 석학이었다. 그와 이들의 관계는 일찍부터 서로 격려하면서 학문을 연마하였던 사이였다. 이것은 훗날 안축이 죽은 후 그가 지은 시에서

益齋少日日相從　益齋가 젊었을 때 날마다 서로 추종한 사람은
只有當之與拙翁　다만 當之(安軸)와 拙翁(崔瀣)이었네.

---

46) 『高麗史』 권106, 列傳19 趙簡.
47) 『牧隱文藁』 권13, 「題惕若齋學吟後」.

四十年來俱物化   40년 지나는 사이 모두가 죽어가고
獨將衰淚洒西風   나만이 눈물 흘려 서풍에 뿌리노라.[48]

라고 하고 있는 것에서 보인다. 최해도 이제현의 학문이 성숙되는 것을 보고는 "선비가 작별한 지 3일에는 눈을 닦고 서로 접견한다 하더니, 내가 익재에게서 그것을 보겠다"라고[49] 하면서 감탄하고 있다.

朴忠佐(1287~1349)는 이제현과 同年으로 백이정의 문하에서 같이 성리학을 사수하였고,[50] 이후 한평생을 막역하게 지냈다. 이것은 박충좌가 죽은 후 그를 애도하면서 지은 이제현의 시에서도 보인다.[51]

이밖에도 王煦·柳淑·李叔琪·安牧 등과도 교유하면서 학문을 정연하였음이 그가 지은 시에서 보인다.

그러나 무엇보다도 이제현이 학문적으로 대성할 수 있었던 것은 그가 원에 체류하면서 그 곳의 석학들과 교유하면서 받은 학문적 영향을 지적하지 않을 수 없다. 그는 충숙왕 원년(1314)에 충선왕의 부름을 받아 원에 가서 萬卷堂에서 당시 원의 석학들과 교유하게 된다. 이 당시 그와 더불어 교유한 사람은 姚燧(1239~1314)·閻復(1236~1312)·元明善(1269~1322)·趙孟頫(1254~1322)·張養浩(1269~1329) 등으로 이들은 학문에 뛰어난 명성이 있어 당시 원의 학계를 대변하고 있었다. 이제현과 이들의 교유에 대하여 『고려사』 열전에서는

---

48) 『益齋亂藁』 권4, 「悼安謹齋」.
49) 『高麗史』 권110, 列傳23 李齊賢.
50) 『高麗史』 권106, 列傳19 白頤正.
51) 『益齋亂藁』 권4, 「悼恥菴朴判事」.

충선왕이 (원의) 仁宗을 도와 내란을 평정하고 武宗을 영립함에 총애하는 바가 비할 데 없었는데, 드디어 나라를 충숙왕에게 전위하여 大尉王으로서 燕邸에 머물면서 萬卷堂을 짓고, 書와 史를 스스로 즐기면서 인하여 말하기를 "京師에서 문학하는 선비는 모두 천하의 選良인데, 우리 府中에는 그런 사람이 없는 것은 수치"라고 하고는 제현을 불러 京都에 오게 하였다. 당시 요수·염복·원명선·조맹부 등이 모두 왕의 문하에서 노는지라 제현이 이들과 상종하여 학문이 더욱 진취되니, 요수 등이 칭찬하기를 마지않았다.52)

라고 하고 있고, 또 이색은 『익재난고』의 序文에서

원이 천하를 통일하니 洗五嶽의 기운이 하나로 두루 뭉쳐 충만하기도 하고 사방으로 퍼져 나가기도 하여 중국과 변방의 차이가 없게 되었다. … 익재선생은 이러한 시대에 태어나 나이 스물이 채 되기도 전에 문장으로 이미 당대에 명성을 떨쳐 충선왕이 이를 높이 평가하고 신임하게 되었다. 충선왕을 호종하여 연경에 머물면서 원 조정의 학자로써 벼슬하고 있는 姚公(姚燧)·閻公 子靜(閻復)·趙公 子昂(趙孟頫)·元公 復初(元明善)·張公 養浩 같은 분들이 모두 충선왕의 문하에서 교유하였으므로 선생은 그런 분들과 사귈 수 있었다.53)그래서 안목이 트이고 듣는 것이 새로워 진데다가 스스로 노력하고 변화시켜 진실로 그 정대하고 고명한 학문을 철저히 연구하였다.54)

라고 기록하고 있다. 이로 볼 때 그가 원에서 받은 학문적 영향이 어떠하였던가를 알 수 있다.

---

52) 『高麗史』 권110, 列傳23 李齊賢.
53) 위에서 姚燧는 益齋가 萬卷堂에 오는 해(1314)에 죽었고, 염복은 그가 오기 2년전에 죽었으니, 이들과는 직접적인 교분은 없었을 것이다. 그러나 이들은 당시 원의 학계에 크게 이름을 떨쳤으니, 그의 학문은 사숙하였을 것이다
54) 『牧隱文藁』 권7, 「益齋先生亂藁序」.

Ⅲ. 학문과 사상

이제현의 학문과 사상에 대하여 그의 門生 이색은 묘지명에서

천지의 精氣를 두루 받아
公께서 뛰어난 자질로 탄생하였네.
奎璧星이 빛을 발하는 것처럼
공께서 그 이름 크게 떨쳤도다.
그 명망 천하에 넘쳐 흘렀고
몸은 해동에 살았네.
도덕은 儒者의 우두머리요
문장은 선비들의 宗匠이었네.
北斗의 星과 泰山 같기는
昌黎의 韓氏(韓愈)요
光風霽月 같기는
春陵의 茂叔(周濂溪)이었네.55)

라고 하여 그를 도덕의 道德之首·文章之宗으로 극찬하였고, 그
의 後學 李崇仁은 익재선생의 「晚詞」에서

北으로 중국에 유학하고
동국에 돌아와서는 다섯 조정을 섬기었도다.
雄深한 문장과 經學은
賈誼와 司馬相如를 쫓았고
正大한 보필은
蕭何 와 曹參을 능가하였도다.56)

---

55) 『牧隱文藁』 권13, 「雞林府院君 諡文忠李公墓誌銘」.
56) 『陶隱集』 권2, 「文忠公益齋先生晚詞」.

라고 하여 그의 학문과 충절을 높이 평가하고 있다.

그의 학문은 고려적 학문전통인 詩·賦의 詞章的 학문을 기저로 하여 출발하고 있으나 이후 성리학을 수용하여 이를 전통적 유교의식에 접목시켜 새로운 정치이념으로 승화시키고 있다. 비록 그에게서 성리학적인 正統史觀에 입각한 反元意識을 찾아보기 어렵고, 또 불교에 대하여도 당시의 보편적 사조에 입각하여 배타적인 입장을 보이고 있지는 않지만, 그의 정치의식 및 교육관에서 나타나는 이념적 사상은 성리학의 이념이 주지가 되고 있다.

그가 안향과는 달리 친원적 정치노선을 가지고 있고, 또 불교에 대하여도 긍정적 입장에서 이를 수용하였던 것은 당시 국제정세와 사회상에서 그가 취할 수밖에 없었던 부득이한 선택이었다. 비록 그가 외향적으로는 위와 같은 정치노선을 취하였지만, 그 근간에 있어서는 역시 성리학적 정치이념이 내재하고 있음을 여러 가지 자료에서 확인할 수 있다. 이것은 그의 성리학적 학문사상, 대원의식, 불교관을 살펴보면 알 수 있다.

1. 유 학

『고려사』의 撰者는 이제현의 학문을 평하여

> 어릴 때부터 僚輩들이 감히 이름을 부르지 못하고 반드시 益齋라 칭하였으며, 재상이 됨에 미쳐서는 사람들이 귀천을 가리지 않고 모두 益齋라 칭하였으니, 세상에 敬重하게 보임이 이와 같았다. 그러나 성리의 학을 즐겨하지 아니하여 定力이 없고 孔孟을 空談하고 심술이 단정하지 못하고, 또 일을 함에 심히 단정치 못하였으니, 識者들은 이를 短處로 삼았다.[57]

라고 하였고, 『고려사절요』에서도

> 타고난 자질이 온후하고 신중하였다. 그 위에 문학에 뛰어났으며, 의론에 나타난 것과 사업에 뛰어난 것이 모두 볼만한 점이 있었다. 한 평생 일찍이 말을 빨리 하거나 당황하여 얼굴 빛을 변하는 일이 없었다. 스스로 익재라 칭호하니, 사람들이 귀하고 천한 이를 논할 것 없이 모두 익재라 일컬었다. 그러나 성리의 학문을 즐겨하지 않았으므로 定力이 없었다.[58]

라고 평하고 있다.

위에서 볼 때 그는 성리학을 즐겨하지 않았던 것으로 평가되고 있다. 그러나 그는 일찍부터 성리학을 수용하였고, 이것을 기조로 하여 정치생활과 일상생활을 일관하였다. 안향으로부터 많은 학문적 영향을 받았고, 또 백이정으로부터 성리학을 직접 師受하기도 하였으며, 그의 장인 권보에게서도 이에 대한 많은 감화를 받고 있다.

그는 在官 중에 7차에 걸쳐 元에 가서 그 곳에서 당대의 석학들과 교유하게 되는데, 당시 원의 사상적 지주는 그가 「策問」에서 "집집마다 程朱의 책이 있고, 사람마다 성리의 학문을 안다"라고[59] 한 바와 같이 성리학이었음을 감안할 때 그는 여기서 성리학에 대한 哲理를 이미 터득하였을 것이다. 특히 그의 첫 번째 使行인 충숙왕 원년에는 연경 충선왕의 막하에서 당시 원의 대표적 학자였던 姚燧·閻復·趙孟頫·張養浩·元明善·虞集 등과 교유하게 되는데, 당시는 성리학이 크게 신봉되던 때였다. 이러한 상황에서 그는 이들 학자들과 성리학에 대한 충분한 토론이 있었을 것이고,

---

57)『高麗史』권110, 列傳23 李齊賢.
58)『高麗史節要』권28, 恭愍王 16년 7월.
59)『益齋亂藁』권9,「策問」. "…家家有程朱之書 人知性理之學 …"

이에 대한 이치를 깊이 터득하였을 것이다. 당시 조맹부를 비롯한 학자들이 그의 학문성취도에 깊이 경의를 표하고 있음도 이러한 맥락에서 파악할 수 있을 것이다.

그가 성리학을 깊이 수용하였다는 것은 이후 원에 있으면서 許衡의 墓 앞에서 지은 시에서도 보인다.

魏公懷粹德	魏公처럼[60] 순수한 덕 지녔으니
倔起際風雲	우뚝하게 뛰어나 풍운의 시대를 제도하였도다.
絳灌雖同列	絳灌과[61] 비록 동열이었으나
唐虞欲致君	堯舜 같은 임금 만들려 하였지.
辟雍方繪像	辟雍에 공의 초상 그리려 했는데
泉路久修文	지하에 들어가 修文郎이 되있구나 .
慕藺嗟生晩	藺相如를[62] 사모하여 늦게 태어남을 한탄히며
荒涼馬鬣墳	쓸쓸한 무덤 앞에서 탄식만 하네.[63]

魯齋(1209~1281)는 許衡의 호인데, 허형은 원 世祖를 유교적 정치이념으로 유도한 당대의 성리학자 姚樞의 제자이다. 허형은 원 세조의 우대를 받아 集賢殿太學士 겸 國子祭酒를 역임하였으며, 성리학을 보급하는데 크게 공헌하였다. 그가 허형의 묘 앞에서 그를 사모하면서 漢의 司馬相如가 전국시대 趙나라의 賢相이었던 藺相如를 존경하여 자기의 이름을 相如라 고치고 같은 시대에 태어나지 못했음을 한탄한 고사를 인용하면서 그도 위의 시에서 허형과 같은 시대에 태어나지 못했음을 한탄하고 있다. 이것은 그가 성리학을 깊이 체득하고 있었다는 논증이기도 하다.

위의 시에서 그는 武藝로써 출신한 원의 세조를 絳灌으로 비유

---

60) 末의 닝새상 韓琦의 字.
61) 絳侯 周勃과 灌嬰으로서 漢沛公의 신하, 武人.
62) 전국시대 趙의 賢相.
63) 『益齋亂藁』 권2, 「許文貞公魯齋墓」.

하여 그를 堯舜과 같은 왕으로 만들고자 하였던 허형의 노력을 宋의 賢相이었던 魏公에 비유하고 있다. 비록 허형이 漢族으로서 異民族인 원을 섬겼지만, 그 문물을 中華로 탈바꿈한 업적을 높이 기리고 있다. 이것은 바로 그의 정치이념이기도 하다.

그는 性理의 書를 집에 두고 이를 연마하는데 게을리 하지 않았다. 이것은 다음의 자료에서 확인할 수 있다.

> 屈原의 「天問」에 대하여 柳子厚가 답한 글을 「天對」라고 하는데, 모두 글이 까다롭고 이해하기 어려웠다. 우리 집에 朱晦庵이 이에 대하여 注解한 책이 있는데, 이를 읽으면 이른바 얼음이 녹듯이 의심이 풀리고 즐겁도록 문리가 순하여진다는 것을 알게 된다. 근래에 學士 閔相義의 집에서 誠齋 楊萬理가 여기에 대하여 注를 낸 것을 보았는데, 더욱 이해하기 쉬웠다. 위의 두 선생과 王逸 등 세 사람의 책을 엮어서 集解를 만든다면 또한 배우는 자들에게 한가지 다행한 일이 될 것이다.[64]

그는 성리학의 보급에도 크게 기여하였던 것으로 보인다. 이것은 그가 지은 「策問」이라는 논제에서 찾아볼 수 있는데, 여기서 나타나는 사상은 성리학 사상의 이해가 전제가 되고 있다. 이 중의 일부가 공민왕 2년 그가 지공거였을 때 출제한 책문이라는 것이 학계의 보편적 견해인데,[65] 그는 이 「책문」에서 학자로서 닦아야 할 배움과 처신, 治者의 방법, 역사서술에 대한 비판과 인식, 그리고 爲民德治의 강령을 묻고 있다. 여기에 내재하고 있는 이념은 성리학적인 가치관이 기조가 되고 있다.

---

64) 『櫟翁稗說』後集1.
65) 鄭求福, 1981, 「이제현의 역사의식」『진단학보』51, 244쪽. 그렇다면 나머지도 그가 지공거로 있을 때 출제한 策問이었을 가능성을 배제할 수 없다.

①항에서

『論語』를 읽을 때는 언제나 여러 제자들이 묻는 것을 자신이 직접 묻는 것처럼 하고, 夫子의 말을 오늘날 귀로 듣는 것처럼 여겨야 한다. 史書를 읽을 때도 그 임금과 신하의 관계와 어떤 일의 기회에 대하여는 자신이 그런 경우에 있는 듯이 하여 어떻게 하는 것이 옳고 어떻게 하는 것이 옳지 않은 지를 판단한 뒤에야 보탬이 있을 것이니, 先儒들도 대개 이런 말을 하였다.66)

라고 하여 학자로써 닦아야 할 배움과 처신의 중요성을 강조하고 있는데, 이것은 바로 주자를 비롯한 성리학 개창자들이 주창한 持敬의 이념을 이미 수용하고 있었음을 의미한다.

② 항에서

帝王의 계통은 사철이 서로 교대하는 것 같아서 문란할 수가 없으며, 天命과 人心의 돌아감을 또한 속일 수 없다. … 그러므로 공자가 『書經』을 刪定할 때 唐虞시대부터 周나라까지 만을 끊어서 적었다. 周나라가 쇠미한 뒤에 東·西로 나누어졌다가 祖龍이 드디어 天下를 통일하게 되었고, 二世에 이르러서는 漢이 대신하였다가 巨君이 찬탈하였으니, 祖龍과 巨君은 분명 正統의 왕위가 아니다.67)

라고 하여 역사인식에 있어 正統과 閏統을 강조하고 있는데, 여기시 그는 성리학적 정통사상을 이미 수용하였음을 보여준다.

③ 항에는

다행히도 聖代를 만나 천하가 같은 문자로 쓰게 되어 집집마다 程朱의 책이 있고, 사람마다 性理의 학문을 알고 있으니, 그 교화하는 방법이 또한 훌륭하다고 하셨나. 그러나 가난한 선비로써 학문을 넓히고 행실을 독실히 하는 사람이 누구이며, 벼슬아치로써 덕을 이루고 나라에 재목이 될 만한 사람이 얼마나 되는가.68)

---

66) 『益齋亂藁』 권9, 「策問」.
67) 『益齋亂藁』 권9, 「策問」.
68) 『益齋亂藁』 권9, 「策問」.

라고 하여 성리학의 사상적 이념을 높이 평가하며, 모든 선비들과
벼슬하는 자들이 이를 이념적 기조로 하여 현실생활에 실천할 것
을 강조하고 있다.

　특히 성리학적 正統史觀에 입각한 역사인식은 일찍부터 갖고
있었던 그의 역사관이기도 하다. 이것은 충숙왕 10년에 고려를 원
의 征東行省으로 편입하려는 기도를 막기 위해 원에 갔을 때 則天
武后의 묘를 지나면서 지은 시와 그 序文에서 보인다.

> 　至治(元 英宗의 年號) 癸亥年(충숙왕 10년)에 내가 臨兆에 갈 때 도
> 중에 乾州를 지나게 되었다. 唐 武后의 묘가 皇華驛 서북쪽에 있었는
> 데, 세상에서는 이를 阿婆陵이라고 불렀다. 내가 시 한 편을 지었는데,
> 그 서문에 "歐陽永叔(歐陽脩)이 武后를 唐紀에 넣은 것은 대체로 班
> 固와 司馬遷의 오류를 답습하여 더욱 잘못된 일이다. 呂氏(漢高祖의
> 王后)는 비록 천하를 통치하였으나 그래도 어린 아들을 황제라는 이
> 름으로 세워 漢 나라가 있다는 것을 보였는데, 무후는 李氏를 억누르
> 고 武氏를 높혔고, 唐이라는 국호를 고쳐 周라 일컬었으며, 宗社를 세
> 우고 年號를 제정하였으니, 흉역이 더 할 나위가 없다. 당연히 잘못을
> 찾아내어 이를 바르게 하여 만세에 보여야 할 터인데 도리어 높여서
> 야 되겠는가? 唐紀라 일컬으면서 周의 年號를 쓴 것은 옳다고 할 수
> 있겠는가? …

라고 하였으며, 시는 다음과 같다.

歐公信名儒	歐陽脩가 진실로 名儒이지만
筆削未免失	필삭에 잘못을 저질렀도다.
那將周餘分	어찌 周 나라의 찌꺼기로써
黷我唐日月	唐의 日月을 더럽혔는가.

　뒤에 晦庵의 「感遇」라는 시를 열람하였는데, 그 시에서

如何歐陽子   어찌하여 歐陽子는
執筆迷至公   史筆을 잡고서 至公을 흐렸는가

라고 하였다. 나는 책을 만지면서 자탄하기를 "후생이 경박한 학문으로 이에 대하여 논한 것이 어찌 朱子의 생각과 다름이 없을 줄 생각하였겠는가"라고[69] 하였다.

이상에서 살펴본 바와 같이 이제현의 학문주류는 성리학이었고, 그의 역사관도 이미 성리학적 역사관인 정통사상을 수용하고 있었다.『고려사』와『고려사절요』에서 그를 평하여 "성리학을 즐겨하지 않았다"라고 한 것은 당시의 시대상에서 그가 취할 수 밖에 없었던 대원의식과 그의 불교관이 이들 史書의 편찬사들에게 서부삼으로 작용되면서 나타난 견해였을 것이다.

그는 당시의 시대상에서 외형적으로나마 親元政策을 취하지 않을 수 없었고, 또 사회적 배경과 생장적 배경에서 불교에 대하여도 배타적 입장을 취하지는 못하였다. 그러나 그의 대원의식은 맹목적인 친원이 아니었고 어디까지나 국가의 존립을 전제로 한 것이었다. 그가 許衡을 존경하였던 것도 이러한 그의 성리학적인 인식이 내재되었기 때문일 것이다. 또 그의 불교관은 맹목적 신앙으로서의 불교가 아니라 민생적 국가적 차원의 사변적인 불교의식이 전제되고 있었다. 이와 같이 볼 때 그의 불교관 역시 성리학의 이념적 기조가 작용되었던 것으로 볼 수 있다. 이것은 다음 항에서 구체적으로 검토해 보면 이해될 수 있을 것이다.

---

69)『櫟翁稗說』後集1.

2. 대원의식

이제현이 생존하던 충렬왕 때부터 공민왕 때까지는 고려에 대한 원의 강압적인 지배가 계속되었던 시기였다. 이 당시 고려는 원의 강대한 군사력에 눌려 부마국으로 전락되었으며, 왕권은 극히 불안하여 원에 의하여 그 향배가 결정되고 있었다. 이 당시에 재위하였던 왕들은 거의 모두가 원에 의하여 책봉되었고, 이후 그들의 의사에 반한다면 폐위 당하여 원으로 소환 당하기도 하였다. 심지어 충혜왕의 경우는 元室에서 파견한 朶赤에 의하여 압송 당하기까지 하였다. 이와 병행하여 당시 원은 고려를 그들의 행정구역인 정동행성으로 개편하여 병합시키려는 의도도 갖고 있었다. 이러한 와중에서 민생도 극히 불안하여 백성들의 생활은 도탄에서 벗어나지 못하고 있었다.

특히 충렬왕이 재위하였던 기간은 무인집권기의 대몽항쟁과 원의 간섭 하에 일본 정벌이 계속되는 과정에서 백성들은 더욱 비참한 생활을 겪지 않을 수 없게 된다. 이러한 실상은 圓鑑國師 冲止가 지은 다음의 시에서도 보인다.

使者恒絡繹	사신은 끊이지 않고
東馳復西馳	東으로 西로 달리네.
卷民空巷閭	백성들이 전쟁에 나가서 고을은 비었고
馬驅向江湄	말은 달려 강가로 나가네.

尺地不墾闢	尺地도 개간하지 못했으니
民命何以資	백성들은 무엇으로 연명하랴.
民戶無宿粮	가구마다 남긴 양식 없고
太半早啼飢	태반은 벌써 굶어서 울고 있구나.

| 況復失農業 | 항차 다시 농업을 잃었으니 |
| 當觀死無遺 | 당연히 모든 사람들은 죽음을 맛보겠구나.[70] |

　이러한 백성들의 빈궁상은 그 이후에도 크게 개선되지 못하였고, 오히려 원에 대한 세공과 권문세족들의 탐학으로 백성들의 생활은 더욱 비참하였다. 이러한 백성들의 생활상은 그가 과거응시자들에게 출제한 책문에서도 보이고 있다.

　　… 근래에 와서 功臣祿券의 賜牌田, 佛寺의 判定으로 시주해서 바치는 토지, 行省理問所의 巡軍·忽赤·內乘·鷹坊에 하사한 토지, 권호들이 겸병한 것, 교활한 무리가 빼돌린 것 등이 백성들에게 해독을 입히고 나라를 좀 먹어 폐단이 분분히 일어나서 … 그러나 名田을 받아 부역을 바치는 자가 1백분의 2~3이 되지 않아도 호부한 집은 그릇을 금과 옥으로 만들고 장사치의 아내들도 비단 옷을 입고 다니니 어찌 부하다 하지 않으랴. 그러나 衣食이 떨어지고 利息을 갚느라 헐벗고 굶주린 자가 10에 8~9는 되는도다.[71]

　이러한 시대상에서 그는 고려의 국권을 수호하고, 백성들을 비참한 생활상에서 벗어나게 하는 것을 당면과제로 수용하지 않을 수 없게 된다.

　당시의 국제정세 즉 막강한 원의 세력에 대하여 성리학적 정통사상으로 이를 배척한다는 것은 불가능한 일이기도 하였다. 그는 무인집권기에 원에 대항하여 항쟁함으로써 민생이 극도로 비참하였던 사실을 알고 있었다. 이것은 다음의 자료에서 알 수 있다.

　　원나라 군사가 우리나라를 침범하여 경기에까지 미치게 되었다. 이 때 晉陽公 崔怡가 강화로 도읍을 옮기려고 중신들을 청하여 의논하

---

70) 『圓鑑國師集』「憫農黑羊」.
71) 『益齋亂藁』 권9, 「策問」.

였는데, 文安公 兪升旦이 홀로 말하기를 "작은 나라가 큰 나라를 섬기는 것은 도리이니, 예의로 섬기고 信으로 사귄다면 저들 또한 무슨 명목으로 늘 우리를 괴롭히겠는가. 성곽과 宗社를 버리고 섬으로 도망가 엎드려서 세월만 보내는 사이에 변경의 백성들로 하여금 장정은 모두 적의 칼날에 쓰러지게 하고, 노약은 모두 잡혀서 노예가 되고 포로가 되게 하는 것은 나라를 위하는 장구한 계책이 아니다"라고 하였으나 진양공은 듣지 않고 자기의 족당들을 거느리고 먼저 城南의 敬天寺에 이르러 유숙하였다. … 그리하여 수십 년 동안 북방 州縣은 모두 폐허가 되었다. 식자들은 지금까지도 이를 한스럽게 여기고 있다.[72]

위의 기록에서 그의 대원의식을 읽을 수 있다. 그의 대원의식은 국권의 수호와 민생의 안정을 전제로 하고 있다. 그는 이길 수 없는 전쟁에 막대한 국력을 낭비함으로써 백성을 도탄에 빠뜨리기보다는 형식상 事大의 예를 취함으로써 국권을 보전하고 민생을 안정시켜야 한다는 兪升旦의 정치적 견해를 높이 평가하고 있다. 이것은 바로 그의 정치이념이기도 하다. 말미에 "식자들은 지금도 이를 한스럽게 여기고 있다"라고 하고 있는데, 여기서 '식자'란 바로 자기를 포함한 당시 학자들의 일반적 견해라는 것을 알 수 있다.

그는 명분보다는 실리를 추구하였다. 이러한 그의 정치적 이념은 萬里長城을 지나면서 지은 「秦城銘」이라는 글에서도 보인다.

秦나라 호랑이가 으르렁거리니, 六國도 끝장나고 四海가 통일되었다. 어리석기는 금수보다 더하며, 讖書는 古月에 현혹되었구나. 만리의 長城을 쌓은 것은 臨洮에서 시작하여 碣石에서 끝났구나. 변방의 구름을 휩쌌고 바다의 해뜨는 곳에 닿았도다. 소와 염소는 죽은 사람의 백골을 밟고 왕래하였으며, 원통한 혼백의 눈물은 비오는 듯 하였고, 원통히 흘린 피는 시냇물처럼 흘렀도다. 백성들은 모두 병이 들어 지쳤지만 흙 다지는 절구질 소리는 그치지 않았네. 궁궐 안에서 宦官

---

72) 『櫟翁稗說』 前集2.

이 화를 일으킬 줄 그 누가 알았으랴. 趙高가 멸족되자 子嬰(진시황의 손자)은 흰 수레를 탔도다. 장성은 허물어지지 않았지만 咸陽은 폐허로 변했으니, 좀먹은 나무처럼 껍질은 멀쩡해도 속은 비었구나. 아무리 잘 보호해도 끝내는 넘어가고 말았네. 재주는 雄傑하나 식견이 어두우니, 가엾도다. 저 政(진시황)이여![73]

위의 글에서 그는 진시황이 만리장성을 쌓음으로서 "수많은 인명이 살상되고 원통한 혼백의 눈물이 피로 변하여 시내처럼 흘렀다"고 탄식하고 있다. 이것은 충렬왕 15년에 안향이 만리장성을 지나면서 지은 시인

粉堞縱橫萬里平	흰 성벽은 종횡으로 만리를 뻗었으니
居民賴此得安生	백성들은 이를 믿고 편안한 생을 누렸구나
當時若數秦皇罪	당시 秦始皇의 죄를 따진다면
只在焚坑不在城	焚書坑儒가 죄일 뿐, 성 쌓은 일은 아니로다.[74]

와는 대조를 이룬다. 안향은 위의 시에서 진시황의 죄는 만리장성을 쌓음으로서 백성들이 이를 믿고 편안한 삶을 누리게 되었다고 하여 오히려 이것을 긍정적인 측면에서 보았던 것에 반하여 이제현은 만리장성을 民生의 희생 속에 이룩된 것으로 보아 이를 부정적 측면에서 파악하고 있다. 이러한 견해의 차이는 안향이 대몽항쟁기에 출생하여 원에 대한 배타적인 반원의식을 그대로 반영하고 있었던 것에 반하여 이제현은 원의 지배 하에 생장하여 원에 대한 반발은 민생과 국가의 존립을 아울러 파탄시킬 것이라는 위기의식이 내재하고 있었기 때문이다.

그가 원에 보낸 表文이나 書에서 事大의 예가 일관되어 있고, 또 그의 史贊에서 고려왕의 칭호를 격하한 것에 대하여 그를 附元勢

---

73) 『益齋亂藁』 권9, 下 「秦城銘」.
74) 『晦軒先生實紀』 권2, 「萬里長城」.

力으로 보는 견해도 있으나[75] 이러한 그의 표현은 어디까지나 외형상으로 나타난 것에 불과할 뿐 그 내재된 의도는 고려 왕권의 보전과 민생의 안정이었다. 그는 원의 부당한 내정간섭에 대하여는 항상 부정적 측면에서 파악하고 있었다.

충숙왕 7년(1302) 겨울에 원에 가다가 黃土店에 이르렀을 때 원에 있던 충선왕이 환관 伯顔禿古思의 참소를 받아 吐蕃으로 유배되었다는 소식을 듣자 울분을 이기지 못하여 시를 지었는데, 여기서 그의 충절이 잘 표현되고 있다.

世事悠悠不忍聞　세상사 돌아가는 것 차마 들을 수 없네.
荒橋立馬忽忘言　황량한 다리 위에 말을 세우고 멍하니 서 있을 뿐이네.
幾時白日明心曲　어느 때나 밝은 태양이 내 마음을 밝히려나.
是處靑山隔淚痕　이곳 푸른 산은 눈물로써 가리웠네.
燒棧子房寧負信　棧道를 불태운 子房이 어찌 신의를 져버리겠는가.
翳桑靈輒早知恩　翳桑의 영첩은 일찍이 베푼 은혜 알았네.
傷心無術身生翼　마음은 괴로운데 몸에 날개를 달 재주가 없으니
飛到雲霄一叫閽　하늘을 날아 올라 궐문에 가 통곡도 할 수 없구나.[76]

그는 黃土店에서 충선왕이 참소를 입어 토번으로 유배되었다는 소식을 듣고 멍하니 다리 위에 서서 하염없이 눈물을 흘리고 있다. 그러면서 漢 高祖를 위하여 棧道를 불태워 項羽를 속인 子房과 晋나라의 靈輒이 趙盾에게 은혜를 갚은 故事를 인용하여 마음을 달래고 있다. 자방이 關中으로 가는 유일한 길인 棧道를 불태워 버림으로써 項羽를 안심시킨 후에 후일을 기약한 것처럼 자신이 지금 원에 예를 취하고 있는 것도 후일을 위한 일시적인 방편이란 것을 묵시적으로 표현하고 있다. 그리고 이 소망은 영첩이 조순에게 은

---

75) 金哲埈, 1967, 「益齋 李齊賢의 史學」『東方學志』8.
76)『益齋亂藁』권2.

혜를 갚은 것처럼 자신도 고려를 위하여 이 치욕을 반드시 갚겠다
는 의욕을 보이고 있다.

이러한 그의 의지는 일찍부터 가져왔던 이념이기도 하다. 이것
은 그가 杜牧이 지은 「烏江亭詩」를 항상 애송하였던 것에서 알 수
있다.

옛 사람이 역사에 대하여 읊은 작품이 많은데, 그 작품이 이해하기
쉽고 싫증나기 쉬운 것이라면 그것은 역사적 사실을 곧바로 서술하였
을 뿐 새로운 뜻이 없기 때문이다. 나는 항상 두목의 다음 시를 애송
한다.

勝敗兵家事不期　승패는 병가의 일, 기약할 수 없는 것
包羞忍恥是男兒　수치를 참는 것이 바로 남아라네.
江東子弟多賢俊　江東의 젊은이들 뛰어남이 많으니
捲土重來未可知　권토중래하면 승패를 알 수 없으리.[77]

이제현이 「烏江亭詩」를 항상 애송하였다는 것은 그 내용이 그
의 정치이념과 일치하였기 때문일 것이다. 비록 지금 원에 치욕스
러운 事大를 행하고 있지만 이러한 굴욕을 참고 후일을 기약한다
는 그의 정치이념이 위의 시에서 그대로 보이고 있다.

이로 볼 때 그는 성리학적인 정통사관에 입각하여 원을 閏統으
로 보고 있었던 것이 분명하다. 그러나 현실적으로는 원의 막강한
세력에 대항할 수 없다는 당시 정치상에서 굴욕을 참으면서 원에
사대의 예를 행하지 않을 수 없었을 것이다. 다음의 시를 보자.

聖人有所爲　　　성인이 하는 바는
爲民非爲台　　　성을 위할 뿐 자신은 위하지 않네.
君看唐虞事　　　그대는 唐虞의 일을 보라

---

77) 『櫟翁稗說』後集2.

先天天不違   하늘을 앞서도 하늘의 이치를 어기지 않았던 것을.
毫釐涉人欲   털 끝만큼이라도 사욕을 채우면
顧眄生禍機   눈 깜짝할 사이에 화액이 닥친다네.
如何魏公子   어찌하여 저 魏公子는
盜蹠方仲尼   도척을 가리켜 仲尼라 하였던가.
物理喜自反   하늘의 이치는 그 순환이 분명한 것
典午巳相欺   典午는 이미 서로를 속였다네.
爲龍笑蟒蛻   뱀도 용이 되면 제 허물은 비웃게 되고
捕蟬忘雀窺   제비를 잡으려다 새가 덮치는 것을 모른다네.
箕山臨穎水   箕山에 영수가 다다르니
千載相風規   千載에 남긴 풍도 상상하겠구나.[78]

위의 시에서 "어찌하여 저 魏公子는 盜蹠을 가리켜 仲尼라 하였던가?"라고 하면서 지금 자신이 당하고 있는 시대적 상황을 당시의 상황과 대비하고 있다. 원의 황제를 仲尼로 표현하지 않을 수 없었던 자신의 현재적 상황을 위공자가 도척을 중니라 표현하였던 시대적 상황과 대비하면서 원을 도척에 비유하고 있다. 또 그는 위에서 曹操와 신하 司馬懿가 서로를 속이면서 왕위를 찬탈한 故事를 인용하여 "典午(典은 司의 뜻이고, 午는 馬의 뜻으로 典午는 司馬氏를 의미함. 즉 晉의 건국과정)는 이미 서로를 속였다네"라고 하면서 현재 자신이 원에 事大하고 있는 것을 이에 비유하고 있다. 그리고 현재의 원은 비록 龍으로서 천하를 호령하고 있지만 과거를 거울삼지 않는 한 마리의 뱀으로 묘사하여 "제비를 잡으려다 새가 덮치는 것을 모르는" 어리석음으로 결국 망하고 말 것이라는 예언을 하고 있다. 이와 병행하여 그는 "箕山에 穎水가 다달으니 千載에 남긴 풍도 상상하겠구나"라고 하여 고려의 운명을 낙관하고 있다.

또 그는 원에 부화하여 고려의 국정을 혼란시키는 부원세력들을

---

78) 『益齋亂藁』 권2, 「鄴城」.

경계하였다. 그는 이들을 고양이와 개 및 닭으로 비유하여 유명한 「三畜箴」을[79] 짓고 있다.

> ① 귀가 있고 눈이 있으며 발톱과 어금니를 갖추고서 뚫린 문 옆에 늘어져 깊은 잠에서 깰 줄을 모르는가.(고양이)
>
> ② 꼬리로는 아첨을 부리고 혀로는 핥고 빤다. 싸우지도 말고 장난질도 말아라. 울타리가 무너질까 염려스럽다.(개)
>
> ③ 때를 지켜 울며 싸울 때는 암컷도 돌아보지 않지만 똥을 쪼아먹어 살이 쪄서 사람에게 잡아먹히기를 재촉하는구나.(닭)

①에서는 현재의 정치상에 안주하여 현상유지에만 급급한 당시 정치지도자들을 고양이의 습성에 비유하여 경계하였고, ②에서는 원에 아첨하여 이권을 추구하기에 급급한 부원세력들의 농간을 개의 습성에 비유하여 경계하고 있다. 특히 이들에 대하여는 “울타리가 무너질까 염려스럽다”고 하여 국가의 존망을 들어 이들을 경계하고 있다. ③에서는 이권에 몰두하여 전후를 가리지 않고 싸움에만 몰두하고 있는 당시 정치상을 닭의 습성에 비유하여 경계하고 있다.

위에서도 알 수 있는 바와 같이 그의 정치이념은 國利民福을 위한 정치개혁이었고, 아울러 자주적 국가의식을 전제로 한 주체적 대원관계의 정립이었다. 이러한 그의 대원의식은 원에 올린 각종의 表文에서도 보인다.

충숙왕 10년 고려의 權臣 柳淸臣과 吳潛 등이 고려를 원의 속령으로 하여 征東行省을 설치하도록 건의하였는데, 이에 그는 글을 올려 『中庸』의 九經章에 있는 “먼 곳에 있는 사람을 평안하게 한다”라는 내용을 인용하여 그 부당성을 극간하고 있다.

---

79) 『益齋亂藁』 권9, 卜 「三畜箴」.

　『中庸』에 이르기를 "무릇 천하의 국가를 다스리는 법도는 九經에 있는데, 행하는 바는 한 가지이다. 끊어진 세대를 이어주고 패망한 나라는 일으켜 주어 난을 다스리고 위태한 것을 부지하게 하고, 또 가는 자는 후하게 하고 오는 사람은 박하게 하는 것이 諸侯를 회유하는 법도이다"라고 하였습니다. … 역대 조정이 공로를 생각하던 의리를 체득하시고 중용이 세상을 훈계한 말을 생각하시어 나라를 그들의 나라로 두고 백성들은 그들의 백성으로 내버려두어 정사와 공부를 닦아 藩邦이 되도록 하여 우리로 하여금 한없는 기쁨을 누리게 해 준다면 우리 백성들은 모두 경하하여 훌륭한 덕을 노래할 것이고, 종사의 영혼들도 모두 감격하여 지하에서 눈물을 흘릴 것입니다. …[80]

　위의 내용에서 원에 대한 사대의 용어가 지나치게 치장되고 있는 느낌이 있지만 이것은 당시 시대상의 외교적 용어일 뿐이며, 주지는 고려를 현재의 독립적 주권국가로 인정할 것을 내용으로 하고 있다. 그리고 위의 문장을 이어 "고려에 대한 지나친 간섭은 정국의 혼란을 야기하여 결국은 선대 제왕들의 업적을 흐리게 할 것이며, 또 중국에 복종하지 않는 일본이 이러한 고려의 혼란을 보면 더욱 복종하지 않을 것입니다"라고 하여 원의 고려 지배는 그들에게도 실질적인 도움이 없을 것이라고 주장하고 있다. 이 글에서 그는 비록 당시 시대상에서 사대적 용어로 문장을 수식하고 있으나 그 내용에서는 주권국가로서의 고려의 정당성과 원의 내정간섭에 대한 부당성을 지적하고 있다.

　이러한 그의 국가의식과 역사의식은 당시 원의 승상인 伯住에게 올린 글인 「上伯住丞相書」에서도 보인다. 이것은 당시 원에서 참소를 입어 토번으로 유배된 충선왕의 송환을 위하여 올린 글인데, 여기서 그는

　禹王과 稷이 天下 백성의 고통을 근심하였는데, 이것은 성인의 바

---

80)『益齋亂藁』 권6, 「上都堂書」.

른 도리이다. 그런데 충선왕이 멀리 귀양가 있는 것을 불쌍히 여기지 않는다면, 그것은 천하를 근심한 禹와 稷을 따르지 않은 것이 된다.[81]

라고 하여 충선왕 석방에 대한 자신의 논리를 당당하게 개진하고 있다. 또 "충선왕을 빨리 풀어주지 않는다면 다른 사람으로부터 비난받지 않을까 겁난다"라고 하여 은근히 협박하는 것으로써 그의 글을 마감하고 있다. 이러한 그의 정치의식은 원에 보낸 다른 표문에서도 한결 같았다.

위에서 살펴본 바와 같이 이제현은 당시의 국제정세에서 원의 지배를 거부할 수는 없었지만 그의 학문적 의식은 성리학적 역사관인 정통사관이 주류를 이루고 있었다. 그는 원을 정통으로 파악하고 있지 않았다. 이러한 그의 의식은 그들에게 시대의 입장을 취하고 있는 자신을 漢나라 子房에 비유하면서 항상 杜牧의 시를 애송하였던 것에서 보이고 있고, 또 그가 지은 「鄴城」과 「黃土店」이라는 시와 「同崔松坡贈元卽中書」・「上征東省書」에서도 보인다.

3. 불교의식

고려사회의 일반적 사상구조는 불교와 유교였다. 이 당시 유교는 治國의 道로, 불교는 修身의 道로써 양자는 공존하면서 서로 교류하였다.

고려후기에 성리학이 전래됨으로써 불교는 비로소 異端으로 규정되어 배척되기에 이르렀지만, 그 이전까지는 儒者들도 불교를 숭신하여 在家佛者로서 행세하였다. 특히 국난을 당하여 국기기

---

81) 『益齋亂藁』 권6, 「上伯仕丞相書」.

위기에 봉착되었을 때나 백성들이 삶의 위기를 느꼈을 때는 불교에 귀의하여 부처의 힘으로 국란을 타개하고, 또 민생의 삶을 구하겠다는 것이 일반적 사조로 되어 있었다. 顯宗 때 거란의 침입이나 高宗 때 원의 침입으로 국가가 위기에 처했을 때 大藏經이 간행되고 있었던 것은 이를 말해 준다.

고려후기에도 이러한 불교에 대한 국가적·사회적 인식은 그대로 계승되고 있었다. 이것은 고려말에 鄭道傳이 鄭夢周에게 보낸 글에서도 보인다.

> … 우리 동방은 그 폐해가 더욱 심하였습니다. 사람들은 모두 異端을 돈독히 믿고 근엄하게 받들었으며, 또 大儒라 불리는 선비들까지도 이를 칭송하고 노래를 지어 읊었으니, 그 명성과 위세는 크게 떨쳤던 것입니다. 저 아래의 혼미한 백성들은 통달된 사람들이 좋아하는 것이 무엇인가를 알아서 쫓을 뿐이었습니다. 여기에서 선왕의 학문은 적료하여 들림이 없고, 귀로 듣고 눈으로 보는 것이 이단이 아님이 없었습니다. 강보에 쌓인 어린 아이는 말을 배우기 시작할 때 먼저 이단의 말을 외었으며, 기뻐하고 재롱할 때에도 문득 그 몸짓을 배워 습관이 성품으로 이루어져 천연히 그 그릇됨을 깨닫지 못하고, 간사한 마음이 몸에 베어 굳어져서 그 뿌리를 뽑아 낼 수 없게 되었습니다.82)

비록 고려후기에 성리학이 전래되었지만 이를 수용한 학자들은 극소수에 불과하였고, 또 성리학을 수용한 학자들이라고 하더라도 전통적 관습으로 젖어 왔던 신앙체계를 하루아침에 바꿀 수는 없었을 것이다. 그러나 성리학을 수용한 이후 학자들은 불교에 대한 기존의 맹목적 신앙에서 점차 비판적 신앙으로 그 태도를 바꾸어 나가게 된다.

이제현도 이러한 당시의 시대상에서 일찍부터 불교와 인연을 맺고 있었다. 그의 아버지 瑱도 불자였다. 이것은 그가 지은 「妙蓮寺

---

82) 『三峯集』 권3, 「上鄭達可書」.

中興碑」에서

> 나는 어렸을 적에 선친 東庵을 따라 無畏(牧菴 無畏國師)의 문하에 드나들었고, 또한 旅公(圓惠國師의 적자요 無畏의 조카)은 나와 더불어 從遊하였으며, 더구나 우리 임금(충숙왕)께서 명을 내리셨는데, 어찌 감히 비루하고 졸렬하다고 하여 이를 사양하겠는가. …[83]

라고 하고 있는 것에서 알 수 있다. 그의 가문 또한 불교와 밀접한 관계를 맺고 있었다. 그의 딸 중에서 한 명이 공민왕에게 納妃된 惠妃인데, 뒤에 여승이 되었고, 그의 손자 乃猷는 일찍이 출가하여 牧隱 李穡이 이재현의 墓誌銘을 지을 때는 조계종 廣度寺의 주지로 있었다.[84] 또 그의 妻祖父 權呾은 당대의 명사였는데도 독실한 불교신자였으며,[85] 그의 처남되는 權宗頂도 일찍이 출가하여 그가 권보의 묘지명을 지을 때는 兩街都摠攝으로 있었다.[86]

그의 생애는 충선왕과는 불가분의 관계를 가지고 있었다. 충선왕은 재위 중에 그를 중용하였고, 燕京에 있을 때는 그를 불러 더불어 함께 생활하기도 하였다. 또 그 자신도 충선왕에게 충성을 다하였다. 충선왕이 원에서 박해를 받을 때는 表文이나 書를 올려 왕을 변호하였고, 또 직접 찾아가 위로하기도 하였다. 충선왕은 주지하는 바와 같이 독실한 불교신자였다. 충선왕이 왕위를 세자에게 양위한 것도 그의 불교적 심성 때문이었으며, 그가 원에 있을 때 무함을 받아 吐蕃에 유배된 것도 불교에 대한 맹신 때문이었다.

이러한 가문적 배경과 시대적 상황에서 그는 불교를 호의적인 관점으로 수용하지 않을 수 없었을 것이다. 이것은 그가 「妙蓮寺

---

83) 『益齋亂藁』 권6, 「妙蓮寺中興碑」.
84) 『牧隱文藁』 권13, 「鷄林府院君 諡文忠公墓誌銘」.
85) 『益齋亂藁』 권7, 「文正公權公墓誌銘」.
86) 『益齋亂藁』 권7, 「文正公權公墓誌銘」.

中興碑」의 銘에서

> 五天竺에 성인이 나시어
> 중생을 건지려고 병에 맞추어 약 쓰셨네.
> 오묘한 불법 펼 수 없어
> 權道로 인간 세상에 나오셨으니
> 靈鷲山 모임의 뜻
> 책 속에 엄연하도다.[87]

라고 하고 있는 것에서 알 수 있다. 그는 불교의 교리를 유교의 교
리와 모순되는 것으로 보지는 않았다. 그는 「金書密敎大藏序」에서

> 그러나 가만히 생각해 보건대, 부처의 도는 慈悲와 喜捨를 근본으
> 로 삼는데 慈悲는 仁이 되는 일이요, 喜捨는 義가 되는 일이다. 그렇
> 다면 그 글의 큰 뜻을 대강은 알 수 있다.[88]

라고 하여 불교의 자비와 희사를 유교의 仁·義에 비정하여 긍정
적으로 인식하였고, 또 「廬山三笑」라는 시에서

> 釋道於儒理本齊 불교와 도교는 유교의 진리와 본래 같은데
> 强將分別自相迷 억지로 분별하려 한다면 서로 미혹만 되니
> 三賢用意無人識 三賢의 마음 아는 이 없으니
> 一笑非關過虎溪 한 번 웃는 것은 虎溪를 지나서가 아니리오.[89]

---

87) 『益齋亂藁』 권6, 「妙蓮寺中興碑」.
88) 『益齋亂藁』 권5, 「金書密敎大藏序」.
89) 『益齋亂藁』 권3, 「廬山三笑圖」. 『益齋集』에는 「釋道於儒理不齊」라고
   기록하고 있다. 그러나 『東文選』에는 위의 내용으로 기록되어 있다.
   李炳赫은 후세에 문집을 刊하면서 익재를 유교적 입장에서 평가하기
   위하여 고의로 글자를 바꾼 것으로 보았다(이병혁, 1983, 「익재의 사상
   과 문학」 『인문논총』 4, 부산대학교). 필자도 이에 동감하여 『東文選』
   의 기사를 따랐다.

라고 하여 불교와 유교를 교리적 측면에서 동일하게 보고 있다. 이러한 그의 불교관은 다음의 자료에서도 보인다.

> 불교의 因果法則은 선행을 닦아 보답을 받게 함이니, 이것은 마치 뿌리를 북돋아 열매를 거두는 것과 같아 미혹한 무리를 이로써 능히 선도하여 공덕을 세우게 한다.[90]

그러나 그는 불교를 맹신하지는 않았다. 그 자신 유교적 입장에서 불교를 이해하려 하였으며, 불교의 폐해에 대하여는 부정적인 측면에서 이를 질타하였다. 그는 「重修開國律寺記」에서

> 내가 생각하건대, 근래에 승려들이 일을 경영함에 있어서 반드시 권세가 있는 사람과 결탁하여 백성에게 해독을 끼치고 나라에 피해를 주고 있다. 비록 복을 심는다고 하나 결국은 원망을 사고 있음을 알지 못한다.[91]

라고 하여 부패한 승려의 행각에 대하여 일침을 가하였고, 「白華禪院政堂樓記」에서는

> 나는 묻노니, 菩提達磨는 탑을 만들고 절을 세우는 것을 인위로 복을 만드는 일로 여기었고, 홀로 깨달아 아는 것을 참다운 공덕으로 여겨 비록 존귀한 천자에게 용납되지 않더라도 개의하지 않았는데, 默菴 坦師는 達磨를 배우면서 도리어 토목에 노심하여 집을 웅장하게 짓고 漳官의 명칭을 빌어 호화롭게만 하니 할 말이 있는가?[92]

라고 하여 사찰의 웅장함과 지나친 토목사업을 힐책하고 있다.

그의 불교관은 國利民福을 전제로 하고 있다. 즉 백성들에게 피

---

90) 『益齋亂藁』 권7, 「大都南城興福寺碣」.
91) 『益齋亂藁』 권6, 「重修開國律寺記」.
92) 『益齋亂藁』 권6, 「白華禪院政堂樓記」.

해를 주어서는 안되며, 祈福으로 부처를 섬겨서도 안 된다고 보았다. 어디까지나 백성들을 교화하고 감화시킴으로써 그들의 정신세계를 풍요하게 하고 아울러 국가의 통치이념에 순화할 수 있도록 하는 것이 그의 불교관이었다.

이와 같은 입장에서 그는 불교의 교리를 유교적 입장에서 수용하여 해석하려 하였고, 이로써 그는 불교교리 자체는 긍정적으로 수용하였다. 이러한 불교관은 「開國律寺重修記」에서도 보인다.

> 삼가 생각하건대, 우리 태조께서 삼한을 통일하시자 왕실과 나라에 유익한 일들을 거행하지 않은 것이 없었는데, 釋氏는 다스리는 도를 협찬하고 포악한 무리를 감화시킨다고 하여 僧徒들을 일반 백성에 넣지 않고 그 교리를 천명하도록 하였으며, 무릇 塔이나 廟를 세울 적에는 반드시 그 산천의 지형이 음양의 이치와 부합되는지를 살펴 알맞게 조화하고 훌륭한 곳이라야만 지었고, 梁 武帝처럼 죄를 두려워하고 복을 사모하여 부처에게 아첨하지는 않았다.[93]

이러한 의식은 그의 역사의식으로 수용되어 고려의 역대 왕들의 치적을 평하는 史贊에서도 그대로 나타나고 있다. 대표적인 사례는 定王과 文王의 평에서 볼 수 있다.

> ① 定王은 존귀한 왕의 신분으로 10리나 되는 절에까지 걸어가서 숨利를 봉안하고, 또 7만석의 곡식을 하루에 여러 중들에게 모두 나누어주고도 한 번 하늘의 견책을 만나자 본 정신을 잃어 병이 났으니, 이른바 '군자는 부정하게 복을 구하지 않고 恭敬의 내심을 곧게 한다'는 옛 글 또한 듣지 못했던가?[94]
>
> ② 文王은 … 한 畿縣을 옮겨 한 절을 짓되, 높은 집은 궁궐보다 사치스럽게 하고 높은 담은 도성과 짝할 만하게 하며, 또 황금으로 탑을 만들고 온갖 시설을 이에 맞추어 거의 蕭統(梁 武帝)에 견줄

---

93) 『益齋亂藁』 권6, 「重修開國律寺記」.
94) 『益齋亂藁』 권9, 下 「史贊 定王」.

만 하게 해서 훌륭하게 되기를 바라니, 군자는 이것을 보고 탄식
만 할 뿐이었다.[95]

①에서 定宗이 기복을 위하여 불교에 맹신하였던 것을 비판하
였고, ②에서는 文宗의 지나친 불사를 비난하고 있다. 위에서 공통
되는 것은 유교적 덕목을 가치 기준으로 하여 이들의 태도를 힐난
하고 있는 점이다.

위에서 살펴본 바와 같이 그는 불교의 교리를 유교적 측면에서
이해하고 해석하면서 교리 자체는 긍정적으로 수용하고 있다. 그
러나 불교를 믿는 사람의 자세와 불교의 폐단에 대하여는 유교적
덕목을 들어 크게 비난하고 있다. 성리학적 입장에 시시 비록 고려
후기의 일부 성리학자들에게서 찾아볼 수 있는 극단적인 배불의식
은 갖고 있지 않았다고 하더라도 그가 보이고 있는 이러한 비판적
불교관은 당시의 사조에서 볼 때 큰 파문이라 하지 않을 수 없다.
이러한 그의 비판적 불교관은 성리학적 가치관이 그의 학문에 수
용되면서 나타난 결과라고 보아도 좋을 것이다.

4. 교육사상

이제현이 성균관에서 교관으로 활동한 경력은 그의 관력에 비하
여 극히 짧은 기간에 불과하다. 그가 처음으로 교관의 직을 배수한
것은 그의 나이 26세 되던 충선왕 4년이었다. 이때 배수한 직은 成
均樂正이었다. 그러나 이 직은 수개월에 그치고, 곧 豊儲倉의 提擧
事로 전보되었다.

---

95) 『益齋亂藁』 권9, 下 「史贊 文王」.

충숙왕 2년에는 選部議郎으로써 成均祭酒를 겸임하였는데, 이것이 그의 교관 경력의 마지막이다. 그가 성균좨주를 겸직하였던 시기는 이미 원의 萬卷堂에서 당대의 석학들과 학문을 교유하였고, 또 백이정으로부터 성리학을 사사 받은 이후가 된다. 이러한 그의 학문적 성취는 성균좨주로서 당시 학풍을 개혁할 수 있는 주요한 계기가 될 수 있었겠지만 이것도 다음 해에 判典校寺事로 전보되고, 이어 進賢館의 提學을 배수하여 奉使西蜀하게 됨으로써 뜻을 펴지 못하게 된다.

이와 같이 그는 교관으로서 종사한 기간은 극히 짧았으나 그의 빼어난 학문적 식견은 이미 당시에 학계를 대표하고 있어 그의 문하에는 많은 학사들이 배움을 청하여 왕래하였다.

그는 두 차례에 걸쳐 과거의 考試官 및 知貢擧를 역임하여 인재를 선발하였다. 즉 충숙왕 7년(1320)에는 고시관을 맡아 崔龍甲 등 33명을 선발하였다.96) 이때의 과거에서는 李穀·白文寶·安輔·尹澤 등이 합격하고 있으며, 또 공민왕 2년에는 지공거가 되어 李穡 등 35명을 선발하였는데, 이때의 과거에서는 進士 출신 외에 明經 출신 2명이 선발되고 있다.97) 明經 출신이 과거에 선발된 것은 충숙왕 17년 이후 처음으로 실로 24년만에 실행된 것이기도 하다.

그의 문하에서 배출된 문생들은 이후 고려사회에서 중추적 역할을 담당하게 되고, 또 이들 문생들도 이후 지공거 또는 고시관을 역임하는 과정에서 수 많은 인재들을 다시 배출하게 된다. 이로써 당시 학계는 그를 주축으로 하는 학맥이 이루어지고, 이들은 하나의 정치세력으로 결집되어 정치개혁의 선봉에 서기도 하였다. 이러한 실상은 공민왕 때 辛旽이

---

96)『高麗史』권73, 志27 選擧1 選場 忠肅王 7년 6월.
97)『高麗史』권73, 志27 選擧1 選場 恭愍王 2년 5월.

　　儒生들이 座主니 門生이니 하여 서로 감싸줍니다. 이제현의 경우
에는 문생의 문생에 다시 문생을 두어 드디어 나라에 도둑이 가득하
게 되었으니, 과거의 폐해가 이와 같습니다.98)

라고 하여 그를 모함하고 있는 것에서도 알 수 있다.

　　그의 교육사상으로 가장 주목되는 것은 학교교육의 중흥이었다.
이것은 그와 충선왕과의 대담에서 보인다.

　　(충선왕이) 묻기를 "우리나라는 옛날부터 문물이 중화와 같다고 하
였는데, 이제 학자들이 모두 중을 쫓아서 章句나 익히고 있다. 이로써
자질구레하게 문장만을 꾸미는 무리들은 많아지고 經書에 밝고 德行
을 닦는 선비는 적으니, 그 까닭은 무엇인가?"라고 하였다. 나는 대답
하기를 "옛날에 우리 태조께서 나라를 세운 초창기에 나라 일에 겨를
이 없었으나 학교를 일으켜 인재를 양성하는 것으로 으뜸을 삼았습니
다. 한 번 西都에 행차하여서는 秀才 廷鶚을 博士로 삼아 6部의 생도
들을 교수하게 하고 彩帛을 하사하여 권장하고 창고의 곡식을 지급하
여 양성하였으니, 그 마음 씀이 간절함을 볼 수 있습니다. 光宗 이후
에는 더욱 文敎를 닦아 안으로는 國學을 숭상하고, 밖으로는 鄕校‧
里庠‧黨序를 설치하여 글 읽는 소리가 끊어지지 않고, 스승과 제자
가 서로 함양하고 감화하여 마치 띠풀처럼 서로 엉켜서 윤택하였으
니, 이른바 문물이 중화와 같다는 것이 대개 지나친 말이 아니었습니
다. 그런데 불행히도 毅王 말년에 武人의 변란이 일어나 玉石이 함께
타서 虎口를 벗어난 자는 깊은 산 속으로 도망하여 의관을 벗어버리
고 伽梨(僧服)를 입고서 여생을 마쳤으니, 神駿‧悟生의 무리가 바로
그들입니다. 그 후 국가에서 文治를 회복하자 학문에 뜻을 둔 인사들
이 배우고자 하였으나 배울 곳이 없어 부득이 이들을 쫓아 배울 수밖
에 없었습니다. 그러므로 신의 생각에는 학자들이 승을 쫓아 장구만
을 익히게 된 원인이 대개 이로써 시작되었다고 보는 바입니다. 지금
전하께서 진실로 학교를 넓히고 庠序를 일으키며 六藝를 높이고 五
敎를 밝혀 선왕의 도를 천명한다면, 누가 眞儒를 배반하고 중을 따를
것이며, 實學을 버리고 章句만을 익히는 자가 있겠습니까. 앞으로 자
질구레하게 글귀나 다듬는 무리들도 경서를 밝히고 덕행을 닦는 선비

---

98)『高麗史』권132, 列傳45 辛旽.

로 변하는 것을 볼 수 있을 것입니다"라고 하였다.99)

위에서 그가 학교교육에 대한 중요성과 필요성을 크게 강조하고 있는 것을 볼 수 있으며, 이것은 그가 관로 생활에서 한결같이 가졌던 사상적 기저이기도 하다. 이러한 그의 교육이념은 「策問」에서도 보인다.

> 묻노라. 『論語』에 "이미 사람이 많으면 富하게 할 것이요, 富하게 되었으면 가르칠 것이니라"고 하였고, 또 "善人이 백성을 가르친 지 7년이 되면 그들로 하여금 전쟁에도 나아가게 할 수 있다"고 하였다. 또 "善人이 100년 동안 나라를 다스리면 악한 사람을 교화시켜서 사람 죽이는 일을 없앨 수 있다"고 하였으며, 또 "정치로 선도하고 형벌로 다스리게 되면 백성들이 죄에 빠지는 것이야 면하지만 부끄러움을 모른다. 그러나 德으로 선도하고 禮로서 다스리면, 부끄러움도 알게 되고 또 올바르게 된다"고 하였으니, 이것은 모두 聖人의 말로 학자들은 마땅히 깊이 체득해야 할 바이다.100)

그는 역대 제왕의 史贊에서도 학교교육을 중흥시킨 왕을 크게 평가하고 있다. 그 대표적인 사례로 成王에 대한 贊과 睿王에 대한 평을 들 수 있다.

> ① 成王은 종묘를 세우고 사직을 정하였으며, 學資를 넉넉하게 하여 선비를 기르고, 또 覆試로 어진 이를 구하였으며, 수령을 독려하고 백성을 구휼하고 孝節을 권장하여 풍속을 아름답게 하였다. 또 매양 手札을 내림에 글 뜻이 간곡하였으며, 풍속을 바꾸어 놓는 것을 임무로 삼았다.101)

> ② 睿王의 휘는 俁, 자는 世民이다. 3년 7월에 왕이 친히 문묘에 釋奠을 하였다. 4년 7월에 비로소 國學에 시험제도를 만들어 太學 崔

---

99) 『櫟翁稗說』 前集1 및 『高麗史』 권110, 列傳23 李齊賢.
100) 『益齋亂藁』 권9, 下 「策問」.
101) 『益齋亂藁』 권9, 下 「史贊」 成王.

敏庸 등 70인과 武學 韓子純 등 8인을 시험 보여 뽑고, 七齋에 나누어 거처하게 하였으니, 『周易』을 가르치는 곳은 麗澤齋, 『尙書』는 待聘齋, 『毛詩』는 經德齋, 『周禮』는 求仁齋, 『戴禮』는 服膺齋, 『春秋』는 養正齋, 『武學』은 講藝齋라 일컬었다.[102]

③ (예종은) 王과 太子가 모두 정신을 가다듬어 학문을 닦아 훌륭한 선비를 延訪하였으므로 尹瓘·吳延寵·李頠·李預·朴浩·金緣·金富佾·金富軾·金富儀·洪灌·印份·權適·尹彦頤·李之氐·崔惟淸·鄭知常·郭東珣·林完·胡宗旦 등의 賢士와 名臣이 조정에 포열되어 있으면서 토론하고 윤색하여 부지런히 힘썼으므로 中華의 풍도가 있었으니, 후세에서는 따를 수 없다.[103]

①의 成宗은 국자감을 창건하고 鄕學을 일으킴으로써 학교교육을 크게 선양하였던 왕이다. ②·③의 睿宗은 국자감에 七齋를 설립하고 養賢庫를 두는 등 다양한 국학 중흥책를 행하였으며, 또 청연각과 보문각을 설치하여 학문을 크게 발전시켰던 왕이다. 그는 특히 예종의 치세에 대하여는 "중화의 풍도가 있어 후세에서는 따를 수 없다"라고 하여 칭찬하고 있다. 그가 이들을 찬양하고 있는 것은 바로 학교교육에 대한 이들의 의지를 높이 평가하였기 때문이다.

이러한 그의 교육이념은 그가 정치적 실권을 잡았을 때 교육중흥을 위한 현실적 정책으로 나타나고 있다.

① (충숙왕 12년) "學校는 풍화의 근원이니, 념석이 勸勵를 사아어 막용에 대비하라"는 명을 내렸다.[104]
(동왕 12년 10월) "충선왕과 十哲 七十子와 本國의 文昌侯·弘儒侯를 제사하는데 힘써 정결케 하라"는 명을 내렸다.[105]

---

102) 『益齋亂藁』 권9, 上「世家」.
103) 『櫟翁稗說』 後集1.
104) 『高麗史』 권74, 志28 選擧2 學校.

② (충목왕 즉위년 8월) 과거제를 개혁하여 初場에서 六經의 經義와 四書의 疑를 시험하고, 中場에서는 古賦를, 終場에서는「策問」을 보게 하였다.106)

③ (공민왕 원년 2월) "十二徒와 東西學堂을 수리하여 생도를 양육하고, 一經이라도 능통한 자는 錄名하여 아뢰도록 하라"는 명을 내렸다.107)

(공민왕 원년 2월) 按廉使로 하여금 향곡의 인재를 발굴하여 천거하도록 하였다108)

④ (공민왕 5년) 성균관을 국자감으로 개칭하고 직제를 개편하였다.109)

(동왕 6년 정월) 中外의 학교를 수리하도록 명하였다.110)

⑤ (공민왕 12년 5월) 성균·12도·동서학당과 諸州郡의 鄕校에 명을 내려 교육을 엄하게 하도록 할 것과 또 이곳에 속한 土田과 人口로써 혹 豪强에 겸병된 바 있을 때는 이를 분별하여 贍學用으로 환원시키도록 하였다.111)

위에서 보이는 각종 교서의 내용은 학교교육의 중흥을 목표로 하고 있다. 그러나 위의 개혁이 누구의 건의에 의하여 행해졌는지는 찾아볼 수 없다. 주목되는 것은 위의 개혁내용은 모두 그가 정치적 실력자로 부각되면서 나타나고 있는 점이다.

①이 나타난 충숙왕 12년은 그가 推誠亮節의 공신호를 하사받고 僉議評理·政堂文學으로 승보되면서 金海君에 봉작되던 시기였고, ②가 나타난 충목왕 즉위년은 그가 府院君으로 승진되고, 또 領孝思觀事로써 8세의 왕을 보위하면서 개혁정치를 주도하던 시

---

105)『高麗史』권35, 世家35.
106)『高麗史』권73, 志27 選擧1 科目1.
107)『高麗史』권74, 志28 選擧2 科目2 學校.
108)『高麗史』권75, 志29 選擧3 銓注.
109)『高麗史』권76, 志30 百官1 成均館.
110)『高麗史』권74, 志28 選擧2 學校.
111)『高麗史』권74, 志28 選擧2 學校.

기였다. 이때 그는 시급한 당면과제를 개혁하기 위하여 都堂에 건의문을 제출하면서

> 과연 능히 개혁을 하면 기뻐할 사람이 많을 것이고, 기뻐하지 않을 사람은 權豪 수십명 뿐입니다. 어찌하여 꺼려하면서 단행하지 못합니까?[112]

라고 하여 강력한 개혁의지를 보이고 있다. ②에 나타난 교서의 내용은 바로 그의 교육이념이기도 하다. 기존 詩・賦 위주의 과목을 혁파하고 경전의 이해에 바탕한 인재 선발은 그가 일찍부터 가졌던 정치적 또는 교육적 이념이기도 하였다. 이와 같은 관점에서 그는 공민왕 2년 지공거가 되었을 때 明經 출신 2명을 선발하기도 하였다.

③의 교서가 발표되던 공민왕 원년은 그가 推誠亮節同德協議贊化功臣의 호를 받고 右政丞으로 개혁정치를 주도하였던 시기였다. 특히 공민왕은 그를 신임하여 자신이 원에 있을 때 그로 하여금 왕권까지 위임하여 대행하도록 하였다.

④의 교서가 발표되던 공민왕 5년과 동왕 6년은 그가 門下侍中에 올랐을 때 행한 정치개혁의 하나였다. 공민왕 5년은 附元세력의 우두머리였던 奇轍 일파를 숙청하고 개혁정치가 행해졌던 시기인데, 이때 개혁의 주도세력으로 이제현을 비롯하여 李仁復・李穡 등이 참여하고 있다.

⑤의 교서가 발표되던 공민왕 12년은 紅巾賊의 침입으로 청주에 피난하였던 왕이 그를 비롯한 원로 대신들의 건의로 다시 개경에 환도하였던 시기이다. 이때는 비록 그가 정계에서 은퇴하고 있었다 하더라도 왕의 신임을 받아 직・간접으로 정치에 간여하였

---

112) 『高麗史』 권110, 列傳23 李齊賢.

고, 이때의 개혁정치에도 크게 영향을 미치고 있었다. 이때 나타난 위의 교서도 바로 그의 교육이념이 형상화되었던 것으로 보아야 할 것이다.

위에 보이는 교육중흥에 대한 교서 중에서 일부는 그 자신이 직접 제기한 것이 아닌 것도 있을 수 있겠으나[113] 교서가 발표되던 시기에는 그가 정치개혁을 주도하고 있었다는 점을 감안할 때 그의 교육이념에 수용되어 나타났던 것으로 볼 수 있을 것이다.

그는 교육의 목표를 예절과 풍속을 교화하는 도덕적 이념의 실현에 두어 孔子가 표현한 '至道'의 이상사회를 구현하는데 두었다.[114] 그는 이러한 목표를 달성하기 위하여는 하늘로부터 받은 天命을 갈고 닦아 자기의 재주를 여기에 합하고, 또 이를 실천할 수 있는 강력한 의지를 발양할 때에 비로소 가능하다고 보았다. 그는 이것을 儒者들이 갖추어야 할 덕목으로 파악하였다. 다음의 내용을 보자.

> 선비가 이 세상을 살아가기란 마치 배를 타는 것과 같아서 재주로 楫를 삼고, 天命으로 순풍을 삼은 연후에야 가기가 편한 것이다. 재주와 천명을 받았더라도 의지가 혹 비열하면 마치 노가 완전하고 바람이 순하여도 배를 조정하는 사람이 합당하지 못한 것과 같으니, 어찌 萬斛의 무게를 싣고 만리의 먼 곳에 이르러 통하지 못하는 곳을 건널 수 있겠는가. … 진실로 능히 義로 돛대로 삼고, 信으로써 돛을 삼고, 禮로써 닻줄을 삼고, 智로써 닻을 삼고, 敬과 廉勤으로 의여를 삼는다면 어느 무거운 짐인들 감당하지 못하겠으며, 어느 먼 곳인들 가지 못할 것이며, 통하지 못하는 어느 곳인들 건너지 못하겠는가?[115]

---

113) 恭愍王 2년의 교육개혁 내용은 전년에 올린 이색의 時政五事에서도 보인다. 이로 볼 때 이때의 교육개혁은 이색의 의견이 반영되었던 것으로 보인다(申千湜, 1996, 「牧隱 李穡의 敎育思想」『牧隱李穡의 生涯와 思想』, 一潮閣).
114) 鄭求福, 1985,『高麗時代 史學史 研究』, 서강대 박사학위논문.

그는 위에서 선비의 처신을 배의 운항에 비유하여 설명하고 있
다. 배의 항해에는 노와 순풍과 항해하고자 하는 사람의 의지가 결
합될 때 비로소 가능한 것과 같이 선비는 하늘로부터 받은 천명과
기질을 잘 조화하고, 또 여기에 이를 운행하고자 하는 志가 결합될
때 비로소 '至道'를 행할 수 있다고 보았다. 여기서 그는 仁・義・
禮・智・信의 五常과 敬愼・廉勤의 志를 강조하고 있다. 이것은
朱子가 지향하였던 이념과도 일치한다. 주자는『大學章句序』에서

> 하늘에서 사람을 낼 때 사람에게 이미 仁・義・禮・智의 본성을
> 부여하지 않은 적이 없었다. 그러나 사람이 타고난 기질은 모두 같을
> 수가 없었기 때문에 모두 자기 본성에 지니고 있는 것을 알아 이것을
> 완전하게 만들지는 못하였던 것이다. 그들 가운데 총명하고 심오한
> 지혜를 지녀 자기의 본성을 모두 발휘할 수 있는 사람이 나오기만 하
> 면, 하늘은 반드시 그에게 명해서 억조의 백성들의 君師가 되게 하여
> 그를 시켜서 그들을 다스리고 가르쳐서 그들의 본성을 회복하게 하였
> 다.116)

라고 하였다.

그는 本性을 天命으로 파악하여 순풍에 비유하였고, 기질을 재
주로 파악하여 楫로 비유하고 있다. 또 자기의 본성을 발휘하고자
하는 의지를 志로 파악하여 선장에 비유하고 있다.

이로써 그는 하늘로부터 받은 천명을 갈고 닦아 함양하는 것이
야말로 선비들에게 주어진 소임으로 보았다. 이러한 그의 사상은
「息影菴硯銘」과「崔春軒壺矢銘」에서도 보인다.

그는「息影菴硯銘」에서

---

115)『益齋亂藁』 권5,「送辛員外北上序」.
116)『大學章句』序.

> 무겁고 단단한 것은 하늘에서 얻은 것, 씻어서 새롭게 하는 것은 사
> 람에게 있나니(重而堅得之天 滌以新存乎人).[117]

라고 하여 무겁고 견고한 벼루의 재질을 天에 비유하였고, 또 벼루
를 씻어서 새롭게 하는 것은 사람에 달렸다고 함으로써 사람들은
하늘로부터 받은 天命을 항상 갈고 닦아 함양할 때 비로소 이를 보
전하고 새롭게 할 수 있다고 강조하고 있다. 또 「崔春軒壺矢銘」에
서는 다음과 같이 말하고 있다.

> 병은 그 속이 비었고, 화살은 그 결이 곧다. 곧지 않고 비지 않으면,
> 병도 아니고 화살도 아니다. 반드시 愼 반드시 中하여 사냥꾼이 틀을
> 놓은 것 같이 하라. 속여서 열을 잡으면 이겨도 기롱을 받게 된다. 세
> 게 던져서 떨어뜨리지 말고 올려 놓으려다 기울게 하지 말지니, 군자
> 의 놀이로다. 군자의 규거로다.[118]

여기서 병과 화살의 속성을 虛과 直으로 파악하여 이를 天으로
부터 받은 命으로 보았고, 또 이들을 운용할 때는 敬愼 中節함으로
써 그 본래의 天命에 부합하도록 할 것을 강조하고 있다. 그는 이
를 '君子之嬉', '君子之規'라고 표현함으로써 이러한 이치를 군자
들이 지향해야 할 삶의 도리로 보았다.

그는 이러한 '君子之道'를 터득하기 위하여는 하늘로 부터 받은
천명을 갈고 닦아야 하며, 이것은 교육을 통하여 비로소 가능하다
고 보았다. 이 교육은 기본적인 인간의 삶에서 格物致知와 誠意正
心의 道를 익히고, 그 이후에 治道와 天道를 익힐 때 가능하다고
보았다. 이것은 충목왕이 8세의 어린 나이로 왕위에 즉위하였을 때
그가 어린 왕의 교육을 위하여 都堂에 올린 글에서 보인다.

---

117) 『益齋亂藁』 권9, 下 「息影菴硯銘」.
118) 『益齋亂藁』 권9, 下 「崔春軒壺矢銘」.

이제 우리 국왕 전하께서 옛적의 元子가 취학하는 나이로써 天子의 明命을 받들어 祖宗의 重業을 계승하였으나 前王의 실패한 뒤를 맡았으니, 어찌 겸손한 마음으로 敬虔하고 謹愼하지 않으리오. 敬愼하는 실상은 德을 닦는 것만 같지 못하고, 덕을 닦는 요체는 嚮學하는 것만 같지 못합니다. 이제 祭酒 田淑蒙이 이미 師傅가 되어 있으니, 다시 賢儒 2인을 택하여 淑蒙과 더불어 『孝經』·『論語』·『孟子』·『大學』·『中庸』을 講하게 하여 格物致知와 誠意正心의 道를 익히도록 하고, 衣冠子弟로서 正直하고 謹厚하며 배우기를 좋아하고 禮를 좋아하는 사람 10명을 뽑아 侍學으로 삼아 좌우에서 보도하게 하소서. 그리고 四書를 마친 뒤에는 六經을 차례로 講明하게 할 것이며, 驕奢와 淫佚과 聲色·狗馬는 눈과 귀에 접하지 않도록 하소서. 이렇게 하여 습관이 성품을 이루게 되면 德이 알지 못하는 사이에 이루어질 것이니, 이것이 더 없는 급한 당무입니다.[119]

여기서 그가 지향하고 있는 교육이념이 보인다. 그는 위에서 敬愼을 최고의 목표로 삼고 있다. 이러한 목표를 달성하기 위하여 '修德'이 강조되고 있는데, 이 '修德'은 바로 교육, 즉 嚮學에 의하여만 가능하다는 것이다.

또 위에서 교육방법에 대하여도 주목할 만한 내용이 보인다. 먼저 格物致知와 誠意·正心의 道로써 『孝經』·『論語』·『孟子』·『大學』·『中庸』을 講하게 한 후 다음에 六經을 차례로 講明하게 한다는 것이다. 이것은 단계적 교육방법으로써 공민왕 16년에 성균관을 중건한 후 교육과정을 四書五經齋, 즉 九齋學規의 체제로 개편하여 단계적으로 운영하였던 것과 거의 일치한다.[120] 이때 이러한 교육개혁을 주도한 사람은 이색이었다. 이색은 그의 문생이었다. 그렇다면 이색이 이때 이러한 교육개혁을 할 수 있었던 것은 그로부터 받은 학문적 감화라는 것을 이해할 수 있다.

그는 위의 글에서 格物致知와 誠意·正心의 道를 강조하고 있

---

119) 『高麗史』 권110, 列傳23 李齊賢.
120) 申千湜, 1995, 『高麗敎育史硏究』, 景仁文化社, 178쪽.

다. 이것은 그가 「崔良敬公墓誌銘」에서 "… 格物致知와 修己理人의 道는 직접 그 문에 들어가지 않으면 얻을 수 없다(於格物致知 修己理人之道 莫得其門) …"라고[121] 한 바와 같이 사물에 접하여 이치를 궁구하는 학문적 태도로써 여기에는 誠意와 正心이 그 전제가 되고 있다. 이러한 그의 사상은 「策問」에서도 보인다.

> 『논어』를 읽을 때에는 언제나 여러 제자들이 묻는 것을 자신이 직접 묻는 것처럼 하고, 夫子(孔子)의 말씀은 오늘날 귀로 듣는 것처럼 여겨야 한다. 또 史書를 읽을 때는 임금과 신하의 관계와 어떤 일의 기회에 대해 자신의 몸이 그런 경우에 있는 듯이 하여 어떻게 하는 것이 옳고 어떻게 하는 것이 옳지 않은 가를 판단한 연후에야 보탬이 있을 것이니, 先儒들도 대개 이러한 말을 하였다.[122]

그는 이러한 태도로써 학문을 궁구한다면 無思의 경지에 이르게 되고, 그렇다면 옛 사람도 오늘을 사는 벗으로 함께 할 수 있을 것으로 보았다. 이것은 柳淑에게 보내는 그의 시에서 보인다.

幾年傍路費光陰	몇 해를 길에서 방황하며 세월만 허비하였던가.
閉戶端居志念深	문 닫고 단정히 앉았으니 뜻과 생각은 깊어만 가네.
黃卷展開春寂寂	고요한 봄날에 책을 펼쳐 보고
靑燈挑盡夜沉沉	어두운 밤에는 등불심지 다 돋우었네.
風震變態無窮事	풍운처럼 변하는 세태는 끝없는 일인데
天地同流只此心	하늘과 땅이 같이 흐르는 것은 오직 이 마음 뿐
思到無思眞有得	無思의 경지에 이르러야 참으로 체득함 있으니
古人雖遠是知音	비록 멀어도 그 소리는 들을 수 있구나.[123]

---

121) 『益齋亂藁』 권7, 「崔良敬公墓誌銘」.
122) 『益齋亂藁』 권9, 「策問」.
123) 『益齋亂藁』 권1, 「柳學士思菴」.

제2장

이제현의 학맥

I. 학맥 형성의 배경

안향에 의하여 전래된 성리학은 이후 六君子와 그의 門生 및 同門, 그리고 門徒 및 그와 함께 교육중흥의 일선에 섰던 교관들에게 전수되고, 이로써 성리학은 고려후기의 사상적 이념으로 정착되어 가게 된다. 또 그와 더불어 같은 시기에 활약하였던 당대의 석학들도 그와 교유하는 과정에서 성리학을 접할 수 있었을 것이고, 또 그들 나름대로 원에 왕래하면서 성리학을 접하기도 하였을 것이다. 이러한 과정에서 성리학은 고려사회에 뿌리를 내리게 되고, 이후 그의 문인들을 중심으로 그 보급의 폭을 넓혀가게 된다.

당시 고려사회의 학문적 사조는 원의 지배 하에 있었던 정치상황 하에서 원의 학문적 사조와 연동되지 않을 수 없었다. 원 世祖는 성리학자 姚樞를 등용하여 국가정치를 유교적 이념으로 개편하였고, 특히 요추의 제자 許衡(1209∼1281)을 중용하여 集賢殿大學

士 겸 國子祭酒로 임용하니, 그는 성리학의 보급에 전념하였다.[1] 이에 원은 성리학으로 사상적 이념이 정착되어 갔고, 이로써 다음 인종 2년에는 과거제를 개혁하여 四書·五經의 科目을『朱子章句集註』를 비롯한 程朱의 書로서 확정하였다.[2] 이로써 원에서는 성리학이 정치사회사상으로 정착되어 갔으며, 학자들은 성리학을 공부하지 않을 수 없게 된다.

이러한 원의 학문적 사조는 고려에도 많은 영향을 주었다. 특히 원의 制科에 합격하는 것을 영광으로 생각하는 풍조가 고려후기사회에서 일반화되어 갔음을 고려할 때 당시 고려의 학자들도 이를 위하여 성리학을 공부하지 않을 수 없게 된다. 특히 고려사회도 충혜왕 복위 5년(1344)에 과거법이 개정되어『주자장구집주』가 과목으로 확정되고 있으니,[3] 이러한 사조는 더욱 가속화되었다.

안향으로부터 성리학을 전수받은 그의 문인들은 이후 그들의 학문적 기반이 성숙되어 가는 과정에서 그들 자신의 문생과 문도를 비롯한 문인들에게 이를 다시 전수하게 되고, 이로써 성리학 연구는 당시 사회의 사상적 동향과 결합되어 학문의 새로운 이념으로 각광을 받으면서 크게 확산되게 된다. 특히 안향의 문인 중에서 六君子는 이후 정치적으로 그 지위를 성장시키면서 지공거 또는 학교의 교관을 역임하게 되고, 이로써 그들 자신의 문하에서 빼어난 성리학자를 대량으로 배출하게 된다.

權溥는 충렬왕 27년(1301)에 지공거를 맡아 이제현·朴元桂를 비롯한 수 많은 학자들을 배출하였고, 또 이들 문생들의 문하에서 다시 李穀·白文寶·崔瀣·이색 등 빼어난 학자들이 수 없이 배

---

1)『元史』권189, 列傳76 儒學 1·2 및『新元史』권23, 列傳131.
2) 黎傑 編著,『元史』第三章 考選制度2 科擧.
3)『高麗史節要』권25, 忠惠王 복위 5년 秋 8월조. "改定科擧法 初場試六經義四書疑中場古賦終場策問"

출하여 그들의 학문을 전수하였다.[4]

李瑱은 충숙왕 2년(1315)의 과거에서 지공거를 맡아 閔思平·趙廉·安牧 등을 배출하였으며, 또 辛蔵도 충숙왕 13년(1326)에 국자감시의 試官을 맡아 李達中·李仁復 등을 배출하고 있다.

이밖에 禹倬은 충선왕 때 국자좨주를 맡아 그 문하에서 많은 학자들을 배출하였고, 그 문하에는 申賢·이곡·朴忠佐·朴全之·秋適·安軸·金得培 등이 출입하여 가르침을 받았다.[5] 白頤正은 비록 지공거나 교관을 맡지는 않았지만 그가 원에서 성리학을 익히고 귀국한 후 이제현·박충좌·이곡·白文寶·이인복 등에게 이를 전수하였다.[6]

이들 중에서 권보와 이진과 백이정은 서로 친교가 가까워 가문끼리 통혼까지 하고 있다. 즉 권보는 이진의 아들 이제현을 사위로 맞이하였으며, 백이정은 그의 딸을 이진의 손자인 李達尊에게 출가시키고 있다.

이들의 학문은 이후 그들의 문하에 의하여 계승·발전되고 있는데, 더욱 주목할 만한 것은 家學으로 전승되어 가문의 학맥으로 발전하고 있는 점이다.

안향의 학문은 그의 가문에서 아들 于器와 손자 牧·증손 元崇에 의하여 전수되고 있고, 또 族親인 安軸·安輔·安輯과 安宗源 및 安文凱 등에 계승되어 가문을 빛내었다.

우탁의 학문은 그의 아들 靑生과 손자 玄寶에게 계승되었으며, 이진의 학문은 아들 이제현에 이르러 크게 빛을 발하고, 그의 손자 達尊과 증손 寶林에게 계승된다.

---

4) 『易東先生實記』 권3, 「史乘添載」.
5) 『易東先生實記』 권3, 「門人錄」.
6) 『淡庵先生逸集』 附錄 권2, 「白文寶行狀」.

권보의 학맥은 그의 아들 準과 사위 이제현에게 계승되고 있고, 또 권근에게 이어지고 있으며, 李兆年의 학문은 그의 손자 이인복에 이르러 빛을 발하였고, 족증손 李崇仁에 의하여 계승되었다.

이들 후손들은 가학을 계승하면서 이후 恩門 및 師友 등과 교유하는 과정에서 그 학문의 깊이를 더하여 갔다. 이로써 이들은 고려 후기에 우뚝한 학자로 성장하게 되고, 이후 성리학은 크게 활기를 띄게 된다.

또 안향으로부터 배출된 문생과 그의 동년 및 동문들도 그와 교유하는 과정에서 성리학을 전수하였고, 이밖에 그와 교유하였던 문인들도 성리학을 전수하여 이를 보급하는데 선봉에 섰다. 이들 중에서 金晅 · 李尊庇 · 李混 · 金賆 · 朴全之 등의 동년 및 동문들은 국학대사성 및 고시관을 맡아 수많은 문생과 문도들을 배출하였고, 또 李晟 · 秋適 · 尹莘傑 · 金承印 등은 충렬왕 27년에 교관을 역임하여 당시 안향의 교육중흥에 함께 활약하면서 그로부터 성리학의 정수를 전수 받게 된다.

이밖에 안향과 교유하였던 薛公儉 · 閔漬 · 鄭可臣 · 金台鉉 등도 이미 성리학의 대체를 파악하고 있었고, 그와 교유하는 과정에서 이를 더욱 정연시킬 수 있었을 것이다. 이들도 이후 그들의 정치적 지위를 상승시키면서 국학대사성 또는 고시관을 역임하면서 수많은 문생과 문도를 배출하게 된다.

이 시기에 안향의 문인들에 의하여 배출되고 있는 대표적인 학자들을 살펴보면 다음의 <표 2-2>와 같이 정리할 수 있다.

충렬왕 15년(1289) 이후 충렬왕 말까지는 안향에 의하여 성리학이 우리나라에 전래되고 보급되었던 시기이다. 이 시기는 六君子를 비롯하여 그의 동년 · 동문 · 문생들을 비롯한 그의 문인들이 성리학을 수용하고 이를 연구하게 된다. 따라서 충렬왕대는 성리학의 전래 및 수용시기로 볼 수 있을 것이다.

〈표 2-2〉 안향 문인들의 문인

이 름	門 人	비 고
權 溥	李齊賢・朴元桂・全信・閔祥正・王伯	충렬왕 27년의 문생
禹 倬	申賢・李穀・朴忠佐・朴全之・秋適・金得培	『易東先生實記』 문인록
李 瑱	閔思平・趙廉・安牧	충숙왕 2년의 문생
李兆年	李仁復・李崇仁	李兆年 가문
白頤正	李齊賢・朴忠佐・李穀・白文寶・李仁復	『淡庵先生集』 권2, 白頤正行狀
辛 蔵	李達衷・李仁復	충숙왕 13년 국자감시의 문생
鄭可臣	崔咸一・尹莘傑・金文鼎・禹倬	충렬왕 16년의 문생
李尊庇	崔伯倫・安于器	충렬왕 8년의 문생
金台鉉	朴理・崔瀣	충렬왕 29년의 문생
鄭 諧	張子贇・金光轍・金永暾	충렬왕 31년의 문생
權漢功	安震・金光載・李嵒	충선왕 5년의 문생
朴全之	洪義孫・鄭頎・金光輅	충숙왕 4년의 문생
蔡洪哲	成汝完・鄭思道	충숙왕 복위 5년의 문생

그러나 충선왕 이후는 안향의 문인들이 그의 사상을 전수받고 이를 학문적으로 정연시키면서 그들 자신의 문인들에게 다시 전수하게 된다. 따라서 이 시기는 성리학이 일차적으로 꽃을 피우던 시기이다.

〈표 2-2〉에서 보는 바와 같이 안향의 문인들은 이후 과거의 고시관 또는 교관을 역임하는 과정에서 문생들을 비롯한 수많은 문인들을 배출하고 있다. 비록 우탁과 백이정은 지공거를 역임하지 못하였지만 그들의 문하에는 많은 학자들이 출입하여 가르침을 받고 있다.

또 이들 안향의 문인들은 서도산에 농분의식으로 결집되어 친밀하게 교유하였다. 위에서 열거한 안향의 문인들에 의하여 배출된 사람들도 대부분 이후 그들 은문 또는 사문의 학맥을 계승하여 과거의 고시관 및 교관을 맡는 과정에서 다시 자신들의 문인들을 대량 배출하게 된다. 위에서 이제현·박충좌·김득배·안축·이인복·김영돈·김광재 등은 과거의 고시관을 맡아 수많은 문생을 배출하였고, 나머지도 국자감시의 試官 또는 대사성 등의 교관직을 맡아 수많은 문도들을 배출하였다.

Ⅱ. 학맥의 형성

안향의 뒤를 이어 성리학의 보급에 크게 공헌한 사람은 이제현이다. 이제현은 육군자의 한 명인 李瑱의 아들로 충렬왕 27년(1301) 常侍 鄭侍의 문하에서 성균시에 합격하고, 이 해에 密直司使 權永(溥)과 趙簡의 문하에서 급제하여 관로에 나갔으며, 충숙왕 때에는 儒宗으로서의 위치를 확보하여 당시 모든 학자들로부터 존경을 받았던 대석학이었다. 또 그는 정치가로서도 門下侍中이라는 최고의 지위에까지 올라 당시 고려사회의 정치개혁을 수차에 걸쳐 단행하기도 하였다.

그가 생존하였던 시기는 원의 고려지배가 굳어져 왕권은 유약하였고, 또 고려의 운명도 크게 위기를 맞고 있었다. 이러한 시기에 그는 수차에 걸쳐 원을 왕래하였고, 또 수차에 걸쳐 표문을 올리기도 하면서 원의 부당한 내정간섭을 비판하면서 고려의 주권을 보전하기 위하여 온갖 노력을 다하였다.

『고려사』의 기록에는 그를 칭하여 "성리학을 좋아하지 않았다"라고 하여 혹평하고 있지만, 그는 달관한 성리학자로써 안향과 백이정의 학문을 계승하여 고려사회에 성리학을 부식하는데 크게 공헌하였다.

그의 학문은 아버지 이진으로부터 크게 영향을 받았고, 또 그의 장인 권보로부터도 많은 가르침을 받았다. 이밖에 백이정·최성지·우탁 등으로부터 학문을 수학하였고, 또 정선·조간·민사평·최해·안축·박충좌 등과도 막역하게 교유하면서 학문을 정연시켰다.[7] 그리고 안향으로부터도 직접 가르침을 받았다. 그는 당시에 새로운 학문이라면 누구에게라도 찾아가 배웠으며, 또 새로운 책이 있으면 반드시 빌려다가 독파하였다.

이러한 그의 학문적 태도는 權近이 약관으로 과거에 합격하였을 때, 그의 조부 誠齋公이 그를 경계한 말에서 보인다.

내가 급제하였을 때 나의 조부이신 성재공께서 경계하기를 先君 菊齋 文正公이 貢擧를 맡았을 때 益齋 李 文忠公(李齊賢)이 20세 미만으로 급제하였다. 학문을 좋아함으로 공이 아름답게 여겨 드디어 사위로 삼았다. 文忠公은 누가 어느 글을 잘 다룬다는 말을 들으면 반드시 가서 수업하였고, 누가 무슨 책을 가지고 있다는 말을 들으면 반드시 빌려다 읽되, 날마다 부지런히 하여 밤을 낮과 같이 하면서 전념하였다. 가끔 손님이 오게 되면 벽을 하나 사이에 두고 있어 글 읽는 소리가 손님과의 대화를 방해함으로 선군께서 중지하라고 명하셔도 오히려 소리만 낮추고 중지하는 적이 없었다. 그러므로 학문은 날로 진실되고 명성은 날로 전파되어 宣廟께서 큰 기국으로 여기게 되었다. 뒤에 호종하여 북으로 연경에 조회하고, 남으로 吳와 會稽를 유람하여 天下의 名儒·碩士들과 切磋琢磨하여 이미 그 正大高明한 학문을 지극하게 하였고, 川蜀에 봉사하여 유람하고 돌아왔기 때문에 또한 奇偉하고 상엄한 관람을 한없이 하여 가슴속에 쌓았으니, 말을 하면 문장이 되고, 실행하면 道德이 되었으며, 국가에 시행하면 공로

---

7) 본 편 제1장 「이제현의 학문과 사상」 참조.

와 업적이 되었다. 이로써 여섯 조정에 문명한 교화를 널리 폈고, 또 太平을 장식하여 그 공이 크고도 혁혁하였다. 옛 사람들이 어릴 때 과거에 합격하는 것을 불행하게 여긴 것은 그 학업을 방치할까 두려워해서인데, 네가 만일 문충공과 같이 한다면 어찌 불행한 일이있을 수 있겠는가.[8]

위에서 알 수 있는 바와 같이 그는 당대의 석학들을 섭렵하여 그 문하에 출입하면서 학문을 연수하였고, 이후 연경의 만권당에서 원의 석학들과도 교유하면서 학문의 깊이를 더욱 정연시켰다. 또 그는 許衡의 학문을 사모하여 그의 처신을 자신의 행동규범으로 삼고자 하였다.

그는 성리학 사상을 무비판적으로 수용하고자 하지는 않았다. 그는 성리학 사상에서 나타나는 正統思想을 고려의 대외정책으로 수용할 수 없다는 벽에 부딪히지 않을 수 없었고, 이로써 그는 원을 閏統으로 파악하면서도 긍정적으로 인식하지 않을 수 없게 된다.

그러나 그는 자신의 행위를 魏公子와 子房에 비유하였고, 이로써 항상 杜牧의 「烏江亭詩」를 애송하면서 후일을 기약하였다.[9] 그는 학교교육을 格物致知와 誠意正心의 도를 함양하는 道場으로 파악하여 그 중흥에 앞장섰으며, 그가 개혁세력의 주도세력으로 활동할 때는 일차적으로 교육중흥을 위한 교육개혁을 선도하였다. 그의 이러한 학문적 태도는 당시 학자들의 존경의 대상이 되었고, 이때 이미 유종으로서의 지위를 확보하게 된다.

이제현은 충렬왕 27년의 과거에 합격하여 관로에 진출한 후 공민왕 16년에 죽을 때까지 수차에 걸쳐 성균관 교관을[10] 역임하면

---

8) 『陽村集』 권15, 「贈李生序」.
9) 申千湜, 1998, 「李齊賢의 學問과 敎育思想」 『高麗後期 性理學의 受容과 敎育思想』, 明知大 出版部.
10) 그는 충선왕 때 성균악정, 충숙왕 때는 성균좨주 등의 교관직을 역임하

서 많은 문도들을 배출하였고, 또 2차에 걸쳐 지공거를 역임하여 그 문하에서 많은 문생들을 배출하였다.

그로부터 배출된 백문보·이곡·윤택·안보·이색·박상충·정추·권중화 등은 이후 지공거 또는 대사성을 맡아 그들의 문하에서 다시 수많은 문생과 문도를 배출하고 있다. 특히 이색은 6차에 걸쳐 고시관을 역임하여 고려말에 성리학의 보급과 발전에 크게 기여하였다. 이로써 이색은 공민왕 만년에 유종으로서의 지위를 확보하였고, 당시 모든 학자들로부터 존경을 받았다.

이밖에 그와 교유한 동년·동문과 교유문생들도 그의 문하에서 학문적 감화를 받으면서 정치적 견해를 같이 하는 동지로서 결속되어 갔다.

그는 충선왕 2년(1310)에는 왕에게 儒子가 釋子를 쫓아 학문하는 폐단을 논하여 유교입국의 교육이념을 제시하였고, 충선왕이 燕京에 갔을 때는 왕을 수행하여 그 곳에서 당대의 석학들과 교유하면서 성리학에 대한 식견을 넓혔다. 공민왕이 재위할 당시만 하더라도 당대의 名儒는 대부분 이제현에게 직접 또는 간접으로 영향을 받았던 사람들이었다. 이것은 공민왕 때 신돈이

> 유생들이 좌주니 문생이니 하여 서로 감싸줍니다. 이제현의 경우에는 문생에 다시 문생을 두어서 나라에 도둑이 가득하게 되었으니, 과거의 폐해가 이와 같습니다.[11]

라고 하고 있는 것에서 알 수 있다. 신돈은 비록 이세현을 위와 같이 혹평하고 있지만, 조선시대 세종 때 성균사예였던 金泮이

였고, 충혜왕·충목왕 때에는 당시 학계에서 유종으로 존경을 받으면서 그의 문하에 출입하는 수많은 후학들을 교육하였나.

11) 『高麗史』 권132, 列傳45　辛旽.

> 우리 동방의 世敎는 숭상할 만합니다. 崔致遠·薛聰·安珦 이후
> 에 오직 益齋 李齊賢이 있어 道學을 唱鳴하였고, 이후 牧隱 李穡이
> 그 正印을 이어 받았습니다. 臣은 陽村 權近에게 그 宗旨를 얻었고,
> 권근의 학문은 이색에게서 그 연원을 받은 것이고, 穡의 학문은 齊賢
> 에게서 나왔습니다.[12]

라고 하여 이제현을 文廟에 배향하도록 건의하고 있는 것이라든
지, 또 세조 때 梁誠之가

> … 文忠公 李齊賢·文忠公 정몽주, 그리고 本朝 文忠公 권근은 그
> 文章과 道德을 세상 사람들은 모두 만세의 垂範으로 받들고 있습니
> 다. 삼가 이들을 모두 先聖에 배향하여 후인들의 모범으로 하소서.[13]

라고 하고 있는 것을 보면 이 당시 그가 미친 학문적 영향이 어떠
했는가를 알 수 있다.

Ⅲ. 학맥의 활동

본 항에서는 그의 학맥을 은문과 사문, 同門, 門生 및 교유문인
으로 분류하여 정리하고자 한다. 이를 표로 정리하면 다음의 <표
2-3>과 같다.

<표 2-3>에서 보이는 은문과 사문의 행장은 이미 제1편 「안향
의 성리학 수용과 학맥」에서 취급하였기 때문에 본 항에서는 생략

---

12) 『世宗實錄』 권59, 世宗 15년 2월 癸巳.
13) 『世宗實錄』 권3, 世祖 2년 3월 丙申.

하였고, 문생 중에서도 공민왕 2년에 배출한 이색·박상충·권중화·정공권은 다음 편인 「이색의 학문과 학맥」에서 정리할 것이다. 본 항에서는 이들을 제외하고, 나머지 문인들의 행장을 조명하면서 이제현과의 관계를 살펴보기로 한다.

<표 2-3> 이제현의 학맥과 문인

恩　　門		權溥·趙簡·鄭僐
師　　門		安珦·白頤正·崔誠之·禹倬
門人	同　年	朴元桂·全信·閔祥正·王伯
	門　生	白文寶·李穀·尹澤·安輔·李穡·朴尙衷·權仲和·鄭公權
	交游門人	安軸·安文凱·朴忠佐·崔瀣·金光載·閔思平·趙廉·安牧·崔文度·李嵒·柳淑·李公遂·李仁復·李達衷·洪彦博·安克仁·金希祖·成汝完

1. 동　년

이제현은 충렬왕 27년 密直司使 權永과 左副承旨 趙簡의 문하에서 과거에 급제하였다. 이때 그와 같이 합격한 동년들은 盧承綰·朴元桂·全信·閔祥正·王伯 등을 찾아볼 수 있다.

이 중에서 盧承綰은 『고려사』 및 『고려사절요』에서 충렬왕 27년 權溥와 鄭僐이 주관한 과거에서 장원으로 급제하였다는 기록을 제외하고는 그 행장이 보이지 않는다. 또 여타의 자료에서도 그에 대한 기록은 거의 전무하여 족적을 파악하기는 사실상 불가능하다. 그러나 나머지 사람들은 『고려사』 또는 문집에서 그들의 족적을 파악할 수 있는 내용이 간혹 보이고 있다. 이를 중심으로 이들의 행장과 학문적 배경을 살펴보면 내략 다음과 같이 정리할 수 있다.

1) 朴元桂 (1283, 충렬왕 9 ∼ 1349, 충정왕 원년)

박원계는 이제현의 성균시 동년이며, 아울러 문과의 동년이기도
하다. 中顯大夫 典客令을 지낸 琯의 아들로 충렬왕 9년(1283)에 태
어났다. 본관은 寧海이다. 충렬왕 27년(1301) 鄭僖의 문하에서 성균
시에 합격하니, 그의 나이 19세였다. 이때 이제현은 장원으로 합격
하였고, 그는 차석을 차지하였다. 이 해에 또 菊齋 권보와 悅軒 조
간의 문하에서 이제현과 같이 문과에 급제하였다. 이로써 全州司
錄을 제수받아 부임하였다. 당시 그 곳에는 호랑이가 출현하여 소
란스러웠는데, 牧使와 判官이 이를 해결하지 못하고 새로 부임한
그에게 이를 위임하자 그는 기병을 요해지에 배치하여 활을 쏘아
호랑이를 죽이니, 비로소 민심이 평정되었다. 충숙왕 3년(1316)에
權知典校校勘이 되었고, 다음 해에 成均學正을 배수하였으며, 이
어 藝文館檢閱이 되었다. 이때 충선왕을 호종하여 원에 가서 시종
하였다. 충숙왕 5년(1318) 겨울에 嘉安府丞이 되었고, 다음 해에 承
奉郞 中門祗侯가 되었으며, 충숙왕 7년(1320)에는 都官散郞이 되
었다.

충숙왕 11년(1324)에는 南城少尹이 되어 寶城郡事를 겸하였고,
이후 通禮門判官을 거쳐 충숙왕 복위 4년(1335)에는 奉常大夫 監
察掌令이 되었으며,[14] 그 다음 해에 中丞으로 올랐다.

충숙왕 복위 6년(1337)에 宗廟府令 知製敎로 옮겼고, 이어 小府
寺判事를 거쳐 江陵道存撫使로 출보하였다. 1340년에 충혜왕이
복위하자 便民條例推辨都監의 使가 되어 2년 동안 일을 맡아 행하
였는데, 공평하게 일을 처리하여 존경을 받았다. 충목왕이 즉위하

---

14) 『高麗史節要』 권25, 忠肅王 복위 4년 4월.

자 典法判書에 배임되었고, 충목왕 4년(1348)에는 李達衷 등과 더불어 吏學都監判事를 배수하였다.15)

충정왕이 즉위하자 寶文閣提學을 배수하고 중임을 맡겼는데, 그 다음해에 병을 얻어 죽으니, 향년 67세였다.

그는 충렬왕 27년의 과거에 합격하였는데, 이 해는 안향이 교육 중흥을 위하여 노력하고 있었던 시기이다. 그렇다면 그는 이 당시를 전후하여 안향의 문하에서 수학하였을 것이며, 과거에 합격한 후 그의 座主인 권보와 조간 및 정선의 문하에도 출입하면서 가르침을 받았을 것이다.

그는 특히 이제현·이곡과는 가까웠다. 이제현은 그의 아들 童生에게 딸을 출가시켰고, 이곡은 그의 장자 寶生에게 딸을 출가시켰다. 이로써 이제현과 그는 동년으로서의 우의도 돈독하였지만 집안과의 유대에 있어 더욱 각별하게 지냈다.

그는 성격이 맑고 공정 무사하였다. 충숙왕 때 원의 사신이 와서 노비문제로 송사를 일으켜 왕에게 압력을 가하였는데, 당시 掌令을 맡고 있던 그가 강직하게 이를 거절하고 공정히 일을 처리하니, 元使는 크게 노하였지만 왕은 "대신은 마땅히 이와 같아야 한다"라 칭찬하고는 執義로 승전시켰다. 또 江陵道存撫使로 출보하였을 때는 임기가 6개월인데도 그 곳의 주민들의 칭송을 입어 무려 2년이나 유임되기도 하였다.16)

또 그는 李穀과는 막역한 벗이었다. 이후 양가는 사돈으로 견연되어 더욱 친분이 두터웠다. 이로써 이색은 일찍부터 그의 문하에 출입하면서 가르침을 받았다. 이것은 이색이 지은 墓誌銘에서

---

15) 『高麗史』 권37, 世家37 忠穆王 4년 3월.
16) 『牧隱文藁』 권19, 「判書朴公墓誌銘」.

> 내가 이미 成童이 되었을 때에 判書公(朴元桂)이 우리 집을 왕래하였는데, 그의 얼굴이 풍후하였고 또 말을 들으면 자상하여 조금도 두려움을 느끼지 못하였다. 내가 조금 자란 후에야 그가 臺臣의 憲使가 되었음을 알고 비로소 그가 기강을 지닌 烈丈夫인 것을 알았다. 이후 나는 그로부터 많은 가르침을 받았다.[17]

라고 하고 있는 것에서 보인다.

2) 全 信(1276, 충렬왕 2 ~ 1339, 충숙왕 복위 8)

전신은 密直使를 지낸 昇의 아들로 충렬왕 2년에 출생하였다. 자는 立이고, 호는 栢軒이며, 본관은 天安이다. 일찍이 아버지의 蔭으로 벼슬길에 나가 충렬왕 27년(1301)에는 內衣直長이 되었으나 이 해에 권보와 조간의 문하에서 과거에 응시하여 이제현과 함께 급제하였다. 이로써 崇慶府丞을 제수받았고, 이어 政房官에 참여하였다가 바로 秘書郞이 되었고, 충렬왕 30년(1304)에는 국학직강에 보임되었다.

충렬왕 33년(1307)에 安東府判官으로 출보하였고, 충선왕 원년(1309)에는 典儀副令으로 소환되었다. 이후 摠郞과 儀郞을 거쳐 충선왕 3년(1311)에는 金海知府로 나갔고, 이어 成安府와 水原府로 옮겼다가 충숙왕 원년(1314)에는 司憲掌令을 배수받아 소환되었다. 이어 讞部와 選部의 議郞으로 전직되었다가 충숙왕 4년(1317)에는 寶文閣直提學에 제수되고, 충숙왕 6년(1319)에는 다시 鷄林府尹으로 출보하였으며, 이어 福州牧使로 부임하였다. 1330년에 충혜왕이 즉위하자 監察大夫·進賢閣大提學·上護軍에 배수되었고,[18]

---

17) 『牧隱文藁』 권19, 「判書朴公墓誌銘」.
18) 『高麗史』 권36, 世家36 忠惠王 즉위년 4월.

다음 해에 同知密直司事·商議會議都監事가 되었다가 1332년에 충숙왕이 복위하자 벼슬에서 물러났다. 충숙왕 복위 8년에 죽으니, 향년 64세였다.

그는 성격이 강직하였고, 안향과 백이정의 문하에서 성리학을 전수받았으며, 또 이제현·金倫·崔瀣 등과 교유하면서 성리학을 정연시켜 나갔다. 그가 안향의 문하에서 수학하였을 것이라는 사실은 그가 과거에 합격한 것이 충렬왕 27년이고, 또 국학직강을 배수한 것이 충렬왕 30년이라는 사실이 이를 말해준다. 이 시기는 안향이 국학중흥을 위하여 노력하였던 시기이다. 그가 국학직강을 배수한 시기인 충렬왕 30년에는 안향이 관에서는 물러나고 있지만 여전히 국학에 관심을 갖고 이에 관여하고 있었다.

최해는 당시 그의 교육활동을 높이 평가하여 이 당시를 회상하면서 "이때 선비들의 풍속은 중후하여 권하지 않아도 스스로 학습하였다"라고 하였고, 또 그를 이 시대의 마지막 선비로 꼽았다. 최해는 그의 묘지명에서

공이 모든 일을 처리할 때는 능력을 다하여 힘써 엄중하게 하였기 때문에 청탁이 행해지지 못하였으며, 집안이 가난하였지만 살림하는 일에는 마음을 두지 않았다. 아! 이것이야말로 군자가 행할 바로다. 彝齋(白頤正)·竹軒(金倫)·益齋(李齊賢)와 더불어 친교가 매우 깊었으며, 이들이 모일 때마다 나도 참석했는데, 나를 미치고 비루하다 하지 않고 더불어 놀아 주었다. 공의 생애를 생각하면 義아닌 일 하기를 부끄러워하였나.[19]

라고 하여 그를 추모하였다.

---

19) 『東文選』 권12, 「全柏軒墓誌」.

3) 閔祥正(1281, 충렬왕 7 ～ 1352, 공민왕 원년)

민상정은 默軒 閔漬의 아들로 충렬왕 7년(1281)에 태어났다. 충렬왕 27년(1301) 권보와 조간의 문하에서 이제현 등과 더불어 급제하였다. 이후 碩州·寶城·江華에 출보하였고, 또 西海道와 楊廣道를 안렴하였는데, 가는 곳마다 치적이 좋아 명성을 떨쳤다. 특히 양광도를 안찰할 때 국법을 어기고 재물을 權貴에게 실어 보내는 사람이 있다는 정보를 얻어 境界에서 이들을 잡고 재물을 압수하여 국고에 귀속시켰다. 이로부터 豪强들이 기가 꺾여 감히 국법을 어기지 못하였다.

충숙왕 10년에는 司憲掌令이 되었는데, 어떤 일에 연계되어 탄핵되었으나 얼마 후 사면을 얻어 다시 사헌부에서 일을 보게 되니, 당시 사람들은 그를 일러 蒙赦掌令이라 일컬었다.[20]

충숙왕 복위년 2월에는 知密直事가 되었고, 충숙왕 복위 5년 정월에는 찬성사로서 원에 가서 改元을 축하하고 귀국하였다.[21] 이후 銓注를 맡아 총괄하였는데, 관직을 대폭 정비하여 冗官을 정리하고 정치기구를 혁신하니, 당시 사람들은 "古制를 회복하였다"라고 하면서 칭송하였다. 공민왕 원년에 죽으니, 향년 72세였다.

그는 충렬왕 27년에 급제하고 있는데, 이로 볼 때 그는 안향으로부터 많은 감화를 받았을 것으로 보이고, 그의 좌주 권보와 조간의 문하에도 출입하였으며, 동년인 이제현·전신·박원계 등과도 가깝게 지내면서 학문을 연마하였다. 그는 성품이 강직하여 사람들의 허물에 대하여는 용서하지 않았다. 이것은 『고려사』 열전에서

---

20) 『高麗史節要』 권24, 忠肅王 10년 5월.
21) 『高麗史』 권35, 世家35 忠肅王 복위 5년 정월.

성품이 강직하여 능히 사람의 허물을 용납하지 않았고, 비록 骨肉
의 親이라고 하더라도 조금도 용납하지 않았다.[22]

라고 하고 있는 것에서 보인다.

4) 王　伯(1277, 충렬왕 3 ～ 1350, 충정왕 2)

初名은 汝舟이며, 후에 伯으로 개명하였다. 本姓은 金인데, 그의
遠祖 艾가 태조를 도와 공을 세워 王氏를 賜姓받아 이로부터 王으
로 성을 삼았다. 본관은 江陵이다.

충렬왕 27년(1301) 권보와 조간의 문하에서 과거에 급제하고, 중
숙왕 초에 糾正을 배수하여 銓注에 참여하였고, 충숙왕 8년을 전
후한 시기에는 左思補가 되었다.[23] 이때 嬖人 李仁吉의 妻父 西京
郞將 崔得和가 隨州의 守가 되었는데, 그는 右司諫 李蒨 등과 더
불어 이의 告身에 서명하지 않으니, 왕은 크게 노하여 이들을 闕下
에서 杖刑하고 해도에 유배시켰다.

충숙왕 복위 5년(1336)에는 執義가 되어 右常侍 鄭天起와 더불
어 왕명을 받들어 前王이 쓴 재물을 징발하였고, 또 賤를 면하여
양민이 된 사람는 다시 賤隸로 환속시켰으며, 前王의 功臣田을 환
수하여 本主에게 돌렸다.[24] 충혜왕이 복위하자, 그는 왕의 포악한
성품과 지나친 황음이 나라를 위태롭게 할 것으로 보아 曹頔의 휘
하에 들어가 瀋陽王을 추대하려고 하였으나 실패하였다. 충정왕 2
년에 세상을 떠나니, 향년 74세였다.

---

22) 『高麗史』 권107, 列傳20 閔漬 附 祥正.
23) 『高麗史』 권35, 世家35 忠肅王 8년 4월.
24) 『高麗史』 권35, 世家35 忠肅王 복위 5년 3월.

2. 문 생

이제현은 2차에 걸쳐 과거의 고시관 및 지공거를 역임하여 많은 문생들을 배출시켰다. 그가 첫 번째로 과거를 주관한 것은 충숙왕 7년인데, 이때 그는 고시관이 되어 朴孝修와 더불어 崔龍甲 등 33명의 문생을 선발하였다.[25] 이때 합격자로 기록에서 확인할 수 있는 사람은 최용갑 외에 李穀·尹澤·安輔·白文寶 등이 있다.

그가 두 번째로 과거를 주관한 것은 공민왕 2년으로서 이때는 지공거가 되어 贊成事 洪彦博과 더불어 이색 등 35명의 문생을 배출하였다.[26] 이때의 과거에서는 進士 출신 33명과 明經 出身 2명이 선발되고 있는데, 명경 출신이 과거에 선발된 것은 충숙왕 17년 이후 처음으로 실로 24년만에 설행된 것이기도 하다. 이때의 합격자로서 특이할 만한 사람은 이색을 비롯하여 朴尙衷·鄭樞·權仲和 등이 보인다.

그의 문하에서 배출된 문생들은 이후 지공거 또는 교관 등을 역임하면서 고려사회의 학문을 주도하는 선봉에 서게 된다. 특히 이들의 문하에서 배출된 문생 및 문도들도 이후 학문의 巨峰으로 성장하여 고려말과 조선초에 학문을 선도하는 중추적 인물로 활동하였다.

공민왕 2년에 배출된 그의 문생들은 「제3편 이색의 학맥」 중 同年條에서 별도로 취급하기로 하고, 본 항에서는 충숙왕 7년에 배출된 그의 문생들을 중심으로 정리해 보고자 한다.

---

25) 『高麗史』 권73, 志27 選擧1 科目1 選場, 忠肅王 7년 6월.
26) 『高麗史』 권73, 志27 選擧1 科目1 選場 恭愍王 5월조.

1) 白文寶 (1303, 충렬왕 29 ~ 1374, 공민왕 23)

백문보는 昇平府吏를 지낸 堅의 아들로 자는 和父, 호는 淡庵, 또는 動齋라 하였다. 본관은 稷山이다. 일찍이 권보의 문하에서 학문을 익혔고, 백이정이 원에 머물다 귀국하자 박충좌·이인복·이곡과 더불어 그로부터 성리학을 전수하였으며, 우탁의 문하에도 출입하면서 수학하였다.27)

충숙왕 7년(1320) 이제현과 박효수의 문하에서 秀才科에 급제하니, 이때 그의 나이 18세였다. 과거에 합격하자 春秋館檢閱에 제수되었고, 이후 충숙왕 15년(1328)에는 國史를 수찬하였다.

충혜왕 원년(1331)에는 翰林에 배수되었고, 충숙왕 복위 5년(1336)에는 왕을 호종하고 원에 갔는데, 이곳에서 詩를 지으라는 명을 받고 「淸平詞」를 지어 올리니, 왕이 칭찬하고 특명으로 말을 하사하고 正言의 직을 제수하였다. 충혜왕 복위 2년(1341)에 右常侍에 올랐고, 다음 해에 우탁이 죽자 그를 애도하는 祭文을 지었다.28)

충목왕 원년(1345)에는 關東存撫使가 되었고, 충목왕 3년(1347)에는 申君平·金光轍·安軸·李元 등과 더불어 整治都監의 일을 맡아 원 황후의 族弟인 奇三萬을 처형하였다. 충정왕 원년(1349)에 정치도감을 파하자 廣州牧으로 부임하였다가 다음 해에는 宗簿令을 제수받아 귀환하였다.

공민왕 원년(1352)에는 典理判書와 政堂文學을 배수하였는데, 이때 글을 올려 司馬光의 十科取士之制를 채택하도록 건의하였고,

---

27) 『淡庵先生逸集』 附錄 권2, 「行狀」.
28) 『淡庵先生逸集』 附錄 권2, 「編年」.

이 해 8월에는 經筵을 열어 李凌幹·이제현·許伯 등과 더불어 왕을 侍講하였다.

공민왕 10년(1361)에 紅巾賊이 서울을 함락하자 왕을 호종하여 福州로 피난하였다. 이때에 兵火로서 史局에 보존 중이던 國史가 소실될 위기에 처하자 朝臣들 중에서 국사를 海印寺로 옮기자는 論이 제기되었으나 그는 "지금 도적의 난을 겨우 평정하였는데, 갑자기 국사를 옮겨 사람들을 놀라게 하는 것은 불가하다"라고 하여 반대하였다 이어 興學과 불교의 폐단 등을 지적하고 이에 대한 개혁안을 제시하고 있는데, 여기에서 그의 학문적 배경을 읽을 수 있다.

> 나라에서 대대로 東社를 지켜 文物禮樂에 옛 유풍이 있었는데, 뜻밖에 도둑들의 환란이 여러 번 일어나 서울을 함락함에 임금의 수레가 남방으로 순행하였으니, 이제부터 마음을 다하여 백성을 편안히 하여야 할 것입니다. 지금 비록 난리는 끝났으나 백성들은 살지를 못하니, 마땅히 관후한 은혜를 베풀어 남은 백성들에게 혜택이 미치도록 하여야 할 것입니다. 또 하늘의 氣數는 순환하여 한 번 돌면 다시 시작하여 7백년이 한 小元이 되고, 3천 6백년이 쌓이면 한 大周元이 되는데, 이것이 皇帝와 王覇의 治亂興衰의 기회가 되는 것입니다.
> 우리 동방은 檀君으로부터 시작하여 지금까지 이미 3천 6백년이 됩니다. 이는 周元이 되니, 마땅히 堯舜의 六經의 道를 따르고 功利禍福의 설을 행하지 않아야 될 것입니다. 이와 같이 하면 上天이 맑은 복을 내리고, 음양이 때를 순조롭게 하여 나라의 복스러운 기운이 연장될 것입니다. 원컨대 睿宗께서 淸燕閣·寶文閣을 설치한 옛일을 생각하시어 天人 道德의 설로 강론하여 聖學을 밝히도록 하소서. 또 鄕曲이 모두 바르게 다스려지면 국가가 자연히 다스려지는 것이니, 唐에서는 大中正官을 두었고, 우리나라도 국초에 事審官을 두었으니, 이제 마땅히 大小의 州郡에 다시 사심관을 두어 비행과 위법을 규찰하게 하소서. 또 신라 이래로 우리나라는 불법을 숭상하여 백성들이 출가하기를 좋아하고 鄕驛의 관리는 이들에게 모두 요역과 부세를 면제하였습니다. 이로써 선비들은 한 아들만 있어도 모두 중이 되게 하였으니, 지금부터는 官에서 度牒을 주어야 비로소 출가하게 할 것이며, 三丁이 되지 않는 사람은 승려가 되는 것을 허락하지 마옵소서.[29]

공민왕 11년 가을에 왕이 청주에 이르자 다시 상서하여 時政改革을 건의하였는데, 내용은 銓注・農桑・鹽法・借貸・祿俸・租稅・商賈・恤刑 등 당시 정치사회의 당면과제들이 거의 모두 포함되고 있다. 이에 왕은 그에게 忠謙贊化功臣의 호를 내리고, 門下贊成事・進賢館大提學을 제수하고, 稷山府院君으로 봉하였다.

공민왕 18년(1369)에 벼슬에서 물러나 향리에서 만년을 보냈는데, 공민왕 22년(1373)에는 禑가 大君이 되어 취학하게 되자 왕은 田祿生・鄭樞와 더불어 그를 사부로 삼았다. 그러나 그는 나이 많음을 이유로 이를 사양하고 문인 李崇仁을 대신 추천하였다.

자손들에게 벼슬길에 나아가지 말도록 경계하였으며, 공민왕 23년에 죽으니, 향년 72세였다. 忠簡이란 시호를 내렸다.

그는 권보와 백이정・우탁의 문하에서 수학하였고, 또 그의 은문 이제현・박효수의 문하에서 학문은 더욱 정연되어 갔다. 그의 동년 이곡・윤택・안보와는 평생의 벗으로 교유하였다.

이와 같은 과정에서 그는 이 시기의 당당한 성리학자로 두각을 나타냈으며, 특히 공민왕 때 올리고 있는 정치개혁안에서 그가 지향한 목표가 성리학 이념에 입각한 국가체제의 정비였음을 알 수 있다.

2) 李 穀(1298, 충렬왕 24 ～1351, 충정왕 3)

이곡은 韓山人으로 자는 中父이며, 처음에는 이름을 芸白이라 하였으나 후에 穀으로 고쳤다. 韓山吏 自成의 아들로 충렬왕 23년(1298) 한산 北古村에서 태어났다.

---

29) 『高麗史』 권112, 列傳25 白文寶.

일찍이 아버지를 여의고 어머니의 슬하에서 자랐으며, 음으로
벼슬에 나아가 都評議使司의 椽吏가 되었으나, 충숙왕 4년(1317)
朴孝修의 문하에서 舉子科에 합격하고, 同王 7년(1320)에 이제
현·박효수의 문하에서 최용갑·백문보·윤택·안보 등과 함께
과거에 급제하였다.

이로써 그는 이제현의 문하에서 학문을 더욱 연마하게 되고, 이
후 백문보·박충좌·이인복 등과 함께 백이정으로부터 성리학을
전수받았으며,30) 안축의 문하에서도 수학하였다.31) 과거에 급제하
자 福州의 司錄叅軍을 배수하였고, 충혜왕 원년(1331)에는 藝文館
檢閱에 올랐다. 충숙왕 복위 원년(1332)에는 征東省 鄕試에 제1등
으로 합격하였다. 이어 원의 制科에서 제2갑으로 급제하여 承事
郎·翰林國史院檢閱官을 제수받았다. 그는 원에 있는 동안 그 곳의
학자들과 교유하는 과정에서 학문을 더욱 연마하게 되었고, 이로써
그의 학문은 크게 정연된다. 이 당시 그의 글은 文辭가 엄하고 뜻이
깊어 典雅하고 高古하여 그 곳의 학자들도 크게 탄복하였다.

충숙왕 복위 3년(1334)에는 원에서 내리는 興學의 조서를 받들고
귀국하니, 충숙왕은 典儀副令을 제수하였다. 다음 해에 다시 원에
들어갔다.

충숙왕 복위 6년(1337)에는 원에서 征東行中書省左右司員外郎
을 제수하였고, 이 해 여름에 충숙왕은 그에게 中顯大夫·成均祭
酒·藝文館提學·知製校를 내렸다. 이때 그는 원에 상소를 올려
貢女의 부당성을 논하고, 그것을 폐지하도록 건의하여 수용을 보
게 된다. 이로써 충렬왕 이후 고려사회의 민폐로 작용하여 왔던 공
녀제도는 폐지되었다. 이때 그가 올린 상소의 내용을 보면

---

30)『淡庵先生集』附錄 권2,「白文寶行狀」.
31)『稼亭集』권11,「安軸墓誌銘」.

> 『書經』에 이르기를 "匹夫가 스스로 그 뜻을 얻지 못하면 임금도
> 그 공을 이루지 못한다"라고 하였으니, 삼가 생각하건대 國朝의 덕화
> 가 미치는 바에 의하여 만물이 비로소 그 뜻을 이루게 되는데, 고려
> 사람들은 홀로 무슨 죄가 있어서 이러한 고통을 받아야 합니까? …
> 근년에 고려에서는 水旱이 서로 잇달아 굶어 죽는 백성들이 심히 많
> 으니, 이것은 원한과 탄식이 능히 和氣를 상하게 하였기 때문이 아닙
> 니까? …32)

라고 기록하고 있는데, 여기서 그의 사상이 이미 성리학의 正道를
깨우쳤음을 보여준다. 충숙왕 복위 8년(1339)에는 判典校寺事를 배
수하였고, 충혜왕 복위 2년(1341)에는 원에 가서 奉訓大夫・中瑞司
典簿를 배수하여 6년 동안을 머물렀다. 1344년에 충목왕이 8세의
어린 나이로 왕위에 즉위하자 그는 宰相에게 글을 보내어

> 우리 三韓이 나라가 나라답지 못한 지가 또한 이미 오래 되었다.
> … 社稷의 안위와 백성들의 利病 및 士君子의 진퇴는 모두 諸公들에
> 게서 나올 것이니, 대저 君子를 추천하면 사직이 편안할 것이요, 군자
> 를 물리치면 백성들이 병들 것이니, 이는 古今의 진리이다. … 지금
> 본국의 풍속은 有財로서 有能을 삼고, 有勢로서 有智로 삼으니, 朝衣
> 와 儒官들도 배우처럼 광대노름을 하고, 혹 직언과 정언이 있다 하더
> 라도 이를 세간의 미친 짓이라고 화제를 삼으니, 나라가 나라되지 아
> 니함이 마땅치 않으리오.33)

라고 하여 인재등용의 공정을 당부하고 있다.

충목왕은 즉위하자 이제현을 判三司事에 배수하고, 領孝思觀事
로 삼아 師傅로 등용하고 있다.34) 이때 이제현은 왕에게 폐정을 개
혁하고 유신정치를 실시하도록 건의하고 있다. 그는 이제현의 門
生으로서 이제현은 그가 보낸 위의 글에서 많은 감명을 받았을 것

---

32) 『高麗史』 권109, 列傳22 李穀.
33) 『高麗史』 권109, 列傳22 李穀.
34) 『高麗史』 권110, 列傳23 李齊賢.

이며, 또한 정치개혁의 의지를 굳게 하였을 것이다.

충목왕 원년(1345)에는 원에 있었는데, 왕은 그에게 奉翼大夫·判典校寺事·藝文館提學·同知春秋館事·上護軍을 제수하였고, 또 얼마 후 奉翼大夫·密直副使를 제수하였다.

충목왕 2년에는 원의 조서를 반포하는 임무를 띠고 고려에 귀국하였는데, 이때 이제현은 書筵講說로 있었다. 이제현은 그가 귀국하자 왕에게

> 僉議贊成事 安軸과 密直副使 李穀은 청백하고 耿介하여 허식이 없고 단아하고 방정하여 지키는 바가 있습니다. … (이들은) 학문이 동방에서 제일 높고, 才名은 상국을 진동시켰습니다. 이 두 준수한 사람을 가려 이 어리석은 사람과 교체하시어 重席을 깔고 經義를 담론한다면 문치를 숭상하는 교화를 이룰 수 있을 것입니다.35)

라는 글을 올려 물러나기를 청하면서 안축과 그를 이에 추천하고 있다. 여기에서 그의 학문에 대한 일면을 엿 볼 수 있다.

이 해 여름 충목왕은 그에게 政堂文學을 제수하고, 韓山君에 봉하였다.

귀국 후 그는 이제현·안축과 함께 閔漬가 편찬한 『편년강목』을 증수하고, 또 이들과 더불어 충렬왕·충선왕·충숙왕의 三代實錄을 편찬하였다.

충목왕 3년(1347)에는 許伯과 더불어 과거를 주관하였는데, 이때의 과거에서 金仁琯·韓脩·李岡·李茂芳 등의 문생을 배출하였다. 이들 문생들은 이후 성리학을 전수하여 학문이 높았고, 지공거 또는 교관을 역임하는 과정에서 성리학의 보급에 크게 공헌하였다. 이 해 겨울에는 원으로부터 명을 받아 돌아가니 中書省의 監倉

---

35)『益齋亂藁』권8,「乞免書筵講說 擧贊成事安軸 密直副使李穀自代箋」.

을 제수하였고, 충목왕은 도첨의찬성사를 제배하였다. 다음 해에 다시 귀국하였고, 충정왕이 즉위하자 그는 일찍이 공민왕을 세우고자 하였음으로 관직에서 물러나 관동지방으로 유람하였다. 당시 이제현도 공민왕을 지지하였는데, 충정왕이 즉위하자 官에서 물러나 『櫟翁稗說』을 짓고 있다.

충정왕 2년(1350)에 원으로부터 奉議大夫·征東行中書省·左右司郎中을 제수받았다. 다음 해에 죽으니, 향년 54세였다. 文孝라는 시호를 내렸다.

3) 尹　澤(1289, 충렬왕 15 ～ 1370, 공민왕 19)

윤택은 충렬왕 때 국학대사성을 역임한 尹諧의 손자로 충렬왕 15년 守平의 아들로 태어났다. 자는 仲德, 호는 栗亭이다.

3세 때에 아버지를 여의었고, 7세 때부터 학문에 정진하니, 그의 할아버지 諧는 이를 기특히 여겨 "우리 가문을 일으킬 자는 너로구나. 守平이 죽지 않았구나"라고 하면서 기뻐하였다. 이후 고모부인 尹宣佐의 문하에서 글을 배워 통달하지 않은 것이 없었고, 특히 『左氏春秋』에 능하였다. 항상 范文正公 仲淹의 "천하 사람의 근심을 내가 먼저 걱정하고, 천하사람과 즐거워함을 본 연후에야 나도 즐거워한다"는 말을 즐겨 외우며 大志를 연마하였다.

충숙왕 4년(1317) 朴孝修의 문하에서 進士에 합격하고, 충숙왕 7년(1320)에 이제현과 박효수의 문하에서 백문보·이곡·안보 등과 함께 秀才科에 급제하였다.36)

---

36) 『高麗史』 列傳에서는 충숙왕 4년에 등제하여 京山府司錄에 선임되었나고 하고 있으나 『稼亭集』의 墓誌銘에서는 충숙왕 4년에 합격한 것

처음 京山府司錄에 선임되자 그는 農耕을 장려하고 학문을 일으켰으며, 또 喪祭의 예를 널리 보급하였다. 이로써 풍속은 크게 교정되었고, 예절도 바르게 되었다. 나이 45세가 되었을 때에도 벼슬은 겨우 9품직이었으나 실망하지 않고 스스로 宰輔로 자처하니, 많은 사람들로부터 놀림을 받기도 하였다.

충숙왕이 燕京에 있을 때 필마로 찾아가 알현하니, 왕은 한 번 보고 그가 나라의 큰 인물임을 알고 공경히 대하였으며, 또 후사를 부탁하기도 하였다. 충숙왕이 복위하여 西京에 이르자 그는 檢閱로서 權西京叅軍이 되어 왕을 모셨는데, 예의와 범절이 절도가 있었다. 이로써 왕은 매양 그를 칭찬하면서 "어질도다. 回여!"라고 하였으니, 그의 용모가 回回人과 유사하였기 때문이다.37)

충숙왕 복위 7년(1338)에는 右代言을 제수하고 銓選을 맡겼다. 왕이 그의 아들에게 護軍의 직을 제수하고자 하니, 그가 "직위는 지극히 중한 자리입니다. 어질고 공로가 있는 자들도 오히려 지체되고 있는데, 감히 사사로운 정으로서 신의 아들에게 어찌 벼슬을 내릴 수 있겠습니까?"라고 하여 사양하였다.

충숙왕 복위 8년(1339)에 右代言으로 승직되었고, 이 해에 성균시를 주관하여 安元龍 등 99명을 선발하였다.38)

이 해 3월 왕이 병중에 있으면서 그를 불러 공민왕을 추대하도록 후사를 부탁하였는데, 왕의 뜻에 반하여 충혜왕이 즉위하자 벼슬에서 물러나 閑居하였다. 얼마 후 충목왕이 즉위하자 다시 발탁

은 진사시이며, 수재과에 합격한 것은 충숙왕 7년으로 기록하고 있다. 또 『淡庵逸集』「白文寶行狀」에도 이해에 尹澤은 李齊賢·朴孝修의 문하에서 백문보·이곡 등과 함께 과거에 등제하였음을 밝히고 있다. 필자는 후자의 기록을 따랐다.
37) 『高麗史』 권106, 列傳19 尹澤.
38) 『高麗史』 권77, 志28 選擧2 科目 國子試.

되어 羅州牧使로 부임하였다. 왕이 죽자, 그는 前 密直 李承老 등
과 더불어 원의 中書省에 글을 올려 兄弟·叔姪이 왕위를 계승하
는 모순과 어린 왕이 왕위에 즉위하는 폐단을 논하였는데, 그 언사
가 매우 적절하였다.

그가 이러한 글을 올리게 된 배경은 당시 고려사회의 국론도 있
었지만 일찍이 충숙왕으로부터 받은 고명을 받들고자 한 뜻도 내
재되어 있었다.

충정왕이 즉위하자 왕은 그가 원의 조정에 올린 글을 책하여 光
陽監務로 좌천시켰다. 얼마 후 충정왕이 죽고 공민왕이 즉위하자
密直提學으로 소환되었고, 이때 그는 당시 정치의 폐정을 바로 잡
기 위하여 상소를 올려 당면 정치의 개혁을 건의하였다. 그러나 받
아 들여지지 않자 마침내 開城尹으로서 치사하였다. 이때 그의 나
이 64세였다.

그는 벼슬에서 물러났으나 조정의 부당한 처사에 대해서는 항상
글을 올려 이의 시정을 요구하였다. 近臣들이 鄕樂을 원에 보낼 것
을 의논하자 이를 듣고 그 부당성을 논하는 상소를 올렸고, 또 僧
普愚가 讖緯로서 왕을 설득하여 한양에 궁궐을 짓게 하자 인종 때
妙淸의 고사를 인용하여 그 부당성을 논하고 이를 증지하도록 건
의하였다. 왕이 『書經』의 無逸篇을 써서 宰臣들에게 하사하고 그
로 하여금 이를 講하도록 하였는데, 그는 周公이 成王을 보좌한 노
고를 진달하면서 "원하옵건데, 전하께서는 성왕을 본받아 능히 周
公의 훈계를 듣사옵고 장중하고 겸손하며 스스로 억제하고 삼가고
두려워한다면 나라의 복일까 합니다"라고 하니, 왕은 크게 경복하
였다.39) 또 그는 陳德秀의 『大學衍義』와 성종 때 崔承老가 왕에게
올린 글을 진강하였다. 이때에 공민왕이 불교에 빠져들게 되자 그

---

39) 『牧隱文藁』 권17, 「栗亭先生尹文貞公墓誌銘」.

는 왕에게 "전하께서는 위로 宗廟를 받들고 아래로는 生民을 보존
해야 할 것이온데, 어찌하여 匹夫가 윤리를 廢絶하는 일을 본받고
자 하나이까? 孔子의 道가 아니면 아니 될 것입니다"라고 하였다.

이와 같이 그는 비록 벼슬에 물러나 있으면서도 나라의 큰일이
있을 때는 直言으로 충간하였다. 공민왕 10년(1361)에는 政堂文學
을 가하고, 2년 후에는 贊成事를 더하였다. 공민왕 13년(1364)에 錦
州로 돌아가 7년 만에 죽으니, 향년 82세였다. 공민왕은 그를 애도
하여 손수 眞容을 그리고, 또 栗亭이란 두 글자를 크게 써서 하사
하였으며, 文貞이란 시호를 내렸다.[40]

그는 성리학을 생활의 지침으로 삼아 항상 이의 준행을 자신의
신조로 하였다. 청렴·강직하였고 정직하여 사람을 속인 일이 없
었으며, 특히 佛法을 배척하였다. 그는 죽을 때를 즈음하여 자손들
에게 그의 장례를 불법으로 행하지 말도록 유언하기도 하였다. 이
러한 그의 행동은 이색이 墓誌銘에서

> 공은 평생을 布 이불과 헤어진 자리를 깔고 덮었고, 혹 끼니를 건
> 너는 때도 있었으나 근심하는 기색이 없었다. 봄가을의 좋은 때가 이
> 르면 반드시 술자리를 베풀고 손님들을 맞아들여 즐겼다. 그 本然의
> 性情에 맡겨 유유자적함이 이와 같았다.[41]

라고 하고 있는 것에서 알 수 있고, 또『고려사』열전에서

> 죽을 때를 즈음하여 자손들에게 자신의 장례에 浮屠의 法을 행하
> 지 말도록 유언하였고, 사람됨이 맑아 일찍이 연경에 유학할 때 길에
> 서 金 100 兩을 주었는데, 이를 갖고 길에서 기다려 주인이 옴에 돌려
> 주니, 주인이 울며 사례하고 갔다.[42]

---

40)『高麗史』권106, 列傳19 尹澤.
41)『牧隱文藁』권17,「栗亭先生尹文貞公墓誌銘」.

라고 하고 있는 것에서도 보인다.

또 그는 시에도 달통하였다. 이것은 이색이

栗亭先生은 雄偉한 그릇으로 春秋에 통하였고, 文選을 전공하여 그 문장이 그 속에서 나왔다. 선생의 좌주 익재선생이 여러 번 말하기를 "공의 글은 옛 기운이 있다"라고 하였다. 末世의 章句는 날로 末流로만 내려가고 있으니, 正音이 다시 일어나지 않는 것을 부끄러워 할 필요가 없다. 다행히 외로운 봉황이 잡새들 틈에 끼어 우는 수도 있다. 그리고 그 소리가 멀어질수록 남은 소리는 들을 수 없다. 아! 슬픈 일이다.43)

라고 하고 있는 것에서 알 수 있다.

그는 은문 이제현의 문하에 출입하면서 학문을 크게 정언시켰다. 이제현은 그가 죽은 후 왕이 栗亭이란 글을 써서 하사하자

賢哉我友尹政堂	현명하였도다. 나의 벗 尹政堂이여!
稀代恩榮蒙我王	세상에 드문 恩榮 우리 왕으로부터 받았네.
金窓赭案絶點塵	金窓의 주홍빛 책상 한점 티도 없는데
玉手染翰爲寫眞	玉手로 붓을 적셔 초상을 그리누나.
水深山高淸且靈	물 깊고 산 높아 맑고도 신령스러워라.
拱手嘆賞傾朝官	朝官들 팔짱끼고 감탄을 하고
六宮指目亦改觀	六宮들 눈을 들어 표정을 고치네.
櫟翁驚喜出眞意	櫟翁(李齊賢)이 기뻐함은 진심에서 나온 것
眼見門生奇特事	눈으로 門生의 기특한 일 보노메라.44)

라는 시를 지어 축하를 보내고 있다.

그의 학맥은 그의 아들 龜生과 손자 紹宗에게 계승되어 빛을 발하게 된다.

---

42) 『高麗史』 권106, 列傳19 尹澤.
43) 『牧隱文藁』 권8, 「栗亭先生逸藁序」.
44) 『益齋亂藁』 권4, 「門生栗亭尹政堂得蒙主上作詩以賀」.

4) 安 輔(1302, 충렬왕 28 ~ 1357, 공민왕 6)

안보는 福州 興寧人으로 자는 員之이다. 아버지는 縣吏로서 과거에 합격하였으나 벼슬에 나가지 않고 은둔한 碩이며, 형은 安軸이다.

그는 일찍부터 형의 문하에서 엄격하게 교육받았고, 나이 19세가 되던 충숙왕 7년(1320) 右代言 許富의 문하에서 성균시에 합격하고, 이어 이제현과 박효수의 문하에서 과거에 급제하였다. 이로써 그는 慶州司錄에 보임되고, 이후 春秋館修撰을 거쳐 編修官이 되었다.

충목왕이 즉위하자 楊廣道按廉使로 출보하였고, 다음 해에는 交州道按廉使로 나갔다가 이 해에 원의 制科에 급제하여 遼陽行中書省照磨 겸 承發架閣庫를 제수하였다. 얼마 후 어머니를 봉양한다는 이유로 그 곳의 벼슬을 버리고 귀국하자 右代言을 배수받았고, 충정왕이 즉위하자 典法判書가 되었다.

공민왕이 즉위하자 그의 현량함을 알고 密直提學 겸 監察大夫·提調典選事를 제수하였다. 공민왕 2년(1353)에는 원의 과거에 보낼 사람을 선발하는 책임을 맡아 이색 등을 뽑았고, 동왕 4년에는 贊成事 李公遂와 더불어 과거를 주관하여 安乙起 등 33명의 진사를 선발하였다.[45] 이때 선발된 사람들 중에는 韓方信·李集·鄭習仁·李寶林·廉國寶·禹玄寶·金九容·吳思忠 등이 있어 이후 학계에 큰 빛을 발하였다. 이 해에 정당문학이 되었고, 얼마 후 어머니를 봉양하기 위하여 벼슬에서 물러날 것을 청하니, 왕은 東京留守를 제수하였다. 동경은 그의 고향인 興寧에 가깝기 때문

---

45)『高麗史』권73, 志27 選擧1 科目1 選場.

이었다. 공민왕 6년에 죽으니, 향년 56세였다. 文敬이라 시호하였다.[46]

그는 안축의 문하에서 학문을 익혔고, 이후 그의 좌주인 이제현·박효수의 문하에 출입하면서 학문을 더욱 연마하였으며, 同年인 이곡·백문보·윤택 등과 교유하면서 그의 학문은 더욱 정연되어 갔다. 그는 성리학을 지론으로 삼아 미신을 배척하였다. 이것은 공민왕이 즉위한 후 그를 불러 관직을 제수하려 하였으나 曆書를 취하여 보고는 "오늘은 猖鬼日이니 잠시 중단하라"고 하자 그가 "王者가 天時를 받음은 陰陽 拘忌에 있는 것이 아닙니다. 원컨대 전하는 行하고자 하면 행할 것이요, 창귀가 무슨 해가 되리오"라고 하고 있는 것에서 알 수 있다.[47]

『고려사』 열전에서는 그를 평하여

> 文章을 지음에 華를 버리고 實을 취하여 사물의 이치를 밝게 펴고자 하였고, 일을 함에 이르러서는 大體를 준수하여 조금도 이를 어기거나 또는 지나치지가 않았다. 생산은 일삼지 않고 청빈하게 생활하였으며, 그가 죽었을 때는 집에 한 톨의 저축도 없었다.[48]

라고 기록하고 있다. 또 이색은 그를 평하여 "선생의 성품은 활날하여 漢史 읽기를 즐겨 하였으며, 일에 임하여는 大體를 따르려고 힘써서 조금이라도 머뭇거리고 관망하지 않았다. 문장을 쓰는 것에는 華體를 버리고 實辭를 취하여 사물의 이치를 밝게 밝혔다"라고 하여 칭송하였다. 그가 죽자 묘지명을 지었는데,

> 아 ! 슬프다. 선생이시어 학문이 빼어났도다.

---

46) 『牧隱文藁』 권19, 「文敬公安先生墓誌銘」.
47) 『高麗史』 권109, 列傳22 安軸 附 輔.
48) 『高麗史』 권109, 列傳22 安軸 附 輔.

조정에 대책을 올리니 그 맑은 명성 사방에 떨치었고
우리 선왕을 보필하니 묘당에 두터운 신임을 받았도다.
교화를 널리 펴고 과거로 빛난 인재 뽑았으니
우리 선비들 참으로 영광스러웠도다.[49]

라는 銘을 남겼다.

3. 교유문인

1) 安　軸(1282, 충렬왕 8 ～ 1348, 충목왕 4)

안축은 福州 興寧人으로 자는 當之이고, 호는 謹齋이다. 아버지는 碩인데, 縣吏로서 등재하였으나 은거하고 벼슬에 나아가지 않았다. 그는 태어나면서부터 빼어난 재질이 있어 독서를 즐겨하였다. 일찍이 성균시에 합격하고, 충렬왕 33년(1307) 11월에 密直司事 許有全과 版圖摠郎 李穎의 문하에서 과거에 합격하여 全州司錄을 배수하였다. 이어 史翰에 선보되어 司憲糾正이 되었으며, 충숙왕 11년(1324)에 원의 制科에 합격하니, 遼陽路 蓋州判官을 제수하였다. 이때 충숙왕이 누명을 쓰고 원에 억류되어 있은 지가 4년이나 되었는데, 그는

　　　왕의 근심은 신하의 욕이요, 왕이 욕을 당하면 신하는 죽어야 하는
　　　것이다. 우리들이 배운 것이 이러하다.[50]

라고 하여 원의 황제에게 글을 올려 왕의 죄가 없음을 호소하니,

---

49) 『牧隱文藁』 권19, 「文敬公安先生墓誌銘」.
50) 『稼亭集』 권11, 「安軸墓誌銘」.

충숙왕이 이를 아름답게 여겨 成均樂正을 제수하였다. 이로써 그는 개주판관에는 부임하지 못하였다. 이후 典法·版圖·軍簿·典理의 摠郎을 거쳐 右司議大夫에 올랐고, 충혜왕이 즉위하자 江陵道存撫使가 되었다. 이때의 文集이 있으니『關東瓦注』라 한다. 얼마 후 判典校·知典法事가 되었으나, 충숙왕이 복위하자 벼슬에서 물러났다. 그러나 곧 典法判書로 소환되었고, 충혜왕이 다시 복위하자 監察大夫가 되었다. 충혜왕 복위 원년(1332)에는 金永旽과 더불어 과거를 주관하여 李公遂·柳淑 등 進士 33명을 선발하였다.[51] 이후 檢校評理, 尙州牧使, 密直副事를 거쳐 僉議贊成事에 올라 監春秋館事를 제수받아 이제현 등과 더불어 閔漬가 찬한『編年綱目』을 증수하였고, 또 충렬왕·충선왕·충숙왕의 三代實錄을 편수하였다. 충목왕이 즉위하자 밀직부사로 임용되었고, 이어 政堂文學으로 승보하였으며, 다음 해에 첨의평리를 더하였다.

충목왕 4년(1348) 興寧君으로 봉함을 받고 벼슬에서 물러났다. 이 해에 죽으니, 향년 62세였고, 文貞이란 시호를 내렸다.

그는 안향의 族親으로서[52] 일찍부터 안향의 감화를 받았으며, 그가 과거에 합격하던 충렬왕 33년은 안향이 죽은 그 다음 해이다. 안향이 교육중흥을 위하여 노력하던 충렬왕 30년을 전후한 시기에는 그도 진사로서 성균관에 수학하였을 가능성을 배제할 수 없다. 그의 학문적 주지는 성리학이었다. 이것은 그가 원의 制科에 합격한 후 원에서 당시 참소를 입어 억류되어 있던 충숙왕을 위하여 탄원서를 올리면서 "왕의 근심은 신하의 욕이요 왕이 욕을 당하면 신하는 죽어야 한다. 우리들이 배운 것은 이러하다"라고 한 그의 말에서 뚜렷하게 보인다.『고려사』열전에서는 그를 평하여

<hr>

51)『稼亭集』권11,「安軸墓誌銘」.
52)『謹齋集』권首,「謹齋先生 世系圖」.

마음가짐이 公正하고, 집을 다스림에는 근검하였다. 일찍이 말하기를 "내 평생에 이렇다 할 것이 없으나 네 번 士師가 되어 무릇 백성으로서 억울하게 노예가 된 사람은 반드시 다스리어 良民으로 삼았다"라고 하였다.[53]

라고 하였고, 이곡은 그의 墓誌銘에서

마음가짐이 공정하고, 집을 다스림에는 근검하였다. 말을 할 때는 명확하여 꾸밈이 없었고, 관직에 나아가서는 근면하여 게으른 기색이 없었다. 착한 이를 보면 칭찬을 그치지 않았고, 악한 일은 협오하여 피하였다. 스스로 거처하는 곳을 謹齋라 하였으니, 그 뜻을 알만하다.[54]

라고 하였다. 이색은 「送陽廣道安廉使安侍御詩序」에서

謹齋先生은 大定 甲子年(충숙왕 11년, 1324)에 天子의 조정에서 과거를 보아 이름을 떨쳤다. 돌아와서는 본국에 벼슬하여 封君에 이르렀고, 문장과 도덕이 일세를 풍미하였다. 벼슬에 있을 때 일에 임하면 하는 것마다 공을 떨쳤고, 忠義의 큰 절개에 이르러서는 퇴폐한 풍속을 고치고 쇠퇴한 세상을 일으켰다. 또 게으른 자를 일으키고, 완악한 자를 청렴하게 한 일이 많아서 지금까지도 모두 칭송하고 있다.[55]

라고 하고 있는데, 여기서 그의 학문적 맥락을 이해할 수 있다.

그는 특히 이제현과 최해와 돈독하게 지냈다. 이것은 그가 죽은 후에 이제현이

益齋가 젊었을 때 날마다 추종한 사람은
다만 當之(安軸)와 拙翁(崔瀣)이었네.

---

53) 『高麗史』 권109, 列傳22 安軸.
54) 『稼亭集』 권11, 「安軸墓誌銘」.
55) 『牧隱文藁』 권8, 序.

40년이 지나는 사이 모두가 죽어가고
나만이 눈물 뿌려 서풍에 뿌리노라.56)

라는 시를 지어 애도하고 있는 것에서 알 수 있다.

그의 문하에서 빼어난 학자들이 많이 배출되었는데, 특히 그의
동생 輔와 輯은 그에게서 직접 교육받아 이후 세상에 文名을 떨쳤
다. 이곡·이색 부자도 그의 문하에서 수학하였으며, 이제현·최
해·이공수·유숙과도 막역하게 지냈다.

2) 朴忠佐(1287, 충렬왕 13 ~ 1349, 충정왕 원년)

박충좌는 咸陽人으로 자는 子華, 호는 恥菴이다. 아버지는 軍簿
摠郎을 지낸 莊이다. 어려서부터 학문을 좋아하였으며, 이제현과
더불어 백이정의 문하에서 성리학을 수학하였다.57) 또 우탁의 문
하에도 출입하면서 수학하였다.58)

충렬왕 때 등제하였고, 충숙왕 복위 원년(1332)에 全羅道按廉使
로 나갔다. 이때 嬖人 朴連이 內旨라 칭하고 양민을 자기의 종으
로 삼으려 하니, 그는 끝까지 반대하여 허락하지 않았다. 이에 박
연이 왕에게 "按廉이 王旨를 공경히 받들지 아니하고 폐지와 같이
버린다"고 참소하여 곤장을 맞고 해도로 유배당하였다. 뒤에 소환
하여 監察持評을 제수하였으나 병을 이유로 나아가지 않았고, 얼
마 후 藝文應校로 부름을 받았으나 취임하지 않았다. 후에 內書舍
人을 제수받았으며, 이어 密直提學으로 開城尹을 겸하였다가 충혜

---

56) 『益齋亂藁』 권4, 「悼安謹齋」
57) 『高麗史』 권106, 列傳19 白頤正.
58) 『易東先生實記』 권3, 「門人錄」.

왕 복위 5년(1344)에는 지공거가 되어 河乙沚 등 33명을 선발하였
다.59)

충목왕이 즉위하자 다음 해 2월에는 咸陽君으로서 判田民都監
事를 배수하였고, 다음 달에는 贊成事가 되었다. 이 해 7월에는 이
제현·安震·閔思平 등과 함께 侍讀官이 되었고, 동왕 4년 정월
에는 金倫·이제현 등과 더불어 충혜왕의 시호를 내리도록 원에
상서를 올렸다. 다음 해 6월에는 書筵에 입시하여 왕에게『貞觀政
要』를 講하였고, 또 燕京의 昭王이 郭隗를 맞이하기 위하여 황금
대를 쌓았던 고사를 인용하면서 인재등용의 필요성을 상조하니,
왕은 기뻐하여 鈔 50錠을 하사하였다. 이어 判三司事가 되고, 純誠
輔德協贊功臣의 號를 하사받고 咸陽府院君으로 봉작되었다.60) 충
정왕 원년에 죽으니, 향년 63세였다.

그는 백이정으로부터 성리학을 전수받아 학문연구에 심취하였
고, 특히『周易』에 조예가 깊었다. 이러한 그의 행적을『고려사』
열전에서는 다음과 같이 기록하고 있다.

> 성품이 온후하고 검약하여 비록 卿相이 되어서도 거처와 의복은
> 布衣로 있을 때나 다름이 없었다.『易經』읽기를 좋아하여 늙어서도
> 쉬지 아니하였다.61)

그는 이제현과는 막역하게 지냈다. 백이정이 성리학을 전래하자
이제현과 더불어 그의 문하에서 수학하였고, 이들의 우정은 죽을
때까지 계속되었다. 일찍이 그가 少卿으로 있을 때 燕京에 사신으
로 떠났는데, 이때 이제현은 다음과 같은 시를 지어 전송하고 있다.

---

59)『高麗史』권73, 志27 選擧2 科目2.
60)『高麗史』권109, 列傳22 朴忠佐.
61)『高麗史』권109, 列傳22 朴忠佐.

玉管停三疊　　　이별의 피리 이미 세 곡을 마치었고
金杯勸十分　　　金杯로서 서로 술을 실컷 권했구려.
但應期報主　　　임금님 은총 보답하기 위함이니
不用惜離群　　　우리의 이별을 서운해하지 말아라.
草盡駝鳴磧　　　풀 없는 사막에 낙타는 울고
風高鴈叫雲　　　바람소리 높은 곳에 구름 속 기러기 우네.
平生四方志　　　四方에 뜻을 펴는 것이 평생의 뜻인데
淸夢又隨君　　　맑은 꿈에 그대와 더불어 함께 하리.[62]

3) 崔 瀣(1287, 충렬왕 13 ~ 1340, 충혜왕 복위원년)

최해는 鷄林人으로 자는 彦明父 또는 壽翁이라고 하였고, 호는 拙翁 또는 猊山農隱이라 하였다. 文昌侯 崔致遠의 후손으로 아버지 伯倫은 李尊庇의 문하에서 과거에 합격하여 民部議郞을 지냈으며, 원으로부터 高麗王京 儒學敎授官을 배수하였다.

최해는 9세에 이미 시를 지을 수 있었고, 장성함에 미쳐서는 학문이 날로 진보하여 선배들도 탄복하였다. 20세 이전에 成均試에 합격하였고, 충렬왕 29년(1303) 6월에 密直司事 金台鉉과 秘書尹 金祐의 문하에서 급제하여 성균학관에 보임되었다. 이후 藝文春秋館의 檢閱로 선보되었다가 長沙監務로 출보하였고, 얼마 후 다시 예문춘추관의 注簿로 소환되었다가 충숙왕 8년에는 원의 制科에 합격하여 遼陽路의 蓋州判官을 제수받았다.

귀국하자 藝文·成均·典校의 三館이 迎賓官에 출영하여 그를 맞았으며, 왕은 그에게 藝門應校를 제수하였다. 이후 檢校成均大司成에 이르러 벼슬에서 물러났다.[63]

---

62) 『益齋亂藁』 권1, 「松都送朴少卿忠佐北上」.
63) 『稼亭集』 권11, 「崔瀣墓誌銘」.

그는 일찍이 안향의 문하에도 출입하였으며, 이진·이제현 부자와 일찍부터 교유하였고, 안축·이곡과도 가까이 지냈다.

그는 재주가 특이하고 뜻이 높아 글을 읽고 문장을 지을 때는 스승과 친우의 말을 빌리지 않고 스스로 터득하여 이치를 궁구하였다. 성리학의 이념을 바탕으로 생활하였으며, 불교를 배척하였다. 이것은 『고려사』 열전에서

> 瀣는 재주가 특이하고 뜻이 높아 글을 읽든지 글을 지을 때는 師友의 말에 의지하지 않고 초연히 스스로 깨달아 이치를 밝혔으며, 異端에 혹하지 않고, 습속에 빠지지 않았다. 항상 古人에 부합하기를 힘쓰고, 옳고 그른 것을 논할 때는 자신의 생각이 진실로 올바른 것임을 알면 비록 老師와 博儒로서 儒宗이라 불리는 사람이라 하더라도 굽히지 않고 힐난하였다.[64]

라고 하고 있는 것에서 알 수 있다. 그는 일찍이 우리나라 명현의 저술을 뽑아 그 제목을 『東人文』이라 붙였는데, 모두 25권이다. 이색은 이를 평하여

> 古今을 통하여 책을 저술한 사람이 많으나 우리 三韓에는 근세에 유독 快軒 文正公이 제1이요, 그 文人 鷄林 崔拙翁이 또 그 다음이다. 편집이 풍부한 것은 쾌헌을 칭하고, 간택이 정교한 것은 崔拙翁을 칭한다.[65]

라고 칭송하고 있다.

그는 특히 이제현과는 막역한 벗으로 지냈다. 이제현은 그를 일러 '平生의 三益友'로 지칭하였다.[66] 이것은 이제현이 지은 다음의

---

64) 『高麗史』 권109, 列傳22 崔瀣.
65) 『牧隱文藁』 권9, 「贈金敬淑秘書詩序」.
66) 세가지 유익한 벗으로 『論語』 季氏傳에 '유익한 벗이 셋이 있으니 정

시에서 보인다.

强顔徇俗非天稟	억지로 웃으며 세속을 따르는 것 천품이 아닌데
克己希賢乏近功	나를 극기하면서 성현을 바라보니 아직 공을 이루지 못하였네.
縱使不成優刻鵠	비록 이루지 못했더라도 刻鵠보다는 나을 테고
豈綠無用悔屠龍	어찌 쓸모 없다 하여 용 잡는 屠龍을 후회할 것인가.
中年漸覺人情隘	중년이 되어서야 인정이 메마르다는 것을 깨달았네.
後世那知物論公	후세에 가서 공정한 판단 있을지 어찌 알 수 있겠는가.
寄語平生三益友	내 평생의 三益友에게 글을 보내노라.
他時刮目更相從	나중에 우리 서로 눈을 닦고 다시 만나세.67)

평생에 가업에는 종사하지 않고 스스로 號를 拙翁이라 하였다. 만년에는 城南 獅子山 아래에 살면서 농원을 개발하고 이르기를 '取足'이라 하면서 마침내 自號를 猊山農隱이라 하였다. 충혜왕 복위 원년에 죽으니, 향년 54세였다.

항상 청빈하게 살아 남긴 재산이 없었음으로 그를 아는 벗들이 다투어 부의를 보내어 장례를 치루었다. 이곡은 그의 죽음을 애도하면서

아! 崔君이여, 홀로 뜻 높아 세상과 더불지 않았도다.
그대가 私淑한 그 학문 바로 古人의 문장이 아니던가!
분연히 세속과 더불지 않아 미친 척 과감하게 뜻을 밝혔도다.
나이는 높지 않지만 그대의 이름 후세에 전해지리.68)

라는 銘을 지어 탄식하였다.

지한 벗, 신실한 벗, 시견이 많은 벗'이라 하였다.
67) 『益齋亂藁』 권1, 「崔拙翁」.
68) 『稼亭集』 권11, 「崔瀣墓誌銘」.

4) 趙　廉 (1290, 충렬왕 16 ～ 1343, 충혜왕 복위 4)

조렴은 淳昌人으로 자는 魯直이라 하였다. 아버지는 大將軍을 지낸 文琔이고, 할아버지는 門下平章事로 추봉된 光肅이다.

충숙왕 2년(1315) 이진과 尹奕의 문하에서 과거에 급제하니, 이때 그의 나이 26세였다. 민사평·안목과는 同年이다.

충숙왕 10년(1323)에는 안축·최용갑 등과 함께 원의 制科에 응시하여[69] 이후 遼陽路摠管과 知府事에 제수되었고, 얼마 후에 귀국하여 典理佐郎을 배수하였다. 이때 그는 상소를 올려 昭穆序次를 개혁하도록 건의하였다. 『고려사』에서는 이때의 사실을 다음과 같이 기록하고 있다.

　　처음 典理佐郎 趙廉이 말하기를 "본국 昭穆의 序次는 古制에 어긋남이 있으니 마땅히 太祖는 中室에 있어야 할 것이며, 高宗은 제1의 昭가 되어야 할 것이고, 元宗은 제1의 穆이 되어야 하며, 충렬왕은 제2의 소가 되어야 하고, 충선왕은 제2의 목이 되어야 할 것입니다. 또 惠王과 明王을 동쪽 협실에 두는 것은 周制에 동북의 협실에 武王이 있는 예와 같고, 顯王과 康王이 서쪽 협실에 있음은 周制에 文王이 서북의 협실에 있는 예와 같은 것입니다. 이와 같이 하면 惠宗·顯宗 2主는 동서로 나누어져 있어 不遷之主가 될 것이요, 明王·康王 부자도 또한 동과 서로 나누어 임시로 봉안하는 位가 될 것이니, 禮에 있어서 편의하고 昭穆의 서차도 또한 고제에 합당할까 합니다"라고 하였으나 따르지 않았다.[70]

그러나 그의 이러한 건의는 위에서 보는 바와 같이 당시 묘정의 반대에 부딪쳐 무산되고 있다.

---

69) 『高麗史』 권35, 世家35 忠肅王 10년 12월.
70) 『高麗史』 권61, 志15 禮3 諸陵 忠肅王 17년.

충혜왕이 즉위하자 그는 正言이 되었는데, 이때 권신 崔安道가 왕의 신임을 얻어 監察大夫를 배수하여 겨우 10세 밖에 되지 않는 그의 아들 璟을 借述로서 시험을 보게 하여 성균시와 급제과에 모두 합격시켰다. 이에 그는 獻納 許邑 등과 더불어 "安道가 외람되어 風憲에 있으면서 아들 璟을 젖내나는 어린 나이로 과거에 합격시켰으니, 청컨대 죄를 주소서"라는 상소를 올렸고, 또 그를 선발한 당시 지공거인 韓宗愈 등을 처벌하도록 건의하였다.[71] 이에 왕은 크게 노하여 그를 하옥하려 하였으나 당시 嬖臣 朴連이 "諫官은 죄를 줄 수 없다"라고 진언함으로써 겨우 벌을 면하였다.[72] 얼마 후 左司議大夫를 배수하였는데, 이때 원의 사신이 입국하여 "고려왕이 원의 詔勅을 맞이하지 않았다"라고 하여 양부의 대신들을 국문하니, 대신들도 원의 국문에 모두 승복하였다. 그러나 그는 左司議 王伯과 더불어

> 君臣은 일체인지라 禍와 福을 같이 하는 것이요, 또 신하가 임금을 위하여 숨기는 것은 아들이 아비를 위하는 것과 같은 것인데, 이제 양부의 대신들이 자기 목숨을 살리고자 하여 君父에게 죄를 끼치니, 청컨대 법으로 이들을 다스리소서.[73]

라는 상소를 올렸다. 왕은 이 상소를 보고 크게 감동하여 왕백과 그에게 密直副使를 제수하였다. 충혜왕 복위 4년에 죽으니, 향년 54세였다. 文貞이라 시호를 내리었다,

그는 성리학에 밝았으며, 특히 禮에 뛰어나 일찍이 昭穆에 대한 절차를 건의하였는데, 이것은 바로 朱子의 소목관에 근거한 것이었다. 經史에도 빼어나 『고려사』 열전에서는 "일찍이 中朝의 사대

---

71) 『高麗史』 권124, 列傳37 崔安道 및 『高麗史』 권109, 列傳22 趙廉.
72) 『高麗史』 권109, 列傳22 趙廉.
73) 『高麗史』 권109, 列傳22 趙廉.

부와 더불어 경사를 강명함에 通하지 아니함이 없었다"라고 평하고 있다. 그는 이제현의 아버지 瑱의 문생으로서 이제현과는 막역하게 지냈다.

5) 崔文度(1291, 충렬왕 17 ∼ 1345, 충목왕 원년)

최문도는 文簡公 崔誠之의 아들로 자는 義民, 호는 春軒이다. 일찍이 아버지와 원에서 함께 생활하였고, 충선왕이 吐蕃으로 유배되었을 때 아버지를 모시고 찾아가 위문하였다.

충숙왕이 원에 있을 때 用事者들이 瀋陽王과 이간질하여 왕을 참소하였는데, 그는 끝까지 왕의 편에 서서 의리를 지켰다. 귀국하여 典法判事를 지냈다.

충목왕이 즉위하자 王煦와 더불어 원에 聖節使로 다녀왔으며, 이어 僉議評理에 올랐다가 충목왕 원년 6월에 죽으니, 향년 54세였다. 良敬이란 시호를 내렸다.

그는 성리학을 즐겨하여 항상 周濂溪·程明道·程伊川·朱晦庵의 글을 즐겨 읽고 이를 현실 생활의 척도로 삼았다. 이러한 그의 행적은『고려사』열전에서

元朝에 宿衛하여 濂洛의 성리서를 즐겨 읽었고, 부모를 孝로서 섬기고 성품이 溫良하였으므로 사람들은 일찍이 그가 조급하게 기뻐하거나 노하거나 하는 것을 보지 못하였다.[74]

라고 하였고, 이제현은 그의 묘지명에서

74)『高麗史』권108, 列傳21 崔誠之 附 文度.

　　春軒은 원에 가서 숙위할 때에 蒙古의 말과 글을 익혀 부귀한 집의 자제들과 함께 거처하고 고관대작들과 놀았으니 마땅히 교만할 것이로되, 그는 格物致知와 修己理人의 道를 익혀 나가서는 무예를 익히고, 들어오면 책을 읽었다. 周濂溪·程明道·程伊川·朱晦菴의 글을 모두 보아 익혔으며, 밤이 깊어서야 자고 새벽에 일어나 반드시 節目을 자세히 구분하여 그 깊은 뜻을 마음으로 깨달아 몸소 행한 뒤에야 그쳤다. 온화하기는 봄볕과 같고, 글 읽기는 가을 물과 같아서 집에서 부리는 노복들이나 첩들도 일찍이 그가 갑자기 화를내거나 기뻐함을 한 번도 보지 못하였다.[75]

라고 하였다. 또 이곡은 「春軒記」에서

　　德이 있으면서 있는 체 하지 않는 것은 오식 군자라야 만이 그렇게 할 수 있는 것이다. 내가 일기로는 春軒은 가슴속이 유연하어 무릇 몸으로서 物을 접하는데 있어서는 속에 쌓였다가 밖으로 풍겨 나오는 것이 화한 기운이 아닌 것이 없으니, 이는 마치 沂水에서 목욕을 하고 노래하며 돌아온다는 자들이 아니냐?[76]

라고 하고 있는 것에서 보이고 있다.

　　그는 부모를 여의자 3년의 服喪을 치렀고, 또 家廟를 세워 마치 산 사람을 섬기듯 禮를 다하였다. 특히 그는 賓客을 좋아하여 그의 분하에는 배우고자 하는 사람들이 줄을 이어 그의 집은 항상 성시를 이루었다. 이곡도 그의 집에 자주 찾아 교유하였으며, 그를 평하여 "崔公은 빈객을 좋아함이 동방에서 첫째이다"라고[77] 하였고, 이세린은 그 보나도 6년의 선배이시만 항상 그와 교유하면서 그들 敬重히 대하고 선생이라 호칭하었나. 이제현은 그의 墓誌銘을 썼는데, 여기서도 「春軒先生墓誌」라고 서하고 있다.

---

75) 『益齋亂藁』 권7, 「春軒先生崔良敬公墓誌銘」.
76) 『稼亭集』 권2, 「春軒記」.
77) 『稼亭集』 권9, 「賀崔寺丞登第詩序」.

6) 金光載 (1294년, 충렬왕 20 ~ 1363년, 공민왕 12)

김광재는 快軒先生 金台鉉의 아들로 자는 子輿, 호는 松堂, 본관은 光州이다. 태어날 때부터 장대하였고, 자람에 키가 2척이나 되었다. 충선왕 5년(1313)에 권한공과 최성지의 문하에서 급제하여 성균학관에 보임되었다. 1330년에 충혜왕을 따라 원에 갔던 공으로 司僕寺丞을 배수하였으며, 이어 都官正郎으로 옮겼다. 충혜왕 복위 즉위년(1339)에 曹頔의 무리들이 충혜왕을 모함하니, 왕은 원에 소환을 당하게 된다. 이때 그는 "우리 임금이 위태한데, 내가 어찌 차마 홀로 면하리오"라고 하고는 왕을 호종하였다. 왕이 귀국하자 그 공로를 치하하여 軍簿摠郎을 제수하였고, 충혜왕 복위 2년에는 判典校寺事로 승진되어 국자감시의 고시관이 되어 成士達 등 99명을 선발하였다.78) 이때 이색도 14세의 나이로 그의 문하에서 합격하였다. 또 이어 동지공거가 되어 밀직부사 李君侅와 함께 과거를 주관하여 安元龍·安宗源 등 33명을 선발하였다.79)

충혜왕은 평소에 학문을 싫어하고 놀이를 즐겼는데 그가 주위에서 이를 간하자 왕은 그의 강직함을 꺼렸다. 왕의 주위에 있는 좌우의 군소배들도 그를 꺼려 "金公은 조용히 있는 것을 좋아하니, 벼슬하는 것은 그의 본래의 뜻이 아니다"라고 하여 모함하였고, 왕은 이를 믿고 그 직임을 바꾸었다.

충목왕이 즉위하자 右副代言을 제수하였고, 이어 知申事에 보임되었으나 주위의 참소를 받아 版圖判書로 옮겼다. 이후 密直副使와 提調銓選을 거쳐 지신사에 올랐고, 충정왕이 즉위하자 書筵을

---

78) 『高麗史』 권74, 志28 選擧2 科目2 國子試.
79) 『稼亭集』 권11, 「安軸墓誌銘」.

열어 그를 師傅로 삼았으나 고사하니, 僉議評理를 제수하였다. 충정왕 2년(1350) 10월에는 三司左使가 되었고, 다음 해 三司右使가 되었다. 이때 그는 왕에게

> 文選은 吏曹가 맡고, 武選은 兵曹가 맡는 것인데, 政房이 이를 총관하는 것은 권신으로부터 시작한 것이요. 令典이 아니오니, 청컨대 舊制를 회복하소서.80)

라고 건의하니, 왕은 이를 수용하였다. 왕은 그의 말에 따라 인사권을 吏曹와 兵曹에 돌렸는데, 그 선발이 공정해야 한다고 하여 그에게 典理判書를 겸임시켜 이를 총괄하도록 하였다.

공민왕이 즉위하자 벼슬에서 물러났다. 무릇 12년 동안을 한가하게 지내면서 그 동안에 어머니를 극진히 봉양하면서 조석으로 禮를 다하였고, 돌아가시자 廬墓에서 喪을 마쳤다. 상을 마칠 때를 즈음하여 홍언박을 위시하여 평소 그를 존경하던 문객들이 줄을 이어 찾아와 조문하였다. 여묘를 마치고 돌아와서는 북쪽 모퉁이에 版位를 마련하고 哭泣을 그치지 않으니, 사방에 그 이름이 떨쳤다. 공민왕은 그의 효행을 듣고 감탄하여 그가 사는 마을을 靈昌坊 孝子里라는 旌門을 내려 표시하게 하고, 그 마을에 사는 사람 중에서 몇 명을 선발하여 부세를 면제해 주고 그를 받들도록 하였다. 공민왕 12년(1363)에 병으로 죽으니, 향년 70세였다. 文簡이라 시호히였다.

그는 아버지로부터 학문을 전수하였고, 또 당내 식학들의 문하에도 출입하면서 그의 학문을 크게 정연시켜 나갔다. 특히 그는 안향의 가문과는 밀접한 관계를 갖는다 그의 누이는 안향의 손자인 安牧에게 출가하였고,81) 안축은 그의 아버지 김태현의 문하에서

---

80) 『高麗史』 권110, 列傳23 金台鉉 附錄 光載.

과거에 합격하였으며, 안목의 아들 宗源은 그의 문하에서 과거에
급제하고 있다. 이러한 가문적 배경으로 그는 일찍부터 안향·안
축과 교유하였다.

또 최해도 그의 아버지의 문생으로서 그와 교분이 두터웠고, 이
곡과도 친하게 교유하였다. 특히 그는 이색의 성균시 恩門으로서
이색은 그의 문하에 출입하면서 가르침을 받았고, 또 이제현과 홍
언박과도 서로 막역하게 지냈으며, 정치적 견해도 같이 하였다.

김광재는 그의 행장에서 보는 바와 같이 성리학의 이념을 행동
으로 실천하였으며, 그 진퇴가 분명하였다.『고려사』열전에서는
그를 평하여

> 孝悌를 돈독히 행하였고, 집에 있어도 산업을 다스리지 않았으며,
> 좌우에는 거문고와 책을 두고 즐겼다. 죽음에 이르러서는 그 부인에
> 게 이르기를 "부인의 손에서 절명하지 아니하는 것은 禮이니, 奴婢와
> 더불어 물러가라"고 하였고, 또 "내가 죽은 후 高聲과 疾言으로서 소
> 란케 하지 말라"고 하였다.82)

라고 하였고, 그의 문생 이색은 묘지명에서

> 至正 辛巳年에 내 나이 14세로서 成均試에 응시하였는데, 이때 고
> 시장 뜰 한 가운데 袍와 笏을 갖추고 단정히 앉아 있는 선생을 뵈었
> 다. 이때 선생의 모습은 엄연한 것이 泰山喬嶽과도 같아서 여러 선비
> 들이 숨을 죽이고 감히 떠들지 못하였다. 이미 문생이 되어 왕래하면
> 서 가르침을 받으니, 따뜻한 말씨와 부드러운 얼굴빛으로 국법을 설
> 명해 밝히시고, 또 인재를 권면 유도하기를 부지런히 할 것을 권하면
> 서 나라의 풍속이 날로 쇠퇴해가고 있다고 거듭 개탄하시었다.83)

---

81)『順興安氏族譜』世系.
82)『高麗史』권110, 列傳23 金台鉉 附 光載.
83)『牧隱文藁』권117,「松堂先生金公墓誌銘」.

라고 하면서 그를 애도하고 있다.

7) 閔思平(1295, 충렬왕 21 ～ 1359, 공민왕 8)

민사평은 충렬왕 21년에 출생하였다. 자는 坦夫, 호는 及菴, 본관은 충주의 속현인 驪興이다. 할아버지는 충숙왕 때 찬성사를 지낸 宗儒이며, 아버지는 충렬왕 때 國仙으로 사랑을 받았고, 충혜왕 때 密直司事·進賢館大提學을 지낸 頔이다.

그는 어릴 때부터 器局과 도량이 있어 당시 정승이던 金倫은 그의 딸로서 부위을 삼게 하였다. 일찍부터 학문에 빼어난 재질이 있었고, 특히 그의 장인 김윤은 문객을 좋아하여 그의 문하에는 당대의 명사들이 출입하였는데, 그도 그 곳에서 이들을 만나 많은 학문적 교화를 입게 된다. 김윤 자신도 "친척들에게 인자하고 친구들에게 信實하였으며, 책 읽기를 좋아하고 典故를 많이 알았음으로 묻는 사람이 있으면 곧 응대하여 의심이 없게 하였다"고[84] 한 바와 같이 학문에 뛰어났다.

그는 처음에 蔭으로 나가 散員別將에 試補되있으나 충숙왕 2년(1315)에 이진과 윤혁의 문하에서 朴仁幹·안목 등과 더불어 급제하였다. 이후 藝文館과 春秋館의 수찬을 지내고, 左·右正言과 獻納을 역임하였다.

1330년에 충혜왕이 왕위에 오르자 좌우의 막료들이 왕에게 아첨하였으나 그는 軍簿正郎·藝文館應敎로서 엄정하게 일을 처리하였다. 1332년에 충숙왕이 다시 복위하자 衛尉少尹을 배수하였고, 충숙왕 복위 5년(1336)에는 版圖摠郎으로서 慶尙道監察使로 나갔

---

84)『高麗史』권110, 列傳23 金倫.

다. 얼마 후 소환되어 판도총랑을 다시 배수하였고, 이어 성균좨주로 승직하였다. 이후 左司議大夫를 거쳐 다시 전라도 안렴사로 나갔다가 다시 소환되어 성균관 대사성을 배수하였다. 충혜왕 복위 3년(1342)에는 判典校寺事로서 성균시를 맡아 金仁琯 등 99명을 선발하였다.[85]

충목왕이 즉위하자 전리판서를 제수하여 왕을 侍讀하였고, 이어 감찰대부가 되었다가 다음 해에 밀직제학이 되고, 충목왕 2년(1346)에는 驪興君에 봉작되었다.

충정왕이 즉위하자 일찍이 왕을 원에 호종한 공을 높이 평가하여 僉議叅理・藝文館大提學・知春秋館事를 제수하고, 諭誠秉義協贊功臣의 호를 내렸다.

충정왕 원년(1349) 10월에는 政房提調가 되었다가 다음 해는 贊成事・商議會議都監事되었고, 또 師傅를 겸하였다.

공민왕이 즉위하자 벼슬을 버리고 은거하였다. 공민왕 8년에 죽으니, 향년 65세였다. 文溫이라 시호하였다.

그는 이제현・이곡・최해와 친분이 두터웠고, 이달충・이색・김제민・김구용 등은 일찍부터 그의 문하에 출입하면서 감화를 받았다. 그와 이제현의 관계는 일찍이 竹軒 김윤이 최해를 맞이하여 담론한 것에 대하여

病瘡老馬飢欲僵　　병들은 늙은 말 굶주려 지쳐있네.
呼僮拂鞍靴滿霜　　아이 불러 안장을 터니 서리가 신에 가득하구나.
平明敲推之何方　　날 밝으면 敲推(시를 고침)하려 어디로 갈 것인가.
竹軒爲啓琴書室　　竹軒(金倫)이 그를 위해 書室로 맞이하네.[86]

---

85) 『東文選』 권125, 「文溫公閔公墓誌銘」.
　　『高麗史』 권74, 志28 選擧2 科目2 國子監試에서는 충혜왕 복위 3년에 金鷹 등 99명을 선발하였다고만 기록되어 있고, 이때의 시관은 누락하고 있다.

라는 시를 지어 그에게 보이고 있는 것에서 보인다. 이로 볼 때 두 사람은 막역한 사이였음을 알 수 있다.

『고려사』 열전에서는 그를 평하여

성품이 온화하고 인척들과 화목하였으며, 벗들과 교유를 잘하였다. 관직에 있을 때 일을 처리하면 모난 바가 없었고, 詩와 書를 즐겼다.[87]

라고 하였고, 이달충은 그의 묘지명에서

관직에 있으면서 정사를 처리하는데 교만한 일이 없었고, 한결같이 모든 일을 의리에 쫓아 행하였으니, 실로 탄평하고 도량 넓은 군자였도다. 일찍이 拙翁 崔先生(崔瀣)과 친분이 두터워 그의 文集을 자기 재력으로 간행하였으니, 아름답도다.[88]

라고 하여 그의 德을 기리고 있다. 그는 시문에도 뛰어난 재능이 있어 이색은 그의 시집에 서문을 쓰면서

先生의 시는 담담한 것 같으면서도 천박하지 않고, 고운 것 같으면서도 사치스럽지 않두다. 마음에 세운 뜻이 진실로 深遠하여 읽으면 읽을수록 더욱 맛이 난다.[89]

라고 칭송하고 있다.

---

86) 『益齋亂藁』 권4, 「後儒仙歌爲崔拙翁作示及菴」.
87) 『高麗史』 권108, 列傳21 閔宗儒 附 思平.
88) 『東文選』 권125, 「文溫公閔公墓誌銘」.
89) 『牧隱文藁』 권9, 「及菴詩集序」.

8) 李 嵒(李君侅) (1297, 충렬왕 23 ～ 1364, 공민왕 13)

이암은 충렬왕 23년에 출생하여 처음에는 이름을 君侅라 하고, 자를 翼之라 하였으나 후에 嵒으로 개명하고, 자도 古雲으로 고쳤다. 호는 杏村이고, 본관은 固城이다. 할아버지는 白文節에게 수학하여 충렬왕 때 이름을 떨친 尊庇이고, 아버지는 鐵原君으로 봉작 받은 瑀이다.

그는 어렸을 때부터 학문을 좋아하여 이미 『小學』에 입학하였을 때는 글을 잘 쓴다는 칭송을 받았다. 충선왕 5년(1313)에 권한공과 최성지의 문하에서 安震·金光載 등과 더불어 급제하니, 이때 그의 나이 17세였다.

충숙왕이 그 재주를 사랑하여 비서감을 제수하였고, 이후 여러 관직을 거쳐 都官正郎으로 승보하였다. 충혜왕이 즉위하자 密直代言 겸 監察執義로 발탁되었다. 동왕 원년 4월(1331)에는 동지공거가 되어 韓宗愈와 더불어 과거를 주관하여 周斌 등 33명의 진사를 선발하였다.[90] 충숙왕이 복위하자 그를 충혜왕의 간신이라 하여 해도에 유배하였다.

그러나 충혜왕이 복위하자 知申事를 제수하였고, 충혜왕 복위 원년(1340)에는 성균대사성이 되었으며, 동왕 2년(1341)에는 지공거가 되어 그의 동년 김광재와 더불어 과거를 주관하여 安元龍·安宗源 등 진사 33명을 취하였다. 이때 선발된 안종원은 安軸의 아들이다.

이후 同知樞密院事를 거쳐 政堂文學과 僉議評理의 직에 올랐다. 이때 왕이 무인 韓用規에게 典校令을 제수하니, 그는 "禮에 없

---

90) 『高麗史』 권73, 志27 選擧1 科目1.

는 일이다"라고 하여 극구 반대하였으나 받아들여지지 않았다. 충목왕이 즉위하자, 찬성사를 배수하여 鄭思道와 더불어 政房提調가 되었는데, 얼마 후 참소를 입어 密城에 유배되었다.

충정왕이 즉위하자 다시 정방제조가 되었고, 推誠守義同德贊化功臣의 호를 받았다. 얼마 후 다시 찬성사를 제수받았고, 이어 左丞相에 올랐다.

공민왕이 즉위하자 鐵原君에 봉하였다. 이때 그의 나이 60세였음으로 벼슬을 버리고 淸平山에 은거하였다. 그러나 공민왕 7년(1358)에는 그를 불러 守侍中으로 삼았고, 다음 해 가을에는 西北面都元帥를 제수하여 홍건적의 침입에 대비하도록 하였다. 공민왕 10년(1361) 왕의 남천에 호종하여 공을 세우니, 扈從一等功臣으로 책록되고 鐵城府院君의 봉작을 받았으며, 얼마 후 또 推誠守義同德贊化翊祚功臣의 호를 하사받았다. 공민왕 13년(1364)에 죽으니, 향년 68세였다. 文貞이라 시호하였다.[91]

그는 이제현의 문인인 권한공과 최성지의 문하에서 과거에 급제하여 이후 이들의 감화를 받으면서 학문을 정연시켰으며, 성균대사성과 지공거를 역임하는 과정에서 많은 문생과 문도들을 배출하였다.

이색은 그의 문하에 출입하면서 항상 그를 존경하였고, 그의 아들 岡은 이색과 동년으로서 막역한 사이이기도 하였다. 또 이색이 성균시에 응시할 때 은문인 김광재는 바로 그의 동년이기도 하여 더욱 경중히 대하였다.

---

91)『高麗史』권111, 列傳24 李嵒.

9) 李公遂 (1308, 충렬왕 34 ~ 1366, 공민왕 15)

이공수는 讞部典書를 지낸 行儉의 손자로 본관은 益州, 호는 衡齋, 또는 南村先生이라고도 하였다. 태어난 지 얼마 되지 않아 어머니가 돌아가시니, 姉夫인 재상 全思義의 집에서 생장하였다.

충혜왕 복위 원년(1340)에 金永旽과 安軸의 문하에서 장원으로 급제하여 典儀主簿를 제수 받았고, 이어 成均直講을 배수하였다. 이후 成均司藝, 藝文館直提學, 知申事, 監察大夫를 역임하고, 충정왕 2년(1350)에는 政堂文學에 올랐다. 공민왕 원년(1352)에는 僉議評理로 옮겨 監察大夫를 겸직하였고, 이어 三司右使를 제수하였으며, 다음 해에 都僉議贊成事를 배수하였다. 공민왕 4년(1355)에는 지공거가 되어 密直提學 安軸과 더불어 과거를 주관하여 安乙起 등 33명을 취하였는데, 이때의 과거에서 韓方信・李集・李寶林・禹玄寶・金九容 등 이후 학계에 이름을 빛낸 사람들이 많이 배출되었다. 이 해에 行省都事를 제수 받았으나 얼마 안되어 사퇴하니, 왕은 그에게 三重大匡・益州府院君을 봉하였다.

공민왕 10년(1361)에 홍건적이 서울을 함락하자 왕이 피난하였는데, 單騎로 달려가 왕을 뵙고 호종하였다. 다음 해에 홍건적이 평정되자 다시 贊成事가 되어 分司와 백성들을 영솔하고 개경을 留守하였다. 이때는 병란을 거친 초창기라 여러 가지 어려운 일이 많았으나 이를 무난히 처리하였다. 공민왕 12년(1363)에 왕이 서울로 돌아왔는데, 이때 간신 崔濡가 德興君을 추대하고 왕을 폐위하고자 음모를 꾸며 元에 참소하니, 원도 그의 말에 따랐다. 이에 그는 표문을 받들고 원에 들어가 그 부당성을 논하여 이를 저지하였다. 이때 그는 원에 가면서 서경에 들러 太祖原廟에 참배하고는

"우리 임금을 복위시키지 않는다면 신은 죽어도 돌아가지 않겠다"
라는 맹세를 하였고, 원에 이르자 여러 대신들의 회유를 받았지만
끝까지 지조를 변하지 않고 충절을 지켰다.

원에 머무르면서 원의 太子와 대담할 기회가 있었는데, 이때의
대담에서 그의 학문관을 읽을 수 있다. 당시 태자는 萬壽山 廣寒殿
에 쓰여 있는 殿額 '仁智'의 뜻을 묻고 있는데, 그는 "백성을 사랑
함을 仁이라 하고 事物을 분별함을 智라 이르니, 帝王이 이를 마
음에 새겨 세상을 다스리면 가히 태평을 이룩할 것이다"라고 답하
고 있다. 또 殿에 金과 玉으로 장식한 기둥을 가리키면서 그의 의
견을 묻자 그는 "帝王이 정사를 밝히고 仁을 밝히면 거처하는 집
이 비록 썩은 나무라도 金石보다 단단할 것이요, 그렇지 않으면 金
玉이라도 도리어 썩은 나무보다 못합니다"라고 하고 있다. 또 태자
가 거문고를 타다가 곡조를 이루지 못하자 "다만 백성을 걱정하는
마음을 잊지 않을 것이요, 거문고의 한두 곡조를 잊어버리는 것은
그리 대단한 일이 아닙니다"라고 충고하였다.

원에 머물면서 그는 계속 공민왕의 복위를 주위에 설득하였다.
이로써 어사대부 禿堅帖木兒 등이 원제에게 "고려왕은 공이 있고
죄가 없는데 소인배들의 모함을 입어 죄를 입었으니, 그 어울함을
풀어주소서"라는 건의를 올리게 되고, 원제는 이를 수용하여 공민
왕을 복위시키고 濡를 구속하여 고려로 보냈다. 사명을 마치고 돌
아올 때 원제는 金帶를 하사하였다. 귀국하니 마침 國學을 수리하
고 있는 중이어서 그는 이를 보고 크게 기뻐하여 원제로부터 하사
받은 금대를 풀어 비용에 충당하도록 하였다.

辛旽이 국권을 잡아 총단하니, 문을 닫고 나오지 않았다. 이에
신돈은 그를 益山府院君에 봉하여 물러나게 하였다. 공민왕 15년
에 죽으니, 향년 59세였다. 文忠이라고 시호하였다.[92]

그는 전사의의 집에서 생장하면서 이미 성리학의 至論을 익혔고, 또 안축의 문하에서 더욱 학문을 정연시켜 나갔다. 이제현·이곡과도 친분이 두터웠고, 이색도 그의 문하에 출입하면서 그로부터 많은 감화를 받고 있다. 이것은 이색이 그의 묘지명에서

> 공이 聖節使로 하례 하러 갈 때 穡도 따라 갔었다. 成均館에서 학업을 받아 문과에 급제하여 화려한 벼슬에 올라 오늘에 이르게 된 것은 모두 공의 은혜이다.[93]

라고 하고 있는 것에서 알 수 있다. 『고려사』 열전에서는

> 公遂는 精明하고 謹愼하여 추호도 망령되이 받고 주는 바가 없었으며, 일을 당하였을 때는 강하고 의연하여 형세에 추종하는 바가 없었다. 풍류가 閑雅하여 조용히 山野의 홍취를 즐겼으며, 또 德水縣에 별장을 두고 南村先生이라 자칭하면서 청빈하고 맑게 유유자적하였다.[94]

라고 기록하고 있다. 그는 성리학에 깊은 조예가 있어 이를 자신의 행동강령으로 실천하였고, 불교는 믿지 않았다. 이것은 그가 병이 들어 죽음에 임하였을 때 친족들이 그의 부인 김씨에게 불교에 의탁하도록 권하자 김씨는 "공은 평생토록 부처에게 아첨하지 않았는데, 어찌 감히 그 道를 배반하면서 부군을 속이리요"라고 하고 있는 것에서 보인다.

이색은 그의 죽음을 애통해 하면서

三冬에 푸르른 것은 저 소나무요.

---

92) 『高麗史』 권112, 列傳25 李公遂.
93) 『牧隱文藁』 권18, 「益山府院君李公墓誌銘」.
94) 『高麗史』 권112, 列傳25 李公遂.

백 번 녹여도 강경한 것은 강철의 재질이 좋음이라.
아름답도다! 문충공이여!
조정에 우뚝 서니 샘물 같은 맑음 있었고
훈풍 같은 온화함이 있었도다.
임금을 섬김에 충절을 다하였고
황제는 그 뜻을 가상히 여기었도다.
공을 이루고도 그 자리에 거하지 않으니
사람들은 그 의로움을 탄복하였도다.[95]

라는 묘지명을 남기고 있다.

10) 李仁復 (1308, 충렬왕 34 ~ 1374, 공민왕 23)

이인복은 星山君 兆年의 손자로, 충렬왕 34년에 褒의 장자로 태어났다. 자는 克禮, 호는 樵隱이다. 태어날 때부터 용모가 괴이하였고, 자라서는 학문에 열중하였다. 이에 그의 할아버지인 兆年은 항상 그의 등을 어루만지면서 "우리 가문을 빛낼 자는 너일 것이다"라고 하면서 칭송하였다.

일찍부터 우탁과 권보의 문하에서 수학하였고, 백이정이 원에서 성리학을 전래하자 그의 문하에서 이를 전수하였다.[96] 이제현과도 일찍부터 교유하여 그의 문하에서 학문적 영향을 많이 받았으며, 이곡의 문하에도 출입하여 학문을 전수받았다. 충숙왕 13년(1326)에 辛蕆의 문하에서 성균시에 합격하고, 이 해에 吉昌君 權準과 密直 朴遠의 문하에서 과거에 급제하니, 이때 그의 나이 19세었다.[97]

---

95) 『牧隱文藁』 권18, 「益山府院君李公墓誌銘」.
96) 『淡庵先生集』 附錄 권2, 「行狀」.
97) 『牧隱文藁』 권15, 「文忠公樵隱先生李公墓誌銘」.

다음 해 3월에 福州司錄를 배수하였고, 충숙왕 16년(1329)에는 校勘典校를 제수받았고, 다음 해에는 典儀直長에 전직되었다. 이어 藝文館修撰官으로 승직되고, 충혜왕 복위 2년(1341)에는 起居舍人을 제수받았다.

다음 해에 원의 制科에 합격하여 大寧路 錦州判官을 제수받았고, 본국으로 돌아오자 起居注를 배수하였다. 1344년에 충목왕이 즉위하자 典理摠郎를 제수하였고, 다음 해에는 右副代言을 삼아 密直提學으로 승진시키고, 書筵에 나아가 강론하게 하였다.

충목왕 2년(1346) 10월에는 왕이

> 우리 太祖가 개국한 지 429년이 되었는데, 그 동안 우리나라의 제도와 문물, 그리고 아름다운 언행들을 모두 감추어 두고 공개하지 않는다면 그 무엇으로서 후세에 모범을 보여줄 것인가? 우리 충선왕이 閔漬를 시켜 『編年綱目』을 편찬하였으나 오히려 누락된 사실이 많다. 이에 이것을 보충 편찬하여 세상에 반포하고자 하노라.[98]

라고 하여 이제현·안축·이곡·안진 등과 더불어 이를 증수하도록 하고, 이어 충렬왕·충선왕·충숙왕의 三代實錄을 편찬하도록 명하였다.

그는 용모가 엄정하였으며, 언사가 간요하고 신중함으로 왕은 항상 좌우에 말하기를 "내가 李公을 볼 때마다 송구함을 깨닫지 못하겠다"라고 하였다. 이후 三司左司를 배수하였고, 元에서도 征東行省都事를 제수하였다.

공민왕이 즉위하자 趙日新 등이 난을 일으켜 내외를 호령하였는데, 왕이 비밀리에 그를 불러 자문을 구하니, 그는 이들을 법으로 처벌하도록 건의하였다. 이로써 왕은 조일신 일파를 죽이고 난을

---

98) 『高麗史』 권37, 世家37 忠穆王 2년 冬 10월 庚申.

평정하였다. 왕은 평소부터 그를 존경하고 있었는데, 그의 자문을 받고는 더욱 경중히 여겨 政堂文學·監察大夫를 제수하였고, 얼마 후에는 星山君으로 책봉하였다.

공민왕 5년(1356)에 원에서 조서를 내려 奇轍 일당을 숙청한 것에 대한 죄를 사하자 그는 사신으로 원에 가서 하례하였고, 다음 해 4월에는 簽書密直院事 金希祖와 더불어 과거를 주관하여 廉興邦·成石璘 등 33명을 선발하였다.99) 이 해에 『古今錄』을 편찬하였다.

공민왕 8년(1359)에는 守司空·尙書左僕射·御史大夫로 승직되고, 다음 해에는 叅知中書省事에 옮겼다. 공민왕 10년에 홍건적의 침입으로 서울이 함락되자 왕을 호종하고 복주로 피난하였다. 다음 해에 개경이 수복되자 判開城府事를 배수하였고, 이어 僉議評理로 올랐으며, 얼마 후 重大匡·三司左使로 승보하였다.

공민왕 12년(1363) 봄에는 都僉議贊成事로 임용되었고, 이 해 여름에는 右文館大提學·監春秋館事를 배수하고 端誠佐理의 공신호를 받았다. 다음 해에는 興安君의 봉함을 받아 判藝文館春秋館事가 되었으며, 이 해 가을에는 三重大匡·都僉議贊成事·判版圖司事에 올랐다.

공민왕 14년(1365)에는 興安府院君에 봉함을 받고, 이어 判三司事를 배수하였다. 이 해 윤 10월에는 簽書密直司事 이색과 더불어 과거를 주관하여 尹紹宗·河崙·孟希道 등 28명을 선발하였고, 공민왕 18년(1369) 6월에도 이색과 더불어 과거를 주관하여 柳伯濡 등 33명을 선발하였다.100)

공민왕 20년(1371)에는 監春秋館事가 되어 이색과 더불어 『金鏡

---

99) 『高麗史』 권73, 志27 選擧1 科目1 選場.
100) 『高麗史』 권73, 志27 選擧1 科目1 選場.

錄』을 增修하였고, 공민왕 22년에는 檢校侍中으로서 아버지의 喪을 당하여 京山에 있었는데, 왕은 判典校寺事 林樸을 보내어 조문하였다. 다음 해에 병을 얻어 죽으니, 향년 67세였다. 文忠이란 시호를 내렸다.101)

그는 당대의 성리학자로서 이색을 비롯한 당시 석학들에게 존경의 대상이 되었다. 공민왕도 예우를 돈독히 하여 그가 궁궐에 들어올 때는 좌우를 시켜 주변을 정결하게 하고, 향을 피워 정중하게 맞이하였다. 이러한 사실은 『고려사』 이색 열전에서

> 왕이 매양 李穡과 李仁復을 불러 대궐에 들어오게 할 때는 반드시 좌우를 시켜 주변을 정결하게 하고, 또 향을 피우게 하였다. 왕에게 총애를 받던 중 神照가 왕에게 아뢰기를 "왕께서 신하를 만나시는데 그처럼 공경을 극진히 할 필요가 있습니까?"라고 하니, 왕께서 말하기를 "네가 어찌 이토록 함을 알겠는가? 이 두 사람은 도덕이 보통 선비가 아니다"라고 하였다.102)

라고 하고 있는 것에서 보인다.

그는 3차에 걸쳐 과거를 주관하여 빼어난 학자들을 많이 선발하였으며, 특히 성리학적 학문관에 입각하여 불교를 부정적 측면에서 비판하였다. 이것은 공민왕 15년에 왕이 文殊會를 열어 兩府宰臣들을 거느리고 禮佛을 행하였는데, 모든 대신들은 모두 이에 응하였으나 그와 이색만은 拜禮를 하지 않고 나갔다. 죽을 때를 즈음하여 그의 동생 李仁任이 불경 독송을 요청하였지만 이를 거절하고 있는 것에서 알 수 있다.103)

이색은 그의 묘지명에서

---

101) 『牧隱文藁』 권15, 「文忠公樵隱先生李公墓誌銘」.
102) 『高麗史』 권115, 列傳28 李穡.
103) 『高麗史』 권112, 列傳25 李仁復.

> 아 ! 선생은 학문의 정밀함과 지조를 지킴의 돈독함으로 말미암아
> 능히 그 타고난 기질을 변화시켰다. 선생께서는 행함에 있어 먼저 삼
> 가고 살핌을 돈독히 하였으니, 다른 사람이 미처 따르지 못한 것은 당
> 연한 것이다.[104]

라고 하여 그의 덕을 기렸다.

11) 李達衷(1309, 충선왕 원년 ~ 1385, 우왕 11)

이달충은 僉議叅理를 지낸 月城君 李蒨의 아들이며, 이제현은
그의 堂叔父가 된다. 처음에는 達中이라 하였는데, 후에 공민왕이
御筆로서 達衷이라 개명하니, 이로써 이름을 달충이라 하였다. 자
는 仲權, 호는 霽亭, 본관은 慶州이다.

일찍부터 아버지로부터 학문을 익혔고, 당숙부 이제현의 문하에
출입하면서 학문을 더욱 연마하였다. 충숙왕 13년(1326)에 辛蕆의
문하에서 성균시에 장원으로 합격하였다.[105] 이어 權溥와 朴瑗의
문하에서 급제하여 史翰에 보임되었다가 正言을 거쳐 충목왕 즉위
년을 전후해서 成均祭酒를 배수하여 교육에 전념하였다. 충목왕 4
년(1348)에는 吏學都監判事가 되었고,[106] 공민왕 원년에는 典理判
書를 배수하였다. 이후 監察大夫를 거쳐 공민왕 8년(1359)에는 戶
部尙書가 되었다. 공민왕 15년(1366)에 왕이 그의 뛰어난 명성을
듣고 密直提學을 삼았는데, 이때는 辛旽이 권력을 행사하던 때였
다. 어느 날 많은 사람들 앞에서 신돈을 보고 "사람들은 相公이 주
색을 좋아한다고 말한다"라고 하니, 신돈은 얼마 안되어 그를 파면

---

104) 『牧隱之藁』 권15, 「文忠公樵隱先生李公墓誌銘」.
105) 『高麗史』 권74, 志28 選擧2 國子監試.
106) 『高麗史』 권37, 世家37 忠穆王 4년 3월.

하였다.

  신돈이 伏誅되자 그는

> 天地가 만물을 이루니 온 세상이 번성하는도다.
> 누가 조화를 마음대로 하여 威福을 오로지 할 수 있을 것인가.
> 歡情은 봄기운 가득한 둑에서 넘치고
> 怒氣는 해를 가리운 구름에서 음침하게 스미는도다.
> 꿩이 큰 조개가 되고 매가 비둘기 됨도 오히려 괴이한데
> 어찌 龍이 고기가 되고 쥐가 범이 될 수 있으리요.
> 가련하도다 ! 썩은 나무를 바람이 일어 쓰러뜨리니
> 의지하고 타고 올라 갈 곳을 잃었구나.107)

라는 시를 지어 그의 일생을 풍자하였다. 후에 鷄林府尹을 제수받
았는데, 글을 올려 사양하였으나 허락하지 않았다. 우왕 11년(1385)
에 죽으니, 향년 77세였다.108) 文靖이라 시호하였다.109)

  그는 일찍이 아버지 蒨과 당숙부 이제현으로부터 수학하였고,
또 민사평의 문하에서도 수학하였다.110) 鄭輔・李仁復・李挺 등
은 그의 동년으로서 친밀하게 교유하였다. 그는 성격이 맑고 곧았
으며, 『禮記』에 밝았다. 그는 성리학적 입장에서 팔관회 등의 불교
적 행사를 즐겨하지 않았다. 이것은 공민왕이 팔관회를 행할 때 鹽
水하는 장막을 설하고 주변에 울타리를 세우자 이를 철거함으로
왕의 노여움을 사고 있는 것에서 알 수 있다.111)

---

107) 『高麗史』 권112, 列傳25 李達衷.
108) 卒年에 대하여 「行狀」에서는 "禑王 11년 甲子八月十八日 年七十六
    歲"라고 하고 있는데, 우왕 11년(1385)은 甲子가 아니고 乙丑이다.
    『高麗史』 列傳에서는 우왕 11년을 졸년으로 기록하고 있다. 그렇다
    면 우왕 11년은 정확할 것이다. 이로 볼 때 그의 향년은 77세가 된다.
109) 『霽亭集』 권4, 「行狀」.
110) 『霽亭集』 권3, 「文溫公閔思平墓誌銘」.
111) 『高麗史』 권112, 列傳25 李達衷.

12) 洪彦博 (1309, 충선왕 원년~1363, 공민왕 12)

홍언박은 南陽府院君 奎의 손자로 자는 仲容, 호는 陽坡, 본관은 南陽이다.[112] 아버지는 충렬왕 때 三司使를 지낸 戎이다. 충혜왕 복위 원년(1340)에 順興府院君 安文凱와 右代言 李湛의 문하에서 2등으로 급제하니, 왕은 그에게 말을 하사하였다.

충목왕 4년(1348)에 密直提學을 제수하였고, 이어 知申事가 되었다가 공민왕 원년(1352)에는 三司右使와 判三司事를 거쳐 첨의찬성사에 올라 推誠亮節佐理功臣의 호를 받고, 南陽君에 봉함을 받았다. 다음 해에는 동지공거가 되어 李齊賢과 더불어 과거를 주관하여 진사 33명과 명경 2인을 선발하였다. 이때의 과거에 합격한 이색·박상충·정추·권중화·김군필 등은 이후 고려사회를 주도하는 학자 및 정치가로 성장하였다. 특히 이색은 이후 고려사회를 성리학적 이념으로 정착시키는데 큰 공이 있어 儒宗으로 존경을 받게 된다.

공민왕 3년(1354)에는 門下侍中이 되었다가 반대파의 참소를 받아 일시 파직되었으나 다음 해에 왕은 奇轍 일당을 주살한 공을 높이 평가하여

남양군 홍언박은 분연히 몸을 돌보지 않고 賊臣을 소탕하여 다시 사직을 편안하게 하였으니, 그 공을 잊기 어렵도다.[113]

라고 하여 1등 공신에 책록하였다.

공민왕 10년(1361)에는 廉悌臣의 뒤를 이어 다시 문하시중이 되

---

112) 『淡庵先生集』 권2, 「南陽侯陽坡洪文正公神道碑」.
113) 『高麗史』 권39, 世家39 恭愍王 4년 6월.

었다. 이 해에 홍건적이 침입하자 衆議는 開京을 버리고 피난하도록 건의하였으나 그 만은 "先王의 터전을 가히 무너뜨리지 못할 것이다. 왕에게 권하여 스스로 군사를 거느리고 백성들과 더불어 죽음을 같이 해야 할 것이다"라고 하여 반대하였으나 뜻을 이루지 못하였고, 왕이 피난하자 호종하였다. 당시 국가의 재정은 궁핍하였고, 또 왕은 용도에 절제가 없었기 때문에 그는 수차에 걸쳐 왕에게 이를 시정하도록 건의하였으나 왕은 듣지 않았다. 이에 그는 "말을 하여도 듣지 않으니 어찌 다시 간할 수 있을 것인가"라고 탄식하니, 이세현은 "내가 재상이 되었을 때도 수차에 걸쳐 간하였으나 매양 이와 같았으니, 내 일찍이 왕을 위하여 이를 애석히 여겼도다"라고 하면서 위로하였다.114) 이어 왕이 강화 천도를 계획하니, 이를 강력히 반대하여 중지시켰다.

공민왕 11년에 右侍中으로서 知貢擧가 되어 知都僉議 柳淑과 더불어 과거를 주관하여 진사 33명을 선발하였는데, 이때의 과거에서 朴實·金濤·李崇仁·金文鉉·鄭道傳 등이 급제하고 있다. 다음 해에 金鏞의 일당들이 興王寺의 변을 일으켜 "황제의 밀명을 받았다"라고 하여 거짓으로 포고를 내리면서 왕의 침전으로 들어가 많은 사람들을 살육하고, 이어 그의 집에 이르러 말하기를 "나와서 황제의 명을 받으라"고 하였다. 그가 의관을 정제하고 나가려 하니, 그의 가족들이 적들의 거짓임을 알고 피하기를 건의하였으나 그는 "어찌 수상이 되어 죽음을 피해 도망하리요"라고 하고는 나가서 "너희들은 도적인데 감히 황제의 명이라 일컫는가?"라고 호통하였다. 이로써 죽음을 당하니, 향년 55세였다. 文正이라 시호하였다.115)

---

114) 『高麗史』 권111, 列傳24 洪彦博.
115) 『高麗史節要』 권27, 恭愍王 12년 閏 3월.

그는 이제현의 아들 李達尊과 同年으로서 일찍부터 이제현의 문하에 출입하여 학문적 영향을 받았으며, 이제현도 그를 아들과 같이 아꼈다. 그가 공민왕 10년을 전후하여 왕에게 올린 수차의 시정 개혁안이 거부되자 실의에 빠졌는데, 이제현은 그를 위로하고 있다. 또 그는 공민왕 2년에는 이제현과 더불어 과거를 관장하였는데, 이때 이제현은 아들 달존을 생각하면서 그에게 시를 지어 주고 있다.[116] 그는 항상 절도 있게 생활하였으며, 禮를 잃지 않았다. 이것은 이제현이 『櫟翁稗說』에서

> 洪文正公은 저녁마다 목욕을 하고 의관을 갖추고 하늘과 별에 절을 하였는데, 비록 朝聘이나 行役으로 몹시 바쁠 때에도 일찍이 그 일을 그만 둔 적이 없었다.[117]

라고 하고 있는 것에서 알 수 있다.

그는 李公遂·安輔·李仁復·李達衷·柳淑 등과도 많은 교유를 가졌다. 공민왕 2년에 이공수와 더불어 贊成事를 배수하였는데, 이때 이달충은 監察大夫를 배수하고 있다. 공민왕 3년에는 그가 左政丞으로 있을 때 안보는 密直提學이었으며, 공민왕 7년에 그가 門下侍中으로 있을 때 이인복은 政堂文學으로 있었다. 그리고 공민왕 11년에 우시중으로 있을 때 유숙은 知都僉議로 있으면서 함께 과거를 주관하기도 하였다.

13) 成汝完 (1309, 충선왕 원년 ~ 1397, 태조 6)

성여완은 判圖摠郎을 지낸 君美의 아들로 처음에는 이름을 漢

---

116) 『益齋亂藁』 권4,「癸巳五月掌試棘圍呈同知貢擧洪_相」.
117) 『櫟翁稗說』 前集2.

生 또는 漢匡이라 하였으나 후에 군미로 고쳤다. 호는 怡軒, 본관
은 昌寧이다.

충숙왕 복위 5년(1336) 蔡洪哲과 安珪의 문하에서 과거에 급제
하여 예문관과 춘추관의 검열을 배수하고, 우왕이 즉위하자 軍簿
正郞이 되어 楊廣道 按廉使로 출보하였다. 이어 尙書右丞, 知刑部
事, 御史中丞, 典法判書를 역임하였다. 그 동안에 海州와 忠州의
牧使도 역임하였다.118)

공민왕 20년(1371)에는 民部尙書로 있었는데, 이 해 6월에 신돈
이 실각하자 그의 당으로 몰려 유배되었다.119) 우왕 때는 簽書密直
을 배수하였고, 우왕 4년(1378)에는 政堂文學商議에 올라 昌寧府
院君에 봉작되었다.120)

공양왕 4년(1392)에 정몽주가 피살되자 벼슬을 버리고 抱川 王方
山으로 들어가 은거하였다.

조선 개국 후 태조는 潛邸의 친구인 그를 불러 향연을 베풀고
檢校門下侍中을 배수하여 昌城府院君에 봉작하였다.121) 태조 6년
정월에 죽으니, 향년 89세였다. 나라에서는 文靖이란 시호를 내렸
다. 아들은 石璘·石瑢·石珚이 있다.

그는 일찍부터 이색의 아버지 穀의 문하에 출입하여 많은 가르
침을 받았으며, 이색도 그를 선배로서 존경하였다. 우왕 4년에 그
가 정당문학에 오르자 이색은

文星錯落照黃扉　　文昌星이 어지러이 떨어져 黃閣을 비추고
最喜先生老不衰　　선생은 늙었으나 쇠하지 않으니 기쁘도다.

---

118) 『太祖實錄』 권11, 太祖 6년 정월 乙亥 成汝完 卒記.
119) 『高麗史』 권43, 世家43 恭愍王 20년 6월.
120) 『高麗史』 권133, 列傳46 禑王 4년 10월.
121) 『太祖實錄』 권11, 太祖 6년 정월 乙亥 成汝完 卒記.

三子登科今最盛　세 아들이 과거에 합격하였으니 영광이 빛나고
七旬入省古來稀　7순에 입성하니 옛부터 드문 일일세.
威餘烏府提綱日　司憲府에서 기강 바로 잡던 위엄 남아있고
夢斷燕山負絏時　燕山에 구류되었던 시절이 꿈에도 그립구나.
記得鎭江旌旆過　鎭江에서 깃발 날리며 찾아와
稼亭白髮舞萊衣　稼亭(李穀) 노친 앞에서 오색 옷으로 춤을 추었지.[122]

라는 시를 올려 축하하고 있다. 그는 고려말에 이색·정몽주와 정치적 견해를 같이하여 고려를 끝까지 부지하려 하였고, 그의 아들 석린과 석용도 그의 뜻을 따라 이색·정몽주와 정치적 노선을 같이 하다가 조선 건국 후 유배를 당하였다. 그는 태조와 잠저 때의 친구로서 검교문하시중을 배수하기는 하였지만 고려에 대한 의리를 끝까시 시켰다. 그의 후학인 梅軒 權遇는 그의 행적에 대하여

圖書一室靜　책이 가득한 방 조용도 한데
窓外有孤松　창 밖에는 외로운 소나무만이 우뚝하도다.
細細風聲泠　솔솔 불어오는 바람소리 시원도 하고
涓涓月色濃　밝디 밝은 달빛은 짙기만 하다.
坐來琴自憂　앉아 거문고를 뜯으니 낭낭도 하다.
吟罷玉相春　시를 읊으니 옥소리가 봄을 맞은 듯 하고
歲暮寒威重　歲暮에 추위가 더욱 심해지지만
方知不改容　바야흐로 바꿀 수 없는 굳은 절개를 알겠도다.[123]

라는 시를 지어 찬사를 보내고 있다.

14) 柳　淑 (1316, 충숙왕 3 ∼ 1368, 공민왕 17)

유숙은 通議大大·太常卿·知茶房事를 지낸 成柱의 아들로 사

___
122) 『中京誌』.
123) 『梅軒集』 권4.

는 純夫, 호는 思菴, 본관은 瑞州이다.

그가 일찍이 精舍에 입학할 때 정사의 주인이 꿈을 꾸었는데, 어떤 사람이 院宇를 깨끗이 청소하고 있음을 보고 "어째서 이렇게 청소를 하느냐"고 물으니, 대답하기를 "柳承旨가 온다"고 하였다. 다음 날 그가 이르니, 주인은 이상하게 생각하였다.[124] 충혜왕 원년(1331)에 成均祭酒 金右鏐의 문하에서 성균시에 합격하고,[125] 충혜왕 복위 원년(1340)에 金永旽과 安軸의 문하에서 급제과에 합격하여 安東司錄을 배수하였다. 이때 공민왕이 王弟로서 원에 입시하게 되니, 그는 벼슬을 버리고 시종하였다.

4년 후 충목왕이 즉위하자 공민왕을 수행했던 신하들이 대부분 절개를 지키지 않았으나 그 만은 홀로 공민왕을 보필하면서 지조를 지켰다. 충목왕이 이를 의롭게 보아 春秋館修撰官을 제수하였고, 곧 三司都事로 옮겼다. 그러나 얼마 후 벼슬을 버리고 원으로 가서 공민왕을 시종하였다.

충목왕이 죽고 공민왕의 왕위 추대가 논란되고 있을 때 본국에서 어머니의 병환에 대한 소식이 전해지자

忠과 孝는 이름은 다르나 실은 같은 것이다. 본말에 있어서만 차서가 있을 뿐이니, 효도를 패한다면 충성이 장차 어디서 나오겠는가. 또 충성을 바칠 날은 길지만 효도할 날은 짧은 것이니, 만일에 어머니께서 돌아가시면 후회한들 무슨 소용이 있으리.[126]

라고 하고는 주위의 만류를 물리치고 귀국하여 효도를 다하였다. 어머니의 병환이 완쾌되자 다시 원으로 가서 공민왕을 보좌하였다.

공민왕이 즉위하여 귀국할 때 그에게 左副代言을 배수하였고,

---

124) 『高麗史』 권112, 列傳25 柳淑.
125) 『高麗史』 권77, 志28 選擧1 科目1 國子試.
126) 『高麗史』 권112, 列傳25 柳淑.

이어 右代言·左司議大夫에 올려 기무를 관장하게 하였다. 얼마
후 趙日新의 미움을 받아 관직에서 물러났고, 이 해에 부친상을 당
하였다. 그러나 조일신이 숙청되자 代言을 제수받았다.

공민왕 3년(1354)에는 左代言·知軍簿司事가 되었고, 다음 해에
는 성균시를 주관하여 全翊 등 99명을 선발하였다.127)

공민왕 5년에 奇轍을 숙청한 공으로 安社功臣의 鐵券을 하사받
았는데, 이때 그는 공신들에게 "功臣錄券이란 곧 罪案과도 같은
것이다. 원컨대 서로 힘써 노력하여 始終을 보존하자"라고 하였고,
또 "君子는 불편 부당해야 하니 결코 남들과 朋黨을 맺지 않을 것
이다. 원하건대 한 마음으로 왕실을 받들어 私黨을 없이하자"라
고128) 하였다.

공민왕 6년(1357)에는 同知商議會議都監事로 승진되고, 동왕 8
년에는 知院提點司天臺事로 보임되었다.

공민왕 10년(1361) 홍건적의 침입이 있자 왕을 호종하였는데, 도
중에 樞密院使·翰林學士承旨·同修國史에 승진하고, 난이 평정
되자 安祐 등이 鄭世雲을 죽이고 그를 제거하려 하자 왕에게 청하
여 東京留守로 나갔다. 안우가 숙청을 당하자 왕은 그를 불러 知都
僉議를 삼고, 忠勤節義贊化功臣의 호를 내렸다. 이 해 10월에 右
侍中 홍언박과 더불어 과거를 주관하여 33명을 선발하였는데,129)
이때의 과거에서 朴實·金濤·李崇仁·鄭道傳 등이 선발되고 있
다. 이들은 모두 성리학에 박통한 사람들로서 이후 하게이 거목으
로 성장하여 성리학의 보급에 준추적인 역할을 담당하게 된다. 이
해 겨울에 벼슬에서 물러날 것을 청하니, 마침내 이를 허락하고 瑞

---

127) 『高麗史』 권74, 志28 選擧2 科目2 國子試.
128) 『高麗史』 권112, 列傳25 柳淑.
129) 『高麗史』 권73, 志27 選擧1 科目1 選場.

寧君에 봉하였다.

공민왕 12년(1263)에 興王寺의 변이 일어나자 왕을 호종하니, 그에게 政堂文學·監察大夫를 제배하고 공을 책하여 1등으로 삼았다. 다음 해에 僉議贊成事·商議會議都監事·藝文館大提學·知春秋館事를 제배하였으나 신돈에게 미움을 받아 파직되었다가 얼마 후 다시 瑞寧君으로 봉함을 받았다. 그러나 신돈의 횡포가 심해지자 벼슬에서 물러나 가야산으로 은거하였다. 공민왕 17년(1368)에 신돈이 모함하여 마침내 영광에서 그를 목메어 죽이니, 향년 53세였다.

그에게 화가 내려지자 家人들이 피할 것을 권고하였으나 그는 "君父는 하늘이다. 하늘을 어찌 도피하리오. 또 死生은 명이 있으니, 진실로 마땅히 순순히 받을 것이다. 장차 어디로 가리오"라고 하고는 죽음을 택하였다. 신돈이 숙청 당한 후 왕이 이 사실을 알고 슬퍼하여 조서를 내려 조문하였고, 文禧라는 시호를 내렸다. 禑王 2년(1376)에 공민왕의 묘정에 배향하였다.130)

그는 일찍부터 이곡과 교유하여 우의가 두터웠고, 이색도 그 문하에 출입하면서 경중하게 받들었다. 이색은 그의 시집에 서문을 쓰면서

> 思菴先生은 대개 서울에 산 지 11년이 되었다. 동배들이 그 높은 행실을 추앙하였다. 나라 정사에 간여한 지 14년이 되는데, 이때 같이 활동한 관리들도 그의 넓은 도량에는 탄복할 뿐이었다. 그리하여 布依로서 재상의 자리에까지 이르렀으니, 역시 가히 盛하다 할 것이다.131)

라고 그를 회상하였고, 또 그의 묘지명에서

---

130) 『高麗史』 권112, 列傳25 柳淑.
131) 『牧隱文藁』 권7, 「寄贈柳思菴詩卷序」.

文禧公의 자질은 정결한 아름다운 玉이요.
文禧公의 행실은 피어나는 온화한 薰風이었도다.
일을 담당하여는 精疆하게 처리하였고
悲傷한 마음으로 한결같이 玄陵을 도왔도다.
왕명을 빙자하여 죽음을 내리니
아 ! 이것이 命이던가?[132]

라고 애도하였다. 그는 이제현과 이인복과도 교유하며 막역하게
지냈다. 이제현은 일찍이 그에게

幾年傍路費光陰	몇 해를 길에서 세월만 허비했던가.
閉戶端居志念深	문을 닫고 단정히 앉았으니 뜻이 깊어진다.
黃卷展開春寂寂	古人의 서책 펼치니 봄은 더욱 고요하고
靑燈挑盡夜沉沉	등불심지 마지막 돋구니 밤이 깊었구나.
風雲變態無窮事	풍운의 변함은 끝없는 일인데
天地同流只此心	천지와 함께 흐르는 것은 이 마음뿐이네.
思到無思眞有得	無思의 경지에 이르러야 참으로 체득함이 있으니
古人雖遠是知音	고인은 비록 멀어도 그 소리는 들을 수 있도다.[133]

라는 시를 지어 그에게 학문의 정진을 촉구하였고, 이인복은 그가
벼슬을 버리고 가야산에 은둔하자

| 己向危時安社稷 | 나라가 위태로울 때 사직을 붙들어 편안히 하여야 할 터인데 |
| 更從平地作神仙 | 어찌 평지에서 신선놀이를 하려 하는가?[134] |

라는 시를 지어 그의 은퇴를 아쉬워하였다.

<hr>

132) 『牧隱文藁』 권18, 「端寧君柳公墓誌銘」.
133) 『益齋亂藁』 권4, 「柳學士思菴」.
134) 『高麗史』 권112, 列傳25 柳淑.

15) 安 牧 (? ~ ?)

안목은 順興人으로 안향의 손자이다. 아버지는 密直副使를 지낸 于器이며, 妻父는 金台鉉이다. 호는 謙齋 또는 竹屋子라 하였다.

어려서부터 할아버지인 안향의 문하에서 학문을 익혔고, 충숙왕 2년(1315)에 李瑱과 尹奕의 문하에서 과거에 급제하였다. 閔思平·趙廉과는 同年이다.[135]

충숙왕 때 判典校寺事를 지냈고,[136] 얼마 후 司憲掌令을 배수하였다. 충혜왕이 즉위하자 代言 李君侅, 成均丞 鄭頫, 都官正郎 鄭世忠과 더불어 銓注를 담당하였고,[137] 충목왕 4년(1348)에는 密直提學이 되었다. 이때 왕은 判三司事 李齊賢, 永山君 張沆과 함께 그를 提調經史都監에 임용하였다.[138] 얼마 후 왕이 병이 드니, 어머니 德寧公主가 정사를 대행하면서 그의 집으로 옮겨 정무를 보았다.

공민왕이 즉위하자 密直副使가 되었다. 공민왕 원년(1352) 8월에는 이제현·백문보 등과 함께 書筵官으로 임용되었다. 이때 왕은

元老大臣·大夫·士는 輪次로 입시하여 경사와 法言을 진언할 것이며, 무릇 권문세가의 빼앗은 바 田宅·奴婢·積年의 송사와 억울한 옥사는 다시 살펴 다스리도록 하라. 僉議·監察은 나의 이목이니, 시정의 득실과 이해를 진언하여 忌諱하지 말라.[139]

---

135) 『高麗列朝榜目』.
136) 『高麗史』 권105, 列傳18 安珦 附 牧.
137) 『高麗史』 권36, 世家36 忠惠王 즉위년 5월.
138) 『高麗史』 권37, 世家37 忠穆王 4년 3월.
139) 『高麗史』 권38, 世家38 恭愍王 원년 8월.

라는 명을 내리고 있다. 이로 볼 때 당시 그는 이제현·백문보와 함께 공민왕의 개혁정치를 주도하였음이 확인된다. 얼마 후 順興君에 봉작되었고, 공민왕 9년 5월에 죽으니, 文淑이란 시호를 내렸다.140)

그는 이제현의 아버지인 瑱의 문생으로서 일찍부터 이제현과는 친하게 지냈다. 이것은 이제현이 쓴「安謙齋眞贊」에서

安文成公은 일대의 儒宗이었다. 내 나이 20세 전에 한 번 길에서 뵙고 드디어 사랑을 받았으며, 그의 손자인 謙齋를 알게 되었다. 그 후 10년에 나의 아버지 東庵公이 과거에 고시관으로 있을 때에 겸재는 策으로 응시하여 합격하였다. 이리하여 우리 두 사람은 사귐이 가장 깊게 되었다.141)

라고 하고 있는 것에서 알 수 있다.

16) 金希祖(? ~ ?)

김희조는 본관이 彦陽이며, 할아버지는 안향의 同門으로 僉議僉理를 지낸 胼이고, 아버지는 彦陽府院君으로 봉작받은 竹軒 倫이다. 외할아버지는 僉議中贊을 지내고 수차에 걸쳐 銓選을 맡았던 許珙이고, 이제현은 그에게 장인이 된다.

그는 어려서부터 아버지 倫과 외할아버지 허공의 문하에서 학문을 익혀 과거에 급제하였고, 충목왕 즉위년(1344) 6월에는 都官正郎으로서 書筵의 侍讀이 되었다. 이때 그의 아버지 윤은 贊成事로서 시독이 되었고, 그의 장인 이제현도 判三司事로서 시독을 맡고

---

140)『高麗史』권105, 列傳18 安珦 附 牧.
141)『益齋亂藁』권9, 下「安謙齋眞贊」.

있다.[142]

충목왕 3년(1347)에는 右副大言이 되었고, 다음 해에 典理判書·藝文提學이 되었다.[143]

공민왕 2년(1353) 10월에는 軍簿判書로서 원에 가서 태자의 책봉을 하례하였고, 공민왕 5년(1356) 7월에는 簽書樞密院事·翰林院大學士가 되었으며, 이 해 10월에는 원에 가서 千秋節을 하례하였다.

공민왕 6년(1357)에는 동지공거가 되어 政堂文學 李仁復과 더불어 과거를 주관하여 廉興邦 등 진사 33명을 선발하였다.[144] 이때의 과거에서 成石璘·閔霽·李舒 등이 선발되고 있다.

공민왕 8년(1359) 8월에는 金得培와 더불어 同知樞密院事가 되었고, 이 해 12월에는 홍건적의 침입에 대비하기 위하여 西海道都指揮使로 출보하였다. 다음 해 5월에 왜적이 전라도를 침입하고, 또 龍城 등 10여 고을을 불태우니, 京城에 계엄을 내리고 백관들도 징집하였다. 이때 國子博士 등이 "臣 등은 공자의 廟庭을 모시고 있는데 學官이 전쟁에 나가는 것은 옛날부터 예가 없었습니다"라고 하니, 侍中 廉悌臣이 "네가 비록 공자를 모시고 있지 않더라도 공자가 어디로 도망하랴"고 하였다. 이때 그는 학관의 편에 서서 그 부당함을 논하였으나 뜻을 이루지 못하였다.[145]

공민왕 10년(1361) 홍건적이 서울을 함락하자 왕을 호종하여 남천하였고, 다음해 3월에는 홍건적을 격퇴하자 平章事 李公遂와 더불어 京城을 지키는 임무를 맡았다. 이때 조정에서는 史局에 간직한 實錄을 海印寺로 옮기고자 하였는데, 그는 白文寶와 더불어

---

142) 『高麗史』 권37, 世家37 忠穆王 즉위년 7월.
143) 『益齋亂藁』 권7, 「金倫墓誌銘」.
144) 『高麗史』 권73, 志27 選擧1 科目1 選場.
145) 『高麗史節要』 권27, 恭愍王 9년 5월.

"지금 도적의 난이 겨우 평정되었는데, 갑자기 國史를 옮기면 사람들이 놀랄 것이다"라고 하여 반대하였다 이로써 후에 왕의 명령을 기다려 다시 의논하기로 하였다.146) 공민왕 12년(1363)에 왕이 환도하자 호종의 功을 기려 1등공신에 책록되었다. 이후 密直商議로 있었는데, 얼마 후 죄를 입어 順川에 유배되었고, 다음 해에는 德興君의 變에 연계되어 탄핵을 받았다.

그의 생몰연대에 대하여는 기록이 없어 알 수 없다. 그의 만년은 죄에 연류되어 불행하게 보냈던 것 같다.

그는 일찍부터 가학을 전수하여 학문에 밝았고, 또 외할아버지 허공과 장인 이제현으로부터도 학문적 영향을 많이 받았다. 그리고 민사평은 그의 누이의 남편으로서 일찍부터 그 문하에도 출입하였다. 백문보·김득배와도 교유하면서 우의가 두터웠고, 이곡·이색 부자는 그의 장인 이제현의 문생으로서 그와도 가까웠다.

그의 문하에서 배출된 염흥방·성석린·민제 등은 이후 성리학을 보급하는데 크게 공을 세우고 있다.

---

146)『高麗史』권112, 列傳25 白文寶.

제3편

고려말의 성리학 보급과 학맥

제1장 이색의 학문과 학맥

제2장 정몽주의 학문과 학맥

고려말 성리학의 보급과 학맥에서는 이 시기를 대표하는 이색의 학맥과 정몽주의 학맥에 주목하였다. 이색은 이제현의 문생으로서 당시 사회에 모든 학자들로부터 儒宗으로 존경을 받았다. 또 오랫동안 성균관 교관과 과거의 고시관을 역임하여 수많은 문도와 문생들을 배출하였다. 여말선초에 활약한 정치가와 학자들 중에서 그의 문하에서 수학하지 않은 사람이 없었다. 그는 해박한 성리학자로서 당시 고려사회를 성리학의 이념으로 개편하는데 크게 기여하였다.

정몽주는 우탁의 학문을 계승한 것으로 전해지는 김득배의 문생으로서 공민왕 16년의 교육개혁 때 이색과 함께 교육중흥의 일선에서 성리학의 보급에 크게 기여하였다. 그의 탁월한 학문적 능력은 이색으로부터 東方理學의 시조로 추대할 만하다는 칭송을 받을 정도였다. 그는 당시 사회에서 이색과 쌍벽을 이루면서 모든 학자들의 존경의 대상이 되었으며, 그 또한 교관과 고시관을 역임하는 과정에서 수많은 문도와 문생을 배출하였다. 이색과 그는 평생의 지기로서 서로 존경과 신뢰로 생활하면서 정치적 견해도 같이 하였다.

본 편에서는 이색과 정몽주의 교육활동과 이들 문인들의 활동을 살펴봄으로써 여말선초의 정치상을 조감하고, 아울러 격동기에서 나타나는 이들 학맥의 분파과정을 당시 정치상과 연계하여 살펴보고자 하였다.

제1장

이색의 학문과 학맥

I. 이색의 학문

1. 생 애

이색은 고려 말의 대학자로 字는 穎叔이고, 號는 牧隱이며, 본관은 韓山이다. 忠肅王 15년(1328) 경상도 寧海府에서 출생하여 조선 태조 5년(1396) 69세로 세상을 떠났다. 증조는 奉翊大夫・版圖判書에 추봉된 昌世요, 할아버지는 元에서 奉訓大夫・秘書監丞에 증직되고, 고려에서 匡正大夫・都僉議贊成事에 추봉된 自成이며, 아버지는 원에서 奉議大夫・征東行中書省左右司郞中을 세우빌고, 고려에서 광정내부・도첨의찬성사・右文館大提學・監春秋館事・上護軍을 지낸 文孝公 穀이다.

이러한 이색의 가계를 볼 때 증조와 할아버지는 아버지인 穀과 자신의 훈록에 의하여 관직을 추봉 받았을 뿐이며, 그의 가계는 아버지인 穀에 이르러 비로소 신진사대부 가문으로 성장하고 있음을 볼 수 있다.

이색은 14세인 忠惠王 복위 2년(1341)에 성균시에 합격하고, 20세인 忠穆王 3년(1347)에 아버지 곡을 찾아 원에 가서 그곳에서 國子監 生員이 되어 3년 동안 수학하였다.

24세인 충정왕 3년(1351)에 아버지 곡의 부음을 듣고 귀국하여 3년 喪을 마치게 된다. 그가 귀국한 다음 해에 공민왕이 즉위하자 喪 중에도 「時政五事」를 올려 당면 국가의 시폐를 논하고, 이에 대한 개혁안을 올렸다. 이때 그의 나이 25세였다. 다음 해인 공민왕 2년(1353) 5월에 李齊賢이 知貢擧가 되고 洪彦博이 同知貢擧가 되어 문과를 행하였는데, 이때 응시하여 장원으로 급제하고, 肅雍府丞을 제수받았다.[1]

동년 가을에는 征東行省에서 실시한 鄕試에 수석으로 합격하여 進封使書狀官의 직으로 원에 가서 다음 해 2월 翰林學士承旨 歐陽玄과 禮部尙書 王思誠의 문하에서 會試에 합격하였다. 다음 달에는 殿試에서 第2甲의 제2명으로 합격하여 應奉翰林·文字承仕郎·同知製誥 겸 國史院 編修官을 제수받았고, 이후 귀국하였다.

그가 귀국하자 공민왕은 典理正郎·藝文應敎를 제수하였고, 공민왕 4년(1355) 윤 정월에는 內書舍人으로 발탁하였다.[2] 이 해에 다시 원에 가서 翰林院 權經歷에 배임되었으나 다음 해에 어머니가 연로하였으므로 귀국하여 어머니를 모셨다. 이때 그는 「時政八事」를 올려 당면 정치의 개혁안을 건의하였는데, 그 내용의 전부는 알 수 없지만 權近이

---

1) 『牧隱集』 권首, 「牧隱先生李文靖公行狀」 및 『高麗史』 권73, 志27 選擧1 科目1.
2) 『高麗史』 권38, 世家38 恭愍王 4년 정월.

> 公께서「時政八事」를 올렸는데, 모두 허락을 얻어 시행되었다. 첫째로 政房을 없애고 吏部와 兵部에서 사람을 뽑게 하는 것이었다. 이에 왕은 그의 말을 쫓아 정치를 개혁하였다.[3]

라고 한 것을 보면, 그가 올린 정치개혁안의 하나가 政房의 혁파와 舊制의 부활에 있었던 것이 확인되고, 이것은 그대로 수용되고 있음을 알 수 있다. 이에 왕은 그의 능력을 크게 평가하여 吏部侍郎을 제수하고 兵部郎中을 겸하도록 하여 文武의 銓選을 맡도록 하였다.

공민왕 6년(1357)에 試國子祭酒를 제수하였고, 얼마 후 右諫議大夫로 옮겼는데, 이때 그는 3년상을 행하도록 청하여 윤허를 받았다.[4] 다음 해 2월에 당시의 權臣들에게 미움을 빚어 諫官이 모두 좌천되는 와중에서 그도 尙州로 가게 되었다. 왕은 그날 밤 그를 불러 樞密院副承宣·翰林學士를 배수하고, 다음 날 재상들에게 이르기를 "이색은 재주와 도덕이 출중하여 다른 사람과 비할 바가 아니다. 만약에 그를 버리고 등용하지 않는다면 민심을 따르게 할 수 없다"라고 하였다.

공민왕 10년(1361)에는 左承宣에 올라 왕에게 洪範을 강하였으며, 이 해 11월 紅巾賊이 서울을 함락하자 왕을 호종하여 福州로 피난하였고, 난이 평정되자 호종 1등공신에 책록되었다.

공민왕 11년(1362)에는 佛護寺에 田을 하사하려 하자 그는 "이 일은 마땅히 대신들과 의논하여 결정하여야 할 것임으로 경솔히 할 일이 아닙니다"라고 하여 서명하지 않았다. 이에 왕은 크게 노하여 그를 문책하였으나 당시 知都僉議로 있던 柳淑이

---

3)『牧隱集』권首,「牧隱先生李文靖公行狀」.
4)『高麗史』권39, 世家39 恭愍王 6년 冬 10월.

> 중이 非理로써 聖政을 더럽히니, 穡이 諫諍함은 진실로 옳은 일입
> 니다. 그런데 전하께서 비리를 편들어 간쟁을 올린 신하를 벌한다면
> 사리에 맞는 일인지요.5)

라고 간하여 겨우 무마되고 있다.

이로써 그는 벼슬에 뜻을 잃고 물러나려 하였으나 윤허되지 않
았다. 이때 공민왕이 내린 不允의 批答은 당시 그의 학문을 이해하
는데 좋은 자료가 된다.

> 내가 생각하건대, 萬機가 지극히 번잡하니 혼자의 지혜로 이를 다
> 스리기는 어렵도다. 承宣이란 그 책임이 실로 왕의 말을 出納하는 요
> 직이니, 그 관계되는 바가 가볍지 않다. 이로써 적임자를 구하기가 어
> 려운 바이다. 卿은 성품과 식견이 明敏하고 글재주가 풍부하고 탁월
> 하여 일찍이 아버지의 風을 이어 중국에까지 이름을 날리고, 현재 여
> 러 儒者들의 興望을 얻어 東國에 표준이 되었도다. 또 학문이 이미
> 해박하매 계책이 또한 (임금을) 啓沃할 만하도다. 이에 내가 특히 그
> 대를 갸륵히 여겨 낮은 직위에서 발탁하여 큰 벼슬에 올렸고, 드디어
> 내 좌우에서 代言을 담당하여 遠近에 아름다움을 나타내게 하고, 무
> 릇 文詞에 관한 것은 모두 그대에게 위임하고자 하였더니, 뜻밖에 辭
> 免의 뜻을 표시하니 그 眞意를 헤아리기 어렵도다. 혹 내가 애중히 여
> 기는 뜻을 믿지 못함인가. 그렇지 않으면 그대의 진언을 採納하지 않
> 았음인가. 그러나 윗사람과 아랫사람 사이에는 숨기는 바가 없어야
> 하는 것이니, 情이 왜 통하지 않을 것인가. 만약에 臣子가 숫제 제 몸
> 만 편안케 하려고만 한다면 이것이 어찌 大義일 수 있겠는가. 하물며
> 내가 그대에게 무엇을 져버렸기에 그대는 나에게 의심을 두는가. 마
> 땅히 나의 심사를 알아서 그대는 직책에 충실하라.6)

공민왕 12년(1363)에 원으로부터 征東行中書省의 儒學提擧로 임
용을 받았고, 이 해 12월에는 密直提學·同知春秋館事에 올라 端
誠保理功臣의 호를 하사받았다. 이로부터 그는 왕의 신임을 깊이

---

5)『高麗史』권115, 列傳28 李穡.
6)『東文選』권24,「李穡辭免左代言不允批答」.

얻어 국정에 참여하였으며, 비록 휴가 중일 때라도 큰 일이 있으면 반드시 불러서 정사를 자문받았다.

공민왕 14년(1365) 3월에는 簽書密直司事가 되었고, 이 해 윤 10월에는 同知貢擧가 되어 尹紹宗 등 28명을 선발하였다.[7] 이때 그는 왕에게 상소하여 科場에 책을 끼고 들어가는 것과 남의 글을 바꾸어 내는 등의 부정행위를 철저히 검색하도록 건의하여 윤허를 받았다. 다음 해에는 辛旽의 전횡을 규탄한 鄭樞와 李存吾가 죄를 입어 극형에 처할 위기에 있었으나 그가 당시 권신이었던 李春富에게

우리나라는 태조이래 지금까지 한 명의 諫官도 죽인 일이 없는데, 이제 만일 간관을 죽이게 되면 악한 소리가 멀리 전파 될 것이니, 어찌 두렵지 않으리오.[8]

라고 설득하여 왕에게 이 뜻을 전하게 하니, 죽음을 면하게 되었다.

공민왕 16년(1367) 林樸의 건의로 성균관이 중건되자 判開城府事로 成均大司成을 겸하여 교육에 전력하게 된다. 이때 그는 朴尙衷·金九容·鄭夢周·朴宜中·李崇仁 등에게 학관을 겸하게 하고, 교육체계를 四書五經齋로 개편하여 교육을 일으키니, 학교교육이 크게 중흥을 맞게 된다. 그가 한국유학사 및 교육사에서 우뚝한 자리에 설 수 있었던 것도 바로 이 시기의 교육활동에서 찾아볼 수 있다. 이로써 그 동안 침체되어있던 교육은 중흥되고 성리학이 고려후기의 새로운 학풍으로 정착을 보게 된다. 이 시기에 그로부터 배출된 인재들은 고려후기 및 조선초기의 학맥 형성과 학문 발전에 크게 기여하게 된다. 이때 그는 원으로부터 征東行中書省의

7) 『高麗史』 권73, 志27 選擧1 科目1 選場.
8) 『高麗史』 권112, 列傳25 李存吾.

左右司郎中을 제수받았다.

공민왕 17년(1368) 4월에는 왕이 친히 九齋에 행차하여 親試를 행하였는데, 이때 그는 讀卷官이 되어 李詹 등 7명을 선발하였고,[9] 이 해 8월에는 三司左使로 승진하였다. 그러나 성균대사성은 여전히 겸하였다. 이때를 즈음하여 왕은 馬岩에 魯國公主의 영전을 조성하게 하였는데, 당시 侍中이었던 柳濯이 글을 올려 "공연히 백성의 노력과 國庫를 탕진한다"라고 상소하여 이의 중지를 건의하였다. 이에 왕은 크게 노하여 柳濯을 감옥에 가두고 죽이려고 하여 그로 하여금 諭示文을 짓도록 하였다. 그가 왕에게 죄명을 묻자 왕은 "①오랫동안 수상으로 있으면서 不義를 행하여 하늘이 크게 가물고, ②演福寺의 밭을 빼앗았고, ③노국공주가 죽었을 때 3일이나 제사에 참례하지 않았으며, ④장례를 永和公主의 전례대로 강등하였으니 不忠不義함이 이보다 더 함이 어디 있겠는가"라고 하였다. 이에 그는 "만약에 위의 4가지 일로 죄를 준다고 하더라도 백성들은 모두 상소한 것 때문에 죄를 받았다고 할 것이요, 또 위의 4가지 일도 모두 죽일 만한 일이 아니오니 다시 생각하소서"라고 하여 柳濯에 대한 처벌을 반대하였다. 이에 왕은 더욱 노하여 다시 독촉하니, 그는 엎드려 "臣이 차라리 죄를 받을지언정 어찌 감히 왕명을 받들어 그에게 죄를 만들겠습니까. 상소한 글은 柳濯만이 아니라 領都僉議도 이를 또한 아는 바입니다"라고 하여 끝까지 반대하였다.[10] 이로써 그는 일시 감옥에 갇히게 되었으나 그의 충성에 감복한 왕은 얼마 후 유탁의 죄를 사하였고, 또 그를 불러 "전에 내가 화를 낸 것을 서운하게 생각하지 말고 다시 충성을 다하라"는 명을 내리고 있다.

---

9)『高麗史』권73, 志27 選擧1 科目1 選場.
10)『高麗史』권115, 列傳28 李穡.

공민왕 18년(1369)에도 동지공거가 되어 柳伯濡 등 33명을 선발하였는데, 이때 權近도 합격하였다.

공민왕 20년(1371)에는 政堂文學에 올라 文忠保節贊化功臣의 호를 하사받았다. 이때 李成桂도 知門下府事를 제수받았다. 그와 이성계의 교분은 이후 더욱 두터워져 고려말 정치적 견해를 달리하기까지는 벗으로 막역하게 교유하였다. 이 해에 親試의 독권관이 되어 金潛 등 31명을 선발하였다. 얼마 후 어머니의 상을 당하였으나 起復하여 관직을 계속 맡았고, 공민왕 22년(1373)에는 벼슬에서 물러나 韓山君에 봉작되었다.

공민왕을 계승한 우왕도 이색을 師傅로 삼고, 동왕 3년(1377)에는 推忠保節同德贊化功臣의 호를 더하고 領藝文春秋館事를 제수하였다.11) 우왕 9년(1383)에는 다시 韓山君에 봉작되고 判三司事를 제수받았으며, 왕 11년(1385)에는 檢校門下侍中을 제수받았고, 왕 14년(1388)에는 推忠保節同德贊化輔理功臣·壁上三韓三重大匡·門下侍中·判典理司事·領孝思館書筵藝文春秋館事·上護軍·韓山府院君이라는 최고의 직을 받게 된다.

그러나 우왕 즉위 후 그는 정치에 의욕을 잃고 은퇴하려고 하였던 것 같다. 이것은 우왕 때 지온「胡不歸行」이라는 시에 보이고 있다.

胡不歸 胡不歸　　어찌 돌아가지 않으리, 어찌 돌아가지 않으리
汝旣老矣 胡不歸　　너는 이미 늙었으니, 어찌 돌아가지 않으리.
汝所天兮 賓于天　　너희 임금 돌아가셨는데
汝獨留兮 鼎湖波　　너만 홀로 鼎湖波에 머물겠는가.
　　…　　…
胡不歸 胡不歸　　어찌 돌아가지 않으리, 어찌 돌아가지 않으리.
無不足兮 奚所希　　부족함이 없으니, 무엇을 비리리요.

---

11)『高麗史』권115, 列傳28 李穡.

靑山隱隱 水鏡靜　　청산은 은은하여 수경같이 고요한데
我膝所屈 惟漁磯　　물가에 무릎 구부려 오직 고기만 잡으리라.12)

　이로써 우왕 때는 병을 핑계로 관직에서 물러나기도 하였고, 또 벼슬에 나아갔다고 하더라도 얼마되지 않아 사의를 표명하기도 하였다. 우왕 즉위 이후 외척과 권문세족이 다시 발호하게 되고 공민왕 때의 개혁세력들이 대부분 축출 당하게 되자, 그는 그의 이념을 실현시킬 수 없다는 좌절감에 빠지지 않을 수 없었을 것이다.

　우왕 14년(1388) 위화도회군으로 우왕이 폐위되고 그의 도움으로 창왕이 즉위하였다. 창왕은 그에게 문하시중을 제수하고 推忠保節同德贊化輔理의 호를 내렸으며, 다음 해에는 劍履上殿 贊拜不名의 특전을 내렸다. 그러나 이때를 즈음하여 趙浚의 私田改革이 나타나자 이를 반대하였고, 이로써 그는 이성계 일파와는 대립관계에 서게 된다. 1389년 이성계 일파가 廢假立眞을 내세워 창왕을 폐위시키고 공양왕을 즉위시켰다. 공양왕은 즉위하자 그에게 判門下事를 제수하였으나 열흘도 못되어 창왕을 즉위시킨 죄를 규탄한 이성계 일파의 탄핵을 받고 長湍으로 유배된다. 이후 咸昌·淸州·韓州·衿州 등으로 유배당하였고, 또 여러 차례 투옥 당하기도 하였다. 그 동안에 그는 장자 種德을 잃었고, 그를 비롯하여 나머지 아들 種學과 種善도 유배를 당하고 있다.

　이때를 즈음하여 그는 세상의 인심에 대하여 무상함을 절감하고 있었다. 특히 이성계와 그는 막역한 친구로 교분이 두터웠다. 일찍이 그는 이성계가 判三司事로 있을 때 그를 위하여 그의 아버지인 李子春의 묘지명도 지었다. 여기서 그는

---

12)『牧隱詩藁』 권14,「胡不歸行」.

判三司인 아들이 있어 공훈과 명망이 한 세상에 으뜸이며, 자손들이 모두 貴顯하였으니, 天道가 무지함은 아니로다. 뿌리가 튼튼하면 가지는 반드시 무성하며, 근원이 멀면 흐름은 길도다. 나의 銘 졸렬한 것 부끄러우나 그 빛 千年을 발하리라.[13]

라는 銘을 지어 이성계를 높이 칭찬하고 있다. 그러나 창왕이 즉위한 이후 그의 측근들에 의하여 탄핵을 받아 수난을 당하자

松軒當國我流離　松軒이[14] 권력을 잡자 내가 流離당하는구나.
夢裡誰曾有此思　꿈속에서라도 그 누가 이렇게 될 줄 생각이나 하였으랴.
二鄭況今叅大議　하물며 二鄭도 지금 큰 의론에 참여하고 있으니
一家完聚果何時　우리 집안이 언제 다시 모두 모일 수 있을 것인가.[15]

라는 시를 지어 탄식하고 있다. 그러나 그는 시세에 영합하지 않았고, 大義로써 지조를 지킬 것을 다짐하면서 실제로 그와 같이 행동하였다. 다음의 시를 보자.

寧甘今日棄　차라리 오늘 버림을 받을지언정
莫受他年嗤　다음에 어리석다는 비웃음을 받지 않으리라
一身自澌盡　내 한 몸의 기운이 다 하더라도
名節終難虧　명예와 지절을 끝까지 지키리라.[16]

1392년에 조선이 건국되자 太祖가 여러 차례에 걸쳐 조정에 나오도록 권고하였으나 끝까지 절의를 지켜 나아가지 않았다. 태조 5년(1396) 5월에 驪興에서 세상을 떠나니, 향년 69세였다.

---

13) 『牧隱文藁』 권15, 「李子春墓誌銘」.
14) 李成桂의 號.
15) 『牧隱詩藁』 권35, 「寄省郎諸兄」.
16) 『牧隱先生年譜』 53세조, 「自嘆詩」.

2. 學　問

이색은 당시 사회에 있어 가장 우뚝한 학자였다. 그는 유학뿐만 아니라 불교에도 깊은 조예가 있었고, 또 역사에도 깊은 식견이 있었다. 그의 문장은 해박하면서도 간결하였고, 典雅하였다. 이로써 당시 학자들은 그를 儒宗으로 받들어 존경하였고, 후대의 학자들은 그의 시를 높이 평가하여 이 시대를 대표하는 시인으로 보기도 하였다. 특히 그의 역사인식은 檀君을 시조로 하는 민족적 역사의식을 바탕으로 하고 있으며, 이러한 역사의식의 바탕 하에서 우리 역사의 正統性을 구현하고자 하였다. 이제 그의 학문을 儒學·佛敎·文學·歷史의 항목으로 구분하여 살펴보기로 한다.

1)　儒　學

이색은 어릴 때부터 아버지 穀의 영향을 받아 유학에 입문하였고, 또 그의 외조 金澤도 대대로 寧海에서 살아온 鄕校의 大賢으로 그의 감화도 받았다. 그러나 그가 당시 고려사회에서 儒宗으로 존경받을 수 있었던 학문적 배경은 元에서의 수학에서 찾지 않을 수 없을 것이다. 당시 원에서는 성리학을 당면정치의 이념적 기조로 수용하면서 이의 연구가 활발하게 진행되고 있었다. 그는 이 시기에 燕京의 대표적 학자였던 宇文公諒과 吳當으로부터 심오한 유학의 旨趣를 터득하였다. 이러한 과정에서 그는 학문적으로 대성하였고, 이러한 그의 학문적 성업에 대하여 일찍이 원의 殿試에 급제할 때 讀卷官이었던 翰林承旨 歐陽玄은 "孔子의 學脈이 그대에게 전수 되리라"라고 하여 찬탄을 금하지 못하고 있다.

　그의 학문적 기저는 성리학적 유학의 이념이었다. 그는 성리학을 모든 학문의 근간으로 평가하였고, 治世를 위한 근본학문으로 파악하였다. 이것은 『選粹集』序에서

　　孔氏는 堯舜을 祖述하고, 文武를 憲章하였으며, 詩書를 산찬하고, 禮樂을 확정하였다. 또 정치를 밝히고 성정을 바르게 하여 풍속을 가지런히 하였다. 이로써 만세태평의 근본을 세웠으니, 生民 이래 孔夫子보다 더 위대한 이는 일찍이 없었음을 믿지 않을 수 없다. 이후 秦나라 때에 焚書를 당하였다. 孔氏家의 벽에서 『詩經』・『書經』만은 겨우 나왔으나 道는 없어진 듯 쇠미하여졌다. 唐에 이르러 韓愈가 홀로 공씨의 문장을 알아 마침내 「原道」 한 편을 쓰니, 이에 道統이 다시 확연하게 이어지게 되었다. 宋代에 한유를 宗師로 하고 古文을 배운 이는 歐陽公 등 몇 사람뿐이었다. 孔孟의 학문을 강명하고 佛道를 출척하여 만세를 교화함에 있어서는 周程의 공이 크다. 宋이 망하고 元이 일어나니, 그 학설은 북으로 흘러 魯齋 許선생이 그 학문으로 世祖를 도왔다. 中統 至元의 정치는 모두 여기에서 나온 것이다.17)

라고 하고 있는 것에서 보인다.

　그의 우주관・인성관은 모두 이러한 성리학적 유학의 이념을 전제로 하여 나타나고 있다. 그는 우주의 본체를 太極으로 보면서 여기에서 파생된 氣가 人間과 萬物을 生成한다고 하였다. 이러한 사상은 그가

　　天地는 氣이다. 인간과 만물은 이 氣를 받아 生한다. 分群・聚類・流濕・就燥의 현상으로 해서 밖에서 볼 때는 어지러운 듯하지만 안으로는 항상 질서가 정연하여 그 찬연한 윤리는 문란함이 없다.18)

---

17) 『牧隱文藁』 권9, 「選粹集序」.
18) 『牧隱文藁』 권2, 「萱庭記」.

라고 하고 있는 것에서 보이고 있다. 따라서 그는 天과 地가 분화되고 인간과 만물이 생성할 때는 모두 氣로 출발하였기 때문에 모두 善하다고 파악하였으며, 이것을 本然之性이라고 표현하고 있다. 그러나 이후 후천적인 여러 제약에 의하여 기질이 변화되어 본연지성을 잃게 된다고 보았다. 이것은 그가

> 천지는 一氣이다. 山河草木도 본래 一氣이다. 어찌 그 사이에 輕重을 가질 수 있겠는가.[19]

라고 하면서도

> 사람이 天으로부터 理를 얻어 갖추고 만사에 상응함은 본연의 善이 있기 때문이다. 기질이 혹 이를 구속하거나 물욕이 그것을 가리거나 하니, 이로써 本然之善을 잃게 되는 것이다. 天으로부터 얻은 것을 자기에게서 잃은 것이다.[20]

라고 하고 있는 것에서 알 수 있다.

그의 유학사상은 이러한 이념을 기저로 '存天理'하고 '遏人慾'하는 행동실천을 강령으로 하고 있다. 이를 위하여 그는 持敬·正性情·篤恭·愼言을 강조하였고, 또 그가 교관으로 있을 때 그의 제자들에게 주지시켰던 것도 이것이었다.[21]

그는 이러한 이념의 핵을 忠과 孝에서 찾았고, 이것이야말로 하늘이 사람에게 준 本然之性의 근본으로 파악하였다. 그의 지론인 "부모를 잘 섬기는 것을 孝라 하고, 이것을 임금에게 옮기면 忠이

---

19) 『牧隱文藁』 권3, 「菊澗記」.
20) 『牧隱文藁』 권10, 「韓氏四子名字說」.
21) 申千湜, 1996, 「牧隱李穡의 敎育思想」 『牧隱 李穡의 生涯와 思想』, 一潮閣.

라 하니, 충과 효는 이름은 다르지만 이치는 한 가지인 것이다"라
는[22] 생각은 바로 유교의 핵심지론인 동시에 그가 주창한 교육이
념이기도 하였다. 그는 제자들에게 忠을 持敬의 핵으로 강조하였
고, 또 이것을 군자들이 지향해야 할 최고의 목표, 즉 至善의 단계
로 표현하였다. 동시에 실천적 효로서 부모의 상례 때 3년상을 주
창하기도 하였다. 그가 공민왕 6년(1357)에 3년상을 시행하도록 건
의하고 있는 것도 이러한 맥락에서 파악할 수 있다. 이러한 그의
사상은 다음의 논지에서도 보인다.

> 아침저녁으로 곡하고 제사지내는 것을 집에서 하지 않고, 들녘에서
> 한다고 해도 또한 무엇이 해롭겠는가? 비록 성인의 법제로 따른다면
> 유삼뇌는 섬이 없지 않지만 오늘날과 같이 禮制가 낭진하여 실추된
> 때에 자식된 이가 지극한 정을 다하고, 3년 동안 나를 낳아 주신 부모
> 님의 은혜를 갚는다는 것은 참으로 그 道가 지극하다 할 것이다.[23]

위에서 보는 바와 같이 그는 당시 사회가 朱子家禮에 입각한 禮
制의 설행은 어렵다고 하더라도 3년 동안 持敬으로서 부모님의 상
을 치르는 것은 바로 聖賢의 가르침을 따르는 것이라고 하고 있다.
 그의 유학이념은 철저한 실천이었다. 입으로만 孔孟을 부르짖으
면서 행동이 이에 따르지 못한다면 이는 俗儒 또는 소인배에 불과
하다고 보았다. 다음의 시를 보자.

君子無他術	君子란 달리 방책이 있는가.
唯知守道眞	오로지 道를 진실하게 지킬 줄 알아야 한다.
幾年曾養氣	몇 년을 수련하여 浩然之氣를 기른다면
萬物自含春	만물이 저절로 봄빛을 머금으리.
愼勿虧家法	삼가 집에서노 법노를 어기지 말아라.

---

22) 『牧隱詩藁』 권10, 「伯中說」.
23) 『牧隱文藁』 권7, 「贈金判事詩後序」.

還知秉國鈞　　　家法도 나라 일을 다스리듯 하라.
到頭天在上　　　머리 위에는 항상 하늘이 있어
禍福莫艱辛　　　禍와 福을 내려줌이 어렵지 않으리라.[24]

그는 위에서 '道를 진실하게 지키는 자'를 일러 君子라 하고 있다. 더 나아가 진정한 군자란 자신이 道를 지킬 뿐 아니라 다른 사람에게도 이를 깨우쳐 교화해야 한다고 주장하고 있다. 이것은

> 선비가 이 세상에 태어나서 때를 만나지 못하면 모르지만, 때를 만났으면 天子를 도와 一統을 크게 하여 四海에 陽春을 펼 뿐이다.[25]

라고 한 것이라든지

> 인재를 써서 시대의 난국을 구제한 것으로는 周나라의 정치를 따를 수 없다. … 士君子는 어려서 배우고 자라서는 이를 행동으로 옮겨서 이것을 집에서 시작하여 천하에까지 미치도록 해야 한다. 이리하여 임금을 올바르게 하고, 백성들에게 혜택을 입혀 풍속을 바꾸어 옮기게 하여 반드시 그 사람들을 堯舜과 같이 만들고, 그 시대를 唐虞처럼 만들 것이다. … 文王은 濟濟한 선비들의 도움으로 그 시대를 편안하게 하였는데, 문왕이 이와 같이 아름다운 교화를 일으켜서 집안에서 시작하여 사람들에게까지 미치게 한 것은 많은 선비들의 도움이 없었다면 어찌 이루어질 수 있었겠는가.[26]

라고 하고 있는 것에서 알 수 있고, 또

人心蔽於欲　　　사람의 마음 물욕에 가려 있으나.
善端時露呈　　　善한 단서도 때때로 나타나네.
養之在君子　　　이를 배양하는 것은 君子에게 있으니

---

24) 『牧隱詩藁』 권14, 「君子」.
25) 『牧隱文藁』 권3, 「陽村記」.
26) 『牧隱文藁』 권10, 「孟周說」.

匪他先立誠	먼저 誠을 세워 가르침이로다.
勤勤去非禮	禮가 아닌 것은 바로 버릴지니
始見本然明	(그렇다면) 本然의 밝음을 볼 수 있으리라.[27]

라는 시에서도 보인다.

이색은 이러한 이념 하에 교육을 필생의 과업으로 생각하였고, 실제로 그는 이를 위하여 한평생을 바치고 있다. 이것은

> 아! 국가의 風化之盛과 人心之正이 지난 날보다 감해지지 않았다. 내가 아무리 늙고 병들었으나 외람되이 封君의 列에 있고, 겸하여 史翰을 영솔했으니, 인재를 격려하고 王化를 넓혀 오늘에 쓰고 후일에 물려주는 것만이 밤낮으로 내가 바라는 바이다.[28]

라고 하고 있는 것에서 알 수 있고, 또

> 대개 백성의 산업을 제도화하고 王道를 일으키는 것이 나의 뜻이었다. 그런데도 마침내 이를 시행하지 못하고 있으니 어찌하랴.[29]

라고 하고 있는 것에서도 살펴볼 수 있다. 그가 성균관 교관으로 있으면서 교육에 전념하였던 것도 이러한 교육적 이념이 형상화된 것으로 보아야 할 것이다.

이러한 이색의 학문은 당시 왕을 비롯한 모든 학자들로부터 존경을 받았다. 그가 조정에 선 지 불과 5년도 못되어 공민왕은 이색의 학문을 높이 평가하여 "이색의 재덕은 출중하여 다른 사람과는 비할 바가 아니다(李穡才德出衆 非他人比)"라고 하여 言官의 직책을 내려 측근에서 보필하도록 하였고,[30] 또 공민왕 10년(1361)에는

---

27) 『牧隱詩藁』 권27, 「冬至豆粥」.
28) 『牧隱文藁』 권8, 「贈宋于郊序」.
29) 『牧隱文藁』 권9, 「農桑輯要後序」.

洪範을 강하게 하여 몸소 청강하였다.[31] 이색에 대한 공민왕의 예우는 이후 더욱 돈독하여 그가 대궐에 들어올 때는 좌우를 시켜 주변을 정결하게 하고 향을 피워 정중하게 맞이하였다. 이러한 사실을 『高麗史』 列傳에는 다음과 같이 기록하고 있다.

> 왕이 매양 공과 李仁復을 불러 대궐에 들어오게 할 때는 반드시 좌우를 시켜 주변을 정결하게 하고 향을 피우게 하였다. 왕에게 총애를 받는 중 神照가 왕에게 아뢰기를 "왕께서 신하를 만나시는데 그처럼 공경을 극진히 할 필요가 있습니까?"라고 하니, 왕께서 말하기를 "네가 어찌 이토록 함을 알겠는가. 이 두 사람은 도덕이 보통 선비가 아니다. 더구나 穡의 학문은 깊은 경지에 이르러 비록 중국에서도 비교할 만한 사람이 드물다. 내가 어찌 감히 소홀히 대할 수 있겠는가"라고 하였다.[32]

공민왕을 이은 우왕도 이색을 師傅로 예우하여 항상 경중하게 받들었으며, 창왕도

> 師傅를 존중함은 斯道를 위함이요, 德을 높이고 功을 갚는 것은 장래를 勸함이라. … 韓山府院君 이색은 일찍이 중원에 유학하여 높이 制科에 올라 學은 天人을 통하고, 識은 今古를 貫하였도다. 우리 선조 공민왕을 섬겨 크게 소중한 바 되어 從容히 啓沃하고, 政機를 협찬하여 토론을 윤색하고, 나라의 아름다움을 높이 선양하였도다. 또 사람으로 하여금 濂洛의 학문을 알게 하고, 俗을 鄒魯의 風으로 변하게 한 것은 실로 경의 힘이었도다.[33]

라고 하여 칼을 차고 신을 신은 채 殿에 오르게 하는 '劍履上殿'의 특혜를 베풀고, 아울러 贊拜 때에 이름을 부르지 않는 '贊拜不名'

---

30) 『牧隱集』 권首, 「牧隱先生李文靖公行狀」.
31) 『高麗史』 권39, 恭愍王 10년 5월 癸亥.
32) 『高麗史』 권115, 列傳28 李穡.
33) 『高麗史』 권137, 列傳50 昌王 원년 9월.

의 특전도 내리고 있다.

위에서 살펴본 바와 같이 이색이 이와 같은 예우를 받을 수 있었던 것은 그가 당대의 석학이라는 학문적 빼어남도 있었으나 정치적 식견의 탁월함과 사람들로 하여금 濂洛의 학문을 알게하여 俗을 鄒魯의 風으로 변하게 한 교육의 공로가 높이 평가되었기 때문이다.

2) 佛 敎

이색은 불교에 대해서도 해박한 지식을 가지고 있었다. 그의 이러한 불교에 대한 소양은 일찍부터 山寺에 출입하면서 많은 승려들과 교유하는 과정에서 배양되었던 것으로 보인다.

그는 어릴 때부터 학문을 연마하는 장소로 산사를 즐겨 이용하였다. 그는 8세 때에 崇井山에 들어가 공부하였고, 江華 喬桐의 華蓋山, 漢陽의 三角山, 見州의 紺嶽山과 靑龍山, 西州의 大屯山, 平州의 牧丹山 등은 그가 즐겨 찾던 곳이었다.34) 이러한 과정에서 그는 많은 승려들과 접하게 되었다. 이때 그가 교유한 승려로는 天台의 圓公과 混修, 曹溪의 修公, 그리고 후에 天台判事가 된 懶殘子 등을 찾아볼 수 있다.35) 특히 유학에 능통한 승려였던 宋性聰은 그의 학문에 많은 영향을 미치고 있다. 그가 14세 때에 성균시에 응시할 수 있었던 것도 송씨의 영향이 많았다. 후일 그는 「宋氏傳」을 써서 "韓山子여! 韓山子여! 그대는 곧 송씨가 만들어 놓았구나"36)라고 하면서 당시 그에게 베푼 송씨의 덕을 기리고 있다.

---

34) 『牧隱詩藁』 권17, 「讀書處歌幷序」.
35) 『牧隱文藁』 권4, 「幻菴記」.
36) 『牧隱文藁』 권20, 「宋氏傳」.

그는 이후 그와 교유한 승려의 字說을 수없이 지어 주었고, 또 「眞宗寺記」·「麟角寺　無量堂記」·「地藏菴　重修記」·「檜巖寺 重修記」·「文殊寺記」·「上院寺 僧堂記」 등 수많은 사찰기를 지었고, 또 金剛山·雉岳山·小白山·四佛山·龍門山·九龍山· 妙香山 등 7곳의 「潤筆菴記」도 지었다. 이밖에 懶翁 惠勤의 塔碑 에 대한 銘도 그가 지었으며, 「達磨折蘆渡江圖」·「童子普賢六牙 白象圖」·「龜谷覺雲의 書畵에 대한 讚」도 지었다. 또 그는 우왕 7년(1381)에는 先王의 명복을 빌고 先親의 유지를 계승한다는 뜻에 서 大藏經을 인출하였다.37)

이로써 그는 고려말에 반대파들로부터 "儒宗으로서 부처에 아 첨하여 사람들의 심술을 무너뜨리고 풍속을 敗亂시켰다"는 공격을 받기도 하였고, 또 『高麗史』 列傳에서는 "不法을 崇信하여 세상에 譏弄한 바 되었다"는38) 혹평을 받기도 하였다.

그러나 그는 맹목적인 불교 신봉자는 아니었다. 어디까지나 그 는 불교를 유교적 측면에서 이해하려 하였고, 또 불교의 폐단에 대 해서는 이를 부정적 측면에서 공격하였다. 그는 공민왕 원년 服中 에 있으면서 「時務五條」를 올렸는데, 이 중에서

佛氏(佛敎)가 중국에 전해오자 王公과 士庶를 물론하고 이를 높이 어 섬겼습니다. 그리하여 漢나라로부터 오늘에 이르기까지 날로 새로 워지고 달로 융성하였습니다. 마침내 우리 太祖께서 왕업을 창시하니, 佛寺와 民家가 삼삼오오 뒤섞여 있었으며, 중세 이후로 그 무리들은 더욱 번성하여 五敎와 兩宗이 모리의 소굴로 화하고, 냇가와 산굽이 마다 절 없는 곳이 없게 되었습니다. 그 결과 부처의 무리가 卑陋해졌 을 뿐만 아니라, 나라의 백성들 역시 놀고 먹는 사람이 허다하게 되어 식자는 매양 가슴 아파하였습니다. 부처는 大聖人이오나 좋아하고 미

---

37) 『高麗史』 권134, 列傳47 禑王 7년 9월.
38) 『高麗史』 권115, 列傳28 李穡.

> 워함이 반드시 사람들과 같이 하였으니, 어찌 돌아가신 亡靈인들 그
> 무리들의 이와 같음을 부끄러워하지 않겠습니까?[39]

라고 하여, 이미 僧이 된 사람에게는 度牒을 내리고, 도첩이 없는 사람은 軍伍에 충당할 것이며, 새로 창건한 절은 모두 철거하도록 건의하고 있다.

또 그는 공민왕 11년(1362)에 佛護寺에 田地를 내리려 하자, "이 일은 마땅히 여러 대신들과 상의하여 결정해야 할 일이다"고 하여 서명을 거부함으로써 왕의 노여움을 받았다.[40] 불교에 대한 그의 인식은

> 공민왕이 文殊會를 베풀어 兩府를 거느리고 부저에게 禮를 올리는
> 데, 그와 李仁復은 禮를 올릴 때 문득 나가고 절을 하지 않았다[41]

라는 『고려사』의 기록에서도 어느 정도 유추할 수 있다.

불교에 대한 그의 인식은 일찍이 姜蓍가 『農桑輯要』를 편찬하고, 그에게 序說을 청하였을 때 그 序文에서

> 대개 백성의 산업을 제도화하고 王道를 일으키는 것이 나의 뜻이
> 다. 그러나 이것을 마침내 시행하지 못하고 있으니, 어찌해야 할 것인
> 가. … 백성의 산업을 제도화하고 王道를 일으키는 것은 그 일이 또
> 여기서 그치는 것이 아니다. … 마땅히 스스로 異端을 물리치는 일부
> 터 시작해야 할 것이다. 그렇지 않으면 우리 풍속이 변할 수 없을 것
> 이니, 이 책에 실린 것도 역시 헛된 글이 되고 말 것이다.[42]

라고 하고 있는 것에서도 보인다.

---

39) 『高麗史』 권115, 列傳28 李穡.
40) 『高麗史』 권115, 列傳28 李穡.
41) 『高麗史』 권112, 列傳25 李仁復.
42) 『牧隱文藁』 권9, 「農桑輯要後序」.

그는 불교의 因果說에도 반대하였다. 이것은 「賜龜谷書畵讚」에서

불교가 세상에서 소중히 여겨진 지가 오래 되었다. 그러나 한낱 因果나 罪와 福을 가지고 말하는 자는 末端의 말이요, 고상하고 空虛하며 玄默하여 만물 밖에 홀로 선 자는 비록 우리 儒家의 고상한 사람이라도 역시 그를 적게 여길 수가 없는 것이다. 공손히 생각하옵건대, 성상 전하께옵서는 그 오묘한 뜻을 깊이 깨달으셨기 때문에 그들에게서 취하는 것으로 그 방도를 얻으셨다. 그런 까닭에 한결같이 근세의 비루한 것을 배척하고 장차 太祖의 옛 일은 회복시키려 하였다.[43]

라고 하고 있는 것에서 보인다.

그는 학문적 입장에서 불교의 교리 자체는 어느 정도 수용하고 있었다. 이것은 「澄泉軒記」에서

우리 유자는 格物·致知·誠意·正心으로써 齊家·治國·平天下를 이루려하는데, 불교에서는 澄念·止觀으로써 본원의 자성이 천진함을 깨달아 인간을 생사의 고해에서 벗어나게 하여 寂滅(涅槃)로 돌아가게 제도하니, 어찌 서로 다름이 있는가.[44]

라고 하고 있는 것에서 알 수 있다. 또 그는 유교적 충·효의 입장에서 불교의 孝와 忠을 수용하고 있다. 이것은 「眞宗寺記」에서

孝道는 대개 모든 이치의 근본이다. 아랫사람을 사랑으로 어루만지고, 윗사람을 충성으로 섬기는 것은 모두 이 효도에서 나오는 것이다. 그러니 이 절을 세워서 선조의 뜻을 계승하고 임금의 은혜를 갚는 것은 그 도리가 진실로 당연하다고 하겠다. 어찌 禍福을 받는다는 말에 현혹되고, 또 복을 빈다는 명목으로 사치하고 화려한 것을 지나치게 하여 재물을 없애고 백성을 괴롭게 한 자들과는 비교가 될 수 있겠는가.[45]

---

43) 『牧隱文藁』 권12, 「賜龜谷書畵讚」 및 『東文選』 권51, 「賜龜谷書畵讚」.
44) 『牧隱文藁』 권3, 「澄泉軒記」.
45) 『牧隱文藁』 권1, 「眞宗寺記」.

라고 하고 있는 것에서 보이고, 또 「檜巖寺 修造記」에서

> 나는 본래 불교를 좋아하지 않는다. 하지만 玄陵(恭愍王)이 大師를 일찍이 스승으로 삼았기 때문에 공경하고 사모하기를 마지않았다.[46]

라고 한 내용과 普濟和尙의 비문에서

> 대개 道가 같지 않으면 일을 서로 꾀할 수 없다. … 이제 왕의 명이 계시어 그의 銘을 지으라 하니, 감히 그 말씀을 받들지 않을 수 없다. … 스님은 先王의 스승이다. 그리고 나는 선왕의 신하이다. 선왕의 신하로써, 선왕 스승의 명을 어찌 쓰지 않을 수 있겠는가?[47]

라고 하고 있는 것에서도 보인다.

그는 아버지의 유훈을 받들어 大藏經을 印出하고 있는데, 이것은 불교에 대한 자신의 신봉 때문이 아니고, 아버지에 대한 孝行의 실천으로 행해졌다. 이것은 李崇仁이 「神勒寺 大藏閣記」에서

> 부처의 道가 청정하고 교묘하여 한 점의 티끌도 묻지 않고 만물에 초연하게 뛰어났음으로 賢者와 智者들은 본래부터 이것을 즐겨한다. 그 말에는 또 소위 福田利益이라는 설이 있다. 여기에서 충신·효자로 임금이나 어버이의 은혜를 갚으려는 자라면 그 극진한 방법을 쓰지 않는 사람이 없기 때문에 그에 귀의하지 않을 수 없다. 그러니 佛書가 세상에 크게 전파되는 것은 당연하다. 稼亭先生이 이미 일으키고 牧隱先生이 계승하여 마침내 능히 이 法寶를 이루어 임금과 어버이에게 福을 받도록 하였으니, 이것이 곧 충신·효자가 (임금과 어버이를 위하여) 극진한 방법을 쓰지 않음이 없다는 것이 아닌가. 아! 누가 신하 아니며, 아들 아니겠는가. 지금으로부터 천 만세에 이르기까지 그 하늘 같이 존경하는 분에 대하여 감모하고 발원하는 바가 있는 자는 반드시 여기에서 그 기원하는 것을 얻을 수 있을 것을 의심하지

---

46) 『牧隱文藁』 권2, 「檜巖寺 修造記」.
47) 『牧隱文藁』 권4, 「彌智山 潤筆菴記」.

> 아니하니, 崇仁이 감히 즐겨 글을 쓰지 아니하랴.[48]

라고 하고 있는 것에서 보인다. 또 그의 불교에 대한 인식은 다음의 시에서도 보인다.

平生不識釋迦文	平生에 석가의 글을 알지 못하였도다.
兩道自是無心去	兩道(老子와 佛道)는 무심히 지나갔건만
洙泗沿洄濱已秋	洙泗(孔子의 學)에서 오르내리며 백발이 되었네.
白髮蹉跎歲又餘	백발이 되어 때 놓치고 이 해도 마지막 날
老年學力轉空疎	늙어서 하는 학문 더욱 공허하여라.
澤民未副平生志	백성에게 은혜 입히려던 평생의 뜻 이루지 못하고
望道唯憑性理書	道 닦으려는 마음은 性理書에만 의지하였네.[49]

위에서 볼 때 그의 학문적 기저는 오직 洙泗學(儒學)이었음을 알 수 있다. 그는 어디까지나 유학적 학문을 기조로 하여 불교를 해석하였고, 신앙으로서보다는 학문으로 불교를 이해하려 하였음을 알 수 있다.

3) 文 學

이색은 당대 제일의 문장가였다. 현재 그의 文集에 보이고 있는 詩만 하더라도 6,000여 수에 이르고 있고, 또 고려후기 외교문서도 그가 작성한 것이 많았다. 그의 문장에 대하여는 조선시대 世祖와 鄭麟趾의 대담에서도 보인다. 세조 2년(1456) 왕이 정인지에게 "이색의 文章이 어떠한가"라고 물었는데, 이때 정인지는 "우리 동방에 있어서는 燦然한 사람입니다"라고 답하고 있다.[50]

---

48) 『東文選』 권76, 「神勒寺 大藏閣記」.
49) 『牧隱詩藁』 권13, 「卽事」.

　그에 있어서 詩作은 하루 일과 중의 하나였다. 그는 제자를 가르칠 때에도 시를 써서 가르쳤고, 정사에 대해서도 시로써 자신의 마음을 표현하였다. 그는 참으로 시를 사랑한 사람이었다. 다음의 시를 보자.

酒不可一日無	술은 하루라도 없으면 아니 되고
詩不可一日輟	시는 역시 하루도 안 짓고는 못 살겠네.
仁人義士心膽苦	어진 사람 의로운 선비 마음이 괴로워
欲寫未寫絶未絶	시를 쓰려해도 쓰지 못하고, 술을 끊으려해도 끊지 못하네.
…　　…	
…　　…	
人間詩酒功第一	인간 세상, 시와 술의 공이 제일이라.
多少危時保明哲	위태로운 시대에는 얼마쯤 내 몸 보존하네.
酒有狂詩有魔	술에는 狂이 있고, 시에는 魔가 있어
禮法不敢煩魔呵	禮法도 감히 번거롭게 헐뜯지 못하리.51)

　그의 시는 중국에서도 명성을 떨쳤다. 일찍이 중국에 가서 황제의 칭찬을 받았고, 당시 중국의 학자들도 그의 시를 즐겨 읊었다. 이것은 말년에 당시를 회상하면서 지은 다음의 시에서 보인다.

我有長脛黑無肉	길고 긴 내 정강이 말라 살이 없고
脚得瘦軀如病鶴	다리는 여위고 말라 병든 학과 같구나.
少年才名動九重	소년 때는 才名이 구중궁궐 진동하였고
力工脫靴寧少却	力工가 신을 빗거도 꼼찍도 않았네.
直將布襪踏御筵	바로 신을 신은 채 御筵에 올라
把筆題詩天子樂	붓을 잡고 시를 쓰니, 천자가 기뻐하였네.52)

---

50) 『世祖實錄』 권5, 世祖 2년 9월 丙戌.
51) 『牧隱詩藁』 권12, 「詩酒歌」.
52) 『牧隱詩藁』 권8, 「靑行纏歌」.

그의 시는 마음으로부터 우러나오는 性情의 표현이었다. 그는 문장을 마음에 뿌리를 둔 本然之性의 표현으로 보았다. 이것은 일찍이 그의 손자 孟畇에게 준 글에서 "먼저 心術을 바르게 한 연후에 文學을 연마하라"고[53] 하였고, 「栗亭先生遺稿序」에서

> 문장이란 바깥으로 들어냄이다. 그러나 마음에서 뿌리를 내린다. 그래서 시를 외우는 사람은 風雅의 正變에 대해 느낌이 없을 수 없다. 말세의 章句는 날로 퇴락하여 正音이 다시 일어나지 않음이 괴이할 것 없다.[54]

라고 하고 있는 것에서도 보인다. 또 그는 시를 자기 자신의 경험을 토대로 한 언어의 精華로 보았다. 이것은 『動安居士文集』에서

> 문장이란 말의 精華이다. 그런데 말은 꼭 마음에서 나오는 것만이 아니요, 모든 행동한 사실의 열매인 것이다.[55]

라고 하고 있는 것에서도 보인다.

따라서 그는 형식에 얽매인 부화한 문장은 末世의 章句라 하여 배격하였다. 이것은 그가 일찍이 試官으로 있을 때 擧子들의 詩賦를 보고

唐風崇律賦	唐나라 풍속은 律과 賦를 숭상하여
流幣盛東方	끼쳐진 폐단이 동방에도 성행했네.
音韻偕平側	음과 韻은 모두 平側에만 맞추고
文章局短長	문장은 길고 짧음에 얽매이네.
揚淸仍激濁	靑波를 일으키고 탁류를 치며
配白故抽黃	흰 빛을 짝하고 누른빛을 늘어놓네.

---

53) 『牧隱詩藁』 권34, 「示孫孟畇敬童」.
54) 『牧隱文藁』 권8, 「栗亭先生遺稿序」.
55) 『牧隱文藁』 권8, 「動安居士李公文集序」.

芻狗終安用	소용없는 이것을 어디에 쓰겠는가
令人自歎傷	사람으로 하여금 탄식만 하게 하네.56)

라고 탄식하고 있는 것에서 알 수 있다.

그의 시는 그 자신의 마음에 바탕하고, 또 행동한 사실을 근저로 한 그 자신의 철학이요, 생활이며, 이상의 표현이었다. 그의 시 6,000여 수를 살펴보면 이러한 그의 사상이 전제되지 않는 것이 없다. 조선시대 문장으로 이름을 떨친 徐居正은 그의 시를 보고

선생의 시는 한 가지에 매이지 않고, 모든 체를 두루 포용하고 있다. 선생의 시는 웅론한 것도 있고, 麗藻한 것도 있고, 冲澹한 것도 있고, 준결한 것도 있다. 또 호걸스럽고 넉넉한 것도 있으며, 엄하고도 묵중한 것도 있으며, 오묘하고 깊은 것도 있으며, 바르고 맑아 전아한 것도 있다. … 선생의 시는 비록 經史에 근본을 두어서 법도가 삼엄하지만 또한 다시 장자·불가·노자의 글에도 출입하였고, 심지어 패관소설에 이르기까지도 널리 채택하고 빠뜨리지 않았다. 그런 때문에 학식과 견문이 적은 사람은 책을 펴면 망연해져서 望洋의 탄식을 하게 된다.57)

라고 하여 찬탄하고 있다.

그는 시뿐만 아니라 문장에도 탁월한 능력을 발휘하고 있다. 그의 문장도 시와 마찬가지로 '正心性'을 근거로 한 本然之性의 표현이었다. 그는 수많은 記와 說과 書를 지었고, 또 묘지명과 表箋文도 많이 지었다. 당시 학자들은 그의 문장을 크게 우러러보았고, 나라에서는 외교문서의 대부분을 그에게 맡겼다. 『牧隱文藁』에서 그가 지은 表箋이 무려 25개나 보이고 있고, 또 중국에서도 그의 글에 대하여는 칭송을 아끼지 않았다.

---

56) 『牧隱詩藁』 권22, 「讀擧子詩賦有感」.
57) 『牧隱文集』 附錄, 「牧隱先生詩選序」.

4) 歷 史

이색은 역사의식에도 투철하였고, 이에 대한 많은 식견을 가지고 있었다. 공민왕 20년(1371) 왕은 그와 이인복에게 명하여 『金鏡錄』을 增修하도록 명하고 있다.[58] 얼마 후 『금경록』이 찬수되고 있는데, 이것은 그에 의하여 주도되고 완성되었다고 보아야 할 것이다. 왜냐하면 이인복은 얼마 후 병으로 눕게 되고, 공민왕 1374에 죽었기 때문이다.

고려후기에는 역사편찬이 비교적 활발하게 나타나고 있었다. 충렬왕 때는 一然의 『三國遺事』와 李承休의 『帝王韻記』가 있었다. 또 충선왕은 당시의 석학 鄭可臣에게 명하여 『千秋金鏡錄』을 편수하였고, 얼마 후에는 閔漬에게 명하여 이를 증수하도록 하여 『世代編年節要』를 찬수하였다. 이 『세대편년절요』에 대하여 이색은 「默軒先生文集序」에서

> … 황제의 조정에 진언하는 글을 지으니 그 문장이 빼어났고, 또 國史를 윤색하여 綱과 目으로 구분한 것은 실로 일세의 독보였다.[59]

라고 하여 칭송하고 있다.

『삼국유사』와 『제왕운기』는 私撰으로 그 범위가 멀리 古朝鮮까지를 포함하는 通史的인 역사서인데 반하여, 이 『금경록』은 官撰으로 고려시대의 역사를 조명하는 斷代史의 성격을 갖는다.

이 『금경록』은 이후 이제현에 의하여 다시 증수되었고, 공민왕 때는 이색에 의하여 또 다시 증보를 보게 된다. 그러나 이 책은 전

---

58) 『高麗史』 권43, 世家43 恭愍王 20년 5월 癸酉.
59) 『牧隱文藁』 권8, 序 「默軒先生文集序」.

해지지 않아 그 내용과 체제는 알 수가 없으나 조선시대에『高麗史』를 편찬하는데 주요 자료로 활용되었다. 이것은 세종 5년(1423)에 知館事 柳觀과 尹淮에게『고려사』의 改修를 명한 기사에서

처음에 鄭道傳·鄭摠 등이 前朝의 역사를 편수함에 있어 이색과 이인복이 저술한『金鏡錄』을 근거로 하여 37권을 편찬하였더니, 정도전이 말하기를 "元王 이후는 참람하게 쓴 것이 많다 하여, 즉 '宗'으로 일컬은 것은 '王'으로 쓰고, '節日'이라 호칭한 것은 '生日'이라 썼으며, '朕'은 '나'로 쓰고, '詔'는 '敎'라고 썼으니, 고친 것이 많아서 그 實相이 인멸된 것이 많습니다" 라고 하였다. …60)

라고 히고 있는 것에서 보인디.

그는 우리나라 역사에 대한 시원을 檀君으로 보는 주제적 인식을 갖고 있었다. 이것은 당시 고려에 왔던 원의 사신 偰符寶를 보내는 시의 序文에서

생각하건대, 조선이 나라를 세운 것은 실로 唐堯의 戊辰年이었다. 비록 代마다 중국에 통하기는 하였지만 중국은 일찍이 신하로 여기지 않았다. 이런 때문에 武王이 殷太師를 봉하였어도 신하로 삼지 않았다. 그 뒤에 신라·백제·고구려가 솥발처럼 버티고 서로 웅장해서 秦·漢 이래로 혹은 통교하기도 하고, 혹은 절교하기도 하였다. 高麗 시조가 큰 재주와 원대한 계략으로 당나라 말에 일어나 드디어 삼국을 합병하고, 그 땅에서 왕 노릇을 하였다. 이리하여 五代로부터 지금까지 내려온 것이 500년이 되었다. …61)

라고 하고 있는 섯에서 알 수 있나. 위에서 唐堯 戊辰年이란 바로 단군이 나라를 개창한 연대이다. 이러한 그의 역사인식은「周官六翼序」에도 보인다.

---

60)『世宗實錄』권22, 世宗 5년 12월 丙子.
61)『牧隱文藁』권9,「送偰符寶使還詩序」.

天地사이에 나라를 세우고 하늘을 대신해서 일을 행하는 자를 天
子라 한다. 천자를 대신해서 자기에게 封해진 땅을 다스리는 자를 諸
侯라 한다. 지위는 上과 下가 있고, 세력은 크고 작은 것이 있다. …
우리 동쪽 나라는 唐堯 戊辰年에 나라를 세운 이래로 세상이 잘 다스
려지기도 하고, 어지럽기도 하였다. 세 나라로 나뉘었다가 고려 태조
께서 하늘의 밝은 명령을 받아 천하를 통일한 지 400여년이 넘었다.[62]

그는 始命之主를 단군으로 보아 그가 나라를 건국한 唐堯 戊辰
年을 우리나라 건국 연대로 보았고, 또 그는 箕子를 敎化之主로
보아 그 공적을 또한 높이 평가하였다. 이러한 그의 역사인식은 일
찍이 滿州의 遼寧省 동쪽에 있는 婆娑路를 지나면서 지은 다음의
시에서 보인다.

我今長吟過遼野　긴 소리 읊조리며 遼東 들판을 지나니
山路縈紆知幾舍　산길은 얽히고 얽혀 얼마나 되는지 알 수 없구나.
　…　　…
東韓仁壽君子國　東韓은 어질고 壽하는 군자의 나라로
唐堯戊辰稱始祖　唐堯 戊辰에 始祖라 칭하였네.
綿歷夏商不純臣　殷나라를 거치면서도 신하 노릇하지 않았고
箕子受封師道新　箕子가 봉해지자 師道를 새롭게 하여
九疇森列照天下　九疇 洪範이 삼엄하게 온 세상 비추었으니
當時親炙知何人　당시에 감화 받았던 자들이 그 누구였던가.[63]

위에서 보는 바와 같이 그는 唐堯 戊辰年에 단군이 나라를 세웠
고, 그 뒤를 이어 기자가 나타나 師道를 베풀어 洪範九疇를 세상
에 전하였음을 논하고 있다. 주목할 만한 것은 "단군과 기자가 中
國에 신하 노릇하지 않았다"라고 하여 우리 민족의 독자적인 주체
성을 강조하고 있는 점이다. 이러한 그의 의식은 당시 원의 지배를

---

62)『牧隱文藁』권9,「周官六翼序」.
63)『牧隱詩藁』권3,「婆娑府」.

당하고 있던 고려의 운명에 대한 비판적인 반성에서 나온 것으로
볼 수 있을 것이다. 따라서 그는 唐 太宗을 安市城에서 격파한 楊
萬春에 대하여 찬사를 보내고 있다. 다음의 시를 보자.

三韓箕子不臣地	三韓을 신하로 삼지 않았던 箕子의 땅
置之度外疑亦得	그대로 두어 보존하게 하였음이 역시 得이 아니었을까.
胡爲至動金玉武	어찌하여 金玉의 무력을 움직여서
啣枚自將臨東土	말 재갈 물리고 동녘 땅에 이르렀던가.
媿狔夜擁鶴野月	용맹한 병사들 요동 벌 달빛 아래 진을 치고
旌旗曉濕鷄林雨	무수한 깃발, 계림의 새벽 비에 적시누나.
謂是裏中一物耳	주머니 속의 물건 취하 듯 손쉽게 여겼더니
那知玄花落白羽	누가 알았으랴, 玄花(눈동자)가 화살에 맞아 떨어질 줄을.[64]

위에서 "三韓을 신하로 삼지 않았던 箕子의 땅"에 唐 太宗이 무
력으로 침입하였다가 安市城에서 화살을 맞고 애꾸눈이 되었다는
고사를 인용하고 있다. 그는 앞에서 보는 바와 같이 "그대로 두어
보존하게 하였음이 得이 아니었을까"라는 그의 역사인식을 다시
강조하고 있다.

그는 성리학적 正統史觀을 문화적 측면에서 이해하고 있었다.
이것은 일찍이 이제현의 사상에서 보이는 역사관과도 일맥상통한
것이다. 이제현도 원의 중국지배를 閏統으로 파악하였지만 許衡
등의 노력에 의하여 원이 中華의 儀를 갖추게 되었음을 논한 바
있다.[65] 이러한 인식은 당시 원의 무력에 굴복하였고, 또 이들의
내정간섭이 극심한 당시의 시대상에서는 취하지 않을 수 없었던
사대적 역사관이기도 하였다.

이색도 이러한 이제현의 역사인식을 답습하지 않을 수 없었을

64)『牧隱文藁』권2,「貞觀吟楡林關」.
65) 申千湜, 1998,「李齊賢의 學問과 思想」『明知史論』9.

것이다. 특히 그는 원에서 학문을 수학하였고, 또 원의 학자들과
교분이 두터웠다. 원에 대한 그의 인식은 「書上札補正雪菴大字卷
後」에서

> 원나라가 일어난 지 100여년에 文治가 크게 화하여 사방의 학사들
> 이 모두 그의 재능을 정숙하게 하는데 힘을 다하니, 이로써 학문이 빛
> 을 발하여 찬란하게도 일대의 성세를 이루었다. 그렇기 때문에 논평
> 하는 자들은 말하기를 "그 文은 漢과 같고, 그 詩는 唐과 같으며, 그
> 글자는 晋과 같다"라고 하였다.[66]

라고 하여 원을 칭송하고 있다. 그러나 그는 우리나라의 위상을 결
코 비하하지 않았다. 다음의 글을 보자.

> 元이 천하를 소유하여 四海가 이미 하나를 이루니, 三光과 五嶽의
> 기운이 한데 뭉쳐 움직여서 中華와 변방의 차이가 없어졌다. 그러므
> 로 당시 인재들이 그 사이에서 섞여 나와서 무르익고 빛나며 정수를
> 뽑아 내어 문장을 펼쳐내니, 일대의 치세가 크게 빛나고 있다. 거룩하
> 도다.[67]

이것은 益齋 이제현의 문집에 대한 그의 소견이다. 여기에서 주
목할 만한 사실을 발견할 수 있다. 즉 그는 위에서 "四海가 하나를
이루어 天地의 기운이 뭉쳐 中華와 변방의 차이가 없다"라고 하고
있다. 이것은 바로 원에 대한 대등한 의식, 즉 문화적 측면에서 우
리나라도 중화라 할 수 있다는 문화적 자긍심을 표출한 것으로 볼
수 있다. 비록 무력으로는 고려가 원에 복속되어 있지만 문화적 측
면에서는 그들에게 못할 것 없다는 의식, 이것은 바로 그의 역사인
식이기도 하다.

---

66) 『牧隱文藁』 권13, 「書上札補正雪菴大字卷後」.
67) 『牧隱文藁』 권7, 「益齋先生亂藁序」.

고려말 元·明의 교체기에 있어 그는 원의 앞날에 대하여는 비판적 시각에서 보았고, 명에 대하여는 긍정적 측면에서 그 장래를 낙관하였다. 이것은 성리학 본래의 正統史觀의 수용이기도 하였다. 이러한 그의 사상은 「夜雨」라는 시에서 보인다.

天地悠悠幾太平	天地가 유유히 흘러 몇 년이나 태평하였던가.
百年心迹付譏評	백년동안 먹은 마음 비난에 부딪히네.
自從片安牘有洪武	片安牘으로부터 일어나 洪武가 되었으니
誰道衣冠非大明	어느 누가 道德과 衣冠이 大明이 아니라 하겠는가.
病鶴棲松形慘淡	병든 학은 소나무에 깃 내리니, 모양이 참담하고
長鯨戲海勢縱橫	큰고래는 바다에 노니, 형세가 종횡이네.
何人共聽燈前雨	등잔불 앞의 빗소리 어느 누가 함께 들으랴
老境無端百感生	늙어가니 까닭 없이 온갖 감회 일어나네.[68]

그는 여기서 元을 '병든 학', '비에 맞아 꺼질 등불'로 표현하고, 또 明을 '큰고래'로 표현하고 있다. 그러면서 그는 지금까지 원에 사대를 행해 온 당시 고려의 정치를 "백년 동안 먹은 마음 비난에 부딪히네"라고 하면서 자신의 마음을 표현하고 있다. 그는 망해 가는 원을 보면서 역사의 변전에 대한 인식을 다음과 같은 시로 표현하고 있다.

王風隆黍離	王風이 쇠하여 黍離詩[69]되고
豳雅何其衰	豳雅는 어찌 그렇게 쇠하였던가.
當其日進盛	날마다 진진하고 융성힐 때에는
豈意如今時	어찌 지금처럼 될 것을 생각이나 했으랴.
仲尼作春秋	仲尼께서 春秋를 지으실 때에도
操心一何悲	마음가짐 이를 얼마나 슬퍼했던가.

---

68) 『牧隱詩藁』 권22, 「夜雨」.
69) 周나라가 犬戎에게 망히여 東으로 옮긴 후 周의 대부가 옛 周의 도읍이었던 鎬京에 가서 그곳의 황폐함을 보고 읊은 詩.

鳳鳥旣不至	봉황새는 이젠 오지 않고
但將模範垂	다만 후인들에게 교훈으로 남겨주네.
垂之如日月	전해진 이 가르침 日月과 같으니
仰者今爲誰	이를 우러러보는 자, 지금 그 누구인가.[70]

　그는 원이 망하는 것을 당연한 역사의 귀결로 보았다. "봉황새는 이르지 않을 것이고 다만 후인들에게 교훈으로 남겨질 뿐"이라는 그의 인식은 바로 이를 말해 준다. 이러한 시대상에서도 그는 우리 나라 장래에 대하여는 희망을 버리지 않았다. 언젠가는 우리나라도 태양이 동쪽에서 떠서 빛을 발하듯이 광명으로 빛날 날이 있을 것임을 기대하였다. 다음의 시는 이를 말해주고 있다.

渺然天地中	아득한 하늘과 땅 사이에
孑孑立衰翁	외로이 선 노쇠한 늙은이
邈矣羲皇上	태고의 伏羲氏 까마득한데
悠悠思古風	그 간 유유히 흘러간 古風을 생각하노라.
流水赴大壑	흐르는 물은 큰 골짜기로 내 달리고
浮雲滿長空	뜬 구름은 긴 허공에 가득하구나.
高吟意無極	소리 높여 읊조리니 뜻은 끝이 없는데
白日生天東	밝은 해가 하늘의 동쪽에서 솟아오르네.[71]

　위에서 그는 伏羲氏 이래 지금까지의 역사 변전을 조명하면서 역사의 흐름은 大體를 따라 움직이는 것으로 파악하고 있다. 이로 써 그는 우리나라도 새로운 역사의 주인공으로 각광받을 날이 있을 것이란 의욕을 보이고 있다. '白日生天東'이란 위의 표현은 바로 이를 말해 주고 있다.

---

70)『牧隱詩藁』권23,「王風」.
71)『牧隱詩藁』권26,「高吟」.

Ⅱ. 이색의 학맥

1. 학맥 형성의 배경

이제현의 뒤를 이어 고려후기에 성리학을 심층적으로 연구하여 이후 고려사회에 이를 정치·사회의 이념으로 정착시킨 사람은 이색이다.

이색은 당대에 석학으로 이름을 떨친 이곡의 아들로 공민왕 2년에 이제현의 문하에서 과거에 급제하였다. 그는 일찍이 아버지인 穀의 영향을 받아 학문에 힘써 家業을 계승하였고, 이후 원의 국자감에 수학하여 성리학을 연수하였다. 이때 그는 당시 학자로 이름을 떨친 宇文公諒과 吳當으로부터 학문을 전수받았고, 歐陽玄과도 교유하면서 많은 감화를 받았다. 구양현은 공민왕 3년에 원의 殿試에 讀卷官으로 이색을 급제시켰는데, 이때 이색의 학문에 대하여 "孔子의 학통이 해외로 나가서 그대에게 전수되리라"고 하면서 찬탄을 금하지 못하고 있다.72) 또 그는 恩門인 이제현·홍언박·김광재·안보의 문하에 출입하면서 학문을 정연시켰고, 이인복·안축·민사평·박원계·이공수·윤택·이군해·유숙·백문보 등의 문하에도 출입하면서 가르침을 받았다. 또 그의 妻祖인 權漢功의 문하에도 출입하면서 가르침을 받았으며, 이 밖에도 李達衷·鄭思道·田祿生·韓脩 등과 교유하면서 학문의 폭을 넓혔다.

이러한 과정에서 그의 학문은 결실을 맺어 갔으며, 과거에 합격한 4년 후인 공민왕 6년에는 試國子祭酒의 직임을 맡았다. 이때를

---

72) 『牧隱詩藁』 권13, 「紀事」.

즈음하여 왕으로부터 "이색의 재주는 출중하여 다른 사람과는 비할 수가 없다(李穡才德出衆 非他人比)"라는 칭송도 듣게 된다.

당시 학자들은 그를 儒宗으로 받들어 그의 문하에 출입하면서 가르침을 받기도 하였고, 또 학문을 토론하기도 하였다. 이러한 그의 학문적 식견으로 공민왕 16년(1367)에는 大司成의 직임을 부여받았고, 이로써 그는 교육중흥의 책임자로 활동하게 된다.

이때 이색은 교육중흥을 자기의 사명으로 여겨 이에 전념하였고, 또 성리학의 보급에 전력을 다하였다. 이것은 그가 만년에 이때를 회상하면서 지은 다음의 시에서 보인다.

國家崇文教多術	국가에서 文을 숭상하니 가르침이 다양하였도다.
大作泮宮高碑矶	크게 성균관을 지으니 높고도 높도다.
仍開九齋各授徒	이제 九齋를 열어 각기 생도를 가르치니
侁侁青衿盈國都	많고 많은 유생들이 서울에 가득하도다.
夏天都會松山麓	夏天都會는 松嶽山 기슭에서 행하였고
讀書賦詩須刻燭	글도 읽고 刻燭하며 시도 지었지.
全篇警句世所知	全篇이 警句인 것은 세상이 아는바요
討論講習仍孜孜	토론하며 강습하길 부지런히 하였네.
昔賢遺跡可對越	옛날 賢人들의 자취를 대할 만 한데
風移世變成挑撻	풍속과 세상이 변하여 제 멋대로 바뀌었지.
如今濂洛教初行	이제 濂洛의 가르침이 처음으로 행해지니
謳吟直欲求性情	시를 읊으며 性情을 구하기를 바랐노라.73)

이 당시 그와 더불어 교육활동에 참여하였던 사람들은 모두가 당대의 석학들이었다. 당시 교관으로 활약하였던 朴尙衷·鄭夢周·金九容·朴宜中·林樸·崔彪·鄭道傳·李崇仁 등은 학문으로 이름을 떨치고 있었다. 이들은 이색을 중심으로 하여 그로부터 학문적 영향을 받으면서 교육중흥에 함께 진력하게 된다.

---

73)『牧隱詩藁』권18,「紫霞洞」.

그는 교육의 목적을 위의 시에서 보이는 '風移世變'한 당시의 습속을 바로잡아 성리학에서 지향하고 있는 中和의 道를 실천하는 것에 두고 있었다. 다음의 시를 보자.

壁水光陰記少年　壁水(成均館)에서 보낸 세월을 생각하니 젊은 때였구나.
八齋環列誦聲連　둘러선 八齋에선 글 읽는 소리가 끊이지 않았네.
升堂最怕抽籤講　堂에 올라 추첨 뽑아 講함을 두려워하였네.
爲是音訛意莫傳　글자를 잘못 읽어 뜻을 잘못 전할까 해서였지.
當時諸子摠眞儒　당시의 諸子(敎官)들은 모두가 眞儒였도다.
說到精微肯囁嚅　精微한데 이르러도 머뭇거림이 없었도다.
獨有牧翁長閉口　홀로 牧翁만이 오랫동안 입을 다물고 있어
中堂兀坐似枯株　中堂에 우뚝앉아 마치 마른 나무 같았지.
敎養諸生豈有他　諸生들을 교양하는데 달리 길이 있으랴.
欲令風化播中和　풍화를 바꾸어 中和의 道를 펴려고 하였지.
金陵王氣回天意　金陵王氣의 천운을 돌리려는 뜻을 펴니
講舌徒然似決河　강론하는 혀가 마치 둑을 터뜨린 강물 같았네.[74]

당시 이색의 교육활동에 대하여 『고려사』 열전에서는

공민왕 16년에 성균관을 중수하고 색을 판개성부사로 삼고 성균관 대사성을 겸하게 하였다. 생원을 늘리고 경학에 밝은 金九容·鄭夢周·朴尙衷·朴宜中·李崇仁 등을 뽑아 他官으로서 싱균관 교관을 겸하게 하였다. 이전에는 館生이 수십 명에 불과하였으나 이색이 다시 學式을 정하여 매일 明倫堂에 앉아서 경서를 나누어 교육하고, 강의가 끝나면 서로 모여 어려운 부분을 토론하고 바쁜 줄을 몰랐다. 이에 배우려는 자가 몰려들고 서로 간하더니, 程朱의 성리학이 비로수 흥기하였다.[75]

라고 서술하고 있고, 또 권근은 이색의 행장에서

---

74) 『牧隱詩藁』 권19, 「有懷成均館」.
75) 『高麗史』 권115, 列傳28 李穡.

정미년(공민왕 16년) 겨울에 (목은선생은) 원으로부터 朝列大夫·
征東行中書省·左右司郎中을 제수받고, 본국(고려)에서 판개성부사
겸 성균대사성을 제수받았다. 처음에 신축년(공민왕 10년) 병화를 겪
은 뒤로부터 학교가 폐허화되고 해이해졌기 때문에 왕이 이를 부흥시
키기 위하여 숭문관 옛터에 성균관을 새로 짓고 제관을 보충하려 하
여 한 때의 경술에 정통한 사람들을 뽑았으니, 永嘉 김구용·烏川 정
몽주·潘陽 박상충·密陽 박의중·京山 이숭인 등으로 이들은 모두
다른 벼슬에 있으면서 학관을 겸했으며, 공은 여기에 장관이 되었다.
… 이듬 해 戊申年 봄에 사방에서 배우려는 자가 모여 들었으며, 諸
公이 경서를 나누어 맡아 수업하였는데, 강의가 끝난 뒤에는 뜻이 의
심스러운 것은 서로 논란하여 각기 끝까지 연구하였다. 이때 공은 언
제나 공정한 입장에서 분석하고, 또 판단을 내려서 그 뜻을 절충하되
반드시 程朱의 뜻에 합하도록 노력하였다. 이로써 우리 동방에 성리
학이 크게 일어났다. 이로부터 배우려는 사람들은 사장을 記誦하는
버릇을 고쳐 信·心·性·命의 理를 연구하게 되어 공자의 도를 높
이고 이단에 현혹되지 않게 되었으며, 仁과 義를 숭상하고 功利를 꾀
하지 않게 되었다. 이로써 儒風과 학술이 빛을 내어 새롭게 되었으니,
이는 모두 공의 가르침에 힘입은 것이다.76)

라고 하여 이색의 교육활동을 보다 구체적으로 서술하고 있다. 또
이 당시 이색과 같이 교관으로 활동한 이숭인은 이때를 회상하면서

지난 날 烏川 鄭達可·仁山 崔彦父·密陽 朴子虛 등이 성균관 교
관이 되었는데, 나도 또한 같은 반열에 섞인 지 7~8년이 흘렀다. 이
때 학도들은 날로 번창하였고, 齋廡에는 이들을 모두 수용할 수 없을
정도였다. 교관들이 새벽에 일어나 성균관에 들어가 堂에 오르면 학
도들은 차례로 庭의 동서에 서서 두손을 모으고 몸소 예를 행하였다.
그런 후에는 각기 공부해야 할 經을 갖고 전후좌우로 잇달아 교관에
게 나아갔다. 교관과 학도 사이에 수업이 끝나면 어려운 내용을 발표
하여 서로 절충하여 변석한 후에야 끝을 맺었다. 책을 읽는 소리는 하
루종일 끊이지 않았다. 나는 여러 차례 사람들의 얼굴에 기쁜 표정이
넘치는 것을 보고 "斯門이 일어서는구나"라고 말하였다.77)

---

76) 『牧隱集』 권首, 「牧隱先生李文靖公行狀」.

라고 하고 있다.

새로 중건된 성균관이 九齋의 체제를 갖추면서 이색의 노력으로 크게 번창하자 공민왕 17년(1368) 4월에 왕은 친히 9재에 행차하여 이색을 讀卷官으로 삼아 과거를 시행하였으며, 여기서 李詹 등 7명이 선발되었다.78)

이색이 이후 유종으로서의 위치를 확고히 하면서 그의 학맥을 형성할 수 있었던 배경은 바로 이 당시의 교육활동에서 찾지 않을 수 없다. 그와 함께 교관을 맡았던 사람들 중에서 대부분은 이후 대사성 또는 지공거를 맡아 교육발전과 인재 배출에 크게 공헌하였다.

공민왕 16년 이후 공민왕 21년까지 이색은 비록 三司右使, 政堂文學, 藝文館大提學 등의 관직을 거치고 있지만 성균관 대사성의 직은 그대로 兼帶하여 교육에 전념하였다. 또 우왕이 재위하는 중에도 특수한 경우를 제외하고는 성균관 대사성의 직을 겸대하고 있었다. 이러한 이색의 노력으로 성균관은 그 체제가 정비되고 교육은 활성화되었으며, 그의 문하에서 수많은 인재가 배출되었다. 이러한 그의 업적은 이미 당대에도 儒宗으로 추앙을 받았으며, 조선시대에 와서도 東方大儒로 존경의 대상이 되어 왔다. 특히 겸대 사성으로서의 그의 업적은 대단하였던 것 같다. 공민왕 16년 성균관의 중건이래 이색에게 직접 교육을 받았던 이첨이『목은집』「서문」에서

> 공은 儒學을 일으키는 것으로 자기의 임무를 삼아서 후배들을 훈계하고 권면하기를 부지런히 하여 조금도 게을리 하지 않았다. 큰 뜻을 풀어서 밀하고 미묘한 이치를 변석하여 그것을 분명히게 히기를

77)『陶隱文集』권4,「贈李生序」.
78)『高麗史』권73, 志27 選擧1 科目1 恭愍王 17년.

마치 얼음이 녹듯이 하였으니, 참으로 동방 성리학은 公으로 하여 밝아졌다.[79]

라고 한 것이라든지, 조선시대 太宗 3년(1403)에 司諫院에서 교육 중흥을 위한 「時務數條」를 올렸는데, 그 중에서

韓山伯 이색은 우리 동방의 大儒입니다. 전조 공민왕 때 穡으로 하여금 성균관 대사성을 겸임케 하니, 그는 날마다 성균관에 앉아 經史를 강론하고 선비들을 鼓舞하였습니다. 이로써 학풍이 크게 일어나 인재가 배출되었으며, 성리학과 문장의 번성은 비록 중국의 선비라 하더라도 이에 미치지 못하였습니다.[80]

라고 한 것을 보더라도 이색의 교육활동과 그 성과가 어떠했던가를 알 수 있다.

당시 이색의 교육활동으로 수많은 제자들이 그의 문하에서 배출되었으며, 후에 이들은 그의 학문을 계승하여 여말선초의 학문발전에 일익을 담당하게 된다. 吉再·權近·李詹·劉敬·金震陽 등은 이 당시에 그가 배출한 제자 겸 문생이기도 하다.

이러한 과정에서 그의 학맥은 형성되어 갔고, 또 수차에 걸쳐 배출한 문생들로 그의 학맥은 더욱 발전되어 갔다.

그는 6차에 걸쳐 과거의 고시관을 담당하였으며, 이러한 과정에서 배출된 문생들은 무려 140여명에 이르렀다. 그로부터 배출된 문생들은 그의 문하에 출입하면서 계속 가르침을 받아 이후 정치 지도자 또는 교육 책임자의 직에 올라 그들의 문하에서 다시 수 많은 문생들을 배출하게 된다.

---

79) 『雙梅堂集』 「牧隱集序」.
80) 『太宗實錄』 권5, 太宗 3년 3월 庚辰.

이 밖에 그의 문생은 아니지만 그의 문하에 출입하여 가르침을 받는 문도들도 줄을 이었다. 金子粹·金自知·成石瑢·柳伯淳·孔俯·安魯生 등도 문생은 아니지만 그의 문하에서 가르침을 받았던 사람들이다.

그의 학맥은 여말선초의 학문을 선도하면서 이후 조선사회의 학맥 형성에도 지대한 영향을 미치고 있다.

정몽주는 고려말에 忠節로 생애를 마쳐 이후 조선사회에서 士林들의 추앙 대상이 되었고, 길재는 우왕 12년에 이색의 문하에서 급제하여 우왕 말기에 고려의 운명을 예견하고 관직에서 물러나 오로지 후학의 교육에만 전념하였다. 그의 학통은 金叔滋·金宗直으로 계승되어 이후 조선시대 道學의 맥락으로 연원되었고, 또 士林精神으로 전승되어 갔다.

조선 건국의 주역으로 활동한 정도전은 이후『朝鮮經國典』등을 편찬하여 조선사회의 정치방향과 사상적 이념을 제시하였다. 또 그의 문생이었던 劉敬은 조선이 건국된 후 최초의 成均大司成이 되어 조선사회 학문의 연원을 세웠고, 河崙과 權近은 조선초기의 학문을 대표하는 거봉으로 성장하여 이후 조선사회의 학맥형성에 선도적 역할을 하였다. 특히 권근은 太宗 때「勸學事目」을 올려 교육의 중흥을 창도하였고, 또 겸 大司成을 맡아 후학교육에 전념하므로써 조선초기의 학문발전에 크게 공헌하고 있다. 태종이 그에게 겸대사성으로서 교육에 전념하게 하였던 것은 당시 주정의 여론이 공민왕 때 이색이 겸대사성으로 교육을 중흥시켰던 故事를 들어 그의 중용을 건의하였기 때문이었다.[81]

이와 같이 볼 때 이색의 학맥 중에서 일파는 고려에 대한 충절을 지켜 이후 조선사회에서 사림정신으로 계승되어 갔고, 또 다른 일

---

81)『太宗實錄』권5, 太宗 3년 3월 庚辰.

파는 조선의 학맥을 개창하는 선도적 역할을 담당하여 이후 조선 사회의 학문 발전에 크게 공헌하고 있음을 알 수 있다.

이색의 학맥을 성립과 발전과정을 중심으로 살펴보면 다음과 같이 정리할 수 있을 것이다.

(1) 학맥 형성의 준비기

이 시기는 그가 과거에 합격한 공민왕 2년(1353) 이후 성균관 교육의 책임자로 활동하게 되는 공민왕 16년(1367) 까지로 볼 수 있다. 이때는 아직 학맥을 형성하기 까지에는 이르지 못하지만 그가 恩門과 師門의 문하에 출입하면서 학문을 정연시켰고, 또 동년 및 뜻을 같이 하는 벗들과 교유하면서 강론하였던 시기이다. 당시 그와 더불어 학문을 강론한 교유 문인들로는 韓脩·田祿生·李集·鄭思道·廉興邦 등을 찾아 볼 수 있다. 이들은 당시 막역한 벗으로서 학문을 같이 토론하였고, 정치적으로도 의견을 같이 하면서 돈독하게 지냈다.

또 동년으로서는 安宗源·李茂芳·鄭公權·朴尙衷·權仲和 등이 있어 서로 출입하면서 학문을 연마하였다.

(2) 학맥 형성기

이 시기는 그가 성균관 대사성으로 교육중흥의 책임을 맡은 공민왕 16년(1367)부터 공민왕 말년까지로 볼 수 있다.

이 시기에는 박상충·정몽주·이숭인·박의중·김구용 등의 교관들과 교유하면서 공동의 학맥을 형성하게 되고, 또 성균대사성의 책임을 맡아 수 많은 문도들을 배출하게 된다. 그리고 공민왕 17년(1368)에는 親試의 讀卷官이 되어 李詹 등 7명의 문생을 배출하였고, 다음 해에는 동지공거가 되어 33명의 문생을 배출하였으며, 공민왕 20년(1371)의 親試에서도 31명의 문생을 배출하였다. 이와 함께 貢士 선발에도 참여하여 이숭인·朴實 등을 선발하였다.
그리고 공민왕 14년(1365)에도 동지공거가 되어 尹紹宗·河崙 등
28명을 선발아였다. 또한 당시 학계는 그의 문생은 아니었지만 그
의 문하에서 가르침을 받고자 하는 사람들이 항상 줄을 이었다. 이
러한 과정에서 당시 고려 학계는 이색을 중심으로 하는 학맥의 형
성을 보게 된다.

(3) 학맥의 발전기

공민왕 말년부터 우왕 말년까지로 볼 수 있다. 이 시기에는 일찍
이 그와 더불어 교육중흥에 활약하였던 사람 및 그의 문하에서 배
출된 문생과 문도들이 이후 정치적 지위를 상승시키면서 고려말에
는 대사싱 또는 고시관을 맡게 되고, 이로써 이들은 그들 자신의
문도와 문생들을 배출하게 된다.

그의 문생인 하륜·이첨·윤소종·권근 등은 이 시기에 대사성
을 역임하였고, 그와 같이 교육중흥에 활약하였던 박의중·김구용
·정몽주 등도 대사성을 맡아 많은 문도를 배출하고 있다. 또 그의
문인들 중에서 이 당시에 지공거 또는 성균시의 고시관을 맡아 문
생을 배출한 사람들도 많았다. 우왕 때부터 고려말까지 고시관을
맡은 사람들은 대부분 그의 문하에 출입하였던 문인들이었다.

이로 볼 때 이 시기는 이색을 정점으로 하는 학맥이 새로운 정치
세력으로 결집되어 가면서 크게 빛을 발하였던 때로 볼 수 있다.

(4) 학맥의 분열기

이 시기는 그 동안 이색을 징점으로 하여 결집되고 있었던 고려
학맥이 정치적 이해관계에 얽히면서 분열되었던 시기로 우왕 14년
위화도회군으로 이성계가 실권을 잡으면서부터 본격화된다. 이성
게와 이새의 대립은 이들을 지지하는 세력 사이에 분열을 가져오

게 되고, 이로써 그 동안 이색을 정점으로 하여 결집되었던 학맥도 분열을 보게 된다.

이성계와 그는 막역한 친구였다. 그와 이성계의 우의는

方寸虛靈地	마음이 텅 비고 신령스러운 곳에
明明上帝臨	밝으신 上帝께서 왕림한 듯 하네.
廻看包往古	돌이켜 보니 지나간 일 포괄하겠고
直視燭來今	바로 보니 오는 일 꿰뚫었네.
照處眞如鏡	비치는 곳은 참으로 거울과 같았고
同時可斷金	같이 있을 때는 쇠를 끊을 우정이었네.
何當一樽酒	어느 날에 한 통의 술을 가지고
相對細論心	서로 마주 앉아 세세한 회포를 풀려나.82)

라고 한 시에서도 보인다.

그러나 창왕 즉위 후 이성계의 정치적 위상이 강화되면서 이색은 그를 경계하지 않을 수 없게 된다. 이때 고려 조정에 대한 명의 入朝 요청이 강하게 나타나자 이색은 노구에도 불구하고 이를 자청하면서 자신이 없는 사이에 이성계가 변을 일으키지 않을까 걱정하여 그도 함께 떠날 것을 요청하게 된다. 그러나 이성계는 아들 芳遠을 書狀官으로 하여 그를 배행하도록 하였다. 태종 4년(1404)에 건립된 「齊陵碑文」에서 이러한 사실이 보인다.

太上王(李成桂)이 大義에 의하여 군사를 일으켜서 崔瑩을 잡아 물리치고, 名儒 이색으로 그의 직을 대신하게 하니, 나라의 안팎이 조용하여 나라가 길이 힘입었다. 穡이 태상왕에게 고하기를 "중국과 釁端을 일으킨 뒤를 당하여 집정 한 사람이 친히 황제의 조정에 조회하지 않으면 공의 충성을 천하에 밝힐 수 없다"라고 하여 날을 정하여 장차 함께 떠나기를 청하였다. 태상왕이 색에게 이르기

---

82) 『牧隱詩藁』 권35, 「心詩一首」.

를 "나와 공이 일시에 사자로 가면 나라 일을 누가 맡겠는가? 내가 자식 하나를 택하여 공을 쫓아서 가게 하면 내가 가는 것이나 다름 없지 않으리오"라고 하고는 우리 전하(太宗; 芳遠)를 보내어 書狀官으로 삼았는데, 특별히 高皇帝의 우대하는 예를 받고 돌아왔다.83)

이들 두 사람의 대립은 얼마 후 나타나고 있는 사전개혁에서 본격화된다. 이성계는 당시 大司憲 趙浚과 더불어 私田을 개혁하고자 하여 都評議使司로 하여금 이를 의논하게 하였는데, 이색은 "祖宗의 舊法을 가볍게 고침은 불가하다"라고 하여 이를 반대하였다. 이때 조정의 의논은 양분되고 있었는데, 李琳·禹玄寶·邊安烈·權近·柳伯濡 등은 이색의 의논을 따랐고, 鄭道傳·尹紹宗 등은 조준의 의견에 동조하게 된다. 정몽주는 이때 중립을 취하고 있다.84)

이때부터 이색의 학맥은 분열되기 시작하였다. 지금까지 그와 막역한 사이였던 이성계와 그 동안 그의 문하에 출입하면서 많은 가르침을 받았던 조준·정도전·윤소종 등은 그를 반대하는 정치적 입장에 서게 되고, 이후 조준·정도전은 이색을 탄핵하는 선봉에 서게 된다. 공양왕 즉위를 전후한 시기에는 이성계의 권한이 강화되면서 그와 그를 따르는 사람들은 실각당하기도 하고, 또 유배당하기도 하였다. 이때를 즈음하여 이색은 문인들의 배신에 분노를 느끼면서 인생의 허망함을 시로 읊고 있다.

古道委蔓草　　옛 道는 덩굴처럼 황폐해지고
桃李亦無言　　복숭아꽃·오이꽃 역시 말이 없구나.
浮生安所期　　뜬 인생 어느 곳에 기대히겠는가.

---

83)『太宗實錄』권7, 太宗 4년 2월 己丑.
84)『高麗史』권108, 列傳31 趙浚.

金石與蘭蓀	金石과 蘭蓀 같은 교유였는데
恩讐竟相雜	은혜와 원수가 서로 섞여 있고
雲雨覆且翻	비와 구름처럼 엎치락 뒤치락 하는구나.
吾道如一髮	우리의 道 한 올의 머리카락 같으니
危哉誰復存	위태롭도다. 그 누가 보존하리.[85]

얼마 후 그는 "松軒이 정권을 잡으니 내가 유리될 줄은 꿈엔들 생각했으랴"는 시도 지어 울분을 토로하기도 하였다.

이색의 학맥은 창왕 때부터 분열을 보이기 시작한다. 이때부터 이성계를 정점으로 정도전·조준·남재·조박 등은 이색과 정치적 견해를 달리하면서 새로운 정치적 입지를 확보하려 하였고, 이성계에 반대하는 이색과 정몽주를 탄핵하게 된다. 이로써 이색은 이 당시 유배생활로 거의 일관하였고, 한 때 다시 등용되기도 하였지만 정몽주의 살해와 더불어 정계에서 물러나지 않을 수 없게 된다. 최후까지 그와 더불어 정치적 견해를 같이 하였던 문인들도 정몽주가 살해되면서 그와 더불어 숙청 당하였고, 이로써 이성계 일파는 그들의 염원인 새 왕조를 건설하게 된다.

2. 이색 학맥의 형성

1) 교유문인

이색은 과거에 합격한 후 선·후배의 석학들과 교유하면서 학문을 정연시켜 나갔다. 또 그의 문인들 중에는 그가 과거에 합격하기 이전부터 교유하였던 문인들도 있었고, 그와 함께 수학하였던 벗

---

85) 『牧隱詩藁』 권23, 「古風」.

들도 있었다. 이밖에 그로부터 배출된 문생들도 이후 그의 문하에 출입하면서 교유하였고, 그의 문하에서 수학한 문도들도 그와 더불어 교유하였다. 당시의 학문적 사조는 연령의 대소보다는 학문적 성취에 따라 서로 존경하면서 교유하였다. 이로 볼 때 그의 同年·문생·문도들도 그가 교유한 문인 중에 포함시킬 수 있다.

그러나 본 항에서는 그의 동년과 문생의 경우는 별항으로 취급하기로 하였고, 또 그와 교유한 사람들 중에서 공민왕 14년(1365) 이후의 과거 합격자로 그의 문생이 아닌 경우는 문도로 취급하여 별항에서 취급하기로 하였다. 이것은 공민왕 14년에 그가 동지공거가 되어 문생을 배출하였으며, 따라서 이 시기 이후의 과거 합격자는 그의 문생의 벗이거나 또는 그가 교관으로 있을 때 배출한 제자로 볼 수 있기 때문이다. 이밖에 이색의 문하에 출입하면서 실제로 가르침을 받았던 사람들도 문도로 처리하였다. 본 항에서는 이들을 제외하고 일찍부터 그와 교유하면서 학문을 강론한 門人들을 대상으로 하였다. 이들을 살펴보면 대략 다음의 <표 3-1>과 같이 정리할 수 있다.

교유문인 중에는 이색의 선배 학자들도 포함되어 있다. 이들 문인들의 활동영역을 살펴보면 공민왕 17년의 교육중흥 때 같이 활약한 교관, 이후 대사성과 지공거를 맡아 교육과 인재배출에 노력한 학자, 그리고 대간 또는 간관을 맡으면서 정치개혁의 선봉에 섰던 사람들로 분류되고 있다. 위의 문인들은 거의 모두가 이후 고려말 또는 조선초에 재상의 직에 올라 정치관료에서도 크게 각광을 받았다.

<표 3-1> 교유문인

이 름	과거합격 연대	주 요 경 력	전 거
李達衷	충숙왕 13년	成均祭酒, 典理判書, 同知貢擧, 密直提學	『高麗史』 권112, 列傳25 李達衷
安元衡	충숙왕 복위 2년	密直司使, 政堂文學, 門下侍郞平章事	『順興安氏族譜』 上系
韓脩	충숙왕 복위 3년	同知貢擧, 判厚德府事,	『牧隱文藁』 권15, 韓脩墓誌銘
成汝完	충숙왕 복위 5년	民部尙書, 簽書密直, 政堂文學商議	『太祖實錄』 권11, 太祖 6년 정월 乙亥 成汝完 卒記
鄭思道	충숙왕 복위 5년	成均司藝, 簽書密直, 平理商議, 政堂文學	『牧隱文藁』 권19, 鄭思道墓誌銘
元松壽	충숙왕 복위 8년	簽書樞密院事, 政堂文學	『高麗史』 권107, 列傳20 元松壽
洪仲宣	충혜왕대	政堂文學, 知貢擧	『高麗史』 권111, 列傳24 洪仲宣
田祿生	충혜왕대	同知貢擧, 大司憲, 政堂文學	『高麗史』 권73, 志27 選擧1 科目1
尹珍	충혜왕 복위	同知貢擧, 門下贊成事	『高麗史』 권73, 志27 選擧1 科目1
安克仁	충혜왕 복위	知貢擧, 右文館大提學	『竹山安氏族譜』 권1,
申德隣	충목왕대	典校令, 寶門閣大提學 禮曹判書	『高靈申氏族譜』 上系
朴形	공민왕 2년	同知貢擧, 門下贊成事, (朝)藝文春秋館大提學	『太祖實錄』 권13, 太祖 7년 정월 癸亥 朴形 卒記
李集	공민왕 4년	判典校寺事	『牧隱文藁』 권1, 遁村記
成石璘	공민왕 4년	門下評理, 知貢擧, (朝)左政丞	『高麗史』 권17, 列傳30 成石璘
金九容	공민왕 4년	三司左尹, 成均大司成	『高麗史』 권104, 列傳117 金方慶 附 九容
鄭習仁	공민왕 4년	典校令, 右散騎常侍	『高麗史』 권112, 列傳25 鄭習仁
禹玄寶	공민왕 4년	門下評理, 知貢擧	『高麗史』 권115, 列傳28 禹玄寶

閔霽	공민왕 6년	成均司成, 政堂文學, (朝)成均館造成	閔霽墓誌銘
李舒	공민왕 6년	內書舍人, 右常侍, (朝)大司憲, 右政丞, 領議政	『太宗實錄』권20, 太宗 10년 9 월 癸酉 李舒 卒記
廉興邦	공민왕 6년	수차에 걸쳐 考試官과 大司成 역임, 三司左使	『高麗史』권126, 列傳39 廉興 邦
姜蓍	공민왕 6년	門下贊成事	『太祖實錄』권1, 太祖 원년 7 월 丁未
崔彪	공민왕 6년	禮儀司摠郞	『牧隱文藁』권5, 疎齋記
金湊	공민왕 9년	門下評理, 大司憲 (朝) 門下侍郞平章事, 商議 門下府事, 同知貢擧	『高麗史』권114, 列傳27 金湊 ; 『太祖實錄』권3, 太祖 2년 6월 丁亥
李存吾	공민왕 9년	監察糾正, 右正言	『高麗史』권112, 列傳25 李存 吾.
李仁敏	공민왕 9년	政堂文學, 同知貢擧	『高麗史』권73, 志27 選擧1 選 場
柳源	공민왕 9년	知貢擧, 判開城府事	『太祖實錄』권1, 總書 ;『高麗 史節要』권34, 恭讓王 2년 5월
文益漸	공민왕 9년	典儀注簿, 左司議大夫	『高麗史』권111, 列傳24 文益 漸
林樸	공민왕 9년	大司成, 判典校寺事	『高麗史』권111, 列傳24 林樸
鄭夢周	공민왕 9년	大司成, 門下贊成事	『高麗史』권117, 列傳30 鄭夢 周
鄭道傳	공민왕 11년	成均大司成, 右軍摠制 使, (朝)判義興三軍府 事	『高麗史』권118, 列傳31 鄭道 傳 ;『三峯集』권8, 附錄 事實
朴宜中	공민왕 11년	左司議大夫, 成均大司 成	『高麗史』권112, 列傳25 朴宜 中
偰長壽	공민왕 11년	判三司事, 知貢擧	『高麗史』권112, 列傳25 偰長 壽
韓理	공민왕 11년	吏曹判書, 禮曹判書, (朝)鷄林府尹	『高麗史』권46, 恭讓王 3년 7 월

앞의 교유문인들을 활동영역에 따라 구분하면 대략 다음과 같이
정리할 수 있을 것이다.

(1) 교관 역임자(공민왕 17년 교육중흥)
①鄭夢周 ②金九容 ③成石璘 ④朴宜中 ⑤鄭道傳 ⑥林樸
⑦崔彪

(2) 고시관 역임자
①田祿生 ②廉興邦 ③偰長壽 ④洪仲宣 ⑤禹玄寶 ⑥朴形
⑦尹珍 ⑧柳源 ⑨安克仁 ⑩韓脩 ⑪李仁敏

(3) 조선시대 교관 및 지공거
①閔霽 ②金湊

(4) 학자 및 정치가
①李達衷 ②鄭思道 ③成汝完 ④元松壽 ⑤安元衡 ⑥申德隣
⑦李集 ⑧鄭習仁 ⑨李舒 ⑩文益漸 ⑪李存吾 ⑫韓理

위의 분류는 중복된 경우가 많다. 즉 정몽주·성석린·정도전
등은 공민왕 17년을 전후한 교육 중흥기에 교관직을 역임하였지만
고시관도 역임하였고, 또 정치적으로도 최고의 직위까지 진출하고
있다. 특히 정도전의 경우는 조선 개국의 공신이었지만 고려 말에
고시관을 역임하기도 하였다. 위에 열거한 사람들은 모두 학자 및
정치가로서 이름을 떨쳤다. 그러나 본 항에서는 이색의 학맥과 연
계하여 위와 같이 구분하였다. 이들의 행장은 후술하는 각 항에서
살펴볼 것이다.

2) 同　年

　　이색의 동년은 충혜왕 복위 2년(1341)에 三司右司 김광재의 문하에서 합격한 성균시의 동년과 공민왕 2년(1353) 이제현과 홍언박의 문하에서 급제한 문과의 동년으로 구분된다.

　　성균시의 동년으로는『고려사』선거지에서 成元達이 보이고,[86]『牧隱文集』에서는 李釋之(李茂芳)·崔霖·安宗源·韓弘道 등이 보인다. 이 중에서 한홍도는 文科의 동년이기도 하다.

　　문과의 동년으로 확인되는 사람은『列朝榜目』에서 30여명 이상이 보이고 있으나 이 가운데『牧隱文藁』에서 朴尙衷·鄭樞·權仲和·金君弼·朴晋祿·朴在中 등을 찾아볼 수 있고, 李玖는『고려사』의 기록에서 확인된다. 또『竹山安氏族譜』에서 安勉이 이때의 합격자로 기록되고 있으며,『동문선』에서 韓哲冲의 이름이 보인다.

　　위의 동년 중에서 이석지·안종원·박상충·정추·권중화에 대한 기록은『고려사』나『목은문고』에서 많이 나타나고 있다. 그러나 나머지는『목은문고』에서 몇 차례 언급되었을 뿐 다른 기록에서는 거의 찾아볼 수 없고, 혹 있다고 하더라도 그 내용은 극히 소략하다.

　　崔霖은 이색과 성균시의 동년이고, 동시에 공민왕 2년의 鄕試에서 같이 합격된 同榜이기도 하다. 그러나 그는 원의 中書省에서 會試를 볼 때 병으로 불참하였고, 이후 兵部員外郎이 되었다가 공민왕 5년에 다음 해 신년의 賀禮使로 중국에 갔다가 귀국하는 도중에 도둑을 만나 죽음을 당하였다.

---

86)『高麗史』권74, 志28 選擧2 科目2 國子試.

이색은 그의 재능을 높이 평가하였고, 그가 죽은 후 "만약 그가 죽지 않고 더욱 문장을 다듬었다면 마땅히 拙翁(崔瀣)에게 양보하지 않았을 것이다"라고 하여 그의 재능을 애통해 하였다.[87]

韓弘道는 이색과 더불어 어릴 때부터 교유가 두터웠으며, 이색이 14세 되던 해에는 江華의 喬洞 華蓋山에 들어가 같이 공부하였다. 이색과는 성균시와 문과 모두 동년이며, 나이는 7세가 많았다. 후에 司憲侍史가 되었고, 楊廣道 按廉使로 출보하였다.[88]

그의 행적은 『목은문고』에서 보이는 위의 내용이 거의 전부이고, 『고려사』를 비롯한 다른 기록에서는 일체 보이지 않는다.

金君弼은 이색이 16~17세 되던 해에 山寺에서 같이 독서하던 벗으로[89] 공민왕 2년에 그와 함께 과거에 합격하였다. 그에 대한 기록은 『목은문고』에서 中郎을 역임하였다는 것 이외에는 보이지 않는다.

朴晋錄은 『고려사』의 기록에서 공민왕대에 獻納을 지냈고,[90] 동왕 15년(1366)에는 정추 등이 신돈을 탄핵한 죄로 순군옥에 갇혔을 때 그를 면회하고 "우리들은 사람 구실을 못하니 사람이 아니다"라고[91] 자탄하고 있는 내용이 보인다. 우왕 4년에는 右代言을 제수받았다.[92]

朴在中은 자가 兵部이며, 호는 菊澗이다. 공민왕 2년(1353) 이제현과 홍언박의 문하에서 급제하였다. 이색·박상충과는 동년이다. 과거에 합격하자 玉堂에 들어가 이색과 함께 한림학사를 지냈다.

---

87) 『牧隱文藁』 권20, 「崔氏傳」.
88) 『牧隱文藁』 권7, 「送楊廣道按廉使侍史序」.
89) 『牧隱文藁』 권8, 「贈休上人序」.
90) 『高麗史』 권105, 列傳 許珙 附 永通.
91) 『高麗史節要』 권28, 恭愍王 15년 3월.
92) 『高麗史』 권133, 列傳46 禑王 4년 10월.

이후 벼슬을 버리고 은둔하여 거처하는 곳을 국간이라 편액하고, 이를 號로 하였다. 이색은 그의 뛰어난 학문을 높이 평가하였으며, 그가 은둔한 것을 몹시 아쉬워하였다. 이것은 그의 부탁으로 지은 「菊澗記」에서

> 在中은 나와 함께 벼슬하여 玉堂에 들어가 錦省을 지냈다. 이로써 모든 사람들이 부러워하는 바가 되어 조금도 벼슬을 사양할 이유가 없었는데, 어찌하여 그 숨는 것을 사모하였는가. 재중은 기상이 빼어나고 밝으며, 바탕이 아름답고 맑아서 높고 서늘한 뜻과 단아한 용모는 마치 좋은 金 빼어난 玉과도 같았다. 또한 그의 기상은 빛나는 산과 윤택한 바다와도 같다. 그러나 그가 가고자 하는 바는 이와 같으니, 반드시 그 즐거워하는 바가 따로 있음을 의심할 수 없게 한다. … 나는 그에 비하면 모란에 가깝고 흙탕물에 가깝다. 구간을 바라보면 그윽이 스스로 부끄러워하는 마음이 생긴다.93)

라고 하고 있는 것에서 보인다.

李玖는 충정왕 원년(1349) 5월에 성균좨주 全卿의 문하에서 升補試에 장원으로 합격하고,94) 성균관에서 齋生으로 수학하였으며, 공민왕 2년(1353)에 이제현과 홍언박의 문하에서 이색과 더불어 과거에 급제하였다. 공민왕 10년(1361)에 홍건적의 침입으로 서울이 함락되자 임박 등과 더불어 春秋館의 史籍을 땅에 묻었다가 다음해 난이 평정되자 이를 발굴하였다.95) 공민왕 19년(1370)에 西北面兵馬使로 있었다. 이때 왕은 이성계와 池龍壽로 하여금 東寧府를 정벌하도록 하였는데, 그도 이들과 함께 참여하였다.

우왕 13년(1387)에는 門下評理로 知密直 李種學과 더불어 賀禮使가 되어 명에 갔으나 명의 입국사절로 목적을 달성하지 못하고

---

93) 『牧隱文藁』 권3, 「菊澗記」.
94) 『高麗史』 권74, 志28 選擧2 科目2 升補試.
95) 『高麗史』 권111, 列傳24 林樸.

귀국하였다.96)

安勉은 竹山君 元衡의 아들로 호는 雙淸堂이고, 본관은 죽산이다. 일찍부터 김광재의 문하에 출입하면서 수학하였으며, 충정왕 2년(1350)에 성균시에 합격하고,97) 공민왕 2년(1353)에 이제현과 홍언박의 문하에서 과거에 합격하니, 이때 그의 나이 17세였다.98) 공민왕 16년(1367) 司諫院 正言이 되었는데, 이때 左司議 申德隣·獻納 朴晋祿 등과 더불어 신돈을 탄핵하였다가 벼슬에서 파직되었다.99) 우왕 2년에는 禮曹叅議를 제수받았고, 이후 典校寺事를 거쳐 政堂文學을 지냈다. 安魯生은 그의 아늘이다.

韓哲冲은 본관이 平山으로 할아버지는 璉이고, 아버지는 希迪이다. 그에 대한 기록은 『고려사』·『고려사절요』에는 보이지 않는다. 그러나 『동문선』에서 그가 양광도 안렴사로 출보할 때 이인복이 이를 축하하여 지은 시가 보이고 있어 그의 행장에 대한 일면을 알려준다.

經術儒爲貴	經術하는 선비는 귀한 것
廉能世所賢	청렴과 재능은 세상에서 어질게 여기네.
判花叅國論	花判 찍어 국론에 참여하였고
捧簡肅朝聯	白簡 받들어 조정을 숙청하였네.
揚歷名욱著	좋은 벼슬 지내어 그 이름 더욱 빛났고
澄淸志盆堅	맑고도 맑은 뜻 더욱 굳게 지녔도다.
先聲威斧鉞	先聲은 斧鉞보다 위엄이 더하고
行色耀旌旆	행차는 깃발에 빛나는 도다.
王事雖云急	王事가 비록 급하다 하지만
民生亦可憐	民生도 역시 가여운 것을 아시오.

… …

---

96)『高麗史』권136, 列傳49 禑王 13년 10월.
97)『高麗史』選擧志의 기록에는 이 해의 성균시가 누락되고 있다.
98)『竹山安氏族譜』권1.
99)『高麗史』권41, 世家41 恭愍王 16년 12월.

願君須努力　　　그대에게 원하노니 힘써 노력하여
吾道更扶顚　　　우리 道를 다시 일으키구려.[100]

위에서 볼 때 한철충은 이인복이 크게 기대하던 후학이었음을 알 수 있다. 또 위의 기록에서 그가 중서성의 관직을 거쳤고, 掌令을 역임한 후 이어 양광도의 안렴사로 출보하였음을 알려준다. 이인복은 그에게 '吾道更扶顚'이라 하여 儒道를 일으킬 것을 부탁하고 있는데, 이로 볼 때 그는 성리학에 밝았음을 알 수 있다.

이들 이외의 동년들에 대한 기록은『목은문고』를 비롯한 여타의 자료에서도 많이 발견되고 있지만, 그들의 行狀은 자료가 없어 그 추직이 거의 불가능하다. 그의 동년으로 그와 너불어『고려사』에 많은 기록을 남기고 있는 사람으로 박상충·안종원·이무방·정공권·권중화 등을 들 수 있다. 박상충은 이색의 매부로 공민왕 16년의 교육중흥 때 같이 교관으로 활약하였다. 그에 대한 행장은 다음 항에서 취급하기로 하고, 본 항에서는 안종원·이무방·정공권·권중화를 중심으로 살펴보기로 한다.

(1) 安宗源(1325, 충숙왕 12~1393, 태조 2)

안종원은 安軸의 아들로 자는 嗣淸이다. 충혜왕 복위 2년(1341)에 金光載의 문하에서 이색과 더불어 성균시에 합격하고, 이어 李君侅와 김광재의 문하에서 과거에 급제하였다. 이때 그의 나이 17세였다.

충숙왕 때 史翰에 선보되었다가 職을 옮기게 되었는데, 이때 동료 沈東老가 나이는 많으면서 벼슬이 낮아 그에게 자기의 직을 양보하였다. 이에 그의 아버지 안축은 기뻐하며 말하기를 "사양은 德의 시초이니, 내가 남에게 사양하면 남도 누가 나를 버리리오. 우

---

100)『東文選』권11,「送楊廣按廉韓掌令哲冲」.

리 집에 사람 있으니, 아마도 더욱 창성할 것이다"라고 하였다. 이후 三司都事, 典法正郎, 侍御史를 역임하고, 공민왕 10년(1361)에는 楊廣道按廉使가 되었다. 얼마 후 홍건적의 침입으로 왕이 남천하자 길에서 배알하고 먼저 청주로 가서 왕을 맞이할 준비를 하였다. 이때 무고자들이 "그가 충주에 이르러 嶺을 넘어 도망하였다"라고 참소하니, 왕은 이를 믿고 구인하도록 하였으나 무고임을 알고 석방하였다.

그는 공민왕 14년(1365)에 典法摠郎으로 있었는데, 이때 신돈이 권력을 장악하자 거의 모든 사대부들이 이에 부화하였으나 그는 이에 응하지 않았다. 이로써 미움을 받아 江陵府使가 되었고, 얼마 후 소환되었는데, 강릉부민들은 그의 덕을 기려 生祠堂을 세워 제사를 받들었다. 이후 벼슬에서 물러났다가 신돈이 실각하자 司憲侍使로 소환되었고, 얼마 후 右司議大夫가 되었다.

공민왕이 피살당하고 우왕이 즉위하자 그는 門下舍人 金濤 등과 더불어 글을 올려 당시 정치를 탐학하던 金興慶을 탄핵하여 이들 무리들을 숙청하였고,[101] 이어 宦者의 정치관여와 재정의 낭비를 금하도록 하는 상소를 都堂에 올렸다. 이어 성균대사성과 右常侍를 역임하고 대사헌에 진배되었다가 우왕 4년(1378)에는 判崇敬府事에 제수되고 興寧君으로 봉함을 받았다. 이어 대사헌을 다시 겸하였고, 純誠補祚功臣의 호를 받았다.

우왕 8년(1382)에는 順興君에 봉작되고 純誠翊戴輔理功臣의 호를 받았다. 또 이 해에 지공거가 되어 判厚德府事 尹珍과 더불어 과거를 주관하여 柳亮 등 33명을 선발하였다.[102]

우왕 14년(1388)에 그는 청렴을 높이 평가받아 門下贊成事에 올

---

101) 『高麗史』 권124, 列傳37 金興慶.
102) 『高麗史』 권73, 志27 選擧1 科目1 選場.

랐고, 공양왕 2년(1390)에는 判三司事가 되고 興寧府院君에 봉작
되었으며, 조선이 개국되자 判門下府事를 배수하였다. 태조 2년
(1393)에 죽으니, 향년 70세였고, 文簡이라 시호하였다.103)

그는 아버지 안축으로부터 학문을 익혔으며, 과거에 합격한 후
에는 恩門 이군해와 김광재의 문하에 출입하면서 많은 감화를 받
게 된다.

이색과는 성균시의 동년으로 친하게 지냈다. 이색의 가문과 그
의 가문은 친분이 두터웠다. 이색의 아버지 穀은 그의 아버지 안축
으로부터 수학하였으며, 안축은 죽을 때를 즈음하여 이곡에게 그
를 부탁하는 유언을 남기고 있다.104)

(2) 李茂芳(1319, 충숙왕 6 ~ 1398, 태조 7)105)

이무방은 贊成事를 贈職받은 仁美의 아들로 자는 釋之, 호는 南
谷이며, 본관은 光陽이다. 이색과 16~17세 때부터 함께 교유하면
서 공부하던 知己이기도 하다.106)

충혜왕 복위 2년(1341) 김광재의 문하에서 이색과 더불어 성균시
에 합격하였고, 충목왕 3년(1347)에 陽川君 許伯과 韓山君 李穀의
문하에서 과거에 급제하였다. 이로써 典校校勘을 제수받았고, 공
민왕 초에 淳昌郡知事로 출보하였다. 이후 獻納이 되었는데, 당시

---

103) 『高麗史』 권105, 列傳22 安軸 附錄 宗源.
104) 『稼亭文藁』 권11, 「安軸墓誌銘」
105) 李茂芳의 출생시기를 이색과 同甲으로 보아 1328년으로 보는 견해가
    있으나(高惠玲, 1996, 「牧隱 李穡의 師承과 交遊關係」『牧隱 李穡의
    生涯와 思想』, 一潮閣) 『太祖實錄』 권14, 太祖 7년 8월 戊午條에 보
    이는 그의 卒記에는 향년 80이라 기록하고 있다. 그렇다면 태조 7년
    (1398)을 기준으로 역산하면 충숙왕 6년(1319)이 된다. 高惠玲은 동년
    을 동갑으로 착가하였던 것 같다. 이색과 이무방은 辛巳年의 동년이
    지 동갑은 아니다.
106) 『牧隱文藁』 권8, 「贈休上人序」.

세도가는 金鏞이었다. 이때 김용에게 거의 모든 벼슬아치들이 부화하였는데, 홀로 그 만이 이에 응하지 않자 김용은 "조정관리들이 나를 보기를 원하지 않는 자 없는데, 茂芳만은 홀로 오지 않고 또 내가 친히 갔는데도 오지 않으니, 나를 소홀히 대하는 것이 아니냐"라고 하면서 서운해하였다. 이후 掌令과 判典校寺事를 역임하고 民部尙書를 제수받았고, 얼마 후에 대사헌으로 옮겼다가 推忠佐命功臣의 호를 하사 받고 密直學士에 승보하였다. 이때 가뭄으로 백성들이 고통을 당하자 왕은 그에게 명하여 慶安殿에서 비를 빌게 하였는데, 그는 燃臂를 하며 지극한 정성으로 기도를 올렸다. 공민왕은 이를 듣고 "백성 사랑함을 이와 같이 하니 가히 首相이 되겠다"라고 하면서 경탄하였고, 얼마 후에 鷄林府尹을 제수하였다. 이곳에서 그는 義倉을 설립하여 백성들을 구휼하였고, 또 맑은 덕으로 교화를 베푸니, 백성들이 크게 기뻐하였다. 조정에서 이를 듣고는 判開城府事로 소환하고, 礪節功臣의 호를 더하여 하사하였다.

공민왕 20년(1371) 政堂文學에 제수되었는데, 이때 왕은 그에게 "李政堂은 나라를 위하여 집을 잊고 권세를 두려워하지 않으니, 비록 古人이라도 이에 미치지 못할 것이다"라고 하였다. 공민왕 23년(1374)에는 지공거가 되어 밀직부사 廉興邦과 더불어 金子粹 등 33명을 선발하였다.[107]

우왕이 즉위하자 書筵을 열고 田祿生과 더불어 그를 師傅로 삼았는데, 이때 그는 『書經』의 旅獒篇을 올려 강의하고, 이어 "비둘기도 또한 진귀한 새이니, 기르지 마옵소서"라고 하자 왕은 평소에 사랑하며 기르던 비둘기를 버렸다. 우왕 2년(1376)에 侍中 慶復興에게 공민왕 시해에 가담한 韓方信과 盧積의 재산을 적몰하지 않

---

107) 『高麗史』 권73, 志27 選擧1 科目1 選場.

은 책임을 극렬하게 통박하였는데, 이로써 그는 光陽君에 봉해진 뒤 벼슬에서 물러나게 된다. 그러나 얼마 후 소환되어 門下評理를 제수받았다.

창왕이 즉위하자 檢校門下侍中을 배수하였고, 공양왕이 즉위하자 推忠礪節贊化功臣의 호를 내렸다.[108]

조선이 건국되자 門生 趙浚의 천거로 다시 檢校門下侍中이 되고, 光陽府院君에 봉작되었다. 태조 7년 8월에 죽으니, 향년 80세였다. 文簡이란 시호를 내렸다.[109]

그는 위에서 보는 바와 같이 청렴하고 강직하였으며, 백성 사랑하기를 부모를 받들듯이 하였다. 이색은 그의 행적을 평하면서

> 그가 베푼 사랑은 백성들의 마음에 남아 있고, 그의 빛나는 이름은 物望에 합하니, 근래에 보기 드문 일이로다. 다음 날에 큰 계책을 세워 위로 임금의 덕화 펴기를 諸葛亮이 南陽에서 일어나던 때와 같이 할 것인지, 이는 모두 하늘에 달려 있는 일일 것이다.[110]

라고 기록하고 있다. 그와 이색은 어려서부터 우의가 돈독하였다. 그는 이색의 아버지인 穀의 문생이기도 하며, 또 그의 아버지 仁美는 이색이 스승으로 받들었던 仁復의 동생이었다.

(3) 鄭公權 (1333, 충숙왕 복위 2 ~ 1382, 우왕 8)[111]

정공권은 雪谷 鄭誧의 아들로 처음에는 이름을 珦이라 하였다

---

108) 『高麗史』 권112, 列傳25 李茂芳.
109) 『太祖實錄』 권14, 太祖 7년 8월 戊午.
110) 『牧隱文藁』 권1, 「南谷記」.
111) 『高麗史』를 비롯한 각종 자료에서 그의 출생연도는 보이지 않고 있다. 그러나 『牧隱文藁』 권20, 「鄭氏家傳」에서 그의 부친 雪谷이 돌아가신 해(乙酉, 1345)에 그의 나이가 13세였다는 기록이 보인다. 이것을 보면 그의 출생은 1333년이 된다.

가 樞로 고쳤고, 字를 公權이라 하였다. 그러나 후에 字를 이름으로 하였다. 호는 圓齋이다. 일찍이 성리학으로 이름을 떨친 春軒崔文度는 그의 외조부가 된다.112) 그는 아버지 誧와 외조부 최문도의 문하에서 수학하여 학문을 연마하였고, 공민왕 2년(1353) 이제현과 홍언박의 문하에서 이색과 더불어 과거에 급제하였다.

이후 藝文館檢閱을 거쳐 공민왕 6년(1367)에는 左司諫이 되었다. 이때 조정에서 諸道에 鹽鐵別監을 파견하려 하니, 그는 右諫議 이색·起居舍人 田祿生·右司諫 李寶林 등과 더불어

　　하나의 새로운 명령을 내리면 吏屬이 이로 말미암아 간악한 짓을 하여 수 많은 폐단이 생길 것입니다. 別監은 반드시 稅布를 많이 받아 위로부터 은혜를 얻고자 할 것이며, 백성들은 이로 말미암아 鹽을 얻지 못하는 것은 전과 다름없고, 오히려 세금만 부담하는 괴로움을 받아 그 고통은 더욱 심할 것입니다.113)

라고 하여 이를 반대하고, 存撫使와 按廉使로 하여금 이를 행하도록 건의하였다.

공민왕 15년(1366)에는 左司議大夫로 있었는데, 이때 왕이 신돈을 총애하여 정권을 맡기자 그는 正言 李存吾와 더불어 신돈의 실정을 규탄하였다. 이에 왕은 크게 노하여 그를 巡軍獄에 투옥하고 국문하였으나 그는 "우리 부자는 서로 이어 諫大夫가 되어 나라의 은혜를 두텁게 받았는데, 왕께서 정사를 부적당한 사람에게 맡겨 사직을 위태롭게 하니, 어찌 言職에 있으면서 간하지 않으리오"라고 하여 조금도 굽히지 않았다. 이색 등의 탄원으로 용서를 받았으나 東萊縣監으로 좌천되었다. 신돈이 실직당하자 다시 소환되어

112) 『牧隱文藁』 권20, 「鄭氏家傳」.
113) 『高麗史』 권79, 志33 食貨3 鹽法.

左諫議大夫를 제수받았고, 얼마 후 성균대사성이 되어 성균관 교육을 총괄하였다.

공민왕 23년(1374)에는 대사성이 되어 政堂文學 白文寶·田祿生과 더불어 禑의 師傅가 되었고, 우가 즉위하자 左代言을 배수하였다. 이후 簽書密直과 정당문학을 지내고 輸誠翊祚功臣의 호를 하사받았다.

항상 權奸의 횡포를 미워하여 분개하고 불평하다가 우왕 8년(1382)에 죽으니, 文簡이란 시호를 내렸다.[114]

그는 이색과 同年이기도 하지만 선대의 친교로 그들은 일찍부터 우의가 돈독하였다. 그의 아버지 정포는 이색의 아버지인 穀과 막역한 사이였다.

그와 이색과의 관계는 일찍이 그가 지은 시에서 보인다.

三月三日雨連風	3월 3일 비와 바람이 일기에
掩開將以夢周公	문을 닫고 꿈속에서 周公을 뵈려 하였는데
周公遐哉不得見	주공은 멀어서 만날 수가 없고
乃夢韓山牧隱翁	곧 韓山의 牧隱翁을 꿈꾸었다.
白髮紅頰來我堂	흰 수염 붉은 얼굴로 내 堂에 들어와
宛然清笑索酒嘗	완연히 웃으며 술을 찾아 마시더라.
既際艱危身作相	이미 어렵고 위태한 때에 재상이 되었으니
欲澆磊魂順深觴	가슴 속 덩어리를 삭히자면 깊은 잔이라야 하리라.[115]

그는 성격이 맑아 부정을 용서하지 않았으며, 예의에 밝았고 성리학의 실천에 힘썼다. 이것은 『고려사』 열전에서

성품이 恭儉하고 謹厚하였으며, 벼슬할 때는 항상 정직하였다. 이때에 家廟制度가 폐한지라 公權은 別堂에 祭器를 간직하고 제사 때

---

114) 『高麗史』 권106, 列傳19 鄭堮 附 公權.
115) 『東文選』 권9, 「庚申三月三日雨中晝寐夢韓山君」.

에는 반드시 친히 씻었으며, 奠物은 힘써 깨끗이 하였다. 지은 바『圓齋集』이 있어 세상에 전한다.[116]

라고 평하고 있는 것에서 알 수 있다. 아들은 摠·拯·擢을 두었는데, 이들은 모두 과거에 합격하여 이후 조선초기에 중추적 인물로 활동하였다.

(4) 權仲和(1322, 충숙왕 9 ~ 1408, 태종 8)

권중화는 충선왕 때의 權臣인 權漢功의 아들로 자는 容夫, 호는 東皐이고, 본관은 安東이다. 이색과는 인척이 된다.[117]

그는 일찍부터 아버지로부터 학문을 연마하였고, 공민왕 2년(1353)에 이제현과 홍언박의 문하에서 乙科 제2인으로 급제하였다. 代言과 知中事를 역임하고, 공민왕 22년(1373)에는 백문보와 더불어 制科의 고시관이 되어 金潛·宋文中·權近·金震陽 등을 선발하였다.[118]

우왕 3년(1377)에는 정당문학을 배수하고 洪仲宣과 더불어 사부가 되었는데, 이때 그는 서연에 입시하여『貞觀政要』를 講하다가 魏徵이 太宗을 보필한 것에 이르러 "喜怒의 情은 賢者나 愚者나 모두 같지만 현자는 능히 이를 절제하여 도에 지나치지 아니하고, 우자는 방종하여 所宜를 잃음이 많으니, 전하는 항상 몸을 자제하여 행동을 바르게 하면 만대의 모범이 될 것입니다"라고 하니, 왕은 "좋은 말이다. 경은 魏徵을 본받아서 나를 가르치라"고 하였다.[119] 이 해에 同知貢擧가 되어 安克仁과 함께 과거를 주관하여 成石璘 등 33명을 선발하였다.[120]

---

116)『高麗史』권106, 列傳19 鄭瑎 附 公權.
117) 이색의 장인인 權仲達은 權漢功의 아들이다.
118)『高麗史』권74, 志28 選擧2 制科.
119)『高麗史』권133, 列傳46 禑王 3년 10월.

우왕 5년(1379)에는 三司左使에 제수되었고, 다음 해에는 문하찬성사에 올랐으며, 이 해 12월에는 請諡使가 되어 京師에 다녀왔다.

공양왕 2년(1390)에 尹彛·李初의 옥사에 연루되어 유배되었으나 다음 해는 三司左使로 소환되었다. 공양왕 4년(1392) 정월에는 다시 문하찬성사를 제수받고, 다음 달에는 謝恩使로 명에 다녀왔으며, 이어 商議贊成事가 되었다.[121]

조선이 건국되자 태조는 判門下府事를 제수하고, 醴泉伯으로 봉작하였다. 이 해에 관직에서 물러났다. 태종 8년(1408)에 죽으니, 향년 87세였고, 조정에서는 文節이란 시호를 내렸다.

그는 강직하고도 근신하였으며, 벗을 사귈 때도 公과 私는 엄격히 구분하였다. 학문이 밝아 經典에 통달하지 않은 것이 없었으며, 醫業·地理·卜筮에도 통하지 않는 바가 없었다. 특히 書道에 능통하여 篆書에는 그를 따를 자가 없었다.[122]

3) 門 生

이색은 교관으로 후생들을 직접 교육하였지만 수차에 걸쳐 과거를 주관함으로써 수많은 문생들을 배출하게 된다. 고려시대는 과거의 고시관과 그 문하에서 배출된 합격자들은 상호간에 座主·門生의 관계로 연결되어 그 이리는 마치 부자지간의 관게의 같았다. 따라서 문생들은 평생토록 좌주를 부모와 같이 경중히게 받들어 그 문하에서 많은 가르침을 받게 된다.

당시 과거에 대한 이색의 견해는 매우 비판적이었다. 이때의 과

---

120) 『高麗史』 권73, 志27 選擧1 科目1.
121) 『高麗史』 권46, 世家46 恭讓王 4년의 해당 연도기사 참조.
122) 『太宗實錄』 권16, 太宗 8년 11월 丁卯 權仲和 卒記.

거는 권문세족에 의한 부정이 널리 행해지고 있었고, 試場에서의 부정행위, 즉 借述·代述·易書 등의 행위가 공공연히 행해지고 있었다. 또 과거의 응시에 연령의 제한이 없어 '乳鼻之童'들이 응시하는 사례도 많았다. 이러한 과거사조에 대하여 이색은 이를 망국의 폐로 단정하였다. 그리고 그는 엄정한 평가에 의한 인재의 선발이야말로 국가의 기강을 바로 잡을 수 있을 것이며, 이와 같이 하여야만 이들이 과거를 위하여 학문에 전념할 수 있을 것으로 보았다. 이와 같은 관점에서 이색은 과거의 禁防을 엄격히 하였다.

이색이 처음으로 고시관이 된 것은 簽書密直司事로 동지공거를 배수한 공민왕 14년(1365)이다.[123] 이때 그는 지공거 이인복과 더불어 왕에게 擧子들이 試場에 책을 가지고 들어가거나 고시장에서 試券을 바꾸는 등의 부정행위를 일절 금하도록 건의하여 수용되었다.[124] 이러한 원칙에 입각하여 이때의 과거에서 尹紹宗 등 28명을 선발하였다. 이때 등제한 河崙은 조선초기에 최고의 정치가 및 학자로 존경을 받았다.

공민왕 17년(1368)에는 성균관 겸대사성으로 왕이 성균관에 행차했을 때 독권관으로 李詹 등 7명을 선발하였고,[125] 다음 해인 공민왕 18년 6월에도 동지공거가 되어 지공거 이인복과 더불어 柳伯濡 등 33명을 선발하였다. 이때의 과거는 '易書通考之法'으로 행하였는데, 이것은 우리나라에서 과거가 실시된 이래 처음 행하는 법이었다.[126] 이때 권근은 18세로 합격하고 있는데, 그는 조선초기에 하륜과 더불어 최고의 정치가·학자 및 교육자로 존경을 받았다.

공민왕 19년(1370)에는 明에서 처음으로 科擧詔를 내려 고려의

---

123) 『高麗史』 권73, 志27 選擧1 科目1 恭愍王 14년 閏 10월.
124) 『高麗史』 권73, 志27 選擧1 科目1 恭愍王 14년 10월.
125) 『高麗史』 권73, 志27 選擧1 科目1 恭愍王 17년 4월.
126) 『牧隱集』 권首, 「牧隱先生神道碑銘」.

자제들로 하여금 명의 조정에서 행하는 과거에 응시할 수 있도록 하였는데,[127] 이로써 고려에서는 貢士를 선발하게 된다. 이때 이색은 이인복과 더불어 고시관이 되어 三場의 通考法으로 과거를 행해 이숭인·朴實·권근·金濤·유백유 등을 선발하였다.[128] 공민왕 20년(1371)에는 지공거가 되어 金潛 등 31명을 선발하였고, 이때의 과거에서는 25세 미만자는 응시자격을 박탈하였다.[129]

이후 우왕 12년(1386)에도 지공거로 孟思誠 등 33명을 선발하였다. 이때도 이색은 왕에게 건의하여 20세 이하에게는 과거에 응시할 수 없도록 하였고, 부정행위에 대한 철저한 검색으로 과거를 공정하게 운영하였다.[130] 이때의 과거에 당시 실력자인 判門下 曺敏修의 아들이 응시하였는데, 동지공거 廉興邦은 그를 합격시키려 하였으나 이색은 끝까지 반대하여 낙방시켰다.[131]

이색은 위에서 살펴본 바와 같이 모두 6차에 걸쳐 과거를 주관하였는데, 공민왕 19년의 貢士 선발을 제외하더라도 그의 문하에서 배출된 인재는 모두 132명이나 되고, 공민왕 19년의 貢士까지 합하면 135명이 된다.[132]

이들 중에서 대부분은 정치관로에서 크게 활동하였으며, 또 학문발전에도 크게 공헌히였다. 그에게서 배출된 문생들은 그의 문하에 출입하면서 많은 가르침을 받았고, 이후 고려사회에서 중추

---

127) 『高麗史』 권74, 志28 選擧2 科目2 恭愍王 19년 6월.
128) 『高麗史』 권74, 志28 選擧2 恭愍王 19년 8월.
129) 『高麗史』 권73, 志27 選擧1 科目1.
130) 『高麗史』 권73, 志27 選擧1 科目1 禑王 12년 5월.
131) 『高麗史』 권115, 列傳28 李穡.
132) 그는 5차에 길져 132명을 선발하였고, 공민왕 19년에 貢士로 5넝을 선발하였다. 그렇다면 137명이 되지만 공민왕 19년에 선발된 공사 중에는 그가 이미 신빌하였던 문생인 權近과 柳伯濡가 포함되어 있나. 중복을 피하면 135명이다.

적인 인물로 성장하게 된다. 이들 중에는 정치관료에서 이름을 떨친 사람들도 있었고, 大司成 또는 知貢擧를 맡아 그의 학맥을 계승·발전시킨 사람들도 많았다. 또 그의 문생들 중에서는 이후 조선이 건국되자 충절을 지켜 고려와 운명을 같이 한 사람들도 있었고, 또 조선 건국에 참여하여 조선사회의 정치와 학문에 기여한 사람들도 많았다. 그의 문생 중에서 고려와 조선시대에 이름을 떨친 사람들을 정리하면 다음의 <표 3-2>와 같다.

<표 3-2> 이색의 문생

이 름	과거합격 연대	주 요 관 직	전 거	비 고
尹紹宗	공민왕 14년	左常侍, 禮儀判書, (朝)兵曹典書, 同知春秋館事	『太祖實錄』권4, 太祖 2년 9월 卒記	恭讓王 원년 大司成
河崙	〃	成均大司成, 典理判書, 同知密直, (朝)政堂文學, 領議政府事	『太宗實錄』 권32, 太宗 16년 11월 卒記	조선시대 수차에 걸쳐서 知貢擧
盧嵩	〃	大司憲, 知密直司事, (朝)知議政府事, 僉贊議政府事	『太宗實錄』 권28, 太宗 14년 8월 甲辰	禑王때 諫官으로 이름을 떨침
孟希道	〃	御史大夫, 修文殿提學, 漢城左尹	『陽村集』권17, 「贈孟先生詩卷序」	孟思誠의 父
趙瑚	〃	密直使, (朝)藝文館大學士, 僉贊議政府事	『高麗史』 및 『朝鮮王朝實錄』	조선건국 후 結黨謀亂의 죄로 유배
李詹	공민왕 17년	司憲執義, 成均大司成, 知申事, (朝)吏曹典書, 知議政府事	『雙梅堂先生文集』年譜	공양왕 때 成均大司成
柳伯濡	공민왕 18년	左獻納, 判內府寺事, 判典儀寺事	『高麗史』권45, 恭讓王 3년 7월	柳伯淳의 兄
權近	〃	成均大司成, 禮儀判書, 密直副使, 知申事, (朝)大司憲, 議政府贊成	『太宗實錄』 권17, 太宗 9년 2월 卒記	고려와 조선시대에 大司成과 考試官 역임

張德良	공민왕 18년	平壤尹, 漢城府尹, (朝) 成均大司成	『遁村集』권2,「送 漢陽張府尹德良」	조선시대 大 司成과 考 試官 역임
徐甄	〃	司憲掌令	『高麗史』권46, 恭 愍王 3년 12월	조선건국 후 結黨謀亂의 죄로 유배
朴賁	〃	商山司錄 (朝)檢校工 曹叅議, 成均司成	『太宗實錄』권26, 太宗 13년 10월 甲 子;『冶隱集年譜』	吉再의 은 사
姜隱	〃	司憲掌令, 密直副使	『牧隱文藁』권10, 之顯說.	조선건국 후 不仕
李至	〃	漢陽尹, 商議密直提學 (朝)大司憲, 判漢城府 事	『高麗史』및 『朝 鮮王朝實錄』	고려말 大司 成 역임
裵仲倫	〃	典理摠郎, (朝)戶曹典 書	『世宗實錄』권28, 世宗 7년 4월	조선건국 후 不仕, 定宗 때 仕官
宋文中	〃	判宗溥寺事, (朝)左副 承旨	『太祖實錄』권9, 太祖 5년 2월 辛丑	恭讓王 2년 大司成
李崇仁	공민왕 19년	成均司成, 知密直司事	『高麗史』권115, 列傳28, 李崇仁	조선건국 후 살해
朴宜中	공민왕 19년의 공사선발	成均大司成, 密直提學	『高麗史』권112, 列傳25, 朴宜中	恭愍王16년 敎官
金濤	〃	右副代言, 知申事, 密 直提學	『高麗史』권111, 列傳24, 金濤	명의 制科 에 급제
金若恒	공민왕 20년	禮儀摠郎, 司憲執義 (朝)右諫議大夫, 判典校寺事,	『太祖實錄』권12, 太祖 6년 11월 戊 寅	조선시대 大 司成 역임
南在	〃	判典校寺事, 左副代言 (朝)議政府贊成事, 領 議政	「南在墓誌銘」	조선 개국공 신, 太祖 14 년 考試官
金震陽	〃	右散騎常侍, 左司議	『高麗史』권117, 列傳30, 金震陽	조선건국 후 살해
李伯由	〃	右常侍, 禮曹判書 (朝)成均大司成	『太祖實錄』권1, 太祖 元年 8월 己 巳	太祖 7년 鄭 道傳 파로 몰려 유배

全伯英	공민왕 20년	執義, 司議大夫 (朝)知議政府事, 戶曹判書	『高麗史』 및 『朝鮮王朝實錄』	고려시대 諫官으로 이름을 떨침
王 康	〃	典理摠郎, 成均祭酒, 藝文館提學, 禮曹判書	『高麗史』 권116, 列傳29, 王康	조선건국 후 王氏라는 죄로 죽음
廉廷秀	〃	同知密直事, 大司憲	『高麗史節要』 권32, 禑王 13년 10월	廉興邦의 弟
李 行	〃	藝文館提學, (朝)藝文館大提學	『騎牛先生集』 권3, 附錄	조선건국 후 일시 不仕
許 應	〃	門下府郎舍, 左常侍 (朝)僉知議政府事, 大司憲, 中軍同知摠制	『太宗實錄』 권22, 太宗 11년 10월 丙申	조선건국 후 結黨謀亂의 죄로 유배
金若采	〃	左司議大夫, 知申事 (朝)左散騎常侍, 大司憲	「金若采壇庭碑銘」	金若恒의 兄
曹 庶	〃	(朝)禮曹叅議	『太宗實錄』 권6, 太宗 3년 8월 壬申	太祖 5년에 사신으로 가서 유배됨
趙 狷	〃	嶺南按廉使, 賢門衛上護軍 (朝)工曹判書, 判右軍都摠制府事	『世宗實錄』 권28, 世宗 7년 5월 壬申	조선 개국공신
劉 敬	〃	禮曹正郎, 成均司藝 (朝)成均大司成, 叅贊議政府事	『世宗實錄』 권14, 世宗 3년 12월 戊寅	조선건국 후 최초의 大司成
柳 寬	〃	內書舍人, 司憲中丞 (朝)大司憲, 右議政	『世宗實錄』 권60, 世宗 15년 5월 己未	조선시대 大司成 역임
孟思誠	우왕 12년	春秋館檢閱, 獻納 (朝)大司憲, 左議政, 禮曹判書	『世宗實錄』 권83, 世宗 20년 10월 卒記	조선시대 청백리, 太宗 17년 考試官
吉 再	〃	門下注書	『冶隱集』「行狀」	金烏山 下에서 교육종사
趙 涓	〃	通禮門副使, 工曹摠郎 (朝)議政府贊成事, 右議政	『世宗實錄』 권46, 世宗 11년 10월	조선 개국공신
鄭 坤	〃	金堤敎授官	『世宗實錄』 권7, 世宗 2년 정월	조선건국 후 不仕

　앞에 열거한 문생들은 여말선초에 이름을 떨쳤던 사람들이다. 위의 문생 중에서 南在·趙狷·趙涓 등은 李成桂를 도와 조선왕조를 건국하는데 주역을 담당하였고, 吉再·姜隱·孟希道·鄭坤 등은 고려 말 정치혼란상에서 벼슬을 버리고 낙향하여 후학의 교육에만 전념하였다. 또 金震陽·許應·徐甄·趙瑚 등은 고려말에 이색과 정치적 견해를 같이 하여 정몽주와 더불어 끝까지 고려를 유지하려고 하였다. 또 劉敬·李詹·金若恒·李伯由·河崙·權近·張德良·南在·孟思誠 등은 고려시대에도 교관직을 맡아 교육활동에 종사하였지만, 조선 건국 후 大司成 또는 知貢擧를 맡아 조선초기의 학문발전에 크게 기여하였다. 尹紹宗·宋文中·李至·王康·李行 등은 고려말에 대사성 또는 좨주를 맡아 인재배양에 노력하였던 사람들이다. 나머지는 간관 또는 학문으로 이 시대를 풍미하였던 정치가 또는 학자로 이름을 떨쳤다.

　위의 표에 열거한 사람들의 주요 활동영역을 분류하면 대략 다음과 같이 정리할 수 있을 것이다.

1) 고려말 교관 또는 고시관 역임자

①尹紹宗 ②宋文中 ③李至 ④李行 ⑤朴宜中 ⑥李崇仁 ⑦王康

2) 조선시대 교관 또는 고시관 역임자

①河崙 ②李詹 ③權近 ④張德良 ⑤劉敬 ⑥柳寬 ⑦金若恒 ⑧南在 ⑨李伯由 ⑩孟思誠

3) 고려말 결당모란으로 형을 받은 자

①徐甄 ②金震陽 ③許應 ④趙瑚 ⑤李至

4) 고려말 정계를 은퇴한 자

①吉再 ②孟希道 ③鄭坤 ④姜隱

5) 학자 또는 정치가로 활동한 자
①盧嵩 ②柳伯濡 ③裵仲倫 ④全伯英 ⑤廉廷秀 ⑥金若采
⑦曹庶 ⑧趙狷 ⑨金濤 ⑩趙涓

그러나 위의 분류는 어디까지나 그들 활동의 비중에서 본 평가이며, 이들의 활동영역이 위의 분류에만 국한되는 것은 아니다. 1)·2)·3)·4)에 분류된 문생들도 5)의 경우와 같이 학자 및 정치가로서 빛을 발하였으며, 조선시대 교관 및 고시관을 역임한 사람들 중에도 고려시대에 교관 또는 고시관으로 활동한 사람들이 많았다. 위의 사람들 중에서 1)의 박의중·이숭인은 공민왕 16년에 이색과 더불어 교육중흥에 함께 활약하였고, 또 윤소종·이지·송문중·이행·왕강 등은 고려말에 대사성을 비롯한 교관직을 맡아 활약하였지만 이들 중에는 조선시대에 이름을 떨친 사람도 많다. 그리고 2)의 하륜·이첨·권근 등은 조선시대에 크게 빛을 발하고 있지만 고려시대에도 교관 또는 학자로써 이름을 떨쳤다, 3)과 4)에 분류된 사람들은 고려말에 이색과 정치적 견해를 같이 하여 정계에서 은퇴하였거나 또는 조선건국 후 결당모란의 죄를 입어 형을 당하였던 사람들이다. 그러나 이들도 고려말에 학자 또는 정치가로써 이름을 떨쳤고, 또 이들 중에는 이후 조선에 벼슬하여 이름을 떨친 사람도 있다. 5)에 분류된 사람들은 그의 문생으로서 교관이나 고시관 보다는 주로 학문과 정치가로 이름을 떨쳤던 사람들이다.

본 절에서는 위의 사람들 중에서 1)·2)·3)에 해당하는 인물과 4)의 길재는 별도로 기술하기로 하고, 본 항에서는 4)와 5)에 포함되는 사람들을 대상으로 하여 이들 활동의 대강을 조명하면서 이색과의 관계를 살펴보고자 한다.

(1) 孟希道(? ~ ?)

맹희도는 尙書를 지낸 裕의 아들로 호는 東浦이고, 본관은 新昌이다. 공민왕 14년(1365)에 이색의 문하에서 급제하였다. 과거에 합격하자 翰林을 지냈고, 이후 御史大夫를 거쳐 修文殿提學이 되었으며, 이어 漢城左尹을 지냈다. 고려말 정사가 혼미하자 벼슬을 버리고, 아버지 裕를 모시고 東浦에 은둔하였다. 이로써 동포로 호를 하였다.133)

그는 이색의 문생으로 그의 문하에서 학문을 정연시켰고, 정몽주와는 막역하게 지냈다. 그가 벼슬에서 물러나 은퇴하고 있을 때 정몽주는

淵明早休官	陶淵明은 일찍부터 벼슬을 버리고
好賦歸去來	낙향하여 귀거래사를 즐겨 지었지.
春盡田園蕪	봄이 지나면 전원은 거칠어지고
風來五柳開	바람이 불어오면 五柳들이 피겠지.
偃仰夷惠間	伯夷·柳下惠와 함께 더불어
高節橫秋旻	높은 절개 가을 하늘에 드리웠구나.134)

라는 시를 지어 그의 높은 志節을 기리고 있다.

조선이 개국되자 태조의 부름을 받아 한때 珍州의 수령을 맡았으나 얼마 후 물러나 은둔하였다.

그의 同門 후배인 權近은 그를 받들어 형으로 대하였으며, 그가 은퇴하자 여러 번 찾아가 벼슬에 나오도록 간청하기도 하였다. 이러한 사실은 권근이 쓴 「贈孟先生詩卷序」에서 보인다.

---

133) 『杜門洞正史』.
134) 『圃隱先生文集』 續錄 권1, 「贈東浦孟斯文希道」.

나는 선생의 뒤를 이어 乙酉年 과거에 합격하여 선생을 형으로 대해 온 지 몇 해가 되었다. 선생은 글과 행실이 깨끗하고 고매하였으며, 또 우뚝한 지조가 있었다. 얼마 후 벼슬을 그만두고 전원으로 돌아가 농사지어 어버이를 봉양하고 학문을 강론하여 아이들을 가르쳤으며. 또한 山水에 樂을 붙여 담담하게 지내고 세상에 바라는 것이 없었다. … 지난번에는 시운이 비색함을 알아 몸을 수습하고 물러갔으며, 부귀를 하찮게 여기고 벼슬을 초개처럼 여기어 그 고매한 기품과 따를 수 없는 행동이 진실로 훌륭하였다. 그러나 지금은 밝은 임금이 위에 계시고 어진 이들이 조정에 가득하여 어진 사람을 갈망하는 뜻이 매우 간절하니, 사군자들은 나와서 일을 해 봄직한 때이다. 선생은 끝까지 숨어서 살아갈 것인가? 나는 장차 선생과 같이 은둔한 선비들이 생광 있게 나와서 文華를 진작하고 태평세월을 빛나게 하여 훌륭한 정사를 노래하는 날이 올 것을 바란다. 선생께서는 마땅히 내 말을 살펴주기 바란다.135)

세종 때 학문과 청백리로 이름을 떨친 孟思誠은 그의 아들이다. 그는 이후 士林의 존경대상이 되어 추앙을 받았다. 영조 26년(1750)에는 왕이 온양에 행차했을 때 有司에 명하여 그의 墓에 제사를 올리도록 하였고,136) 또 鄕賢司를 지어 이름을 南康祠라고 하여 그를 배향하였다.137)

(2) 鄭 坤 (? ~ ?)

정곤은 예조판서를 지낸 興嗣의 아들로 본관은 東來이다. 우왕 12년(1286) 4월에 知申事 權執經의 문하에서 성균시에 장원으로 합격하고,138) 다음 달에 이색의 문하에서 과거에 급제하였다.

고려말에 金堤敎授官이 되었고, 조선이 건국되자 벼슬에 나아가지 않고 오로지 후학의 교육에만 전념하였다. 이로써 세종 2년

---

135)『陽村集』 권17,「贈孟先生詩卷序」.
136)『英祖實錄』 권26, 英祖 26년 9월 庚申.
137)『正祖實錄』 권32, 正祖 15년 2월 丁卯.
138)『高麗史』 권74, 志28 選擧2 科目2 國子試.

(1420)에는 司諫院에서

> 金堤 전 敎授官 鄭坤은 私置書院하여 境內와 他鄕의 배우고자 하는 자들을 교육하여 문풍을 크게 일으켰으니 포상하도록 하자.[139]

라는 건의를 올렸고, 세종은 그에게 특지를 내려 벼슬을 제수하도록 명하고 있다.

그의 생몰연대와 행장은 더 이상 찾아볼 수가 없다. 그는 고려 말의 정치 혼란상에서 그의 同年 吉再와 거의 비슷한 시기에 벼슬에서 물러나 후학의 교육에만 전념하였고, 조선시대에는 벼슬을 하지 않았던 것으로 보인다.

(3) 姜 隱(日華, ? ~ ?)

강은은 예의판서를 지낸 天命의 아들로 처음에는 이름을 日華라고 하였다가 후에 隱으로 개명하였다. 자는 之顯, 호는 格齋이다.

공민왕 18년(1369 이색의 문하에서 과거에 급제하였고, 얼마 후 司憲糾正에 제수되었으며, 우왕 때는 司憲掌令·代言 등의 간관직을 맡았다. 공양왕 2년(1390) 9월에는 密直副使가 되어 명에 사신으로 다녀왔으며,[140] 다음 해 12월에는 楊廣道 都觀察使가 되었다.[141]

그는 이색의 문생으로 이색의 문하에 출입하면서 많은 가르침을 받았다. 그의 字 '之顯'에 대한 說두 이색이 지어 주었다 이색은 여기서

> 나의 문생 右副代言 姜隱의 字는 之顯이다. 지현은 소년시절에 과

---

139) 『世宗實錄』 권7, 世宗 2년 정월 庚申.
140) 『高麗史節要』 권34, 恭讓王 2년 9월.
141) 『高麗史』 권46, 世家46 恭讓王 3년 12월.

거에 급제하여 臺省을 모두 거쳤는데, 그 행동을 상고해 보니 君子라
하지 않을 수 없다. 剛하고 굳센 기운이 간사한 것에 부딪히면 이를
반듯하게 하고, 또 온화하고 부드러운 기운은 효도와 우애를 돈독하
게 한다. 이로써 그는 많은 사람들을 감동하게 하였다. 평생에 행한
것을 남에게 말하지 못할 바가 없다. 그러니 이것은 顯의 道가 행해진
것이다. 공자는 말하기를 "내가 숨긴다고 말하는가? 나는 숨기는 것이
없다"라고 하였다. 공자의 가르침은 그 밝기가 해와 달과 같다. 지현
이여! 우러러 사모할지어다. 가슴에 깊이 새겨 행할지어다! 공자의 큰
뜻을.142)

라고 하여 권면하고 있다.

그는 고려말에 이색·정몽주·김진양 등과 뜻을 같이 하여 공
양왕 4년(1392) 3월에는 정도전·조준 등을 국문하는 책임을 맡았
다.143) 조선이 건국된 후에는 벼슬에 나아가지 않고 은둔하였다.

(4) 盧　嵩 (1337, 충숙왕 복위 6 ~ 1414, 태종 14)

노숭은 監察持平을 지낸 俊卿의 아들로 자는 中甫, 호는 桑村,
본관은 光州이다. 공민왕 6년(1357) 申君平의 문하에서 성균시에
합격하였고, 공민왕 14년(1365)에 이색의 문하에서 과거에 급제하
였다.144)

우왕 때에는 正言, 知申事, 同知密直, 대사헌 등의 관직을 거쳤
고, 공양왕 원년(1389)에는 全羅道 都觀察使가 되었다. 이때 그는
龍安과 榮山에 각기 得成倉과 榮山倉을 세워 漕運을 편리하게 하
였고, 또 城을 쌓아 왜구로부터의 침입을 방비하였다. 얼마 후 그
곳에 흉년이 들자 3년 동안 조세를 면제시켜 주도록 조정에 건의
하였으며, 아울러 각 군에 義倉을 설치하여 백성들을 규휼하도록

---

142)『牧隱文集』권10,「之顯說」.
143)『高麗史』권117, 列傳30 金震陽.
144)『太宗實錄』권28, 太宗 14년 8월 甲辰 盧嵩 卒記.

진언하였다.145) 또 그는 풍속을 교화하기 위하여 家廟를 세워 조상을 받들도록 하였고, 또 이를 실천한 尹龜生에게는 "風敎를 세웠으니 마땅히 포상해야 한다"라고 하여 門閭에 旌表하고, 아울러 孝子碑를 세우도록 하였다.146)

공양왕 3년(1391)에는 知密直司事가 되었으며, 조선이 개국되자 태조 때에는 知中樞院事, 開城留後司 留後, 京畿道 都觀察使를 거쳤다. 태종이 즉위하자 正憲大夫에 올라 三司左使를 배수하고, 知議政府事을 겸하였다. 이후 僉判承樞府事와 僉贊議政府事를 거쳐 태종 11년(1411)에는 檢校議政府右政丞이 되었다. 이때 그는 檢校로 있었던 원로 10여명과 耆英會를 만들어 서로 유오하면서 담론하고 정사에도 자문하였다.

태종 14년(1414) 6월에는 檢校左議政이 되었으며, 이 해 8월에 죽으니, 향년 78세였다. 敬平이란 시호를 내렸다.147)

그는 申君平의 문하에서 성균시에 합격하였고, 이인복과 이색의 문하에서 급제하여 이후 이들 은문의 문하에 출입하면서 학문을 정연시켰다. 성리학에 조예가 깊었으며, 仁·義·禮·智·信의 五常을 생활규범의 척도로 하여 생활하였다. 아들 5명을 두었는데 이들의 이름도 尙仁·尙義·尙禮·尙智·尙信이라고 하였다.

죽음에 즈음하여 아들들을 불러

> 내 일찍 先儒의 학문을 익혀 죽고 삶의 이치를 다소는 터득하고 있다. 내가 죽은 후에 佛事로 장례를 치르지 말라.148)

---

145)『太宗實錄』권28, 太宗 14년 8월 甲辰 盧嵩 卒記.
146)『高麗史』권121, 列傳34 尹龜生.
147)『太宗實錄』권28, 太宗 14년 8월 甲辰 盧嵩 卒記.
148)『太宗實錄』권28, 太宗 14년 8월 甲辰 盧嵩 卒記.

라는 유훈을 남기었다.

(5) 柳伯濡(? ~ ?)

유백유는 瑞山人으로 아버지는 方澤이며, 할아버지는 成臣이다. 공민왕 때 성균시에 합격하고, 공민왕 18년(1369) 이색의 문하에서 장원으로 급제하였다.[149] 이로써 春秋館修撰을 배수하였고, 다음 해에는 역시 이인복과 이색이 주관한 明의 貢士 선발에 朴實·金濤와 함께 발탁되어 制科에 응시하였다.[150]

공민왕이 죽은 후 정도전과 더불어 우왕의 즉위를 반대하고, 王氏로 후사를 계승시키고자 하였으나 성공하지 못하였다.[151]

우왕 원년(1375)에 左獻納이 되었고,[152] 창왕이 즉위하자 判內府寺事가 되었다. 공양왕 원년(1389) 3월에는 趙浚이 私田을 개혁하려 하자 이때 侍中 이색은 "祖宗의 法을 고침은 불가하다"라고 하여 반대하였고, 藝文館提學 정도전과 대사성 윤소종은 찬성하였는데, 그는 李琳·권근 등과 함께 이색의 입장을 옹호하였다.[153]

공양왕 2년(1390) 7월에는 講讀官이 되어 經筵에서 왕에게 "인명은 지극히 소중한 것이니 함부로 죽일 것이 아니며, 마땅히 三復하여 아뢰도록 하여 처리하소서"라고 건의하였다.[154] 이는 당시 정도전 일파가 주동이 되어 이색 등을 죽이려고 하는데 대하여 이들을 구제하기 위한 의도에서였다. 이에 왕은 "近者에 臺諫이 이색 등을 죽이도록 수차 청하였으나 내가 모두 허락하지 않았다"라고 답하고 있다. 이어 判典儀寺事가 되었는데, 공양왕 3년 7월에는 田法

---

149) 『高麗史』 권73, 志27 選擧1 科目1.
150) 『高麗史』 권74, 志28 選擧2 科目2 制科.
151) 『高麗史』 권119, 列傳32 鄭道傳.
152) 『牧隱文藁』 권15, 「李仁復墓誌銘」.
153) 『高麗史節要』 권34, 恭讓王 원년 3월.
154) 『高麗史』 권45, 世家45 恭讓王 2년 7월.

을 비방하고 헐뜯었다는 이유로 光州에 유배되었다.155) 조선개국
후 태종 7년(1407)에는 左司諫大夫를 역임하였다.

그의 생몰연대는 기록에 나타나지 않아 알 수 없다.

그는 조선시대에 성균관 대사성으로 이름을 떨친 柳伯淳의 형이
다. 그는 이제현을 존경하여 일찍부터 그의 문하에 출입하였고, 이
색은 그를 위하여 「樗亭記」를 지어 학문을 독려하고 있다. 이것은
「저정기」에서

> 도덕과 문장을 하늘이 어찌 사람에게 주기를 아끼겠는가. 그렇기
> 때문에 하늘이 명한 것을 性이라 하고, 性에 따르는 것을 道라고 하였
> 다. 伯濡가 이러한 성인의 明과 性의 가르침에 게으르지 않는다면 모
> 든 體와 物에서 버릴 수 없는 뜻을 삼가 찾을 수 있을 것이다.156)

라고 하고 있는 것에서 보인다.

(6) 裵仲倫 (? ~ ?)

배중륜은 世의 아들로 본관은 星州이다. 공민왕 18년(1369)에 이
색의 문하에서 과거에 급제하였고, 우왕 9년(1383)에는 典理摠郎이
되었다.157) 이 해 8월에는 進賀使가 되어 李子庸 등과 더불어 명에
갔는데, 바닷길이 험난하여 기일 내에 도착하지 못하였다. 명에서
는 이것을 트집잡아 그를 大理로 유배시켰다. 우왕 11년(1385)에야
풀려 나와 귀국하였다.158)

소선이 선국뇌사 벼슬에 나아가시 않았으나 성종 때에 처음으로
벼슬에 나아가 經延侍講官이 되었으며,159) 얼마 후 戶曹典書가 뇌

---

155) 『高麗史』 권45, 世家45 恭讓王 3년 7월.
156) 『牧隱文藁』 권5, 「樗亭記」.
157) 『高麗史』 권135, 列傳48 禑王 9년 정원.
158) 『高麗史』 권135, 列傳48 禑王 11년 4월.
159) 『定宗實錄』 권3, 定宗 2년 정월 乙亥.

었다. 이때 그는 왕의 편에 서서 芳遠에게 협조하지 않았다. 이로써 태종이 즉위하자 "大體에 어두워 私意로 음모를 꾸며 민심을 이반시켰다"라는 사헌부의 탄핵을 받아 직첩을 회수당하고, 자원 안치되었다.160) 이후 죄에서 풀려나 벼슬에 나아갔고, 檢校漢城尹을 배수하고 얼마 후 죽었다.

그는 태종 때 사관으로 활동하였던 것 같다. 이것은 『세종실록』에서 "그가 사관으로 있을 때 작성한 사초를 제출하지 않았다"는 사헌부의 탄핵을 받고 있고, 또 그의 아들들이 이로써 告身을 몰수당하고 있는 것에서 알 수 있다.161)

그의 생몰연대와 정확한 官歷은 기록이 일실되어 알 수가 없다. 그가 정종 때 경연시강관이 되고 있음을 볼 때 학문적 식견이 높았음을 알 수 있고, 여말선초에 그의 관력이 보이지 않는 것으로 보아 이 시기에는 이색과 정치적 견해를 같이 하여 정계에서 은퇴하였던 것으로 보인다. 태종과는 정치적 견해를 달리하여 그에게 협조하지 않았던 것도 이와 같은 맥락에서 파악할 수 있을 것이다.

(7) 全伯英 (1345, 충목왕 원년 ~ 1412, 태종 12)

전백영은 慶山人으로 호는 巴溪이다. 공민왕 17년(1368) 升補試에 장원으로 합격하였고,162) 공민왕 20년(1371) 이색의 문하에서 과거에 급제하였다. 우왕 원년(1375)에 諫官이 되었는데, 이때 李詹과 더불어 재상 李仁任이 金義와 공모하여 명의 사신을 죽인 죄를 탄핵하고 이들을 죽이도록 상소하였다. 이로써 죄를 얻어 知榮州事로 좌천되었고, 얼마 후 이인임의 측신인 禹仁烈이 "간관이 재상을 탄핵하는 것은 용서할 수 없다"라고 하여 이들을 처벌하도록

---

160) 『太宗實錄』 권1, 太宗 元年 2월 辛卯.
161) 『世宗實錄』 권28, 世宗 7년 4월 戊辰 및 권52, 世宗 13년 6월 乙巳.
162) 『高麗史』 권74, 志28 選擧2 科目2 升補試.

건의하여 巡軍獄에 투옥되었다. 이 일에 연루되어 당시 排元세력이던 정몽주·김구용·이숭인·鄭思道 등은 유배되었고, 전녹생과 박상충은 유배 도중에 길에서 죽었다.[163]

공양왕이 즉위하자 執義를 배수하였고, 이후 水原府使와 右司議大夫를 거쳐 공양왕 3년 12월에는 左司議大夫를 배수하였다.[164]

조선이 건국된 후 태종 원년(1401)에 慶尙道 都觀察黜陟使가 되었고,[165] 이후 承寧府尹, 簽書承樞府事, 知議政府事를 거쳐 태종 5년 5월에는 奴婢辨定都監의 提調를 겸하였고, 이 해 7월에는 예조판서가 되었다. 태종 6년(1406)에는 京畿道 都觀察使로 출보하였으며, 임기를 마치자 호조판서로 소환되었다.

태종 12년(1412)에 늙었음을 이유로 벼슬에서 물러나기를 청하니, 태종은 草料와 粥飯을 하사하여 그 동안의 노고를 치하하였다. 이 해 10월에 慶山縣에서 죽으니, 文平이란 시호를 내렸다.

그는 이색의 문하에서 과거에 급제하여 이후 정몽주·김구용·정사도·박상충·전녹생 등과 정치적 견해를 같이 하였고, 우왕 때 간관으로서 행한 그의 행동은 이후 조선시대에 臺諫의 표본으로 존숭되었다. 그는 성격이 강직하였으며, 정사에 임하여는 民生의 어려움을 보살피는데 전력하였다. 이러한 그의 행적은 그가 京畿道 都觀察使로 있을 때 왕에게

> 나라는 백성으로 근본을 삼습니다. 백성이 있은 뒤에 나라가 있는 것인데, 敬差官이 된 사람들은 백성의 병폐를 살피지 않고, 나라와 백성을 둘로 여겨 나라에만 이롭게 하려고 하니, 백성들에게는 불편함이 많습니다.[166]

---

163) 『高麗史節要』 권30, 禑王 元年 6월 및 7월의 해당기사 참조.
164) 『高麗史』 권46, 世家46 恭讓王 3년 4월 및 12월.
165) 『太宗實錄』 권1, 太宗 元年 정월 戊辰.
166) 『太宗實錄』 권12, 太宗 6년 9월 甲戌.

라고 하고 있는 것에서 보이고, 그가 경기도 도관찰사의 임기를 마치자 廣州牧使 柳謙을 비롯한 左·右道 관리 30여명이 議政府에 글을 올려

> 前 都觀察使 全伯英은 백성 사랑하기를 자식같이 하고, 이로운 일을 일으키고 해가 되는 일을 제거하여 모든 도민들이 사모하는 바인데, 지금 柳廷顯이 監司로 擢用되니, 백성들이 모두 실망하고 있습니다. 위에 아뢰어 全伯英을 다시 불러 쓰도록 하소서.[167]

라고 하고 있는 것에서 보인다.

(8) 廉廷秀(? ~ 1388, 우왕 14)

염정수는 曲城府院君 悌臣의 아들로 자는 民望, 호는 萱庭, 본관은 瑞原이다. 공민왕 20년(1371)에 이색과 전녹생의 문하에서 과거에 급제하고, 우왕 9년(1383)에는 知申事로 성균시의 試官이 되어 禹洪命 등 99명과 明經 6명을 선발하였다.[168]

우왕 11년(1385)에 左司議 李至 등이 상소하여 왕이 사냥을 즐기는 것을 간하였는데, 왕은 그로 하여금 상소문의 글 뜻을 해석하게 하고는 크게 노하여 諫官들을 탄압하였다. 이로 말미암아 간관들 중에는 병을 칭탁하고 나오지 않는 사람들이 많았다.[169]

우왕 13년(1387)에는 정몽주·하륜·姜淮伯·이숭인 등과 더불어 胡服을 폐지하고 중국의 제도를 따르도록 건의하여 관철시켰다.[170] 이어 同知密直司事를 거쳐 대사헌에 올랐는데, 우왕 14년(1388)에 그의 형 興邦이 처형될 때 함께 죽음을 당하였다.

---

167) 『太宗實錄』 권13, 太宗 7년 6월 庚寅.
168) 『高麗史』 권74, 志28 選擧2 科目2 國子試.
169) 『高麗史節要』 권32, 禑王 11년 秋 7월.
170) 『高麗史節要』 권32, 禑王13년 6월.

그는 일찍부터 이색의 문하에 출입하여 많은 가르침을 받았으며, 이색도 그를 아우와 같이 사랑하였다. 학문도 매우 뛰어났으며, 특히 『周易』에 밝았다. 일찍이 그는 그의 字 '萱庭'에 대한 記를 이색에게 부탁하였는데, 이색은 「萱庭記」를 지어 주면서

> 民望(廉廷秀)은 나이는 매우 어리지만 학문은 제일 풍부하며, 또 세상의 문사들과 함께 놀고 사귀어 학문을 익혔으니, 坎(周易의 卦)의 大像을 그에게서 찾아볼 수 있다. 그런 때문에 뜻이 독실하여 汗漫한데 들어가지 않고, 행하기를 힘써 하나도 헛됨이 없었다. 항상 자신을 성찰하여 아무런 근심이 없었으며, 오직 天地를 섬기고 부모를 섬기며, 또 이를 임금에게 옮겨 아름다운 곡식 및 신비로운 풀이 밭과 들에 가득하게 되기를 바랐다. 그러니 그 마음가짐이 원대하다고 하겠다. … 부모에게 효도하고, 천지의 이치에 순응하여, 몸소 堯舜의 다스림을 보아야 할 것이니, 민망은 더욱 힘쓰도록 하라.171)

고 하여 권면하고 있다.

(9) 金若采(? ~ ?)

김약채는 三重大匡 大護軍을 지낸 光城君 鼎의 아들이며, 할아버지는 判軍器監事를 지낸 英利이다. 본관은 光山이다. 若恒과 若時는 그의 동생이고, 공민왕 11년에 成均試官을 맡은 元松壽는 그의 장인이 되고, 雪谷 鄭誧는 처외조가 된다.172)

공민왕 20년(1371) 이색의 문하에서 과거에 급제하였다. 우왕 14년(1388) 정월에는 左司議大夫로 있었는데, 이때 염흥방·林堅味 등이 獄事를 일으켜 당시 密直副使 趙胖을 구속하여 죽이려 하였으나 그가 강력하게 반대하여 목숨을 구하였다.173) 이 해 6월에 이

---

171) 『牧隱文藁』 권2, 「萱庭記」
172) 『光山金氏族譜』 권1, 上系.
173) 『高麗史節要』 권33, 禑王 14년 春 정월.

성계·조민수가 위화도에서 회군하여 開城으로 들어오자 知申事
가 되어 왕명을 받들어 이들을 체포하도록 하는 榜을 거리에 붙였
다. 위화도회군이 성공하고 우왕이 폐위되자 그도 이에 연루되어
사헌부의 탄핵을 받아 유배되었다.174)

조선이 건국되자 知申事를 배수하였고, 정종 즉위년(1398)에 左
散騎常侍가 되어 大司憲 권근과 더불어 私兵의 혁파를 건의하였
고, 12월에는 대사헌에 올랐다.

태종 원년(1401)에는 雜端 許稠가 李朝·文天鳳 등 10여명으로
부터 봉변을 당하자 聖德에 누를 끼쳤다 하여 허조를 처벌하고 아
울러 상사인 그도 처벌하도록 하라는 탄핵을 받았다.175) 이로써 그
는 사의를 표하였으나 윤허되지 않았다. 태종 4년(1404)에는 충청
도 도관찰사로 출보하였는데, 이때 왕은 그에게 "나라를 다스리는
사람은 人口의 많고 적음을 몰라서는 안된다. 卿은 郡·縣을 순행
하면서 후일의 물음에 대답하라"는 명을 내리고 있다.176)

그의 생몰연대는 알 수가 없다. 또 태종 4년의 위의 기사 이후에
는 관력이 보이지 않아 그의 경력은 더 이상 상고할 수가 없다.

(10) 曹 庶(? ～ ?)

조서는 仁山人으로 일찍이 成均進士가 되었고, 공민왕 20년
(1371)에 이색과 전녹생의 문하에서 과거에 급제하였다.177)

조선이 건국되자 태조 5년(1396)에 명에 올린 문서에 착오가 있
어 이를 해명하기 위하여 金若恒·鄭摠·郭海龍·盧仁度 등과
함께 명에 갔다가 金齒로 유배되었다. 이 유배생활에서 정총과 김

---

174)『高麗史』권137, 列傳50 禑王 14년 6월.
175)『太宗實錄』권1, 太宗 元年 정월 己酉 및 丙戌.
176)『太宗實錄』권7, 太宗 4년 3월 庚午.
177)『騎牛集』補遺,「榜目」.

약항은 죽게 되고, 그도 많은 고초를 당하게 된다. 이 당시 그의 생활은 그가 지은 「贈陳舍人詩」에서 보인다.

朝鮮의 臣子가 멀리 流落해 와
해가 가고, 해가 와도 아직 못 돌아가네.
추운 옷, 찬밥으로 날 보내기도 어려운데
마음 상하고, 뼈가 저리니 근력도 줄어졌네.

그대는 보지 못하였나, 주머니에 황금이 다하면
영웅호걸도 눈에 빛을 잃고
神龍도 흙탕 속에 들어가면
구름 없으니, 하늘에 오르지 못한다는 것을

그대는 또 보지 못하였는가, 한창 때는 다시 오지 않음을
부디 젊음을 헛되이 보내지 말구려.
때는 한창 좋은 철, 날씨 또한 청명하니
복사꽃과 오얏 꽃이 붉음을 자랑하고, 버들 또한 푸르렀네.

생각하면 부질없는 일 탄식만 쌓여가고
내 살던 집은 아득한 저 하늘 끝, 산과 물이 가로막혔네.
가는 곳마다 길 잃은 이 사람을 어느 누가 동정하리
만나는 이는 모두 타향의 나그네 뿐.178)

태종 3년(1403)에 謝恩使로 명에 간 成石璘이 이들의 소환을 황제에게 탄원함으로써 마침내 유배에서 풀려 고국에 돌아오게 된다.179) 이때 그는 몹시 흥분하였던 것 같다. 이것은 귀국하면서 지우 「涘朱子蘭」이라 다음의 시에서 보인다.

文明이 펼치니, 天地가 태평하도다.
이 늙은이를 우대하여 살아서 놀아가게 하는구나.

---

178) 『東文選』 권8, 「贈陳舍人詩」.
179) 『太宗實錄』 권6, 太宗 3년 8월 壬申.

길을 걸으니, 岷山이 푸름을 자랑하고
배를 타니, 물의 맑음 또한 싱그럽도다.
집에는 거문고와 책이 나를 기다릴 것이고
정원의 꽃들과 나무들도 다시 빛나리로다.
나는 무슨 일로 소요하며 날을 보낼 것인가
이들과 더불어 배회하면서 가는 세월 보내리라.[180]

태종 4년(1404)에 왕은 그의 노고를 치하하여 벼슬을 제수하려 하였으나 마침 어머니의 喪을 당하였기 때문에 유보하였고, 다음 해에 쌀과 콩 20斛을 하사하였다.[181] 이후 禮曹參議를 배수하였다.

(11) 趙　狷(1351, 충정왕 3 ~ 1425, 세종 7)

조견은 처음에 胤이라 이름하고, 자를 巨卿이라 하였는데, 후에 狷으로 개명하고, 자도 從犬이라 하였다. 호는 松山, 본관은 平壤이다. 僉議中贊을 지낸 仁規는 증조이고, 할아버지는 僉議贊成事를 지낸 璉이며, 아버지는 判圖判書를 지낸 德裕이다. 조선 개국공신이며, 領議政府事를 지낸 浚은 그의 형이다.[182]

어릴 때 출가하여 僧이 되었으나 형 浚의 권유로 환속하여 左尹을 배수하였고,[183] 공민왕 20년(1371)에 생원으로 이색과 전녹생의 문하에서 과거에 급제하였다.[184] 이후 知申事를 역임하였고,[185] 공양왕이 즉위하자 領南按廉使로 출보하였으며, 공양왕 4년(1392)에는 監門衛上護軍을 배수하였다.

조선건국 후의 그의 행록에 대하여는 두 가지 설이 있다.

---

180)『東文選』권10,「送朱子蘭」.
181)『太宗實錄』권9, 太宗 5년 4월 丁丑.
182)『平壤趙氏大同譜 上系』권1-1.
183)『世宗實錄』권28, 世宗 7년 5월 壬申 趙狷 卒記.
184)『平壤趙氏大同譜 上系』권1-1. 그러나『騎牛集』補遺,「榜目」에서는 그의 이름이 누락되고 있다. 좀 더 검토해 보아야 할 것이다.
185)『高麗名臣傳』.

첫째는 조선 건국에 참여하여 형 조준과 함께 이성계를 추대하여 協贊功臣의 鐵券을 하사 받고 平壤君에 봉작되었으며, 이후 조선사회에서 慶尙道 都節制使, 知中樞院事, 左軍都摠制, 判右軍都摠制府事 등의 관직을 역임하고, 세종 7년(1425)에 향년 75세로 죽으니, 平簡이란 시호를 내렸다는 것이다. 이것은『태조실록』·『태종실록』·『세종실록』 등에 보이는 그의 행록이다.

둘째는 조선 건국 후 고려에 대한 충절를 지켜 조선에는 벼슬하지 않았다는 것이다. 이것은『燃藜室記述』·『高麗名臣傳』·『國朝人物考』 등에서 보이는 내용인데, 이들 사서에서는 모두 그를 정몽주와 더불어 행동한 고려의 충신으로 서술하면서 조선조에는 벼슬하지 않았다고 기술하고 있다. 또한『典故大方』이나『杜門洞實記』에서도 위의 기록을 그대로 답습하면서 그를 '杜門洞 72賢'의 한 명으로 기록하고 있다.『평양조씨대동보』에서 보이는 그의 행장도 역시 마찬가지이다. 그에 대한 이러한 인식을 전제로 그가 죽은 후 365년이 지난 正祖 14년(1790)에 경기도 유생 金相穆은

신이 삼가 상고하건대, 고려조의 按廉使 趙狷은 곧 開國元勳인 趙浚의 아우로 어릴 때부터 經學에 열중하였습니다. 고려조의 정치가 문란할 때를 당하여 벼슬이 知申에 이르렀으며, 鄭夢周와 함께 심력을 같이 하여 왕실을 도왔습니다. 자기의 형인 준이 새 왕조를 추대하려는 뜻이 있다는 것을 알고 울면서 말하기를 "우리 집안은 이 나라의 교목세가로 나라가 보존되면 같이 보존되고 나라가 망하면 같이 망할 것입니다. 또 達可(鄭夢周)는 이 나라의 기둥이자 주춧돌인 만큼 민약 한 마디 밀과 한 가지 일이라도 달가와 달리하기를 구힌디면 이것은 국사를 해치는 것이고, 나라가 망하기를 재촉하는 것입니다"라고 하자 준은 그 뜻을 알고 다시 그를 영남의 안렴사로 내보냈던 것입니다. 그러니 고려의 운명이 끝났디는 소문을 듣고 통곡하면서 頭流山 속에 들어가 그 이름을 고쳐 狷이라 하였으니, 이는 대개 개 犬자를 따른 것으로 나라가 망해도 따라 죽지 못한 것이 개와 같다는 뜻이며, 또한 개는 옛 수인을 생각한다는 뜻을 취한 것입니다. 두류산에서

다시 淸溪山으로 왔는데, 매번 가장 높은 봉우리에 올라 松京을 바라
보면서 통곡하였습니다. 태조가 호조전서로 발탁하여 초빙하는 서신
을 보내니, 답하기를 "송악산의 고사리를 캐어 먹고살지언정 성인의
백성이 되기는 원하지 않는다"라고 하였습니다. 하루는 태조가 준과
더불어 수십 명의 기병을 거느리고 청계산으로 가서 준으로 하여금
나오도록 권고하게 하였는데, 견은 이불을 뒤집어쓰고 누워서 일어나
지 않았습니다. 준이 이불을 어루만지면서 이르기를 "내가 만나보지
못한 지도 벌써 여러 해가 되었다. 형제간의 정의에 어찌 그리운 생각
이 없었겠는가"라고 하니, 견이 이불 속에서 대답하기를 "나라도 없어
지고 집도 망하여 아비도 없고 임금도 없는데, 형제를 어떻게 알겠습
니까"라고 하였습니다. 준이 나와서 고하기를 "신의 아우의 성품이 편
협해서 신도 어찌할 수 없습니다"라고 하니, 태조가 이르기를 "나와
옛 친분이 있으니 빈주의 예로 서로 만나볼 수 없겠는가?"라고 하였
습니다. 견은 비로소 의관을 정제하고 나와 읍만 하고 절은 하지 않았
습니다. 태조는 칭찬하고 감탄하면서 말하기를 "조견은 그 뜻이 금석
같아서 빼앗을 수 없다"라고 하고는 청계산 한 구역의 땅을 봉해 주
었습니다. 견은 楊州 땅에 옮겨 살면서 자기의 호를 자칭 松山이라 하
였으니, 이는 대개 松嶽을 잊지 않는다는 뜻이었습니다. 견은 이따금
松都에 가서 月臺의 폐허에서 통곡하니, 옛 도성의 遺民들이 저마다
따라서 슬퍼하였습니다. 견은 일찍이 鐵石 두 글자로 자기 두 아들의
이름을 지었으며, 죽을 때 임박하여 경계하기를 "나의 묘비에는 고려
의 안렴사로 쓰라"고 하였으나 여러 아들들이 유언을 감히 따를 수
없어 조선조에서 내린 관직이름을 비석에 썼는데, 얼마 안 되어 비석
이 갑자기 절반으로 꺾어져 '趙公之墓'라는 네 글자만 남아 지금도
그대로 있습니다. 그 충절과 도학은 실로 정몽주와 서로 대등합니다.
이 두 신하의 精忠大節은 신명을 감동시키고 금석을 뚫을 만합니다.
비록 따로 서원을 짓지 못한다고 하더라도 응당 한 사당에서 제사지
내 주기를 伯夷・叔齊와 張巡・許遠처럼 해야 할 것인데, 지금까지
그렇게 하지 못하였기 때문에 조야가 모두 애석히 여기고 있습니다.
특별히 명하여 조견을 崧陽書院에서 제사지내도록 해주기 바랍니
다.186)

라는 상소를 올려 그를 崧陽書院에 배향하도록 건의하고 있다.

---

186) 『正祖實錄』 권30, 正祖 14년 10월 辛酉.

(12) 金 濤 (? ~ 1379, 우왕 5)

김도는 延安府人으로 아버지는 密直副使를 지낸 光厚이며, 자는 長源, 호는 蘿葍山人이라 하였다. 공민왕 11년(1362)에 右侍中 洪彦博과 知都僉議 柳淑의 문하에서 과거에 급제하였다. 과거에 급제하자 全州司錄에 보임되었고, 공민왕 19년(1370)에는 正言이 되었는데, 이때 이인복과 이색의 문하에서 貢士 선발에 합격하였고, 다음 해에는 명의 制科에 합격하였다.[187] 이에 명에서는 丘縣丞을 제수하였으나 그는 중국어를 알지 못한다 하여 사직하고 귀국하였다. 그가 귀국하자 공민왕은

> 우리나라 사람으로 制科에 오른 사람이 진실로 드문데, 하물며 이 사람은 이미 등과하고 또 벼슬까지 제수받아 이름이 사방에 떨쳐 천하로 하여금 우리나라에 사람 있음을 알게 하였도다. 내 일찍이 그가 오는 것을 알아서 禮로 맞이하지 못함이 恨스럽도다.[188]

라고 하고는 左司議・藝文應敎를 제수하였다. 공민왕 21년(1372)에 성균사예가 되었는데, 이때 왕께서 그를 불러 손수 '金濤 長源 蘿葍山人'이란 여덟 글자를 써서 하사하였다.

우왕 2년(1376)에는 右司議가 되어 三司右使 金續命을 탄핵하다가 유배되었으나 얼마 후 소환되어 右副代言을 배수하였다. 우왕 3년(1377)에는 知申事로 승직되고, 3월에는 성균시를 주관하여 鄭悛 등 99명을 선발하였으며, 우왕 5년(1379)에는 밀식제학이 되었다.

그는 성격이 강식하여 洪仲宣과 더불어 나라의 失政이 있을 때는 이를 지적하여 그 시정을 요구하였는데, 이로써 그는 당시 실력자인 李仁任과 林堅味의 미움을 받게 된다. 이때에 이르러 楊伯淵

---

187) 『高麗史』 권74, 志28 選擧2 科目2 制科.
188) 『高麗史』 권111, 列傳24 金濤.

의 獄事가 일어나자 여기에 연루되어 죽음을 당하게 된다.

양백연은 당시 찬성사로 있었는데, 이때 전공을 세우고 돌아와서 명성이 높았다. 이에 이인임·임견미 등이 사헌부를 사주하여 "그가 두 시중을 죽이고 스스로 수상이 되려고 하였다"라고 탄핵하게 하여 그를 감옥에 가두고 형벌로 죄를 추궁하였다. 이러한 과정에서 이들은 평소에 미워하던 洪仲宣과 그를 여기에 연루시켜 효수하였다.

그는 감옥에 있을 때 獄官에게 이르기를 "내가 죽는 것은 아깝지 않지만 무고한 이를 죽이면 도리어 그 재앙을 받을 것이다"라고 하자 獄官들이 모두 그 원통함을 알았다. 그가 죽자 문생 10여 명이 시신을 수호하였다.

그는 일찍부터 이색과 교분이 두터웠다. 그는 과거에 합격하기 전에도 이색의 문하에서 수학하였으며, 성균시에 합격한 후에도 문장을 지으면 찾아와 가르침을 받았다. 이색은 그의 문장을 높이 평가해 이름을 濤라 개명하게 하였고, 또 字를 長源이라 지어 주었으니, 이는 根本을 알아야 한다는 뜻에서였다. 그리고 호를 蘿蔔山人이라고 지어 주었는데, 이는 그의 외모가 특이하였기 때문이다.189)

우왕 11년 정몽주의 문하에서 합격한 自知와 창왕 원년에 이색의 아들 종학의 문하에서 장원으로 급제한 汝知는 그의 아들이다.

(13) 趙　涓(1374, 공민왕 23 ～ 1429, 세종 11)

조연은 처음에 이름을 卿이라 하였는데, 후에 涓으로 고쳤고, 자는 汝靜, 본관은 한양이다. 할아버지는 龍城府院君에 봉작된 暾이고, 아버지는 龍原府院君에 봉작된 韓山伯 仁璧이다. 어머니는 桓

---

189) 『牧隱文藁』 권12, 「上札讚」

祖의 장녀인 貞和公主이다.

우왕 12년 5월 이색과 염흥방의 문하에서 과거에 급제하였다. 이후 承奉郞, 慈憲府判官, 通禮門副使를 거쳐 공양왕 4년(1392)에는 工曹摠郞이 되었다.[190]

조선이 건국되자 千牛衛大將軍이 되었고, 이후 原從功臣에 책록되었다. 태조 5년(1396)에 上將軍, 태조 7년(1398)에 中樞院右承旨를 배수하였으며, 정종 2년(1400)에는 同知摠制가 되었다. 이 해에 제2차 왕자의 난이 일어나자 芳遠을 도와 佐命功臣에 책록되고, 漢平君에 봉작되었다.[191]

태종 2년(1402)에는 右軍摠制가 되었고, 태종 5년(1405)에는 右軍都摠制가 되어 武科會試를 주관하여 黃象 등 28명을 선발하였다.[192]

태종 7년(1407) 7월에는 左軍摠制를 겸하였고, 다음 해 5월에 豊海道 觀察使로 출보하였다. 이 해 10월에 군제개혁이 있어 다시 三軍을 설치하였는데, 이때 그는 左軍都摠制를 겸하였다.

태종 9년(1409)에는 兵書講討摠制가 되었으며, 다음 해 11월에는 吉州道 都按撫察理使로 나가 변방을 침범하는 毛燐衛 野人의 수장 巴兒遜·兀良哈 등을 죽인 뒤에 그들의 근거지까지 소탕하고 돌아왔다.

태종 12년(1412)에는 中軍都摠制가 되었으며, 다음 해에는 공조판서가 되고, 이어 知議政府事가 되어 判司僕寺事를 겸하였다.

태종 14년(1414)에두 武科의 考試官이 되어 인재를 선발하였으며,[193] 태종 16년(1416)에는 判左軍府事가 되고, 다음해에는 漢平

---

190) 『韓國歷代人物傳集成』, 「趙涓 行狀」.
191) 『世宗實錄』 권46, 世宗 11년 10월 趙涓 卒記.
192) 『太宗實錄』 권9, 太宗 5년 4월 丁丑.
193) 『太宗實錄』 권27, 太宗 14년 4월 庚午.

府院君에 진봉되었다.

세종 2년(1420)에는 議政府贊成事가 되었고, 세종 4년(1422)에 태종이 승하하자 侍陵官이 되어 侍墓하였다.

세종 8년(1426) 정월에는 議政府右議政에 올랐고, 세종 11년(1429)에 죽으니, 향년 56세였다. 良敬이란 시호를 내렸다.[194]

(14) 朴 賁(? ~ 1417, 태종 17)

박분의 族系에 대하여는 기록이 없어 알 수가 없다. 그러나 그는 공민왕 19년(1370)에는 商山의 司錄으로 있었다. 이때 吉再는 18세의 나이로 그의 문하에 나아가 수학하고 있으며, 이 해에 그가 서울로 전보하자 길재는 그를 따라 개경에 와서 이후 성균관에서 학문을 익히게 된다.[195]

이로 볼 때 그는 과거에 합격한 것이 분명하다. 사록의 직은 과거 합격자가 최초로 수여 받았던 관직이기 때문이다. 그렇다면 그는 공민왕 18년의 과거에 합격하였을 것으로 보인다. 이때의 시관은 이인복과 이색이었다. 만약에 그가 그 이전 공민왕 17년이나 공민왕 14년의 과거에 합격하였다고 하더라도 이때의 시관은 역시 이색이었다. 이와 같이 볼 때 그가 이색의 문생인 것은 분명하다.

길재는 그로부터 많은 학문적 영향을 받았다. 이로써 길재는 그를 師門으로 항상 존경하였고, 태종 17년(1417)에 그가 죽자 길재는 心喪 3년의 禮를 치르고 있다.

그가 최초로 實錄의 기록에 보이는 것은 태종 6년(1406) 3월의 기사이다. 이때 그는 軍資監으로 있었는데, 개가한 어머니의 喪 때 禮를 다하지 않았다고 하여 사헌부의 탄핵을 받고 있다. 이때 사헌부는

---

194) 『世宗實錄』 권46, 世宗 11년 10월 趙涓 卒記.
195) 『冶隱先生文集』 年譜, 18세조.

> 朴賁은 結髮하면서부터 글을 읽어 머리털이 희도록 이르렀으니,
> 그가 喪制에 대하여는 講究하는 바가 익숙할 터입니다. 그런데 그 어
> 머니의 죽음에 당하여서는 君上의 명령이 없는 데도 급히 衰絰을 벗
> 고서 마음대로 행동하여 슬픔을 잊고 평상시와 다름없이 행동하였습
> 니다. 臣 등이 학문하니, 박분이 禮文에 “개가한 어머니는 喪期를 짧
> 게 하라”는 말을 끌어 들여 핑계합니다.[196]

라고 하고 있다. 이로써 그는 먼 곳으로 유배당하게 된다. 그러나
이 해 6월에 왕의 생일을 맞아 석방되었고, 이후 檢校工曹叅議를
배수하였다.

태종 13년(1413)에는 成均司成을 배수하였다. 이때 臺省에서는
어머니 상제 때의 행동을 들어 그의 告身에 서명을 거부하였으나
그는 “臣이 다만 예문에 의하여 행동하였을 뿐이며, 어찌 감히 어
머니를 박하게 하였겠습니까?”라는 상소를 올려 당시의 실상을 해
명하였고, 이로써 그 직에 나아가게 된다.[197] 이 해 12월에는 하륜
의 천거로 通信官이 되어 日本에 가게 되는데,[198] 그가 경상도에
이르렀을 때 그의 출신과 임명에 대한 조정의 반대 의론이 다시 일
어나자 왕은 그의 출행을 정지시켰다.

태종 17년에 죽으니, 그의 제자 길재는 삼년의 心喪을 치루었다.

4) 門 徒

이색의 문생은 아니지만 그의 문하에 출입하면서 그로부터 학분
적 영향을 받은 사람들이 많았다. 특히 이색이 성균관 대사성으로

---

196) 『太宗實錄』 권11, 太宗 6년 3월 己酉.
197) 『太宗實錄』 권26, 太宗 13년 10월 甲子.
198) 『太宗實錄』 권26, 太宗 13년 12월 丙午.

교육중흥에 힘쓰던 시기에 그는 많은 문도들을 배출하였다. 이들 중에서 대부분은 그의 문생으로 흡수되기도 하였지만 공민왕 23년 과 우왕 초기의 과거에서 배출되는 사람들은 거의 모두가 성균관 에서 그로부터 교육을 받은 문도들이었다.

이 밖에도 그의 벗이나 친지 및 문인들의 자제들도 그의 문하에 찾아와 가르침을 받았고, 또 정치관로에서도 처음 입사한 자들은 그의 문하에 출입하면서 가르침을 받았다. 이러한 과정에서 그의 문하에는 문생을 제외하고라도 그로부터 가르침을 받은 자들이 수 없이 많았다. 『牧隱文集』과 기타 자료에서 보이는 그의 문도 중 이후 고려사회와 조선사회에서 빛을 발한 자들을 살펴보면 다음의 <표 3-3>과 같이 정리된다.

〈표 3-3〉 이색의 문도

이 름	과거합격 연대	은 문	주 요 경 력
金子粹	공민왕 23년	李茂芳・廉興邦	判司宰寺事, 成均祭酒, 成均大司成, 左常侍, 刑曹判書
鄭以吾	〃	李茂芳・廉興邦	藝文檢閱, 禮部正郎, (朝)成均大司成, 議政府贊成事
閔安仁	〃	李茂芳・廉興邦	禮儀摠郎, 典法摠郎, (朝)成均祭酒
李 皐	공민왕 23년	李茂芳・廉興邦	司憲執義, 集賢殿直提學, (朝) 吏曹參議
趙 庸	〃	李茂芳・廉興邦	成均司藝, 禮曹摠郎, (朝)成均大司成, 藝文館大提學, 議政府贊成事
趙 浚	〃	李茂芳・廉興邦	門下評理, 門下贊成事, (朝)門下右侍中, 領議政府事, 知貢舉
安 瑗	〃	李茂芳・廉興邦	刑曹判書, 知申事, (朝)大司憲, 判漢城府尹
成石瑢	우왕 2년	洪仲宣・韓 脩	知申事, 密直司使, (朝)大司憲
柳伯淳		洪仲宣・韓 脩	成均司藝, (朝)成均大司成

孔 俯	우왕 2년	洪仲宣・韓 脩	集賢殿大提學, (朝)檢校漢城府尹
姜淮伯	〃	洪仲宣・韓 脩	國子祭酒, 政堂文學, (朝)鷄林府尹, 東北面巡問使
安魯生	〃	洪仲宣・韓 脩	門下舍人, 兵曹摠郞, (朝)禮曹叅議, 仁寧府尹
鄭 熙	〃	洪仲宣・韓 脩	司憲掌令, 執義
崔 咸	〃	洪仲宣・韓 脩	司憲掌令, (朝)成均大司成
崔 瀁	〃	洪仲宣・韓 脩	成均司藝, 右諫議大夫, 成均大司成
尹會宗	우왕 3년	安克仁・權仲和	成均博士, 刑曹摠郞, (朝) 右司諫, 成均大司成
權 遇	〃	安克仁・權仲和	成均博士, 吏曹佐郞, (朝)成均大司成, 藝文館大提學
禹洪壽	〃	安克仁・權仲和	
禹洪康	〃	安克仁・權仲和	成均司藝, 典工摠郞, 禮儀判書, (朝)左司諫, 漢城府尹
李 擴	〃	安克仁・權仲和	右司諫大夫
金 稠	〃	安克仁・權仲和	
李 稷	〃	安克仁・權仲和	刑曹判書, (朝)大司憲, 知貢擧, 領議政
李文和	우왕 6년	廉興邦・朴 形	藝文館應敎, 右司議, (朝)禮曹判書, 叅贊議政府事
李 作	〃	廉興邦・朴 形	成均直講, 司憲持平, (朝)司憲執義
鄭 擢	우왕 8년	安宗源・尹 珍	司憲糾正, 廣興谷使, (朝)政堂文學, 右議政
李 堂	〃	安宗源・尹 珍	諫官, (朝)宗簿副介, 司憲執義, 內資判事
崔 關	〃	安宗源・尹 珍	禮曹摠郞, (朝)知刑曹事, 吏曹叅議, 漢城府尹
權 弘	〃	安宗源・尹 珍	春秋館檢閱, 司憲糾正, (朝)知議政府事, 禮曹判書
柳 亮	〃	安宗源・尹 珍	成均大司成, 刑曹判書, 戶曹判書, (朝)藝文館大提學, 右議政

姜淮仲	우왕 8년	安宗源・尹　珍	司憲執義, (朝)漢城府尹, 工曹判書
趙　璞	〃	安宗源・尹　珍	門下舍人, 三司左尹, (朝)大司憲, 藝文館大提學, 戶曹判書
韓尙敬	〃	安宗源・尹　珍	禮儀佐郎, 右副代言, (朝)都承旨, 工曹判書, 右議政, 領議政
李　來	우왕 9년	禹玄寶・李仁敏	右司議大夫, (朝)大司憲, 藝文館大提學, 知議政府事
咸傅霖	우왕 11년	廉國寶・鄭夢周	刑曹正郎, (朝)大司成, 大司憲, 刑曹判書
禹洪命	〃	廉國寶・鄭夢周	吏曹佐郎,
朴　信	〃	廉國寶・鄭夢周	禮曹正郎, (朝)大司成, 戶曹判書, 大司憲 議政府贊成事
鄭道復	〃	廉國寶・鄭夢周	(朝)儒學敎授官, 仁寧府司尹
朴錫命	〃	廉國寶・鄭夢周	右副代言, 兵曹判書, (朝)左散騎常侍, 知議政府事
金自知	〃	廉國寶・鄭夢周	(朝)大司憲, 刑曹判書, 開城留守
李　敢	〃	廉國寶・鄭夢周	司憲糾正, (朝)司憲掌令
卞季良	〃	廉國寶・鄭夢周	典校摠郎, 進德博士, (朝)藝文館大提學, 議政府叅贊
韓尙德	〃	廉國寶・鄭夢周	宗簿寺丞, (朝)右副代言, 左軍摠郎, 戶曹叅判
朴　訔	창왕 즉위년	鄭道傳・權　近	厚德府丞, 開城少尹, (朝)刑曹典書, 大司憲, 右議政, 左議政
卓　愼	창왕 원년	柳　源・李種學	(朝)成均司成, 吏曹叅判, 議政府叅贊
金汝知	〃	柳　源・李種學	左正言, 禮曹佐郎, (朝)判漢城府事, 禮曹判書, 議政府叅贊
黃　喜	〃	柳　源・李種學	成均學錄, (朝)知議政府事, 右議政, 左議政, 領議政
全五倫	?		散騎常侍, 刑曹判書
李元紘	?		政堂文學, (朝)開城留後司留後
卞仲良	?		密直使, (朝)成均大司成, 右副承旨

위에 열거한 문도 중에서 趙浚·趙庸·鄭以吾·柳伯淳·尹會宗·權遇·鄭擢·崔咸·咸傅霖·卞仲良·卞季良·朴信·趙璞·李稷 등은 조선초기에 대사성 및 고시관을 역임하여 학문발전에 기여하였고, 金子粹·柳亮·崔瀁과 李元紘·姜淮伯 등은 고려시대에 교관과 지공거를 맡아 인재배양에 공헌하였다. 또 安瑗·全五倫·鄭熙·禹洪壽·李擴·李作·崔關·權弘·姜淮仲·李堂·李來·李敢·成石瑢·安魯生·李膺·禹洪命 등은 고려말에 이색·정몽주의 편에 서서 고려를 끝까지 유지하려 애쓰다가 조선이 건국되자 結黨謀亂의 죄를 입어 유배를 당하였던 사람들이다.

위의 사람들은 다음 항인「이색 학맥의 활동」과 다음 장인「정몽주의 학문과 학맥」및 제4편「조선초기 성리학의 보급과 학맥」에서 취급하기로 하고, 본 항에서는 이들을 제외한 나머지 門徒들 중에서 이색과 막역하게 교유하였던 사람들의 생애를 조명하면서 이색과의 관계를 살펴보기로 한다.

(1) 閔安仁(1343, 충혜왕 복위 4 ~ 1398, 태조 7)

민안인은 驪興人이며, 자는 子復이다. 증조는 文仁公 漬이며, 할아버지는 判版圖司事를 지낸 祥正이고, 아버지는 璿이다. 외조는 성리학으로 이름을 떨친 崔文度이다.[199]

일찍이 외조의 문하에서 수학하여 학문을 익혔으며, 공민왕 14년(1365)에 성균시에 장원으로 합격하였고,[200] 공민왕 23년(1374)에는 이무방과 염흥방의 문하에서 과거에 급제하였다. 과거에 합격하자 春秋館檢閱에 보임되었고, 이후 通禮門祗候, 禮儀摠郎, 典法摠郎을 거쳐 三司左尹으로 올렸다.

---

199)『國朝人物考』,「閔安仁墓誌銘」.
200)『高麗史』권74, 志28 選擧2 科目2 國子試.

조선이 건국되자 재상 禹仁烈을 따라 명에 다녀왔고, 이어 成均祭酒가 되어 교육에 전심하였다. 얼마 후 校書館으로 옮겼다가 곧 平壤敎授를 배수하였다. 그는 이곳에서 학교를 중건하고 文廟釋奠의 의례를 정하여 교육의 기강을 확립하였다.

태조 4년(1395)에 서울에 大廟가 세워지자 典故에 밝음으로 해서 왕명으로 樂器를 정리하였으며, 또 祭禮의 의식을 바로잡아 大禮를 완성하였다. 태조 7년(1398)에 죽으니, 향년 56세였다.[201]

그는 일찍부터 이색의 문하에서 수학하였다. 이색은 그의 학문을 높이 평가하여 '子復'이란 字를 지어 주었고, 또 후일에 그의 字에 대한 說도 지어 주었는데, 여기서 이색은

> (子復은) 翰林이 되었다가 閣門으로 옮겼는데, 禮에 밝아 당시에 이름을 떨쳤다. 그런데도 그는 자부하지 않고 오히려 이를 부족하게 여겨 나에게 가르침을 청하니, 참으로 그는 배움을 좋아하는 사람이라 하겠다. … 『周易』의 象卦에 이르기를 "復은 그 자체로 하늘과 땅의 마음을 볼 수 있다"라고 하였으니, 하늘과 땅의 마음은 곧 사람의 마음이다. … 그대는 힘써 권면할지라.[202]

라고 하여 격려하고 있다.

(2) 李 皐(1341, 충혜왕 복위 2 ~ 1420, 세종 2)

이고는 司醞署令을 지낸 允芳의 아들로 호는 忘川, 본관은 麗州이다. 공민왕 11년(1362)에 元松壽의 문하에서 성균시에 합격하고, 공민왕 18년(1369)에 升補試에 합격하였다. 공민왕 23년(1374)에 李茂芳과 廉興邦의 문하에서 과거에 급제하였다.[203]

공양왕 원년(1389)에 司憲執義에 올랐고, 이후 한림학사를 거쳐

---

201) 『國朝人物考』「閔安仁墓誌銘」.
202) 『牧隱文藁』 권10,「子復說」.
203) 『高麗列朝榜目』.

공양왕 4년(1392)에는 集賢殿直提學이 되었는데, 이 해 4월에 정몽주가 살해되고 이성계가 정권을 잡자 벼슬을 버리고 수원의 廣敎山에 은거하였다.

조선이 건국되자 태조 원년에 三司左丞을 배수하였고, 이 해 9월에는 京畿右道 按廉使로 나갔다.[204] 태조 4년(1395)에는 諫官이 되어 농민을 안무하고 軍籍을 정리할 것을 건의하였으며,[205] 이 해 7월에는 前朝 開城尹 金雲貴의 탐학과 불효를 규탄하다가 도리어 파직당하였다.[206]

이에 그는 다시 수원에 은거하여 백성들에게 勸善懲惡의 도리를 가르치니, 이로써 그 동리의 이름을 勸善里라 하였다 한다.[207]

이후 조정에서 수차에 걸쳐 소환하였으나 벼슬에 나아가지 않았다. 이에 조정에서는 檢校中樞院學士의 직을 내렸다. 태종 7년(1407)에 형조에서 그의 덕을 높이 사 遺逸로 조정에 다시 그를 천거하였고,[208] 태종 9년(1409) 7월에는 이조참의를 배수하였으며, 다음 달에는 恭安府尹이 되었다. 얼마 후 집현전학사가 되었으나 곧 벼슬을 버리고 다시 수원으로 은거하였다. 세종 2년(1420)에 죽으니, 향년 80세였다.

그는 이무방과 염흥방의 문생으로 이색·정몽주 등과 정치적 견해를 같이 하였고, 비록 조선이 건국된 후에 벼슬에 나아가기는 하였지만 얼마 후 물러 나와 遺逸로서 민중교화에 전력하였다. 학문이 높았으며 성격이 강직하였다.[209]

---

204) 『太祖實錄』 권2, 太祖 원년 9월 己丑.
205) 『太祖實錄』 권8, 太祖 4년 7월 壬寅.
206) 『太祖實錄』 권8, 太祖 4년 7월 丙申.
207) 수원문화원, 1985, 『水原文化』.
208) 『太宗實錄』 권13, 太宗 7년 6월 癸未.
209) 『世宗實錄』 권9, 世宗 2년 8월 乙巳 李皐 卒記.

(3) 孔 俯 (? ～ 1416, 태종 16)

공부는 昌原伯 紹의 아들로 자는 伯恭, 호는 漁村, 본관은 昌原이다. 우왕 2년(1376) 6월에 정당문학 洪仲宣과 知密直 韓脩의 문하에서 과거에 급제하였고, 우왕 말년에는 간관이 되어 이인임의 죄를 가장 먼저 통박하였다.[210]

창왕 때는 典儀副令에 있었고, 공양왕 3년(1391)에는 禮曹摠郎을 배수하였으며, 이어 집현전대학사가 되었다.

조선이 건국되자 文書應奉司가 되었다가 別監提調를 거쳐 태조 말년에는 성균좨주가 되었다.

태종이 즉위하자 書狀官으로 명에 다녀왔으며, 태종 8년(1408)에는 昭格殿提調를 맡았고, 이때 왕의 命에 의하여 명에 가서 도교의 醮詞 등 도교의식을 배워왔다.

태종 13년(1413)에는 檢校漢城府尹을 지냈다. 태종 16년(1416)에 千秋使로 명에 갔다가 돌아오지 못하고 죽었다.[211]

그는 일찍부터 이색의 문하에 출입하면서 학문을 익혔다. 이색은 그를 위하여 그의 字 '伯恭'에 대한 說을 지어 주었는데, 여기서

> 仲尼는 堯舜을 계승하여 도를 이어 받았으니, 중니의 자손은 또한 마땅히 중니를 계승해 나가야 할 것이다. 중니가 말하기를 "君子가 篤恭하면 천하가 편안하다고 하였다. 독공이란 마땅히 혼자 있을 때 삼가는 것에서부터 시작된다"라고 했다. 伯恭은 더욱 힘쓸지라.[212]

라고 하여 그를 권면하고 있다.

그는 서예에도 뛰어난 자질이 있어 草書와 隸書에 모두 능통하

---

210) 『高麗史』 권126, 列傳39 李仁任.
211) 『太宗實錄』 권32, 太宗 16년 10월 2일 庚申.
212) 『牧隱文藁』 권10, 「伯恭說」.

였다. 이색이 죽자 河崙이 碑文을 찬하였고, 그는 글씨를 썼다. 당시 權近은 이색의 墓碑를 쓰기 위하여 韓山으로 떠나는 그에게

> 牧隱의 문장은 천고에 으뜸이요
> 河相(崙: 碑文을 지음)의 재주는 스승보다 더 하네
> 道學은 진실로 나라를 일으킬 재주이고
> 문장은 聖經에서 흘러나왔네
> 그대가 지은 비문 후세에 전할 것이요
> 그 아름다운 글씨는 가을 밤에 빛나는 별과 같도다
> 이 글씨 漁村(孔俯)의 손에서 나왔으니
> 어찌 자랑스럽지 않으랴[213)]

라는 시를 지어 칭송하고 있다.

(4) 卓 愼(1367, 공민왕 16~1426, 세종 8)

탁신은 左諫議大夫를 역임한 光茂의 아들로 자는 子幾라 하기도 하였고, 謙夫 또는 係危라고도 하였다. 호는 竹亭이며, 본관은 光州이다.

창왕 원년(1389)에 判開城府事 柳源과 厚德府尹 李種學의 문하에서 급제하였다. 이종학은 이색의 아들이다.

그는 과거에 합격한 후 아버지의 병을 측근에서 돌보기 위하여 벼슬에 나아가지 않았다. 아버지가 돌아가시자 『朱子家禮』에 의하여 장례를 치렀고, 3년상을 마쳤다. 조선 건국 후 태조 때는 벼슬에 나가지 않았으나 정종이 즉위하자 孝行으로 천거되어 仁伯遺를 배수하였다. 그러나 몇 개월 후 어머니를 공양하기 위하여 벼슬을 사직하였다. 어머니 상을 마친 후에 龍潭縣令을 배수하였고, 태종 4년(1404)에는 左正言이 되었다.

태종 7년(1407)에는 奉常副令으로 있었는데, 이 해 8월에 권근의

---

213)『陽村集』권10. "次韻奉送孔漢城府承命 …"

건의에 의하여 3품 이하의 문신을 대상으로 '仲月賦詩之法'을 행하자 이에 응시하여 성균사성 尹會宗과 더불어 2등으로 입격하였다.214) 다음 해 12월에는 司憲執義가 되었으나 얼마 후 言事로서 죄를 입어 羅州에 杖流되었다.

태종 10년(1410) 7월에 풀려나 복직되어 典農正이 되었으며, 얼마 후 성균사성을 배수하였다. 다음 해 12월에는 同副代言이 되었고, 이후 左代言을 거쳐 태종 16년(1416)에는 知申事가 되었으며, 이어 吏曹參判을 배수하였다. 태종 17년 3월에는 卞季良·李孟畇과 더불어 世子의 師傅가 되었고,215) 세종이 즉위하자 禮曹參判·同知經筵事를 배수하였으며, 11월에는 恭安府尹이 되었다. 세종 원년(1419) 4월에는 藝文館提學이 되었으며, 세종 4년에는 議政府參贊을 배수하였다. 세종 8년(1426)에 죽으니, 향년 60세였다. 文貞이란 시호를 내렸다.

그는 성품이 강직하고 經學에 밝았으며, 音律과 武藝에도 박통하였다. 사람을 가르침에는 忠·信·孝·悌를 기저로 하였으며, 항상 『小學』을 가장 중요시하여 이것은 학자들이 제일 먼저 익혀야 할 필독서라고 하여 이를 먼저 익힌 후에 다른 책을 공부하도록 하였다.216)

(5) 朴 訔(1370, 공민왕 19 ~ 1422, 세종 4)

박은은 공민왕 16년의 교육중흥 때 이색과 더불어 교관으로 활약하였던 尙衷의 아들이며, 또 이색의 조카가 되기도 한다. 본관은 나주의 潘南이며, 자는 仰止이고, 호는 釣隱 또는 漁隱이다. 6세 때인 우왕 원년에 아버지 상충이 이인임의 미움을 받아 유배 중에

---

214) 『太宗實錄』 권14, 太宗 7년 8월 丙午.
215) 『太宗實錄』 권33, 太宗 17년 3월 丙午.
216) 『世宗實錄』 권31, 世宗 8년 정월 癸丑 卓愼 卒記.

죽게 되자 외숙부인 이색의 문하에서 가르침을 받았다.

우왕 11년(1385)에 左代言 尹就의 문하에서 성균시에 합격하였고, 창왕 즉위년(1388)에 密直提學 정도전과 知申事 권근의 문하에서 과거에 급제하였다.217) 이로써 厚德府丞에 임용되었고, 이후 試通禮門副使를 거쳐 공양왕 4년(1392) 2월에는 開城少尹이 되었다.

조선이 건국되자 태조 때는 知錦州事, 左補闕, 司憲侍史, 司憲中丞의 관직을 거쳤고, 정종이 즉위하자 判司水監事가 되었다가 얼마 후 知刑曹事가 되었다. 정종 2년(1400)에 방원(후에 太宗)이 세자로 책봉되자 仁寧府司尹에 제수되고 世子左輔德을 겸하였다. 얼마 후 左散騎常侍에 전임되었고, 태종이 즉위하자 刑曹典書가 되었으며, 다음 해에는 戶曹典書로 전임되어 翊戴佐命功臣의 호를 받았다. 이어 병조와 이조의 전서를 역임하고 推忠翊戴佐命功臣의 호를 더하였으며, 潘南君에 봉작되었다.218)

태종 2년(1402) 정월에는 江原道 都觀察黜陟使로 출보하였고, 다음 해 6월에는 漢城府尹을 제수 받았으며, 이 해 12월에는 承樞府提學으로 발탁되었다.

태종 4년에는 潘城郡에 봉작되고, 이어 계림부윤을 배수하였다. 태종 6년(1406)에는 전라도 도관찰사로 출보하였는데, 이때 그는 상소를 올려

> 각 도의 海道萬戶가 船軍을 役事시켜 屯田을 경작하게 하고, 또 미역을 따고 고기까지 잡게 하나 그 이익은 매우 적습니다. 이로써 이들 선군들은 하루종일 노동만 하다가 밤이 되면 지쳐 잠을 자게 되니, 경비를 능히 하지 못하고 失守하는 경우가 많습니다.219)

217) 『潘南朴氏世蹟』「平度公諱訔年譜」.
218) 『世宗實錄』 권16, 世宗 4년 4월 乙未 朴訔 卒記.
219) 『太宗實錄』 권11, 太宗 6년 4월 庚辰.

라고 하여 선군들에게 잡역을 시키지 말 것을 건의하였다. 이때를
즈음하여 명에서 사신으로 온 宦者 黃嚴이 위세를 부렸는데, 각 도
의 관찰사들은 그 위세에 눌려 시키는 대로하였으나 오직 그만은
예법에 준하여 대접하니, 황엄도 감히 방자하게 대하지 못하였
다.220) 이 해 윤 7월에는 左軍同知摠制가 되었고, 얼마 후 判禮賓
寺事를 겸하였다.

태종 7년 9월에는 進香使가 되어 명에 다녀왔으며, 다음 해에는
僉知議政府事에 올라 대사헌을 겸하였다. 얼마 후 형조판서를 배
수하였고, 태종 9년 2월에는 다시 潘城君에 봉작되었으며, 또 西北
面 都巡問察理使와 兵馬都節制使를 겸하였다. 다음 해에는 왕명
을 받들어 평양성의 수축을 감독하였는데, 60여 일 만에 준공을 보
았다. 이 해 11월에는 知議政府事가 되었고, 다음 달에는 병조판서
를 배수하였으며, 태종 11년(1411) 7월에는 다시 대사헌이 되었다.
이때 조정에서는 이색의 비문에 보이는 '用事者'란 글이 문제가 되
어 쟁론이 벌어졌는데, 그는 하륜의 편에 서서

　　(비문 중에) 용사자란 趙浚 등을 가리킨 것이 분명하고, 李崇仁・
　李種學의 죽음은 權臣이 용사한 소이이다.221)

라고 하였고, 또 개국 초에 이종학 등을 죽인 정도전・황거정에게
벌을 내리도록 상언하였다. 이로써 그는 반대파의 탄핵을 수없이
받았으나 끝까지 지조를 굽히지 않았다. 왕은 그의 이러한 태도를
보고 "박은은 종학의 일가인데, 어찌하여 강경하게 이러한 행동을
하는가?"라고 하고 있다. 이때를 전후하여 그는 각 도의 損實敬差
官을 혁파하도록 건의하여 수용되었고,222) 얼마 후에는 호조판서

220)『世宗實錄』권16, 世宗 4년 4월 乙未 朴訔 卒記.
221)『太宗實錄』권2, 太宗 11년 7월 己卯.

를 배수하였다.

태종 12년(1412) 12월에는 任內 혁파에 따라 潘南이 羅州에 합하자 그에게 본관을 나주로 내려주었고, 얼마 후 錦州君으로 고쳐 봉작하였으며,223) 다음 해 6월에는 判義勇巡禁司事를 겸하게 하였다. 이 해 8월에는 왕에게 글을 올려

신이 『경제육전』을 상고하오니, 死罪에는 三覆한다고 하였으나 형조와 巡禁司에서는 일찍이 이를 시행한 일이 없습니다. 청컨대 육전에 의하여 법을 행하소서224)

라고 하여 사죄에 대한 三覆法을 시행하도록 건의하였다. 이 해 10월에는 僉贊議政府事가 되었고, 다음해 2월에는 判義勇巡禁司事를 다시 겸하였다. 이 해 4월에 奴婢辨正都監의 提調를 겸하였고, 8월에는 義禁府提調가 되었으며, 태종 14년(1414) 6월에는 이조판서를 배수하였다. 태종 16년(1416) 3월에는 判中軍都摠制府事가 되었으며, 이 해 5월에는 우의정에 올랐고,225) 11월에는 좌의정으로 올라 判吏曹事를 겸하였다.

태종 17년 12월에는 영춘추관사를 겸하였다. 태종 18년 6월에는 양녕대군을 폐하고 세자의 후계를 결정하게 되는데, 이때 조정의 의견은 양녕의 아들로 결정하자는 의견이 대부분이었으나 그는 "아비를 폐하고 아들을 세우는 것이 古制에 있다면 가합니다만 없다면 어진 사람을 골라야 합니다"라고226) 주정하여 忠寧大君을 세우는데 주도적인 역할을 하였다. 충녕대군이 세자로 책봉되자 그

---

222) 『太宗實錄』 권22, 太宗 11년 8월 辛丑.
223) 『太宗實錄』 권24, 太宗 12년 12월 甲子.
224) 『太宗實錄』 권26, 太宗 13년 8월 丙子.
225) 『太宗實錄』 권31, 太宗 16년 5월 丙辰.
226) 『太宗實錄』 권35, 太宗 18년 6월 壬午.

는 世子師가 되었고, 얼마 후 세자가 왕위를 계승하자 그 의식을 주관하였다.

세종 2년(1420) 7월에 왕대비가 별세하자 國葬都監都提調가 되어 장례를 주관하였다. 이 해 12월에 병으로 벼슬에서 물러나 자택에서 요양하다가 세종 4년(1422) 4월에 죽으니, 향년 53세였다. 平度란 시호를 내렸다.

세종은 그의 죽음을 듣고는 부의를 내려 장례를 돕도록 하였고, 또 禮官을 보내어 祭를 올리도록 하였다. 이때 세종은

> (경은) 항상 임금을 사랑하고 나라를 걱정하였으며, 또 평안할 때와 험난할 때에도 지조를 바꾸지 않았도다. 덕을 높이고 공을 갚는데 있어 어찌 살아있을 때와 죽었을 때에 그 예절이 다름이 있으리오. 경은 성품이 명민하고 기질이 크고 깊었으며, 文藝는 일찍이 科場에서 이름을 떨쳤고, 이름은 이미 仕版에 높이 올랐도다. 재주는 經濟에 能爛하여 憲章을 만드는데 밝고 익숙하였도다. 道는 우뚝하여 세속을 뛰어넘었고, 儒雅함으로써 모든 사람들이 그 덕을 사모하였다. … 아! 良臣 富弼과 諸葛亮과 같은 경의 공훈은 三公의 영광으로 높였는데, 이제 경이 감에 임금이 슬퍼하고 영화롭게 하는 두터운 뜻을 밝혀 저 승의 문호를 빛나게 하리로다.[227]

라는 제문을 내려 그의 죽음을 애도하였다.

(6) 韓尙敬(1360, 공민왕 9 ~ 1423, 세종 5)

한상경은 文敬公 脩의 아들로 자는 叔敬 또는 中敬이라 하였고, 호는 信齋라 하였다. 본관은 청주이다. 우왕 8년(1382) 順興君 安宗源과 判厚德府事 尹珍의 문하에서 문과 제3인으로 급제하였다. 이로써 禮儀佐郎에 임명되었고, 이어 右正言, 典理正郎, 藝文應敎를 거쳐,[228] 공양왕 2년(1390)에는 禹洪得·申元弼 등과 더불어 經筵

---

227)『世宗實錄』권18, 世宗 4년 10월 丙申.

檢討官이 되어 왕을 시독하였다. 이때 領經筵事는 이성계였고, 知經筵事는 정몽주와 정도전이었다.229) 이때부터 그는 이성계·정도전 등과 뜻을 같이하게 된다. 얼마 후 工部摠郞·宗簿令을 거쳐 공양왕 4년(1392) 6월에는 右副代言을 배수하였다.230)

조선이 건국되자 右承旨가 되었고, 얼마 후 태조는 都評議使司에 그를 개국공신에 봉작하도록 하였다. 그러나 당시 대간들이 연명하여 이들은 정몽주와 뜻을 같이 한 사람들이라 하여 이를 반대하였으나231) 태조의 엄명으로 개국공신에 봉함을 받았다. 이 해 9월에는 도승지에 올랐고, 태조 4년(1395) 4월에는 簽書中樞院事가 되었다.232) 다음 달에는 世子左副賓客을 겸하여 세자를 시독하였으며, 이 해 12월에는 奴婢辨定都監의 判事를 겸하였다.233) 얼마 후 도평의사사사사가 되었고, 이어 충청도 관찰사로 출보하면서 西原君의 봉작을 받았으며, 임기를 마치자 다시 경기좌도 도관찰사로 전보하였다.

태종이 즉위하자 僉知議政府事를 배수하였고, 다음 해 정월에 明의 欽差兵部主事 端木智가 사신으로 오자 接伴使가 되어 그를 접대하였는데, 수십 일이 지나도 한결같이 예로써 대하였다. 태종 2년(1402) 10월에는 中軍摠制를 배수하였고, 다음 달에는 豊海道都觀察使로 출보하였으며, 이어 강원도 도관찰사가 되었다가, 태종 5년(1405)에는 공조판서가 되어 文書應奉使郞廳을 겸하였다.234) 다음 해 7월에는 지의정부사가 되어 사헌부 대사헌을 겸하였다. 이

---

228) 『國朝人物考』「韓尙敬遺事」.
229) 『高麗史』 권45, 世家45 恭讓王 2년 정월 丙子.
230) 『高麗史』 권46, 世家46 恭讓王 4년 6월.
231) 『太祖實錄』 권2, 太祖 원년 10월 辛亥.
232) 『太祖實錄』 권7, 太祖 4년 4월 庚寅.
233) 『太祖實錄』 권8, 太祖 4년 12월 甲辰.
234) 『太宗實錄』 권10, 태종 5년 8월 辛未.

때 그는 「時務 10조」를 올려 당면정치의 개혁안을 건의하였는데, 그 주지는 다음과 같다.

① 鰥寡孤獨을 구휼할 것
② 孝子·順孫·義夫·節婦를 찾아 포상할 것
③ 5부학당의 교수와 훈도에게 田土와 노비를 지급할 것
④ 도둑질한 죄수는 장물을 모두 징수할 때까지 석방하지 말 것
⑤ 백성들의 역사를 금지할 것
⑥ 농사철에 사냥하는 폐단을 금할 것
⑦ 백성들에게 매를 사육하게 하는 일을 금하게 할 것
⑧ 부역과 납세를 공정히 처리할 것
⑨ 각 里方의 別監은 많은 고통을 당하니, 서로 교대하면서 임무를 수행하도록 할 것
⑩ 陳荒地의 경작할 만한 땅은 개간하여 농사를 짓도록 할 것[235]

이 해 9월에는 判承寧府事가 되었고, 이어 西川君의 봉함을 받았으며, 다음 해 7월에는 納徵使가 되어 명에 다녀왔다. 태종 8년 (1408)에 태조가 薨하자 齋都監判事가 되어 장례를 주관하였고, 이 해 7월에는 敬差內官이 되어 경기좌도·강원도·동북면을 책임 맡았다. 이 해 10월에는 세자좌빈객이 되었고, 다음 해 8월에는 경연관이 되었다. 이때를 전후하여 閔無疾과 閔無咎를 탄핵하였고, 태종 10년(1410) 5월에는 진헌사가 되어 명에 다녀왔다. 다음 해 정월에는 圓壇의 제사를 한결같이 禮制에 따라 행하기를 청하여 수용되었다.[236] 이후 承文院提調와 호조판서를 역임하였고, 태종 12년 9월에는 예문관제학 卞季良이 돈화문 누각의 鍾銘을 지었는데, 그는 왕명을 받들어 글을 썼다. 태종 13년(1413) 6월에는 참찬의정부사를 배수하고 세자빈객을 겸하였다. 이 해 10월에는 이조판서

---

235) 『太宗實錄』 권12, 太宗 6년 閏 7월 癸亥.
236) 『太宗實錄』 권21, 太宗 11년 정월 癸酉.

가 되었고, 다음 해 4월에는 노비변정도감의 提調를 겸하였다.

태종 15년(1415) 5월에는 西原府院君으로 봉작되고, 다음 해 6월에는 지춘추관사가 되어『고려사』를 개수하였다.237) 이 해 11월에는 우의정에 올랐으며,238) 12월에는 영예문관사를 겸하였고, 태종 18년(1418) 6월에는 영의정이 되었다.239)

세종 5년(1423) 3월에 풍질로 죽으니, 향년 64세였다. 세종은 米豆 70석과 종이 150권을 하사하여 장례를 돕도록 하였고, 文簡이란 시호를 내렸다. 또 세종은 예관을 보내어

> 임금이 이르기를 良臣이 나라를 세운 勳功은 예나 지금이나 아주 귀중히 여기고, 임금이 그 공에 보답하는 은전은 살아있을 때나 죽었을 때나 어찌 다를 수 있으랴. 경은 性行이 난성하고 식견이 精達하였다. 儒雅는 능히 세상을 구제할 수 있는 모범이었고, 淸勤함은 家傳을 이어 받았던 것이로다. 음양의 中正을 타고 났으며, 마음은 모든 이치를 깊이 터득하고 있었도다. … 이제 그대와 더불어 세상을 더욱 빛내려 하였는데, 어찌 70세도 되지 않아 과인에게 이러한 슬픔을 안기는가. …240)

라는 제문을 올려 그의 죽음을 애도하였다.

그의 아버지 脩는 이색과 막역한 사이로 일찍이 이색의 아버지 穀의 문하에서 과거에 급제하였고, 또 이색과는 어릴 때부터 교분이 두터웠다. 이로써 그도 일찍부터 이색의 문하에서 수학하였고,

---

237)『太宗實錄』권31, 太宗 16년 6월 庚辰.
238) 그의 졸기에서는 태종 15년에 우의정을 배수하였다고 하고 있으나 (『世宗實錄』권19, 世宗 5년 3월 韓尙敬 卒記)『太宗實錄』의 기록에는 16년 11월로 나타난다(『太宗實錄』권32, 太宗 16년 11월 己丑).
239) 그의 졸기에서는 영의정을 배수한 시기를 태종 16년이라 하고 있으나『太宗實錄』에서는 태종 18년 6월로 나타난다. 필자는『태종실록』의 기사를 따랐다.
240)『世宗實錄』권19, 世宗 5년 3월 丁酉.

그의 이름과 字에 대한 說도 이색이 지어주었다. 이색은 여기서

　　尙敬의 이름에 대하여 말해 보리라. 상경이라 이름한 것은 마음속
에 주관하는 바가 있어야 할 것을 권면한 뜻이다.『예기』에 말하기를
"공경하지 않을 것이 없다"라고 하였다. 禮儀 3백가지와 威儀 3천가
지에도 모두 恭敬을 첫머리에 서술하였다. 또『堯典』에서도 공경이라
는 말을 가장 먼저 쓰고 있다. 도를 배우는 사람은 공경에서 시작하여
뜻을 정성껏 하고 마음을 바르게 하여야 하며, 정치하는 사람 또한 공
경에서 시작하여 나라를 다스리고 천하를 평정하는 것이다. 부부 사
이에서도 공경함이 또한 으뜸이며, 이것은 역사에도 실려있다. 농사를
짓는 필부들도 또한 공경함이 없을 수 없는데 더구나 조정과 향당과
가정에서야 더 말해서 무엇하겠는가. 하늘을 섬기고 天帝께 제사를
지내며 四靈을 감동하게 하는 것이 모두 여기에서 벗어나지 않는다.
상경은 字를 中敬이라 했으니, 그 뜻 또한 생각하지 않을 수 없다. 부
디 힘쓸지어다. 힘쓸지어다.[241]

라고 하여 권면하고 있다.

(7) 李文和(1358, 공민왕 7 ~ 1414, 태종 14)

이문화는 고려전기에 侍中을 역임한 子淵의 후손이며, 典工判書
를 지낸 深의 아들이다. 우왕의 국구인 鐵城府院君 李琳의 손녀
사위가 되기도 한다. 자는 伯中, 호는 烏川, 본관은 仁州이다.

일찍이 생원시에 합격하고, 우왕 6년(1380)에 瑞城君 염흥방과
密直使 朴形의 문하에서 장원으로 급제하였다.[242] 이때 우왕은 그
가 국구 李琳의 손녀 사위라 紅鞓을 하사하여 축하하였다.[243]

右正言을 거쳐 우왕 11년(1385)에는 慶尙道 按廉使로 출보하였
고, 이후 右獻納과 藝文館應敎를 거쳐 恭讓王 4년(1392) 4월에는
右司議가 되었다.[244]

---

241)『牧隱文藁』권10,「韓氏四子名字說」.
242)『高麗史』권73, 志27 選擧1 科目1.
243)『高麗史』권134, 列傳47 禑王 6년 4월.

조선이 건국되자 右諫議大夫를 배수하였고, 이후 都承旨에 올라 오랫동안 銓選을 담당하였다.

정종 원년(1399)에는 生員試를 주관하였고, 이어 簽書義興三軍府事에 올라 명에 다녀왔다.

태종이 즉위하자 議政府文學에 배수되었으나 나아가지 않았다. 이후 司平府右使, 大提學, 慶尙道 觀察使, 禮曹判書 등을 역임하고, 태종 13년(1413)에는 處女進獻使가 되어 명에 갔다가 다음 해에 귀국하니, 僉贊議政府事를 제수받았다. 이 해에 죽으니, 향년 57세였다. 恭度라 시호하였다.245)

그는 일찍이 이색의 문생인 윤소종의 문하에서 수학하였고,246) 권근과도 친분이 두터웠다. 그는 이색의 문하에도 출입하면서 가르침을 받았고, 이색은 그를 위하여 그의 字 '伯中'에 대한 說을 지어 주었다. 여기서 이색은

> 伯中이 장원으로 급제한 것은 나와 같다. 하지만 가르침을 구하고 유익함을 구해서 탁월하게 큰 '中'의 경지로 나아가려 하는 것은 나보다도 빼어나도다. … 바라건대『中庸』을 읽어보라. 伯中을 위하여 이것을 권하는 바이다.247)

라고 하여 그를 권면하고 있다.

(8) 黃　喜(1363, 공민왕 12 ~ 1452, 문종2)

황희는 判江陵府事를 지낸 君瑞의 아들이며, 할아버지는 均庇이다. 처음에는 이름을 壽老라 하였다가 후에 喜로 고쳤다. 자는 懼夫, 호는 厖村이며, 본관은 長水이다.

---

244)『高麗史』권46, 世家46 恭讓王 4년 4월.
245)『太宗實錄』권27, 太宗 14년 6월 辛未.
246)『陽村集』권15,「送生員李文和歸覲關東序」.
247)『牧隱文藁』권10,「伯中說」.

우왕 9년(1383) 사마시에 합격하고, 우왕 11년(1385)에 진사시에 합격하였다.[248] 창왕 원년(1389) 9월에 판개성부사 유원과 厚德府尹 이종학의 문하에서 과거에 급제하고, 성균관 학록에 보임되었다. 이때 생원 朴礎 등이 왕의 崇佛에 대하여 이를 반대하는 상소를 올렸는데, 생원 徐復禮가 이에 서명하지 않자 그는 박사 金貂·金租, 學正 鄭包 등과 더불어 그를 黜學시켰다. 이로써 당시 대사성이었던 金子粹와 알력을 빚었다.[249]

조선이 건국되자 世子右正字를 배수하였고, 이후 예문춘추관의 학사와 사헌감찰을 거쳐, 태조 7년(1398)에는 右拾遺가 되었다. 그러나 이 해 7월에 度祖의 妃인 純陵의 치장이 화려하다고 비방하였다는 이유로 慶源敎授官으로 폄직되었다.[250]

태종이 즉위하자 拾遺로 다시 소환되었고, 태종 4년(1404)에는 우사간대부가 되었으며, 이후 代言을 거쳐 다음 해에는 知申事가 되었다. 태종 7년(1407) 4월에는 對讀官이 되어 하륜·권근 등과 더불어 文臣親試를 주관하였고,[251] 이 해 7월에는 왕명을 받들어 李叔蕃·李膺·趙英茂 등과 함께 閔無咎·閔無疾을 숙청하였다.

태종 9년(1409) 8월에 僉知議政府事가 되었고, 이후 형조판서와 知議政府事를 거쳐 태종 10년 7월에는 대사헌을 배수하였다. 다음 해 11월에는 왕에게 과거에 있어서 初場講經法의 부활을 건의하였으며, 11월에는 병조판서로 옮겼다. 태종 13년(1413)에 예조판서가 되었는데, 이때 그는

성균관의 東·西齋가 협착하고 학생이 너무 많으니 병이 날까 걱

---

248) 『韓國歷代人物傳集成』 5, 「黃喜墓誌銘」.
249) 『高麗史』 권120, 列傳33 金子粹.
250) 『太祖實錄』 권14, 太祖 7년 7월 戊寅.
251) 『太宗實錄』 권13, 太宗 7년 4월 壬辰.

정입니다. 청컨대 개수하여 다시 짓고, 또 식당도 營建하소서.252)

라는 상소를 올려 윤허를 받았다. 다음 해 2월에는 병으로 벼슬에서 물러나니, 왕은 檢校漢陽尹 楊弘達 등에게 특명을 내려 그의 병을 치료하도록 명하였고,253) 이 해 6월에는 다시 예조판서로 복귀하였다. 태종 15년(1415)에는 行廊都監提調가 되어 朴信과 더불어 행랑을 개수하였으며, 11월에는 의정부참찬이 되었고, 얼마 후에 다시 호조판서로 옮겼으나 다음 해 3월에는 다시 이조판서로 옮겼다.

태종 16년 9월에는 세자의 폐위문제가 묘정의 논란이 되자 그는 세자의 편에 서서 변호하였다. 이로써 왕의 미움을 받아 이 해 11월에는 공조판서로 옮겼으며, 이후 평안도 순문사와 형조판서를 거쳐 태종 17년 정월에는 판한성부사를 배수하였다. 그러나 이 해에 세자가 폐위되자 이를 반대하였다는 죄명으로 폐서인되어 交河로 폄출되었고, 얼마 후에는 형조와 대간의 탄핵을 받아 南原府로 옮겨 안치되었다.

세종 4년(1422) 2월에는 태종의 특명으로 소환되었고, 이 해 10월에는 의정부참찬을 배수하였다.254)

세종 5년 5월에는 예조판서가 되었으나 얼마 후 강원도 도관찰사로 출보하였고, 이어 判右軍都摠制府事를 배수하였다. 다음 해 6월에는 의정부찬성을 배수하여 대사헌을 겸하였고, 세종 8년(1426) 2월에는 다시 이조판서가 되었으며, 5월에는 우의정에 올랐고, 세종 9년 정월에는 좌의정으로 올랐다. 세종 11년(1429)에는 왕에게

---

252) 『太宗實錄』 권26, 太宗 13년 9월 己卯.
253) 『太宗實錄』 권27, 太宗 14년 3월 己卯.
254) 『世宗實錄』 권18, 世宗 4년 10월 壬辰.

五經과 四書에 통달하고도 두 번 과거에 불합격한 사람은 程文에
는 비록 합격을 許하지 않았지만 律에는 또한 입격을 許하였으니, 이
것은 元典에 기재되어 있습니다. 考講하는 법식은 성균관에서 사서오
경의 齋를 설치하여 『大學』을 읽어서 능통하게 되면 성균관에서 예
조에 보고 하고, 예조와 성균관에서는 이들을 모아 다시 考講하여 精
通한 사람은 선발하여 명부에 기재하고, 이들을 다음 재인 『中庸』으
로 옮기소서. 이렇게 하여 사서오경을 통달한 자는 또한 입격을 허가
하소서.255)

라는 건의를 올려 성균관을 九齋學規의 체제로 운영하도록 주청하
였다. 이것은 고려 공민왕 16년에 이색이 대사성이 되어 운영하였
던 성균관 교육체제이기도 하다. 세종 12년 4월에는 평양 箕子廟
의 神位에 적힌 '朝鮮候箕子'라는 글이 논란이 되었는데, 그는 孟
思誠·許稠 등과 뜻을 같이 하여 '後朝鮮始祖箕子'로 개서하도록
건의하여 수용되었다.256) 이것은 기자 이전에 단군이 있어 우리나
라를 세웠다는 인식을 전제로 한 것으로 그의 역사인식의 한 단면
을 보여 준다.

세종 14년(1432)에는 領議政府事에 올랐고, 세종 16년 5월에는
承文院都提調를 겸하였다.

세종 31년(1449) 10월에 벼슬에서 물러나자 왕은 2품의 봉록을
주어 평생을 마치도록 하고, 나라에 큰 일이 있으면 가서 자문하도
록 하였다. 문종 2년(1452)에 병으로 죽으니, 향년 90세였다.

그가 죽자 조정과 민간에서는 모두 놀라고 탄식하여 서로 조문
하지 않는 사람이 없었으며, 吏胥와 여러 官司의 僕隷들도 모두
奠을 베풀어 제사를 지냈으니, 이는 前古에 없었던 일이다. 세종의
묘정에 배향하였으며, 翼成이란 시호를 내렸다.

---

255) 『世宗實錄』 권44, 世宗 11년 4월 甲申.
256) 『世宗實錄』 권48, 世宗 12년 4월 戊寅.

　그는 이색의 아들인 종학의 문생으로 일찍부터 이색의 문하에 출입하여 가르침을 받았다. 그는 성격이 담백하고 청렴하여 당시 모든 사람들로부터 존경을 받았다. 이것은 그가 관직에서 물러나자『실록』의 찬자가

　　황희는 재상의 자리에 있은 지 20여 년이었지만, 持論이 너그럽고 후한데다가 紛更을 좋아하지 않고 나라의 여론을 잘 진정하니, 당시 사람들은 眞宰相이라 불렀다.[257]

라고 하고 있는 것에서 보이고, 또 그의 졸기에서

　　황희는 관후하고 沈重하여 재상의 식견과 두량이 있었으며, 풍후한 자질이 크고도 훌륭하였으며, 총명은 다른 사람을 능가하였다. 집을 다스림에는 검소하였고, 기쁨과 노여움은 얼굴에 나타내지 않았으며, 일을 의논할 때는 정대하고 대체를 보존하기에 힘쓰고 번거롭게 변경하는 것은 좋아하지 않았다.[258]

라고 하고 있는 것에서도 보인다.

3. 이색 학맥의 활동

　이색의 문인들은 당시 사회에 정치계 또는 학계에서 우뚝한 자리를 매김하면서 정치개혁 또는 학문 발전에 크게 기여하고 있다. 이색 학맥의 이러한 활동은 필자가 이미『牧隱 李穡의 學問과 學脈』(일조각, 1998)에서 밝힌 바 있다. 본 항에서는 이색의 학맥 중에서

---

257)『世宗實錄』권126, 世宗 31년 10월 壬子.
258)『文宗實錄』권12, 文宗 2년 2월 壬申.

고려말에 교관 및 고시관을 역임하여 학문 발전에 공헌한 사람과 고려말 조선건국의 격동기에서 이색과 함께 고려에 충절을 다 하였다가 수난을 당하고 있는 사람들을 대상으로 하여 서술하였다.

1) 교관 활동자

본 절에서는 공민왕 말년 이후 고려말까지 교육활동에 종사하였던 교관들의 활동을 살펴보면서 이들과 이색과의 관계를 조명해 보고자 한다. 이 시기에 교육의 책임을 맡아 인재배양에 전력하였던 교관들을 『高麗史』를 비롯한 각종 자료에서 추출해 보면 다음의 <표 3-4>와 같이 정리할 수 있다.

<표 3-4> 고려말 교관 역임자

이 름	교관직	부임시기	전 거	목은과의 관계
林 樸	大司成	공민왕 21년	『高麗史』 권111, 列傳24 林樸	공민왕 16년 교육 중흥시의 교관문인
鄭 樞	大司成	공민왕 22년	『牧隱文藁』 권20, 鄭氏家傳	同 年
鄭夢周	大司成	공민왕 23년	『高麗史』 권117, 列傳30 鄭夢周	공민왕 16년 교육 중흥시의 교관문인
安宗源	大司成	우왕 원년	『高麗史』 권105, 列傳22 安宗源	同 年
河 崙	大司成	우왕 5년	『韓國歷代人物集成』「河崙墓誌銘」	門 生
金九容	大司成	우왕 8년	『惕若齋集』 世系, 「行事要略」	공민왕 16년 교육 중흥시의 교관문인
朴宜中	大司成	우왕 11년	『高麗史』 권112, 列傳21 朴宜中	공민왕 16년 교육 중흥시의 교관문인
崔 濂	大司成	우왕 11년	『晩六先生文集』 「晩六先生墓誌銘」	門 徒

李種學	大司成	우왕 12년	『麟齋集』「行狀」	子
權　近	大司成	우왕 13년	『太宗實錄』 권17, 太宗 9년 2월 權近 卒記	門　生
鄭道傳	大司成	우왕 14년	『高麗史』 권119, 列傳52 鄭道傳	공민왕 16년 교육 중흥시의 교관문인
李　至	大司成	창왕 즉위년	『高麗史』 권137, 列傳50 禑王 14년 10월	門　生
柳　亮	大司成	창왕 원년	『韓國歷代人物集成』「柳亮墓誌銘」	門　徒
尹紹宗	大司成	창왕 원년	『高麗史』 권120, 列傳33 尹紹宗	門　生
李　行	大司成	창왕 원년	『騎牛先生集』 권3, 附錄	門　生
李　詹	大司成	공양왕 즉위년	『高麗史』 권117, 列傳30 李詹	門　生
宋文中	大司成	공양왕 2년	『高麗史』 권45, 恭讓王 2년 8월	門　生
金子粹	大司成	공양왕 3년	『高麗史』 권35, 恭讓王 3년 6월	門　徒
成石璘	大司成	공양왕 4년	『國朝人物考』「成石璘行狀」	공민왕 16년 교육 중흥시의 교관문인
姜淮伯	祭酒	우왕 10년	『韓國歷代人物傳集成』「姜淮伯行狀」	門　生
王　康	祭酒	우왕 12년	『高麗史』 권116, 列傳29, 王康	門　生
柳　寬	司藝	우왕	『世宗實錄』 권60, 世宗 15년 5월 卒記	門　生
鄭　摠	司藝	우왕 11년	『高麗史』 권135, 列傳18, 禑王 11년	門　徒

위의 교관 외에도 공민왕 17년을 전후한 시기에 이색과 함께 교육중흥을 이끌었던 朴尙衷과 崔彪도 있다. 위에서 보이는 정몽주·김구용·박의중·정도전·성석린·임박 등도 공민왕 17년을 전후한 시기에 이색과 더불어 활약한 陞堂敎官으로서 이 당시 교육중흥에 기여하였던 사람들이며, 정주·박상충·안종원은 그의

동년이다.

또 위의 교관들 중에서 하륜·권근·이지·윤소종·이행·이첨·강회백·송문중·유관·왕강 등은 그로부터 배출된 문생이며, 이종학은 그의 아들이다. 이들 중에서 하륜·권근·이첨·유관은 이 시기에 대사성 또는 교관의 직을 맡아 교육에 종사하였지만 조선시대에도 대사성 또는 지공거를 맡아 학문발전에 크게 공헌하였다. 이밖에 교관을 역임한 최양·유양·김자수·정총 등도 이색의 문하에서 수학한 문도였다. 이것은 이들의 행장을 살펴보면 알 수 있다.

최양은 전주인으로 할아버지는 完山府院君 七夕이며, 아버지는 문하찬성사를 지낸 贊이다. 공민왕 17년을 전후한 시기에 성균관에 입학하여 당시 대사성이었던 이색의 문하에서 학문을 익혔으며, 우왕 2년에 정당문학 홍중선과 知密直 한수의 문하에서 급제하였다.259) 이로 볼 때 그는 바로 이색의 문도임이 분명하다. 또 그의 좌주인 홍중선과 한수는 이색과 막역한 벗이었다. 그는 우왕 12년에 성균대사성에 특배되었고, 공양왕 4년에 정몽주가 살해되자 벼슬을 버리고 은거하여 이후 관로에 나아가지 않았다.

유양은 밀직사 繼祖의 아들로 자는 明中, 본관은 文化이다. 공민왕 20년 생원시에 합격하고, 우왕 8년에 順興君 안종원과 判厚德府事 윤진의 문하에서 장원으로 급제하였다.260) 그가 생원시에 합격한 공민왕 20년은 이색이 대사성으로서 성균관 교육에 전념하고 있을 때였다. 당시 고려의 교육전통으로 볼 때, 그는 생원시의 합격을 전후한 시기에 성균관에서 수학하였을 것이다. 또 그의 좌주인 안종원은 이색의 동년이기도 하다. 이후 그는 목은의 문하에 출

---

259)『晩六先生文集』「晩六先生墓誌銘」.
260)『韓國歷代人物集成』「柳亮墓誌銘」.

입하면서 가르침을 받았고, 공양왕 즉위년을 전후한 시기에 대사성을 역임하였다.

정총은 이색의 아버지 穀과 막역한 벗인 鄭誧의 손자이고, 이색과 동년인 樞의 아들이다. 이들 두 가문은 누대에 걸친 친분으로 교분이 두터웠고, 이로써 그는 일찍부터 이색의 문하에 출입하면서 가르침을 받았다.

김자수는 通禮門府事 珥의 아들로 자는 純仲, 호는 桑村이다. 공민왕 23년 정당문학 이무방과 밀직부사 염흥방의 문하에서 과거에 장원으로 합격하였다. 그는 일찍부터 이색의 문하에서 수학하였고, 공민왕 18년을 전후한 시기에 성균관에 입학하여 이색에게 가르침을 받았다. 특히 그의 은문인 이무방은 이색의 벗으로 성균시의 동년이며, 염흥방도 역시 이색과 가깝게 교유하였던 벗이었다. 이색은 그를 사랑하여 그의 字 純仲에 대한 說을 지어주었다.

위에서 보는 바와 같이 공민왕 20년 이후 대사성을 역임한 사람들은 거의 모두가 이색의 문생이던가 문도 또는 그의 문인들이었다. 이와 같이 고려후기에 그의 문하에서 배출한 사람들이 우뚝할 수 있었던 것은 공민왕 16년 교육개혁과 이를 주도한 당시 교관들의 활동에서 찾지 않을 수 없다. 이때 교관으로 활동한 사람을 살펴보면 박상충·김구용·정몽주·박의중·이숭인·최표·정도전·임박·성석린 등을 확인할 수 있다. 이들은 모두가 성리학에 바탕한 사람들로서 이 당시 이색과 더불어 고려후기의 학문을 주도하였던 사람들이었다.

위에 열거한 교관들 중에서 안종원과 정추는 앞의 장 「이색의 학맥」 중 「동년」조에서 이미 살펴보았고, 정몽주와 그의 동년인 임박은 다음 장인 「정몽주의 학문과 학맥」에서 살펴 볼 것이다. 또 하륜·권근·이첨·유관은 이 시기에도 교관의 직을 맡아 활동하였지만 조선시대에도 대사성 또는 고시관을 맡아 조선의 학맥을 개창하는데 크게 공헌하고 있다. 따라서 이들의 활동은 제4편「조선초기 성리학의 보급과 학맥」에서 살펴볼 것이다. 본 장에서는 이들을 제외하고 나머지 교관들의 활동을 살펴보기로 한다.

(1) 朴尙衷(1332, 충숙왕 복위 원년～ 1375, 우왕 원년)

박상충은 上護軍을 지낸 秀의 아들로 자는 誠夫, 본관은 潘南이다. 공민왕 2년(1353)에 이제현과 홍언박의 문하에서 이색 다음의 성적으로 급제하였다. 얼마 후 예조정랑이 되었는데, 이때 그는 당시 문란했던 享祀의 儀禮를 古禮에 준하여 條目별로 정리하여 祀典으로 삼으니, 이후 이것은 향사의 준칙이 되었다.

공민왕 16년(1367)에 성균관을 중건하고 이색을 겸대사성으로 삼아 교육중흥을 펴게 되는데, 이때 그도 他官으로서 교관직을 맡아서 교육에 전념하였다.[261]

공민왕이 피살당하고 우왕이 즉위하자 당시 조정은 이를 비밀로 하였는데, 그는 성균사예 정도전과 더불어 明에 사신을 보내 喪事를 알리도록 권고하였다.[262] 이때를 전후하여 이인임은 찬성사 安謝琦와 더불어 원과 화친하고자 金義를 사주하여 명의 사신 蔡斌을 죽였는데, 그는 상소를 올려 "이제 만약에 그 죄를 다스리지 않으면 사직이 화를 당하게 될 것이다"라고 하여 안사기를 처벌하도록 건의하였다. 이로써 안사기는 처형되었다. 얼마 후 이인임이 宗親을 비롯한 권문세족들과 결탁하여 연명으로 글을 지어 北元의 中書省에 올리려 하자 그는 임박·정도전 등과 더불어 "先王은 이미 명을 섬기도록 결정하였으니, 마땅히 원을 섬기지 않을 것이다"라고 하고는 이에 서명하지 않았다. 이후 判典校寺事가 되었는데,

---

261)『高麗史』권115, 列傳28 李穡.
262)『高麗史節要』권30, 禑王 원년 정월.

이때 北元의 사신이 來朝하자 그는 상소를 올려 이들을 물리치도록 극간하였다. 또 諫官 李詹과 全伯英도 상소를 올려 이인임의 죄를 논하고 그의 목을 베도록 청하였다. 이 일로 인하여 이첨과 전백영은 투옥되어 국문을 당하게 되는데, 그 배후세력으로 그와 田祿生이 지목되어 유배되었는데, 중도에서 죽었다. 이때는 우왕 원년(1375) 7월이었고, 그의 나이 44세였다.[263]

공양왕 3년(1391)에 都評議事司가

> 功이 왕실에 있고 충성이 사직에 있는 사람으로서 불행히 형벌을 받아 隕命한 사람은 伸寃하자.[264]

라고 긴의하여 褒贈을 빌었다.

그는 이색과 특별한 관계를 갖는다. 그는 이색과 동년이면서 이색의 매부이기도 했다. 그는 정몽주·정도전·김구용·이숭인·이존오 등과 교유하면서 항상 강론하였고, 이로써 자신의 학문을 정연시켜 나갔다. 이것은 『고려사』 열전에서

> 李存吾는 공민왕 9년에 급제하여 史翰에 선발되니, 정몽주·박상충·이숭인·정도전·金齊顏으로 더불어 벗하고 친히여 강론함이 쉴 날이 없으니, 사람들이 모두 칭송하였다.[265]

라고 하고 있는 것에서 보인다. 또 『고려사』 열전에서는

> 그는 성격이 침묵하여 말이 적고 또 강개하고 큰 뜻이 있었다. 經史에 해박하고 글을 잘 지었다. 항상 책을 읽었고, 산업에는 종사하지

---

263) 『高麗史』 권112, 列傳25 朴尙衷.
264) 『高麗史節要』 권35, 恭讓王 3년 7월.
265) 『高麗史』 권112, 列傳25 李存吾.

않았다. 星命의 학문에도 통달하였고, 집에서는 孝友하고, 벼슬에 나아가서는 근신하였으며, 不義한 부귀는 초개같이 여겨 멸시하였다. 일찍이 詩를 지어 林樸에게 보내니, 그 내용은 '忠臣과 義士가 대대로 전하여 宗社와 生靈이 500년이 되었도다. 奸人이 나라를 팔아 부귀를 누리니, 어찌 逆黨들로 하여금 편하게 잠잘 수 있게 할 것인가' 하는 것이었다.266)

라고 기록하고 있다. 위의 기록에 보이는 평은 그대로 그의 생활이었고, 신조이기도 하다. 특히 임박에게 보내는 시를 통하여 그의 충절을 잘 알 수 있고, 그는 이 시의 내용처럼 살다가 생을 마쳤다.

정도전은 그의 죽음을 듣고

선생은 탐욕하고 비루한 사람들과 더불어 부귀를 꾀하지도 않았고, 간사하고 아첨하는 사람들과도 서로 더불지 않았으니, 선생의 죽음은 바로 그 몸을 보전한 것이요, 귀하게 되지 않으심은 바로 영광스러운 것입니다. 그런데 또 무엇을 의심하여 선생의 죽음에 이렇게 哭을 해야 합니까. 그것은 백성들이 선생의 은덕을 입지 못하게 됨을 哭하는 것이요, 우리의 道가 의탁할 곳이 없음을 哭하는 것이요, 우리들이 본받을데 없음을 곡하는 것이니, 결국 돌아가신 분을 위해서 곡하는 것이 아니라 살아있는 이를 위해 곡하는 것입니다.267)

라는 제문을 지어 크게 애도하였다.

조선시대 숙종 때 송시열은 왕에게

정몽주와 같은 때에 박상충이 있었는데, 정의롭고 매우 충성스러웠으니, 진실로 일대의 명신이었습니다. 그런데 간신의 誣陷을 받아 杖刑을 받고 유배되었다가 죽었으니, 이 사람은 우리나라에 공을 끼친 바가 매우 큽니다. 새가 幽谷에서 나와 喬木에 옮기듯이 선왕의 높은 도를 배워 오랑캐를 배척하고, 중국을 존숭하여 동방인 우리나라로

---

266) 『高麗史』 권112, 列傳25 朴尙衷.
267) 『三峯集』 권4, 「哭潘南先生文」.

하여금 예의가 있음을 알게 한 것은 모두 정몽주와 박상충이 한 바이니, 마땅히 정몽주와 일체로 追奬하는 恩典이 있어야 할 것입니다.[268]

라는 건의를 올려 은전을 내리도록 하였고, 또 檢討官 朴泰輔는

이분은 바로 신의 10대조로 경학으로 세상에 널리 이름을 떨쳐 정몽주와 이름을 나란히 하였습니다. 공민왕 말기에 명나라를 배반하고 다시 胡元의 遺孽을 섬기려고 꾀하자 박상충이 陳疎하여 힘써 간하였는데, 그 疎章이 史傳에 지금까지 있습니다. 이 때문에 최영·이인임·池奫 등에게 모함을 받아 장형을 받고 유배되어 중로에서 죽었습니다. 고려조에서는 3년상을 거행하지 않았는데, 박상충이 처음으로 3년 동안 心喪을 하였습니다.[269]

라고 건의하여 역시 追奬하도록 정하였다.

이로써 숙종은 그에게 文正이란 시호를 내렸고, 松京에 祠宇를 세워 배향하도록 하였다.

(2) 金九容(1338, 충숙왕 복위 7~1384, 우왕 10)

김구용은 金方慶의 후손으로 上洛君 昴의 아들이다. 처음에 이름을 齊閔이라 하였으나 후에 九容으로 고쳤다. 자는 敬之, 호는 惕若齋이고 본관은 安東이다.

어릴 때부터 외조부 閔思平의 문하에 출입하면서 학문을 익혔다. 공민왕 2년(1353) 宋天鳳의 문하에서 성균시에 합격하니, 그의 나이 16세 때였다. 이때 왕이 이들 합격자들에게 「牧丹詩」를 짓게 하였는데, 그가 首位를 차지하자 왕은 기특히 여겨 散員을 제수하였다. 2년 후에 찬성사 이공수와 밀직제학 안보의 문하에서 과거에 급제하였다.[270]

---

268) 『肅宗實錄』 권11, 肅宗 7년 정일 乙亥.
269) 『肅宗實錄』 권11, 肅宗 7년 1월 乙亥.

공민왕 12년(1363)에는 正言을 배수하였고, 이어 獻納이 되었으며, 공민왕 17년(1368)에는 典校副令을 배수하였다. 이때를 전후하여 그는 이색과 더불어 교관직을 겸임하여 교육중흥에 심혈을 다하였다.271) 이어 공민왕 20년(1371)에는 民部議郎을 배수하고 成均直講을 겸하였으며, 이 해 가을에는 江陵道 按廉使로 부임하였다. 이때 이색은

　　나와 뜻을 같이한 사람은 몇 사람에 지나지 않는다. 永嘉 金氏 형제도 역시 그 중의 하나다. … 敬之는 조용히 지내면서 사물에 거슬리지 않고 깊이 儒敎의 뜻에 맛을 들였는데, 그 강령과 조목이 모두『大學』에 있다고 하여 아침저녁으로 반복해 공부하고 조밀하게 실천하여 일을 酬應하는 것이 모두 여기서 나왔다. … 선생은 이미『大學』에 밝다는 칭찬을 받았고, 또 성균관 교관을 거쳐 按廉使가 된 것은 선생에게서 시작되었다. 다음 해에는 摠部議郎이 되었고, 이 해 8월에는 書狀官이 되어 중국에 다녀왔다.

라는 글을 써서 이를 축하하고 있다. 우왕 원년(1375)에는 三司左尹이 되었는데, 이때 李仁任 등의 권신들이 權門들과 결탁하여 元의 사신을 맞이하려 하자 李崇仁·朴尙衷·鄭道傳·權近 등과 더불어 이의 부당성을 극간하였고, 또 諫官 李詹·全伯英 등이 이인임의 죄를 논하여 그를 처형할 것을 상소하였다. 이에 이인임은 이들을 투옥시키고 이후 이들을 유배하였는데, 전녹생·박상충은 도중에서 죽고, 그는 竹州에 유배되었다. 얼마 후 驪興으로 옮기니, 그는 거처하는 곳을 ‘六友堂’이라 扁額하고 유오하였다. 이때의 그의 생활은 이색이 지은 「六友堂記」에 잘 나타나 있다.

---

270)『惕若齋集』「世系行事要略」.
271)『高麗史』권115, 列傳28 李穡.

　　敬之는 부모를 모시는 여가에 배를 타고 강에 나가고, 나막신을 신고 山에 오르며, 떨어진 꽃잎을 세면서 맑은 바람 앞에 서기도 하고, 눈을 밟으면서 중을 찾고, 달을 대하여 손님을 청하니, 四時의 즐거움이 또한 그 지극함을 다할 것이다. 敬之는 아마 한 세상에 홀로 뛰어난 사람이리라.272)

　위에서 그가 江·山·花·風·雪·月을 여섯 벗으로 하여 이를 즐기면서 생활하였음을 보여준다.

　우왕 7년(1381)에 左司議大夫를 배수하였고, 다음 해에는 成均大司成에 올랐다. 얼마 후 判典校寺事로 옮겼고, 우왕 10년(1384)에는 行禮使가 되어 명에 들어가다가 붙잡혀 그 곳에서 유배 중에 죽었다. 이때 그의 나이 47세였다.

　그는 위에서 이색이 평한 바와 같이 학문이 매우 빼어났으며, 특히 『大學』에 밝아 이를 실천하는 것을 근본으로 삼았다. 특히 공민왕 16년 이색과 더불어 성균관에서 교관으로 활동할 때는 교육중흥을 그의 사명으로 삼아 이에 전력을 다하였다. 이것은 정도전이 그의 遺藁에 대한 序文에서

　　국가에서 經學을 숭상하여 옛 제도를 更張하고, 生員의 수를 더하여 재상인 李公(李穡)을 師席의 맹주로 하고, 名儒들을 뽑아 학관으로 삼았는데, 선생이 타관에 있으면서 直講을 겸하게 되었다. 그래서 經을 가지고 수업하는 사람들이 앞에 열을 이루었으며, 비록 휴가 중일 때라도 질문하는 사람들이 집에 잇달아 찾아와 가르침을 받고 갔으니, 선생의 학술의 올바름이 어떠하였겠는가.273)

라고 하고 있는 것에서 알 수 있다. 그는 학생들을 가르치면서도 여가에는 항상 책을 손에서 놓지 않았다. 이것은 그의 교관생활을

---

272) 『牧隱文藁』 권3, 「六友堂記」.
273) 『三峯集』 권3, 「若齋遺藁序」.

지켜본 이색이 당시를 회상하면서

> … 敬之와 함께 성균관에 있으면서 매양 그를 살펴보았더니, 경지
> 는 학도들과 공부하면서도 여가에는 문득 사람들을 물리치고, 조용히
> 앉아서 책을 읽거나 또 날마다 글씨를 한 장씩 썼는데, 모진 겨울에도
> 쉬지를 않았다. 나는 이러한 그를 보면서 더욱 소중히 여겼다. …[274]

라고 하고 있는 것에서 보인다.

(3) 朴宜中(1337, 충숙왕 복위 6~1403, 태종 3)

박의중은 判圖摠郎을 지낸 仁杞의 아들로 처음에는 이름을 實
이라 하였으나 관로에 진출하면서 宜中으로 개명하였다. 자는 子
虛, 호는 貞齋라 하였다.

공민왕 11년(1362)에 右侍中 홍언박과 知都僉議 유숙의 문하에
서 장원으로 급제하여 典儀直長을 제수받았다.[275] 이후 獻納을 거
쳐 공민왕 16년(1367)에 이색이 성균관에서 교육중흥에 힘을 쓸 때
他官으로서 교관직을 겸하여 학생들의 교육에 전념하였다.[276]

그가 과거에 합격한 후 불과 5년만에 성균관 교관으로 발탁되었
다는 것은 그의 학문적 역량이 빼어났음을 의미하는 것이기도 하
다. 얼마 후 성균사예의 직을 받았으며, 우왕이 즉위하자 門下舍人
을 제수받았고, 이어 左司議大夫에 승보되었다. 이때 그는 상소를
올려 왜구의 침입에 대비할 국방력 강화와 정치기강의 확립을 위
한 정치개혁을 건의하였으나 수용되지 못하였다. 이때 올린 상소
문의 첫머리에서 그의 사상과 정치관을 읽을 수 있다.

---

274) 『牧隱詩藁』 권13, 「跋及菴詩集」.
275) 『高麗史』 권73, 志27 選擧1 科目1 選場.
276) 『高麗史』 권115, 列傳28 李穡.

『書經』에서 말하기를 "밝은 임금은 天道를 받들어 后王과 群公을 세우고, 大夫와 師長으로 하여금 교화를 펴도록 하였는데, 이는 오직 안일하지 말고 힘써 백성을 바르게 다스리라는 뜻이다"라고 하였습니다. 따라서 옛날 人君은 백성의 일을 가볍게 여기지 않고 오직 어렵게 여겼으며, 자기의 지위를 편안히 여기지 않고, 오직 위태롭게 여겨, 두려워하고 공경하여 오로지 한결같은 마음으로 마음을 가다듬었습니다. 그래서 새벽에 일어나 아침을 기다리고, 아침으로부터 해가 중천에서 기울어질 때까지 식사할 겨를도 갖지 못하고 만민을 화하게 하였으니, 어찌 안일한 생활로 보낼 겨를이 있었겠습니까?[277]

우왕 11년(1385)에 성균대사성에 올랐고,[278] 우왕 14년에 密直提學이 되었다. 이때 명에서 鐵嶺衛를 세우고자 하였는데, 그는 왕명을 받들어 명에 가서 그 부당성을 조목별로 들어 설득하였다. 昌王이 즉위하자 推誠補祚功臣의 호를 내렸고, 공양왕 2년(1390)에는 同知經筵이 되었다. 이때 왕은 그에게 "내 나이 이미 늙어 聖經을 읽더라도 유익함이 없을까 한다"라고 하자 그는 晉平公과 師曠이 나눈 故事를 인용하면서 "젊어서 학문을 좋아함은 해가 떠오르는 아침 빛과 같고, 장성하여 학문을 좋아함은 한낮의 햇빛과 같고, 늙어서 학문을 좋아함은 촛불을 밝힌 밝음과 같다고 하였으니, 환한 촛불을 밝힌 밝음이 어두운 것에서 행하는 것과 어떠하겠나이까? 이제 전하도 춘추가 아직 성하시니, 배우는 것이 늦지 않습니다"라고 하니, 왕이 기뻐하였다. 얼마 후 藝文館提學을 배수하고 성균대사성을 겸하였다.[279]

고려가 망하자 벼슬을 버리고 碧骨湖에 은거하였으며, 태종이 檢校叅贊·議政府事를 제수하고 누차에 걸쳐 불렀으나 나아가지 않았다.

---

277) 『高麗史』 권112, 列傳25 朴宜中.
278) 『高麗史』 권135, 列傳48 禑王 11년 6월.
279) 『高麗史』 권112, 列傳25 朴宜中.

태종 3년(1403)에 죽으니, 향년 67세였고, 나라에서는 文敬이란 시호를 내렸다.280)

그는 성리학을 이념적 좌표로 하여 이를 생활의 규범으로 삼았다. 정사에는 청렴결백하였고, 또 성격이 강직하였다. 이것은 『고려사』 열전에서

타고난 품성이 명민하고 학문에 독실하였으며, 청렴하고 강개하여 평탄함과 현란함에도 절조는 한결 같았다. 문장이 精深하고 典雅하였다.281)

라고 하였고, 이색은 「朴子虛貞齋記」에서

子虛氏는 명민한 바탕과 독실한 학문을 바탕으로 행동하니, 바로 貞이다. 때문에 그 행동이 확실하여 움직일 수 없는 것이 마치 소나무와 잣나무가 절개가 있는 것과 같다.282)

라고 하였으며, 일찍이 그에게서 수학한 권근은 「子虛說」에서

대개 선생의 학문은 오로지 내면에 힘을 쓰기 때문에 中을 지키는 공부가 이미 정밀하였다. 그러나 여기에 만족하지 않고, 이를 더욱 확충하고 밝혀 일상생활이나 언어와 행동에서도 時宜에 맞지 않는 일이 없었다.283)

라고 하고 있는 것에서도 알 수 있다.

그는 정몽주와도 막역하게 지냈다. 이것은 정몽주가 만년에 그를 생각하면서 지은

---

280) 『貞齋集』 권2, 「朴宜中神道碑銘」.
281) 『高麗史』 권112, 列傳25 朴宜中.
282) 『牧隱文藁』 권3, 「朴子虛貞齋記」.
283) 『陽村集』 권21, 「子虛說」.

平生親舊曉星疏 평생의 친구는 새벽 별과 같이 드문데
老圃如今嘆索居 늙은 나는 지금도 외로이 삶을 한하노라.
陶隱西遊若齋死 陶隱은 서쪽으로 갔고, 若齋는 죽었으니
令人每憶朴中書 매양 생각나는 건 朴中書뿐이라오.284)

라는 시에서도 보인다.

(4) 李崇仁(1347, 충목왕 3 ～1392, 태조 원년)

이승인은 梅雲堂 李兆年의 형인 百年의 증손이며, 星山君 元具의 아들이다. 자는 子安이고, 호는 陶隱이다.

공민왕 9년(1360) 李嶠의 문하에서 성균시에 합격하였고, 공민왕 11년 홍언박과 유숙의 문하에서 과서에 급제하였다. 이때 그의 나이 16세였다. 肅雍府丞과 長興庫使를 거쳐 공민왕 16년(1367) 이색이 교육중흥에 힘쓸 때 그도 교관직을 겸하여 성균관에서 학생들을 교육하였다.285) 공민왕 18년(1369)에 進德博士를 겸하고 있었는데, 이때 明의 制科에 응시할 鄕試에서 수석으로 합격하였다.286) 이때의 고시관은 이색이었는데, 박의중・권근・柳伯濡・金濤 등도 합격하였다. 그러나 그와 권근은 25세가 되지 않아 제과에 응시할 수 없었고, 김도가 응시하여 급제하였다.287)

우왕 즉위 초에 典理摠郎으로 있었는데, 이때 이인임을 비롯한 權門들이 北元의 사신을 맞이하려 하자 그는 정도전・김구용과 더불어 이를 반대하였다가 미움을 받아 벼슬에서 물러났다.

우왕 3년(1377) 7월에 소환되어 成均司成의 직을 받았고, 얼마 후 右司儀大夫로 옮겼다. 이때 그는 왕에게 당면 정치의 급무를 상

---

284) 『圃隱先生集』 권1, 「寄密陽朴中書」.
285) 『高麗史』 권115, 列傳28 李穡.
286) 『高麗史』 권115, 列傳28 李崇仁.
287) 『牧隱文藁』 권12, 「上札讚」.

소하였는데, 그 주지는

① 言路를 개방할 것
② 書筵을 개설할 것
③ 節用 節約하여 재정을 충실히 할 것
④ 적임자를 수령으로 보낼 것
⑤ 국방력을 강화할 것
⑥ 부당히 지급된 공신전은 환수하여 농민에게 돌려줄 것
⑦ 冗官을 혁파할 것[288]

등이었다.

우왕 8년(1382)에는 上護軍으로 성균시의 시관이 되어 李升商 등 99명을 선발하였다.[289] 우왕 10년에는 예문관제학을 제수받았고, 우왕 13년(1387)에 정몽주·하륜 등과 더불어 관복을 명의 제도로 고칠 것을 건의하였고, 다음 해에는 書筵에서『大學』을 진강하였다. 이때를 전후하여 이인임이 실각되는데, 그는 이인임의 族親이라 하여 通州로 유배를 당하게 된다. 그러나 곧 소환되어 簽書密直司事를 배수하였고, 이 해에 賀正使가 되어 이색과 더불어 명에 다녀왔다.

공양왕 2년(1390)에는 정몽주와 더불어『國朝實錄』을 편찬하는 임무를 맡았다. 다음 해 정월에는 知密直司事·同知春秋館事를 제수받았으나 얼마 후 정몽주가 살해되자 그의 족당으로 몰려 유배되었고, 조선이 개국되자 유배지에서 살해당하니, 향년 46세였다.

그는 星州李氏의 家學을 이어받아 학문에 능통하였고, 특히 문장에 능하였다. 그의 가문은 이조년을 비롯하여 이인복이 학문을 빛내었고, 이들은 성균관 교관과 과거의 고시관을 맡아 많은 문생

---

288)『高麗史』권115, 列傳28 李崇仁.
289)『高麗史』권74, 志28 選擧2 科目2 國子監試.

과 문도를 배출하였다.

그는 이들의 학맥을 계승하여 21세의 젊은 나이로 성균관 교관직을 겸직하여 교육중흥의 선봉에서 활약하였으며, 그의 빼어난 문장은 중국에서도 이름을 떨쳤다. 이러한 그의 행적은 공양왕 때 그가 諫官의 탄핵을 받았을 때 이를 변호하고 있는 권근의 상소문에서 보인다.

> 오직 우리나라가 明나라를 섬긴 이래로 表箋과 詞命이 대부분 崇仁의 손에서 나왔는데, 공민왕의 諡號 얻음과 上王이 爵을 이음도 모두 숭인의 문장이 그 힘이 되었고, 해마다 金・馬・布의 공납을 면제받은 것도 숭인의 힘이었습니다. 황제가 자주 문장의 아름다움을 칭찬하며 우리나라에 인재가 있다고 한 것도 역시 숭인의 공입니다. 숭인의 문장은 간결하고 高古하여 세상에 그 이름이 떨쳤고, 이는 중국에서도 찾아보기 어렵습니다. 이로써 나라의 詞命은 불가불 이 사람으로 하여금 맡게 한 것인데, 논의하는 사람들은 이를 살펴지 않고 도리어 소인들의 음해하는 말만 믿고 감히 大惡으로 덮어씌우니, 어찌 심히 가석하지 않으리오.[290]

이색도 그의 학문을 높이 평가하였다. 이것은 그가 지은「陶隱齋記」에서

> 子安氏의 이름은 崇仁이다. 한 가지 일도 어질지 않은 것이 없고, 그는 그 어진 가운것에서 편안히 지낸다. 그는 사는 집을 陶라 하였으니, 이는 그가 禮의 근본으로 돌아갔음을 말한다. … (그는) 周公의 마음과 孔子의 사상을 한 몸에 갖추어서 어디서나 나타냈기 때문에 늙으막에 가서 자기의 학문을 자부하던 사람들도 즐겨 그를 찾아 지기들이 배운 바를 바로 잡아주기를 구하였다.[291]

라고 하고 있는 것에서 보인다.

---

290)『高麗史』권115, 列傳28 李崇仁.
291)『牧隱文藁』권4,「陶隱齋記」.

(5) 鄭道傳(?~ 1398, 태조 7)

정도전은 檢校密直提學을 지낸 云敬의 아들로 자는 宗之, 호는
三峯, 본관은 奉化이다. 일찍부터 학문을 좋아하여 정몽주와 교유
하였고, 이색의 문하에도 출입하면서 많은 가르침을 받았다.

공민왕 11년(1362) 홍언박과 유숙의 문하에서 과거에 급제하였
다. 박의중・김도・이숭인 등은 모두 그와 동년이다. 忠州司錄, 典
校注簿, 通禮文祗侯를 거쳐 공민왕 19년(1370)에는 成均博士를 제
수받아 교육에 전념하였다.292) 이때는 이색이 성균대사성을 겸하
여 정몽주・이숭인・박의중・김구용 등과 더불어 교육중흥에 전
념하고 있었던 시기이다.

공민왕 20년(1371)에는 太常博士가 되었는데, 이때 왕은 그에게
명하여 宗廟에 제사할 때 쓰는 樂器를 圖形을 상고하여 만들게 하
였다. 이에 정성을 다하여 제작해 올리니, 왕은 "큰 일을 맡길 만
하다"라고 하여 칭송하고는 禮儀正郞으로 옮기고, 成均博士와 太
常博士를 겸하게 하였다.

우왕이 즉위하자 成均司藝에 올랐고, 얼마 후 藝文應敎로 옮겼
다. 이때 이인임 등의 권신들이 北元의 사신을 맞이하려 하자 그는
김구용・이숭인 등과 더불어 都堂에 글을 올려 불가함을 극간하
였다. 이로써 미움을 받아 유배되었는데,『心問天答』・『學者指南
圖』와 같은 성리학 관계의 저서와『八陳三十六變圖譜』・『太乙七
十二局圖』등과 같은 兵書가 저술된 것도 바로 이 시기이다. 그는
가는 곳마다 學舍를 세워 글을 講하니 학자들이 많이 따랐고, 항상
후생을 가르치고 異端을 물리치는 것으로서 자기의 소임으로 삼았
다.293)

---

292)『三峯集』권8, 附錄「事實」.
293)『高麗史』권119, 列傳32 鄭道傳.

우왕 9년(1383)에는 東北面 都指揮使로 있던 이성계의 막하에 있었고, 다음 해는 典儀副令을 제수받아 聖節使 정몽주를 따라 명에 다녀왔다. 얼마 후 성균좨주가 되었고, 우왕 14년(1388)에는 이성계의 추천으로 성균대사성이 되었다.

창왕이 즉위하자 書筵侍讀으로 발탁되었고, 이어 밀직제학을 배수하였다. 이 해(1388) 10월에는 지공거가 되어 知申事 권근과 더불어 과거를 주관하여 李致 등 33명을 선발하였다.294) 다음 해 11월에는 이성계·조준 등과 더불어 廢假立眞을 내세워 창왕을 축출하고 공양왕을 즉위시키게 된다. 이로써 그는 忠義君으로 봉작되고 輸忠論道佐命功臣의 호를 하사받았으며, 三司右使를 배수하였다.

공양왕 2년(1390)에는 經筵을 개설하고 정몽주와 더불어 이 일을 주관하였으며, 이때 왕에게 건의하여 宮城宿衛府를 설치하였다. 이 해 6월에는 정당문학을 배수하고 명에 聖節使로 다녀왔으며, 얼마 후에 다시 성균대사성을 겸하였다. 공양왕 3년에는 右軍摠制使를 겸하게 되었으나 탄핵을 받아 평양부윤으로 출보되었다. 얼마 후에는 다시 대간을 비방하였다는 죄로 탄핵을 받아 奉化縣으로 유배되었고, 이어 나주로 이배되었다. 다음 해에 정몽주가 피살되자 소환되어 다시 忠義君에 봉작되었다.295)

조선이 개국되자 개국일등공신이 되었고 判義興三軍府事를 배수하였으며, 이후 요직을 두루 거쳐 건국사업에 크게 공헌하였다. 『朝鮮經國典』·『經濟文鑑』·『經濟文鑑別集』 등을 저술하였고, 「蒙金尺」·「受寶錄」·「文德曲」 등 수많은 樂章을 지어 태조의 공덕을 찬양하였다.

---

294) 『高麗史』 권73, 志27 選擧1 科目1.
295) 『高麗史』 권119, 列傳32 鄭道傳.

태조 7년(1398)에 세자책봉문제로 芳遠의 습격을 받아 죽음을 당하였다.296)

그는 성리학에 깊은 조예가 있었고, 이단을 철저히 배척하였다. 고려말에 정치적 견해로 이색·정몽주 등과 적대관계가 되었지만 그 전까지는 정치노선을 같이 하던 동지로 막역하게 지냈다.

고려말에 정몽주는 그를 탄핵하면서

> 정도전은 미천한 신분에서 몸을 일으켜 堂司의 位를 도둑질하고 미천한 근본을 가리고자 本主를 제거하려 하였으니, 청컨대 귀양간 곳에서 처형하여 후세를 경계하소서.297)

라고 하여 죽일 것을 건의하고 있으나 우왕 즉위 후 그가 유배생활을 할 때 정몽주는

> 補國匡時에는 재주 이미 모자라
> 어릴 때 익힌 학문 늙어 흐려짐을 한탄하노라.
> 三峯에 있는 隱者, 어느 누가 그를 따르랴
> 평생토록 처음 세운 뜻 변치 않구나.298)

라는 시를 지어 그의 학문과 지조를 높이 평가하고 있다.

이색도 그의 학문적 능력을 높이 평가하여 그를 '三峯의 道者'로 칭하면서 아끼고 사랑하였다. 이것은 그의 詩文에 대한 跋에서

> 三峯道者 鄭宗之는 뜻을 세운 것이 대단히 높았으니, 그가 학문을 하면서 연구하고 밝힌 것은 圃隱과 같고, 저술한 것은 陶隱과 같았도다. 隱微한 말을 분석하고 古調를 화답하는 것에는 한 때의 거벽들도

---

296) 『三峯集』 권8, 附錄 「事實」.
297) 『高麗史』 권119, 列傳32 鄭道傳.
298) 『圃隱先生集』 권2, 「次敬之韻贈三峯」.

모두 팔짱만 끼고 앉아서 감히 겨루지를 못하였다.299)

라고 하고 있는 것에서 보인다.

그와 이색과의 관계는 『太祖實錄』 卒記에서

> 道傳은 처음에 韓山 李穡을 스승으로 섬기고, 烏川 鄭夢周와 星山 李崇仁과 친구가 되어 친밀한 우정이 진실로 깊었는데, 후에 趙浚과 교제하고자 하여 세 사람을 참소하고 헐뜯어 원수가 되었다.300)

라고 하고 있는 것에서도 보인다.

(6) 崔 彪(?~?)

최표는 仁山人으로 자는 彦父, 호는 疎齋이다. 공민왕 2년에 執義 宋天鳳의 문하에서 성균시에 합격하고,301) 공민왕 6년(1357)에 정당문학 이인복과 첨서밀직원사 김희조의 문하에서 과거에 급제하였다.302) 일찍이 三館에 보임되어 있었는데, 공민왕 16년(1367) 이색이 성균대사성으로 학교교육을 일으킬 때 김구용·이숭인·

---

299) 『三峯集』 권8, 「諸賢敍述鄭宗之詩文錄跋」.

300) 『太祖實錄』 권14, 太祖 7년 8월 丙辰.

301) 『牧隱文藁』 권8, 「贈宋子郊序」에서 "彪는 廉東亭과 더불어 星山 宋令公의 문하에서 나왔습니다"라는 기록이 보인다. 그렇다면 그는 廉興邦과 함께 송령공의 門生이 된다. 그런데 그가 과거에 합격한 것은 공민왕 6년 丁酉年이다. 이때의 좌주는 李仁復과 金希祖였다. 그렇다면 송령공은 공민왕 2년 성균시의 시관이었던 송천봉이 분명하다. 송천봉의 손자 子郊가 우왕 6년(1380)에 염흥방의 문하에서 과거에 급제하였다. 그런데 『科擧事蹟』에서는 송자교의 아버지를 宋璘이라고 기록하였는데, 이것은 잘못일 것이다. 송린의 졸년은 충렬왕 33년(1307)이다. 송린이 죽은 후 73년 후에 그의 아들이 과거에 합격하였다는 것은 이치에 맞지 않다. 또 崔彪는 송린과는 아무런 관계가 없다. 따라서 지교는 송천봉의 손자임이 분명하다.

302) 『牧隱文藁』 권5, 「疎齋記」.

박의중 등과 함께 교관을 역임하였고, 우왕 때는 禮儀司摠郎을 맡았다.

그의 생몰연대와 사적에 대한 정확한 내용은 기록이 일실하여 알 수가 없다. 그러나 그는 이색과는 아주 가까이 지냈던 것 같다. 이것은 우왕 때에 그가 거처하는 집의 이름을 疎齋라 하고, 이에 대한 記를 이색에게 부탁하고 있는것에서 보인다. 그는 記를 부탁하면서

> 나는 재주도 없고, 또 병이 많아서 윗사람을 찾아보고 아첨하지 못하였기 때문에 내 몸을 붙일 곳이 없습니다. 丁酉年 과거에 합격하여 벼슬에 나아간지 20여년 동안에 벼슬이 겨우 4품에 이르고 있으니, 이것은 나의 운명이요, 나의 소홀함 때문입니다. 이제 집 이름을 현액하여 疎齋라 하였으니, 선생님께서는 記를 써 주시기 바랍니다.303)

라고 하고 있다.

이로 볼 때 그는 벼슬이 크게 현달하지 못했음을 알 수 있다. 이색은 記에서

> 학문에 더욱 힘쓰고 벼슬살이에 더욱 부지런하고, 사람 사귀는데 더욱 믿음이 있다면, 임금이 알아주는 것이 비록 늦더라도 그 소활함에서 거두는 공은 반드시 적지 않을 것이다. 만일 하늘이 복을 내려 우리 두 늙은이가 서로를 의지하여 함께 푸른 들을 노닌다면 얼마나 행복하리!304)

라고 하고 있는데, 여기서 서로의 우의가 돈독했음을 알 수 있다.

또 우왕 6년(1380)에 그의 성균시의 은문인 宋天鳳의 아들 子郊가 과거에 합격하여 부모님을 뵙기 위해 길을 떠나려 하자 그는 이

---

303) 『牧隱文藁』 권5, 「疎齋記」.
304) 『牧隱文藁』 권5, 「疎齋記」.

색을 찾아와 축하하는 글을 부탁하였다. 이색은「贈宋子郊序」를 써서 이에 답하고 있다. 여기서 이색은

> 아아, 국가의 풍화의 성함과 인심의 올바른 것이 지난날보다 감해지지 않았구나. 내가 아무리 늙고 병들었어도 외람되이 封君의 자리에 있고 겸해서 史翰을 영솔했으니 인재를 격려하고 王化를 넓히어 오늘에 쓰고 뒷날에 물려주는 것을 나의 소임으로 여기고 있다. 疎齋의 청은 진실로 거역할 수 없도다. 이에 글을 써 그 기쁨을 나누는 바이다.305)

라고 하여 기쁨을 같이 하고 있다.

(7) 成石璘(1338, 충숙왕 복위 7~1423, 세종 5)

성석린은 昌寧府院君 汝完의 아들로 자는 自脩, 본관은 昌寧이다. 충숙왕 복위 7년(1338)에 개성의 獨谷坊에서 출생하였다. 이로써 호를 獨谷이라 하였다.

공민왕 4년(1355) 柳淑의 문하에서 司馬試에 합격하고, 공민왕 6년 이인복과 김희조의 문하에서 과거에 급제하였다.306) 이후 國子直學, 翰林, 檢閱, 三司都事를 거쳐 공민왕 12년(1363)에는 典儀注簿가 되었다. 얼마 후 劄子房의 知印을 거쳐 典理摠郎으로 옮겼는데, 이때 신돈의 미움을 받아 해주목사로 출보되었으나 공민왕 18년(1369)에는 성균사성으로 소환되었다. 이때는 이색이 대사성에 있으면서 김구용·박의중·이숭인 등과 더불어 교육중흥에 힘쓰던 때였다. 이로써 그도 여기에 합류하여 교육중흥의 일익을 담당하게 된다.

공민왕 22년(1373)에는 進賢館提學이 되어 春秋館編修館을 겸

---

305)『牧隱文藁』권8,「贈宋子郊序」.
306)『國朝人物考』「成石璘行狀」.

하였으며, 이후 密直代言에 발탁되어 知申事에 승직되었다.

우왕이 즉위하자 밀직제학을 배수하였고, 우왕 12년(1386)에는 知密直司事가 되고, 우왕 14년(1388)에는 政堂文學에 올랐다. 이 해에 이성계가 정몽주 등과 더불어 공양왕을 즉위시키니, 그도 端誠保節贊化功臣에 책록되고 대사헌을 겸하였다.

공양왕 2년(1390) 6월에는 知貢擧가 되어 趙浚과 더불어 과거를 주관하여 李慥 등 33명을 선발하였고,307) 이 해 9월에는 三司右使가 되었다.

공양왕 3년(1391)에는 中興功臣錄卷을 하사받고 昌城郡 忠義君으로 봉작되었으며, 이어 端誠保節贊化功臣의 호를 다시 받았다.

공양왕 4년에 예문관 대제학에 올라 문하찬성사를 제수받고 성균관 대사성을 겸하였다. 얼마 후 정몽주가 피살되자 그는 우현보와 더불어 '이색의 당'이라는 이유로 유배되었다.308)

조선이 건국되자 門下侍郎贊成事를 제수받고, 이후 判開城府事와 判漢城府事를 거쳐 정종 즉위년에는 다시 門下侍郎贊成事에 올랐고, 태종 2년(1402)에는 영의정에 올랐다.

태종 11년(1411)에는 지공거가 되어 權克中 등 33명을 선발하였고, 태종 14년(1414)에는 昌寧府院君의 봉함을 받았다. 세종 5년(1423)에 죽으니, 향년 86세였다. 文景이라는 시호를 내렸다.309)

그는 유숙의 문하에서 성균시에 합격하고, 이인복과 김희조의 문하에서 과거에 합격하였다. 유숙과 이인복은 모두 이색이 존경하는 인물이었고, 이들은 서로 교유하면서 친분이 두터웠다. 따라서 그는 이색의 문생은 아니었지만 이색의 문하에 출입하면서 많

---

307)『高麗史』권73, 志27 選擧1 科目1.
308)『高麗史』권117, 列傳30 成石璘.
309)『國朝人物考』「成石璘行狀」.

은 학문적 감화를 받았다. 특히 그가 성균사성으로 부임하였던 공
민왕 18년은 이색이 성균대사성을 겸하여 이숭인·김구용·박의
중 등과 더불어 교육중흥에 힘쓰던 때였다. 이로써 그도 이색과 보
다 친밀하게 교유할 수 있었다. 이후 이색과는 정치적 견해도 같이
하였고, 이로써 공양왕 4년에는 우현보와 더불어 이색의 당으로 몰
려 유배를 당하기도 하였다. 그는 공양왕 4년에는 성균대사성에 올
라 교육을 책임지기도 하였으며, 조선이 건국되자 지공거로 인재
를 배출하는 등 조선의 학맥형성에도 크게 기여하였다.

(8) 李 至 (? ~ 1414, 태종 14)

이지는 공민왕 18년(1369) 6월에 이인복과 이색의 문하에서 과거
에 합격하고, 공민왕 23년(1374)을 전후한 시기에는 史官의 직에
있었으며,310) 우왕 11년(1385)에는 左司議大夫가 되었다. 이 해 8월
에 왕이 群妓들과 즐기면서 사냥에만 몰두하자 그는 글을 올려 그
부당함을 간하였다. 이에 왕은 대노하여 "때가 바야흐로 위급하여
내가 馬을 익히려 하는데, 이 무리들이 나를 꾸짖으니 그 불충이
이보다 심함이 없다. 앞으로 나에게 이와 같이 권하는 사람이 있다
면 모두 充軍시켜 倭를 막게 하리라"고 하였다. 이로써 당시 諫官
들 중에는 병을 칭하여 벼슬에서 물러나는 사람이 많았다.311)

우왕 14년(1388)에는 漢陽尹으로 있었는데, 이때 위화도회군이
일어나자 공을 세웠고, 창왕이 즉위하자 대사성을 배수하였으며,
얼마 후 尙瑞少尹을 겸하였다.312)

공양왕이 즉위하자 商議密直提學이 되었고, 공양왕 2년(1390) 2
월에는 趙浚·徐鈞衡·姜淮伯과 함께 師傅를 겸하였다.313) 이 해

---

310) 『高麗史』 권132, 列傳45 辛旽.
311) 『高麗史』 권135, 列傳48 禑王 11년 8월.
312) 『高麗史』 권137, 列傳50 昌王 즉위년 10월.

9월에는 密直提學이 되었고, 이어 賀正使로 명에 다녀왔으며, 얼마 후 江陵交州道 都觀察使로 출보하였다.

조선이 건국되자 태조 2년(1393) 7월에는 앞서 위화도회군의 공으로 3등공신에 책록되었고,[314] 이후 中樞副使, 京畿道 都觀察使, 商議中樞院事를 역임하고, 태조 7년에는 知中樞院事가 되었다. 이 해 윤 5월에는 왕에게 글을 올려

① 不急한 土木의 役을 파할 것
② 女官과 宦官의 직을 혁파할 것
③ 일찍부터 聽政할 것
④ 君子와 더불어 小人을 물리칠 것[315]

등을 내용으로 하는 건의안을 올렸는데, 왕은 이를 수용하고 있다. 다음달에는 宮城南門의 役을 감독하는 임무를 맡았고, 정종 원년(1399)에는 忠淸道 都觀察使가 되어 淸州人 兪忠吉·直山人 許氏 등의 孝行과 貞節을 조정에 품의하여 정려를 세웠다.[316]

태종이 즉위하자 藝文春秋館大學士를 배수하였다.[317] 태종 원년(1401)에는 議政府文學이 되어 대사헌을 겸하였다.[318] 이 해 12월에는 글을 올려

① 文公家禮에 입각하여 家廟之法을 세울 것
② 형벌과 상훈을 엄격히 하여 奸僞之風을 불식할 것
③ 陪奉行事시에 수행자들의 불법을 검찰할 것

---

313) 『高麗史』 권45, 世家45 恭讓王 2년 2월.
314) 『太祖實錄』 권4, 太祖 2년 7월 乙丑.
315) 『太祖實錄』 권14, 太祖 6년 閏 5월 丙戌.
316) 『定宗實錄』 권2, 定宗 원년 12월 癸未.
317) 『定宗實錄』 권5, 定宗 2년 7월 甲子.
318) 『太宗實錄』 권2, 太宗 원년 10월 壬子.

④ 使臣들의 국경출입에 따라 생기는 서북 변방민들의 부담을 없애
　도록 할 것[319]

등을 건의하였다. 얼마 후 知議政府事에 올라 대사헌을 겸하였고,
다음해 11월에는 助戰節制使가 되었으며, 태종 3년(1403) 6월에는
다시 西北面都巡問使로 출보하였다. 이후 지의정부사와 判恭安府
事를 거쳐 태종 5년 2월에는 호조판서가 되었고,[320] 태종 7년(1407)
6월에는 형조판서가 되었으며, 다음해 2월에는 예조판서가 되었다.
태종 14년(1414)에는 判漢城府事를 제수받았는데, 이 해 12월에 죽
으니, 文簡이란 시호를 내렸다.

(9) 柳 亮(1355, 공민왕 4 ～ 1416, 태종 16)

유양은 密直使 繼祖의 아들로 자는 明中이고, 본관은 文化이다.
공민왕 20년(1371)에 生員試에 합격하고, 우왕 8년에 順興君 安
宗源과 判厚德府事 尹珍의 문하에서 장원으로 급제하였다.[321] 이
로써 典儀副令을 배수하였고, 이후 判圖典理・司僕寺正을 거쳐
우왕 14년(1388)에는 全羅道 按察使로 출보하였다.[322] 창왕이 즉위
하자 三司右尹・判宗簿寺事를 지냈고, 공양왕 즉위년을 전후한
시기에는 成均大司成이 되었다. 이어 判內府寺事・判典校寺事를
역임하였고, 공양왕 2년(1390) 5월에는 刑曹判書가 되었으며, 공양
왕 4년 4월에는 戶曹判書가 되었다.[323]

조선이 건국되자 嘉善大夫・吏曹判書를 배수하였고, 태조 2년
(1393)에는 中樞院副使・藝文館學士가 되었다. 태조 4년에는 原從

---

319)『太宗實錄』권2, 太宗 원년 12월 己未.
320)『太宗實錄』권9, 太宗 5년 2월 壬子.
321)『高麗史』권73, 志27 選擧1 科目1 選場.
322)『高麗史』권137, 列傳50 禑王 14년 5월.
323)『高麗史』권45 및 권46, 恭讓王 해당연도 기사 참조.

功臣으로 책록하고 商議中樞院事로 제수되어 世子賓客을 겸하였고, 태조 5년(1396)에는 鷄林府尹이 되었다.324)

태종이 즉위하자 參知三軍府事에 제수하였고, 태종 원년(1401)에는 左命功臣에 책록되고 文城君에 봉작되었다. 이후 藝文館大提學, 大司憲, 刑曹判書, 知議政府事, 判漢城府事를 역임하고, 태종 7년(1407) 12월에는 參贊議政府事가 되었다. 태종 8년에는 병조판서에 올라 同知貢擧가 되어 李稷과 더불어 과거를 주관하여 魚變甲 등 33명을 선발하였다. 태종 12년(1412)에는 輔國崇綠府院君에 봉해지고 玉川君으로 올랐다.325)

태종 13년(1413)에는 議政府贊成事가 되었으며, 이 해 10월에 文城府院君으로 봉함을 받았고, 태종 15년(1415)에는 右議政이 되었다. 다음해에 죽으니, 향년 62세였다. 忠景이라 시호하였다.

(10) 李 行(1352, 공민왕 원년～ 1432, 세종 14)

이행은 淸州牧使를 지낸 千白의 아들로 자는 周道이고, 호는 騎牛子라고도 하였고, 白巖 또는 一可道人이고도 하였다. 본관은 驪興이다. 공민왕 11년(1362)에 知都僉議로 同知貢擧를 역임한 柳淑은 그의 장인이 된다.

공민왕 20년(1371)에 이색과 전녹생의 문하에서 과거에 급제하여 翰林院修撰을 역임하고, 우왕 12년(1386)에는 典醫副正을 지냈다. 이때 탐라에 가서 星主 高臣傑의 아들 鳳禮를 인질로 데리고 오니, 이로부터 탐라가 조정에 귀순하여 반란을 일으키지 않게 되었다.326) 이어 左司議大夫를 배수하였고, 昌王이 즉위하자 大司成이 되었는데, 이때 이색·鄭夢周와 더불어 본국의 衣冠子弟들을

---

324) 『太祖實錄』 권10, 太祖 5년 12월 癸巳.
325) 『太宗實錄』 권24, 太宗 12년 12월 己卯.
326) 『高麗史節要』 권32, 禑王 12년 秋 7월.

명에 유학할 수 있도록 청하였고,327) 창왕 원년(1389)에는 知申事
가 되었다.

공양왕이 즉위하자 王命을 받들어 우왕과 창왕을 처형하도록 하
는 교서를 지었고, 공양왕 2년(1390)에는 經筵叅贊官이 되었다. 이
어 공양왕 즉위의 공을 높이 사서 功臣의 작호를 내렸으나 그는 끝
까지 사양하여 받지 않았다.328) 이때 有司들이 우왕의 어머니에 대
한 神主를 철거하고자 건의하였는데 이색이 이에 반대하자 趙璞
등 臺諫들이 이색을 탄핵하여 咸昌으로 유배시켰다. 그는 스스로
이색의 문생임을 주창하면서 간관들의 주장을 반박하였다. 이로써
그도 죄를 입어 淸州에 유배되었으나329) 이후 풀려나 공양왕 4년
(1392) 6월에는 王康과 더불어 藝文館提學을 배수하였다.330)

조선이 개국하자 그가 작성한 前朝의 史草가 문제가 되어 국문
을 당하게 된다. 그가 공양왕 때 春秋館學士를 겸하고 있었을 때
당시의 사실을 사초에 기록하였는데, 여기서 "李成桂가 우왕과 창
왕 및 邊安烈을 죽였다"라고 하였고, 또 "尹紹宗이 李崇仁의 재주
를 꺼려서 趙浚에게 그를 모함하여 해치려고 하였다"라고 하였다.
이를 본 태조는 크게 노하여 그에게 杖 100의 형을 가하여 울진으
로 유배하였고, 그의 기산을 적몰하였다.331)

다음해 10월 유배에서 풀려나자 벼슬에서 물러났고, 이후 수차

---

327) 『騎牛先生文集』 권3, 附錄 行狀.

328) 『高麗史節要』 권34, 恭讓王 2년 春 정월.

329) 『高麗史節要』 권34, 恭讓王 2년 閏 4월.

330) 『騎牛先生文集』 권3, 行狀에서는 藝文館提學을 거쳐 吏曹判書를 배수
하였는데, 이때 글을 올려 鄭夢周를 살해한 趙英珪를 '萬世의 兇人'이
라 규탄하였다고 하며, 조선이 개국되자 忠節을 지켜 벼슬하지 않았
다고 기록되어 있다. 그러나 『實錄』에서 그의 官歷이 나타나고 있는
것으로 보아 조선 개국 후 태종 때는 벼슬에 나아갔음이 확인된다.

331) 『太祖實錄』 권3, 太祖 2년 3월 丙寅.

에 걸쳐 부름을 받았으나 태조 때는 벼슬에 나아가지 않고 元天錫
・吉再 등과 교유하면서 한거하였다.

　태종 때 비로소 관직에 나아가 태종 2년(1402)에 助戰節制使를
배수하였고, 이어 全羅道 觀察使로 나갔으나 얼마 후 병을 이유로
사직하였다. 태종 4년(1404)에는 開城留後가 되었고, 다음해 5월에
는 藝文館大提學이 되어 啓稟使로 명에 다녀왔다.[332] 이후 判承寧
府事・判漢城府事를 거쳐 태종 7년(1407)에는 刑曹判書가 되었고,
태종 9년에는 兵書習讀提調를 겸하였다. 태종 11년(1411)에는 다시
예문관 대제학이 되었으며, 태종 13년에는 完山府尹으로 출보하였
다. 태종 14년(1414)에는 왕명에 의하여 元朝의『農桑輯要』를 우리
말로 쉽게 번역하여 간행하였으며, 다음해에 開城留後司留後를 배
수하였다. 세종 11년(1429)에 벼슬에서 물러나 江蔭으로 퇴거하였
다. 세종 14년(1432) 9월에 죽으니, 향년 81세였다. 文節이라는 시호
를 내렸다.

　그는 이색의 문생으로 이색에 대한 의리를 끝까지 지켰다. 이것
은 태조 2년에 사헌부에서 그를 탄핵하면서

　　　前 藝文春秋館學士 李行이 일찍이 공양왕의 知申事가 되어 직책
　　이 史館修撰官을 겸했는데도 李穡과 鄭夢周에게 아첨하여 우리 주상
　　전하를 모함하였으니, 그 죄를 논하여 직첩을 회수하고 국문하소
　　서.[333]

라고 하고 있는 것에서 보인다.

　그는 강직한 성품으로 義理에 밝았으며, 학문이 뛰어나 당시에
존경을 받았다. 세종은 그가 죽자

---

332)『太宗實錄』권9, 太宗 5년 5월 庚戌.
333)『太祖實錄』권3, 太祖 2년 정월 戊午.

　… 卿은 성품이 단정하고 몸가짐이 淸儉하였으며, 지식이 넓고 맑으며, 옛 제도를 좋아하였도다. 학문은 天·地·人의 三才를 궁구하였고, 청렴하고 조용하여 가식이 없었으며, 그 행실은 일대의 모범이 되었도다. 공의 큰 재주는 세상을 바로잡을 방향을 제시해 주었고, 슬기로운 도량은 나라의 뿌리를 반석 위에 올려놓았도다. … 나아가고 처함에 있어 그 범절은 옛 사람에게 부끄러움이 없었고, 風度는 후진들에게 모범이 되었도다. 이에 養老하는 날을 당하여 특별히 卿을 모셔 나의 德을 돕고자 하였더니, 어찌하여 나를 생각하지 않고 세상을 떠나 나로 하여금 끝없는 슬픔에 젖도록 하는가. …334)

라는 祭文을 지어 그의 죽음을 애도하였다.

(11) 尹紹宗 (1345, 충목왕 원년~1393, 태조 2)

　유소종의 자는 憲叔이며, 호는 桐軒이고, 본관은 茂松이다. 아버지는 判典農寺事를 지낸 龜生이며, 할아버지는 贊成事로 致仕한 文貞公 澤이다.

　할아버지 澤은 당대에 학문으로 명성을 떨쳤고, 아버지 龜生은 『고려사』 忠義傳에 수록된 인물로서 孝行으로 세상에 이름을 떨쳤다.335)

　그는 어렸을 때부터 아버지와 할아버지의 문하에서 학문을 익혔고, 학문이 빼어나 일찍이 이제현으로부터 칭찬을 받았다. 공민왕 9년(1360)에 御使大夫 李嶠의 문하에서 성균시에 합격하고, 공민왕 14년(1365)에 興安府院君 이인복과 첨서밀직사사 이색의 문하에서 과거에 장원으로 급제하였다.336) 이로써 春秋館修撰을 배수하였고, 공민왕 22년(1373)에는 左正言이 되었다.

　우왕이 즉위하자 典校寺丞을 배수하였고, 이어 典儀副令과 藝

---

334)『世宗實錄』 권58, 世宗 14년 10월 丙戌.
335)『高麗史』 권121, 列傳34 忠義 尹龜生.
336)『太祖實錄』 권4, 太祖 2년 9월 甲申.

文館應敎를 거쳤다. 우왕 7년(1381)에 어머니의 상을 당하자 錦州에서 여묘하였는데, 이때 남방의 학자들이 그를 찾아와 수학하였다. 우왕 12년(1386)에는 성균사예를 제수받아 소환되었다.337)

그는 청렴하고 강직하여 집이 매우 가난하였다. 당시 知申事로 있던 李存性이 그 실상을 왕에게 아뢰니 쌀 10석을 하사하였고, 이어 典校副令을 제수하였다. 우왕 14년(1388) 이성계가 위화도에서 회군하자 그를 찾아가 漢의 명신이었던 霍光의 전기를 보였는데, 이는 王氏를 왕위에 즉위시켜 나라를 바로잡아야 한다는 의도에서였다.

창왕이 즉위하자 典校令이 되었다. 이때 그는 상소를 올려 圓丘와 宗廟 등에 대한 祭享의식을 바로잡도록 건의하여 수용되었고, 이어 右司議大夫를 배수하자 李仁任을 탄핵하는 상소를 올렸다. 얼마 후 성균대사성으로 옮겼는데, 이때 書筵에서 또 이인임을 탄핵하는 상소를 올리니, 이인임은 족당을 시켜 그를 죽이고자 하였다. 이때를 전후하여 왕은 조준 등과 상의하여 私田을 개혁하고자 하였는데, 百官들은 대부분 이를 불가하다고 하였으나 그는 정도전과 더불어 이를 지지하였다.

공양왕이 즉위하자 대사헌 조준의 추천으로 左常侍를 배수하고, 經筵講讀官을 겸하였다. 조준은 일찍이 그의 문하에서 수학하였으므로 국가에 글을 올릴 때는 그의 자문을 받는 일이 많았다. 이 당시 그와 더불어 經筵에서 활동한 사람은 정몽주·정도전·심덕부·

---

337) 『高麗史』 열전에서는 우왕 초에 典校寺丞을 제수받았고, 이어 成均司藝가 되었으며, 이후에 典儀副令·藝文應敎·典校副令을 차례로 제수받았다고 기록되어 있다. 그러나 『太祖實錄』 권4, 태조 2년 9월조 卒記에는 그의 관직제수 순서를 典校寺丞·典儀副令·藝文應敎·成均司藝·典校副令으로 기록하고 있다. 필자는 졸기의 내용을 따랐다.

이성계였다. 서연에서 왕이 정몽주에게 명하여『貞觀政要』를 講하게 하니, 그는 "당 태종은 족히 취할 바 아니니, 마땅히『大學衍義』를 강하여 帝王의 다스림을 드러내소서"라는 건의를 올렸다. 또 왕이 曹溪僧 粲英을 스승으로 삼으려 하니, 그는 대사헌 성석린과 더불어 "전하가 만약 스승을 구하고자 한다면 元老大臣이 있으니 어찌 僧으로서 하리오"라고 하여 그 부당성을 극간하였다. 이에 왕은 그를 禮儀判書로 전보하였고, 이어 이성계를 비방하였다는 이유로 錦州에 유배하였다. 그러나 얼마 후 위화도회군의 공을 들어 그 죄를 용서받았으나 또 정몽주의 탄핵을 받아 조준·정도전 등이 유배되면서 그도 역시 유배되었다.

조선이 건국되자 병조전서·修文殿學士·동지춘추관사를 배수하였고, 태조 2년(1393) 9월에 죽으니, 향년 49세였다.[338]

그는 윤택의 손자로 이제현의 문하에서 수학하기도 하였으며, 또 이색의 문생으로 그로부터 많은 학문적 감화를 받았다. 그의 가문과 이색의 가문은 각별한 관계를 가졌다. 그의 할아버지 윤택은 이색의 아버지 곡과 동년이며, 이색도 일찍부터 그 문하에 출입하면서 가르침을 받았다. 윤택이 죽자 이색은 묘지명을 짓고 애도하였다. 윤소종은 일찍부터 이색의 문하에 출입하면서 가르침을 받았고, 문생으로서의 의리를 끝까지 지켰다.

공양왕 2년(1390)에 憲司에서 창왕을 즉위시킨 죄를 물어 이색을 국문하여 극형에 처하도록 건의하였으나 이때 그는 左常侍로 있으면서도 끝까지 이에 서명하지 않았다.[339]

그는 청렴 강직하여 權門에 아부하지 않았으며, 성리학에 박통하였고 異端을 배척하였다.[340] 일찍이 許錦·趙浚 등과 忘年之友

---

338)『高麗史』권120, 列傳33 尹紹宗.
339)『高麗史』권115, 列傳28 李穡.

로 지낸 것도 이러한 점에서 뜻을 같이 하였기 때문이다.341)

(12) 宋文中 (? ~ ?)

송문중은 처음에 이름을 文貴라 하였으나 과거에 합격한 후 文中으로 개명하였다. 자는 日彰이라 하였으며, 호는 築隱齋라 하였다.342)

공민왕 18년(1369)에 이인복과 이색의 문하에서 과거에 합격하였고, 공민왕 22년(1373)에는 백문보·권중화의 문하에서 應擧試에 합격하였다.343)

우왕 때는 羅州牧使를 지냈고, 공양왕이 즉위하자 上護軍으로 司憲執義를 겸하였다.344)

공양왕 2년(1390)에는 大司成이 되었는데, 이 해 8월에 왕이 文廟에 행차하고, 그로 하여금『詩經』의 七月篇을 講하게 하였다.345)

공양왕 3년(1391)에는 判宗簿寺事가 되었고, 이 해 10월에는 日本 九州節度使 源了浚에게 다녀왔다.

조선이 건국되자 태조 2년(1393)에 判校書監事가 되었다. 이때 태조는 有司에게

> 判典校寺事 宋文中과 大將軍 趙卿은 내가 潛邸에 있을 때부터 오랫동안 나에게 봉사하여 안위에 뜻을 두고 어려운 고비를 마다하지 않고 오늘날에 이르렀으니, 원종공신 李沃의 예에 의거하여 포상의 은전을 베풀도록 하라.346)

---

340)『太祖實錄』권4, 太祖 2년 9월 尹紹宗 卒記.
341)『高麗史』권105, 列傳18 許珙 附 錦.
342)『牧隱文藁』권5,「築隱齋記」.
343)『高麗史』권74, 志28 選擧2 科目2 制科.
344)『高麗史』권45, 世家45 恭讓王 원년 11월.
345)『高麗史』권45, 世家45 恭讓王 2년 8월.
346)『太祖實錄』권4, 太祖 2년 8월 癸未.

라고 하여 포상를 명하고 있다. 이 해 11월에는 左副承旨가 되었고,[347] 태조 5년(1396)에는 豊海道 都觀察使로 출보하여 왜구를 물리치는데 큰공을 세웠다.[348] 이후의 그에 대한 행장은 기록이 일실하여 알 수가 없다.

그는 이색의 문생으로 일찍부터 그의 문하에 출입하면서 많은 가르침을 받았다. 그는 거처하는 곳을 그의 호를 따서 '築隱齋'라 하고, 이에 대한 記를 이색에게 구하고 있다. 이에 이색은 「築隱齋記」에서

> 日彰이 조그마한 집을 지어 거처하면서 中이라 이름하고 거처하는 곳을 築隱이라 했으니, 나는 그가 뜻있는 사람임을 알았나. … 오늘날 시대부들은 지신들이 기치히는 곳을 화려하게 하고, 또 먹는 것을 풍성하게 하여 안으로는 그 욕심을 만족시키고 밖으로는 그 영화를 자랑하면서도 오히려 이를 부족하게 여기는 자들이 많다. 그러나 일창은 움집 같은 초라한 집에서도 이를 즐기니, 반드시 사모하는 것이 있을 것이다. 일창이 오로지 中의 道만을 잡아 생활한다면 한평생 이 집에서 살아도 아무도 손가락질 하는 사람이 없을 것이다. 하늘의 道는 분명하여 스스로 거짓이 없으니, 일창은 더욱 힘쓸지어다.[349]

라고 하여 그에게 더욱 권면하도록 부탁하고 있다. 그는 비록 이성계와 일찍부터 교유하여 친분이 두터웠으나 이색에 대한 의리는 끝까지 지켰다.

(13) 王 康 (? ~ 1394. 태조 3)

왕강은 고려왕실의 遠親이며, 아버지는 順興君 昇이다. 공민왕 20년(1371)에 이색과 전녹생의 문하에서 과거에 급제하였는데, 이

---

347) 『太祖實錄』 권4, 太祖 2년 11월 癸卯.
348) 『太祖實錄』 권9, 太祖 5년 2월 辛丑.
349) 『牧隱文藁』 권5, 「築隱齋記」.

때 그의 나이는 15세 미만으로 합격자 중에서 가장 어렸다. 당시
공민왕은 "判官 曹崇禮와 進士 閔安仁은 老成한 儒者인데도 아직
급제하지 못하였는데, 하물며 이 어린 사람이 합격할 수 있으리오"
라고 하여 殿試를 정파하였으나 몇 개월 후에 同進士 급제를 하사
하였다.350)

처음 成均直學에 보임되고, 이후 江寧府丞을 거쳐 공민왕 23년
(1374)에는 大君侍學이 되었다.

우왕이 즉위하자 典理摠郎을 배수하였고, 우왕 12년(1386)에는
成均祭酒로 있었는데, 이 해 5월에 西北面 安撫使를 배수하였
다.351)

공양왕이 즉위하자 判典農寺事가 되었고, 공양왕 2년(1390)에는
양광도·전라도·경상도의 水軍體察使 겸 防禦使 및 監鐵使가
되었으며, 이후 예조판서를 거쳐 密直副使가 되어 양광·전라·
경상도의 水軍都體察使 겸 防禦·鹽鐵·漕轉·營田繕城事를 겸
하였다. 이때 그의 노력으로 漕運이 크게 원활하게 되었고, 또 魚
鹽의 利로서 국가의 재정이 튼튼해졌다. 그는 泰安과 瑞州의 접경
지역인 炭浦에 운하를 파서 험로 400여리를 개통하여 조운을 편리
하게 하려고 하였으나 바닥에 암석이 있고 조수가 공사를 방해하
여 이루지 못하였다.352)

공양왕 4년에(1392)는 藝文館提學이 되었고, 이어 同知密直司事
를 배수하였다.

이 해에 조선이 건국하자 대사헌 閔霽 등이 王氏를 城外로 축출
하도록 건의하였으나 태조는 順興君 王昇과 그 아들 康은 나라에

---

350) 『高麗史』 권116, 列傳29 王康.
351) 『高麗史』 권136, 列傳49 禑王 12년 5월.
352) 『高麗史』 권116, 列傳29 王康.

공로가 있다고 하여 이들의 유배를 반대하였다. 그러나 계속되는 諫官의 상소로 일시 巨濟에 유배되었으나 다음해 5월에 풀려났다.353) 그러나 臺諫들의 계속되는 반발로 태조 3년(1394)에 다시 公州로 유배되었고, 이어 王氏 일족이 화를 당할 때 살해되었다.

그는 학문이 뛰어났으며 經世의 지략이 풍부하였다. 또 음률에도 밝아 태조 2년에는 慣習都監에서 많은 악곡을 제정하기도 하였다. 그의 이러한 능력은 태조 2년에 반포한 敎旨에서

> 前 同知密直司事 王康은 학식이 매우 뛰어나고 규모는 여유가 있어 말하는 것은 물이 흐르듯이 하고, 일은 미치지 못하는 것이 없었으므로 모든 사람의 칭송을 받았다. 내가 이 사람을 조운에 시험헤 보니, 일을 행하고 정리함이 그가 말한 바와 같이 되어 고려 왕조 400년 동안 통하지 않던 조운의 길이 능히 개통되어 백성들을 소생케 하였으며, … 또한 창업한 초기에 聲樂이 잘 조화되지 못했는데, 또 이 사람을 習樂提調로 임용하였더니 능히 聲律을 조화시켜 前朝의 슬픈 音曲을 씻어 없애고 한 시대의 혁신한 정치를 형용하게 하였으니, 그 공이 어찌 적다고 하겠는가.354)

라고 하고 있는 것에서 알 수 있다.

(14) 姜淮伯(1357, 공민왕 6 ~ 1402, 태종 2)

강회백은 門下贊成事를 지낸 蓍의 아들로 자는 伯父이다. 처음에는 호를 均貞이라 하였다가 후에 通政으로 고쳤다. 본관은 晋州이다

일찍이 이색의 문생인 권근의 문하에서 수하하여 성리학을 배웠으며, 우왕 2년(1376)에 정당문학 洪仲宣과 지밀직 韓脩의 문하에서 과거에 급제하였다. 우왕 10년을 전후한 시기에는 國子祭酒를

---

353) 『太祖實錄』 권3, 太祖 2년 5월 庚午.
354) 『太祖實錄』 권4, 太祖 2년 8월 癸未.

배수하였고, 이어 密直提學이 되었다가 우왕 11년(1385) 11월에는 密直副使로 명에 사신으로 다녀왔다. 또 창왕 즉위년(1388) 11월에는 密直使로 副使 李芳雨와 함께 다시 명에 사신으로 다녀왔다.355)

창왕 때 정몽주·하륜·이숭인 등과 더불어 胡服을 혁파하고 명의 제도를 따르도록 건의하였다.356) 공양왕이 즉위하자 推忠協輔功臣의 호를 받고 世子師를 배수하였으며, 이어 判密直司事에 올라 이조판서를 겸하였다. 이때 조정에서는 한양 천도에 대한 의논이 공론화되고 있었는데, 그는 이에 반대하는 상소를 올려 관철시켰다. 얼마 후 交州道 都觀察黜陟使로 출보하였다가 공양왕 3년(1391) 12월에는 政堂文學을 배수하고, 司憲府 大司憲을 겸하였다.357) 이때 그는 金震陽 등과 더불어 정몽주의 편에 서서 조준·정도전 등을 탄핵하였다.358) 얼마 후 정몽주가 피살되자 반대파의 탄핵을 받아 晋陽으로 유배되었다.

조선이 건국하자 병을 핑계로 관직에 나아가지 않았으나 태조의 강권으로 鷄林府尹을 배수하였고, 이어 東北面 都巡問使를 배수하였다.359)

태종 2년(1402)에는 僉判承樞府事·慶尙道 都觀察黜陟使를 배수하였으나360) 그는 喪中이라 하여 이를 받아들이지 않았고, 또 상중에는 관직을 제수할 수 없다는 사헌부의 간언도 있어 유보되었다.361) 이 해에 죽으니, 향년 46세였다.

---

355) 『高麗史』 권135, 列傳48 禑王 11년 11월 및 『高麗史』 권137, 列傳50 昌王 즉위년 11월.
356) 『高麗史』 권117, 列傳30 鄭夢周.
357) 『高麗史』 권46, 世家46 恭讓王 3년 12월.
358) 『高麗史』 권117, 列傳30 金震陽 및 姜淮伯.
359) 『韓國歷代人物傳集成』「姜淮伯行狀」.
360) 『太宗實錄』 권4, 太宗 2년 7월 癸卯.

그는 성리학에 밝아 당시 학자들로부터 많은 존경을 받았다. 『太宗實錄』 그의 卒記에서는 "(淮伯은) 聰明過人하고 慷慨老成하여 이르는 곳마다 이름을 떨쳤다"라고 평하고 있다.362) 또 그는 이숭인·박의중과도 가깝게 교유하였다. 이것은 이숭인이

> 均貞 姜伯父는 나의 벗으로 오랫동안 간원에 같이 있었고, 또 성균관에도 같이 있었는데, 일을 의논하는 것이 진지하고 절실하였다. 경전을 강론할 때는 정밀하고 자상하여 언제나 나는 그에게 복종하였고, 동료들도 모두 그를 따를 수 없다고 하였다. 밀양 朴子虛는 사람됨이 단정하고 개결하여 구차스럽지 않았는데, 전날 나에게 이르기를 "강백보는 나이는 젊지만 인격은 노성하니 우리 동료 중에 혁혁할 자는 반드시 그 사람일 것이다"라고 하였는데, 나도 마음으로 그렇게 여겼다.363)

라고 평하고 있는 것에서 알 수 있다.

그는 일찍이 이색의 문생인 권근으로부터 수학하였고, 이색과 정몽주의 문하에도 출입하였다. 그의 아버지 姜蓍도 이색의 문하에서 많은 가르침을 받았다.

2) 고시관 역임자

좌주와 문생의 관계는 부자지간의 의리와 같았다. 또 같은 해에 합격한 사람들은 同年으로 결합되어 同年會를 조직하여 운영하였고, 이때 장원 급제자가 동년의 우두머리가 되어 이 會를 주관하였다. 이들은 우의를 돈독히 하면서 정치활동에 있어서도 서로 이끌

---

361) 『太宗實錄』 권4, 太宗 2년 7일 辛亥.
362) 『太宗實錄』 권4, 太宗 2년 11월 丁酉.
363) 『東文選』 권88, 「賀姜代言詩序」.

어 주었고, 또 정치적 견해도 같이 하였다.364) 또 같은 은문으로부터 배출된 사람들도 서로 선후배의 同門으로 결합되어 유대가 돈독하였다.

고려후기의 이러한 과거운영은 결과적으로 좌주·문생을 중심으로 한 정치적 세력으로 발전하여 갔고, 또 좌주를 중심으로 학맥이 형성하게 된다. 특히 고려후기에 성리학이 전래됨으로써 성리학의 의리사상과 대의명분은 이러한 사조를 가속화시키게 된다.

고려후기에 과거 고시관을 맡았던 사람들은 자신들의 학문을 그들의 문생들에게 전수할 수 있었고, 또 그 자신의 은문 또는 문인으로부터 수용하였던 학문을 전승시킬 수도 있었다. 따라서 고려후기에 과거 考試官을 맡았던 사람들의 학문적 배경과 행장이 파악된다면 당시 학맥의 연원을 찾을 수 있을 것이다

본 항에서는 이색이 고시관을 역임하여 처음으로 문생을 배출하는 공민왕 14년(1365)을 기점으로 하여 고려가 망할 때까지를 그 대상으로 하였다. 공민왕 14년은 그의 학맥이 아직 형성되지 못하였던 시기지만 이때 배출된 문생들은 이후 그의 학맥에 중추적인 인물로 성장되어 갔다. 이후 그는 5차에 걸쳐 고시관을 역임하여 수 많은 문생들을 배출하였고, 또 이 시기에 고시관을 역임한 사람들은 대부분 그의 門人이거나 또는 門生 및 門徒들이었다. 이제 공민왕 14년을 기점으로 하여 고려가 망할 때까지 고시관을 역임한 사람들을 살펴보면 다음의 <표 3-5>와 같이 정리할 수 있다.

이 시기에는 모두 16차에 걸쳐 과거가 시행되고 있다. 이 중에서 이색은 5차에 걸쳐 과거를 주관하였고, 그의 師門 이인복도 2차에 걸쳐 과거를 주관하였다.

---

364) 『高麗史』 권132, 列傳45 叛逆6 辛旽.

<표 3-5> 공민왕 14년 이후의 고시관

시 기	고시관	과거합격시기	당시 관직	이색과의 관계
공민왕 14년	李仁復	충목왕 3년	興安府院君	師 門
	李 穡	공민왕 2년	簽書密直司事	本 人
공민왕 17년	李 穡 (親試讀卷官)	공민왕 2년	成均大司成	本 人
공민왕 18년	李仁復	충목왕 3년	興安府院君	師 門
	李 穡	공민왕 2년	三司左使	本 人
공민왕 20년	李 穡	공민왕 2년	三司左使	本 人
	田祿生	충혜왕 대	政堂文學	門 人
공민왕 23년	李茂芳	공민왕 2년	政堂文學	同 年
	廉興邦	공민왕 6년	密直副使	門 人
우왕 2년	洪仲宣	충혜왕 대	政堂文學	門 人
	韓 脩	충숙왕 복위 3년	知密直	門 人
우왕 3년	安克仁	충혜왕 대	竹城君	門 人
	權仲和	공민왕 2년	政堂文學	同 年
우왕 6년	廉興邦	공민왕 6년	瑞城君	門 人
	朴 形	충목왕 2년	密直使	門 人
우왕 8년	安宗源	공민왕 2년	順興君	同 年
	尹 珍	충혜왕 대	判厚德府事	門 人
우왕 9년	禹玄寶	공민왕 4년	門下評理	門 人
	李仁敏	공민왕 9년	政堂文學	門 人
우왕 11년	廉國寶	공민왕 4년	瑞城君	門 人
	鄭夢周	공민왕 9년	政堂文學	門 人
우왕 12년	李 穡	공민왕 2년	韓山府院君 檢校門下侍中	本 人
	廉興邦	공민왕 6년	三司左使	門 人
창왕 즉위년	鄭道傳	공민왕 11년	密直提學	門 人
	權 近	공민왕 18년	知申事	門 生
창왕 원년	柳 源	공민왕 9년	判開城府事	門 人
	李種學	우왕 2년	厚德府尹	子
공양왕 2년	成石璘	공민왕 6년	門下評理	門 人
	趙 浚	공민왕 23년	評理	門 徒
공양왕 4년	偰長壽	공민왕 11년	判三司事	門 人
	李元紘	공민왕 대	政堂文學	門 人

비고 : ① 고시관 중에서 위의 인물은 지공거이며, 아래 인물은 동지공거
이다.
② 선거자료:『高麗史』권73, 志27 選擧1 科目1 選場.

앞의 <표 3-5>에서 공민왕 18년에 선발된 이색의 문생 권근이 창왕 즉위년에 동지공거가 되어 과거에 참여하고 있으며, 창왕 원년(1389)에 동지공거를 맡았던 이종학은 그의 아들이다. 또 창왕 즉위년에 권근과 더불어 지공거를 맡은 정도전과 우왕 11년(1385)에 동지공거를 맡은 정몽주와 공양왕 2년(1390)의 지공거인 성석린은 공민왕 17년을 전후한 시기에 이색과 함께 교관으로 활동한 문인이었다. 또 공민왕 23년(1374) 지공거를 맡고 있는 이무방과 우왕 3년(1377)에 동지공거를 맡고 있는 권중화, 우왕 8년(1382)의 지공거인 안종원은 그와 더불어 공민왕 2년의 과거에 합격한 동년이다.

위의 사람들 중에서 그의 문생인 권근과 문도인 조준은 조선시대에 교관 및 지공거로 활동하여 수 많은 문생들을 배출하였다. 조선초기의 학문은 이들에 의하여 다시 정비되어 이후 조선사회의 학맥성립에 크게 공헌하게 된다. 이로써 이들의 행장은 제2편 「조선초기 성리학의 보급과 학맥」에서 살펴볼 것이다. 또 정도전·성석린은 앞의 항 「교관활동자」에서 이미 살펴보았고, 이무방·권중화·안종원은 앞의 항 「이색 학맥의 형성」 중에서 「동년」조에서 살펴보았다. 또 그의 문인으로서 우왕 9년에 동지공거를 역임한 李仁敏과 창왕 원년에 지공거를 역임한 柳源은 정몽주의 동년이다. 이들의 행장은 다음 장인 「정몽주의 학문과 학맥」에서 살펴볼 것이다.

본 절에서는 이들을 제외한 나머지 고시관들의 생애를 조명하면서 이색과의 관계를 살펴보기로 한다.

(1) 田祿生(1318, 충숙왕 5 ~ 1375, 우왕 원년)

전녹생은 希慶의 아들로 자는 孟畊, 호는 埜隱, 본관은 潭陽이다. 충혜왕 때 급제하여 濟州司錄에 보임되었다가 典校校勘이 되었고, 征東省의 鄕試에도 합격하였다. 충목왕 원년(1345)에는 校勘

으로 整治都監官을 배수하였다.

공민왕이 즉위하자 起居舍人을 배수하였는데, 동왕 6년(1357)에 각 도에 鹽鐵別監을 파견하려고 하자 그는 右諫議 이색·右司諫 李寶林 등과 더불어 염철별감의 폐해를 지적하고, 이를 폐지하도록 건의하였다.[365] 공민왕 10년(1361)에 홍건적의 침입으로 왕이 남쪽으로 피난할 때 호종하여 2등공신에 책록되었다. 이후 典理摠郞, 監察大夫, 密直提學, 慶尙道巡問使를 역임하고, 공민왕 20년(1371)에는 대사헌으로 올랐다. 이어 정당문학이 되었는데, 이색과 더불어 과거를 주관하여 金潛 등 31명을 선발하였다.[366] 이때 선발된 全伯英·李行·南在·李伯由·柳觀·金若恒·王康·金震陽·廉廷秀·劉敬 등은 이후 성균대사성 또는 과거의 고시관을 맡아 여말선초의 학맥 형성에 크게 공헌하였다.

공민왕 22년(1373)에는 禑를 세자로 책봉하고, 정당문학 백문보·대사성 정추와 더불어 그를 師傅로 삼았다. 공민왕 23년(1274)에는 개성부사로서 최영을 대신하여 慶尙道巡問使가 되고, 이어 門下評理에 올라 推忠贊化輔理功臣의 호를 하사받았다.

우왕이 즉위하자 諫官 이첨과 전백영이 이인임 등의 北元정책에 반대하여 그 죄를 논하고 이들을 죽이도록 上書하였다. 왕은 이들의 배후에 그와 박상충이 관련되었다고 하여 매를 쳐서 귀양보내니, 길에서 죽었다. 향년 58세였다.

그는 학문과 도덕이 뛰어나 당시 학자들로부터 존경의 대상이 되었고, 이색·이보림·정추·박상충·이집·이숭인 등은 모두 그와 교유가 두터웠다.

이색은 그의 도덕과 행동을 높이 평가하여 자신과는 비교할 수

---

365) 『高麗史』 권77, 志33 食貨2 恭愍王 6년 9월.
366) 『高麗史』 권73, 志27 選擧1 科目1 選場.

없다고 하였고,367) 이숭인은 그의 부름을 받아 合浦로 떠나는 이집에게 『孟子』의 浩然之氣에 대한 說을 지어 주면서 그를 찾아 가르침을 받도록 권하고 있다.368)

그도 목은의 덕망과 학문을 높이 평가하였고, 그의 후학들에게는 목은의 가르침을 교훈으로 삼도록 권장하였다. 이것은 그의 후학 鄭寓가 경상도 안렴사로 출보할 때 지어 준 다음의 시에서 보인다.

君看種樹橐駝傳	그대는 橐駝傳에서369) 나무 심는 이치를 읽지 않았는가.
移之官理可養人	이 이치를 정치에 옮기면 가히 사람을 기를 수 있다는 것이네.
解道安民在無事	道를 펼치고 백성을 편안히 하려면 일에 꾸밈이 없어야 하는 것
牧隱詩語醇且眞	牧隱의 詩語에 보이는 이 말 참으로 醇眞한 말이로세.
古人今人意不遠	옛날이나 지금이나 사람들의 뜻은 서로 다르지 않은데
盖傷世法多立新	세상의 법령은 새로 만들어짐이 많으니 이를 탄식할 뿐이네.
況今時勢如理絲	한차 지금의 시세는 마치 실 가리기와 같아서
欲速還自成紛繙	속히 이루고자 한다면 도리어 헝클어지기만 할 것이니
願言爲事務從簡	원컨대 그대는 일을 간편하게 하여
勿使一豪加諸民	털끝만큼이라도 백성들에게 부담을 주지 마시오.370)

---

367) 『牧隱文藁』 권2, 「次韻田御史祿生 二首」.

368) 『陶隱先生文集』 권2, 「送李浩然赴合浦幕序」.

369) 「種樹橐駝傳」은 柳子厚가 지은 것인데, 그 내용은 郭橐駝라는 사람이 나무를 잘 가꾸었는데, 사람들이 그 이치를 물으니 그는 "나무를 옮겨 심을 때는 뿌리를 펴고 알맞게 땅을 파서 적당히 심은 후에 본래의 땅에서 가져온 흙으로 덮어 식물의 천성을 그대로 보존시켜야 한다"고 하였다. 이 이치를 정치에 옮기면 관리들이 백성들을 사랑하는 척하면서 자주 나와 간섭하니, 백성들은 이들 접대에 바빠 농사를 지을 겨를이 없다고 한 뜻으로 사용된다.

370) 『東文選』 권7, 「送鄭副令寓按于慶尙」.

(2) 廉興邦(? ~ 1388, 우왕 14)

염흥방은 曲城府院君 悌臣의 아들로 자는 東亭, 호는 漁隱이다. 공민왕 2년(1353) 宋天鳳의 문하에서 성균시에 합격하고,[371] 공민왕 6년(1357) 정당문학 이인복과 첨서추밀원사 김희조의 문하에서 장원으로 급제하였다.[372] 공민왕 12년(1363)에는 衛尉尹으로 승직되었는데, 이때 홍건적의 침입을 물리친 공으로 2등공신에 책록되었다.

공민왕 16년(1367)에는 왕이 교육중흥을 위하여 성균관을 崇文館의 옛터에 중건하였는데, 그는 성균대사성으로[373] 그 일을 주관하였다.[374]

우왕이 즉위하자 이인임의 北元 사신 영접에 반대한 이첨과 全伯英의 배후자로 지목되어 유배를 당하였으나 곧 소환되어 瑞城君의 봉작을 받았다. 우왕 10년(1384)을 전후한 시기에는 三司左使가 되어 이인임과 더불어 국권을 총단하였다. 우왕 14년(1388)에 趙胖의 獄事를 다루는 과정에서 왕의 미움을 받아 이인임 일파가 숙청당하면서 죽음을 당하게 된다.『고려사』에서도 그를 姦臣으로 보아 姦臣傳에 수록하고 있다.

그는 3차에 걸쳐 과거를 주관하여 많은 문생들을 배출시켰다. 공민왕 23년(1374)에는 동지공거가 되어 정당문학 이무방과 더불어 김자수·조준 등 33명의 진사를 배출하였다. 또 우왕 6년(1380)에는 지공거가 되어 밀직사 朴形과 더불어 李文和·韓尙質 등 진사 33명과 明經 6명을 배출하였으며, 우왕 12년(1386)에는 동지공거가

---

371) 『牧隱文藁』 권13,「跋愚谷諸先生送洪進士詩卷」.
372) 『高麗史』 권73, 志27 選擧1 科目1.
373) 『牧隱文藁』 권15,「曲城府院君 廉悌臣墓誌銘」. 廉悌臣이 죽은 해는 공민왕 15년이었는데, 이때 염흥방은 성균대사성으로 있었다.
374) 『高麗史』 권126, 列傳39 姦臣2 廉興邦.

되어 이색과 더불어 맹사성·길재 등 33명의 진사를 배출하였다.375)

그는 이색·한수·李岡과는 일찍부터 교유하여 친밀하게 지냈다. 공민왕 17년(1368)에 이강이 36세의 나이로 죽자 이를 슬퍼하여 서로 모여 "이제 우리 벗이 갔으니, 어찌 銘文을 남기지 않을 수 있으리오"라고 하고는 이색이 墓銘을 짓고, 한수는 글을 쓰고, 염흥방은 篆書를 하여 비석을 세웠는데, 이 碑銘의 공역은 그와 한수가 책임을 맡았다.376)

이색과 그의 교분은 특히 두터웠다. 그는 自號를 漁隱이라 하고, 그에 대한 記를 이색에게 부탁하였으며,377) 이색은 그를 위하여 수십여 수에 달하는 시를 지어 『牧隱集』에 남기고 있다.

이색은 그를 평하여

> 東亭은 옛 것을 좋아하고 몸을 닦으며 참된 마음을 간직하고 사물을 사랑하는 사람이다. 그는 가렴주구로 백성을 괴롭히는 사람들은 개나 돼지보다 못하게 여기었고, 물고기나 자라 따위에게도 덕화를 입게하여 널리 베푸는 것을 자신의 임무로 생각하였다.378)

라고 하였는데, 후에 그가 林堅味와 더불어 권세를 잡고 탐학하는 인물로 변하자 크게 실망하여

> 侍中 이인임은 한미한 집안에서 생장하였는데, 재상이 되자 田民을 탈점하고 한꺼번에 큰 집 세 채를 지었고, 左使 염흥방 역시 수탈을 일삼으니, 나라를 그르칠 사람은 반드시 이 두 사람일 것이다.379)

---

375)『高麗史』권73, 志27 選擧1 科目1.
376)『牧隱文藁』권18,「文敬李公墓誌銘」.
377)『牧隱文藁』권2,「漁隱記」.
378)『牧隱文藁』권2,「漁隱記」.
379)『高麗史』권115, 列傳28 李穡.

라고 탄식하고 있다.

(3) 洪仲宣(? ∼1379, 우왕 5)

　홍중선은 처음에 이름을 仲元이라고 하였는데, 후에 仲宣으로 개명하였다. 충혜왕 때 급제하여 이후 內府副令이 되었고, 공민왕 3년(1354)에는 典法判書가 되고,380) 이어 漢陽尹이 되었다.

　공민왕 5년(1356)에 前 前護軍 林仲甫가 충혜왕의 孼子 釋器를 받들어 왕위에 추대하려는 음모를 꾸몄는데, 이에 연루되어 파직되고 형벌을 받았다.381)

　공민왕 20년(1371)에 摠部尙書가 되었고, 우왕이 즉위하자 정당문학이 되었다. 우왕 2년(1376)에 이인임·임견미 등이 前王 때 죄를 입어 유배된 환관늘을 소환하자고 하니, 그는

　　환관들은 선왕때 禍亂에 연루되어 귀양간 것이니, 아무런 하자가 없다. 그런데 근자에 많은 간관들은 바른 말로 간하여 유배되었는데, 지금까지 돌아온 사람은 한 명도 없다. 그런데 이 무리들을 석방하려 는가.382)

라고 하여 반대하였다. 이로써 이인임 일파의 미움을 받게된다. 이 때 그는 지공거가 되어 知密直 한수와 함께 鄭摠 등 33명의 진사와 明經 4인을 급제시켰다.383) 이때의 과거에서 이종학이 합격하고 있는데, 그는 이색의 아들이다. 우왕 3년(1377)에는 門下贊成事가 되었고, 이어 권중화와 더불어 師傅가 되었다. 얼마 후 左使가 되었는데, 이때 왕이 정당문학 권중화와 더불어 道詵의 書를 참조

---

380)『高麗史』권38, 世家38 恭愍王 3년 5월.
381)『高麗史』권39, 世家39 恭愍工 5년 6일.
382)『高麗史節要』권30, 禑土 2년 2월.
383)『高麗史』권73, 志27 選擧1 科目1 選場.

하여 新都의 후보지를 물색하게 하니, 이색·朴晋祿 등과 함께 이를 탐구하고 왕에게 품의하였다.[384]

우왕 5년(1379)에는 이인임·임견미와 더불어 政房에서 일을 보았다. 이때 이인임 등이 평소에 그에게 반감을 가지고 있었고, 또 정방의 권한을 그들 마음대로 할 수 없게 되자 그를 啓稟使로 삼아 南京으로 가게 하였다. 그러나 이때에는 納哈出이 군사를 거느리고 요동에 진을 치고 있어 길이 막혀 즉시 떠날 수가 없었는데, 이인임 등은 간관을 동원하여 이를 탄핵하고, 그를 宜寧으로 유배시켰다. 얼마 후 이인임의 모함을 받아 楊伯淵의 옥사가 일어났는데, 이인임은 그를 이에 연루시켜 유배지에서 살해하였다. 그는 죽음에 즈음하여 "나는 실로 죄가 없으니, 내가 죽으면 반드시 하늘의 노함이 있을 것이다"라고 하였는데, 그가 죽자 천둥이 치고 바람까지 불어 사람들이 모두 이상하게 여겼다.[385]

그는 한수·권중화·김도 등과 가깝게 지냈다. 특히 그는 이종학의 恩門이었기 때문에 이색과는 각별한 관계를 가졌다. 한수는 이색의 아버지 穀의 문생이며, 권중화는 이색의 동년이면서 妻族이 되기도 하며, 김도는 이색의 문생이다.

이와 같이 볼 때 그는 이색과 일찍부터 교유하면서 서로 출입하였음을 알 수 있다.

(4) 韓 脩(1333, 충숙왕 복위 2 ～ 1384, 우왕 10)

한수는 平簡公 公義의 아들로 자는 孟雲, 호는 柳巷, 본관은 淸州이다. 일찍이 이제현의 문하에서 『左傳』·『史記』·『漢書』를 익혔으며, 眞書·草書에 빼어난 소질을 발휘하였다.[386]

---

384) 『高麗史』 권133, 列傳46 禑王 3년 4월.
385) 『高麗史』 권111, 列傳24 洪仲宣.
386) 『牧隱文藁』 권15, 「韓文敬公墓誌銘」.

충목왕 3년(1347) 지공거 許伯과 동지공거 李穀의 문하에서 과거에 급제하였는데, 이때 그의 나이 15세였다.

충정왕 때 德寧府注簿와 政房의 必闍赤를 역임하였고, 공민왕 4년(1355)에는 성균직강을 배수하였다. 이어 성균사예에 올랐다가 공민왕 7년에는 국자좨주가 되었다. 공민왕 14년(1365)에 왕이 신돈을 중용하자 그 부당성을 극간하였고, 이로써 미움을 받아 禮儀判書로 출척되었다. 그러나 공민왕 20년(1371) 신돈이 복주되자 吏部尙書・修文殿學士를 배수하고, 이어 다시 右承宣과 左承宣을 역임하였다.

우왕이 즉위하자 밀직제학을 배수하고, 이어 동지밀직으로 승진하였으며, 우왕 2년(1376)에는 동지공거가 되어 정당문하 홍중선과 더불어 정총 등 33명을 선발하였다.387)

이후 한 때 외방에 유배를 당하였으나 우왕 4년(1378)에 소환되어 上黨君의 봉함을 받고 輸忠贊化功臣이란 號를 하사받았다. 우왕 6년(1380)에는 淸城君의 봉작을 받았고, 다음 해에는 왕을 시종하여 南京에 다녀왔다.

우왕 10년(1384)에 判厚德府事로서 죽으니, 향년 52세였다. 文敬이리 시호하였다.

그가 죽자 우왕은 다음과 같은 제문을 지어 그를 조문하였다.

死生의 이치는 陰陽에 통하나니, 이것은 人物이 정상친 道요, 君臣의 義는 시종이 독실하나니, 이것은 국가의 일정한 규칙이다. 하물며 그대는 내가 친히 섬긴 스승이요 鉅儒이니, 특별히 恩禮를 가해야 할 것이다. 故 輸忠贊化功臣 匡正大夫 判厚德府事 右文館大提學 知春秋館事 上護軍 韓脩는 학문이 濂(주렴계)과 洛(二程子)의 전통을 받았고, 필법은 종유와 왕희지를 이었도다. 일찍이 선친 공민왕의 知遇를 받아서서 곧 代言의 직책을 맡으니, 들이가 임금께 고하면 반드시 세상

---

387)『高麗史』권73, 志27 選擧1 科目1 選場.

을 다스리는 계책을 말하였다. 선왕께서 신중히 생각하시어 동료 중에서 선택하여 나의 스승을 삼는 명령을 내리었다. 그래서 나는 어린 나이로서 가르치는 말을 듣게 되었다. 그러나 어찌 뜻하였으랴. 하늘이 불쌍히 여기지 않아 재앙을 내리니, 나는 많은 고난을 이길 수 없었다. 중간에 변고를 만나 폐척되어 한가한 땅에 있었지만, 마침내는 등용되어 반드시 도유의 정치를 이루리라고 보았는데, 불행히도 단명하여 우리 집을 돕지 못하였다. 말이 여기에 미침에 마음이 아프고 슬픔이 한이 없다. 이제 密直司知申事右文館提學知製教充春秋館修撰官知典理司事 廉廷秀를 보내어 술을 주어 가서 奠하게 하노라. 아, 기운은 모이고 흩어짐이 있으므로 卿은 物化를 따라 선뜻 갔지만 이제 조정의 사람들 중에서 노성한 사람이 없으니, 나는 나라가 병들 것을 생각하여 유감스럽게 생각하는 도다. 아직도 곧은 넋이 있어 은총의 글월을 복응할 줄 믿는다. 이와 같이 교시하는 바이니, 마땅히 지실 할지어다.388)

그는 학문에 밝아『고려사』열전에서도 "학식과 덕행이 높아 세상에서 중히 여긴 바 되었다"라고389) 평하고 있다. 그는 일찍부터 이제현의 문하에서 학업을 닦았고, 이색 등과도 교유하면서 학문을 정연시켰다. 특히 이색과는 12~13세부터 교유하였으며, 또 그가 이색의 아버지인 穀의 문생이었기 때문에 그 친분이 무척 두터웠다. 이것은 이색이 그의 묘지명에서

내 나이 16~17세에 詩僧을 따라 놀기를 좋아하였다. 한 번은 妙蓮寺에 이르러서 선비와 중들이 섞여 차를 마시면서 聯句의 詩를 지었다. 이때 文敬公은 아직 12~13세의 동자로 매양 對句의 聯句詩를 거침없이 불러 좌중의 모든 사람들을 놀라게 하였다. 이때 나는 벌써 마음 속으로 그가 보통 사람과는 다르다는 것을 알고 이후 친하게 지냈다. 정해년에 나의 先君이 지공거가 되었을 때 과연 높은 성적으로 급제하였으니, 이때 나이 겨우 15세였다.390)

---

388)『東文選』권24,「教判厚德府事 韓脩」.
389)『高麗史』권107, 列傳20 韓康 附 脩.
390)『牧隱文藁』권15,「韓文敬公墓誌銘」.

라고 하고 있는 것에서 보인다. 이색은 그가 죽자

옥병 속의 얼음같이 맑은 것은 그대의 지조였고
티끌 속에서도 거울같이 맑은 것은 그대의 마음이었다.
부귀와 영화의 가문에서 생장하였지만 검소한 생활에 몸 익히고
詩文과 서예에 빼어나 세상에 맑은 도 드높였네.391)

라는 銘을 써서 애도하고 있다. 또 陽村 권근은 그의 문집에 서문을 썼는데, 여기서

근세의 名卿으로는 柳巷 韓文敬公이 志行이 높고 견식이 밝아 한 시대 사림의 모범이 되었고, 또 필법이 뛰어나 온 세상이 중시하는 바 되었나. 玄陵(공민왕)에게 신임을 받아 오랫동안 喉舌의 자리에 있었으며, 아름다운 계칙으로 啓沃하여 도움되는 것이 크고도 많았다. 사람을 대하고 사물을 접할 때에도 반드시 誠意로 하여 망령되이 헐뜯거나 칭찬하지 않았으며, 함께 從遊하던 牧隱·平齋 등 제공은 모두 진신 중에서도 선량인데, 그들과 항상 학문을 연마하고 서로 바루면서 친숙하게 지냈으니, 또한 지극하다 할 만하다.392)

라고 하여 그를 기리고 있다.

(5) 安克仁(? ～ 1383, 우왕 9)

안극인의 호는 灘翁, 본관은 竹山이다. 할아버지는 문하찬성사를 증직받은 襄景公 漢平이고, 아버지는 문하시중을 증직받은 僖靖公 社卿이다.393)

과거에 합격하여394) 충목왕 3년(1347)에 안축·백분보·김광절·

---

391) 『牧隱文藁』 권15, 「韓文敬公墓誌銘」.
392) 『陽村集』 권17, 「柳巷先生韓文敬公脩文集序」.
393) 『高麗史』 권46, 世家46 恭讓王 3년 3월.
394) 『竹山安氏族譜』 권1에는 그가 과거에 합격한 시기를 恭愍王 癸亥年 (공민왕 2)이라 하여 이색과 동년으로 기술하고 있으나 충목왕 때 그

전녹생·申君平 등과 함께 整治都監의 整治官이 되어 정치개혁을 주도하였다.395)

공민왕 12년(1363) 5월에는 東京道兵馬使가 되었고, 공민왕 15년(1366)에는 右常侍가 되었다. 이때 왕은 그의 딸을 妃로 맞아들였는데, 定妃 安氏이다.396) 공민왕 17년(1368)에 노국공주의 眞影을 봉안하기 위하여 馬岩에서 役事를 일으켰는데, 그는 侍中 柳濯과 密直 鄭思道와 함께

> 馬岩의 役事는 백성을 괴롭히고 재물을 낭비할 뿐만 아니라 術家가 말하기를 "여기에 집을 지으면 異姓이 왕이 될 것이다" 라고도 하였습니다.397)

라고 하여 이를 중지하도록 건의하였다. 이에 왕은 크게 노하여 유탁과 정사도를 투옥하고, 그는 定妃의 아버지이기 때문에 방면은 하였으나 궁중 출입을 금하는 명을 내리고, 정비를 그의 집으로 쫓아버렸다. 이때 왕은 유탁 등을 죽이려는 교서를 이색에게 짓도록 명했으나 이색은

> 臣이 차라리 죄를 받을지언정, 감히 글을 지어 이들에게 죄를 만들겠습니까.398)

라고 하고는 이들을 방면하도록 탄원하였다. 이로써 죄를 사하고, 관직에 복직되었다. 이후 重大匡·右文館大提學에 올라 竹城君에

는 整治都官으로 있으면서 개혁정치를 주도하고 있다. 그렇다면 그가 과거에 합격한 것은 충목왕 이전으로 보아야 할 것이다.
395)『高麗史』권37, 世家37 忠穆王 3년 6월.
396)『高麗史』권41, 世家41 恭愍王 15년 10월.
397)『高麗史』권101, 列傳24 柳濯.
398)『高麗史節要』권28, 恭愍王 17년 8월.

봉작되었으며, 우왕 3년(1377)에는 지공거가 되어 정당문학 권중화와 함께 成石珚 등 진사 33명을 선발하였다.[399] 이때의 과거에서 李稷·尹會宗 등이 합격하고 있는데, 이들은 조선초에 크게 文名을 떨쳤다. 우왕 9년(1383)에 죽으니, 文貞이라 시호하였다.

그의 가문은 전통적인 귀족 가문은 아니었고, 그에 의하여 비로소 빛을 보게 되는 신진사대부 가문으로 볼 수 있다. 왜냐하면 그의 아버지와 할아버지도 관직에 나아가지 못하였고, 그의 입신으로서 관직을 추증받고 있기 때문이다. 그의 처조부는 李承休이며, 그의 처부는 과거에 급제하여 讞部散郞을 역임한 林宗이다.[400]

그가 충목왕 때 정치도감의 整治官으로 발탁되어 백문보·안축·전녹생·신균평 등과 개혁정치의 선봉에서 활동하고 있음을 볼 때 그는 이들과도 가까이 교유하였음을 알 수 있다. 이것은 전녹생의 문집인 『埜隱逸稿』에서 이들을 모두 문인으로 기술하고 있는 것에서도 확인된다.[401] 또 공민왕 17년에 마암의 역사로 죄를 입게 된 유탁과 정사도 및 그를 위하여 이색이 죽음을 각오하고 변호하고 있는 것을 볼 때 이색과도 교분이 두터웠음을 알 수 있다.

(6) 朴 形 (?~ 1398, 태조 7)

박형은 본관이 竹山으로 그의 집안은 대대로 학문으로 이름을 떨친 가문이었다. 그의 고조는 全之로 안향과 同門이었고, 그의 할아버지는 遠인데, 충숙왕 때 성균대사성을 역임하였으며, 그의 아버지 德龍은 典理判書를 지냈다. 충목왕 3년(1347) 4월에 鄭思道의 문하에서 성균시에 장원으로 합격하고, 이후 과거에 합격하여 관로에 나갔다.[402]

---

399) 『高麗史』 권73, 志27 選學1 科目1 選場.
400) 『竹山女氏族譜』 권1.
401) 『埜隱逸稿』 권6, 「尊慕錄 附」.

공민왕 때 臺諫과 代言을 역임하였고, 우왕 원년(1375) 7월에는 이인임의 반대파로 몰려 전녹생·박상충·정몽주·김구용·이숭인·鄭思道 등과 함께 유배되었다. 이때 전녹생과 박상충은 유배 도중에 길에서 죽었다.403)

우왕 6년(1380) 5월에는 동지공거가 되어 염흥방과 함께 李文和 등 33명과 명경 6인을 선발하였고,404) 우왕 8년(1382)에는 판개성부사가 되었다. 이때 조정에서는 折給都監을 설치하여 토지를 정리하였는데, 그는 別座가 되어 이를 주관하였다.405) 이후 贊成事가 되었으며, 우왕 14년(1388) 정월에 밀직제학으로 있던 그의 아들 朴仲容이 임견미의 족당으로 몰려 처형당하자 그도 여기에 연루되어 角山戌로 유배되었다.406)

조선이 건국되자 예문춘추관 대학사가 되었고, 이후 찬성사에 이르러 벼슬에서 물러났다. 태조 7년(1398) 정월에 죽으니, 靖康이라 시호하였다.407)

그와 이색은 어릴 때부터 교유한 막역한 벗이었다. 이것은 그의 부인이 죽자 이색이

少年里巷喜過從   소년 때는 시골에서 서로 즐겼고

---

402) 박형이 과거에 합격한 연대는 기록에 나타나지 않아 알 수 없다. 그가 충목왕 3년 성균시에서 장원으로 합격하였음을 고려할 때 이 해의 과거에 합격하였을 가능성이 있고, 아니면 다음의 과거인 공민왕 2년에는 합격하였을 것이다. 만약에 그가 충목왕 3년의 과거에 합격하였다면 그는 이색의 부친인 李穀의 문생이 되었을 것이고, 공민왕 2년의 과거에 합격하였다면 이색과 동년이 된다.
403) 『高麗史節要』 권30, 禑王 원년 7월.
404) 『高麗史』 권73, 志27 選擧1 科目1 選場.
405) 『高麗史』 권78, 志32 食貨1.
406) 『高麗史節要』 권33, 禑王 14년 정월.
407) 『太祖實錄』 권13, 太祖 7년 정월 癸亥.

山北山南路欲窮　산길 끝이 다하도록 뛰어다녔지.
夜飮不知香篆盡　술 마시는 밤에는 촛불이 다 함을 알지 못하였고
閨門寂寂月明中　규문에는 쓸쓸한 달빛만 가득하였지.

平日分離只謫行　평일에 떨어져 있었음은 유배 때 뿐이었고
相扶到老是眞情　서로 의지하며 늙도록 살았으니 진정한 정이었다.
歸來歲月今無幾　앞으로 살아갈 세월 지금부터 얼마이겠는가
忍聽秋風落葉聲　가을 바람에 떨어지는 낙엽소리 차마 들을 수 없구나.

月在靑天來幾時　달은 청천에 있는데 어느 때에 다시 오려나.
姮娥風露杳難追　항아가 바람과 서리에 아득하니 쫓을 수가 없구나.
應燐蹤跡尋無處　슬프도다. 그 종적 찾을 길이 없고
留得人間桂一枝　인간세상에는 계수나무 가지 하나만 있구나.408)

라는 挽詞를 지어 애도하고 있는 것에서 보인다.

(7) 尹 珍(? ~ ?)

윤진은 본관이 海平이며, 할아버지는 海平府院君 碩이고, 아버지는 之彪이다. 일찍이 과거에 합격하고, 우왕 8년(1382)에는 判厚德府事로 동지공거가 되어 안종원과 함께 柳亮 등 33명을 선발하였다.409) 이때 鄭擢·趙璞·李種善 등이 선발되고 있는데, 이들 중에시 정탁과 조박은 조선초기에 성균대사성이 되어 성리학의 보급에 크게 공헌하였고, 이종선은 이색의 아들이다.

우왕 12년(1386)에는 찬성사에 올라 명에 사신으로 다녀왔으며, 우왕 14년 정월에는 委官이 되어 美淮伯과 더불어 趙胖을 신문하였다. 조반은 密直副使를 역임하였는데, 이때 토지의 송사로 염흥방의 종 李光을 백주에서 죽인 혐의로 순군옥에 구속되어 있었다. 얼마 후 우현보·안종원과 더불어 문하찬성사를 배수하였다.

---

408) 『牧隱詩藁』 권6, 「朴密直挽詞」.
409) 『高麗史』 권73, 志27 選擧1 科目1 選場.

그의 생몰연대는 기록이 없어서 알 수가 없다. 그러나 그의 형인
寶가 이색과 同甲임을 고려할 때 그는 이색의 후학임이 분명하다.
이외에 그에 대한 행장은 기록에서 찾아 볼 수 없다.

위에서 그가 안종원·우현보·강회백과 교유하였음을 알 수 있
고, 또 이색과도 교유하였을 것은 분명하다. 그것은 그의 아버지가
돌아가시자 그가 직접 이색을 찾아가 묘지명을 부탁하였는데, 이
색이 이 묘지명에서

> (珍의 형인) 寶는 나와 동갑이었으므로 나는 之彪을 아버지 같이
> 섬겼고, 公도 또한 나를 아들 같이 여겼다. 공의 막내아들 政堂公(珍)
> 이 아버지의 位를 襲封하였고, 그가 지공거로 있을 때 내 아들 種善을
> 선발하여 문생으로 삼았으니, 내가 어찌 碑文을 사양하리오.[410]

라고 하고 있는 것에서 알 수 있다.

그는 당대의 성리학자이며, 金方慶의 후예인 金九容을 사위로
맞아들였으니, 안동김씨와도 우의가 두터웠음을 알 수 있다. 또 그
의 외조는 趙仁規의 아들인 趙延壽였으니, 일찍부터 그 문하에서
수학하였을 것이다. 그의 처부가 朴遠이라는 사실을 감안할 때 竹
山朴氏 문중과도 친분이 두터웠을 것으로 보인다.

(8) 禹玄寶 (1333, 충숙왕 복위 2~1400, 정종 2)

우현보는 丹陽人으로 자는 原功, 호는 養浩堂 또는 獨樂堂이라
하였다. 아버지는 赤城君 吉生이며, 할아버지는 倬이라 하기도 하
고, 또 우탁의 종제인 儞라는 견해도 있다.[411]

---

410) 『牧隱文藁』 권17, 「海平君謚文簡公墓誌銘」.
411) 『易東先生實記』 권2, 「禹玄寶行狀」에는 禹倬의 孫으로 표기되어 있
     고, 『丹陽禹氏禮安君派』 家乘譜에도 (7世)天珪－(8세)倬－(9세)吉生
     －(10세)玄寶로 연결지어 탁의 손으로 기록하고 있다. 그러나 『丹陽
     禹氏族譜』의 分派世系圖를 보면

그는 道學의 명문가에서 출생하여 일찍부터 家學의 전수에 힘썼고, 공민왕 4년(1355) 찬성사 이공수와 밀직제학 안보의 문하에서 과거에 급제하였다. 이후 春秋館檢閱과 左司議大夫를 거쳤다. 공민왕 21년 10월에는

> 가르치지 않고 백성으로 하여금 싸우게 하는 것은 곧 백성을 버리는 것이라 하였습니다. … 마땅히 미리 將帥를 뽑아서 훈련하여 가르치고 익혀서 전쟁에 익숙하게 한다면, 비록 강한 적을 만나더라도 능히 감수할 것이니, 어찌 낭패하여 질서를 잃음이 있겠습니까.[412]

라는 상소를 올려 武學과 武科의 설립을 건의하였고, 다음 해 5월에는

> … 戰船을 만들어서 器杖을 엄히 갖추고 해로로 적을 쫓아 그 요충을 막으면, 적이 비록 水戰에 익숙하다고 하더라도 어찌 능히 물길을 날라 건너리요.[413]

라는 상소를 올려 전선을 건조하여 왜구의 침입을 바다에서 격퇴하도록 건의하였다.

우왕이 즉위하자 密直代言을 제수하였고, 이후 대사헌과 정당문학을 거쳐 우왕 9년(1383) 3월에는 提調政房이 되었으며, 다음 달에는 門下評理가 되어 정당문학 이인민과 함께 과거를 주관하여 金漢老 등 33명을 신빌하였다.[414] 이때의 과거에서 이성세의 아들

仲大 ┌ 天珪 — 倬 — 天光
　　　└ 大錫 — 儞 — 吉生 — 玄寶로 기록하고 있다.

412) 『高麗史』 권81, 志35 兵1 恭愍王 21년 10월.
413) 『高麗史』 권83, 志37 兵3 恭愍王 22년 5월.
414) 『高麗史』 권73, 志27 選擧1 科目1 選場.

인 芳遠(후에 太宗)도 급제하고 있다. 우왕 11년(1385) 10월에는 京師에 謝恩使로 갔으며, 귀국할 때 曆日과 符驗을 갖고 왔다.[415]

우왕 14년(1388)에는 최영을 문하시중으로 삼아 遼東征軍을 계획하였는데, 이때 그는 右侍中으로 있었으나 최영과의 견해차이로 벼슬에서 물러났다.

공양왕이 즉위하자 金佇의 옥사에 연루되었다고 하여 간관의 탄핵을 받았고, 공양왕 2년 3월에는 判三司事를 배수하였다. 그러나 이어 尹彝·李初의 옥사가 터지자 다시 반대파들의 탄핵을 받게 되고, 이로써 그와 뜻을 같이 하던 이색·이숭인·권중화·권근 등과 더불어 유배를 가게 된다. 공양왕 3년(1391) 12월에는 이색이 韓山府院君·領藝文春秋館事로 소환되면서 그도 丹山府院君의 봉작을 회복하였다. 그러나 다음 해 정몽주가 피살되자 그도 정몽주의 당이라는 탄핵을 받고 다시 유배된다.

조선이 건국되자 結黨謀亂의 죄를 입어 직첩을 회수당하고, 庶人으로 폐출되었다. 이때 그의 아들 洪命·洪壽·洪得도 유배당하였는데, 鄭道傳이 보낸 孫興宗·黃居正 등에 의하여 杖殺당하였다.[416] 이후 다시 丹陽伯으로 봉작되었고, 정종 2년(1400)에 죽으니, 향년 68세였다. 忠靖이라 시호하였다.

그는 일찍부터 가학을 전수하여 성리학에 밝았다. 이색·정몽주 등과 교유하면서 학문을 더욱 정연시켰으며, 이들과는 정치적 견해를 같이하여 마지막까지 행동을 같이하였다. 특히 정몽주가 살해되었을 때 그는 天磨山에 있는 중으로 하여금 시신을 염하여 海豊縣에서 장례를 치르게 하였다.[417]

---

415) 『高麗史』 권135, 列傳48 禑王 11년 10월.
416) 『太祖實錄』 권1, 太祖 원년 8월 壬申.
417) 『易東先生實記』 권2, 「史乘添載」.

이색의 문생인 권근은 獨樂堂記에서

> 오직 공께서는 일찍이 朱子와 程子의 학문으로서 공자와 顔子의
> 樂을 강구하였고, 몸이 귀하게 되었을 때는 范希文의 뜻으로 憂樂을
> 삼고, 司馬君實로 사업을 삼았다. … 더구나 功이 이루어지고 명성이
> 높아지자 벼슬에서 물러나 한가로이 몸을 닦으며 여생을 즐겼으니,
> 이 또한 司馬公이 洛陽에서 閑居하던 것과 다름이 없었다.[418]

라고 하여 그의 학문과 생활의 일면을 전하고 있다.

(9) 偰長壽(1341, 충혜왕 복위 2~1399, 정종 원년)

설장수는 回鶻人으로 자는 天民, 호는 芸齋, 본관은 慶州이다.
아버지는 百遼遜인데, 조상이 偰輦河에서 살았음으로 성을 偰이라
하였다. 공민왕 8년(1359)에 아버지 백료손이 난을 피하여 고려에
귀화할 때 같이 왔다. 이때 그의 나이 19세였다. 공민왕 11년(1362)
右侍中 홍언박과 知都僉議 柳淑의 문하에서 과거에 급제하였
다.[419] 이후 判典農寺事, 知密直事, 政堂文學을 거쳤다.

공양왕이 즉위하자 中興功臣의 鐵卷을 하사 받았고,[420] 다음 해
에 정도전이 숙청되자 門下贊成事에 올랐다. 공양왕 3년(1391)에는
定難功臣의 호를 히사 받았고,[421] 다음 해 5월에는 判三司事가 되
었는데, 이때 지공거가 되어 정당문학 李元紘과 더불어 金綏 등 33
명을 선발하였다.[422] 얼마 후 정몽주가 살해되자 그와 결탁하였다
고 하여 파면당하고 유배되었다.[423]

---

418) 『陽村集』 권13, 「獨樂堂記」.
419) 『定宗實錄』 권2, 定宗 원년 10월 偰長壽 卒記.
420) 『高麗史節要』 권34, 恭讓王 원년 12월.
421) 『高麗史節要』 권35, 恭讓王 3년 12월
422) 『高麗史』 권73, 志27 選擧1 科目1 選場.
423) 『高麗史』 권112, 列傳25 偰遜 附 長壽.

조선이 건국되자 이색·정몽주·우현보 등과 함께 결당모란 하였다는 有司의 탄핵을 받아 유배당하였으나[424] 태조 3년(1394)에 司譯院提調를 제수받았다. 태조 5년(1396) 8월에는 判三司事를 배수하였고, 이 해 11월에는 檢校門下侍中을 배수하고, 慶州를 本鄕으로 하사받았으며, 連山府院君에 봉해졌다.[425]

정종이 즉위하자 計稟使가 되어 명에 갔는데, 도중에 명의 황제가 죽자 進香使로 이름을 바꾸어 조문하였다. 다음 해에 죽으니, 향년 57세였다. 文貞이라 시호하였다.

그는 詩와 書에 능하였으며, 특히 외교문서에 뛰어나 당시에 이름을 떨쳤고, 또 여러 차례에 걸쳐 명에 사신으로 왕래하였다. 성리학에도 밝아 그가 저술한 『直解小學』은 당시 학자들이 즐겨 읽었다. 그는 일찍부터 이색·정몽주 등과 교유하여 친분이 두터웠으며, 이들과는 정치적 견해를 같이 하였다. 이것은 정몽주가 살해되자 정몽주의 당이라는 탄핵을 받아 이색과 더불어 유배되었고, 조선이 건국되자 이색 등과 결당모란 하였다는 유사의 탄핵을 받아 또다시 유배를 당하고 있는 것에서 알 수 있다.

(10) 李元紘 (? ～1405, 태종 5)

이원굉은 仁州人으로 호는 春谷이다. 할아버지는 中顯大夫·典醫監正을 지낸 樞이고, 아버지는 正言을 지낸 庸이다. 그의 할아버지 온은 鄭夢周·李存吾·李集 등과 가까이 지냈다.[426]

그는 공민왕 말에 과거에 급제하여 우왕 초에 代言을 지냈고, 후에 連山君에 봉함을 받았으며, 우왕 10년(1384)에는 명에 가서 稅貢을 바치고 돌아왔다. 그가 요동에 이르렀을 때 遼東都司가 여진

---

424)『太祖實錄』권1, 太祖 원년 7월 己酉.
425)『太祖實錄』권10, 太祖 5년 11월 丁丑.
426)『仁州李氏族譜』권1, 世系.

의 千戶 白把把山을 보내어 雙城을 침입하여 고려와 명의 통교를 차단하려는 것을 알고, 비밀리에 사신을 본국에 보내어 이 사실을 알렸다. 이로써 고려에서는 이들의 침입을 격퇴시킬 수 있었다.[427] 귀국하자 門下評理를 배수하였고, 공양왕이 즉위하자 정당문학에 올랐다.

공양왕 3년(1391)에는 그의 딸이 공양왕의 세자 奭의 妃로 간택되고, 이로써 그는 廣源君에 봉작되었다. 공양왕 4년 4월에는 三司左使를 배수하였고, 얼마 후 다시 정당문학이 되었다. 이때 判三司使 설장수와 더불어 과거를 주관하여 金縡 등 33명을 배출하였다.[428] 조선이 건국되자 開城留後司留侯를 지냈다.

그의 출생연대는 기록이 없어 알 수가 없다. 다만『仁州李氏族譜』에서 그의 할아버지 椐이 정몽주·이존오·이집 등과 가까이 지냈음을 밝히고 있다. 이것을 보면 이색과도 교분이 두터웠을 것이다. 또 그는 이색의 문생인 권근과도 친분이 두터웠다. 그와 권근은 비슷한 연령으로 형제처럼 지냈다. 권근은 그가 죽자 挽詞를 지어 조문하고 있는데, 여기서 그의 학문에 대한 일면을 살펴볼 수 있다.

젊은 나이에 그대 따라 竹堂에 있을 때
우리는 형제와 다름없이 사랑하였네.
어버이를 섬기는 효성 늙을 수록 간절했고
銀鉤이 필법은 神이 경지에 가까웠네.
台階에서 보필할 때는 위의를 잃지 않았고
貢院에서 인재 뽑을 때는 공정을 다하였네.
이제 온 나라 사람 공의 가심 슬퍼하니
가을 하늘 향하여 눈물 뿌리네.[429]

---

427)『高麗史節要』권32, 禑王 10년 11월.
428)『高麗史』권73, 志27 選擧1 科目1 選場.

3) 구국활동 문인

본 항에서는 고려말 이색과 더불어 정치적 견해를 같이 하였던 문인들을 대상으로 하였다. 그의 문인들은 고려말에 이르러 이성계를 정점으로 하는 세력과 그와 정몽주를 중심으로 하는 세력으로 분열된다. 이성계를 비롯한 그의 측근들도 창왕 즉위 초까지는 이색과 서로 막역하게 교유하였던 그의 문인들이었다. 그와 함께 끝까지 정치적 견해를 같이 하였던 문인들은 조선이 건국되자 결당모란의 죄를 입어 형을 당하게 된다. 조선이 건국되자 얼마 후 有司가

> 李穡·禹玄寶·偰長壽 등 56명은 고려말에 徒黨을 결성하여 반란을 모의해서 맨 처음 화단을 일으켰으니, 마땅히 법에 의하여 처단하여 후세를 경계하소서.430)

라는 상소를 올리게 된다. 이로 볼 때 고려말에 그와 뜻을 같이 한 문인들이 56명에 이르고 있음을 알 수 있다. 이들 56명의 명단과 이들에게 주어진 형벌은 다음과 같다.

① 李穡·禹玄寶·偰長壽는 직첩을 회수하고, 庶人으로 삼아 海上에서 종신케 함

② 禹洪壽·姜淮伯·李崇仁·趙瑚·金震陽·李擴·李種學·禹洪得은 직첩을 회수하고, 杖 100을 집행하여 遠地로 유배케 함

③ 崔乙義·朴興擇·金履·李來·金畝·李種善·禹洪康·徐甄·禹洪命·金瞻·許應·柳珣·李作·李申·安魯生·權弘·崔

---

429) 『陽村集』 권10, 「李政堂元紘挽詞」.
430) 『太祖實錄』 권1, 太祖 원년 7월 丁未.

咸·李敢·崔關·李士穎·柳沂·李詹·禹洪富·康餘·金允壽 등은 직첩을 회수하고, 杖 70에 遠地로 유배함

④ 金南得·姜蓍·李乙珍·柳廷顯·鄭寓·鄭果·鄭蹈·姜仁甫·安俊·李堂·李室 등은 직첩을 회수하고, 원지로 방치할 것

⑤ 成石璘·李元紘·柳惠孫·安瑗·姜淮仲·申允弼·成石瑢·全五倫·鄭熙는 本鄕에 안치할 것

위에서 보이는 56명 중에서 우현보·설장수는 이색의 오랜 벗이었고, 성석린은 공민왕 17년(1368)을 전후한 시기에 이색과 함께 교육중흥에 같이 활약하였던 문인이다. 이들에 대한 행장은 이미 앞에서 살펴보았다.

또 경상도에 유배된 이종학과 최을의, 전라도에 유배된 우흥수·이숭인·김진양·우흥명, 양광도에 유배된 이확, 강원도에 유배된 우흥득 등 8명은 정도전의 사주를 받은 孫洪宗과 黃居正 등에 의하여 죽임을 당하였다.431) 이때 죽음을 당한 이종학은 이색의 아들이며, 우흥수·우흥명·우흥득은 우현보의 아들이다. 또 위에서 보이는 정도와 정과는 정몽주의 동생이다.

이밖에 강인보·김원굉·유혜손·신윤필·이을진·안준·강여·이사영·이신·유향·김부·박흥택 등은 이색의 분인 또는 문도임이 분명하지만, 조선시대의 기록에서는 그들의 활동사항을 거의 찾을 수 없다. 이로 볼 때 이들 중에서 대부분은 고려가 망하자 화를 입었거나 또는 은거하여 고려와 더불어 운명을 같이 하였을 것으로 보인다. 내표적인 사례로 안준의 경우를 살펴보자.

정조 22년(1798)에 李益運이 상소를 올렸는데, 상소문 중에

判奉常寺事 안준은 고려 말에 정몽주와 마음을 합해 쓰러지는 나

---

431) 『太祖實錄』 권1, 太祖 원년 8월 壬申.

라를 일으켜 세우려다가 몽주가 죽은 뒤에 우현보 등과 함께 醴川에 杖流되었는데, 그대로 그곳 蘆洞에 터를 잡고 살면서 호도 蘆浦라고 한 뒤, 늘 도롱이와 삿갓 차림으로 행적을 감추고 살다가 생을 마쳤습니다. 길재가 언젠가 그에게 글을 보냈는데, "강산도 옛날과 다르고 경치도 모습이 바뀌었다. 사방을 둘러봄에 온통 부끄러움 뿐, 이쪽 烏山 역시 日月은 그대로이나 구름은 자꾸 변하는데, 여기에 초막을 짓고 낮을 밤 삼는다오. 또 다시 知人을 만나 더불 수 있다면 얼마나 좋으랴"라고 하였으니, 이것을 보아도 그가 길재와 뜻을 같이 하고, 道가 합치되었다고 말할 수 있을 것입니다.[432]

라고 한 내용이 보인다. 이로 볼 때 안준은 고려가 망하자 충절을 지켜 조선에 사환하지 않았음을 알 수 있다.

본 절에서는 위의 사람들 중에서 이미 전 장에서 살펴본 사람과 이후 행장이 불명한 사람은 제외하였다. 조선이 건국된 후 결당모란의 죄로 처벌을 받은 사람 중에서 과거 출신자로서 그 행적이 비교적 분명한 사람들을 살펴보면 강시·조호·서견·김진양·안원·허응·전오륜·안노생·우홍득·우홍강·우홍부·우홍수·우홍명·김첨·성석용·정희·이확·이작·권홍·최관·이당·강회중·이래·이감·이실 등을 찾아볼 수 있다.

위에서 보이는 조호·서견·김진양·허응은 이색의 문생이고, 이감과 이실은 정몽주의 문생이다. 또 강회중·강회백은 강시의 아들이고, 우홍명·우홍강·우홍부는 우현보의 아들이다. 본 항에서는 이들의 행장은 생략하고, 나머지 사람들의 행장을 살펴보면서 이색과의 관계를 조명해 보기로 한다.

(1) 姜 著(1339, 충혜왕 복위년 ~ 1400, 태종 즉위년)

강시는 僉議評理를 지낸 文敬公 君寶의 아들로 자는 養眞堂, 본관은 晋州이다. 공민왕 6년(1357) 정당문학 이인복과 첨서추밀원사

---

432) 『正祖實錄』 권49, 正祖 22년 10월 乙未.

김희조의 문하에서 과거에 급제하였다.

공민왕 11년(1362)에 大官署丞을 배수하였고, 이후 郎將, 監察糾正, 典工左郎, 閤門引進副使, 摠郎, 三司左尹 등의 직을 거쳐 우왕 4년(1378)에는 강릉도 안렴사로 출보하였다. 다음 해에 判繕工監事가 되었고, 우왕 6년(1380)에는 안동대도호부사로 나갔다. 이 해에 아버지인 文敬公의 喪을 당하여 벼슬에서 물러났으며, 服을 마치자 左常侍로 발탁되었고, 우왕 8년(1382)에는 판도판서를 배수하였다. 얼마 후 밀직부사가 되고, 端誠保理功臣의 호를 받았으며, 이 해 겨울에는 判厚德府事가 되어 判典監寺事를 겸하였다.

우왕 9년(1383)에는 門下評理 商議에 올라 晋山君에 봉작되었으며, 공양왕 2년(1390) 봄에는 判慈惠府事·同判都評議司事가 되었다. 이 해 겨울에는 推忠補祚功臣에 책록되어 문하찬성사를 더 하였으며, 靑城君에 봉작되었다.433)

고려말에 그는 이색·정몽주와 뜻을 같이 하여 고려왕조를 끝까지 지키려 하였고, 이로써 공양왕 4년(1392)에 정몽주가 살해되자 결당모란의 죄를 입어 성석린·이원굉 등과 더불어 유배되었다. 이때 그의 아들 淮季는 죽임을 당하였다.434)

조선이 건국되자 역시 같은 죄로 유배되었고, 이때 그의 장자 淮伯도 이에 연류되어 杖 100의 형을 당하고 遠地로 유배되었으며, 그의 仲子 淮仲도 본향에 안치되었다.435) 이후 수차에 걸쳐 태조의 부름을 받았으나 喪中이라 하여 벼슬에 나아가지 않았고, 태조 즉위년(1400)에 죽으니, 향년 62세였다. 恭穆이란 시호를 내렸다.

그는 성품이 강직하였고, 정사에 있어서 공과 사를 엄격히 구분

---

433)『陽村集』권2,「恭穆公墓誌銘」.
434)『高麗史』권46, 世家46 恭讓王 4년 秋 7일.
435)『太祖實錄』권1, 太祖 원년 7월 ｣未.

하였다. 권근은 그의 墓誌銘을 지었는데, 여기서

> 공은 천성이 謹恪하고, 풍채가 嚴重하여 말하고 행동함이 예의와 법도에 맞지 않음이 없었다. 부모 섬기기를 지극한 효로 하였고, 집을 다스리는 데는 검소하게 하였다. 여러 벼슬을 거쳤으나 법을 엄격히 지켜 아첨하지 않으니, 세상 사람들은 모두 공의 덕을 존경하였다.[436)

라고 하여 그의 덕을 기리고 있다.

그는 이색과 일찍부터 교유하여 그 우의가 지극히 돈독하였다. 그는 만년에 거처하는 곳을 '養眞齋'라 편액하였는데, 이색은 이에 대한 記를 써서 그를 격려하고 있다.

> 姜公은 비록 병은 있으나 그가 거처하는 곳을 養眞이라고 편액했으니, 그가 사물에 유혹되지 않는다는 것을 단연코 알겠도다. 나는 입과 귀로만 학문을 하였고, 마음을 기르는 養眞도 모르는 바는 아니지만 이것을 능히 행하지는 못하였다. 鄒나라에는 '마음을 기르는 것은 욕심을 적게 하는 것보다 더 나은 것이 없다'라는 말이 있는데, 청컨데 그대는 욕심을 적게 함으로써 참을 기르도록 하여야 할 것이다.[437)

또 그는 일찍이 陝州의 知事로 있을 때 『農桑輯要』를 간행하여 이를 보급하였다. 이 책은 원나라의 農書로 농업과 양잠에 대한 재배법과 가축의 축산법을 포함한 다양한 농경기술을 내용으로 하고 있었다. 그는 이 책을 간행하면서 이색에게 序를 부탁하였고, 이색은 여기에서

> 나는 우리 풍속을 민망히 여기고 근심하기를 깊이하지 않은 바 없었는데, 조정에 선지 하루 이틀이 아닌 데도 한번도 이 책을 간행할

---

436) 『晋州姜氏族譜』 권1, 「恭穆公姜蓍墓誌銘」.
437) 『牧隱文藁』 권3, 「養眞齋記」.

것을 건의하지 못했으니, 이것은 나의 과오이다. 그러나 姜君이 이 책을 간행하니, 그의 뜻이 나와 같음을 여기서 알 수 있다. 민중의 산업을 제도화하고 왕도를 일으키는 일은 여기서 그칠 것이 아니다. 강군 또한 일찍이 말하지 않았는가! 이단을 물리치는 일이 가장 급하다는 것을.[438]

이라고 하여 그를 칭송하면서 격려하고 있다.

그는 정몽주와도 교분이 두터웠다. 이것은 그가 안렴사로 재임하고 있었을 때 정몽주가 시를 보내어

憶昔同登竹嶺關 옛날 그대와 함께 竹嶺關에 올랐던 일이 생각나는구나.
高歌一曲動雲間 소리 높여 한 곡조 부르니 구름 사이에 진동하였지.
至今夜夜相思夢 이제까지 밤마다 그대를 그리는 꿈을 꾸어
千望相尋七點山 천리 밖 七點山을 찾곤 하였지.[439]

라고 하고 있는 것에서 알 수 있다.

(2) 安 瑗(1346, 충목왕 2 ~ 1411, 태종 11)

안원은 안향의 玄孫으로 아버지는 정당문학을 지낸 元崇이다.[440] 처음에는 이름을 定이라 하였으나 후에 瑗으로 개명하였다.

공민왕 23년(1374) 4월에 정당문학 이무방과 밀직부사 염흥방의 문하에서 과거에 급제하였다. 이후 벼슬에 올라 工曹典書를 지내고, 공양왕 2년(1390) 9월에는 형조판서가 되었다. 이 해에 왕이 術家의 말을 믿어 한양으로 천도하려 하였는데, 그는 글을 올려 그

---

438) 『牧隱文藁』 권9, 「農桑輯要後序」.
439) 『圃隱先生文集』 권1, 「寄姜廉使」.
440) 『太宗實錄』 권22, 太宗 11년 11월소의 卒記에는 元崇의 손자로 기록되어 있고, 또 『韓國人名大辭典』(新丘文化社)에도 원숭의 손자로 기록되어 있으나 「安瑗墓誌銘」과 『順興安氏族譜』에는 원숭의 아들로되어 있다. 필자는 후자의 기록을 따랐다.

부당성을 극간하여 이를 중지시켰다. 이 해 12월에는 左副代言을 배수하였고, 공양왕 4년(1392) 4월에는 知申事가 되었다. 그러나 얼마 후 정몽주가 피살되자 김진양의 옥사에 연루되어 우현보·유정현 등과 더불어 遠地로 유배 되었다.441)

조선이 건국되자 결당모란의 죄를 입어 성석린·강회중·전오륜 등과 함께 本鄕에 안치되었다.442) 이후 여러 차례에 걸쳐 태조가 벼슬을 내렸으나 나아가지 않았고, 한양으로 천도하자 태조의 강권에 의하여 漢陽留守를 배수하였다.443) 태종 원년(1401)에는 右軍同知摠制를 배수하였고, 이 해 12월에는 謝恩副使가 되어 명에 가서 誥命과 印章을 내려 준 것에 대하여 사례하고 돌아왔다. 이때 그는 『大學衍義』·『通鑑集覽』·『詞林廣記』 등의 책을 가져와 왕에게 바쳤다.444)

태종 4년(1404) 3월에는 慶尙道 都觀察使로 출보하였고, 태종 7년(1407) 10월에는 대사헌이 되었다. 이때 그는 左司議大夫 강회중과 함께 글을 올려 閔無咎·閔無疾·申克禮 등이 私黨을 만들어 난을 꾀한다고 탄핵하고, 이들을 처벌하도록 건의하였다.445) 이후 판한성부사, 開城留後司 留後, 東西江等處 兵馬都節制使 등의 직을 거쳤고, 태종 11년(1411) 11월에 죽으니, 향년 66세였다. 景質이란 시호를 내렸다.

그는 이색·정몽주·우현보와 정치적 견해를 같이하여 고려말에 김진양과 더불어 정도전·조준을 탄핵하는데 가담하였다. 이로써 정몽주가 살해되자 원지로 유배되었으며, 조선이 건국된 후에

---

441) 『高麗史』 권115, 列傳28 禹玄寶.
442) 『太祖實錄』 권1, 太祖 원년 7월 丁未.
443) 『國朝人物考』「安瑗墓誌銘」.
444) 『太宗實錄』 권2, 太宗 원년 12월 癸子.
445) 『太宗實錄』 권14, 太宗 7년 10월 己酉.

는 일시 벼슬에 나아가지 않았다. 그는 성격이 온화하고 근신하였으며, 성리학에 조예가 깊어 異端을 멀리하였다. 이것은 『태종실록』 卒記에

> (그는) 사람됨이 온화하고 부드러웠으며, 부지런하고 근신하였다. 용의가 장엄하고 진중하여 비록 창졸간에 일을 당하여도 일찍이 疾言遽色이 없었다. 병이 들어 子婦가 기도하기를 청하니, 이를 말리며 이르기를 "모든 것은 天命이다"라고 하였다.[446)

라고 하고 있는 것에서 보인다.

(3) 全五倫(? - ?)

전오륜은 내세학을 지낸 賁의 아들로 사는 仲至, 오는 採薇軒, 본관은 旌善이다. 그의 아버지인 賁은 이색의 大姨母父가 된다.

어려서부터 이색의 문하에 출입하여 가르침을 받았고, 공민왕 17년(1368)을 전후한 시기에는 성균관에 입학하여 수학하였다.[447) 이후 벼슬에 나아가[448) 司憲掌令을 지내고, 경상도 안렴사를 역임하였다.

공양왕 3년(1391) 4월에는 右司議大夫가 되었고,[449) 이어 左散騎常侍가 되었다.[450) 다음 달에는 형조판서를 배수하였으며, 공양왕 4년(1392)에는 이색·정몽주와 정치적 견해를 같이 하여 정도전 등 이성계의 측근을 탄핵하는데 가담하였다. 이 해 4월에 정몽주가 살

---

446) 『太宗實錄』 권22, 太宗 11년 11월.
447) 『牧隱文藁』 권10, 「仲至說」.
448) 『旌善全氏族譜』와 『麗末忠義列傳』에서는 공민왕 때에 문과에 급제하였다고 기록하고 있으나 현존하는 榜目에는 그의 이름을 찾아볼 수 없다. 그가 만약 과거에 합격하였다면 恭愍王 22년을 전후한 시기였을 것이다.
449) 『高麗史』 권46, 世家46 恭讓王 3년 4월.
450) 『高麗史』 권46, 世家46 恭讓王 3년 11월.

해되자 김진양의 옥사에 연루되었으며, 조선이 건국되자 결당모란의 죄를 입어 본향에 안치되었다.[451] 얼마 후 풀려 나왔으나 벼슬에 나아가지 않고 정선의 瑞雲山으로 들어가 고려에 대한 충절을 지켰다. 매월 삭망 일이면 조복을 입고 산의 정상으로 올라가 서쪽 松都를 바라보며 통곡하였다. 이때 그가 지은 시에서 그의 충절을 알 수 있다.

東來朝服在臣身　　東에서 온 朝服 입은 신하
遙望松京淚滿巾　　멀리 松京을 바라보며 눈물 뿌리도다.
唐虞世遠吾安適　　堯舜의 세상 멀어졌으니 나는 어찌 살아 갈 것인고
矯首西山繼絶塵　　수양산 바라보며 더러운 세상과 인연 끊으리.[452]

그는 이색과 族親의 관계에 있어 일찍부터 그 문하에 출입하였고, 이색은 그의 字 '仲至'에 대한 설도 지어 주었는데, 여기서

仲至는 기절이 맑고 밝으며, 어릴 때부터 학업에 열중하였다. 성균관에 들어가 배울 때에는 어려운 것을 묻고 옳게 풀이하여 모든 학생들이 그의 높은 학식을 탄복하였다. 재상들도 그의 재주를 높이 사 백성을 다스리는 정사를 맡겼다. 그리하여 晉陽과 陝州에서 이미 그 혜택을 입었다.[453]

라고 하여 평소 그의 학문적 태도를 칭송하고 있다.

또 그는 정몽주와도 교분이 두터웠다. 이것은 그가 일찍이 掌令을 지내고, 慶尙道 按廉使로 출보할 때 정몽주가

之子欲何適　　　그대는 어디로 가려하는가.
秋凉總馬驕　　　가을은 서늘하고 말은 거세도다.

---

451) 『太祖實錄』 권1, 太祖 원년 7월 丁未.
452) 『景賢祠誌』.
453) 『牧隱文藁』 권10, 「仲至說」.

心淸代祀事   마음이 맑아 나라의 종사를 맡았구려.
任重採風謠   직임이 중하니 백성들의 소리에 귀 기울이겠지.
陝水藍光嫩   陝水에는 쪽빛이 고울 것이고
晉山楓葉凋   晉山에는 단풍잎이 물 들었겠지.
朱輪舊遺愛   옛날에도 수령되어 백성 살폈는데
玉節又逍遙   이제 다시 수령되어 떠나는구려.454)

라는 시를 지어 그의 장도를 축하하고 있는 것에서 알 수 있다.

(4) 安魯生(? ~ ?)

안노생은 공민왕 때 正言을 지낸 勉의 아들로 처음에는 호를 春谷이라 하였으나 조선이 개국된 후 伊齋라 하였고, 본관은 竹山이다. 우왕 2년(1376)에 홍중선과 한수의 문하에서 과거에 급제하였다.455)

공양왕 3년(1391)에 軍資少尹을 배수하였고, 이 해 5월에는 西北面 察訪別監으로 출보하였는데, 이때 왕이 중국과의 밀무역을 금속하라는 명을 내리자 그는 법을 엄히 세워 이를 근절하였다.『고려사』에서는 이때 그의 행적을 다음과 같이 서술하고 있다.

> 처음에는 商賈의 무리들이 牛馬・金銀・苧麻布를 가지고 몰래 遼陽과 瀋陽에 가서 매매하는 사람들이 심히 많았는데, 국가에서 비록 이를 금하고는 있었으나 아직 뚜렷한 법령이 없고, 변방의 관리들도 또한 엄하게 금하지를 않았다. 이로써 장사하는 무리들이 길에 즐비하였는데, 魯生이 가서 그 두목 10여명의 목을 베고, 나머지는 모두 杖刑하여 水軍에 배속시키고, 아울러 이들의 財貨를 모두 몰수하였다. 또 州와 郡의 관리로 능히 이를 금하지 못하는 사람들을 장형하니, 기강이 크게 행하여졌고 변경이 숙연하여 다시는 禁令을 범하는 사람들이 없었다.456)

---

454)『圃隱先生文集』권2,「送全五倫掌令出按慶尙」.
455)『竹山安氏族譜』上系, 安魯生.
456)『高麗史』권46, 世家46 恭愍王 3년 5월.

다음 달에는 門下舍人이 되었고, 이 해 9월에 세자가 명에 入朝할 때 書狀官이 되어 호종하였으며, 이때 왕으로부터 "世子를 호종하는 사람들 중에 利를 탐하고 무역을 하여 중국에 웃음거리가 되는 사람이 있을 것이니, 이를 엄히 규제하도록 하라"는 명을 받아 이를 성실히 수행하였다.[457]

공양왕 4년(1392)에는 兵曹摠郞에 올랐다. 그는 일찍부터 이색·정몽주·이숭인과 교유하여 이들과 더불어 정치적 견해를 같이 하여 이성계·정도전 등과는 대립적인 관계에 있었다. 이 해 4월에 정몽주가 살해되자 사헌부로부터

> 摠郞 안노생·崔關, 護軍 金瞻 등은 夢周에게 아첨하고 섬긴 사람들이니, 마땅히 직첩을 회수하고 먼 지방으로 유배하여 뒷 사람들을 경계하소서.[458]

라는 탄핵을 받아 직첩을 회수당하고 유배되었다.

조선이 건국되자 벼슬을 버리고 竹溪의 林亭에 퇴거하여 고려에 대한 충절을 지켰으나, 정종이 즉위하여 左諫議大夫를 배수하였다.[459] 이후 鐵原府事, 奴婢辨定都監使, 知製敎 등의 직을 역임하고, 태종 원년(1401)에는 慶尙道按廉使를 제수받았다.[460]

태종 3년(1403)에는 左司諫이 되었고, 태종 6년(1406) 10월에는 禮曹叅議가 되어 聖節使로 명에 갔다. 이어 刑曹右叅議, 吏曹叅議를 거쳐 태종 7년(1407) 8월에는 開城留後司 副留後가 되어 경기도 관찰사를 겸하였다.[461]

---

457)『高麗史』권46, 世家46 恭愍王 3년 9월.
458)『高麗史節要』권35, 恭讓王 4년 5월.
459)『定宗實錄』권1, 定宗 원년 5월 甲申.
460)『太宗實錄』권1, 太宗 원년 정월 甲申.
461)『太宗實錄』권14, 太宗 7년 8월 丁酉.

태종 9년(1409)에는 충청도 도관찰사로 출보하였고, 태종 12년 (1412)에는 廣州牧使를 제수받았다. 태종 13년(1413)에는 仁寧府尹 이 되어 京城修補都監 提調를 겸하였다.462) 그의 생몰연대는 알 수 없다.

그는 일찍부터 이색의 문하에 출입하면서 가르침을 받았고, 또 이색의 문생 권근과는 막역하게 지냈다. 이것은 권근이 만년에

殘喘微微僅若絲	남은 목숨 미미하여 실오라기 같고
衰年疾病已多時	늙은 나이 병이든지 이미 오래 되었도다.
悲歡在我猶難任	슬픔과 기쁨은 내게 달렸지만 어찌 마음먹은 대로 되리요.
脩短由天豈可辭	수명은 하늘에 달린 것 어찌 거역할 수 있으리.
身得長閑唯有睡	몸은 오랫동안 한가하여 오직 잠이나 잘 뿐이고
家霑厚祿不憂飢	집에서는 후한 祿을 받으니 굶주릴 걱정은 없도다.
書窓玩復珠璣句	書窓에서 주옥같은 시를 읊을 때마다
却愧胸中未絶私	마음속에 남은 私欲 끊지 못함을 부끄러워하네.463)

라는 시를 지어 자기의 심정을 토로하고 있는 것에서 보인다.

(5) 金 瞻 (1354, 공민왕 3 ～ 1418, 태종 18)

김첨은 慈惠府尹을 지낸 懷祖의 아들로 처음에는 이름을 九二 라 하였으나 후에 爾瞻으로 고쳤다가 다시 瞻으로 고쳤다. 자는 子 具, 호는 連溪, 본관은 光山이다.

우왕 2년(1376)에 홍중선과 한수의 문하에서 과거에 급제하였고, 창왕 원년(1389)에는 司憲持平이 되었다.464) 이때 이색의 姨姪 閔 中理가 判圖判書를 배수하였는데, 당시 이색의 반대파들은 이의

---

462) 『太宗實錄』 권26, 太宗 13년 8월 丁未
463) 『陽村集』 권10, 「復用絲字韻答安摠制魯生」.
464) 『高麗史』 권137, 列傳50 昌王 원년 3월.

告身을 거부하였으나 그는 이에 서명하였다.

공양왕 3년(1391) 6월에는 왕에게 글을 올려 元子 및 宗室의 자제를 학교에 입학시킬 것을 건의하였고,465) 또 전국의 茂才와 孝廉을 거용하도록 건의하였다.466)

공양왕 4년(1392)에는 親禦軍護軍이 되었는데, 이때 그는 이색·정몽주와 뜻을 같이 하여 이성계의 측근을 탄핵하였다. 이로써 정몽주가 살해되자 사헌부 대사헌 閔開로부터

> 兵曹摠郎 安魯生·禮曹摠郎 崔關·親禦軍護軍 金瞻은 평소에 節行이 없어 외람되이 顯秩에 있으면서 貪冒하고 몽주에 아첨하여 난잡하게 橫行하였으니, 마땅히 직첩을 거두고 멀리 유배시켜 후일을 경계하소서.467)

라는 탄핵을 받아 유배를 당하게 된다.

조선이 건국되자 결당모란의 죄를 입어 杖 70의 형을 받고 遠地로 유배되었다.468) 얼마 후 풀려 나왔으나 처음에는 벼슬에 나아가지 않았다. 그러나 태조 6년(1397)에 護軍의 직을 제수받았고,469) 정종 원년(1399)에 奉常少卿이 되었다. 태종이 즉위하자 右司諫이 되었는데, 이때 그는 左司諫 尹思修와 더불어 토목공사를 중지하도록 하는 글을 올렸다가 왕의 노여움을 받아 전라도로 유배되었다.470) 그러나 얼마 후 풀려 나와 經筵侍讀官이 되었고, 태종 원년(1401) 11월에는 經筵에 나아가 왕에게 『大學衍義』를 진강하였다. 다음 달에는 禮曹典書가 되었고, 태종 2년(1402) 2월에는 宋의 제

---

465) 『高麗史』 권74, 志28 選擧2 科目2 學校.
466) 『高麗史』 권75, 志29 選擧3 銓注 薦擧.
467) 『高麗史』 권46, 世家46, 恭讓王 4년 5월.
468) 『太祖實錄』 권1, 太祖 원년 7월 丁未.
469) 『太祖實錄』 권11, 太祖 6년 6월 丁酉.
470) 『太宗實錄』 권2, 太宗 원년 7월 庚戌.

도를 모방하여 3품 이하의 문신들에게는 時·散을 막론하고 經史와 時務策으로 親試할 것을 건의하여 수용되었다.[471] 이 해 4월에는 文王이 침소에 문안드리는 그림을 완성하여 왕에게 바치니, 이에 內廐馬를 하사하였다.

얼마 후 호조판서를 배수하였으나 2개월 후에 다시 예조전서로 이배하였고, 이어 吏曹典書로 옮겼다. 이때 知禮曹事를 겸하였다.

태종 4년(1404) 2월에는 왕명을 받들어 星宿의 醮禮를 상정하였고, 이어 왕에게 글을 올려 道敎를 받들도록 건의하였다.[472] 다음 달에는 齊陵의 碑文에 額殿을 썼으며, 이 해 4월에는 藝文館提學을 겸하여 計稟使가 되어 명에 갔다. 이때 명에서 "우리나라 咸州 이북의 땅은 옛날 遼와 金의 땅이었다"라고 하여 이들 지역을 명에 존속시키려 하니, 그는 명의 황제에게 이의 부당성을 극간하였다. 이에 명의 황제는 "조선의 땅도 또한 짐의 법도 안에 있는데, 짐이 무엇 때문에 다투겠는가?"라고 하여 그 청을 받아들였다.[473] 얼마 후에는 右軍摠制를 배수하여 여진족의 유민을 초유하였다.

태종 5년(1405) 7월에 사헌부 대사헌이 되었으나 며칠 후 그가 일찍이 禮曹議郎으로 있을 때 朴尙文 일족을 천민으로 몰락시키는 데 대한 탄핵을 받아 驪興으로 유배되었다. 그러니 곧 풀려나의 태종 6년(1406) 8월에 권근·成石珚과 함께 경연관에 제수되었으며, 이어 簽書承樞府事와 僉知議政府事 등의 요직을 거쳤다. 그러나 다음 해에 민무구의 옥사에 연계되어 典獄司에 감금되었다. 태종 15년(1415) 정원에는 昭格殿提調에 제수되었다. 태종 18년(1418) 5월에 죽으니, 향년 65세였다.

---

471) 『太宗實錄』 권3, 太宗 2년 2월 壬午.
472) 『太宗實錄』 권7, 太宗 4년 2월 辛卯.
473) 『太宗實錄』 권35, 太宗 18년 5월 癸巳 金瞻 卒記.

그는 典故에 밝았고, 音律에도 자못 밝아 儀禮를 상정할 때 반드시 참여하였으며, 또 王旨를 받들어 雅樂을 교정하기도 하였다.474) 또 경사에도 빼어나 태종 때 하륜은 그를 평하여

金瞻은 古今을 널리 통하여 六曹의 判書가 될 만하다.475)

라고 칭송하였다.

그는 이색의 문생은 아니었지만 그의 문하에 출입하면서 많은 가르침을 받았다. 그는 처음에 이름을 九二라 하였는데, 이색이 이를 爾瞻으로 개명해 주었고, 字인 子具도 이색이 지어 주었다. 이색은 이를 지어 주면서

瞻이란 본다는 뜻이요, 子具로 자를 삼은 것은 눈으로 모든 사물을 본다는 뜻이다.『論語』에 이르기를 "보이는 것은 소중히 하라"고 하였으니, 이것은 밖에 나타나는 행동과 겉모양으로 그 속에 든 것을 볼 수 있기 때문이다. 그 좋은 명성과 널리 알려진 칭찬을 어찌 말소리나 웃는 모양만으로 얻을 수 있을 것인가? 반드시 마음에 간직한 것이 평화롭고 온순해야만 겉으로 나타나는 것이 아름답고 빛나는 것이로다. 瞻이여! 항상 具로서 마음속에 새겨둘 것이다.『詩經』에 "백성은 항상 너를 보고 있다"라고 한 말을 명심할 것이로다.476)

라고 하여 많은 가르침을 내리고 있다.

고려말에는 이색·정몽주의 편에 서서 고려를 끝까지 지키려 하였다. 조선 건국 후에는 이색의 문생인 권근·하륜과 막역하게 지냈다.

---

474)『太宗實錄』권35, 太宗 18년 5월 癸巳 金瞻 卒記.
475)『太宗實錄』권30, 太宗 15년 7월 丁未.
476)『牧隱文藁』권10,「茂珍金氏三子名字說」.

(6) 成石瑢 (1352, 공민왕 원년 ~ 1403, 태종 3)

성석용은 정당문학·商議를 지낸 汝完의 둘째 아들로 자는 伯玉, 호는 檜谷, 본관은 昌寧이다.

우왕 2년(1376) 6월에 홍중선과 한수의 문하에서 과거에 급제하였다. 공양왕 2년(1390) 정월에 代言이 되어 經筵參贊官을 겸하였다.[477] 이때 그는 왕명을 받들어 無逸篇을 써서 바쳤다. 이 해 12월에는 知申事가 되었고,[478] 공양왕 3년(1391) 12월에는 밀직사사가 되었다.

그는 형 석린과 더불어 이색·정몽주와 정치적 견해를 같이 하여 정도전·조준 등을 탄핵하였고, 이로써 조선이 건국되지 결당모란의 죄를 입어 직첩을 회수낭하고 遠地로 유배되었다.[479]

조선이 건국되자 처음에는 벼슬에 나가지 않았으나 얼마 후 태조의 강권으로 벼슬에 나아가 原從功臣을 하사 받았고, 태조 6년(1397)에는 開城留後가 되었다.[480] 태조 7년(1398)에는 대사헌을 겸하였다.

태종 3년(1403)에 죽으니, 향년 52세였다. 그의 卒記에는 그의 인품을 평하여 "淳雅寡言하고, 盡心奉職하였다"라고 기록하고 있다.[481]

그의 아버지 汝完은 이색과 막역한 사이였다. 이로써 그는 일찍부터 이색의 문하에 출입하면서 학문을 정연시켜 당시 학자들의 존경을 받았다. 이것은 그가 죽자 이색의 문생인 권근이

---

477) 『高麗史』 권45, 世家45 恭讓王 2년 정월.
478) 『高麗史』 권45, 世家45 恭讓王 2년 12월.
479) 『太祖實錄』 권1, 太祖 원년 7월 丁未.
480) 『太祖實錄』 권11, 太祖 6년 2월 丙子 및 『太宗實錄』 권5, 太宗 3년 5월 壬申.
481) 『太宗實錄』 권5, 太宗 3년 5월 壬申 成石瑢 卒記.

美質兼加學問功　아름다운 자질로 학문에 힘써
材名早出縉紳中　材名이 일찍부터 진신 중에 빼어났으니
棠林惠化留遺澤　수령되어 선정 베푸니 혜택이 많았고
柏府威聲振古風　사헌부에서 위엄을 펴니 古風을 진작시켰다.
哀毁只綠殫子職　슬프도다 ! 자식된 도리를 다하려 하였더니
蒼茫眞可恨天公　하늘도 한스럽구나 갑자기 세상을 떠났네.
當時共結同庚契　당시에 서로 同庚契를 맺었는데
此日傷心豈有窮　이날 슬픈 마음 어찌 다함이 있으리오.[482]

라는 조문을 지어 애도하고 있는 것에서 보인다.

(7) 鄭　熙 (1350, 충정왕 2 ~ ?)

정희는 泰輔의 아들로 처음에는 이름을 熙良이라 하였다가 후에 熙로 고쳤다. 호는 默隱, 본관은 河東이다. 우왕 2년(1376) 5월에 知申事 郭樞의 문하에서 성균시에 장원으로 합격하였고,[483] 이 해 6월에는 홍중선과 한수의 문하에서 과거에 급제하였다. 이색의 아들 종학과는 동년이다.

우왕 말년에 직제학을 역임하였고, 공양왕 원년(1389) 12월에는 司憲掌令으로 進賢館直提學을 겸하였다.[484]

공양왕 4년(1392)에는 執義가 되었다. 이때 그는 이색·정몽주와 정치적 견해를 같이 하면서 김진양과 더불어 정도전을 탄핵하여 유배시켰고, 이어 대사헌 강회백 등과 더불어 조준을 탄핵하여 유배시켰다.[485] 그러나 얼마 후 정몽주가 살해되자 김진양의 옥사에 연루되어 이숭인·이종학·徐甄 등과 함께 遠地로 유배되었다.[486]

조선이 건국되자 결당모란의 죄를 입어 본향에 안치되었다.[487]

---

482) 『陽村集』 권9, 「哭成大司憲石璘」.
483) 『高麗史』 권74, 志28 選擧2 科目2 國子試.
484) 『高麗史』 권45, 世家45 恭讓王 원년 12월.
485) 『高麗史』 권117, 列傳30 金震陽.
486) 『高麗史』 권46, 世家46 恭讓王 4년 4월.

후에 조정으로부터 수차에 걸쳐 부름을 받았으나 벼슬에 나아가지
않고, 끝까지 고려에 대한 충절을 지켰다.

(8) 李 擴(? ~ 1392, 태조 원년)

이확은 우왕 3년(1377) 竹城君 안극인과 정당문학 권중화의 문하
에서 과거에 급제하였다. 공양왕 2년(1390) 윤 4월에 右司議大夫가
되었고,488) 공양왕 3년(1391) 12월에는 이색·우현보가 복권되어
정치일선에 다시 등장하게 되면서 右散騎常侍를 배수하였다.489)
다음 해 4월에는 김진양·이래·이감·권홍·柳沂 등과 함께 조
준·정도전·남은 등을 탄핵하여 이들을 유배시켰다.490) 그러나
얼마 후 정몽주가 살해되자 김진양의 옥사에 연루되어 이숭인·이
종학 및 앞서 성노선을 탄핵한 동지들과 함께 遠地에 유배되었다.
이때 이색도 한주로 추방되고 있다.

조선이 건국되자 다시 직첩을 회수당하고, 杖 100의 형을 받고
楊廣道에 유배되었다. 이때 정도전의 사주를 받은 孫興宗·黃居
正·金輅 등에 의하여 현지에서 장살당하였다.491)

(9) 李 作(? ~ ?)

이작은 思安의 아들로 본관은 全義이다. 이색의 벗인 한수는 그
의 妻父가 된다.492) 이로써 그는 이색의 문하에 출입하면서 많은
가르침을 받았고, 우왕 6년(1380)에는 瑞城君 염흥방과 密直使 박
형의 문하에서 과거에 급제하였다.

우왕 10년(1384)을 전후한 시기에 成均直講으로 있었고,493) 공양

---

487)『太祖實錄』권1, 太祖 원년 7월 丁未.
488)『高麗史』권45, 世家45 恭讓王 2년 閏 4월.
489)『高麗史』권46, 世家46 恭讓王 3년 12월.
490)『高麗史節要』권35, 恭讓王 4년 4월.
491)『太祖實錄』권1, 太祖 원년 7월 壬申.
492)『牧隱文藁』권15,「韓脩墓誌銘」.

왕 3년(1391) 4월에는 持平이 되었다.494) 이때 그는 대사헌 강회백
·徐甄·李甲 등과 더불어 이성계의 일파인 조준을 탄핵하여 유
배시켰다.495) 그러나 공양왕 4년(1392) 4월에 정몽주가 살해되고,
이색이 한주로 유배되면서 그도 김진양·서견·이숭인·이종학
과 함께 유배되었다.

조선이 건국되자 결당모란의 죄를 입어 안노생·이첨·우홍부
등과 함께 직첩을 회수당하고, 杖 70의 형을 받고 원지로 유배되었
다.496)

조선이 건국된 후 태조 때는 벼슬에 나아가지 않은 듯하다. 그가
조선시대의 기록에 나타나는 것은 태종 14년(1414)에 司憲府 執義
로 죄를 입어 부여에 유배되고 있는 것이497) 처음이다. 그렇다면
그는 태조 때는 벼슬하지 않았다는 결론이 나온다. 왜냐하면 고려
말에 지평으로 있었는데, 20년 후인 태종 14년(1414)에 집의로 있었
다는 것이 이를 말해준다.

(10) 權 弘(1360, 공민왕 9 ～ 1446, 세종 28)

권홍은 僉贊門下府事를 지낸 鈞의 아들로 처음에는 이름을 幹
이라 하였다가 후에 弘으로 개명하였다.498) 자는 伯道, 호는 雙塘
또는 松雪軒이라 하였다. 그의 가문은 이색의 가문과 오랜 친분이
있었고, 이색의 아들 種善은 그의 매부가 된다.

우왕 8년(1382) 5월에 順興君 안종원과 判厚德府事 윤진의 문하
에서 과거에 급제하고, 春秋館檢閱을 배수하였다. 후에 司憲糾正

---

493)『牧隱文藁』권15,「韓脩墓誌銘」.
494)『高麗史』권46, 世家46 恭讓王 3년 4월.
495)『高麗史』권117, 列傳30 金震陽.
496)『太祖實錄』권1, 太祖 원년 7월 丁未.
497)『太宗實錄』권28, 太宗 14년 7월 己卯.
498)『世宗實錄』권114, 世宗 28년 12월 辛酉 權弘 卒記.

을 거쳐 공양왕 3년(1391) 12월에는 右獻納이 되었다.[499] 그는 이색·정몽주와 정치적 견해를 같이하였고, 공양왕 4년에는 김진양·이래·이감 등과 더불어 조준·정도전·남은 등을 탄핵하여 이들을 유배시켰다.[500] 그러나 얼마 후 정몽주가 살해되자 김진양의 옥사에 연루되어 이종학·이숭인·이확 등과 함께 원지로 유배되었다.[501]

조선이 건국되자 결당모란의 죄를 입어 직첩을 회수당하고, 杖 70의 형을 받고 원지로 유배되었다.[502] 조선이 건국된 후 태조 때는 벼슬에 나아가지 않고 한거하였으나 태종이 즉위하자 벼슬에 나아가 左補闕이 되었다. 이어 司憲侍史와 成均樂正을 거쳐 태종 2년(1402)에는 왕이 그의 딸을 嬪으로 책봉하자 永嘉君으로 봉해졌다.[503]

태종 4년(1404)에는 簽書承樞府事가 되었고, 태종 7년(1407)에는 進獻使가 되어 명에 갔다.[504] 이후 知議政府事와 判敬承府事를 거쳐 태종 13년에는 判恭安府事가 되었으며, 다음 해 6월에는 判漢城府事를 겸하였다. 태종 18년(1418)에는 禮曹判書가 되었고, 세종이 즉위하자 判敦寧府事를 거쳐 세종 5년(1423)에는 永敦寧府事를 배수하였으며, 다음 해에 벼슬에서 물러났다.

그는 여말선초의 격동기에서 당시 정치계의 권력다툼에 많은 회의를 가지고 있었다. 이것은 조선초에 그의 형 湛이 청풍군으로 좌천되자 형을 부내면서 지은

---

499) 『高麗史』 권46, 世家46 恭讓王 3년 12월.
500) 『高麗史節要』 권35, 恭讓王 4년 4월.
501) 『高麗史節要』 권35, 恭讓王 4년 4월.
502) 『太祖實錄』 권1, 太祖 원년 7월 丁未.
503) 『太宗實錄』 권3, 太宗 2년 3월 庚辰.
504) 『太宗實錄』 권13, 太宗 7년 정월 辛酉.

宦海風濤人共愁　벼슬 세계의 풍파는 모든 사람들이 다 근심하는 것
未知何日得安流　어느 때에야 풍파 없는 편안한 날이 오려나
濯纓一曲滿江月　濯纓의 한 곡조에 강의 江月이 가득한데
怊悵獨登寒碧樓　쓸쓸히 혼자 한벽루에 오르도다.505)

라는 시를 통해서 알 수 있다.

그는 학문에 정박하였으며, 특히 篆書와 隷書에 뛰어나 당대에 이름을 떨쳤다. 獻陵·文廟·箕子祠의 碑文은 그가 썼다.

세종 28년(1446)에 죽으니, 향년 87세였다. 文順이란 시호를 내렸다.506)

(11) 崔　關 (? ~ 1424, 세종 6)

최관은 護軍을 지낸 鄲의 아들로 자는 子固, 본관은 海州이다. 우왕 8년(1382)에 順興君 안종원과 判厚德府事 윤진의 문하에서 과거에 급제하였다.

공양왕 4년(1392)에는 禮曹摠郎이 되었는데, 그는 이색·정몽주와 정치적 견해를 같이하였다. 이 해 4월에 정몽주가 살해되자

> 兵曹摠郎 安魯生과 禮曹摠郎 崔關은 평소에 節行이 없이 외람되이 顯秩에 있어 利祿을 함부로 하고, 夢周에게 아첨하여 난잡하게 행동하였으니, 마땅히 직첩을 거두고 멀리 유배시켜 후인들을 경계하소서.507)

라는 사헌부의 탄핵을 받아 유배되었다.

조선이 건국되자 결당모란의 죄로 직첩을 회수당하고, 杖 70의 형을 받고 원지로 유배되었다.508) 조선 건국 후 한 때 벼슬에 나아

---

505) 『東文選』 권22, 「權司諫兄左遷赴淸風郡」.
506) 『世宗實錄』 권114, 世宗 28년 12월 辛酉 權弘 卒記.
507) 『高麗史』 권46, 世家46 恭讓王 4년 4월.

가지 않았지만 태조 5년(1396)을 전후한 시기에 慶尙道經歷으로 부임하였다. 그러나 다음 해에 사헌부의 탄핵으로 벼슬에서 물러났다.509)

태종 2년(1402)에 禮賓尹으로 西北面敬差官으로 출보하였고, 태종 4년(1404)에는 知刑曹事가 되었으나 노비의 송사를 잘못 판결하였다는 탄핵을 받아 직첩을 회수당하고 蔚州로 유배되었다.510) 얼마 후 풀려나와 義勇巡禁司大護軍이 되었는데, 태종 6년(1406) 윤7월에 그의 동년 柳亮의 아들인 工曹佐郞 佐가 죄를 입어 치죄를 받게 되자 그는 병을 핑계로 국문하는 자리를 피하였다. 이로써 죄를 입어 開寧縣으로 다시 유배되었고,511) 태종 13년(1413)에는 다시 巡禁司大護軍이 되었다.

세종 즉위년(1418)에는 左司諫大夫가 되었고,512) 다음 해 4월에는 判安東大都護府事로 출보하였다. 세종 3년(1421)에는 이조참의가 되었고, 다음 해에는 한성부윤이 되었다. 세종 6년(1424)에 병으로 죽었다.

그는 이색의 문생인 권근으로부터 성균관에서 가르침을 받았으며, 그의 字 '子固'에 대한 說도 권근이 지었다. 권근은 여기서

> 關을 설치하여 나라의 방비를 굳게 하면 外侵이 틈을 탈 수 없고, 敬으로 몸을 굳게 하면 외물이 빼앗을 수 없도다. 이들 양자(關과 敬)는 비록 대소의 차이는 있지만 지키는 도리는 한가지인 것이다. … 先儒는 誠意로서 善惡이 關門을 삼았으니, 능히 이 관문을 통과하여 자신을 속이지 말고, 스스로 겸손한다면 그 지킴이 굳다고 할 수 있다. 이로 말미암아 마음도 바르게 할 수 있고 몸도 닦을 수 있고, 또 나라

---

508)『太祖實錄』권1, 太祖 원년 7월 丁未.
509)『太祖實錄』권12, 太祖 6년 8월 己亥.
510)『太宗實錄』권7, 太宗 4년 2월 庚申.
511)『太宗實錄』권12, 太宗 6년 閏 7일 庚中.
512)『世宗實錄』권1, 世宗 즉위년 8월 癸卯.

와 천하를 평치할 수 있음으로 군자는 이를 주장으로 삼아 공부를 잠
시도 게을리 하지 않았다. … 나의 벗 大寧 崔氏는 이름도 關이요, 字
도 子固이니, 이것으로 體를 삼아 나라에 베풀면 곧 이름과 자에 부끄
러움이 없을 것이다.513)

라고 하여 그를 권면하고 있다.

(12) 李 堂(? ~ ?)

이당은 敬之의 아들로 본관은 慶州이다. 일찍이 蔭으로 벼슬에
나아가 別將을 지내다가 우왕 8년(1382)에 順興君 안종원과 判厚
德府事 윤진의 문하에서 과거에 급제하였다.

우왕 말년에는 諫官으로 있었다. 공양왕 4년(1392)에는 이색·정
몽주 등과 정치적 견해를 같이 하였고, 정몽주가 살해되자 김진양
의 옥사에 연좌되어 원지에 유배되었다.514)

조선이 건국되자 결당모란의 죄를 입어 직첩을 회수당하고, 다
시 원지에 유배되었다.515) 태조 때는 벼슬에 나아가지 않았으며,
태종이 즉위하자 벼슬에 나아가 태종 7년(1407)에는 宗簿副令이 되
었고, 이 해 5월에는 왕명을 받들어 강원도에 가서 舍利를 구하였
다.516) 다음 해에는 司憲掌令이 되었고, 태종 14년(1414) 7월에는
司憲執義가 되었다.517) 이 해 10월에는 노비송사로 당시 領議政府
事로 있던 하륜을 탄핵하였는데, 이로써 죄를 입어 파직되고 의금
부에 구금되었다.518)

세종이 즉위하자 內資判事가 되었는데, 세종 4년(1422)에는 慶孝

---

513)『陽村集』권21,「崔子固說後」.
514)『高麗史』권117, 列傳30 金震陽.
515)『太祖實錄』권1, 太祖 원년 7월 丁未.
516)『太宗實錄』권13, 太宗 7년 5월 丁卯.
517)『太宗實錄』권28, 太宗 14년 7월 甲申.
518)『太宗實錄』권28, 太宗 14년 10월 辛卯.

殿의 제향 때 임무를 다하지 못하였다 하여 의금부의 탄핵을 받아 杖 60의 형을 당하였다.519)

그의 생몰연대와 위 기록 이외의 행장에 대하여는 자료가 인멸되어 알 수 없다. 그는 이색의 아들 종선과 동년으로 교분이 두터웠고, 고려말에는 이색·정몽주와 정치적 견해를 같이 하였다.

(13) 李　來(1362, 공민왕 11 ~ 1416, 태종 16)

이래는 공민왕 때 諫官으로 이름을 떨친 李存吾의 아들로 처음에는 徠로 이름하였으나 후에 來로 고쳤다. 자는 樂甫, 본관은 경주이다. 그의 부친인 존오는 일찍이 신돈을 규탄하다가 공민왕의 미움을 받게 되고, 이로써 죽음을 당하게 되었으나 이색의 도움으로 죽음을 면하고 長沙縣務로 폄출되었다. 그러나 신돈에 대한 울분으로 얼마 후에 병을 얻어 죽었는데, 공민왕은 이를 가상히 여겨 성균대사성에 추증하고, 당시 10세에 불과했던 그에게 御筆로「諫臣存吾之子」라는 글을 하사하고 典客錄事를 제수하였다.520)

그는 일찍부터 이색의 문하에 출입하면서 가르침을 받았으며, 이색 또한 그를 아들같이 사랑하였다. 우왕 9년(1383)에 門下評理 우현보와 정당문학 이인민의 문하에서 과거에 급제하였다. 李芳遠과는 동년으로 우의가 두터웠고, 이색은 그의 누이를 손자 孟畦의 부인으로 맞았다.

공양왕 4년(1392)에는 右司議大夫가 되었는데, 이때 이색·정몽주·우현보 등과 뜻을 같이하여 심신앙·이확·이감 등과 함께 성노선·소준 등 이성계의 측근들을 탄핵하여 유배시켰나.521) 그러나 얼마 후 정몽주가 살해되자 김진양의 옥사에 연루되어 원지

---

519)『世宗實錄』권15, 世宗 4년 2월 戊子.
520)『太宗實錄』권32, 太宗 16년 10월 庚午 李來 卒記.
521)『高麗史』권35, 恭讓王 4년 4월.

에 유배되었고, 조선이 건국되자 직첩을 회수당하고 杖 70의 형을
받고 다시 원지로 유배되었다.[522] 이 해 겨울에 죄를 용서받았으나
공주의 石灘으로 은거하여 벼슬에 나아가지 않았다.

　정종이 즉위하자 태종의 천거로 벼슬에 나아가 정종 원년(1399)
에 左諫議大夫를 배수하고, 다음 해에 判典校監事가 되었다. 그는
芳幹의 처조카였는데, 이때를 즈음하여 방간이 난을 일으키려는
야심을 알아차리고는 이를 그의 좌주 우현보에게 알렸고, 우현보
는 이를 방원에게 알려 난을 평정하는데 크게 기여하게 된다.[523]
이로써 左軍同知摠制에 올라 推忠徇義左命功臣에 봉작되고,[524]
이어 예문춘추관학사를 배수하였다. 태종이 즉위하자 佐命二等功
臣에 책록되고, 鷄城君에 봉작되었다.

　태종 2년(1402)에는 中軍同知摠制가 되었고, 이어 簽書承樞府事
와 僉判司平府事를 역임하고, 태종 5년(1405) 4월에는 사헌부 대사
헌이 되었다.[525] 이 해 8월에는 예문관대제학이 되어 世子賓客을
겸하였다. 다음 해 윤 7월에는 공조판서가 되었고, 태종 7년(1407)
에 세자가 進表使가 되어 명에 갈 때 그는 進箋副使가 되어 시종
하였다.[526] 다음 해 2월에는 知議政府事가 되어 判敬承府事를 겸
하였고, 태종 9년(1409)에는 世子右賓客을 겸하였다. 이 해 8월에
는 檢校漢城府事가 되었고, 태종 15년(1415)에는 世子左賓客이 되
었다. 태종 16년(1416) 10월에 죽으니, 향년 55세였다. 景節이란 시
호를 내렸으며, 후에 태종의 묘정에 배향되었다.[527]

---

522)『太祖實錄』권103, 太祖 원년 7월 丁未.
523)『定宗實錄』권3, 定宗 2년 정월 甲午 및『太宗實錄』권32, 太宗 16년
　　　10월 庚午 李來 卒記.
524)『定宗實錄』권6, 定宗 2년 11월 丁巳.
525)『太宗實錄』권9, 太宗 5년 4월 庚午.
526)『太宗實錄』권14, 太宗 7년 9월 乙亥.
527)『世宗實錄』권23, 世宗 6년 2월 壬子.

그는 이색의 문하에서 가르침을 받았고, 몸가짐과 마음가짐이 항상 단정하였다. 그가 병이 심하자 世子는 친히 방문하여 문병하였고, 그가 죽자 별도로 부의를 내려 조문하였다. 그의 행동에 대하여『실록』의 졸기에서는

이래는 마음가짐이 단정하고 근신하였으며, 몸가짐이 겸허하고 공손하였다. 일가에게는 항상 은혜를 베풀어 화목하였고, 사람들을 신의로 접대하였다. 왕의 예우가 심히 두터워 書筵의 일은 그에게 위임하였고, 그 또한 이에 최선을 다하는 것으로 임무로 삼았다. 그러므로 세자가 그를 볼 때는 항상 容姿를 고치어 예로써 받들었다.528)

라고 평하고 있다.

---

528)『太宗實錄』권32, 太宗 16년 10월 庚午 李來 卒記.

제2장

정몽주의 학문과 학맥

Ⅰ. 정몽주의 생애와 학문

1. 생 애

鄭夢周는 고려말의 학자로서 고려의 운명과 생애를 같이 하였던 충신이기도 하다. 조선시대 학자들은 정몽주를 東方理學의 儒宗으로 추앙하였고, 또 그를 節義의 표본으로 삼아 존경하였다. 조선 건국 후 태종 원년(1401)에는 文忠이란 시호를 내렸고, 중종 12년(1517)에는 文廟에 배향하였다.

그는 고려말의 복잡다기한 정치상에서 고려왕조의 정통성을 계승시키기 위하여 크게 노력하였다. 국제적으로는 元·明, 그리고 日本과의 복잡한 외교문제를 국익의 차원에서 해결하였고, 국내적으로는 부패한 당시 정치상을 광정하기 위하여 다양한 개혁정치를 실시하였다.

또 그는 성리학의 보급에도 힘을 써 고려사회의 학풍을 크게 개

혁하였다. 특히 공민왕 16년 李穡 등과 더불어 교육개혁의 선봉에
서서 활동하였던 것은 괄목할 만한 일이다. 그는 이때 成均博士로
서 활동하였지만 그의 해박한 학문적 지식은 이색을 비롯한 당시
학자들의 존경대상이 되었다. 이로써 그는 교관으로서의 지위를
확고히 하면서 성리학 보급에 전력을 다하게 된다. 이러한 그의 활
동으로 이후 그는 成均直講·成均司藝·成均司成의 직을 거쳐
공민왕 말에는 成均大司成까지 이르게 된다.

정몽주도 고려말의 신진사대부들과 마찬가지로 전통적인 귀족
가문의 출신은 아니었다.『고려사』와『迎日鄭氏抱川公派世譜』를
보면 그의 祖先은 睿宗 때 鄕貢으로 文科에 급제한 鄭襲明으로 나
타나고 있다. 그렇다면 정습명 이전의 그의 家系는 뚜렷한 관로생
활을 한 사람이 없었다는 결론이 나온다. 정습명의 입신과정이 향
공이었다면 그의 가문도 대대로 지방에서 살아온 가문이었음을 알
수 있다. 정습명은 仁宗 때 國子司業을 거쳐 諫官을 역임하였으며,
인종의 顧託을 받아 毅宗을 보필하였으나 그의 直言을 꺼린 왕의
미움을 받아 정계에서 물러나 약을 마시고 죽었다.[1] 이후 그의 가
문은 현달하지 못하다가 10대 손인 정몽주에 이르러 다시 빛을 발
하게 된다.『영일정씨포천공파세보』에 나타나는 그의 가계를[2] 살
펴보면 다음의 <표 3-6>과 같다.

<표>에서 보이는 바와 같이 정습명 이후의 그의 가문은 크게
빛을 발하지 못하고 있다. 즉 습명의 아들인 變均과 손자인 謙牧은
散職인 同正職에 그치고 있고, 겸목의 아들인 麟信은 과거에 등제
한 것 같으나[3] 관직은 7품직인 太學博士에 그치고 있다. 인신의

---

1)『高麗史』권98, 列傳11 鄭襲明.
2)『迎日鄭氏抱川公派世譜』권1.
3) 고려시대의 교관직은 과거 합격자를 원칙으로 하였다(申千湜, 1995,「國
  子監敎官의 補任過程과 陞轉」『高麗敎育史研究』, 景仁文化社).

아들인 之泰는 위의 『派譜』에서는 典書라 하여 實職을 담당한 것
으로 기록하고 있으나 玄孫 光厚의 帳籍에는 注簿同正으로 기록
되어 있는 것을 볼 때 역시 동정직을 벗어나지 못한 것 같다. 이후
宗興과 林의 경우도 위의 『파보』에는 進賢館提學과 版圖判書를
역임한 것으로 되어 있어 과거에 등제한 것 같이 보이나 이들은
『고려사』를 비롯한 다른 기록에서 그 이름이 보이지 않는다. 몽주
의 증조인 仁壽와 할아버지인 裕는 각기 산직인 검교직과 동정직
을 역임하였을 뿐이고, 그의 아버지 云瓘은 成均館 服膺齋生을 거
쳤을 뿐이다.

<표 3-6> 정몽주의 가계

직계	이름	관 직 명
1	鄭襲明	睿宗朝 以鄕貢登文科
2	燮均	衛尉注簿同正
3	謙牧	內侍注簿同正
4	麟信	太學博士
5	之泰	典書, 玄孫光厚帳籍云 注簿同正
6	宗興	進賢館提學
7	林	奉翊大夫版圖判書
8	仁壽	檢校軍器監, 以曾孫夢周貴 贈奉翊大夫開城尹上護軍
9	裕	直長同正, 以孫夢周貴 贈奉翊大夫密直副使上軍
10	云瓘	成均服膺齋生, 以子夢周貴 贈愼德守義誠勤翊作功臣日城府院君
11	夢周	

위에서 그의 가계는 습명 이후 퇴락하고 있음을 보여준다. 이러
한 그의 가문적 배경은 조선시대 태종 때 정몽주의 封贈을 건의하
면서 陽村 權近이

　… 가만히 생각하건대, 前朝의 侍中 포은은 본래 한미한 선비로서

오로지 太上王께서 薦拔하신 은혜를 입어서 大拜에 이르렀으니, 그 마음이 어찌 天命과 人心이 돌아가는 데를 몰랐겠으며, 또 王氏의 위망한 형세를 어찌 몰랐겠으며, 자신이 보전되지 못할 것을 어찌 몰랐겠습니까?[4]

라고 하고 있는 것에서도 보인다.

정몽주는 충숙왕 복위 6년(1337)에 永川郡의 治所 동쪽에 있는 愚巷里에서 출생하였다. 처음에는 이름을 夢蘭이라 하였다가 9세 때에 夢龍으로 고쳤고, 冠禮를 치른 후에 夢周로 다시 고쳤다.

그는 21세인 공민왕 6년(1357)에 御史大夫 申君平의 문하에서 國子監試에 3등으로 합격하고,[5] 24세인 공민왕 9년(1360)에 知貢擧 政堂文學 金得培, 同知貢擧 樞密直學士 韓方信의 문하에서 連魁三場하여 擢第하였다.[6] 이로써 그는 藝文館檢閱을 제수받고,[7] 공민왕 12년(1363)에는 東北面 都指揮使 한방신의 從事官으로 女眞을 정벌하기 위하여 和州에 출정하였다. 이때 그는 처음으로 李成桂를 만나 다음 해에 그와 함께 여진의 三善·三介를 격파하였다. 이 공으로 귀국하자 곧 修撰에 제수되었고, 이후 閣門祗侯, 典

---

4) 『圃隱先生集』 附錄, 「權近 六條疏」.
5) 『圃隱先生集』 「年譜攷異」 및 『高麗史』 권74, 志28 選擧2 科目2 國子監試. 恭愍王 6년 3월 御史大夫 申君平이 李立尊 등 98인을 取하였다.
6) 『高麗史』 권73, 志27 選擧1 科目1 選場.
7) 『高麗史』와 『圃隱先生集』에는 정몽주가 처음 관직을 제수한 시기를 恭愍王 11년 3월에 藝文館檢閱을 제수받은 것으로 되어 있다. 그러나 당시 고려사회의 관직 배수는 과거합격자, 특히 장원의 경우는 합격과 동시에 관직을 제수하는 것이 원칙이다. 따라서 그가 공민왕 9년의 과거에서 장원으로 합격하고 2년 후인 공민왕 11년에 관직을 처음 제수받았다는 것은 이해할 수 없다. 실제로 그는 공민왕 10년에 홍건적의 침입으로 왕이 南遷할 때 호종하고 있다. 이것은 그가 지은 시인 「送李秀才赴安東書記」에 나타나고 있다(『圃隱先生集』 권2). 그렇다면 그는 과거에 합격하자 관직을 제수 받았음이 확인된다. 그러나 이때 받은 관직이 예문관검열인지는 확실치 않다.

農寺丞을 거쳐 공민왕 16년(1367)에는 禮曹正郎을 배수하고, 성균
박사를 겸하였다.8)

그가 한국교육사에서 교육자로서의 위치를 확보하고 있는 것은
이때의 교육활동에서 연혁된다. 이때는 공민왕이 성균관을 중수하
고 교육중흥을 위하여 노력하던 시기였다. 이때 공민왕은 당시 儒
宗으로 불리던 이색을 겸 大司成으로 하고 經學에 빼어난 당대의
석학들을 교관으로 임용하여 교육을 담당하게 하였는데, 그도 교
관의 한사람으로 발탁되었다. 당시 그의 해박한 지식은 동료 교관
으로부터도 존경을 받았으며, 특히 이색으로부터는 "포은의 횡설
수설은 이치에 맞지 않는 바 없다"라는 칭송을 받게 된다. 그가 학
자로써 또는 정치가로써 확고한 위치에 서게 되는 것은 바로 이 시
기의 교육활동과 연계된다고 보아야 할 것이다. 당시 그와 더불어
교육활동에 참여하였던 이색·金九容·李崇仁 등은 모두 당대의
석학들로써 이후 이들은 정치이념을 같이 하는 지기 또는 동지로
서 교유하게 된다.

당시 고려사회는 귀족적 성격이 농후하여 정치적 진로는 家門·
地緣·血緣 등의 인맥에 의하여 크게 좌우되고 있었다. 특히 座
主·門生의 관계는 父子의 관계와 같아 문생의 정치적 진로는 좌
주의 능력에 크게 좌우되고 있었다. 이색이 공민왕 2년의 과거에
합격하여 그 정치적 진로가 순탄하였던 것은 그의 학문적 능력도
물론 있었겠지만 당시 정계의 주체세력이었던 그의 좌주 李齊賢의
후원이 큰 역할을 하였음은 주지의 사실이다.9) 그러나 정몽주의
경우는 그가 과거에 응시할 때 지공거였던 김득배가 그가 합격한

---

8) 『高麗史』와 『牛譜』의 기록은 차이가 있다. 필자는 『高麗史』의 기록을
    따랐다.
9) 申千湜, 1996, 「牧隱 李穡의 敎育思想」『牧隱 李穡의 生涯와 思想』,
    一潮閣.

2년 후인 공민왕 11년에 金鏞의 모함을 받아 죽음을 당하게 된다.[10] 이로써 그는 후원세력을 상실하게 된다. 또 동지공거 한방신도 공민왕의 피살에 연계된 그의 아들 韓安의 죄에 연좌되어 유배되었다가 약 2년이 지난 우왕 2년(1376) 12월에 유배지에서 죽음을 당하고 있다.[11] 따라서 그의 초기 관로생활은 극히 순탄하지 못하였던 것으로 보인다. 그가 과거에 합격한 2년 후에 藝文檢閱을 초배했다는 『고려사』의 기록이나 또 얼마 후 한방신의 종사관으로서 外地로 出仕하지 않을 수 없었다는 것, 그리고 공민왕 16년에야 겨우 禮曹正郞에 올라 성균박사를 겸할 수밖에 없었다는 것은 이를 말해준다.[12]

공민왕 16년(1367) 兼成均博士로서 학문적 능력을 인정받은 그는 이후 교관으로서의 지위를 확고히 하면서 정치적 관로도 순탄하게 된다. 공민왕 17년(1368)에는 성균사예로 陞次하여[13] 奉善大夫로 올랐으며, 공민왕 20년(1371) 12월에는 中正大夫·성균사성으로 승직되었다.

위에서 보는 바와 같이 그는 공민왕 16년에 정7품직인 성균박사를 제수받은 이후 불과 4년 사이에 종3품직인 사성으로 승차하고 있다. 이것은 그 동안에 그의 학문적·교육적 능력이 당시 사회에

---

10) 『高麗史節要』 권27, 恭愍王 11년 10월.
11) 『高麗史節要』 권30, 辛禑 2년 12월.
12) 牧隱 李穡은 恭愍王 2년의 과거에 합격한 후 恭愍王 6년에 試國子祭酒를 제수받고 있다.
13) 「年譜攷異」에는 공민왕 16년에 성균박사를 제수받고, 동왕 17년에 성균사예로 승차하고, 공민왕 20년에 성균직강, 같은 해 12월에 성균사성으로 승차하였다고 기록하고 있다. 그러나 성균직강은 성균사예의 하위 직품이며, 성균사성과 연결되는 직관이 아니다. 성균관의 직관은 성균박사(정 7품)―직강(종 5품)―사예(종 4품)―사성(종 3품)―대사성의 순으로 편성되어 있는데, 만약에 정몽주가 직강을 역임하였다면 공민왕 17년 사예의 직을 제수받기 이전이었을 것이다.

서 크게 인정받고 있었음을 말해 준다. 공민왕 21년(1372) 3월에는 知密直司事 洪師範의 書狀官으로 明에 가서 본국 子弟의 입학을 청하고, 다음 해 7월에 귀국하였다. 얼마 후 성균대사성을 배수하였으며,14) 공민왕 23년 2월에는 慶尙道 按廉使로 출보하였고, 우왕 원년(1375) 6월에는 다시 성균관 대사성으로 소환되었다.

이때 李仁任을 비롯한 친원세력들이 발호하여 지금까지의 친명정책을 버리고 北元의 사신을 맞아들이려 하자, 그는 그 동안 성균관에서 교관으로 같이 활약한 박상충·김구용 등 10여 명과 함께 글을 올려 그 부당성을 극간하게 된다. 이로써 그는 하옥되고, 이어 彦陽으로 유배된다. 우왕 3년(1377)에 죄가 풀려 서울로 돌아왔으며, 동년 9월에는 前 大司成의 자격으로 일본에 사신으로 파견되었다가 다음 해 7월에 귀국하였다. 이때 그는 일본에 포로로 끌려갔던 尹明·安愚世 등 수백명을 대동하고 귀환하였다. 이 공으로 귀환하자 正順大夫·右散騎常侍·寶文閣大提學·知製敎를 배수하였다.

우왕 5년(1379)에는 典工判書·進賢閣提學을 배수하였고, 이어 禮儀判書·典法判書를 역임하였다. 우왕 6년 3월에는 版圖判書를 거처 가을에는 助戰元帥로서 이성계를 따라 전리도 雲峯에 침입한 왜구를 소탕하였고, 이 해 11월에는 密直提學·商議會議都監事를 배수하였다. 우왕 7년(1381)에는 簽書密直司事로 移拜하고, 다음 해 4월에는 進貢使로서 또 이 해 11월에는 請諡使로서 명에 갔으나 명이 입국을 허락하지 않아 귀환하였다. 우왕 9년(1383) 8월

---

14) 정몽주가 성균대사성에 부임한 것은「年譜攷異」를 비롯한 각종『年譜』에는 우왕 원년 6월로 되어 있다. 그러나『고려사』의 공민왕 23년 정월의 기사에 그가 대사성으로 있으면서 崔源을 京師에 보내기를 건의하고 있다. 이와 같이 볼 때 그의 대사성 부임은 공민왕 23년 정월 이전으로 보아야 할 것이다.

에는 이성계를 따라 東北面 助戰元帥로 출정하여 공을 세웠으며,
다음 해 7월에는 匡靖大夫·政堂文學에 승보되어 賀節使로서 명
에 다녀왔다.

　위에서 보는 바와 같이 교관직으로 굳힌 그의 정치적 기반이 이
후 그의 관로생활에 크게 도움을 주고 있음을 볼 수 있다. 공민왕
때는 그의 관로가 주로 성균관 교관으로서 그의 능력이 배양되고
축적되는 시기였다고 한다면, 우왕 때는 이를 바탕으로 하여 행정
적 관료로 그의 능력이 발휘되었던 시기로 볼 수 있을 것이다. 우
왕 때 그의 관로는 彦陽에 일시 유배된 것을 제외한다면 그야말로
순탄하였다. 드디어 그는 우왕 10년(1384)에 宰相職인 정당문학으
로 陞補를 보게 된다.

　우왕 11년에는 동지공거로서 禹洪命 등 33인을 선발하였고,[15)]
동왕 13년(1387) 6월에는 河崙·李崇仁·姜淮伯 등과 함께 胡服
을 폐지하고 중국의 제도를 따르도록 건의하여 수용되었으며,[16)]
다음 해 정월에는 三司左使를 제수받았다. 이때 權奸들이 民田을
점탈하여 백성들이 어려움에 있음을 알고 私田을 개혁하여 민생을
구하도록 건의하였고,[17)] 이 해 11월에는 門下贊成事에 올랐다. 창
왕 원년(1389)에는 藝文館大提學을 배수하였고, 얼마 후 이성계와
더불어 공양왕을 즉위시키니, 그는 그 공으로 門下贊成事·同判
都評議使司事·戶曹尙瑞寺事·進賢閣大提學·知經筵春秋館事
·兼成均大司成·領書雲館事를 배수하고, 純忠論道同德佐命功
臣의 號를 더하였으며, 益陽郡·忠義君에 봉작되었다. 이때 그는
軍國의 권한을 총괄하면서 그 동안의 시폐를 개혁하는데 크게 기

---

15)『高麗史』 권73, 志27 選擧1 選場.
16)『高麗史』 권117, 列傳30 鄭夢周.
17) 이것은『年譜』에 기록되어 있으나『고려사』는 이를 누락하고 있다.

여하고 있다.『高麗史』列傳에서는 당시 그의 업적을 다음과 같이 기술하고 있다.

> 당시에 국가에는 일이 많아서 機務가 浩繁하였는데, 선생께서 큰 일을 맡아 일을 처리하게 되자 크게 의심이 가는 문제도 그 처리하는 데 있어 聲色을 동요하지 않고서 결단하였고, 좌우로 酬答하는 것이 또한 모두 이치에 합당하였다. 그 때 풍속은 무릇 喪事나 제사에 오로지 불교의 예법만을 숭상하였는데, 정몽주가 비로소 士庶들로 하여금 朱子家禮에 의거하여 家廟를 세우고 조상에게 제사를 드리게 하였다. 또 종래에는 수령들을 임명할 때에 常參官 이하의 하급 관리들 중에서 채용하던 것을 정몽주가 비로소 상참관 중에서 청백하고 명망 있는 사람을 선발 채용하고, 그 黜陟을 엄정하게 하였다. 그는 또 금전과 곡물을 출납하는 都評議司錄事가 왕의 비순을 받지 않은 白牒으로 사무를 처리하여 사입에서 부징한 경향이 많다고 해서 처음으로 經歷과 都事를 배치하고 출납을 장부에 기록하게 하였으며, 또 서울에 五部學堂을 세우고 지방에 鄕校를 설립함으로써 유교를 발전시켰다. 이 밖에도 義倉을 세워 궁핍한 백성을 구제하고, 水站을 설치하여 漕運을 편리하게 만든 것 등은 모두 그가 계획한 것이었다.18)

공양왕 3년(1391) 11월에는 人物推辨都監提調官을 제수받아 인사권을 총괄하였으며, 이 해 12월에는 安社功臣의 호를 더하였다. 공양왕 4년 2월에는 大明律 至正條格과 본국의 법령을 침직하고 刪定하여 新律을 지어 바치니, 왕은 知申事 李詹에게 명하여 이를 무려 6일이나 進講하게 하면서 누차에 걸쳐 그 정교함에 탄복하고 있다.19) 신율의 내용은 전해지지 않아 알 수 없지만 당시 정치의 시례를 광정할 수 있는 개혁입법이었음은 분명할 것이다.

그는 새 왕조를 개창하려는 이성계 일파의 세력들로부터 끝까지 고려를 지키려 노력하였다. 대외정책과 정치개혁에서는 서로 동조

---

18)『高麗史』 권117, 列傳30 鄭夢周.
19)『圃隱先生集』「年譜攷異」.

하는 입장에 있었던 이들 두 사람의 관계는 고려 왕권의 맥락계승에 있어서는 적대적 관계로 변하지 않을 수 없게 된다. 공양왕 4년은 이들 두 세력의 대립이 절정에 이르던 시기였다. 그가 제정한 신율은 고려사회의 정통성을 재확립하기 위한 최후의 노력이었고, 또 이성계 일파의 타도를 위한 그의 노력도 고려 왕권의 계승을 위한 비상수단이었다. 그러나 공양왕 4년 4월 이성계를 문병하고 귀가하는 도중 이방원이 보낸 趙英珪 등에게 피살되니, 그의 의도는 무산되고 말았다. 이것은 바로 고려왕조의 몰락을 의미하는 것이기도 하다.

2. 학문적 배경

정몽주의 학문적 업적에 대하여 宋時烈은 「圃隱先生集 重刊序」에서

> … 멀리는 殷師들의 道를 이어받고, 가까이는 晦翁의 법을 지켜 우리 조선에 성대한 文明을 열어서 우리나라 사람들에게 끝없는 은혜를 베푼 것이야말로 셈할 수도 없고, 셈하여 두루 알 수도 없는 것이다. … 예전에 우리 仁祖大王 때 大學의 章甫들이 靜菴 趙文正의 누명을 벗겨주기를 청하였는데, 그 글에 "光祖는 金宏弼에게 배우고, 굉필은 金宗直에게서 배우고, 종직은 그 아비 金叔滋에게서 배우고, 숙자는 吉再에게서 배우고, 길재의 학문은 포은에게서 나왔으니, 夢周는 참으로 理學의 시조가 됩니다"라고 하였다. 비록 도학의 醇粹疵瑕는 각각 같지 않으나 그 연원이 비롯된 것은 대략 알 수 있다.[20]

라고 하여 정몽주를 東方理學의 祖로 높이 평가하였고, 우왕 12년

---

20) 『圃隱先生集』 권首, 「圃隱先生集重刊序」.

(1386)에 그의 문하에서 과거에 합격한 朴信은

> 벼슬하던 당초에는 經術로써 시작하여 禮闈에 응시하여 잇달아 三
> 場에서 으뜸으로 뽑히고 文翰의 무리 중에서도 가장 우뚝하여 명성이
> 그를 따를 사람이 없었다. 宰相이 되어서는 風雲을 만나 포부를 펴고
> 인물을 進退하여 한 시대를 陶冶하였다. 그 빛나는 節義는 伯夷의 풍
> 성을 들어서 마음에 터득한 것이며, 그 經濟한 功業은 漢·唐의 어진
> 재상 丙吉·魏相·姚崇·宋璟과 나란히 일컬어도 부끄러운 것이 없
> 다.21)

라고 하여 그의 학문적 업적을 또한 높이 평가하고 있다. 위에서
송시열은 조선중기의 대표적인 학자로서 그 당시 학자들의 그에
대한 인식을 대변한 것이고, 朴信은 그의 문하에서 과거에 합격한
사람으로서 여말선초의 그에 대한 인식을 대변한 것으로 보아야
할 것이다.

그러나 그의 학문적 배경이라고 할 수 있는 수학과정 및 생장과
정은 기록에 나타나지 않아 알 수가 없다. 단지 그의 아버지 云瓘
이 성균관의 服膺齋에서 수학하였다는 것으로 미루어 볼 때 그의
아버지는 경학에 식견이 있었던 것 같고,22) 따라서 그는 아버지에
게서 많은 학문적 감화를 받았던 것으로 볼 수 있을 것이다. 또한
그의 가문이 한미한 가문이었다는 것을 감안할 때 빼어난 학자의
문하에서 수학할 수도 없었을 것이다. 이러한 사실은 그의 文集에
서도 그의 생장과 수학기에 대한 일체의 기록이 나타나지 않고 있
으며, 『고려사』를 비롯한 각종 史書에서도 이 시기에 대한 기록이
누락되고 있는 것에서 알 수 있다.

---

21) 『圃隱先生集』 권首, 「圃隱先生詩卷序」.
22) 성균관 服膺齋는 國學六齋의 하나로서 戴禮를 전문적으로 공부하던
　　곳이었다. 이로 볼 때 云瓘이 服膺齋에서 수학하였다면 戴禮를 비롯한
　　경학에 식견이 있었을 것이다.

그는 아버지가 생존해 있는 동안은 과거에 응시하지 않고 있다. 그의 아버지는 그가 19세 되는 해에 돌아가셨는데, 이때까지 과거에 응시하지 않았다는 것은 무엇을 의미하는 것일까. 당시의 사조로 볼 때 15세가 되면 國子監試에 응시하는 것이 관례였다. 아마도 아버지의 반대가 있었을 것으로도 생각할 수 있고, 또 그 자신이 과거에 응시할 정도로 학문이 성숙되지 못하였다고 생각하였기 때문일 수도 있을 것이다.

그는 經學에 학문의 깊이를 둔 것 같으며, 詩·賦 등 詞章은 餘事로 공부하였던 것 같다. 이것은 그의 과거 경력에서도 보인다. 그가 처음으로 과거에 응시한 것은 21세가 되던 공민왕 6년이었다. 이때는 아버지의 喪을 마친 해이기도 하다. 이때 그는 申君平의 문하에서 국자감시에 응시하여 3등으로 합격하고 있다. 그러나 3년 후인 공민왕 9년에는 정당문학 김득배와 樞密院直學士 한방신의 문하에서 連魁三場하여 제1등으로 등제하고 있다. 국자감시의 과목이 시와 부였고 문과의 과목이 경학이었음을 감안할 때 그의 학문적 배경이 어떠했던가를 알 수 있다. 이러한 그의 학문적 배경은 정도전이 쓴 「圃隱先生奉使藁序」에서도 보인다.

정도전이 16~17세 때 詩律을 익히어 對偶를 맞추고 있는데, 하루는 驪江 閔子復이 와서 말하기를 "나는 鄭先生 達可를 만났더니, 그가 하는 말이 '詞章은 末藝에 불과하고 이른바 修己·正心의 學이 있는데, 그 說이 『大學』·『中庸』의 두 책에 갖추어져 있다'고 하였다. 그는 지금 李順卿과 같이 三角山의 절에 가서 이 두 서적을 강구하고 있는데, 그대는 이 사실을 아는가"라고 하였으므로 나는 이 말을 듣고서 이 두 책을 구해서 읽었는데, 비록 얻은 것은 없으나 자못 스스로 기뻐하였다. 마침 賓興科를 설치하자 선생은 삼각산에서 내려와 연괴 삼장으로 壯元하여 명성이 자자함으로 찾아가 뵈온즉 더불어 이야기하기를 평생의 친구와 같이 하여 드디어 가르침을 주어서 날마다 듣지 못하였던 것을 듣게 되었다.23)

여기서 주목할 만한 사실을 찾아볼 수 있다. 즉 그는 賓興科에 합격하기 전에 삼각산에서 공부하였다는 사실이다. 그렇다면 그가 고향을 떠나 삼각산에서 수학한 시기는 언제인가 하는 문제가 나온다. 당시 고려사회의 교육사조는 국자감시에 합격하면 十二徒에 입학하여 문과에 대비하는 것이 관례였다. 이러한 관점에서 볼 때 그는 국자감시에 합격하자 고향을 떠나 서울에 머물면서 삼각산 등에서 과거를 위한 준비를 하였을 것으로 생각된다.[24] 그는 과거에 합격한 이후 그의 은문 신군평·김득배·한방신의 문하에 출입하면서 가르침을 받았을 것이다. 신군평은 일찍이 禹倬의 문하에서 학문을 전수하였고, 김득배도 우탁으로 부터 사사한 문인이다. 이로 볼 때 그는 우탁의 학문을 전승한 것으로 보인다. 그가 易學에 특히 밝았고, 또 고려말에 우탁의 가문인 禹玄寶와 막역하게 지냈던 것은 이러한 가능성을 더욱 깊게 한다.

그는 경학에 뛰어난 능력을 갖고 있었으며, 이후 이색·김구용·이숭인·이집·정도전 등과의 교유에서 그의 학문은 더욱 정연되어 갔다. 이들 중에서 특히 이색과 이집에게서 학문적 영향을 많이 받았던 것 같다.

이색과 그의 교유는 공민왕 16년에 이색이 성균관 成均館 兼大司成의 직을 맡으면서 그를 성균박사로 천거하여 함께 교육을 담당하면서부터 활발하게 된다. 이색은 그보다 9년의 연배로서 공민왕 2년의 과거에 합격하여 관료에 나갔고, 그는 7년 후인 공민왕 9년의 과거에 합격하여 관로에 나갔다. 그가 과거에 합격하기 전까지는 이색과의 교유가 그리 많았던 것 같지는 않다. 그러나 그가

---

23) 『三峯集』 권3, 「圃隱先生奉使藁序」.
24) 이색노 국자감시에 합격한 후 십이노에서 수학하였나(申千湜, 1996, 「牧隱의 教育思想」『牧隱 李穡의 生涯와 思想』, 一潮閣).

관로에 진출한 후 이색은 그와 긴밀하게 교유하였던 것 같다. 이러한 교유를 통하여 이색은 그의 학문적 능력을 인정하게 되고, 이로써 공민왕 16년의 교육개혁 때는 그를 성균박사로 추천하였던 것으로 보인다. 공민왕 16년 교관으로 함께 활약하면서 이색은 그의 해박한 지식에 대하여 "그의 횡설수설은 이치에 맞지 않는 바 없다"라고 하면서 감탄하고 있으며, 더 나아가 그를 司馬遷에 비유하기도 하였고, 또 앞으로 儒道를 일으킬 거목으로까지 기대하였다. 이것은 이색이 일찍이 지은 「憶鄭散騎」라는 시에서 보인다.

光風霽月鄭烏川　光風霽月이로다. 鄭烏川이여
獨究遺篇續不傳　홀로 聖賢의 남김을 탐구하여 그 傳하지 않는 것을 이었도다.
曾與病軀遊泮水　일찍이 나와 더불어 泮水에서 유유했으며
故承交契已多年　교분을 맺어 지내온지 이미 여러 해가 되었도다.
浮舟出使東看日　배를 타고 사신으로 나가 동에서 해를 보고
赴闕生還上有天　대궐에 갔다 살아서 귀환함은 위에 하늘이 있기 때문이로다.
肯羨子長疏蕩氣　司馬子長의 소탕한 氣를 부러워하랴
直將興喪望文宣　장차 쇠약한 儒道를 일으켜 文宣王을 바라볼텐데.[25]

　이색은 위의 시에서 보는 바와 같이 그의 학문을 높이 평가하면서 그 기풍을 司馬遷에 비하였고, 또 '直將興喪 望文宣' 이라 하여 앞으로 儒道를 일으킬 사람으로 기대하고 있다. 이러한 이색의 기대는 그가 密直을 제수하자 이를 축하하면서 지은 「奉賀鄭圃隱拜密直」이란 시에도 나타나고 있다.

斯文興喪在蒼天　儒道의 흥망은 하늘에 달렸지만
病裏唯知望後賢　병든 몸은 오로지 後賢에게나 이를 바랄뿐이다.

---

25) 『圃隱詩藁』 권15, 「憶鄭散騎」.

老圃自來明易理　老圃는 본래부터 易理에 밝아
可行權處卽行權　權道를 행하려 한다면 바로 행할 수 있을 것이로다.
塵埋聖籍壁多雨　聖籍은 티끌에 묻히고 벽은 비에 얼룩지고
草茂儒宮庭半煙　儒宮은 풀이 무성하고 뜰은 연기로 가득하도다.
剗去弊根非我力　弊根을 없애는 것은 내 힘으로는 안되니
中興吾道時何年　吾道를 중흥함은 어느 때에 있을까.26)

위에서 보는 바와 같이 이색은 塵埋聖籍하고 草茂儒宮한 당시 교육상을 개탄하면서 이의 중흥을 그에게 기대하고 있다.

그도 이색의 학문을 높이 평가하여 그의 문하로 자처하면서 존경하였다. 이색에 대한 그의 생각은 그가 지은 「次牧隱先生韻七夕遊安和寺」란 시에 보이고 있다.

函丈曾窺學海寬　函丈의 학문을 일찍이 엿 보았더니 바다와 같구나.
只今吾道豈盟寒　지금 우리의 도가 어찌 맹세코 쇠락하겠는가.
再遊昔日安和路　다시 지난 날 밟은 安和寺의 길을 노닐었고
又喚光廟敎授官　先廟께서는 선생을 다시 교수관으로 불렀도다.
書院荒凉多茂草　書院은 황량하여 풀만 무성하고
閟宮岑寂瀉哀湍　閟宮은 쓸쓸하여 슬픈 여울만 쏟네.
人間俯仰成陳迹　인간은 잠시 사이에 낡은 자취되는 것
且向山前醉據鞍　山 앞을 향해가며 취하여 말에 오르도다.27)

위에서 보는 바와 같이 그는 이색을 函丈이라고 존칭하면서 이색의 학문을 바다와 같이 넓다고 표현하고 있다. 이색에 대한 그의 존경은 「次牧隱先生九日韻」에서도 보인다.

光陰衰衰似川流　光陰은 끊임없이 흘러 마치 시냇물 흐름과 같고
富貴何人是徹頭　富貴를 누구인들 끝까지 지키리오.
喜共耆賢成邂逅　기쁘도다 耆賢을 해후했으니

---

26) 『牧隱詩藁』 권27, 「奉賀鄭圃隱拜密直」.
27) 『圃隱先生集』 권2, 「次牧隱先生韻七夕遊安和寺」.

合將身世信沉浮　　한 평생 세상살이 같이 하리라.
黃花綠酒償佳節　　黃花綠酒는 佳節을 감상케 하며
白髮烏紗照暮秋　　백발과 오사모는 늦가을에 비추도다.
聚散固知元有數　　만나고 헤어짐은 본래 운수에 달렸지만
明年何處得重遊　　내년에는 어느 곳에서 다시 놀 수 있을까.[28]

　그는 이색을 耆賢이라고 표현하고 있으며, 한 평생을 이색의 문하에서 같이 더불고자 하는 의지를 표명하고 있다. 그는 이와 같이 이색을 존경하면서 창왕 원년(1389) 9월에는 왕께 劍履上殿 贊拜不名의 특전을 내리도록 건의하여 수용되었으며,[29] 이후 정치적 위기에 처한 이색을 수차에 걸쳐 변호하기도 하였다. 공양왕 때 이색에 대한 탄핵이 반대파에서 쇄도하였지만 그는 이색을 위하여 끝까지 변호하고 있다.

　李集도 그의 학문에 많은 영향을 주었던 것 같다. 이집의 호는 遁村이며, 자는 浩然으로 충숙왕 14년(1327)에 출생하였으니, 그보다는 10년 연상이 된다. 또 충목왕 3년(1347)에 과거에 합격하여 관로에 나아갔으니, 관로생활에서도 그보다는 13년이나 빠르다. 이집은 강직한 성품으로 경학에 밝았으나 공민왕 때 辛旽의 미움을 받아 永川으로 피신하였고, 신돈이 몰락하자 奉順大夫·判典校寺事를 배수하였으나 얼마 후 驪州로 은퇴하여 우왕 13년(1387)에 61세로서 세상을 마쳤다. 그와 이집은 연령상에서는 10여 년의 차이가 있으나 간격없이 서로 왕래하면서 학문을 토론하기도 하고, 서로 의심나는 점이 있으면 언제라도 만나 서로의 의견을 교환하기도 하는 등 마치 벗과 같이 절친하게 사귀었다. 그와 이집의 교유는 그가 관로에 나오기 이전부터인 것 같다. 이것은 우왕 13년(1387)에 이집이 세상을 떠나자 이를 애도하여 지은 그의 시에서 보인다.

---

28) 『圃隱先生集』 권2, 「次牧隱先生九日韻」.
29) 『高麗史』 권137, 列傳50 辛昌 원년 9월.

屈指論交三十年　　손을 꼽아보니 論交한 지가 30년이 되었도다.
清談幾度共燈前　　清談을 등불 앞에서 몇 번이나 함께 토론하였던가.
白頭失此知心友　　백발이 되어 이제 마음을 알아주는 벗을 잃었으니
誰謂無從涕泣然　　누가 일러 내가 까닭 없이 눈물 흘린다 할 것인가.[30]

　　위의 시에서 '屈指論交三十年'이라고 한 내용을 보면 그와 이집은 1357년을 전후한 시기부터 교유가 있었음을 알 수 있다. 1357년은 정몽주가 국자감시에 합격한 시기가 된다. 그렇다면 정몽주는 국자감시에 합격한 이후부터 이집과 교유가 있었던 것으로 볼 수 있다. 위의 시에서 '清談幾度共燈前'이란 내용을 볼 때 燈을 밝히면서 그 동안 헤아릴 수 없을 정도로 함께 학문을 토론하였음도 알 수 있다. 학문의 내용은 성리학과 불교에 관계된 것이 주류를 이루고 있다. 이것은 정몽주의 문집에 보이는 보이는 시에서 찾아 볼 수 있다. 정몽주는 「又次遁村韻」·「遁村卷子詩」·「浩然卷子」 등의 시를 써서 이집을 평하고 있는데, 그 내용의 주지는 모두가 성리학과 불교에 관계되고 있다. 『遁村雜詠』의 「師友淵源錄」에서

　　　公과 포은은 항상 학문을 토론하여 道學을 논하였는데, 밤이 깊을 때까지 하였다. 포은선생께서 도학으로 마음을 허여하신 분은 오직 선생 1인이 있을 뿐이다.[31]

라고 한 것은 바로 위의 사실을 뒷받침해 준다.
　　이밖에 金九容·李崇仁·鄭道傳도 그의 학문에 많은 영향을 미쳤던 것으로 보인다. 이들은 모두 그보다는 연배가 어렸지만 그는 항상 이들을 心友로 생각하였으며, 이들과는 만날 때마다 학문과 시를 토론하고 있다.

─────────
30) 『圃隱先生集』 권2, 「哭李浩然」.
31) 『遁村雜詠』 補論, 「師友淵源錄」.

金九容은 충숙왕 복위 7년(1338)에 출생하여 외조부 閔思平의 문하에서 학문을 익혔다. 공민왕 2년에 16세로 국자감시에 합격하고, 공민왕 4년에는 문과에 급제하였다. 공민왕 20년(1371)에는 성균직강이 되고, 우왕 8년(1382)에는 성균대사성을 역임하였다. 그는 성리학에 뛰어난 조예가 있었고, 정몽주와는 막역한 사이로써 항상 학문에 의심이 있으면 서로 만나 토론하였다. 정몽주와 김구용의 관계는 「惕若齋世系行事要略」에서 보인다.

> 先君께서는 외조인 及菴 文溫公家에서 생장하였다. 어려서부터 학문을 좋아하였고, 자라서는 士林에 遊하니 그 聲價가 중외에 떨쳤다. 圃隱 鄭達可·陶隱 李子安·三峯 鄭宗之·浩亭 河大臨과 더불어 교유하면서 강론하시고 학문을 연마하시면서 이들의 우애는 더욱 깊어졌다.[32]

정몽주와 김구용은 공민왕 13년에 이미 막역한 사이가 되어 있었다. 이 해에 정몽주는 종사관으로 北方에 종군하게 되는데, 이를 전후하여 주고받은 두 사람의 시에서 이것을 알 수 있다. 정몽주는 從軍하여 和州에 이르자 김구용을 생각하며 다음과 같은 시를 보내고 있다.

落葉正繽紛	낙엽은 어지러이 휘날리는데
思君不見君	그대 생각 간절하나 그대는 볼 수 없네.
元戎深入塞	元戎은 변경으로 깊숙이 가고
驍將遠分軍	驍將은 군사 나눠 멀리 갔는데
山寨行逢雨	山寨에는 가다가 비를 만나고
城樓起望雲	城樓에는 멀리 구름이 일어나도다.
干戈盈四海	창과 방패가 四海에 가득하니
何日是修文	어느 날에나 학문을 닦을 것인지.[33]

---

32) 『惕若齋學吟集』 권首, 「李明理先君惕若齋世系行事要略」.

김구용도 종군한 그를 생각하면서 다음과 같은 시를 보낸다.

四海尙紛紛　　천하가 아직도 어지러운데
登樓獨念君　　樓에 올라 홀로 그대를 생각하네.
忽辭淸禁直　　홀연히 궁궐을 떠나서
遠赴朔方軍　　북방에 종군하여 멀리 갔구나.
古塞懸明月　　옛 요새에는 밝은 달이 걸려 있고
長城起祥雲　　장성에는 상서로운 구름이 이는데
悠悠倚金甲　　그대는 의젓하게 金甲을 입었겠지만
誰與細論文　　나는 누구와 더불어 학문을 논할까?[34]

위의 시에서 두 사람의 교분을 알 수 있다. 특히 정몽주가 '何日
是修文'이라 표현한 내용과 김구용이 '誰與細論文'이라 표현한 내
용을 볼 때 이들 두 사람은 그 동안에 서로 학문을 토론하면서 의
기가 상합하였음을 알 수 있다.

李崇仁은 충목왕 3년(1347)에 출생하여 공민왕 때에 문과에 올라
관로에 진출하였다. 호는 陶隱이라 하였고, 자는 子安이며, 慶山府
人이다. 이숭인은 그보다는 10년의 연하이지만 성리학과 經·史·
子·集에 널리 관통하였고, 특히 시는 따를 자가 없었다. 이러한
그의 학문적 식견은 「陶隱集序」에서 權近이

　　星山 陶隱 李先生은 고려말에 태어나서 天資가 영매하고, 學問이
精博하였다. 濂洛性理의 說을 근본으로 하고, 經·史·子·集과 百
氏의 書에도 관통하지 않음이 없었다. 생각하는 바가 깊고, 보는 바가
고귀하여 正大한 영역에 이르지 않는 바가 없었다. 불교와 老莊도 연
구하지 않은 바 없었으며, 문장은 더욱 빼어났다. 목은 李文靖公은 公
의 글을 볼 때마다 중국에서도 이런 글은 얻을 수 없다고 하였다.[35]

---

33) 『圃隱先生集』 권2, 「至咸州次惕若齋詩」.
34) 『圃隱先生集』 권2, 「達可翰林從軍」.
35) 『陽村集』 권20, 「陶隱李先生文集序」.

라고 하고 있는 것에서 보인다.

　정몽주와 이숭인은 서로 존경하면서 학문을 토론하는 막역한 사이였다. 이숭인은 정몽주를 평하여

　　　達可는 학문이 古今을 관통하고 기상이 순수하고 바르며, 말이 부드럽고 분명하며, 일찍이 吳楚에 놀고, 齊·魯의 옛터를 둘러 司馬子長의 풍토가 있었다.[36]

라고 하여 정몽주를 司馬遷에 비유하였고, 정몽주도 이숭인의 학문을 높이 평가하여 그에게 자문을 구하기도 하였다. 특히 그는 이숭인의 시를 높이 평가하여 그 자신이 시를 지었을 때는 이숭인에게 자문을 구한 것이 여러 번이었다. 공민왕 때 使行으로 중국 江南을 순력하고 수많은 시를 지었는데 이를 이숭인에게 자문 받고자 한 내용이 「江南憶陶隱」이라는 그의 시에서 보인다.

客路江南每獨吟　나그네길 강남에서 매양 홀로 읊으니
錦囊千首是光陰　금낭의 시 千首가 바로 光陰이구려.
只嫌詩病還依舊　다만 시의 버릇이 여전할까 꺼리니
他日煩君試一針　훗날 그대에게 一針을 받아야겠소.[37]

　鄭道傳도 그와 막역한 사이였다. 정도전은 奉化人으로 호는 三峯, 자는 宗之라 하며, 공민왕 11년에 과거에 급제하여 관로에 나갔다. 우왕 10년(1384)에는 成均祭酒, 우왕 14년(1388)에는 성균대사성을 역임하였다. 학문에 박통하였고, 특히 異端을 배척하는 것으로써 본분을 삼았다. 학문이 정교하고 표현력이 좋아 그의 문하에서 공부하려는 사람들이 문전성시를 이루었다. 권근은 「三峯集

---

36)『圃隱先生集』附錄,「李崇仁送鄭達可奉使日本詩序」.
37)『圃隱先生集』권1,「江南憶陶隱」.

序」에서 그를 평하여

> 三峯은 포은·도은과 더욱 친하게 지냈으며, 이들과 더불어 강론을 탁마하여 얻는 바가 매우 많았다. 항상 후진을 교훈할 때는 이단을 배척하는 것으로서 자기의 임무로 하였다. 『詩經』과 『書經』을 강론할 때는 능히 쉬운 말로써 지극한 이치를 표현하니, 배우는 사람들은 한 번 듣고 그 뜻을 알았다. 이단을 배척하는데 있어서는 능히 그 書를 통하여 먼저 상세히 그 내용을 설명하고 난 이후에 그 부당함을 배척하니, 듣는 사람은 모두 감복하였다. 이로써 經을 가지고 그를 따르는 사람들이 門巷을 항상 채웠다.[38]

라고 하고 있다. 비록 정도전과 그는 고려말에 정치적 견해의 차이로써 서로 적대관계가 되었지만, 공양왕이 즉위하기 이전까지는 권근이 「삼봉집서」에서 평한 바와 같이 이들은 막역하게 교유하였으며, 또한 정치적 견해를 같이 하는 동지이기도 하였다.

정도전은 「圃隱先生奉使藁序」에서

> 선생의 학문은 날로 진보하고 시도 이에 따랐다. 사명을 받들고 일본에 가셨을 때 위험한 큰 물결을 건너 만리 밖 외국에 가서 낯빛을 바르게 하고 사령을 닦아 나라의 아름다움을 드날리니, 이국 사람이 모두 우리리 사모하였다. 그 말씀이 명백하고 징대하어 좁고 움츠리거나 막히고 꺾이는 氣가 없으셨다.[39]

라고 하여 그의 학문과 언행을 우러러 보았고, 그도 정도전을 평하여

補國匡時術已疎　補國匡時에는 재주 이미 모자라
自嗟童習白分如　어린 때 익힌 학문 늙어 흐려짐을 한탄하노라.

---

38) 『陽村集』 권16, 「鄭三峯文集序」.
39) 『三峯集』 권3, 「圃隱先生奉使藁序」.

三峯隱者誰能似   三峯에 있는 隱者 어느 누가 그를 따르랴
不變平生立志初   평생토록 처음 세운 뜻 변치 않구나.[40)]

라고 하여 정도전의 학문과 지조를 높이 평가하고 있다.

이들외에도 全五倫·金先致·李詹·李陽·李天騎·朴晋祿·李存吾·孔俯·金自知·權近·河崙 등과도 친근하게 교유하였음이 『포은선생집』에서 확인할 수 있다. 그러나 이들은 대부분 그의 後學들로써 그의 학문에 영향을 받았던 사람들로 볼 수 있을 것이다.

3. 교육사상

정몽주가 교육활동에 종사하게 된 것은 공민왕 16년 禮曹正郎으로 있으면서 兼成均博士를 배수한 때부터이다. 공민왕 16년은 林樸 등의 건의에 의하여 공민왕 10년 홍건적의 침입으로 소실된 성균관을 중건하였고, 또 교육체제를 四書五經齋, 즉 九齋學規의 체제로 개편하고 이색을 겸 大司成으로 삼아 교육중흥을 도모하던 때였다.[41)] 이때의 교육내용은 성리학을 주지로 하는 經學 교육이었다. 이로써 당시 경학에 능통한 학자들에게는 겸직으로 교관직을 배수하여 교육을 담당하게 하였는데, 金九容·朴尙衷·朴宜中·李崇仁 등과 더불어 그도 이에 선발되었다.

그는 사서오경에 능통하였고, 특히 『周易』에는 그를 따를 자가 없었다. 성균관 교관으로서 그는 능력을 크게 발휘하였고, 주변의

---

40)『圃隱先生集』 권2,「次敬之韻贈三峯」.
41) 申千湜, 1996,「牧隱 李穡의 敎育思想」『牧隱 李穡의 生涯와 思想』,
一潮閣.

학자 및 館生들로부터 크게 존경을 받게 된다. 당시 그의 교육활동에 대하여 『고려사』 열전에서는

> 그 때 東方의 經書는 『朱子集註』뿐이었는데, 夢周의 講說이 탁월하여 당시 학자들의 생각을 뛰어넘어 듣는 사람들이 자못 의심하였다. 그러나 후에 胡炳文의 『四書通』을 얻어보게 되어서는 (夢周의 강설이) 여기에 꼭 들어 맞지 않는 것이 없으므로 선비들이 더욱 더 탄복하였고, 이색은 자주 그를 칭찬하여 "夢周의 논리는 횡설수설이 이치에 맞지 않는 것이 없으니 동방이학의 시조로 추대할만 하다"라고 하였다.[42]

라고 하고 있다. 또 그의 문인 咸傳霖은 「圃隱先生行狀」에서

> 丁未年(공민왕 16) 봄에 예조정랑으로 성균박사를 겸직하였다. 나라가 辛丑年(공민왕 10)에 병화를 입은 후에 학교가 황폐하였는데, 이 때에 이르러 공민왕이 뜻을 다시 일으키고 성균관을 중건하였으나 學官이 적으므로 永嘉 金九容·潘南 朴尙衷·密陽 朴宜中·京山 李崇仁과 公 같은 큰 선비를 뽑아 학관을 겸하게 하고, 牧隱 李文靖公으로 대사성을 겸하게 하였다. 그 때 동방에는 경서가 『朱子集註』뿐이었는데, 공의 講說이 發越하여 여느 사람의 생각을 뛰어넘어 벗어남으로 듣는 사람들이 자못 의심하였으나 雲峰 胡氏(雲峰은 號, 名은 炳文)의 『四書通』을 얻어 보게 되어서는 턴복하였으며, 목은은 자주 그를 칭찬하여 "달가의 논리는 횡설수설이 이치에 맞지 않는 것이 없으니, 동방이학의 시조로 추대한다"라고 하였다.[43]

라고 기록하고 있다.

그는 사서오경에 능통하였고, 득히 『中庸』과 『大學』을 학문의 요체로 파악하여 이를 교육의 주지로 삼았다. 또 그는 易에도 빼어나 『易經』의 이론적 바탕을 배경으로 하여 불교의 모순을 논파하

---

42) 『高麗史』 권117, 列傳30 鄭夢周.
43) 『圃隱先生集』 附錄, 「圃隱先生行狀」.

기도 하였다. 당시 고려사회에는 학습할 교재가 『朱子集註』뿐이었지만, 四書에 대한 그의 해박한 지식은 당시 사람들을 놀라게 하였고, 이후 胡炳文의 『四書通』이 전래되자 학자들은 이를 보고는 그의 학문적 식견에 더욱 탄복하고 있음을 위에서 알 수 있다.

그는 이와 같이 해박한 지식으로 성균관에서 교육에 전념하니, 학풍이 크게 진작된다. 이로써 성균관에서 수학하는 유생들은 그를 泰山北斗와 같이 존경하여 따르게 된다. 이러한 사실은 「圃隱先生行狀」에서

> 公은 魁科에 붙고 廬墓하여 능히 孝의 뜻을 폈다. 그는 안으로 배양된 근본이 확고하여 부동하였으며, 따라서 밖으로 발산되는 英粹는 찬란하여 문채가 빛났다. 先王께서 公을 임용하여 統緖을 맡기니 後生들은 경모하여 마치 泰山北斗와 같이 받들었다. 濂洛의 道를 창명하고, 佛老의 말을 배척하여 講論을 할 때는 오로지 精하게 하여 聖賢의 奧旨를 깊이 체득하게 하였다. 敎誨를 게을리 하지 않아 인재를 크게 일으켰으니, 덕망이 이로 말미암아 더욱 높아지고, 명성은 이 때문에 크게 떨쳤다.44)

라고 한 것에서 알 수 있다. 당시 그와 더불어 교관으로 활동하기도 한 정도전은 그의 학문과 교육활동에 대하여

> 목은선생이 재상으로 성균관을 영도하여 性命의 學을 제창하고 浮華한 풍속을 배척하여 선생과 李崇仁·朴尚衷·朴宜中·金九容 등을 천거하여 학관에 충원하고 經學을 강론하게 하니, 선생은 『大學』의 提綱과 『中庸』의 會極에 있어서 明道·傳道의 뜻을 얻었고, 『論語』와 『孟子』에 있어서는 그 精微인 操存涵養之要와 體驗充廣之方을 얻었으며, 『易』에 있어서는 先天과 後天이 서로 體와 用이 된다는 것을 알았고, 『書』에 있어서는 精一執中이 帝王의 傳授心法임을 알았으며, 『詩』는 民彝物則을 『春秋』는 道誼와 功利를 分辨하는 것임

---

44) 『圃隱先生集』 附錄, 「圃隱先生行狀」.

을 알았다. 우리나라 500년 동안에 이러한 이치를 깨달은 사람, 그 몇
이나 되겠는가. 諸生들이 자기의 학식을 고집하고 사람들이 異說을
제기하여 수시로 질문하였으나 그 강론과 분석이 털끝만큼도 틀리지
아니하니, 목은선생이 기뻐하여 칭찬하기를 "達可는 사람됨이 豪爽卓
越하여 橫說竪說함이 이치에 맞지 않은 것이 없다"고 하였다.[45]

라고 평하고 있다.

그는 성리의 학과 더불어 시도 심성을 배양하는 방편으로 보아
유생들에게 이를 권장하였다. 이것은 이색이 「圃隱齋記」에서

烏川 鄭達可는 鹿鳴을 노래하여 丘園의 束帛을 꾸미고 壯元에 뽑
혀 文苑의 英華를 차지하였고, 또 濂洛의 淵源에서 道緖를 잇고,
詩・書의 동산에 諸生들을 이끌었으며, 더욱 詩를 잘 이야기 하는 것
으로 당대에 칭송되었다.[46]

라고 하고 있는 것에서 알 수 있다. 특히 그는 이단을 배척하는 것을
본분으로 삼았고, 이를 위한 학문적 요체로 『주역』을 중시하였다.
이러한 그의 학문적 태도는 일찍이 김구용과 하륜에게 준 시에서

紛紛邪說誤生靈	어지러운 邪說은 백성을 그르치는데
首唱何人爲喚醒	어느 누가 먼저 말하며 이를 깨우치려나.
聞道君家梅欲動	그대의 집에서 듣는 道의 소리 매화가 피어나는 것 같도다.
相從更讀洗心經	서로 만나 洗心經(周易)을 다시 읽어보세나.
固識此心虛且靈	이 마음이 虛靈힘은 본래부디 일기니와
洗來更覺己全醒	닦으면 깨우친 것 다시 깨닫네.
細看艮卦六畫耳	艮卦의 六畫만을 자세히 보아도
勝讀華嚴一部經	華嚴經을 죄다 읽은 것보다 나으리.[47]

---

45) 『三峯集』 권3, 「圃隱先生奉使藁序」
46) 『牧隱集』 권5, 「圃隱齋記」.
47) 『圃隱先生集』 권2, 「讀易寄子安大臨兩先生」. 위에서 洗心經은 『周易』

라고 하고 있는 것에서 알 수 있다. 위에서 보는 바와 같이 그는 紛紛한 邪說은 生靈을 그르친다고 하면서 『주역』의 艮卦 六畫만 이해하더라도 방대한 『華嚴經』 전부를 읽은 것보다 나을 것이라 하여 『주역』의 중요성을 크게 강조하고 있다. 이것은 바로 그의 교육사상이 되기도 한다.

그의 박학한 학문과 교육적 열의는 주위로부터 존경의 대상이 되었고, 이로써 그는 학자로서의 위치를 확고히 하게 된다. 이후 그는 성균직강으로 승보되고, 공민왕 17년에는 성균사예를 배수하였으며, 공민왕 20년에는 성균사성에 올랐다.

공민왕 16년(1367)에 정7품직인 성균박사에서 출발하여 불과 4년 후인 공민왕 20년(1371)에 종3품직인 성균사성에까지 올랐으니, 그의 관력은 실로 파격적이라 하지 않을 수 없다. 이와 같이 그가 파격적으로 승보할 수 있었던 것은 바로 그의 해박한 성리학적인 학문적 소견과 교육활동 때문이었다.

공민왕 21년 3월에는 성균사성으로서 지밀직사사 洪師範의 書狀官이 되어 명에 가서 高麗子弟의 유학을 건의하였고, 이것은 그대로 수용된다.[48] 다음 해 7월에 귀국하여 성균관에서 교육을 담당하다가 공민왕 23년(1374)에는 성균대사성으로 올랐고, 얼마 후 慶尙道 安廉使를 제수받아 지방관으로 出補하였다가 다시 성균관 대사성을 배수하고 귀환하였다.

그는 성균관 교관으로서의 주요 직관은 모두 거치고 있다. 즉 성균박사, 성균직강, 성균사예, 성균사성, 성균대사성을 순차적으로 거치고 있는데, 이러한 경우는 고려시대 전체를 보아도 찾아보기

繫辭上 12章에 나오는 '聖人以此洗心 退藏於密'에서 유래된 말로 『周易』을 일컫는 것이다.

48) 『高麗史』 권43, 世家43 恭愍王 21년 3월.

어렵다.

우왕이 즉위하자 북원의 사신을 맞이하려는 이인임에게 이의 부당함을 논하였다가 하옥되어 대사성의 직을 파직당하고, 이어 언양으로 유배되었다. 그러나 이후 우왕 6년에 밀직을 제수 받았고, 공양왕이 즉위하자 다시 성균대사성을 겸하였다.

우왕 즉위 초 그가 성균대사성의 직에서 물러나자 이후부터 성균관을 비롯한 학교교육은 부진상을 면하지 못하게 된다. 이것은 그가 密直으로 부임하던 우왕 6년(1380)에 이색이 그의 밀직 제수를 축하하는 시에서 '塵埋聖籍壁多雨 草茂儒宮庭半煙' 이라고 한 내용에서도 확인되고, 공양왕 원년에 대사헌 趙浚 등이 올린 시폐개혁론에서 당시 교육상을 '鞠爲茂草'라고 표현하고 있는 것에서도 알 수 있다.

그는 공양왕 즉위 초에 門下贊成事로서 성균관 대사성을 겸직하자 교육중흥을 시도하게 된다. 그는 당시 정치사회의 전반적인 개혁을 통하여 고려의 왕권을 확립하려 하였고, 이것은 교육개혁을 통해서만 가능하다고 보았다. 이러한 사실을 이해하기 위하여는 공양왕 원년 12월에 올린 대사헌 조준 등의 상소를 음미할 필요가 있다.

① 학교는 풍화의 근원이니, 국가의 치란과 정치의 득실이 이에 말미암지 않은 것이 없습니다. 근래에 전쟁으로 인하여 학교는 廢弛하여 무성한 풀밭이 되었습니다. 鄕愿으로 儒名을 칭탁하고 있는 자들은 군역을 피하려는 사람들로, 5~6월에 이르면 童子를 모아 唐宋絶句를 읽고 50일에 이르면 이를 파하고 일러 夏課라고 합니다. 수령이 된 사람들은 이를 보고도 보통으로 여겨 개의하는 바가 없습니다. 이와 같은 즉 經明行修힌 선비를 얻어 국기를 엄히 다스리는데 도움을 받고자 하나 가히 되겠습니까?

② 원컨대 지금부터는 勤敏博學 사람을 교수관으로 삼아 5道에 가기

1명씩 分遣하여 郡縣을 두루 돌아다니게 하고, 이에 필요한 馬匹
과 供億은 모두 향교에 맡겨서 이를 주관하게 하소서. 또 外方에
閑居한 業儒를 本官의 敎導로 삼고, 자제들로 하여금 항상 사서
오경을 읽히고, 詞章은 읽지 않도록 하소서. 교수관은 돌아다니면
서 課程을 엄격히 세우고, 몸소 論難하여 그 통하고 통하지 못하
는 바를 고찰하여 이를 名籍에 登書하고, 타일러 학업을 장려하여
實材를 이루도록 하고, 인재를 얻음이 많은 사람은 不次擢用할
것이며, 만약에 능히 敎誨하지 못하여 成效가 없는 사람은 또한
죄로서 논하여 장려하도록 하소서.[49]

위 상소는 크게 ①·②로 구분되는데, ①은 우왕 이후 공양왕 이
전까지의 교육상을 지적하고 있고, ②는 앞으로의 교육개혁에 대
한 방향을 제시하고 있다. ①에서 우왕 이후 唐宋絶句에 급급하였
던 교육상을 엿볼 수 있고, 학교교육은 '鞠爲茂草'라고 한 것과 같
이 크게 침체하고 있음을 알려준다. ②에서 앞으로의 교육개혁에
대한 방향이 제시되고 있는데, 주로 향교 교육의 개혁에 집중되고
있다. 그러나 사서오경을 읽히고 사장은 일체 배우게 하지 말자는
내용에서 당시 교육개혁의 방향을 경학 위주로 개편하도록 하고
있음을 알 수 있다.

위의 상소를 『高麗史』에는 조준 등이라고 기록하고 있어 마치
조준이 이를 건의한 것으로 보이게 하고 있다. 위의 내용은 교육분
야만 추출한 것이지만, 위 건의의 내용 중에는 田制·兵制 및 사
회개혁까지 다양하게 포함되고 있다. 주목할 만한 것은 위의 건의
가 조준 등이라고 하여 많은 사람들이 이에 관계되고 있음을 보여
준다. 여기에는 정몽주도 포함되었을 것이 분명하다. 적어도 학교
교육에 관계된 위의 기사내용은 당시 성균대사성을 겸직하고 있었
던 정몽주의 견해로 보아야 할 것이다. 왜냐하면 위의 건의가 있은

---

49)『高麗史』 권74, 志28 選擧2 恭讓王 원년 12월.

그 다음 해 2월에 京中五部와 西北面의 府와 州에 儒學教授官이 파견되고 있고,50) 동왕 3년에는 각 道의 牧과 府에도 유학교수관을 파견하고 있다.51) 그렇다면 都城에는 五部學堂이 설립되고, 외방에는 향교를 설립하였다는 것이 된다.『고려사』열전에는

> 夢周는 천품이 지극히 고상하고 豪邁하기가 여느 사람보다 뛰어났으며, 충효의 큰 절개가 있고, 젊어서부터 학문을 좋아하여 게을리 하지 않았으며, 性理를 연구하여 얻은 것이 많았으므로 태조가 평소에 존경하여 대장으로 출정할 때마다 반드시 더불어 함께 갔고, 자주 천거하여 함께 재상에 올랐다. 그 때의 풍속은 喪制에서 오로지 佛家의 법을 숭상하였는데, 몽주가 비로소 士庶로 하여금 朱子家禮를 본받아 私家에 사당을 세우고, 선조의 제사를 받들게 하였다. 또 京中에 五部學堂를 세우고, 外方에는 향교를 설치하여 儒術을 일으켰다.52)

라고 하여 그의 교육활동을 살펴볼 수 있다. 특히 주목되는 것은 ‘京中에 5부학당을 세우고, 외방에는 향교를 설치하여 儒術을 일으켰다’라고 한 내용이다. 이로 볼 때 공양왕 원년 조준의 이름으로 나타나고 있는 정치개혁안 중에서 적어도 교육관계에 대한 위의 기사는 정몽주의 교육개혁에 대한 이념이 그대로 반영되고 있는 것을 확인할 수 있다.

조선시대 중종 12년(1517) 성균생원 權磧 등이 포은선생의 문묘종사를 청하는 「請從祀文廟疏」란 건의문을 올렸는데, 그 중에서

> 하늘이 도와서 儒宗 포은을 고려말에 낳으니, 뛰어난 자질은 우뚝하시고 經濟의 재주를 지녀 性理를 연구하여 학문이 깊고 넓었습니다. 또 스스로 얻은바 많아서 講說이 發越하였고, 또 奧旨를 혼자서 터득하였는데, 이것은 先儒의 해설과 일치하였습니다. 그리고 충효와

---

50)『高麗史』권74, 志28 選學2 學校 恭讓王 2년 2월.
51)『高麗史』권74, 志28 選學2 學校 恭讓王 3년 정월.
52)『高麗史』권117, 列傳30 鄭夢周.

대절 또한 당세에 크게 이름을 떨쳤습니다. 상례를 제정하고 사당을 세우되 한결같이 朱子家禮에 따랐으며, 文物儀章은 모두 그가 다시 정하였습니다. 또 학교를 세우고 교학을 베풀어 유술을 크게 일으켜서 斯道를 밝혀 후학을 깨우친 것은 동방에서 이 사람뿐입니다.[53]

라고 한 것을 보면 당시 사회에 그가 미친 교육적 영향이 지대하였음을 알 수 있다.

그의 교육사상은 성리학적 유학사상에서 출발하고 있다. 그는 우주의 본체를 太極 또는 皇天으로 보면서 여기서 파생된 氣가 인간을 생성한다고 보았다. 이 기는 至高至純의 絶對善으로써 이를 잘 배양하여 잃지 않게 하는 것이 바로 우리가 지향해야 할 바라고 하였다. 이러한 그의 사상은 일찍이 李集에게 준 「浩然卷子」라는 시에서 보인다.

皇天降生民	皇天이 사람을 나게 했으니
闕氣大且剛	그 氣는 크고도 굳세도다.
夫人自不察	무릇 사람들은 스스로 이를 살피지 않고
乃寓於尋常	심상하게 여겨 버려 두더라.
養之固有道	(사람들이) 固有한 道를 기른다면
浩然誰敢當	浩然한 氣를 누가 감당하겠는가.
恭承孟氏訓	맹자의 가르침을 恭敬히 받들어
勿助與勿忘	더 하지도 말고 또 잊지도 않는다면
千古同此心	千古에 이 마음은 한결 같으리.
鳶魚妙洋洋	鳶魚의 묘한 이치 洋洋한데
斯言知者少	이 말 아는 자 드무니
爲子著此章	그대를 위하여 이 글을 짓는 도다.[54]

위의 시에서 보는 바와 같이 그는 황천으로부터 기를 받아 태어난 사람들은 항상 이 기를 잘 보존하고 배양하여야만 浩然의 경지

---

53) 『圃隱先生集』 附錄, 「請從祀文廟疏略」.
54) 『圃隱先生集』 권2, 「浩然卷子」.

에서 항상 할 것이라고 하고 있다. 이색은 이것을 本然之善이라고 표현하고 있지만, 그는 위에서 보는 바와 같이 固有道란 말로서 표현하고 있다. 그는 위의 시에서 사람들이 스스로 고유도를 살피지 않고 버려 두니 尋常한 데에 머물고 만다고 탄식하고 있다.

그는 하늘에서 받은 기를 陽의 기라 하였고, 땅에서 받은 기를 陰의 기라고 하여 이 양과 음의 조화야말로 사람들이 中和를 이룰 수 있는 덕목으로 파악하였다. 더 나아가 그는 사람들은 황천으로부터 양의 기를 받아 출생한 이후 땅으로부터 음의 기를 받게 되는데, 만약에 음에 의하여 양의 기를 잃게 된다면 尋常人으로 전락될 것이라고 보았다. 다음의 시에서 이러한 그의 사상이 나타나고 있다.

乾道未嘗息　　乾道(하늘의 道)는 쉬는 일이 없고
坤爻純是陰　　坤爻(땅의 爻)는 순전히 陰이니
一陽初動處　　一陽이 처음 움직이는 곳에는
可以見天心　　天心(하늘의 마음)을 볼 수 있도다.

造化無偏氣　　造化에는 치우치는 기(偏氣)가 없으며
聖人猶抑陰　　聖人은 오로지 陰을 누르는도다.
一陽初動處　　一陽이 처음 움직이는 곳에는
可以驗吾心　　나의 마음을 증험할 수 있도다.[55]

그에 있어서 이상적인 사회는 陽의 기가 지배하는 사회이다. 여기에서 양은 태어날 때의 品性 즉 고유도이며, 음은 후천적인 요소에 의하여 배양된 품성으로 볼 수 있을 것이다. 위의 시 중에서 ‘一陽初動處 可以見天心 一陽初動處에 可以驗吾心’이라고 한 내용은 ‘陽은 즉 天心이요, 아울러 吾心이다’라는 그의 사상을 단적으로 표현하고 있다. 여기서 天心은 至高至純한 陽의 기를 의미하고,

---

55) 『圃隱先生集』 권2, 「冬至吟」.

吾心은 이러한 양의 기에 의하여 배양된 本然之性, 즉 고유도를 말한다. 따라서 그는 天心을 吾心으로 파악하여 마음을 갈고 닦을 때 후천적인 요소, 즉 陰의 기는 극복되어 질 수밖에 없다고 보았다. 다음의 시를 보자.

⑴ 水上有地　　　　물위에 땅이 있고
　　地以出泉　　　　땅에서는 샘이 나와
　　溪兮海兮　　　　시내를 이루고 바다를 이루어
　　無餘欠焉　　　　채우지 않는 바가 없네.

⑵ 心兮本虛　　　　마음은 본시 비어서
　　直哉惟淸　　　　곧고도 맑아
　　能霜與雪　　　　능히 서리와 눈을 견디는 것은
　　玉汝干成　　　　너를 닦음으로서 이루어지네.
　　上人何取于此　　上人은 여기서 무엇을 취하였나
　　一以觀物理之妙　한편으로 物理의 묘한 것을 보고
　　一以配道行之貞　한편으로 道行의 곧은 것을 짝해야 하리로다.56)

위의 ⑴행에서는 水를 物理의 기본으로 파악하여 모든 만물은 물을 바탕으로 地를 生하고, 泉을 生하고, 溪를 生하고, 海를 生한다고 보았다. ⑵행에서는 마음을 本虛·惟淸으로 파악하여 道行의 근본으로 보아 이를 닦음으로써 어떠한 霜와 雪도 극복할 수 있다고 하였다. 여기서 서리와 눈은 후천적 요소에 의하여 배양된 음의 기를 비유하여 말한 것으로 볼 수 있을 것이다.

이상에서 그가 지향하고 있는 교육이념은 固有道를 보존하고 배양함으로써 후천적인 陰의 氣를 극복하는데 있다는 것을 알 수 있다. 그렇다면 이러한 陽의 氣, 즉 인간의 고유도를 회복하기 위한 구체적인 방법은 무엇인가?

---

56)『圃隱先生集』권2,「隱溪霜竹軒卷子」.

그는 이것을 유학의 가치관에 입각한 人性觀의 함양과 異端의 극복에 있다고 보았다. 성리학적 유학의 가치관에 입각한 인성관의 배양은 그가 「浩然卷子」라는 시에서

> 孟子의 가르침을 공경히 받들어 더 하지도 말고 잊지도 않는다면 천고에 이 마음 한결 같으리.[57]

라고 한 내용에서도 보이고, 특히 그의 문생 咸傅霖이 선생의 행장을 쓰면서

> 公은 천품이 지극히 고상하고, 豪邁히기기 여느 시람보다 뛰어났다. 젊어서부터 큰 뜻을 가졌고 학문을 좋아하여 게을리 하지 않았으며, 뭇 서적을 널리 보고 날마다 『大學』·『中庸』을 외우며 이치를 궁구하고 지식을 推極하였다. 자신을 돌이켜 실천하여 참된 것이 쌓이고, 힘쓴 것이 오래되어 전하여지지 않은 濂洛의 秘旨를 혼자서 알았다. 그러므로 사업에 施措하고 의논에 발설한 것이 모두 광명 정대하여 이미 청사에 빛났으니, 참으로 일세에 빼어난 재주라 하겠다.[58]

라고 하고 있는 것에서도 보인다.

그는 특히 『周易』에 밝았다. 그가 『주역』에 밝았던 것은 이색이 그를 평하여

> 老來易學慕伊川　늙어서 易學에 심취하여 伊川을 사모하였고
> 羲畫仍將繼邵傳　伏羲氏의 八卦는 邵翁의 傳述을 이있도나.[59]

라고 하고 있는 것에서도 알 수 있고, 또 실제로 그가 지은 여러 편의 시에서도 보인다.

---

57) 『圃隱先生集』 권2, 「浩然卷子」.
58) 『圃隱先生集』 附錄, 「圃隱先生行狀」.
59) 『牧隱詩藁』 권15, 「憶鄭散騎」.

(1) 石鼎湯初沸   돌 솥에 더운 물이 비로소 끓고
    風爐火發紅   풍로의 불이 붉은 빛을 내더라도
    坎离天地用   坎과 离는 하늘과 땅의 用이니
    卽此意無窮   여기에 무궁한 뜻 있는 것일세.60)

(2) 玩易曾觀象   周易을 읽을 때 象을 보고서
    知渠濟物功   그것이 만물을 돕는 功이라는 것은 알았도다.61)

위의 시 (1)·(2)에서 보는 바와 같이 그는 『周易』을 천지의 조화와 만물의 생성을 밝힌 무궁한 진리의 장으로 평가하고 있다.

그는 성리학적 인성관을 바탕으로 이단을 배척하였다. 그는 이단을 배척하는데 있어 그의 해박한 『주역』의 논리를 많이 활용하고 있다. 당시 고려사회는 불교를 비롯한 이단이 크게 성행하고 있었다. 이러한 당시 사조는 정도전이 그에게 보낸 다음의 글에서 보인다.

우리 동방은 그 폐해가 더욱 심하였습니다. 사람들은 모두 이단을 돈독히 믿고 근엄하게 받들었으며, 또 大儒라 부르는 선비들까지도 이를 찬송하고 노래를 지어 읊었으니, 그 명성과 위세는 크게 떨쳤던 것입니다. 저 아래의 혼미한 백성들은 통달된 사람들이 좋아하는 것이 무엇인가를 알아서 쫓을 뿐이었습니다. 여기에서 선왕의 학문은 寂寥하여 들림이 없고, 귀로 듣고 눈으로 보는 것이 이단이 아님이 없었습니다. 襁褓의 어린아이는 말을 배우기 시작할 때에 먼저 이단의 말을 외었으며, 기뻐하고 재롱할 때에도 문득 그 몸짓을 배워 습관이 성품으로 이루워져 천연히 그 그릇됨을 깨닫지 못하고, 간사한 마음이 몸에 배어 굳어져서 그 뿌리를 뽑아낼 수 없게 되었습니다. 이러한 폐단을 없애기 위해서는 오직 그 학술이 바르고 또 도덕적인 수양이 깊어서 다른 사람들이 믿고 따를 수 있는 사람이어야만 남을 바르게 할 수 있다고 보겠습니다. 나의 벗 達可는 바로 그 적격이라 하겠습니

---

60)『圃隱先生集』 권2,「讀易」.
61)『圃隱先生集』 권1,「復州館中井」.

다. 달가는 비록 지위는 없으나 달가의 학술을 말한다면 일찍이 학문
에 뜻을 둔 사람은 달가의 올바른 학술을 본받아 배웠고, 도덕에 있어
서는 이를 배우고자 하는 사람들이 달가의 통달한 덕성을 쫓아 닦았
습니다. 하늘이 달가를 내심은 진실로 우리 道에 복이 아닐 수 없습니
다.62)

  그도 당시 사회의 이러한 폐풍을 절감하고 있었고, 이로써 그는
이단의 배척을 자기에게 주어진 소임으로 생각하였다. 그는 일찍
이 이집에게 준 시에서

人而不如鳥	사람이긴 하지만 새만도 못하구나.
何日去投林	어느 때나 숲으로 들어간거나
幻學妨吾道	幻學은 우리 道에 방해가 되고
新聲亂雅音	속된 노래는 바른 소리 어지럽히네.63)

라고 하고 있는 것에서도 보인다. 위의 시에서 '幻學은 우리 道에
방해가 된다'라고 표현하고 있는데, 환학이란 불교를 비롯하여 老
莊과 미신을 모두 포함하고 있다.
  먼저 그의 불교관을 살펴보자.
  그의 불교관은 공양왕 때 왕이 僧 粲英을 스승으로 맞이하려 하
자 이에 대한 부당성을 개진하면서

  儒者의 도는 모두 日用하는 平常한 일이며, 음식과 남녀관계는 사
람들이 같이 하는 것이니, 그 지극한 이치는 바로 여기에 있습니다.
堯舜의 道도 이것을 벗어나지 아니하여 動靜 語默이 항상의 생활에
맞도록 하였습니다. 따라서 요순의 도는 매우 높아서 실행하기 어려
운 것이 아닙니다. 그런데 저 佛家의 가르침은 그렇지 아니하니, 친척
을 물리치고 남녀를 끊고서 巖穴에 홀로 앉아 草衣木食하여 觀空寂

---

62) 『三峯集』 권3, 「上鄭達可書」.
63) 『圃隱先生集』 권2, 「又次遁村韻」.

滅하는 것을 숭상하고 있습니다. 그러니 이것을 어찌 평상한 도라 할
수 있겠습니까?[64]

라고 하여 불교의 이단 됨을 역설하면서 유학을 장려할 것을 건의
하고 있는 것에서 찾아볼 수 있다.

위에서 그는 日常의 생활에서 도를 찾아 행하여야 하는 것이지,
이것을 벗어나서는 도는 존재할 수 없다고[65] 보아 불교를 배척하
고 있다. 이것은 「贈僧」이라는 다음의 시에서도 보인다.

松風江月接沖虛 松風과 江月이 沖虛에 접함은
正是山僧入定初 바로 이것이 山僧이 入定하는 처음이라
可笑紛紛學道者 가소롭도다. 분분히 道를 배우는 자들이
色聲之外覓眞如 色과 聲을 떠나 眞如를 찾는다니.[66]

그는 위의 시에서 色聲의 밖에서 眞如를 찾는다는 것은 바로 일
상생활을 떠나 진리를 찾는다는 것이니, 이를 가소롭다고 표현하고
있다. 그는 불교 교리자체에도 비판적인 견해를 보이고 있다. 「幻菴
卷子」라는 다음의 시를 보자.

鉅細粉萬殊 크기도 하고, 작기도 하여 만상이 어지러히 다르긴 하나
粲然斯有理 그 곳에도 분명한 이치가 있는도다.
處之苟臻極 처하기를 지극히 한다면
物我無表裏 만물과 나 사이에는 안과 밖이 없도다.

---

64) 『高麗史』 권117, 列傳30 鄭夢周.
65) 이러한 그의 사상은 바로 朱子의 사상을 계승한 것이기도 하다. 정몽주
가 위에서 '儒者之道 皆日用平常之事'라 하고 있는데, 이것은 『中庸』
第1章 '道也者 不可須臾離也 可離非道也'에서 연유되고 있는 것으로
보인다. 朱子는 위의 내용을 註 하면서 '道란 것은 日用當理之理'라고
해석하고 있다.
66) 『圃隱先生集』 권2, 「贈僧」.

浮屠異於此　　　　　(그러나) 중들이 말하는 것은 이와 달라서
懸空譚妙旨　　　　　허공에 걸어 묘한 뜻만 말하며
一切歸幻妄　　　　　모든 것은 덧없는 데로 돌아간다 하니
君父失所止　　　　　임금과 어버이도 서야 할 곳을 잃었도다.
自是千百年　　　　　이로부터 천 백년 내려오면서
議論竟蜂起　　　　　의론이 벌떼처럼 마구 이는데
上人虛心者　　　　　상인은 虛心한 자이니까
願與求正是　　　　　원컨대 더불어 正是를 찾기 바라오.67)

그는 더 나아가 靈山의 모임에 참여하여 釋迦에게 佛道의 부당
성을 따지지 못한 것을 한하고 있다. 이것은 「圓照卷子」라는 시에
서 보인다.

如天之圓廣大無邊　　　하늘이 둥글고 넓은 것과 같이 크고도 끝이
　　　　　　　　　　없고
如鏡之照了達微妙　　　거울의 비춤과 같이 미묘한 데까지 이르도다.
此浮屠之所以喩道與心　이것은 불교에서 道와 마음을 비교한 것인데
而吾家亦許之以近理　　우리 儒家에서도 이를 이치에 가깝다고 받아
　　　　　　　　　　들이고 있도다.
然其圓也可以應萬物乎　그러나 둥글다고 해서 만물에 모두 응할 수
　　　　　　　　　　있겠으며
其照也可以窮精義乎　　비춘다고 해도 精義에까지 궁구할 수 있겠는
　　　　　　　　　　가.
吾恨不得時遭乎靈山之會　내가 靈山의 모임에 나아가서
詰語一言 於黃面老子　석가에게 한마디 따지지 못한 것이 한이로
　　　　　　　　　　다.68)

따라서 그는 불교의 교리를 邪說로 보아 분분한 사설은 백성을
그르치는 것으로 파악하였고, 방대한 『화엄경』을 모두 읽는 것은
『周易』의 六畫 히니만을 읽은 것보다 못하다고 비판하고 있다.69)

---

67) 『圃隱先生集』 권2, 「幻菴卷子」.
68) 『圃隱先生集』 권3, 「圓照卷子」.

老莊사상에 대하여도 그는 비판적 견해를 갖고 있다.「湖中觀魚」라는 시를 보자.

潛在深淵或躍如　깊은 못에 잠겨있되 힘차기도 한 것은
子思何取著干書　子思는 무엇 때문에 글에다 썼던가.
但將眼孔分明見　눈으로 분명하게 잘만 본다면
物物眞成潑潑魚　모든 만물이 팔팔한 고기와 같네.

魚應非我我非魚　고기 물론 나 아니고 나도 고기 아니거니
物理參差本不齊　物理는 들쑥 날쑥 본래 같지 않지만
一卷莊生濠上論　濠梁의 논의를 쓴 莊生의 책 한권
至今千載使人迷　지금까지 천년동안 사람 어지럽히네.[70]

그는 '모든 物物이 다 聖德을 갖고 있다'는 맹자의 견해를 수용하면서 이 성덕을 潑潑魚에 비유하고 있다. 그러나 사람들은 이를 살피지 않고 버려 두니 깊은 연못에 숨어 있는 고기와 같이 찾지 못하지만, 浩然의 기를 길러 사물을 정확하게 본다면 이 성덕을 발견할 수 있다는 것이다. 이것은 포은의 교육사상을 단적으로 대변한 내용이기도 하다. 이것을 전제로 그는 일찍이 莊子와 惠子가 濠梁을 거닐면서 물고기를 대상으로 논란한 내용을 비판하고 있다. 위의 시에서 그는 장자의 논의는 지금까지도 사람들을 미혹에 빠뜨리고 있다고 하고 있다. 이로 볼 때 그는 노장사상을 거부하고 있음을 알 수 있다.

또 그는 迷信에 대하여는 더욱 강하게 비판하고 있다. 그가 중국

---

69) 『圃隱先生集』 권1, 「讀易寄子安大臨兩先生」.
70) 『圃隱先生集』 권1, 「湖中觀魚」. 위의 시는 『莊子』의 秋水篇에 나오는 莊子와 惠子와의 대화를 회상하여 지은 시인데, 물고기가 뛰어노는 것을 물고기의 樂이라는 장자의 말에 혜자는 그대(莊子)가 물고기가 아닌데 어찌 물고기의 즐거움을 알 수 있느냐고 묻고 있다. 정몽주는 위의 시에서 장자의 견해를 '至今千載使人迷'라고 하여 반박하고 있다.

에 사신으로 갔을 때 萊州의 海神廟를 보고는

> 海神遺廟壓滄茫　海神의 옛 사당이 바닷가에 있어서
> 天子時修爲降香　天子는 때때로 수리하고 香을 내리었네.
> 自是聖廟崇祀典　이제부터 聖廟는 祀典을 숭상하니
> 王魁往事也荒唐　왕은 지난 일을 황당한 일로 부끄러워하리라.[71]

라는 시를 지어 귀신을 섬기는 일은 황당한 일이라고 표현하고 있다. 이러한 그의 사상은 역시 중국으로 使行했을 때 贛楡縣에 숙박하면서 지은 다음의 시에서도 보인다.

> 縣官無事草生庭　고을의 관아에는 일이 없어 뜰에는 풀이 나고
> 城上不聞刁斗聲　城에서는 刁頭의 소리도 들리지 않네.
> 父老賽神來討卦　父老들은 굿을 하고 점괘를 풀고
> 兒童下學競呼名　兒童들은 학교를 파하고 다투어 이름 부르네.
> 柳塘日暖紅鱗戲　버드나무 연못엔 볕이 따뜻해 붉은 고기 뛰놀고
> 麥隴風過翠浪生　보리밭에는 바람불어 푸른 물결 일도다.
> 惆悵三韓遠游客　서글프다 三韓에서 온 길손
> 問津還愧耦而耕　나루를 묻는 것도 耦而耕에 부끄럽다.[72]

그는 공유현에 머물면서 그 곳 지방민들의 미신 숭배를 보고 크게 실망하여 일찍이 孔子가 제자를 보내 長沮와 桀溺에게 길을 물었다는 고사를 인용하면서 이 곳 사람들에게는 길을 묻는 것조차 부끄럽다고 탄식하고 있다.

　이상에서 살펴 본 바와 같이 정몽주의 사상적 이념은 성리학적 유학사상이었다. 그의 교육사상과 교육활동도 이러한 성리학적 유학사상을 전제로 나타나고 있다. 그는 사람이 태어날 때 하늘로부

---

71) 『圃隱先生集』 권1, 「萊州海神廟」.
72) 『圃隱先生集』 권1, 「宿贛楡縣」.

터 받은 품성을 보전 개발하는 것을 교육의 주지로 하고 있다. 그는 이것을 고유도라고 표현하고 있다. 그리고 그는 '幻學妨吾道'라 하여 이단을 철저히 배척하였다.

Ⅱ. 정몽주의 학맥

1. 학맥 형성의 배경

정몽주는 이색의 후학이었지만 고려말에 정치와 학문을 이끈 거봉이었다. 그의 학문은 성리학을 이념적 기저로 하고 있으며, 특히 그 보급과 실천을 사명으로 삼았다.

그는 四書五經에 박통하였고, 특히『周易』에는 그를 따를 자가 없었다. 그의 이러한 학문적 능력은 공민왕 16년(1367) 이색이 겸대사성으로 교육중흥을 일으킬 때 성균박사로 발탁되어 함께 교관으로 활동하게 된다. 이때 이색은 그의 탁월한 학문적 능력에 대하여 "達可의 횡설수설은 이치에 맞지 않는 바 없다"라고 하여 감탄하고 있으며, 더 나아가 그를 司馬遷에 비유하기도 하였고, 또 앞으로 儒道를 일으킬 거목으로까지 기대하였다.

그는 일찍부터 은문인 신군평·김득배·한방신의 문하에 출입하면서 학문을 익혔고, 이색·정도전·이집·김구용·이숭인 등과 교유하는 과정에서 학문은 더욱 정연되어 갔다. 특히 이색에게 받은 영향도 많았던 것 같다. 이색은 그의 학문을 높이 평가하여 앞으로 儒道를 일으킬 거목으로 평가하고 있지만, 그도 이색을 函

丈 또는 耆賢으로 받들어 존경하였다. 또 창왕 원년(1389) 9月에는 왕에게 건의하여 이색에게 劍履上殿 贊拜不名의 특전을 내리도록 하고 있다. 그와 이색의 관계는 조선시대 선조 2년(1568) 奇大升이 이색의 인물을 평가하면서

> 정몽주가 전적으로 이색에게 배웠다고는 할 수 없지만, 그로부터 장려 권면되어 학문을 홍기시켜 이룬 것이 많았습니다.[73]

라고 하고 있는 것에서도 보인다.

그와 이색과의 관계는 평생토록 지속된다. 이색과 그는 정치적 이념을 같이 하였고, 또 서로 간에는 문인으로 결속되어 있었다. 이색의 문인은 바로 그의 문인이었고, 그의 문인은 또한 이색의 문인이기도 하였다. 즉 이색의 문생은 그의 문하에 출입하면서 가르침을 받았고, 또 그의 문생 역시 이색의 문하에 출입하면서 가르침을 받았다. 이로 볼 때 이색의 문생은 그에게는 문도가 되고, 그의 문생은 이색의 문도가 되기도 한다. 또 이색의 손자인 孟畇은 그의 문하에서 합격한 문생이었다.

따라서 엄격한 의미에서 볼 때 이색의 학맥과 정몽주의 학맥은 구분할 수 있는 성격이 아니다. 왜냐하면 위에서 보는 바와 같이 이색의 문인은 그의 문인이며, 그의 문인은 바로 이색의 문인이기 때문이다. 그 자신도 앞의 장 「이색의 학맥」과 앞의 항 「정몽주의 생애와 학문」에서 살펴 본 바와 같이 이색의 문하에서 많은 감화를 받고 있다.

그는 우왕 11년(1385)에는 정당문학으로서 동지공거를 맡아 많은 문생을 선발하였다. 이때 선발된 權遇·朴信·咸傅霖·韓尙德·卞

---

73) 『宣祖實錄』 권3, 宣祖 2년 閏 6월 己酉.

李良 등은 이후 조선사회에서 대사성 또는 지공거를 맡아 조선초기의 학맥 개창에 크게 기여하였고, 또 이들은 자신의 문하에서 다시 수 많은 문생과 문도들을 배출시키고 있다.

그는 김구용·이집·이숭인과는 평생의 벗으로 막역하게 지냈고, 비록 고려말에는 정치적 견해를 달리하여 적대관계가 되었지만, 그 동안에는 정도전과도 막역하게 지냈다.

정몽주의 사상적 이념은 성리학의 현실적 실천이었다. 『고려사』 열전에서 보이는 바와 같이 그는 선비들로 하여금 朱子家禮를 본받아 이를 실천하도록 하였으며, 또 5부학당과 향교를 일으켜 성리학 이념을 전국적으로 확산하는데 공헌하고 있다.74) 이러한 이념 하에 공양왕 4년(1392)에는 新律을 지어 바쳤고, 또 고려에 대한 충절을 끝까지 지켰다.

그는 새 왕조를 개창하려는 이성계 일파의 세력들로부터 고려를 지키기 위하여 최후까지 노력하였다. 이로써 그는 고려말에 왕권파의 수장이 되어 그와 뜻을 같이 하는 문인들과 더불어 이성계의 측근을 탄핵하였고, 또 공양왕 4년에는 이성계를 타도하기 위한 계획을 실천에 옮기려고 하였다. 이것은 고려 왕권의 계승을 위한 그의 최후의 노력이었지만 이 해 4월에 이방원이 보낸 趙英珪 등에게 살해당함으로써 그의 노력은 무산되고 말았다.

그의 생애는 의리와 대의명분을 기저로 하는 성리학 이념의 실천이었다. 조선시대에 와서 이러한 그의 사상적 이념과 실천적 생활은 학자들의 尊崇의 대상이 되었고, 특히 조광조가 이러한 이념을 기치로 정치개혁을 주도하던 중종 때에는 그에 대한 평가가 크게 부각되고 있다. 이러한 시대상에서 중종 12년(1517) 8월에는 성균생원 權碩이

---

74) 『高麗史』 권117, 列傳30 鄭夢周.

　　臣 등은 우리나라를 생각하건대 檀君 때로 말하면 먼 옛일이라 징
험할 수 없으며, 箕子가 나라를 세우고서야 겨우 八條가 시행되었을
뿐인데, 다행히 하늘이 도와 儒宗 정몽주가 태어나 性理를 연구하여
그 심오한 뜻을 체득하니 先儒의 가르침과 같았습니다. 또 忠義와 大
節이 당대를 聳動하였으며, 부모의 喪을 입고 사당을 세우는 것을 家
禮대로 하였으며, 文物과 儀章도 모두 그가 다시 정하였고, 학교를 세
워서 유학을 크게 일으켜 斯道를 밝혀 후학들에게 나아갈 바를 가르
쳤습니다. 이러한 사람은 우리나라에 이 한 사람이 있을 뿐이며, 그
공은 朱子와 程子에 비하여도 거의 같았습니다.75)

라는 상소를 올려 그를 문묘에 종사할 것을 건의하였다.

　위의 상소를 올린 권전은 조광조의 문인이었다. 그가 이러한 건
의를 올리게 된 배경은 바로 소광소의 의사를 대변한 것이기도 하
다. 이것은 그의 상소문 다음에 나오는 史臣의 論에서

　　당시의 학자들은 조광조의 무리를 사모하여 理學을 숭상하고 사장
은 귀하게 여기지 않았다. 磺은 趙光祖의 무리와 교유하였고, 또 泮官
에서 수업할 때가 많아서 다소 理學의 門戶를 알고 高論을 숭상하였
다. 당시 홍문관이 金宏弼 등을 문묘에 종사할 것을 청하니, 전이 그
말에 따라 앞장 서 상소를 올렸다.76)

라고 하고 있는 것에서 보인다. 이 상소가 올라가자 이것은 조정의
廟議가 되어 논제로 등장하게 되는데, 이때 조광조는

　　辛禍의 일은 당시 사람들이 辛氏인지 王氏인지 분산하지 못하였으
며, 정몽주는 신우에 벼슬하여 공명과 부귀를 얻고자 한 것이 아니니,
선유의 말에도 과연 잘못이 있습니다. 공양왕을 册立한 뒤에는 죽음
으로 절개를 지켰으니, 몽주가 어질다는 것은 상상할 수 있습니다. 狄
仁傑이 武后를 섬겼으나 마침내 唐室을 회복하였거니와 몽주가 狄公

75)『中宗實錄』권29, 中宗 12년 8월 庚戌.
76)『中宗實錄』권29, 中宗 12년 8월 庚戌 史論.

과 같은 마음을 가졌는지 어찌 압니까? 500년 고려말의 종사가 한 몸
에 달려 있었고, 그 사람이 죽자 그 종사가 곧 망하였습니다. 어찌 이
사람을 경솔히 다룰 수 있겠습니까?[77]

라고 하여 이에 대한 긍정적 의사를 표하고 있다. 이로써 얼마 후
그는 문묘에 종사되는 영광을 입게 된다. 특히 조광조는 金宗直의
학맥을 이어받은 자로서 道學의 연원을 그로부터 찾고자 하였다.
이것은 그가

김종직은 처음 吉再에게서 수업하였으나, 길재는 곧 정몽주의 문인
입니다. 그러니 종직이 傳業한 淵源은 실로 그 근원이 이에(정몽주)
있는 것입니다. 지금에 와서 조금이라도 선행을 할 줄 아는 사람은 그
의 문하에서 수업한 사람입니다.[78]

라고 하고 있는 것에서 보인다.
이로부터 그는 조선시대 도학의 祖宗으로서 확고한 자리를 매김
하게 된다. 이것은 중종 39년(1544)에 辛百令이 趙光祖를 문묘에
종사하기를 청하면서

… 대개 조광조는 金宏弼에게서 학문을 받았고, 김굉필은 김종직
에게서 받았으니, 김종직는 前朝의 신하 길재에게서 받고, 길재는 정
몽주에게서 받았습니다. …[79]

라고 하고 있는 것에서 보이고, 선조 2년(1569)에 奇大升이

東方의 학문이 전해진 차서로 말하면, 정몽주가 東方理學의 祖로

---

77)『中宗實錄』권29, 中宗 12년 8월 申寅.
78)『中宗實錄』권32, 中宗 13년 4월 丁酉.
79)『中宗實錄』권103, 中宗 39년 5월 丙寅.

서 길재가 몽주에게서 배우고, 金叔滋는 길재에게서 배우고, 김종직
은 숙자에게서 배우고, 김굉필은 종직에게서 배우고, 조광조는 굉필에
게서 배웠으니, 본래 그 원류가 있습니다.80)

라고 하고 있는 것에서도 보인다.

이후 이러한 道統의 매김을 전제로 조선시대에는 한결같이 그를
도학의 조종으로 존숭하였다.

2. 정몽주 학맥의 성격

앞의 항에서도 살펴보았지만 엄격한 의미에서 볼 때 이색의 학
맥과 정몽주의 학맥은 구분할 수 있는 성격이 아니다. 그러나 중종
때 道學이 창도되면서 조광조에 의하여 문묘에 배향되자 이후의
학자들은 그를 도학의 正脈으로 받들었다. 또 학통도 정몽주 → 길
재 → 김숙자 → 김종직 → 김굉필 → 조광조로 연결시키고 있지
만 사실 길재는 이색의 문생 겸 문도로서 그의 학문적 영향은 이색
으로부터 받은 바가 많았다.

길재는 공민왕 16년의 교육중흥 때 비록 정몽주에게 배운 바는
있으나, 그는 당시 대사성이었던 이색에게 더 많은 학문적 영향을
받았고, 또 그는 이색의 문하에서 과거에 합격한 문생이다. 이로써
길재는 항상 이색을 스승으로 받들었고, 그가 정계에서 물러 날 때
에도 당시 장단에서 유배생활을 하던 이색을 찾아가 그의 진로에
대한 자문을 구하였고, 이때 이색은 그를 한 마리의 기러기로 비유
하면서 슬픈 감회를 달래고 있다.81) 또 그는 이색이 죽자 心喪 3년

---

80) 『宣祖實錄』 권2, 宣祖 2년 6월 己酉.
81) 『冶隱先生言行拾遺』 下, 「讀詠詩 幷序」.

을 행하여 스승에 대한 도리를 다하고 있다.

그러나 당시 그들의 문생은 바로 상대방의 문도가 되어 가르침을 받았음을 전제할 때 위에서 보이는 학맥의 연원도 부정적 시각에서 볼 수는 없을 것이다.

정몽주는 공민왕 6년(1357)에 御使大夫 申君平의 문하에서 성균시에 합격하였고, 공민왕 9년(1360)에 金得培와 韓方信의 문하에서 과거에 급제하였다. 그는 일찍부터 김득배의 문하에 출입하면서 가르침을 받았다. 김득배는『易東先生實記』에 의하면 申賢의 문하에서 수학한 당대의 석학으로 기록하고 있고, 또 신현은 易東 禹倬의 문하에서 수학하여 그의 학통을 계승한 당대의 석학으로 기록하고 있다.82) 그러나『고려사』를 비롯한 각종 기록에서는 신현의 이름은 찾아 볼 수 없다. 단지『平山申氏族譜』에서 정몽주의 성균시 은문인 신군평의 동생으로 기록되고 있을 뿐이다.83) 정몽주가 역학에 정통하였고, 또 공민왕 16년에 정몽주가 주동이 되어 김구용·김약항과 더불어 우탁에게 시호를 내려 줄 것을 청하여 文僖公이라는 시호를 내리게 하고 있음을84) 볼 때, 정몽주 학문의 연원이 우탁으로 연결된다는 위『역동선생실기』의 내용은 어느 정도 믿어도 좋을 것 같다.

그가 특히 빼어난 재질을 갖고 있었고, 또 그의 講說이 이후 전래된 胡炳文의『四書通』과 일치되었으며, 이로써 당시 유종으로 불리우던 이색으로부터 東方理學의 祖라고 칭송을 받을 수 있었

---

82)『易東先生實記』권3,「門人錄」및『商山金氏族譜』권1, 世系.
　　김세환,「易東書院 창건의 의의와 歷史」『禹倬先生의 사상과 역동서원의 역사』, 안동문화연구소.
83)『平山申氏族譜』권1, 壯節公 13世系.
84)『埜隱田貴生遺稿』. "恭愍王十六年 丁未 圃隱公及惕若齋 金若恒與太學儒生上疏 以爲先生與禹祭酒 皆講明程朱性理之學 實爲東方士林之宗"이라 하여 그에게 謚號를 내릴 것을 건의하여 수용되고 있다.

던 것도[85] 이러한 학문적 맥락과 연계가 있을 것이다.

그의 학맥은 크게 교유문인과 동년·문생 및 문도로 구분된다. 그의 교유문인 중에서 가장 대표적인 사람은 이색·정도전·박상충·김구용·이집·박의중·이숭인 등을 찾아볼 수 있다. 이들 중에서 정도전과 이색은 그가 과거에 합격하기 이전부터 교유하였다. 나머지 사람들도 이색이 공민왕 16년(1367) 교육중흥을 일으킬 때 그와 함께 교관으로 활동하였던 사람들이다. 위의 교유문인들은 이색을 중심으로 성리학의 보급에 함께 노력하였으며, 이후 성균대사성 또는 지공거를 역임하는 과정에서 수 많은 인재를 배출하게 된다. 당시 이색의 교유문인은 대부분 그와 교유하던 문인이기도 하였다.

그의 동년으로 주목할 만한 사람은 林樸·金湊·文益漸·朴惇之·李仁敏·柳源·李存吾·郭樞 등을 찾아볼 수 있는데, 이 중에서 임박은 공민왕 16년에 이색이 교육중흥을 일으킬 때 같이 교관으로 활약하였으며, 이인민·유원은 고려시대에 고시관을 맡아 많은 문생을 배출하였다. 나머지 사람들도 학자 및 간관으로 이름을 떨쳤던 당대의 석학들이었다.

이밖에 그는 과거의 고시관을 맡아 많은 문생을 배출하였고, 또 그의 문하에는 수 많은 문도들이 출입하면서 가르침을 받았다. 당시 그의 문하에서 배출된 문생 중에서 權遇·咸傅霖·朴信·金白知·卞季良·李孟畇 등은 조선초기에 성균대사성 또는 고시관으로서 이름을 크게 떨쳤고, 이 중에서 이맹균은 이색의 손자이기도 하다. 또 고려말에 그와 더불어 고려를 유지하기 위하여 행동을 같이 하였다가 조선 건국 후 결당모란의 죄를 입었던 사람들은 대부분 그의 문인들이었다.

---

85)『高麗史』권117, 列傳30 鄭夢周.

전 장에서 살펴보았지만 그의 학맥과 이색의 학맥은 엄격하게
말해서 구분하기는 어렵다. 그는 공민왕 16년 교관으로 활동하면
서 이색으로부터 학문적 감화를 많이 받았으며, 이색 또한 그의 학
문적 능력을 크게 평가하여 동방이학의 祖란 칭송을 보내고 있다.
또 서로 간에는 우의도 돈독하여 끝까지 변하지 않고 있다. 이들은
하나의 학맥으로 연결되어 있었고, 또 정치적 견해도 같이 하였다.
고려말에 이색이 정치적 수난을 당할 때도 이를 변호하면서 끝까
지 이색을 지킨 사람도 그였다. 따라서 그의 학맥과 이색의 학맥을
구분한다는 것은 사실상 불가능하다.

이러한 당시 학문적 특수성을 고려하여 본 항에서는 정몽주의
학맥을 은문과 사문 및 그의 동년과 문생으로 제한하여 살펴보기
로 하였다.

3. 정몽주 학맥의 활동

1) 은문과 사문

정몽주의 은문은 공민왕 6년(1357) 국자감시의 은문인 御史大夫
申君平과 공민왕 9년(1360) 그가 문과의 장원으로 급제할 때의 고
시관인 政堂文學 金得培와 樞密院直學士 韓方信을 들 수 있다. 이
후 그는 이들 은문의 문하에 출입하면서 많은 학문적 감화를 받게
된다. 특히 김득배와는 과거에 합격하기 이전부터 교유가 있어 왔
고, 그로부터 많은 영향을 받았다. 김득배가 공민왕 11년 모함을
받아 죽게 되자 弔文을 지어 그의 죽음을 애도하였다. 김득배의 학
문적 배경에 대하여는 밝혀진 바 없지만, 『易東先生實記』에 의하

면 申賢으로부터 학문을 전수 받고 있고, 정몽주도 그로부터 학문을 전수받고 있다. 신현은 정몽주의 국자감시 은문인 신군평의 동생이며, 또 우탁의 학맥을 계승한 것으로 기록되고 있다. 신현에 대한 기록은 『고려사』와 『고려사절요』에서는 보이지 않는다. 그러나 『平山申氏族譜』에서는 신군평의 동생으로 나타나고 있고, 『寧海申氏族譜』에서는 영해신씨의 시조로 기록되고 있다. 이로 볼 때 실존한 인물로 보아도 좋을 것 같다. 이와 같은 관점에서 본 항에서는 신현을 일단 師門으로 정리하고, 신군평·김득배·한방신을 恩門으로 정리하였다.

(1) 申 賢(1298, 충렬왕 24~ 1377, 우왕 3)[86]

신현은 고려 개국공신 莊節公 申崇謙의 13대 손으로 아버지는 국자박사와 左代言을 역임한 仲明이다. 처음에는 자를 信敬, 호를 雲月齋라 하였는데, 후에 明에 갔을 때 명 태조가 그의 학문에 크게 감동하여 그를 申子라 칭하고, 浩仁이란 자와 不諼齋란 호를

---

[86] 申賢에 대한 기록은 『高麗史』 및 『高麗史節要』에서는 나타나지 않는다. 그러나 『易東先生實記』나 『華海師全』 및 范世東의 『話東人物叢記』에서는 그를 禹倬의 문인으로 고려후기에 성리학을 집성한 사람으로 기록하고 있다. 또 『平山申氏族譜』에도 莊節公의 후손으로 申君平의 동생으로 기재되어 있고, 『寧海申氏族譜』에도 그 이름이 크게 부각되고 있다. 학계에서는 『易東先生實記』나 『華海師全』·『話東人物叢記』의 사료적 가치에 대하여는 부정적 입장에서 보고 있어 위 사서의 내용을 사실 그대로 수용하기에는 많은 문제가 있다. 그러나 각 문중의 족보에서도 申賢의 이름이 보이고, 또 그 문하에서 배운 학자들이 산견되고 있다. 즉 商山金氏의 족보에는 정몽주의 은문인 김득배가 신현의 문하에서 학문을 배웠다는 내용이 보이고 있다(『商山金氏族譜』 권1). 그렇다면 신현은 비록 『고려사』와 『고려사절요』의 찬자가 그 이름을 누락하였지만 그는 실존의 인물이었고, 우탁과 더불어 성리학을 발전시키는데 크게 공헌하였음을 부인할 수 없을 것이다.

하사하였다고 한다.[87]

그는 일찍부터 禹倬의 문하에서 수학하여 충숙왕 2년(1315)에 성
균시에 합격하고, 이어 문과에 응시하여 급제하였다.[88]

충숙왕 2년의 과거 고시관은 李瑱과 尹奕인데, 그렇다면 그는
이들의 문생이 된다. 이진은 李齊賢의 아버지이며, 우탁과 더불어
안향으로부터 성리학을 전수받은 문인이기도 하다.

충숙왕 5년(1318)에 進善左僕射를 배수하였고, 충숙왕 8년(1321)
에 왕이 曹頔의 참소를 받아 元에 소환되자 왕을 호종하였다. 다음
해에 원의 仁宗이 죽고 元宗이 즉위하였는데, 원종이 얼마 후 鐵元
등에게 죽음을 당하게 되자 충숙왕 13년(1326)에 귀국하였다.

원에 있는 5년 동안 그는 그 곳의 학자들과 교유하면서 존경을
받았고, 충혜왕 원년(1331)에는 원의 학사 32명이 그의 가르침을 받
고자 고려에 왔다. 충숙왕 복위 2년(1333)에는 이들과 같이 다시 원
에 갔다가 충숙왕 복위 7년(1338)에 귀국하였다. 다음 해에 충혜왕
이 복위하자(1339) 조적의 사건에 연류되어 崔瀣・尹宣佐・李兆
年・金光轍 등과 함께 감옥에 갇혔으나 우탁의 간언으로 얼마 후
풀려났다.

충혜왕 복위 2년(1341)에는 원의 直學士 朱公遷이 생도 28명을
거느리고 와서 그에게 가르침을 받았으며, 이 해에 이들과 함께 원
에 들어갔다. 충혜왕 복위 3년(1342)에 우탁의 부음을 듣자 귀국하
여 장례를 치렀으며, 이어 가솔들을 거느리고 安東의 禮安으로 이
사하여 우탁의 집을 돌보며 후학의 교육에 전념하였다.

충목왕이 즉위하자 安軸・安震・李仁復・李穀 등의 추천으로

---

87) 『華海師全』 권1, 「簡齋笏書」 ; 范世東, 『話東人物叢記』 권1 ; 『寧海申
氏族譜』.
88) 『高麗史』 選擧志에서는 충숙왕 2년의 成均試를 누락시키고 있다. 위의
選場에서는 충숙왕 즉위 후 성균시는 충숙왕 4년부터 보인다.

師傅가 되어 조정에 나아갔으나 그가 올린 직언이 왕의 미움을 받게 되어 하옥의 명이 내리게 된다. 그러나 주변의 간언으로 풀려나자 벼슬을 버리고 낙향하였다. 충정왕 원년(1349)에 원의 주공천이 歐陽玄·桂彦良 등 46명을 거느리고 와서 그에게 가르침을 받았다. 다음 해에 이들이 귀국하면서 그를 설득하여 다시 원에 들어갔고, 공민왕 3년(1354)에 귀국하였다. 공민왕은 수차에 걸쳐 벼슬에 나올 것을 권하였으나 이를 거절하였다.

공민왕 9년(1360)에 주공천이 죽자 원에 들어가 조문하고, 공민왕 11년(1362)에 귀국하였다. 이때 신돈이 득세하자 그는 이를 항상 비판하였는데, 이로써 미움을 받아 공민왕 14년(1365)에는 그의 집 주위에 가시 철망을 쳐서 외부와의 교류를 차단하고, 그가 저술한 논저들을 찾아 소각하였다. 다음 해에 司儀 鄭樞와 正言 李存吾가 그 부당함을 극간하여 겨우 풀려났다.

공민왕 19년(1370)에 이색·정몽주 등의 천거로 師傅가 되니, 그는 신돈의 악행을 더욱 탄핵하였으며, 공민왕 21년(1372)에는 벼슬에서 물러나 명에 들어갔다. 명의 太祖는 그의 학문을 높이 받들어 師傅의 예로 대하였으며, 우왕 3년(1377) 귀국할 때에 寧海伯이란 작호를 하사하였다. 귀국하여 얼마 후 죽으니, 향년 80세이다. 文貞이라 시호하였다.[89]

위의 글은 『易東先生實記』와 『華海師全』 및 范世東의 『話東人物叢記』에 보이는 내용을 준신으로 기술하였다. 그러나 그의 사적은 『고려사』나 『고려사절요』에서는 전혀 보이지 않는다. 그리고 위에서 살펴 본 그의 행장에서도 이해되지 않는 부분이 많이 보이고 있다. 이로 볼 때 위의 사실은 검토의 여지가 충분하다. 또 위의 사실을 수록하고 있는 사서들도 신빙성에서는 많은 문제가 있다.

---

89) 『話東人物叢記』 권2, 「文貞公不誼齋家狀跋」.

그러나『禹倬先生實記』의「門人錄」에는 그를 제일 먼저 거론하면서 "그는 格物致知의 誠正의 학문을 널리 밝혀 이를 몸소 실천하였다"라고[90] 기록하고 있고, 또 禹倬은 제자를 모아 자신의 학맥을 그에게 전수하면서 그를 중심으로 학문을 연마하도록[91] 하고 있는 기록도 보인다. 또『商山金氏族譜』에는 김득배·정몽주·李瓊 등은 그의 문하에서 배출된 제자라고 기록하고 있다.[92]

이밖에『話東人物叢記』에는 우탁이 저술한「初學開夢篇」과「家禮要精篇」을 그가 교정하였는데, 이 저술들은 고려가 망하면서 그의 반대파인 정도전 등의 수색을 받아 모두 소각되었고, 이들은 이후『고려사』를 편찬하면서 그의 사적을 기록에서 일체 누락시켜 버렸다고 기록하고 있다.[93] 그의 문하에서 수학한 것으로 전해지는 范世東은『話東人物叢記』를 지어 그의 행적을 전하면서 그의 학문적 업적에 대하여

> 선생이 이 세상에 나시어 文으로서 계도하니
> 天의 正道를 베풀었고 月의 精를 밝히었도다.
> 申子 文貞께서 태어나 道를 밝힘이여
> 참으로 우뚝하고 높도다.
> 위로 높음을 형상하니, 그 뜻은 하늘의 이치에 통달하였고
> 아래로 깊고 깊음을 형상하니, 그 깊이 헤아릴 수 없도다.[94]

라고 칭송하고 있다.

---

90)『易東先生實記』권9,「門人錄」.
91)『易東先生實記』권3.
92)『商山金氏三元帥派世譜』甲編. "洛城君派譜. 先生受學於不諼齋申先生賢之門 鄭圃隱夢周 李二憂堂瓊同受學於先生之門"
93)『話東人物叢記』권1.
94)『話東人物叢記』권1.

(2) 金得培 (1312, 충선왕 4~1362, 공민왕 11)[95]

김득배는 商山人으로 자는 國滋, 호는 蘭溪이다. 아버지는 判典醫을 지낸 祿이고, 할아버지는 州吏를 지낸 鎰이다.

충숙왕 17년(1330) 順興府院君 安文凱와 右代言 李湛의 문하에서 과거에 급제하니, 이때 그의 나이 19세였다.[96] 충혜왕 때 藝文檢閱을 지냈고,[97] 이후 典客副令이 되었는데, 이때 공민왕을 호종하고 원에 들어갔다. 공민왕이 즉위하자 귀국하여 右副代言을 배수하였다.

공민왕 6년(1357) 8월에는 西北面 紅頭軍 倭賊防禦 都指揮使가 되어 출보히였고, 이 해 11월에는 樞密院 直學士를 배수하고, 西北面 都巡問使 겸 西京尹 上萬戶를 겸하였다. 다음 해에 僉知政事 慶千興이 西京軍民 萬戶府 萬戶가 되자 그는 추밀원 직학사로서 그 副官이 되었다.

공민왕 8년(1359)에는 簽書樞密院事로 올랐고, 이 해 6월에는 奇轍을 숙청한 공으로 2등 공신에 책록되고, 얼마 후 동지추밀원사를 배수하였다. 이 해 12월에 홍건적의 僞平章·毛居敬 등이 4만의 병력을 이끌고 쳐들어와 압록강을 건너 義州를 함락하고 이어 靜州·麟州를 함락하였는데, 이에 조정에서는 李嵒을 서북면 도원수로 삼고, 그를 都指揮使로 삼아 이들을 격퇴하도록 하였다. 다음 해 2월에 이들을 격퇴하니, 조정에서는 그의 공을 높이 사 輸忠保

---

95) 金得培의 출생연도는『高麗史』에 누락되고 있다. 그러나『高麗史』列傳에서 공민왕 11년(1362)에 죽을 때의 나이를 51세라 하였으므로 이를 역산하면 1312년(충선왕 4)이 그의 출생연도가 된다.『商山金氏三元帥派世譜』에는 중선 壬子生으로 표기되어 있는데, 이 해는 바로 1312년이다.

96)『商山金氏三元帥派世譜』中編.

97)『高麗史』권131, 列傳44 叛逆 趙頔.

節定遠功臣에 봉하고 정당문학을 제수하였다.

이 해(1360) 10월에는 지공거가 되어 추밀원 직학사 한방신과 더불어 과거를 주관하여 정몽주 등 33명을 선발하였다.[98] 이때의 과거에서 임박·문익점·이존오 등도 선발되고 있다.

공민왕 10년(1361) 10월에는 홍건적의 僞平章·潘誠·沙劉·關先生 등이 20만의 군사를 거느리고 침입하니, 조정에서는 安祐를 上元帥로 삼고, 그에게는 도병마사를 제수하여 이들을 격퇴하도록 하였다. 그러나 적들의 대군에 밀려 일시 서울까지 함락되었으나 이후 군사를 정비하여 이들을 쳐서 괴수 사유·관선생 등을 죽이고 적을 물리쳤다. 이때 큰 공을 세운 사람들은 그를 비롯하여 鄭世雲·安祐·李芳實 등이었는데, 홍건적을 격퇴하자 당시 권신이었던 金鏞이 공을 혼자 차지 하기 위하여 王旨를 비밀리에 고쳐 안우·이방실 등으로 하여금 정세운을 살해하도록 명하였다. 이에 그는 "이제 겨우 적을 평정하였는데, 어찌 우리들끼리 싸울 것인가?"라고 하여 이를 끝까지 반대하였으나 이들은 "王命을 받들지 않으면 그 후환을 어찌 하리요"라고 하고는 정세운을 죽였다. 이에 김용은 그 죄를 이들에게 전가시켜 안우와 이방실을 죽이고, 그도 尙州의 속현인 山陽縣으로 유배되어 그 곳에서 죽음을 당하였다. 이때는 공민왕 11년(1362)이었고, 그의 나이 51세였다. 그의 죽음을 듣고 슬퍼하지 않는 사람이 없었다.[99]

그는 우탁의 문하에서 학문을 배웠다. 또 이제현·홍언박·이공수·윤택과도 교유하면서 학문을 정연시켰다. 그의 부인 김씨는 李兆年의 맏형인 百年의 외손이었으니,[100] 일찍부터 이들의 가문

---

98) 『高麗史』 권73, 志27 選擧1 科目1 選場.
99) 『高麗史』 권113, 列傳26 金得培.
100) 『商山金氏三元帥派世譜』 甲編.

에도 출입하였을 것이며, 이인복과 이숭인도 그의 처족이 된다. 그
의 문생 정몽주는 그가 죽자 시신을 거두어 장례를 치렀고, 또 제
문을 지어 애도하였는데, 그 내용의 대강은 다음과 같다.

> 아 ! 황천이여, 나의 죄가 그 무엇이며, 아! 황천이여, 또 이 분은 어
> 떠한 사람입니까? 듣건대, 착한 사람에게 복을 주고 음란한 사람에게
> 화를 내림은 하늘이요, 착한 사람에게 복을 주고 악한 사람을 벌함은
> 사람이라 하였습니다. 하늘과 사람이 비록 다르다 할지라도 그 이치
> 는 하나인데, 옛사람이 말하기를 "하늘이 정하면 사람을 이기고, 사람
> 이 많으면 하늘을 이긴다"라고 하였으나 하늘이 정하면 사람을 이긴
> 다 함은 과연 무슨 이치이며, 사람이 많으면 하늘을 이긴다 함은 또한
> 무슨 이치입니까? 앞날 홍건적이 쳐들어오매 임금은 서울을 떠나시
> 니, 나라 운명은 한 가닥 실 끝에 달린 것 같았는데, 오직 우리 공께서
> 大義를 선창함에 遠近이 향응하였고, 몸소 만번 죽을 계책을 내어 능
> 히 三韓의 대업을 회복하였으니, 무릇 이제 우리 백성들이 이 땅에서
> 먹고 이 땅에서 잠자는 것은 이 누구의 공입니까? 비록 그 죄가 있다
> 하더라도 功으로서 덮는 것이 가할 것이요, 죄가 공보다 무겁다 하더
> 라도 반드시 그 죄를 자복시킨 연후에 베는 것이 가할 것인데, 어찌하
> 여 馬의 땀이 마르지도 않고 개선하는 노래가 파하지도 않았는데, 마
> 침내 태산같은 공을 세운 公에게 칼날의 피로 보답하는 것입니까? 이
> 것이 내가 피눈물로서 하늘에 묻는 바입니다.[101]

우왕 14년(1388)에 右司議大夫 尹紹宗은 왕에게 글을 올려 이인
임을 탄핵하면서

> 內甲(奇轍 일당 숙정)·己亥(홍건적 침입)·辛丑(홍건적 침입)·癸
> 酉(興王寺의 변)의 亂 때 廟堂과 조정에는 홍언박 諸公이 있었고, 丁
> 城과 折衝에는 안우·이방실·김득배·최영이 있어 공명이 도도함
> 을 백성들이 보아 알고 있는데, 어찌 仁任의 일신이 三傑의 공을 겸하
> 였다고 하리오. 이는 신들이 알지 못하는 바입니다.[102]

---

101) 『高麗史』 권113, 列傳26 金得培.
102) 『高麗史』 권126, 列傳39 李仁任.

라고 하여 김득배의 공을 높이 받들었고, 공양왕 3년(1391) 典寺丞 房士良이 「時務 11조」를 상서하면서

> 勳烈의 氣는 만세를 부지하는 사직의 柱石이요, 忠義의 風은 만세의 난적을 찍는 鈇鉞이오니, 원컨대 지금부터 무릇 功이 왕실에 있고, 忠이 사직에 있으면서 불행히도 잘못된 형벌에 빠져 죽음에 이른 안우·이방실·김득배·박상충 등과 같은 사람은 표증을 추가하고, 특히 小牢를 하사하여 貞魂을 위로하소서.[103]

라고 하니, 왕은 이를 그대로 받아 시행하였다. 上洛君으로 봉하고, 文忠이라 시호하였다.

(3) 韓方信 (? ~ ?)

한방신은 淸州人으로 할아버지는 翰林直學士를 지낸 謝奇이고, 아버지는 충혜왕 때 中贊을 지낸 思肅公 渥이다. 공민왕 때 문명을 떨친 韓脩는 그의 조카가 된다. 공민왕 4년(1355)에 찬성사 李公遂와 밀직제학 安輔의 문하에서 과거에 급제하고, 공민왕 7년(1358)에 上將軍에 올라, 이 해 6월에는 朔方道軍民萬戶府 副萬戶가 되었고, 얼마 후에는 東北面 兵馬使가 되었다.[104]

공민왕 9년(1360)에 樞密院直學士가 되었고, 이 해 10월에는 동지공거가 되어 정몽주 등 33명을 선발하였다.[105]

다음 해 5월에는 동북면 도병마사로 출보하였으며, 공민왕 10년(1361)에 홍건적이 침입하여 서울을 함락하자 다음 해 정월에 그는 鄭世雲·安祐·金得培·崔瑩과 더불어 군사 20만을 거느리고 서울을 포위하여 이들을 격퇴시켰다. 이 공으로 정당문학에 올랐고,

---

103) 『高麗史』 권46, 世家46 恭讓王 3년 3월.
104) 『高麗史』 권39, 世家39 恭愍王 7년 8월.
105) 『高麗史』 권73, 志27 選擧1 科目1 選場.

공민왕 12년(1363)에는 京城 수복의 공으로 1등 공신에 책록되었
다.106) 이보다 앞서 공민왕 11년에는 왕명을 받들어 강화에 가서
龍藏寺를 수리하였다.

공민왕 12년(1363)에 원이 德興君을 봉하여 왕으로 삼고 遼陽의
省兵을 거느리고 침입해 오자 그는 僉議評理로서 東北面 都指揮
使가 되어 和州에서 이들을 대비하였다. 이때 정몽주는 그의 從事
官이 되어 출정하였다.107)

다음 해 정월에 여진의 三善·三介 등이 침입하여 咸州를 함락
시키자 그는 이를 격퇴시키기 위하여 출병하였다가 패하고, 화주
이북이 이들의 손에 넘어가게 된다. 그러나 다음 달에 이성계의 원
병을 얻어 이들을 격퇴하고 화주 이북의 땅을 수복하였다.108) 왕은
그의 공을 높이 평가하여 綵帛을 하사하고, 西原君에 봉작하였으
며, 원에서도 그에게 奉訓大夫·秘書監丞을 제수하였다.109)

공민왕 16년(1367)에는 禁衛提調官을 겸하여 신돈의 개혁정치에
관여하였고,110) 공민왕 20년(1371)에는 門下贊成事로 올랐다.

공민왕 23년(1374)에 그의 아들 韓安이 공민왕을 시해한 사건이
발생하자 이에 연좌되어 遠地로 유배되었다가 얼마 후 우왕이 보
낸 體覆使 李英에게 죽음을 당하였다.

(4) 申君平(? ~ 1364, 공민왕 13)

신군평은 平山人으로 할아버지는 朝奉郎을 지낸 衍이고, 아버지
는 국자박사를 지낸 仲明이다. 文貞公 賢은 그의 동생이다. 호는
無悶子라 하였다.111)

---

106) 『高麗史』 권44, 世家40 恭愍王 12년 閏 3월.
107) 『高麗史』 권117, 列傳30 鄭夢周.
108) 『高麗史』 권40, 世家40 恭愍王 13년 2월.
109) 『高麗史』 권41, 世家41 恭愍王 14년 3월.
110) 『高麗史』 권132, 列傳145 辛旽.

일찍부터 아버지 仲明의 문하에서 학문을 익혔고, 동생 현과 함께 禹倬의 문하에서 학문을 익혔다.[112] 과거에 급제하여 충숙왕 때는 臺諫의 직에 있었다. 그는 성품이 강직하여 일을 공정히 처리하였고, 인사행정에 있어서는 어떠한 압력에도 굴하지 않았다.

당시의 사조는 權貴들에게 뇌물을 주고 벼슬을 얻은 것이 관례가 되고 있었다. 이때 崔琓이 아버지의 喪을 숨기고 과거에 나아가 등제하여 水州叅軍이 되었는데, 이후 권귀에게 아첨하여 成均學錄이 되었으나 그는 이 告身에 끝까지 서명하지 않았다. 또 政丞 姜融, 贊成 蔡河中, 懷義君 崔老星, 左代言 曹莘卿, 元尹 申時用, 持平 尹賢의 告身에도 서명하지 않았다.[113] 또 蔡洪哲의 孼子인 蔡河中이 그 동안 瀋陽王과 결탁하여 조정을 항상 원에 모함하였는데, 이때 왕이 그를 찬성사로 제수하자 이 고신에도 끝까지 서명하지 않았다.[114]

이와 같은 그의 공정한 인사에 대하여 당시 사람들은 칭송하였으나 왕으로부터는 미움을 받게 된다. 이로써 마침내 파직되니, 당시 사람들은 모두 애석하게 여겼다.

충목왕이 즉위하자 整治都監을 설치하고 개혁을 단행하였는데, 당시 개혁의 주체는 이제현이었고, 정치도감의 都監事는 안축이었다. 이때 그는 이들의 천거로 정치도감의 整治官으로 발탁되어 白文寶·田祿生·金達祥 등과 함께 주도세력으로 활약하였다. 이들은 당시 원의 세력을 믿고 국정과 민생을 어지럽히던 奇三萬을 국문하여 순군옥에 감금하였는데, 감옥에서 죽고 말았다. 이로써 충목왕 3년(1347) 10월에 원이 舍人 僧家奴를 보내어 문책하니, 그는

---

111) 『平山申氏族譜』 권1, 系譜 壯節公 13.
112) 『易東先生實記』 권3.
113) 『高麗史』 권109, 列傳22 申君平.
114) 『高麗史』 권125, 列傳38 蔡河中.

곤장을 맞는 형을 당하게 된다.[115)

공민왕 원년(1352)에는 羅州牧使를 제수받았으나 이때 그의 모친이 나이 90이 되었고, 또 병이 있음으로 이를 사양하고 부임하지 않았다.

공민왕 4년(1355)에는 左代言을 배수하였는데,[116) 이때에 왕이 義成倉官 全以道·禹攸吉과 德泉倉官 崔云固·申天命을 파직하였다가 얼마 후 우유길에게 典客寺丞을 제수하였는데, 우유길은 그의 인척이었다. 이에 당시 함께 파직되었던 전이도 등이 말썽을 일으키자, 그는 왕에게 청하여 除目을 회수하여 우유길의 이름을 말소하였다. 후에 왕이 그에게 僧職을 제수하려 하였으나 병을 칭탁하고 이를 사양하였다.

공민왕 6년(1357)에는 어사대부에 발탁되고, 이 해 3월에는 성균시관이 되어 李立尊 등 98명을 선발하였다.[117) 이때의 과거에서 정몽주·이존오 등이 합격되고 있다.[118) 공민왕 13년(1364)에 병으로 죽었다.

정몽주와 그의 관계에 대하여는 성균시의 좌주와 문생이라는 기록 외에는 달리 보이지 않는다. 그러나 그는 우탁의 문하에서 수학하였고, 공민왕 9년의 과거에서 정몽주를 장원으로 발탁한 김득배 역시 우탁의 문하에서 수학하였다. 또 정몽주는 김득배의 문하에서 일찍부터 수학하였다. 이와 같이 볼 때 정몽주는 신군평의 문하에서도 수학하였을 것이다.

---

115) 『高麗史』 권37, 世家37 忠穆王 3년 10월.
116) 『高麗史』 권38, 世家38 恭愍王 4년 閏 정월
117) 『高麗史』 권74, 志28 選擧2 科目2 國子試.
118) 『平山申氏族譜』「御使公神道碑銘幷序」.

2) 동 년

정몽주는 공민왕 9년 김득배와 한방신의 문하에서 장원으로 급
제하고 있다. 이때 그와 함께 합격한 동년은 모두 33명이다. 그와
함께 합격한 동년 중에서 金湊는 조선시대에 교관과 고시관을 역
임하여 당시의 학풍진작에 크게 기여하고 있다. 이러한 그의 활동
을 감안하여 그는 제4편「조선초기 성리학의 보급과 학맥」에서 처
리하였다. 본 항에서는 그를 제외하고, 그의 동년으로서 당시 학풍
진작에 공헌한 사람을 대상으로 그 행적을 살펴보았다.

(1) 林 樸(1327, 충숙왕 14 ∼ 1376, 우왕 2)[119]

임박은 安東府의 吉安縣人으로 아버지는 御史大夫를 지낸 成賛
이며, 자는 元質이다. 일찍이 國子進士가 되었고, 공민왕 9년(1360)
에 김득배와 한방신의 문하에서 급제하였다. 이후 開城衆軍에 선
임되었고, 다음 해에 홍건적이 서울을 함락하자 김득배의 막하에
서 임무를 다하였으며, 왕이 피난하자 춘추관의 서적과 典校祭享
의 儀範을 땅에 파묻었다가 적이 평정되자 이를 수습하였다.

공민왕 12년(1363)에 書狀官이 되어 李公遂를 따라 원에 갔는데,
이때 원에서는 공민왕을 폐위시키고 德興君을 고려왕으로 책봉하
려고 하였다. 元帝는 이들에게 덕흥군을 받들어 귀국하게 하였는
데, 그는 "臣 등이 만일 덕흥군을 따른다면 이는 부인이 그 지아비
를 배반하는 것과 다름이 없습니다"라고 하여 따르지 않았다. 이에

---

119) 그의 출생연도는『高麗史』에 나타나고 있지 않으나『石灘集』下, 附
錄 공민왕 9년의 榜目을 보면 이때 그가 합격하고 있으며, 연령은 34
세로 표기되어 있다. 공민왕 9년(1360)을 기준으로 34년을 역산하면
1327년(충숙왕 14)이 그의 출생년도가 된다.

덕흥군은 그에게 典理摠郎을 제수하고 설득하였으나 그는 "차라리 죽을지언정 맹세코 따르지 않겠다"라고 하였다.

덕흥군이 왕으로 즉위하기 위하여 떠나면서 그에게 시를 청하였는데, 그는

根本을 버리고 도도하게 枝末을 쫓아서
태산같은 의리를 버리고 어찌 털끝처럼 가벼운 功利를 취하랴.
신의를 채찍으로 버리고 이제 강을 건너 가려하니
그림 속의 떡을 구하는 헛된 수고가 아니랴.
술병을 흔들면서 춤을 추니 어찌 깨질 줄 모르는가
피리소리 요란한 곳에서 부질없이 영화를 구함이로다.
그림 속의 떡으로서 사람들의 눈을 미혹하게 하지 말지니
나는 天然의 옛 石屛을 사랑할 따름이로다.[120]

라는 시를 지어 주었다. 그 곳의 學士 危素가 이를 보고 탄식하기를 "지금에도 또한 忠節의 선비가 있도다"라고 하였다.

귀국하자 공민왕은 그의 충절을 높이 평가하여 中書舍人을 제수하였다. 이때 그는 왕에게 글을 올려 「正心論相 20조」를 상소하여 군왕이 가져야 할 덕목을 개진하였고, 또 성균관을 五經四書의 齋로 나누고, 과거는 한결같이 중국의 법에 따를 것을 건의하였다.[121]

또 그는 당면정치의 시무책을 10가지 항목으로 나누어 건의하였다. 공민왕 16년(1367) 4월에는 典校令으로서 濟州의 宣撫使로 나갔다. 그보다 앞서 나간 선무사들은 탐욕이 많고 포학하여 백성들이 모두 괴롭게 여겼으므로 牧胡가 이들을 꾀어 자주 반란을 일으켰다. 임박이 부임하여 털끝하나도 백성들에게서 취하지 않으니,

---

120) 『高麗史』 권111, 列傳24 林樸.
121) 『高麗史節要』 권28, 恭愍王 14년 정월.

백성들은 크게 기뻐하여 "국가의 관리가 모두 林宣撫使와 같다면 우리들이 어찌 배신하겠는가"라고 하였다.[122) 임기를 마치고 돌아오자 성균좨주를 배수하였다. 이때 그는 성균관을 중건하고 교육 중흥을 일으킬 것을 다시 건의하였다.

이것은 『고려사』 選擧志에서

> 공민왕 16년에 성균좨주 임박이 상언하여 성균관을 다시 지을 것을 청하니, 명하여 崇文館의 옛터에 國學을 다시 짓게 하고, 中外의 儒官들에게 명하여 품계에 따라 布를 내게 하여 그 비용에 보태도록 하였다. 생원을 늘려 항상 100명을 양성하도록 하였으며, 四書五經齋로 나누었다.[123)

라고 하고 있는 것에서 보인다.

이로써 이색을 대사성으로 하여 학교교육의 중흥이 본격적으로 시도된다. 얼마 후 그는 성균대사성으로 올랐고, 이어 判典校寺事를 맡았다. 이때를 전후하여 그는 신돈의 개혁정치에 적극적으로 참여하게 되고, 이로써 推整都監使가 되어 개혁의 선봉에 서게 된다. 그는 田民爭訟의 해결을 국가의 당면과제로 보아 과감하게 행정을 개혁해 나갔다. 이때 신돈과 더불어 개혁정치를 주도하였다고 하여 후에 신돈의 당으로 몰려 정치적으로 불우한 입지에 서게 되고, 『고려사』의 찬자도 그를 혹평하고 있다. 그러나 『고려사』의 찬자도 이때 그의 행적에 대하여는

> 樸이 推整都監使가 되어 平決한 것이 많았다. 그러나 신돈의 잘못된 처리를 바로 잡지 못하였으므로 원망이 자못 많았다.[124)

---

122) 『高麗史節要』 권28, 恭愍王 16년 4월.
123) 『高麗史』 권74, 志28 科目2 選擧2 學校.
124) 『高麗史』 권111, 列傳24 林樸.

라고 하여 긍정적 입장에서 논하고 있다. 공민왕 23년(1374)에는 代
言에 제배되었고, 공민왕이 피살되자 3년상을 치렀다.

우왕 원년(1375) 4월 李仁任이 權門들과 결탁하여 백관들과 더
불어 글을 만들어 北元의 中書省에 올리려 하였는데, 그는 박상
충·정도전과 더불어 이에 반대하여 서명하지 않았다. 이로써 미
움을 받아 庶人이 되고, 吉安縣에 유배되었다. 다음 해 그는 북원
에 올리는 글에 서명하지 않은 것은 瀋陽王을 즉위시키려는 흉계
였다는 대간들의 탄핵을 받고, 다시 務安으로 유배되는 도중에 살
해당하니, 향년 50세였다.

그는 정몽주·문익점·이존오와는 동년으로서 가깝게 지냈고,
정도전·박상충과도 정치적 견해를 같이 하여 교분이 두터웠다.

『고려사』를 비롯한 각종 기록에서는 공민왕 16년의 교육중흥에
서 그의 이름을 누락시키고 있지만, 성균관의 중건과 사서오경재
의 교육개혁은 바로 그의 건의에서 나온 것이었다. 또 이때 그는
성균좨주로 있었고, 이어 성균대사성을 배수하고 있다. 이로 볼 때
그는 이 당시 교육개혁에 이색·정몽주 등과 더불어 중추적인 위
치에 있었음이 확인된다.

(2) 李仁敏(1310, 충선왕 2 ~ ?)

이인민은 星山君 兆年의 손자이며, 僉議評理를 지낸 褒의 아들
이다. 이색이 스승으로 받들었던 李仁復과 우왕 때의 權臣 이인임
은 그의 형이다. 대사성을 지낸 薛文遇는 그의 외조이며, 조선초기
에 이름을 떨친 稷은 그의 아들이다. 본관은 京山(星州)이다.

일찍이 문음으로 벼슬에 나아가 宣德郎·尙衣奉御를 지내다가
성균시에 합격하여 국자진사로서 성균관에서 수학하고, 공민왕 9
년(1360) 김득배와 한방신의 문하에서 과거에 급제하였다.[125]

우왕 9년(1383) 정당문학이 되었고, 이때 동지공거를 배수하여

門下評理 禹玄寶와 더불어 金漢老 등 33명을 선발하였다.126) 이때 이성계의 아들 芳遠(후에 太宗)도 선발되고 있다. 이어 문하평리에 올랐다.

우왕 14년(1388) 정월 이인임이 실각되자 그의 족친이라 하여 鷄林府에 유배되었고,127) 공양왕 2년(1390)에는 尹彝·李初의 옥사에 연류되어 이색·이숭인·권근·이종학 등과 함께 청주의 감옥에 구치되었다.128) 다음 해 정월 사면을 받았고, 공양왕 4년(1392) 3월에는 정몽주가 집정하자 判開城府事를 배수하였다. 다음 달에 정몽주가 살해되자 그의 黨으로 몰려 이색·권중화·이숭인·권근과 더불어 遠地에 유배당하였다.129)

그는 정몽주와는 동년으로서 친분이 두터웠고, 이색과는 누대에 걸친 가문적 친분으로 가까이 지냈다. 이들과는 정치적 견해도 같이 하여 고려말에 수차에 걸쳐 유배생활을 하였다.

우왕 때는 그의 형 인임의 득세로서 함께 권력을 누리니, 그의 맏형 인복은 "국가를 폐하고 종족을 망칠 자는 반드시 이 두 동생들일 것이다"라고 하면서 탄식하기도 하였다.130)

(3) 李存吾(1341, 충혜왕 복위 2 ~ 1371, 공민왕 20)

이존오는 司宰寺丞을 지낸 吉祥의 아들로 자는 順卿, 호는 石灘, 또는 孤山이라 하였다. 본관은 경주이다. 일찍이 十二徒에 입학하여 수학하였으며, 이후 성균시에 합격하여 國子進士가 되고, 공민왕 9년(1360) 김득배와 한방신의 문하에서 급제하였다.131) 水原書

---

125) 『石灘集』 下, 附錄 榜目.
126) 『高麗史』 권79, 志27 選擧1 科目1 選場.
127) 『高麗史節要』 권33, 禑王 14년 정월.
128) 『高麗史節要』 권34, 恭讓王 2년 5월.
129) 『太祖實錄』 권1, 總書.
130) 『高麗史』 권112, 列傳25 李仁復.

記를 거쳐 공민왕 11년(1362)에 史翰에 선보되었다. 이때 그는 정몽주·박상충·이숭인·정도전·김구용·金齊顔 등과 벗하며 날마다 학문을 강론하였다.

공민왕 13년(1364) 監察糾正이 되었고, 공민왕 15년(1366) 右正言이 되었다. 이때 신돈이 왕의 신임을 얻어 정사를 독단하자 그는 "요망한 물건이 나라를 그르치니 가히 제거하지 않을 수 없다"라고 하고는 左司議大夫 鄭樞와 함께 신돈을 탄핵하는 글을 올렸다. 그 내용이 극렬하자 왕은 크게 노하여 이들을 불러 문책하였는데, 이때 신돈이 왕과 더불어 평상을 마주하고 있었다. 이에 그는 신돈을 향하여 "늙은 중이 어찌 이와 같이 무례한가"라고 하며 호통하니, 신돈은 놀라 자신두 무르게 평상에서 내려왔다. 왕은 더욱 노하여 그를 巡軍獄에 감금하고 贊成事 李春富로 하여금 국문하게 하였다. 이때 신돈의 무리들이 그를 죽이고자 하였으나 이색이

우리나라는 태조이래 지금까지 일찍이 한 명의 諫官도 죽인 일이 없는데, 이제 만일 간관을 죽이게 되면 악한 소리가 멀리 전파될 것이니, 어찌 두렵지 않으리요.132)

라고 하여 반대함으로써 겨우 죽음을 면하였다. 이로써 長沙縣監으로 좌천되고, 공민왕 17년(1368)에는 벼슬에서 물러나 公州 石灘에서 은거하였는데, 이때부터 호를 석탄이라 하였다.

공민왕 20년(1371)에 명이 심하사 좌우도 하여금 일으키게 하고는 "辛旽의 세력이 아식노 지성하냐"라고 물었고, 좌우 사람들이 "그렇다"고 대답하자 다시 누우면서 "신돈이 죽어야만 내가 죽을 것이다"라고 하더니, 바로 숨을 거두었다. 이때 그의 나이 31세였

---

131) 『石灘集』下, 榜目.
132) 『高麗史』권112, 列傳25 李存吾.

고, 그가 죽은 3개월 후에 신돈도 죽음을 당하였다. 왕은 그의 충성을 기려 성균대사성을 추증하였고, 그의 아들 來에게 '諫官 存吾之子 安國'이란 글을 써서 하사하였다.

(4) 朴惇之(1342, 충혜왕 복위 3 ~ ?)

박돈지는 右代言 文允의 아들로 처음에는 이름을 啓陽이라 하였는데, 후에 惇之로 개명하였다.[133] 본관은 密陽이다. 공민왕 9년(1360) 9월 御史大夫 李嶠의 문하에서 성균시에 장원으로 합격하였고,[134] 다음 달에 김득배와 한방신의 문하에서 급제하였다. 이로써 文睿府丞을 배수하였고, 공민왕 20년(1371)을 전후한 시기에는 門下舍人으로 있었다. 공민왕 23년(1374)에는 妻母 洪氏를 犯奸한 것이 발각되어 도망하였는데, 이때 처모는 杖刑을 당하고 官婢가 되었다.[135] 이후 죄를 용서받아 우왕 말년에는 秘書監으로 있었는데, 공양왕이 즉위하자 창왕 즉위의 죄를 물어 이색·이숭인 등이 숙청당하는 과정에서 그도 "일찍이 妻母와 간음하였고, 또 이색을 따라 중국에 들어가서 朝會할 때에도 물건을 사고 팔았다"는 사헌부의 탄핵을 받아 유배를 당하였다. 『고려사절요』에서는 이때의 상황을 그가 이숭인과 평소부터 잘 지낸 까닭에 죄를 받게 되었다고 서술하고 있다.[136]

조선이 건국되자 태조 6년(1397) 12월에는 回禮使가 되어 일본에 가서 海寇를 토멸하도록 요청하였으며, 귀국할 때 方物과 그 동안

---

133) 『太宗實錄』 권7, 太宗 4년 5월 乙卯의 기사를 보면 그가 장모와 정을 통한 것이 발각되어 형을 받게 되는데, 이때 典法司의 罪案에는 그의 이름이 啓陽으로 기록되어 있다. 이로 볼 때 그가 惇之로 개명한 것은 이 사건 이후로 볼 수 있다.
134) 『高麗史』 권74, 志28 選擧2 科目2 國子試.
135) 『高麗史』 권44, 世家44 恭讓王 23년 3월.
136) 『高麗史節要』 권34, 恭讓王 원년 10월.

포로로 잡혀있었던 남녀 100여명을 돌려 받아 왔다.137) 정종 원년
(1399) 11월에는 判殿中寺事가 되었고,138) 태종 원년(1401)에는 檢
校漢城尹이 되었다. 이때 그는 글을 올려 水運의 편리를 논하고
앞으로 조세는 육로보다는 수로로 하여 백성들의 노고를 경감시키
도록 건의하였고, 이것은 의정부에서 채택되어 정책으로 수용되었
다.139) 이후 安東大都護府使, 承樞府提學, 恭安府尹을 거치고, 태
종 4년(1404)에는 사간원의 탄핵을 받아 仁州에 유배되었고,140) 태
종 8년(1408)에는 趙瑚・許應과 함께 驪興府院君 閔霽와 붕당을
맺어 불충을 도모하였다는 탄핵을 받았고,141) 태종 10년(1410)에는
檢校 叅贊議政府事가 되었다.

그는 일찍부터 이색・이숭인과 교분이 두터웠고, 고려말에는 이
들이 숙청당하는 과정에서 그도 유배되고 있다. 또 그는 학문이 밝
았는데, 이것은 태종 4년에 사간원이 그를 탄핵하는 글의 내용 중에

李詹과 惇之는 모두 문학의 達儒인데, 詹은 謀逆을 범하고, 惇之는
奸律을 범하였으니 …142)

라고 하고 있는 것에서 확인된다.

(5) 李子庸(1339, 충혜왕 복위년 ~ 1385, 우왕 11)

이자용은 經德齋生 출신인 洽의 아들로 본관은 永川이다. 일찍
이 국자감시에 올라 四門進士가 되어 성균관에서 수학하였고, 공

---

137) 『太祖實錄』 권12, 太祖 6년 12월 癸卯 및 『定宗實錄』 권1, 定宗 원년
　　　5월 乙酉.
138) 『定宗實錄』 권2, 定宗 원년 11월 辛卯.
139) 『太宗實錄』 권2, 太宗 원년 8월 戊午.
140) 『太宗實錄』 권7, 太宗 4년 5월 乙丑.
141) 『太宗實錄』 권15, 太宗 8년 5월 丁卯.
142) 『太宗實錄』 권7, 太宗 4년 5월 乙卯.

민왕 9년(1360) 김득배와 한방신의 문하에서 급제하였다. 우왕 4년
(1378)에 版圖判書가 되었는데, 이 해 10월에 前 司宰令 韓國柱와
함께 일본에 사신으로 가서 九州節度使 源了浚을 설득하여 海賊
을 금단시켜 주도록 요청하였고,[143) 다음 해 7월 귀국할 때 일본에
잡혀 있던 우리 백성 2백 30여명을 돌려 받아왔다.[144)

우왕 9년(1383)에는 密直副使가 되었으며, 이 해 8월에는 進賀使
가 되어 명에 갔다. 그러나 바닷길이 험난하여 기일을 맞추지 못하
였는데, 이로써 명은 사명을 띄고 늦게 온 것과 그들 사신을 죽인
일을 책하여 이들을 大理로 유배하였다. 우왕 11년(1385)에야 풀려
나왔는데 귀국 도중에 병으로 죽었다.

(6) 李立尊 (1338, 충숙왕 복위 7 ~ 1396, 태조 5)

이입전은 三重大匡 簽議僉理를 지낸 蒨의 손자이며, 戶部尙書
를 지낸 達衷의 아들이다. 이제현과는 족친이 된다.[145)

공민왕 6년(1357) 御史大夫 신군평의 문하에서 국자감시에 장원
으로 합격하였고,[146) 이후 국자진사가 되어 성균관에서 수학하였
다. 23세가 되던 공민왕 9년에 김득배와 한방신의 문하에서 과거에
급제하였고, 공민왕 16년(1367)에는 獻納이 되었다. 이때 신돈의 세
를 믿고 洪永通의 부하들이 八關會의 奠物을 훔치자 이를 탄핵하
였다가 이들에게 구타를 당하였다.[147)

우왕 초에 睦仁吉과 田土 문제로서 쟁송이 일어 그의 모함으로
순군옥에 감금되었으나 얼마 후 석방되었다.[148)

---

143)『高麗史』권133, 列傳46 禑王 4년 10월.
144)『高麗史』권134, 列傳47 禑王 5년 7월.
145)『高麗史』권112, 列傳25 李達衷.
146)『高麗史』권74, 志28 選擧2 科目2 國子試.
147)『高麗史』권41, 世家41 恭愍王 16년 12월.
148)『高麗史』권114, 列傳37 睦仁吉.

우왕 12년(1386)에는 밀직부사가 되었는데, 이때 謝恩使로서 명에 가서 衣冠을 청하였다.[149] 이는 당시 고려 조정에서 정몽주 등이 중심이 되어 胡服을 폐하고 명의 제도로 의관을 고치자고 건의하였는데, 이것이 수용되었기 때문이었다.

조선 건국 후 한 때 安東府使로 출보하였고, 태조 5년(1396)에는 술이 취하여 왕을 비방하였는데, 이로써 司憲府의 탄핵을 받아 하옥되었다.[150] 태조가 그를 율에 따라 처벌하려 하니, 당시 芳遠이 "신이 듣자오니 전하께서 잠저에 계실 때 전의 아비 이달충이 전하에게 자손을 부탁하였다고 하였는데, 전이 비록 죄가 있더라도 죽이는 것은 옳지 못한가 합니다"라고 건의하였다.[151] 이는 고려말에 이달충이 東北面 都巡問使가 되어 돌아올 때 桓祖가 들에서 맞이하였는데, 이때 환조의 뒤에 있던 태조(李成桂)를 보고 이달충은 그의 앞에 꿇어앉아 그의 앞날을 예언하고 자손을 부탁한 일이 있었다.[152] 방원의 말을 듣고 태조는 당시를 회상하면서 "입전이 만일 참형을 당한다면 달충의 영혼이 나를 무엇이라 하겠는가"라고 하고는 죽음을 면하도록 하고 海南縣으로 유배시켰다. 그러나 그는 복역 중에 죽었다.[153]

(7) 徐鈞衡 (1340, 충혜왕 복위 원년 ~ 1391, 공양왕 3)

서균형은 尙食奉御를 지낸 穎의 아들로 처음에는 이름을 均衡이라 하였으나 후에 鈞衡으로 고쳤다. 본관은 大邱이다.

일찍이 新進士가 되어 성균관에서 수학하였고, 공민왕 9년(1360)에 김득배와 한방신의 문하에서 급제하였다.[154] 이때 그의 나이 21

---

149) 『高麗史』 권136, 列傳49 禑王 12년 8월.
150) 『太祖實錄』 권9, 太祖 5년 3월 丙寅.
151) 『太祖實錄』 권9, 太祖 5년 4월 甲寅.
152) 『高麗史』 권112, 列傳25 李達衷.
153) 『太祖實錄』 권9, 太祖 5년 4월 甲寅.

세였다. 공민왕 15년(1366) 右正言이 되었고,[155] 우왕 5년(1379)에
는 右代言이 되었는데, 이때 納哈出 정벌을 위한 출동에 참여하지
않은 찬성사 洪仲宣을 탄핵하여 유배시켰다.[156] 이로써 韓山君 이
색이 홍중선을 대신하여 師傅를 맡았다. 다음 해 5월에는 국자감
시의 試官이 되어 李汝良 등 99명을 선발하였다.[157] 이때 왕이 시
험문제를 보려고 하자 "시험장의 문제는 밖으로 누설할 수 없습니
다"라고 하여 거절하였다.[158]

우왕 6년(1380)에 승지가 되었고, 우왕 12년(1386)에는 寶源庫 提
調가 되었다. 창왕 원년(1389)에는 門下評理가 되어 密直副使 兪光
祐와 함께 명에 사신으로 가서 胡人을 평정한데 대하여 하례하였
다.[159]

공양왕이 즉위하자 정당문학이 되었고, 이 해 12월에는 왕명을
받들어 강릉에 유배된 우왕을 참하였다.[160] 다음 해에는 예문관대
제학이 되어 조준·李至와 더불어 세자의 사부가 되었으며, 얼마
후 楊廣道 都觀察使로 출보하였다. 공양왕 3년(1391) 5월에 죽으
니, 貞平이란 시호를 내렸다.[161]

(8) 郭 樞(1338, 충숙왕 복위 7 ~ 1405, 태종 5)

곽추는 尙書左丞을 지낸 琛의 아들로 호는 秋巖 또는 仰天齋라
하였고, 본관은 淸州이다.[162] 일찍이 國子進士가 되어 성균관에서

---

154) 『石灘集』下, 附錄 榜目.
155) 『高麗史』 권41, 世家41 恭愍王 15년 4월.
156) 『高麗史節要』 권31, 禑王 5년 5월.
157) 『高麗史』 권74, 志28 科目2 國子試
158) 『高麗史』 권134, 列傳47 禑王 5년 5월
159) 『高麗史』 권137, 列傳50 昌王 원년 9월
160) 『高麗史』 권45, 世家45 恭讓王 원년 12월.
161) 『高麗史』 권46, 世家46 恭讓王 3년 5월.
162) 『淸州郭氏大同譜』 상권.

수학하였고, 공민왕 9년(1360)에 김득배와 한방신의 문하에서 급제하였다. 공민왕 10년에는 한림의 직을 역임하였고, 공민왕 23년(1374)에 공신녹권을 하사 받았다. 우왕 2년(1376)에는 知申事를 배수하였으며, 이 해 5월에는 국자감시의 시관이 되어 鄭熙 등 99명을 선발하였다.163)

우왕 14년(1388)에는 정당문학이 되었으며, 이 해 2월에는 賀禮使가 되어 명에 가서 약재를 내려준 것에 대하여 사례하였다.164)

그에 대한 『고려사』와 『고려사절요』의 기록은 여기서 끝나고, 이후 그의 행적은 보이지 않는다. 『태조실록』에서도 그의 기록은 보이지 않고 있으며, 정종 원년(1399)의 기사에서 "前 정당문학 곽추를 평주에 유배 보내다"라는 내용이 처음으로 나타난다.165) 이때 그가 유배당하게 되는 것은 장군 田興과 노비문제로 인한 쟁송 때문이었다. 주목되는 것은 위의 기록에서 보이는 '전 정당문학'이란 직함이다. 이로 볼 때 그는 조선 건국 후에는 벼슬에 나아가지 않았음을 알 수 있다. 『杜門洞實記』와 『淸州郭氏大同譜』에서도 그를 조선에 벼슬하지 않은 고려의 충신으로 기록하고 있다. 실제로 그는 정몽주와는 동년으로 우의가 두터웠다. 공민왕 11년(1362)에 그가 한림직을 사퇴하고 고향으로 떠날 때 정몽주는 그에게 나음과 같은 시를 지어 아쉬움을 표하고 있다.

郭君同門人 今幸又同列	郭君은 나의 同門으로 이제껏 다행히 同列로 지냈도다.
于操褒誅筆 高節不可折	포상과 징벌에 대한 직책 맡으니 그 높은 절개 누가 꺾을소냐.
昨日南方來 今還改車轍	어제 남쪽에서 왔더니 지금 바퀴자국 바꿔

---

163) 『高麗史』 권74, 志28 選擧2 科目2 國子監試.
164) 『高麗史』 권137, 列傳50 禑王 14년 2월.
165) 『定宗實錄』 권2, 定宗 원년 12월 丁丑.

	돌아가네.
歲暮獨淹留 相從嗟一瞥	歲暮에 홀로 淹留되니 만나 본 잠시의 시간 아쉽기만 하도다.
白日慘不揮 陰雪擁無缺	밝은 태양은 빛을 발하지 못하고 음침한 雪만이 온 세상을 덮는도다.
何時春風揚 會合無離別	어느 때 봄바람이 불어오려나 만나면 다시는 헤어지지 않으리.
幷駕同長途 胸中共君說	같이 수레 타고 먼 길 가면서 흉중에 있는 말 그대에게 다하리.
君歸有何書 特書無緝綴	그대가 돌아가는데 무슨 글이 필요한가 특별히 글 쓸 것이 없음음을 쓰리라.[166]

『청주곽씨대동보』에서는 정몽주가 살해당하자 그는 하늘을 바라보며 "'하늘이여 ! 하늘이여 ! 나는 어디로 가야 합니까'라고 탄식하고는 신병을 이유로 벼슬에서 물러났다"[167]고 기록하고 있다.

위의 행적으로 보아 이 사실은 그대로 믿어도 좋을 것 같다.『고려사』와『고려사절요』의 기록에서도 그가 정당문학을 제수한 이후의 행적이 보이지 않고 있고, 또『태조실록』에서도 그의 행적이 나타나지 않고 있음은 이를 말해준다. 그러나 태종 때에는 벼슬에 나아갔다.

태종과 그는 족친의 관계를 갖고 있다. 즉 그의 처부 閔汴은 태종의 妃 元景王后의 조부가 된다.[168] 이로써 태종과 그는 일찍부터 교유가 두터웠다. 태종은 즉위하자 그에게 벼슬에 나오도록 설득하였고, 이로써 태종 원년(1401) 정월에는 예문관 대제학을 배수하게 된다.[169] 다음 해에는 議政府贊成事를 배수하였으며, 이 해 9월에는 처남인 閔霽의 집에서 태종과 더불어 향연을 즐겼다.[170] 태

---

166)『景賢祠誌』.
167)『淸州郭氏大同譜』상권, 15세 樞.
168)『淸州郭氏大同譜』上系.
169)『太宗實錄』권1, 太宗 원년 정월 乙酉.

종 5년(1405)에 죽으니, 향년 68세였다. 文良이란 시호를 내렸다.[171]

(9) 柳　珣(1335, 충숙왕 복위 4 ～ 1398, 태조 7)

유구는 知靈光郡事 惠芳의 아들로 호는 釣隱 또는 漁村이고, 공민왕 9년(1360) 김득배와 한방신의 문하에서 급제하여 都官正郎을 배수하였다. 다음 해에 홍건적이 침입하여 개경을 함락하자 왕을 호종하고 피난하였는데, 이 공으로 공민왕 12년(1363) 3월에 호종2등공신에 책록되었다.[172] 이후 右司議大夫를 거쳐 공민왕 22년(1373)에는 慶尙道 按廉使로 출보하였는데, 이때 金閣의 불법을 조정에 고하여 탄핵하였다.[173] 이후 右散騎常侍 등의 관직을 거치고 우왕 6년(1380)에는 密直副使가 되었으며, 이 해 4월에는 漢陽道 都兵馬使가 되어 漢陽尹을 겸하였다.[174]

공양왕 원년(1389) 12월에는 藝文館大提學으로 있었는데, 이때 왕명을 받들어 江華에 유배되어 있던 창왕을 죽이는 임무를 맡게 된다. 다음해 2월에는 楊廣道 都觀察使로 출보하였고, 공양왕 3년(1391) 8월에는 다시 예문관대제학을 맡았다.

조선이 건국되자 태조 원년(1392) 8월에 본향인 全州를 完山府로 승격하였는데, 이때 그는 完山府尹으로 출보하게 된다.[175]

태조 4년(1395)에는 政堂文學과 僉贊門下府事를 지냈고, 얼마 후 藝文春秋館大學士가 되었다. 이 해 10월에는 正朝使가 되어 명에 갔는데, 그가 올린 표전이 격식을 잃었다 하여 그 곳에 억류당하게 된다. 이때 본국에서는 晋山君에 봉하였으며, 다음 해 11월

---

170) 『太宗實錄』 권4, 太宗 2년 9월 丁丑.
171) 『太宗實錄』 권10, 太宗 5년 7월 己亥.
172) 『高麗史』 권40, 世家40 恭愍王 12년 3월 乙酉.
173) 『高麗史』 권125, 列傳38 金閣.
174) 『高麗史』 권134, 列傳47 禑王 6년 4월.
175) 『太祖實錄』 권1, 太祖 원년 8월 丙辰.

謝恩使 權仲和 등의 탄원으로 풀려나 귀국하였다.[176]

태조 6년(1397) 2월에 三司右僕射를 배수하였으나 다음 해 2월에 죽으니, 향년 64세였다. 靖平이란 시호를 내렸다.

(10) 柳 源(1341, 충혜왕 복위 2 ~ 1392 공양왕 4)

유원은 晋州人으로 三重大匡 之淀의 아들이다. 新進士로 20세가 되던 공민왕 9년(1360)에 김득배와 한방신의 문하에서 과거에 급제하였다.[177] 공민왕 14년(1365) 6월에 監察持平, 공민왕 21년(1372)에는 사헌부의 臺長으로 있었다. 우왕 때는 密直으로 있었는데, 우왕 10년(1384) 4월에는 북방에 警報가 있어 정몽주와 더불어 東北面에 가서 사태를 파악하고 돌아왔다.

창왕 원년(1389)에는 판개성부사로서 지공거가 되어 李種學과 함께 金汝知 등 33명을 선발하였다.[178]

공양왕 4년에 趙英珪가 궁에 난입하여 정몽주를 죽이고자 수색하였는데, 이 와중에서 목숨을 잃었다.[179] 조정에서는 良景이란 시호를 내렸다.

세종 30년(1448)에 그의 충절을 기려 祭田 10結을 하사하였다.[180]

(11) 文益漸(1329, 충숙왕 16 ~ 1398, 태조 7)

문익점은 晋州 江城縣人으로 아버지는 淑宣인데, 과거에 합격하였으나 벼슬에는 나아가지 않았다.[181] 그는 처음에 이름을 益瞻이라 하였으나 후에 益漸으로 개명하였다. 자는 日新, 호는 三憂堂

---

176) 『太祖實錄』 권10, 太祖 5년 11월 庚申.
177) 『石灘集』 下, 附錄 공민왕 9년 榜目.
178) 『高麗史』 권73, 志27 選擧1 科目1 選場.
179) 『太祖實錄』 권1, 總書 .
180) 『世宗實錄』 권120, 世宗 30년 6월 丙辰.
181) 『太祖實錄』 권14, 태조 7년 6월 丁巳.

또는 思隱이라 하였다.

일찍부터 가학을 전승하여 학문이 밝았고, 稼亭 李穀의 문하에서 학문을 익혔다.[182] 공민왕 9년(1360)에는 經德齋生으로서 과거에 응시하여 김득배와 한방신의 문하에서 급제하였다. 이후 金海府 司錄을 배수하였고, 이어 諄諭博士가 되어 성균관 교관으로 활동하였다.

공민왕 12년(1363)에는 司諫院 左正言이 되었는데, 이 해에 計稟使 李公遂의 書狀官이 되어 원에 갔다. 이때 원에서 벼슬하고 있던 崔濡가 충선왕의 셋째 아들 德興君을 왕으로 받들고 고려에 침입하였는데, 그는 귀국하자 이에 가담하였다 하여 파직되었다. 그는 귀국하면서 從子 金龍을 시켜 밭을 지키던 노파의 제지를 무릅쓰고 목화 몇 송이를 따서 그 종자를 붓대 속에 넣어 가지고 왔다. 공민왕 13년(1364)에 진주에 이르러 典客令으로 致仕한 사돈 鄭天益과 더불어 이를 재배하였다. 처음에는 재배기술을 몰라 겨우 한 그루만 살릴 수 있었으나 3년 동안의 노력 끝에 드디어 성공하여 전국에 이를 보급하기에 이르렀다.[183]

우왕 원년(1375)에는 소환되어 典儀注簿가 되었고,[184] 창왕 때는 左司議大夫가 되어 侍學을 겸히여 왕에게 학문의 도를 논하였다. 이때에 禹玄寶·趙浚 등이 주체가 되어 私田改革을 추진하였는데, 그는 이색·이림·우현보 등과 뜻을 같이 하여 이에 반대하였다. 이에 대사헌 주준은

익점은 본시 遺逸로서 晋州에서 농사나 짓던 사람인데도 전하께서 賢良이라 하여 불러 諫大夫로 임용하여 측근에 두어 보좌하도록 하

---

182) 『南平文氏系譜』 12세손.
183) 『高麗史』 권111, 列傳24 文益漸.
184) 『太祖實錄』 권14, 太祖 7년 6월 丁巳.

였는데, 아첨으로 일관하여 정사에 아무런 도움이 없으니 벼슬을 삭
탈하소서.[185]

라는 상소를 올려 그를 탄핵하였고, 이로써 그는 관직에서 물러났
다. 태조 7년 6월에 죽으니, 향년 70세였다.

그가 죽은 후 목면재배에 대한 그의 업적이 높이 평가되어 僉知
議政府事・藝文館提學・同知春秋館事에 추증되었고, 또 江城君
에 봉작되었다.

태종 10년(1410)년 4월에는 사간원에서 사당을 세워 그를 기리자
는 건의가 있었고,[186] 세종 22년(1440)에는 영의정을 추증하고, 富
民侯로 봉작하였다. 시호는 忠宣이다.

그는 이색의 아버지 穀에게 수학하여 일찍부터 이색과 교분이
두터웠고, 정몽주와는 동년으로 또한 교분이 두터웠다. 이들과는
정치적으로 견해를 같이 하여 조준 등의 전제개혁을 반대하였다.
조선 건국 후에는 벼슬에 나아가지 않았으며, 집 후원에 정자를 지
어 三憂堂이라 편액하고 학문을 즐기면서 만년을 보냈다. 아들의
이름을 中庸・中誠・中實・中晋・中啓라 하였으니, 그가 지향한
학문의 대체가 무엇이었던가를 짐작케 한다. 그와 함께 목면재배
에 노력한 鄭天益은 그의 셋째 아들 中實의 장인이기도 하다.[187]

(12) 李士渭 (1342, 충혜왕 3 ~ ?)

이사위는 弘福都監判官을 지낸 中仁의 아들로 본관은 龍駒이다.
공민왕 9년 김득배와 한방신의 문하에서 급제하였다. 정몽주와는
동년으로 일찍부터 이색・정몽주와 교유하여 우의가 두터웠다.[188]

---

185)『高麗史』권111, 列傳24 文益漸.
186)『太宗實錄』권19, 太宗 10년 4월 甲辰.
187)『南平文氏系譜』.
188)『龍仁李氏大同譜』권1, 上系.

  공양왕 2년(1390) 정월에 經筵檢討官이 되었는데,[189] 이 해 12월에는 密直副使를 배수하였고, 공양왕 3년 12월에는 西海道都觀察使로 출보하였다.[190]

  그는 고려말에 정몽주·이색과 뜻을 같이하여 이성계에 대하여는 반대적 입장을 취하였던 것 같다. 일찍이 尹紹宗이 上護軍 宋文中에게 "지금 李侍中(이성계)이 능히 군자를 천거하고 있으나 또한 소인들을 물리치지 못하고 있으니, 만일 그가 하루 아침에 소인들의 농간에 떨어진다면 그 때 뉘우친들 무슨 소용이 있겠는가"라고 하였는데, 이것이 왕에게 알려지자 왕은 크게 노하여 소종을 처벌하려고 하였다. 이때 代言으로 있던 그는 "이제 紹宗을 처벌하면 전하께서 직언하는 신하들을 미워한다고 할 것입니다"라고 하여 그의 처벌을 반대하고 있다.[191]

  『고려사』와 『고려사절요』에서는 더 이상 그의 관력이 보이지 않는다. 다만 『태조실록』 태조 5년조에 "都城監役官 朴理가 군인에게 명하여 큰 돌을 운반하다가 길이 좁아 前 密直使 士渭의 담을 허무니, 그가 박리를 구타하고 욕하였다"라는[192] 기사가 처음으로 보인다. 이때 그의 관직이 '전 밀직사'로 나오는 것으로 보아 조선 건국 후 벼슬에 나아가지 않았음이 확인된다. 이때의 일로 그는 형조의 탄핵을 받아 순군옥에 감금된다.

  그의 卒年에 대한 정확한 연대는 알 수 없지만 태종 초기로 보여진다. 그가 주자 春亭 卞季良은

  視豫猶子意彌親   나를 자식과 같이 돌보아 주신 어진 분이시어

---

189)『高麗史』권45, 世家45 恭讓王 2년 정월.
190)『高麗史』권46, 世家46 恭讓王 3년 12월.
191)『高麗史』권120, 列傳33 尹紹宗.
192)『太祖實錄』권10, 太祖 5년 8월 壬寅.

聞訃初疑夢也眞　지금 訃音을 들으니 이것이 꿈이 아닌지 의심스럽도다.
路遠未能陪執紼　길이 멀어 달려가 상여 줄도 잡을 수 없으니
謾將雙淚灑衣中　하염없이 눈물만 흘러 옷깃을 적시도다.
年踰耳順向重泉　이제 갓 耳順을 넘었는데 저승 길로 가시다니.[193]

라는 시를 지어 애도하였다.

변계량은 그의 아들 伯持와 동년으로서 이들은 모두 우왕 11년
에 廉國寶와 정몽주의 문하에서 급제하였다. 따라서 정몽주는 그
의 동년이면서 아울러 그 아들의 恩門이기도 하여 서로 교분이 돈
독하였다. 그는 정몽주가 살해되자 벼슬에서 물러났으며, 조선 건
국 후에는 사환하지 않았던 것으로 보여진다.

3) 문 생

정몽주는 우왕 11년 4월에 瑞城君 廉國寶와 함께 과거를 주관
하여 禹洪命 등 33명을 선발하였다. 이때 선발된 그의 문생들 중에
는 여말선초에 이름을 떨친 사람들이 많있다. 이들 중에서 咸傳霖
·朴信·權遇·卞季良·李孟畇은 고려말에도 교관직을 맡아 성
리학의 보급에 기여하였지만, 이들의 업적이 크게 빛을 발하는 것
은 조선 건국 이후이다. 이들은 조선 건국 후 고시관 또는 대사성
을 맡아 조선사회의 학맥개창에 선도적 역할을 하게된다. 이로서
이들의 활동은 제2편 「조선초기 성리학의 보급과 학맥」에서 처리
하였다. 본 항에서는 이들을 제외하고 여말선초에 활약한 문생들
을 중심으로 살펴보았다.

---

193)『春亭集』권9.

(1) 李 室(? ～ ?)

이실은 忠簡公 敬之의 아들이며, 할아버지는 邁이고, 증조는 瑱의 동생인 世基이다. 이제현은 그에게 종조부가 된다.[194]

우왕 11년(1385) 4월 염국보와 정몽주의 문하에서 급제하였고, 공양왕 2년(1390) 윤 4월에 左獻納이 되었다.[195] 이 해 8월에 왕이 漢陽에 천도할 계획을 발표하자 그는 "殿下가 도참의 설을 믿어 한양에 천도하고자 함은 불가한 일인데, 항차 지금 추곡을 거둬들이지 않았는데 人馬가 이를 밟으면 반드시 백성들의 원망을 살 것입니다"라고 하여 반대하였다. 이때 왕은 "秘錄에 이르기를 만약에 천도하지 않으면 君臣이 폐하게 된다 하였는데, 너만 어찌 홀로 불가하다고 고집하는냐"라고 힐난하고 있다.[196]

조선이 건국되자 직첩을 회수당하고 遠地로 유배당하였는데,[197] 이를 보면 그는 고려말에 정몽주와 정치적 견해를 같이 하여 이성계에 대항하였음을 알 수 있다. 당시 그와 함께 유배된 사람들은 거의 모두가 이성계의 반대파였음이 이를 말해 준다.

(2) 禹洪命(? ～ 1392, 태조 원년)

우홍명은 禹玄寶의 다섯째 아들로 본관은 丹陽이다. 우왕 9년(1383) 知申事 廉廷秀의 문하에서 성균시에 합격하고,[198] 우왕 11년(1385) 瑞城君 염국보와 정당문학 정몽주의 문하에서 급제하였다.[199]

공양왕 3년(1391)에 吏曹左郞으로 있었는데, 이때 왕명에 의하여

---

194) 『慶州李氏尙書公派世譜』.
195) 『高麗史』 권45, 世家45 恭讓王 2년 閏 4월.
196) 『高麗史』 권45, 世家45 恭讓王 2년 7월.
197) 『太祖實錄』 권1, 太祖 원년 7월.
198) 『高麗史』 권74, 志28 選擧2 科目2 國子試.
199) 『高麗史』 권73, 志27 選擧1 科目1 選場.

平州에 가서 이성계에게 宮醞을 하사하였고,[200] 다음해에는 禮曹正郞이 되었다. 이 해 4월에 정몽주가 살해되자 金震陽의 옥사에 연류되어 아버지인 우현보와 더불어 유배되었다.[201]

조선이 건국되자 평소 그의 가문에 원한을 품어 온 정도전의 사주를 받는 黃居正과 孫興中 등에게 유배지에서 杖殺을 당하였다. 그의 죽음을 듣고 태조는 크게 슬퍼하였으며, 태종 11년(1411)에는 왕이 황거정과 손흥중 등이 왕을 속이고 자기 마음대로 죽였다 하고는 이들의 죄를 소급하여 다스리고 그의 억울함을 풀어주었다.[202]

(3) 王 裨(?~?)

왕비는 開城人으로서 처음에는 蔭으로 벼슬에 나아가 우왕 7년(1380)에 文牒錄事가 되었으나[203] 우왕 11년(1385) 염국보와 정몽주의 문하에서 급제하였고, 공양왕 4년(1392) 6월에 右正言을 배수하였다.[204]

조선이 건국되자 태조 2년(1393)에 左拾遺가 되었는데, 이때 태조로부터 "이제부터는 宗社의 安危에 관계된 것이 아니면 마땅히 啓聞하지 말라"는 충고를 받고 있다.[205] 그러나 몇일 후 궁중대소사의 일에 간여하여 사람들로 하여금 의혹을 갖도록 한다고 하여 臺諫들을 숙청하는 과정에서 그도 본향으로 유배되었다.[206]

---

200) 『高麗史』 권46, 世家46 恭讓王 3년 3월.
201) 『高麗史』 권115, 列傳28 禹玄寶.
202) 『太祖實錄』 권1, 太祖 원년 8월 壬申.
203) 『高麗史』 권126, 列傳39 李仁任.
204) 『高麗史』 권46, 世家46 恭讓王 4년 6월.
205) 『太祖實錄』 권3, 太祖 2년 6월 辛己.
206) 『太祖實錄』 권3, 太祖 2년 6월 丁酉.

(4) 崔　宣(? ～ ?)

최선은 崔誠之의 후예로 본관은 全州이다. 성리학으로 이름을 떨친 崔文度는 증조가 되며, 할아버지는 思儉이고, 아버지는 同知密直司事를 역임한 乙義이다. 어머니는 權漢功의 외손인 朴瓊의 딸이다.

우왕 11년에(1385) 瑞城君 염국보・政堂文學 정몽주의 문하에서 급제하였다.[207]

조선이 건국되자 秘書少監을 역임하였다. 그러나 이후의 행록은 기록에서 보이지 않고, 다만『태조실록』태조 6년(1397) 4월조에 "조모의 상중에 遊女들을 모이 풍악을 울리고 음란한 짓을 행하였나"라고 하여 諫官의 반핵을 받아 治罪낭하고 있는 기사가[208] 보일 뿐이다. 이로 볼 때 그는 조선 건국 후 얼마 되지 않아 벼슬에서 물러 난 것으로 보인다.

(5) 李　膺(1365, 공민왕 14 ～ 1414, 태종 14)

이응은 密直副使를 역임한 希忠의 아들이며, 할아버지는 開城尹을 지낸 瑜이다. 본관은 永川이다.[209]

우왕 11년(1385)에 염국보와 정몽주의 문하에서 급제하였다. 조선이 건국되자 佐命功臣에 책록되고, 태조 6년(1397)에는 知議政府事로 있었다. 정종 때는 上將軍이 되었고, 제2차 왕자의 난 때는 태종의 편에 서서 그의 즉위를 도왔다. 태종이 즉위하자 翊戴佐命功臣에 책록되고 永陽君에 봉작되었으며,[210] 얼마 후 代言이 되었다. 이때 왕은 과거 합격자 중에서 서울 출신을 장원으로 삼자는

---

207)『高麗朝科擧事蹟』.
208)『太祖實錄』권11, 太祖 6년 4월 乙未.
209)『太祖實錄』권12, 太祖 6년 9월 辛亥 李希忠 卒記.
210)『太宗實錄』권1, 太宗 원년 정월.

의견을 제시하고 있는데, 그는 "글로서 선비를 뽑는데 서울과 외방을 어찌 분별하겠습니까?"라고 하여 반대하였다.211) 태종 3년(1403) 2월에 鑄字所를 설치하자 提調를 겸하여 활자의 주조를 감독하였고, 다음 해에는 僉知議政府事가 되었다. 태종 6년(1406)에 別瓦窯를 설치하자 또 제조를 겸하여 기와조성의 감독을 맡았다.212)

태종 9년(1409)에는 工曹判書 朴子靑과 함께 健元陵에 소나무 심는 작업을 감독하였고, 이 해 7월에는 禮曹判書가 되었다. 이 해 9월에 왕이 실록의 편찬을 당대의 사람들로 하여금 당대에 편찬케 하려고 하자 그는

> 당대의 사람으로 하여금 당대의 일을 편찬하게 한다면 어느 누가 사실을 바로 써서 目前의 화를 취하려 하겠습니까. 신도 또한 하지 못하겠습니다.213)

라고 하여 반대하였다. 이후 호조판서와 지의정부사를 역임하였고, 태종 11년(1411) 12월에는 開渠都監을 설치하자 제조를 겸직하여 運河개설의 책임을 맡았다.

태종 13년(1413) 2월에는 경복궁에서부터 종묘에 이르는 行廊 조성이 시작되었는데, 이때 그는 李稷 · 박자청과 더불어 이를 감독하였다. 이 해 6월에는 判義勇巡禁司事를 겸하였고, 태종 14년(1414) 정월에는 병조판서를 배수하였다. 이 해 7월에 죽으니, 향년 50세였다. 貞景이란 시호를 내렸다.

그는 정몽주의 문생으로서 비록 고려말에는 정치적 견해는 달리하였지만, 정몽주의 인품과 학문에 대하여는 크게 존경하였다. 이

---

211) 『太宗實錄』 권3, 太宗 2년 4월 乙卯.
212) 『太宗實錄』 권11, 太宗 6년 정월 辛酉.
213) 『太宗實錄』 권18, 太宗 9년 9월 丁丑.

것은 태종 2년에 왕이 "정몽주는 鄕生으로서 장원이 되어 豪放함
이 비길 데 없었다"라고 하자 그가 "정몽주와 같은 분은 중국에도
찾아보기 어렵습니다"라고[214] 하고 있는 것에서 알 수 있다.

(6) 金自知(1367, 공민왕 16 ~ 1435, 세종 17)

김자지는 延安人으로 자는 元明, 호는 逸溪이다. 할아버지는 密
直副使를 지낸 光厚이며, 아버지는 이색의 동문후배인 濤이다. 도
는 일찍부터 이색의 문하에서 가르침을 받았고, 이름과 字 및 號도
이색이 지어주었다.[215]

그도 어려서부터 이색의 문하에 출입하였고, 이색도 그를 아들
과 같이 사랑하였다. 우왕11년(1385) 염국보와 정몽주의 문하에서
급제하였다.[216] 이후 그는 정몽주의 문하에도 줄입하면서 더욱 학
문을 정연시켰다.

조선 건국 후 일시 벼슬에서 물러났으나 태종 4년(1404)에 사헌
부의 執義를 배수하였고,[217] 태종 7년(1407)에는 右司諫大夫가 되
었다. 이어 刑曹叅議가 되었고, 태종 13년(1413)에는 兵曹叅議가
되어 書筵官을 겸하였다. 태종 17년(1417) 12월에는 京畿道 都觀察
使로 출보하였고,[218] 세종이 즉위하자 이 해 11월에는 胎室都監提
調를 겸하였고, 다음 달에 戶曹叅判을 배수하였다. 이후 형조참판
과 예조참판을 거쳐 세종 원년(1419) 3월에는 鄭以吾·趙末生 등
과 함께『葬日通要』를 편집하여 왕에게 올렸다. 이 해 9월에는 喪
服色提調를 겸하였고, 세종 2년(1420) 정월에는 大司憲이 되었다.

세종 4년(1402)에 判原州牧事로 출보하였고, 이후 平安道 都觀

---

214)『太宗實錄』권3, 太宗 2년 4월 乙卯.
215)『牧隱文藁』권12,「上札讚竝序金濤」.
216)『世宗實錄』권67, 世宗 17년 2월 金自知 卒記.
217)『太宗實錄』권7, 太宗 4년 5월 乙卯.
218)『太宗實錄』권34, 太宗 17년 12월 甲申.

察使, 左軍摠制, 예조참판, 開城留後司 副留後를 차례로 역임하고, 세종 7년 4월에는 開城留守가 되어

> 本司의 學堂은 前朝의 國學으로 先聖十哲의 肖像이 삼엄하고, 또 廟堂의 모양이 높고 커서 다른 군현의 학사와는 비교할 정도가 아닙니다. 그러나 궁벽하게 한쪽 모퉁이에 있으므로 생도들이 비록 독실하게 공부할 뜻이 있다 하더라도 朝夕을 자기 집에 가서 먹게 되니, 왕래하기가 매우 어렵습니다. 나라에서 토지를 더 지급하여 성내의 五部生徒 50명을 정원으로 하여 서울 안의 五部學堂의 예에 의거하여 朝夕을 공급하여 학문을 권장하소서.[219]

라는 건의를 올려 기존 學田 100결을 150결로 증액하였다.

세종 10년(1428)에 형조판서가 되었고, 세종15년(1433)에는 開城留後司 留後가 되었다. 다음 해에 벼슬에서 물러나기를 청하여 윤허를 받았고, 세종 17년(1435) 2월에 죽으니, 향년 69세였다. 文靖이란 시호를 내렸다.

그는 성리학에 밝았을 뿐만 아니라 陰陽·天文·地理·音律에도 통하지 않음이 없었다. 이러한 그의 학문적 능력은 그의 卒記에서

> (공은) 사람됨이 重厚하고, 총명하였고, 陰陽·卜筮·天文·地理·醫藥·音律 등을 널리 읽어 박통하였다. 또 佛家를 좋아하지 않아 죽음에 즈음하여 여러 아들을 모아 "내가 죽은 후의 장례는 한결같이 文公家禮에 따라 행하라"라는 유훈을 남겼다.[220]

라고 하고 있는 것에서 보인다.

(7) 朴錫命 (1370, 공민왕 19 ~ 1406, 태종 6)

박석명은 密直副使 可興의 아들로 호는 頤軒, 본관은 順天이다.

---

219) 『世宗實錄』 권32, 世宗 8년 4월 5일.
220) 『世宗實錄』 권67, 世宗 17년 2월 23일.

16세 되던 우왕 11년(1385)에 염국보와 정몽주의 문하에서 급제하였다. 공양왕 4년(1392) 4월에 右副代言이 되었고, 이 해 6월에는 병조판서가 되었다.221)

조선이 개국되자 공양왕의 동생인 王瑀의 사위였기 때문에 화를 피하기 위하여 8년 동안 은거하였다.222) 정종 원년(1399)에 左散騎常侍를 배수하였고, 이 해 9월에는 安州牧使로 출보하였다가 다음 해 9월에 都承旨가 되었다.

그는 일찍부터 태종과 친분이 두터웠으며, 이때를 즈음하여 태종의 즉위에 공을 세워 태종 원년(1401) 정월에 翊戴佐命功臣으로 채록되고, 田 80결과 노비 8구를 하사받았다.223) 이어 平壤君에 봉작되고, 이 해 7월에는 知申事를 배수하였다. 이때 원자의 나이가 8세였는데, 태종은 원자를 중에게 보내 글을 배우게 하려고 하니, 그는

> 前朝의 말년에 학교가 퇴락되어 사대부의 자제들이 대개 山僧에게서 배웠는데, 이것은 古制가 아닙니다. 산승이 아는 것은 詞章句讀의 末技에 지나지 못하오니 학문에 도움이 없습니다. 마땅히 성균관에 보내어 날마다 학관 및 諸生들과 더불어 講論하고 切嗟하여 덕성을 함양하게 하소서.224)

라는 건의를 올렸다. 태종도 그의 건의를 아름답게 여겨 받아들였다.

태종 3년(1403) 2월에 鑄子所提調를 겸하여 활자의 주조를 감독하였고, 태종 5년(1405) 12월에는 知議政府事를 超授하였다.

조선 건국 후 知申事에서 지의정부사로 초배된 경우는 그가 처

---

221)『高麗史』권46, 世家46 恭讓王 4년 4월 및 4년 6월.
222)『太宗實錄』권12, 太宗 6년 7월 庚子 朴錫命 卒記.
223)『太宗實錄』권1, 太宗 원년 정월.
224)『太宗實錄』권2, 太宗 원년 8월 戊寅.

음이었다.225) 다음 해에 咸鏡道 宣尉使를 겸하였고, 이 해 4월에는 全羅道 都觀察使가 되어 명의 사신 黃嚴이 전라도에 가는데 동행하였다.226) 동행 중에 병이 드니 지의정부사 겸 사헌부 대사헌의 직을 제수하여 소환하였다. 그러나 도중에 죽으니, 향년 37세였다. 文肅이란 시호를 내렸다.

그는 6년 동안이나 지신사로 있으면서 태종을 보필하였고, 태종의 신임이 그 누구보다도 두터웠다. 그가 병이 들어 귀경 중에 있을 때 태종은 특별히 충청도 관찰사에게 명하여 그의 시종을 극진히 하도록 명하였고, 그가 죽었다는 소식을 듣고는 정사를 폐하고 애도하였다.227)

(8) 李伯持(1361, 공민왕 10 ～ 1419, 세종 원년)

이백지는 駒城府院君 中仁의 손자이며, 開城留後를 지낸 士渭의 아들이다. 본관은 龍駒이다.228)

우왕 11년(1385) 염국보와 정몽주의 문하에서 급제하였고, 조선 건국 후 태종 9년(1409)에는 星州牧使로 있었는데, '平民을 동원하여 官屯田을 경작하였다'는 敬差官의 탄핵을 받아 유배되었다.229)

태종 15년(1415)에는 同副代言으로 있었으며, 다음 해에 右副代言, 태종 17년(1417) 윤 5월에는 江原道 都觀察使로 출보하였다.230)

세종 원년(1419)에 정종이 죽자 山陵都監提調가 되어 陵의 조성 책임을 맡았고, 이 해 11월에 전라도 관찰사 申槩가 어머니의 병으로 사표를 제출하자 그를 대신하여 출보하였다. 그러나 얼마 후 병

---

225) 『太宗實錄』 권10, 太宗 5년 12월 戊辰.
226) 『太宗實錄』 권11, 太宗 6년 4월 乙酉.
227) 『太宗實錄』 권12, 太宗 6년 7월 庚子.
228) 『龍仁李氏大同譜上系』.
229) 『太宗實錄』 권17, 太宗 9년 7월 甲午.
230) 『太宗實錄』 권33, 太宗 17년 5월 丙辰.

으로 사직하였다. 이 해 11월에 죽으니, 향년 59세였다.

(9) 李 原(1368, 공민왕 17 ~ 1430, 세종 12)

이원의 자는 次山, 호는 容軒, 본관은 固城이다. 그는 李尊庇의 후예로서 할아버지는 鐵城府院君으로 봉작받은 杏村 李嵒이고, 아버지는 이색과 막역한 벗이었던 岡이다. 강이 38세로 죽자 이색은

> 하늘이 수명을 더 주어 선생으로 하여금 묘당에서 정사를 펴게 하였다면 큰 疑端을 결단하였을 것이고, 또 정사를 그의 뜻과 같이 하여 이로움을 베풀었을 것이다. 이로써 나는 公을 스승으로 섬겼을 것인데, 뜻을 이루지 못하고 돌아갔으니, 이 슬픔 어찌 다 하리오.[231]

라고 하여 애도하였다.

그는 어릴 때부터 이색의 문하에 출입하여 가르침을 받았고, 이색도 아들과 같이 그를 사랑하였다. 그는 15세 되던 우왕 8년(1382)에 이숭인의 문하에서 성균시에 합격하였고, 우왕 11년(1385)에 염국보와 정몽주의 문하에서 급제하였다.[232] 우왕 14년(1388)에 司僕寺丞을 배수하였고, 이후 공조와 예조의 佐郎을 역임하였다. 공양왕 때는 兵曹正郎을 배수하였고, 공양왕 4년(1392)에는 전라도 관찰사로 있었다.[233]

조선이 건국되자 持平을 배수하였고, 태조 2년(1393)에는 侍史가 되었는데, 이 해 6월에 賢嬪 朴氏의 폐출에 대한 諫言으로 죄를 입어 竹林으로 유배되었다.[234] 얼마 후 소환되어 태조 5년(1396)에는 司憲中丞으로 있었는데, 이때 대사헌 朴經 등이 柳爰廷의 家婢를

---

231) 『牧隱文藁』 권18, 「文敬公墓誌銘」.
232) 『韓國歷代人物傳集成』 「李原墓誌銘」.
233) 『太宗實錄』 권22, 太宗 11년 7월 戊子.
234) 『太祖實錄』 권3, 太祖 2년 6월 丁酉.

국문하다가 죽음에 이르게 하자 이를 탄핵하였고,[235] 정종 2년 (1400) 2월에는 右副承旨를 배수하였다. 얼마 후 제2차 왕자의 난 이 일어나자 그는 방원을 도와 그의 즉위에 공을 세웠다.

태종이 즉위하자 좌승지에 올랐고, 다음 해 정월에는 佐命功臣 에 책록되고 鐵城君에 봉하여졌다.[236] 이어 恭安府少尹이 되었다 가 이 해 7월에는 대사헌에 올랐다. 이때 그는 檢校의 직을 혁파할 것을 건의하였고, 또 세자를 책봉하고 師傅를 둘 것을 건의하였으 며, 이밖에 노비의 송사를 해결하고 법을 엄정히 집행할 것을 건의 하였다.

이 해 9월에 巡官인 護軍 尹琮과 시비가 일어 파직되었으나[237] 태종 2년(1402) 정월에 京畿左右道 都觀察黜陟使를 배수하였다. 이 해 4월에는 조정에 건의하여 전국에 금주령을 내리게 하였고, 태종 3년(1403)에는 承樞府提學이 되어 誥命副使로서 명에 가서 誥命과 印章을 내려준 것에 대하여 사례하였다.[238] 귀국하자 갖고 온 『通鑑綱目』과 『十八史略』을 왕에게 올렸고, 이 해 12월에는 평 양부윤 겸 兵馬都節制使가 되었다. 이후 僉知議政府事, 判義勇巡 禁司事, 대사헌, 判漢城府事를 차례로 역임하였다.

태종 7년(1407) 정월에는 그가 대사헌으로 있을 때 諫院의 아전 을 능멸하였다는 사간원의 탄핵을 받아 일시 파직되었으나,[239] 다 음 해에 태조가 승하하자 殯殿都監의 判事가 되어 장례를 주관하 였으며, 이 해 7월에는 경상도 도관찰사로 領尙州牧事를 겸하였다. 태종 9년(1409) 10월에는 강원도와 동북면의 巡察使로 파견되었

---

235) 『太祖實錄』 권3, 太祖 5년 5월 甲戌.
236) 『太宗實錄』 권1, 太宗 원년 정월 丙子.
237) 『太宗實錄』 권2, 太宗 원년 9월 丁未.
238) 『太宗實錄』 권5, 太宗 3년 4월 丁卯.
239) 『太宗實錄』 권13, 太宗 7년 정월 乙酉.

으며, 이 해 11월에는 慶尙道監司로 있을 때 貢賦를 소홀히 취급하였다는 탄핵을 받아 치죄를 당하였다.

태종 10년(1410)에는 楮貨를 주조하여 이를 널리 보급하고자 개경과 한양에 和賣所를 설치하였는데, 그는 新京提調가 되어 한양에서의 저화보급에 책임을 맡았다.[240] 이후 永吉道 都巡問使와 예조판서를 거쳐 태종 15년(1415) 12월에는 또 다시 대사헌이 되었다.

태종 16년(1416) 3월에는 판한성부사가 되고, 이어 議政府叅贊과 병조판서를 거쳐 태종 17년(1417) 4월에는 무과의 고시관이 되어 田善生 등 28명을 선발하였다.[241] 이 해 윤 5월에는 判右軍都摠制府事가 되었으며, 이어 議政府贊成, 義禁府提調, 吏曹判書를 역임하였고, 태종 18년(1418) 6월에는 우의정에 올라 世子師를 겸하였다.

세종이 즉위하자 우의정으로 領經筵事를 겸하였고, 다음 해에는 謝恩師가 되어 명에 다녀왔다. 세종 2년(1420) 3월에는 集賢殿 領殿事를 겸하였으며, 이 해 7월에 大妃가 죽으니, 國葬都監都提調가 되어 장례를 주관하였다.

세종 3년(1421) 12월에는 다시 우의정에 올랐고, 다음 해에는 都城修築都監의 都提調가 되어 도성 수축에 대한 책임을 맡았으며, 이 해 5월에 태종이 승하하자 국장도감도제조가 되어 장례를 주관하였다.

세종 5년(1423) 3월에는 문과 會試의 시관이 되어 蔚山敎導 李從義 등 33명을 선발하였다.[242]

세종 7년(1425)에 흉년이 들어 벼슬에서 물러나고자 하였으나 왕

---

240) 『太宗實錄』 권20, 太宗 10년 10월 辛酉.
241) 『太宗實錄』 권33, 太宗 17년 4월 甲子.
242) 『世宗實錄』 권19, 世宗 5년 3월 甲辰.

의 간곡한 만류로 뜻을 이루지 못하였고, 이 해 7월에는 賀登極使
가 되어 명에 갔다가 11월에 돌아왔다. 세종 8년(1426)에는 남의 노
비를 증여받아 불법으로 차지하였다는 사헌부의 탄핵을 받아 공신
녹권과 직첩을 회수당하고 礪山에 유배되었다. 세종 12년(1430)에
유배지에서 죽으니, 향년 63세였다. 세조 때 복관되고, 襄憲이란 시
호를 내렸다.

(10) 鄭道復(? ~ ?)

정도복은 정도전의 동생인데, 일찍이 성균시에 합격하고, 우왕
11년(1385)에 정몽주의 문하에서 급제하였으나 고려가 망하자 벼슬
을 버리고 낙향하였다. 조선 개국 후 정도전이 불렀으나 그는

> 세력과 지위는 오래가기 어려우니 믿을 수 없는 것입니다. 또 우리
> 는 한미한 가문인데, 영화가 이미 지극합니다. 다시 무엇을 바라겠습
> 니까. 마땅히 낚시질하고 밭을 갈며 내 天年을 마치겠습니다. 청컨대
> 형은 나를 번거롭게 하지 마소서.243)

라고 하여 사양하였다. 태종이 즉위한 후 수차에 걸쳐 불렀으나 나
오지 않자 태종 3년(1403) 星州의 儒學敎授官을 제수하였고, 6년
후인 태종 9년(1409) 8월에 仁寧府司尹으로 삼았다.244) 그러나 그
는 부임하지 않고 시골에서 그대로 생활하였던 것 같다. 이것은 태
종 13년(1413) 7월 사헌부에서 글을 올려

> 2품은 외방에 있을 수 없다는 것이 이미 이루워진 법입니다. 檢校
> 漢城尹 孫可興·朴尙絧·朴厚植·高都琯·尹思奕·崔咸·呂克諧·
> 鄭道復과 前 泥城兵馬使 鄭寓 등은 항상 외방에 거주하니 심히 불편
> 합니다. 청컨대 告身을 거두고 다른 道로 移置하소서.245)

---

243) 『太宗實錄』 권18, 太宗 9년 8월 戊午.
244) 『太宗實錄』 권18, 太宗 9년 8월 戊午.

라고 하고 있는 것에서 알 수 있다.

(11) 韓尙德(? ~ 1434, 세종 16)

한상덕은 韓脩의 막내 아들로 자는 季德, 본관은 淸州이다. 우왕 11년(1385) 4월 염국보와 정몽주의 문하에서 급제하였다. 고려말에 宗簿寺丞이 되었고,[246] 조선 건국 후 태종 4년(1404) 9월에는 繕工監이 되었는데, 이때 그는 글을 올려 內乘에서 방목하는 馬이 田地를 짓밟아 농민들에게 폐해를 주는 폐단을 논하고, 이를 엄단하도록 진언하였다.[247]

다음 해에 文書應奉司 郞廳이 되었고, 태종 9년(1409) 2월에는 知司諫院事를 배수하였다. 이 해 윤 4월에 왕이 오랫동안 정사를 폐하자 왕에게 나아가

> 舜임금은 大聖이지만 皐陶가 丹朱처럼 하지 말라고 경계하였고, 唐의 太宗은 영명한 임금이지만 魏徵이 나아가 隋의 煬帝처럼 처신하지 말도록 경계하였습니다. 지금 신도 전하에게 辛禑와 같이 행동하지 말도록 경계합니다.[248]

라고 진언하였고, 또 왕이 "내가 어찌 三王(堯·舜·禹)에 미칠 수 있겠는가"라고 하니, 그는 "전하께서 正心誠意하여 大地와 더불어 그 덕이 합하게 하시고 내가 하지 못한다고 아니하시면 능히 옛 聖人에 미칠 것입니다"라고 진언하였다. 이에 태종은

> 그의 형 尙敬의 말도 심히 간절하고 지극하더니, 그 동생도 또한 그러하도다. 내가 즉위한 이후로 諫官과 더불어 다툰 일은 많으나 오늘처럼 잘하는 자는 보지 못하였다.[249]

---

245) 『太宗實錄』 권26, 太宗 13년 7월 己卯.
246) 『牧隱文藁』 권15, 「韓脩墓誌銘」.
247) 『太宗實錄』 권8, 太宗 4년 9월 」己.
248) 『太宗實錄』 권17, 太宗 9년 閏 4월 甲子.

라고 칭송하고 있다.

태종은 그의 능력을 높이 사서 얼마 후 사헌부 집의를 제수하였고, 태종 11년(1411)에는 判典祀寺事가 되었으며, 이 해 5월에는 右副代言이 되었다.250) 이때 태종은 그로 하여금『大學衍義』의 내용을 크게 쓰도록 명하고, 이를 궁전의 안벽에 걸어 놓고 신하들로 하여금 보게 하였다.251) 이후 右代言으로 올랐고, 태종 14년(1414)에는 왕이 그의 형 한상경과 그에게 노비를 내리려 하자 그들은 집에 노비가 넉넉함을 핑계로 하여 이를 사양하였으나 왕은 그들의 어머니 權氏에게 억지로 노비 3구를 내렸다.252)

태종 16년(1416)에 일시 파직되었으나 세종이 즉위하자 仁壽府尹을 배수하였고, 세종 3년(1421)에는 西活人院提調가 되었다. 다음 해에는 惠民局提調가 되어 의원 60여명을 거느리고 도성 수축 중에 다친 사람들과 병든 사람들을 치료하였다.253) 이 해 5월에는 承文院提調가 되었고, 세종 7년(1425)에는 左軍摠制가 되었다. 세종 8년(1426) 9월에는 進賀使가 되어 명에 갔으며, 다음 해 2월에는 호조참판을 배수하였다. 세종 16년(1434) 2월에 죽으니, 조정에서 조문과 부의를 내려 장례를 치루었다.

그의 아버지 한수는 이색과 막역한 사이였다. 따라서 두 집안의 친분도 두터워 그들 자제들도 서로 출입하면서 상대방 부모를 자기의 부모처럼 받들면서 가르침을 받았다. 이색은 그의 이름과 자에 대한 설을 지어주었다. 여기서

---

249)『太宗實錄』권17, 太宗 9년 閏 4월 甲子.
250)『太宗實錄』권21, 太宗 11년 5월 己卯.
251)『太宗實錄』권22, 太宗 11년 12월 辛丑.
252)『太宗實錄』권27, 太宗 14년 6월 壬寅.
253)『世宗實錄』권15, 世宗 4년 정월 庚戌.

(尙德이란 이름은) 중심을 잡아 이를 잃지 말라고 권면하기 위해 지은 것이다. 經에 이르기를 '능히 덕을 밝히라'고 하였다. 사람의 성품은 하늘에서 타고날 때는 모든 이치를 갖추고 만가지 일에 응할 수 있는 지극히 善한 것이었다. 그런데 이후 氣質이 혹 이를 구속하기도 하고, 혹 物慾이 가리기도 하여 이를 잃어버리는 경우가 있다. … 태어나면서 갖추어 지는 것도 덕이요, 잃었다가 회복하는 것도 덕이니, 이를 굳게 지켜 확충해 나가는 것은 바로 자신에게 있는 것이다. 尙德은 字를 季德이라 하였으니, 그 뜻도 깊이 생각하지 않을 수 없다. 용맹으로 근본을 한결같이 하고, 바탕으로 근본을 삼으며, 恭敬으로 주장을 삼고, 덕으로서 타고난 품성을 지킨다면 조상을 욕되게 하지 않을 것이다. 부디 힘쓸지어다. 부디 힘쓸지어다.[254]

라고 하여 많은 가르침을 내리고 있다.

(12) 盧龜山 (? ~ 1419, 세종 원년)

노구산은 承宣 穎秀의 아들로 본관은 新昌이다. 누이는 우왕의 后妃인 懿妃이고, 당시 권신이었던 李琳은 그의 처조부이다.

우왕 11년(1385) 4월에 염국보와 정몽주의 문하에서 어린 나이로 급제하였다. 처음에는 中場에 불합격하여 낙방하였는데, 왕이 크게 노하여 과거를 파하고자 하니, 중장을 다시 개설하여 그를 합격시켰다고 한다.[255]

우왕 13년(1387) 8월에 副代言으로 발탁되었는데, 이때 그의 나이가 아직 20세 이전이었기 때문에 당시 사람들은 모두 이를 못 마땅해 하였다.[256] 공양왕이 즉위하자 그의 처조부 李琳이 숙청되면서 그도 그 일족이라 하여 먼 곳으로 유배되었다.[257]

조선 건국 후에는 태종의 신임을 받았고, 태종 11년(1411) 10월에

---

254) 『牧隱文藁』 권10, 「韓氏四子名字說」.
255) 『高麗史』 권117, 列傳30 鄭夢周.
256) 『高麗史』 권136, 列傳49 禑王 13년 8월.
257) 『高麗史』 권45, 世家45 恭讓王 원년 11월.

는 그의 딸을 취하여 媵으로 삼았으며,258) 이 해 윤 12월에는 左軍
摠制가 되었다. 태종 17년(1417) 8월에는 都摠制가 되어 進獻使로
서 명에 갔다.

　세종 즉위년(1418) 8월에는 判漢城府事를 배수하였으며,259) 이
해 10월에는 咸吉道 觀察使로 출보하였고, 다음 달에는 右軍道摠
制가 되었다. 세종 원년(1419) 5월에는 비가 오지 않자 왕명을 받들
어 기우제를 주관하였고, 이 해 7월에 명의 사신이 오자 義州에 나
가 맞이하였다.260) 이 해 10월에 죽으니, 齊戴라는 시호를 내렸다.

(13) 李　敢(　? ～ 1426, 세종 8)

　이감은 陜川人으로 자는 義民, 호는 添丁子이다. 우왕 6년(1380)
권근이 성균좨주로 있을 때 성균관에 입학하여 수학하였고,261) 우
왕 11년(1385)에 염국보와 정몽주의 문하에서 급제하였다.

　공양왕 2년(1390) 司憲糾正으로 있었는데, 이때 왕이 절도 없이
궁중 측신들에게 官穀을 내리니, 豊儲倉이 거의 고갈상태에 이르
게 되었다. 그런데도 또 왕이 환관에게 곡식을 내리자 그는

> 집을 다스리는 사람도 반드시 먼저 節用해야 할 것인데, 하물며 國
> 君이 마음대로 私人에게 관곡을 하사하여 창고를 비게 하니 될 말인
> 가? 宦官은 항상 內廚에서 먹고 또 녹봉을 받는데, 이제 또 쌀을 준다
> 면 명목은 비록 다르다 할지라도 그 비용은 한 가지이다.262)

라고 하고는 이들에게 썩은 보리를 주었다. 환관은 이를 왕에게 고
하니 크게 노하여 都堂에 명하여 그의 죄를 다스리게 하고, 그의

---

258)『太宗實錄』권22, 太宗 11년 10월 乙卯.
259)『世宗實錄』권1, 世宗 즉위년 8월.
260)『世宗實錄』권4, 世宗 원년 7월 15일.
261)『陽村集』권2,「義民字說」.
262)『高麗史』권45, 世家45 恭讓王 2년 9월.

家奴를 잡아 가두었다. 이에 鄭寓·崔云嗣·李磻·權壎 등의 諫官들이 의논하기를 "臺諫의 家奴를 잡아 가두는 일은 지금까지 없었던 일이다"라고 하고는 모두 병을 칭탁하고 나오지 않았다. 왕은 그와 그에게 동조한 대간들을 외지로 폄출하였고, 그도 이때 縣監務로 폄출되었다.

그러나 이 해 12월 持平을 제수받아 소환되었고, 다음 해 4월에는 왕이 微行으로 馬巖에서 사냥을 하였는데, 이때 그를 비롯한 憲司들이 왕의 보필을 소홀히 하였다 하여 知申事 成石瑢을 탄핵하자 왕은 노하여 그를 다시 좌천시켰다.[263] 이 해 12월에 左獻納이 되었고, 공양왕 4년(1392)에는 金震陽·李擴·李末 등과 더불어 조준·정도전·남은·趙璞 등을 탄핵하여 유배시켰다.[264]

그러나 이 해 4월 정몽주가 살해되자 김진양의 옥사에 연류되어 長沙에 유배당하였다. 얼마 후 조선이 건국되자 정몽주와 더불어 결당모란 하였다고 하여 다시 杖 70의 형을 당하고 北靑으로 유배되었다.[265] 얼마 후 풀려나와 고향 합천에 은거하였는데, 태종 10년(1410) 2월에 行誼로서 천거되어 司憲掌令이 되었고,[266] 태종 17년(1417)에는 사헌집의가 되었다. 이때 義州牧使 朴礎의 탐학을 탄핵하였고, 얼마 후 노비쟁송분제에 연계되어 파직당하고 직첩이 회수되었으나 곧 사면을 받았다.[267] 이후 벼슬에 나아가지 않았고, 고향에서 한거하였는데, 세종 8년(1426)에 죽었다.

그는 이색의 문생인 권근에게서 수학하였으며, 정몽주의 문하에서 급제하였다. 이후 그는 권근과 정몽주의 문하에 출입하면서 교

---

263) 『高麗史』 권46, 世家46 恭讓王 3년 4월.
264) 『高麗史』 권117, 列傳30 金震陽.
265) 『太祖實錄』 권1, 太祖 원년 7월.
266) 『太宗實錄』 권19, 太宗 10년 2월 庚戌.
267) 『太宗實錄』 권35, 太宗 18년 5월 壬申.

분을 쌓았고, 고려말에는 이들과 정치적 견해를 같이 하여 이성계의 측근이었던 정도전·조준 등을 탄핵하였다. 권근은 그의 字 '義民'에 대한 설을 지었는데, 여기서

> 내가 庚申年(우왕 6, 1380)에 성균좨주가 되었는데, 이때 그가 입학하였다. 그의 용모는 맑고도 준수하고 언어가 簡整하고 조리가 있었다. 공손히 들어와 經義를 토론함에 예의에 법도가 있었고, 질문함이 매우 절실하였다. 의로운 일을 들으면 용감히 행하고 행동에 머뭇거림이 없었다. 뒤에 학문이 더욱 정진되어 과거에 발탁되고 좋은 직에 올라 賢良에 천거되었다. 이후 두 고을의 원을 역임하자 剛明하고 과단성이 있었고, 이르는 곳마다 행정에 공을 쌓아 사람들은 모두 그가 정승이 될 것으로 기대하였다. … 그리고 그는 의롭지 못한 부귀를 사모하지 않았으며, 차라리 평민과 더불어 살면서 의로운 일을 행하고자 하였다. 사람들이 그에게 기대하는 것은 정승의 지위인데, 그가 자처하는 것은 농부이니 … 그러나 나는 그대가 능히 사람들의 바람을 어기고 궁하게만 살지 않을 것을 기대한다. 다른 날에 창생을 위하여 義와 烈을 크게 떨쳐 후세에 전하기를 바란다. 그대는 더욱 의로운 일에 힘쓰도록 하라.[268]

라고 하여 그를 권면하고 있다. 이로 볼 때 그는 학문이 정연하였음을 알 수 있고, 또 벼슬에는 크게 연연하지 않았음을 알 수 있다.

(14) 李芳衍 (? ~ ?)

이방연은 이성계의 여섯째 아들로 우왕 11년 정몽주의 문하에서 과거에 급제하였으나 일찍 죽었고,[269] 태종 9년 윤 4월에 文安君에 추증되었다.[270]

(15) 崔 湜 (? ~ ?)

최식은 尙謙의 아들로 본관은 경주이다. 처음에는 이름을 寔이

---

268) 『陽村集』 권21, 「義民字說」.
269) 『太宗實錄』 권16, 太宗 8년 11월 乙卯.
270) 『太宗實錄』 권17, 太宗 9년 閏 4월 壬子.

라 하였으나 후에 湜으로 고쳤다. 우왕 11년 염국보와 정몽주의 문하에서 과거에 급제하였다.

태종 즉위 초에 廣州牧使가 되었다. 태종 2년(1402)에 태조의 繼妃인 姜氏의 족속 趙思義가 安邊府使로 있으면서 神德王后의 원수를 갚는다는 명목으로 반란을 일으켰다가 주살당하였는데, 그는 이 사건에 연류되어 직첩을 회수당하고 유배되었다.271) 이후 풀려나 左軍의 宿字牌에 소속하여 田地를 지급받았는데, 태종 8년(1408) 4월에는 輪番宿直에 병을 칭탁하고 나아가지 않았음을 탄핵받아 다시 직첩을 회수당하고 유배되었다.272) 태종 11년(1411)에 풀려났고, 태종 15년(1415)에는 楊州府使가 되었다.273)

세종이 즉위하자 태종 때 趙思義의 변이 다시 문제가 되어 사헌부의 탄핵을 받았다. 이로써 自願安置란 명분으로 벼슬에서 물러났고,274) 이어 告身과 功臣田을 회수당하였다. 그러나 세종 7년(1425) 6월에 풀려나고, 다음 해 6월에 직첩을 회수받았다.

(16) 趙 休(? ~ 1411, 태종 11)

조휴는 원종 3년 柳璥의 문하에서 장원으로 급제하고,275) 이후 判典農寺事를 지낸 得珠의 아들로 본관은 白川이다.

우왕 11년(1385) 염국보와 정몽주의 문하에서 과거에 급제하고, 공양왕 3년(1391)에는 左獻納이 되었다.276)

조선 건국 후 정종 원년(1399)에 侍史가 되었는데, 이때 대사헌 趙璞과 더불어 上黨侯 李伫의 不倫을 탄핵하다가 도리어 海州로

---

271)『太宗實錄』권15, 太宗 3년 정월 甲午.
272)『太宗實錄』권15, 太宗 8년 4월 丙午.
273)『太宗實錄』권30, 太宗 15년 7월 壬戌.
274)『世宗實錄』권2, 世宗 즉위년 12월 己丑.
275)『高麗史』권73, 志27 選擧1 科目1 選場.
276)『高麗史』권46, 世家46 恭讓王 3년 3월.

유배당하였고,277) 태종 원년(1401) 정월에는 각 도의 都觀察黜陟使
를 按廉使로 개칭하면서 그는 全羅道 按廉使에 제수되었다.278)

태종 3년 7월에는 司憲執義가 되었고, 이 해 9월에 왕이 종묘에
제사를 올리기 위하여 출행하는 도중에 單騎로 사냥을 하려 하자
이를 반대하고

친히 종묘에 제사하여 정성과 공경으로 선조를 받들고 위엄과 신
의로서 아랫사람을 어거하면 宗社와 生民이 매우 다행할 것입니
다.279)

라는 건의를 올려 왕으로부터 미움을 받고 있다.

다음 해 2월에 사간원 左司議大夫를 배수하였고, 이 해 5월에는
左正言 盧異를 불순한 말로서 왕을 기망하였다고 탄핵하여 유배
시켰다.280) 또 이때를 전후하여 상소를 올려 "船軍의 노고는 다른
데 비할 바 없으니, 앞으로 선군의 軍籍을 만들 때는 父子兄弟가
아울러 충당되는 폐해를 없도록 하게 하자"라는 건의를 올렸다.281)
이 해 10월에는 功臣 李巨易의 죄를 탄핵하다가 도리어 죄를 입어
白川에 유배되었으나282) 2개월 후에 풀려났다.

태종 7년(1407)에는 세자의 혼례를 즈음하여 納徵副使가 되어
명에 갔으며,283) 태종 9년(1409)에는 判江陵大都護府事로 출보하
였다. 태종 11년(1411) 10월에 임지에서 죽었다.

---

277) 『定宗實錄』 권1, 定宗 원년 5월 乙酉.
278) 『太宗實錄』 권1, 太宗 원년 정월 甲申.
279) 『太宗實錄』 권6, 太宗 3년 9월 癸卯.
280) 『太宗實錄』 권7, 太宗 4년 5월 辛丑.
281) 『太宗實錄』 권8, 太宗 4년 9월 乙丑.
282) 『太宗實錄』 권8, 太宗 4년 10월 庚寅.
283) 『太宗實錄』 권14, 太宗 7년 7월 壬戌.

제4편

조선초기 성리학의 보급과 학맥

제1장 조선초기의 교육개혁과 학맥

제2장 사림학맥의 개창 길재

조선초기 성리학 보급과 학맥에서는 조선전기 학맥의 근간인 관학의 학맥과 조선중기 이후 道學의 정신으로 자리잡게 되는 사림의 학맥을 조명해 보면서 이들 두 학맥이 형성되어 가는 배경과 그 전개과정을 살펴보고자 하였다. 본 편에서는 관학의 학맥형성을 성균관 교육을 비롯한 국가기관의 교육과 이의 권장을 위한 국가정책으로 파악하여 조선초기의 교육개혁을 과거와 연동하여 살펴보았고, 또 이 당시 교육담당자와 고시관의 학맥을 분석함으로써 조선사회가 지향한 교육이념을 구명해 보고자 하였다.

사림의 학맥은 여말선초 정치적 격동기에 고려에 대한 충절을 지켜 정계에서 은퇴한 학자들이 산림에 은거하여 개창한 학맥이다. 이들의 학맥은 그들 제자들에 의하여 계승되어 갔고, 이후 조선사회가 도학이념으로 정착되어 가면서 빛을 발하게 된다. 당시 조선사회의 거의 모든 학자들은 사림학맥의 개창과 도학이념의 개창자로서 길재를 그 표본으로 삼고 있다. 본 편에서는 이러한 조선사회의 학문적 이해를 전제로 길재의 학문과 사상을 살펴보고, 아울러 그의 교육활동을 조감함으로써 그가 조선사회에서 도학의 실천자와 사림학맥의 개창자로 존숭받을 수 있었던 배경을 조감해 보고자 하였다.

제1장

조선초기의 교육개혁과 학맥

Ⅰ. 조선초기의 교육개혁

조선이 건국되자 고려말에 성리학의 대의명문에 입각하여 고려에 충절을 다하였던 사람들 중에서 일아버지는 살해당하거나 숙청을 당하였고, 또 일아버지는 정계에서 은퇴하기도 하였다.

정몽주는 공양왕 4년에 살해당하였고, 이색은 偰長壽 등과 더불어 結黨謀亂의 수괴자로 지목되어 직첩을 회수당하고 廢庶人이 되어 해상으로 유배되는 처벌을 받게 된다.[1] 조선 건국의 주체자들은 거의 모두가 고려말에 학맥을 주도하였던 이색과 정몽주의 문인들이었지만, 정치적인 견해의 차이로 대립관계에 서지 않을 수 없었다. 이로써 이들은 조선을 건국하자 고려적 잔재를 일소하고 새로운 정치기강의 확립이란 기치 하에 반대세력에 대한 숙청을 단행하게 된다.

---

1) 『太祖實錄』 권1, 太祖 원년 7월 」末.

특히 정도전은 이러한 개혁을 선도하면서 이색에 대한 탄압을 가중시켜 갔다. 그는 이색에 대한 위와 같은 처벌이 내려지자 그를 紫燕島로 유배시켜 죽이고자 하였다. 그러나 당시 조정의 반대로 이 일은 성사되지 못하였고, 이색은 長興으로 유배된다. 이때의 상황을 당시 『태조실록』에서는 다음과 같이 전하고 있다.

> 정도전이 이색을 자연도로 유배를 보내고자 하여 京畿計程使 許稠로 하여금 그를 잡아 보내게 하였다. 허조가 자연도에는 사람이 없기 때문에 이를 어렵게 여겨 그가 區處할 곳을 물으니, 도전이 "섬에 유배 보내라는 것은 바로 바다에 밀어 넣자는 것이다"라고 하였다. 조금 뒤에 조정에서 이색을 長興으로 유배하라는 명령이 나오니, 도전의 계획이 마침내 실패하였다.2)

정도전은 이색을 살해하는데 실패하자 측근인 孫興宗과 黃居正에게 명하여 경상도에 유배된 이색의 아들 種學을 액살하였다.3) 이 해 10월 태조는 장흥으로 유배된 이색을 용서하여 외방에서 편의대로 살게하였다. 이로써 그는 韓州로 돌아왔다.

조선이 개국되자 이색은 붓을 꺾고 그렇게 좋아하던 시도 쓰지 않았다. 이때의 심정은 그의 친구에게 보낸 편지의 내용에서 보인다.

> 알리는 말씀 모두 잘 알았습니다. 나라 일이 이 지경에 이르렀으니 통곡하여 무슨 말을 하리오. 한 때 같이 죽지 못하였음이 한이고, 이 몸도 이미 이 지경에 이르렀으니, 다만 伯夷・叔齊와 같이 수양산에서 고사리나 캐 먹고 싶으나 그것도 무슨 심정으로 周나라(朝鮮의 비유) 곡식을 먹으리오. 나머지는 다 쓰지 못하겠고 망국의 죄인이니, 이름을 쓰지 않겠소.4)

---

2) 『太祖實錄』 권1, 太祖 원년 7월 己酉.
3) 『太祖實錄』 권1, 太祖 원년 8월 壬申.
4) 『牧隱先生年譜』 65세조.

태조는 평소에도 이색을 존경하였고, 왕위에 오른 후에도 그 동안의 우의를 생각하여 그를 예우하였다. 당시 개국공신, 특히 정도전과 趙璞은 이러한 왕의 태도에 대하여 상소를 올려 그 부당함을 극간하였고, 또 그의 불교에 대한 의식을 크게 비판하였다. 왕은 이들의 행동을 보고

　　이색은 세상에서 大儒가 되었으나 또한 부처를 숭상하였는데, 이 무리들은 도대체 무슨 글을 읽었기에 부처를 좋아하지 않음이 이와 같은가.5)

라고 탄식하고 있다.

　태조 2년(1393)에는 명을 내려 그로 하여금 서울과 외방에서 편리한 대로 살도록 하는 傳旨를 내렸고,6) 태조 4년에는 오대산에 들어가 그 곳에서 거주하려 하여 태조에게 關東에 관광하기를 청하니, 태조는 사신을 보내어 오게 하여 韓山伯을 봉하였다. 그러나 그는 이를 사양하였고, 또 태조에게 즉위 의식의 非禮를 간접적으로 비방하고 있다. 이때의 사실을 『태조실록』에서는 다음과 같이 전하고 있다.

　　穡이 나아가 뵙고 하는 말이 "개국하는 날 어찌 나에게 알리지 않았습니까. 만약 나에게 알렸다면 揖讓하는 禮를 베풀어서 더욱 빛났을 것인데, 어찌 말 장수로 하여금 추대하는 수석이 되게 하셨습니까?"라고 하였다. 이것은 裵克廉을 두고 풍자한 것이었다. 南誾이 옆에 있다가 "어찌 그대 같은 썩은 선비에게 알리겠는가"라고 하니, 왕이 誾을 꾸짖어 다시는 말을 못하게 하고, 옛날 친구의 禮로 대접하여 中門까지 나가서 전별하였다.7)

---

5)『太祖實錄』권2, 太祖 원년 12월 壬子.
6)『太祖實錄』권3, 太祖 2년 정월 丁未.
7)『太祖實錄』권9, 太祖 5년 5월 癸亥.

이 해 가을에는 오대산에 들어갔는데, 태조는 도평의사사에 명하여 米斗 150석을 하사하였으나 받지 않았다.[8] 태조가 여러 차례에 걸쳐 사람을 보내 부르니 마침내 오대산에서 귀경하여 궁궐에 나아가 태조를 만났다. 이때 태조는 용상에서 내려와 옛 친구의 예로 대접하고 조정에 참여하도록 권고하였다. 그러나 그는 "망국대 아버지는 살기를 도모하지 않으며, 다만 장차 해골을 고향산천에 장사지내야 할 것입니다"라고 하여 거절하였다. 이에 태조는 그가 머물러 있지 않을 것을 알고 친히 중문까지 나가서 배웅하였다.[9]

이 해 12월에는 왕이 그에게 米斗 100곡과 술과 고기를 하사하였고, 또 특별히

> 卿은 이미 늙었으니, 다시 술과 고기를 먹고 건강을 돌보도록 하라.[10]

는 부탁을 내리고 있다. 이에 대하여 『태조실록』의 찬자는 "이때에 색이 불교를 신봉하여 술과 고기를 끊었으므로 이 명령이 있었다"라고 기록하고 있지만, 이색은 고려가 망하자 이미 素食으로 일관하여 육식은 끊고 살았다. 며칠 후 태조는 그에게 다시 한산백을 봉하고 義成庫·德泉庫 등 五庫의 都提調로 삼았으며,[11] 다음 날에는 竹으로 만든 腰輿를 하사하였다. 이것은 그에 대한 태조의 의리로 행해졌지만 그는 끝내 이를 사양하였다.

그에 대한 태조의 신임이 두텁고, 또 그가 태조에게 신하로서 봉사하지 않으니 당시 대신들 중에는 이를 꺼리는 사람이 많았다. 이

---

8) 『太祖實錄』 권8, 太祖 4년 11월 丁卯.
9) 『太祖實錄』 권8, 太祖 4년 11월 丁酉.
10) 『太祖實錄』 권8, 太祖 4년 12월 丁酉.
11) 『太祖實錄』 권8, 太祖 4년 12월 辛亥.

를 안 그의 문생 南在가 穡의 아들 종선을 불러 "尊公께서 狂言을 하여 이를 논의하는 자가 많으니, 떠나지 않는다면 반드시 화를 입을 것이다"라고 하여 서울을 떠나도록 권유하였다. 이로써 태조 5년 5월에는 神勒寺로 떠났는데, 얼마 후 이 곳에서 죽었다.

그의 죽음에 대하여는 두가지 설이 있다. 하나는 신륵사로 오는 도중에 병을 얻어 이 곳에서 죽었다는 것인데, 이것은 『태조실록』의 기사가 그 예이고, 또 하나는 驪州의 강에서 정도전 등의 반대파들이 보낸 독주를 마시고 죽었다는 것이다.

그가 죽자 태조는 그의 죽음을 슬퍼하여 애도하는 제문을 지어 조문하였고, 나라에서 장례를 주관하도록 하였다. 제문의 내용은 다음과 같다.

임금의 道는 반드시 노성한 사람에 의뢰하고, 사람의 정은 故舊보다 더 친한 것이 없다. 이것은 고금에 같은 것이니, 어찌 始終을 혹시라도 변할 것인가. 경은 기품이 청명하고 경술이 博雅하여 搢紳의 스승이었고, 국가의 모범이었다. 내가 전날에 그대와 함께 동렬에 참여하여 종유한 지가 오래되었도다. 그 동안에 우리는 서로 신의로써 성의를 다하였고, 또 서로 講磨하면서 의지하였으니, 그 은의는 더욱 두터웠도다. 그러므로 좋은 일과 궂은 일을 함께 하면서 평탄하고 험한 일을 당하여서도 변하지 않기를 기약하였다. 중간에 많은 사고를 만나서 서로 헤어져 있었으니, 그 만나지 못한 지가 얼마나 되었는가? 그러나 생각하는 회포는 항상 간절하였도다. 내가 개국함에 미쳐서 정치를 같이 하려고 하여 이미 爵邑을 봉하여 조정 반열의 어른이 되게 하였다. 이것은 예날의 정의뿐만 아니라 노성한 이에 더욱 의뢰하고자 함이었고, 또 앉아서 풍속을 진압하고 아름다운 꾀를 들으려 함이었다. 이 달 초하룻날에 와서 驪江으로 가기를 청하였는데, 나는 우리의 작별은 잠깐이라고 생각하여 수일 내에 다시 올 것을 청하였다. 그런데 어찌 부음이 홀연히 들려올 줄을 기약했으랴. 지난날을 추상하니, 내 마음이 더욱 강개해 진다. 하늘이 남겨주지 않으니, 나를 돕지 않는도다. 국가가 殄瘁하여진 슬픔을 어찌 다 말하리요. 英靈이 만일 있다면 어찌 다 알지 못하리오. 이제 內臣을 명하여 빈소에 가서

奠하노라. 슬프다. 길고 짧은 기한은 원래 천명을 의심하지 않으나 슬픔과 영광에 대한 예는 마땅히 국가 법전대로 갖추어 거행하라.[12]

조선 건국 후 당면과제는 고려적 전통을 일소하고 새로운 정치기강을 확립하는 것이었다. 이러한 의도 하에 조선 건국 후 과감한 교육개혁이 시도되고 있다. 이때의 교육개혁은 크게 과거개혁과 학교교육의 개혁으로 나타나고 있다.

1. 과거개혁

조선 건국 후 과거개혁에 대한 내용을 알려주는 최초의 기록은 태조 즉위 후 「中外大小臣僚와 閑良耆老軍民에게 내린 교서」에 나타나고 있다.

> 문·무의 두 과거는 가히 폐할 수 없다. … 과거의 법은 나라를 위하여 인재를 뽑는 것인데, 이들은 座主·門生이라 칭하면서 나라의 인재등용을 사사로운 개인의 恩에 의하여 하게 되니, 이는 법을 제정한 본의가 아니다. 지금부터 중앙에서는 成均正錄所가, 지방에서는 각 도의 按廉使가 학교에서 經儀에 밝고 덕행이 뛰어난 사람을 선발하여 연령·본관·三代의 祖·통한 바의 경서 등을 모두 기록하여 成均館長에게 올려 이들을 두 곳으로 나누어 각자 통한 바의 경서를 시험하여 이를 제1장으로 하고, 여기에서 입격한 사람은 예조에 보내어 表文·章奏·古賦를 시험하여 이를 中場으로 하고, 여기에 입격한 사람은 策文으로 시험하여 終場으로 할 것이며, 三場에 모두 입격한 33명을 상고하여 吏曹에 보내면 이조에서 이들의 재주를 헤아려 탁용하게 하고, 監試는 폐지할 것이다.[13]

---

12) 『東文選』 권23, 「教特進輔國崇祿大夫韓山君李穡」.
13) 『太祖實錄』 권1, 太祖 원년 7월 丁未.

위의 내용은 크게 3항목으로 분류된다. 첫째는 좌주·문생의 혁파이며, 둘째는 과목과 과거절차의 개편이고, 셋째는 감시의 폐지이다.

이상의 3항목은 고려적 전통의 혁파와 조선왕조가 지향한 새로운 전통의 모색이라는 점에서도 주목된다.

첫째, 좌주·문생은 고려사회에서 과거가 설행된 이래 과거 고시관과 급제자 사이에 맺어지고 있는 친분관계를 상호간의 정치적 인맥으로 발전시켜 나갔던 고려적 전통이었다. 이것은 처음 은문에 대한 謝恩의 형식으로 출발하였으나 고려후기에 와서는 결집된 정치세력으로 발전하고 있었다. 이것은 공민왕 때 신돈이

> 儒生들이 座主니 門生이니 하여 서로 감싸줍니다. 이제현의 경우에는 문생에 다시 문생을 두어서 나라에 도둑이 가득하게 되었으니, 과거의 폐해가 이와 같습니다.[14]

라고 하고 있는 것에서도 알 수 있다.

태조 즉위 후의 이러한 개혁은 정도전을 비롯한 개국공신들의 건의가 반영된 것이기도 하다. 고려말의 정치세력은 이색과 정몽주를 중심으로 하여 그들의 문인들이 주노하고 있었다. 특히 이색의 문생들은 그를 중심으로 하여 강력한 응집력을 가지고 있었다.

따라서 이색의 문인으로 가르침을 받기도 하였던 정도전은 이색과 정치적 견해를 달리 하면서 적대관계로 변하게 되자 그의 이러한 정치적인 입지에 대하여 불만을 가지지 않을 수 없게 된다. 조선 건국 후 그가 좌주·문생의 폐지를 일차적인 당면 정책과제로 제시하였던 것도 이러한 고려말의 학문적 사조를 혁파하려는 의도와 연동되고 있었다. 이것은 그가

---

14) 『高麗史』 권132, 列傳45 辛旽.

　　前朝에서는 광종 때부터 비로소 **雙冀**의 건의를 수용하여 과거의
법을 시행하였습니다. **選擧**를 관장한 사람은 지공거 또는 동지공거라
일컫고, **詞賦**를 가지고 시험을 보였습니다. 공민왕 때에는 한결 같이
원의 제도를 본 떠 사부와 같은 고루한 시험을 혁파하였으나 이른바
좌주니 문생이니 하는 버릇은 행하여진지 매우 오래여서 능히 갑자기
제거하지 못함에 식자들이 이를 개탄하였습니다.[15]

라고 하고 있는 것에서 알 수 있다.

　둘째, 科目과 과거절차에 대한 개편인데, 고려의 전통적인 과거
운영은 詩・賦를 중심으로 하는 製述이었다. 그러나 고려후기에
성리학이 전래되자 과거제도는 經學을 위주로 개편되는 경향을 보
였고, 특히 공민왕 17년(1368)을 전후한 시기에 이색이 교육중흥의
책임을 맡게 되자 경학이 교육의 주종을 이루면서 과목으로 정착
을 보게 된다. 특히 공민왕 18년의 과거개혁은 경학 위주의 개편이
었다. 공민왕의 교육중흥으로 일시 빛을 발하였던 학교교육은 우
왕 즉위 후에 權門勢族이 발흥하여 친원 보수정책으로 회귀하자
다시 침체상태에 들어가게 된다. 이로써 그 동안 활발하게 탐구되
었던 경학교육도 권문세족의 등장과 더불어 침체되고, 사장교육이
다시 활성화하게 된다. 이것은 우왕 5년(1379) 5월에 諫官이

　　玄陵(恭愍王)이 경학을 숭신하여 선비를 기르고 인재를 취하였는
데, 近年 이래로 詩와 賦로 선비를 선발하니 오로지 詞章만을 숭상하
여 경학은 점차 피폐하게 되었습니다. 이제부터는 일체 지난 날 己酉
年(공민왕 18년)의 과거법을 준행하소서[16]

라고 건의하고 있는 것에서 알 수 있다. 이러한 태조는 결국 학교
교육의 침체를 가져왔고, 그 동안 학교에서 수학하였던 생도들도

---

15)『朝鮮經國典』上, 禮典 貢擧.
16)『高麗史』권73, 志23 選擧1 科目1 禑王 5년 5월.

학교교육을 기피하게 된다.

　이것은 일찍이 이색과 함께 교관으로 활약하였던 이숭인이 이때의 교육상을 보고

　　　옛날에 烏川 鄭丈 達可와 仁山 崔丈 彦父·密陽 朴丈 子虛가 성
　　균관의 교관이 되었는데, 나 역시 외람되게 그 옆에 끼어 7~8년을 지
　　내게 되었다. 그 때에는 학도가 매일 모여들어 齋室과 행랑에까지 가
　　득 차서 수용하기가 어려울 정도였다. … 중간에 병고를 만나 나와 달
　　가는 조정을 하직하고 고향으로 돌아와 3년을 지냈다. 나는 다시 司成
　　으로 조정에 소환되었는데, 언보와 자허는 여전히 교관 노릇을 하고
　　있었다. 내가 왔다는 말을 듣고 이들이 찾아와 위로하며 말하기를 “그
　　대의 복지은 기쁜 일이나 우리 黨의 일이 예전과는 많이 달라졌다”라
　　고 하였다. 나는 날짜를 가려서 先聖에 배알하고 물러나와 명륜당의
　　翼廊에 앉으니, 유생 10여명이 예를 드리고는 흐늘거리며 관문으로
　　나가 버렸고, 그 다음 날도 역시 여전하기에 자허를 찾아가 이 사실을
　　알렸더니, 자허는 웃으며 말하기를 “나는 확실히 이전과 달라졌다고
　　여긴다. 詞章의 학이 흥기함으로 아무는 賦를 잘하고 아무는 詩를 잘
　　한다 하며 찾아다니는데, 무엇 때문에 그대에게 오겠는가. 아비가 자
　　식을 훈계하고, 형이 동생을 가르치고, 친구끼리 서로 권면하는 것이
　　모두 聲律과 對偶를 벗어나지 아니하니, 經學에 뜻을 두는 사람이 어
　　디 있겠는가”라고 하였다. 아! 학술의 변함이 어찌 이 지경에 이르렀
　　는가.[17)]

라고 탄식하고 있는 것에서 보인다.

　이숭인은 공민왕 18년(1369)에 진덕박사가 되어 이후 7~8년 동
안 성균관에서 교육을 담당하였고, 이후 3년 동안의 공백을 거쳐
다시 司成으로 부임하고 있는데, 이때는 우왕 5년(1379)을 전후한
시기가 된다.

　위에서 볼 때 당시 교육상은 전통적인 詞章교육으로 회귀하고
있었음을 알 수 있다. 이때를 즈음하여 이색도 이러한 성균관의 교

---

17)『陶隱文集』권4,「贈李生序」.

육상을 보고는

泮水英材在作成	성균관은 영재를 양성하는 곳이어서
先王於此望昇平	선왕께서는 여기에서 태평을 기대하였네.
斯文自是有興贊	斯文(儒學)은 본래 흥망성쇠가 있는 바
我輩焉能爲重輕	우리들이 어찌 輕重을 논하랴.
繞舍碧松浮瑞氣	집을 둘러 싼 푸른 소나무에는 瑞氣가 떠도는데
滿庭蒼蘇絶書聲	뜰에는 푸른 이끼만 무성하고 글 읽는 소리 끊어졌네.
人間俯仰眞古今	인간 세상 돌아보니 옛과 지금은 다른데
鬢上無端白髮生	귀밑에는 하릴없이 백발이 생기는구나.[18]

라고 탄식하고 있다.

조선 건국이 정도전을 비롯한 정치개혁파들이 주체가 되어 이룩된 것임을 전제할 때 태조 즉위 후 이러한 과목의 개혁은 당연한 귀결로 나타나지 않을 수 없게 되었을 것이다.

주목되는 것은 과거절차에 있어서 三場制의 확립과 初場講經法의 확립이다. 文科初場의 講經法은 이후 문제점을 야기시켜 조선사회의 진전과 더불어 많은 논쟁을 유발시키는 매체가 되었지만, 당시 이 제도의 성립은 고려적 전통를 일신하고 새로운 학풍으로 조선사회를 유도하겠다는 의지의 발현으로 볼 수 있다. 이것은 정도전이『朝鮮經國典』에서 태조의 이러한 과거개혁을 칭송하면서

> 殿下는 즉위하자 과거법을 개혁하고 성균관에 명하여 4서 5경으로써 시험하게 하니, 이것은 대개 옛날 明經科의 의의인 것이며, 또 禮部에 명하여 賦論으로 시험을 보게 하니, 이는 곧 옛날 博學宏詞의 의의인 것입니다. 이렇게 한 다음에 對策으로 시험 보이니, 이것은 곧 옛날 賢良方正・直言極諫의 의의인 것입니다. 一擧에 교화의 제도가 모두 갖추어진 셈이니, 이로써 장차 私門은 막히고 公道가 열릴 것이며, 또 浮華者는 배척되고 眞儒가 배출될 것입니다. 이후 정치의 융성

---

18)『牧隱詩藁』권17,「有懷成均館」.

함이 漢·唐을 능가하고 성주를 뒤쫓아갈 것을 볼 것이니, 참으로 거룩한 일입니다.[19]

라고 하고 있는 것에서 알 수 있다.

셋째, 監試의 혁파이다. 감시란 國子監試·成均試·南省試·司馬試 등으로 불리었던 고려의 과거전통으로서 처음에는 禮部試의 자격고시 또는 국자감 입학 자격고시로써 기능하였다.

그러나 고려사회가 문벌귀족사회로 전환하면서 이것은 권문세족의 출사로로 활용되어 갔다. 고려말에는 이러한 폐단이 더욱 심화되어 권문세가의 乳臭之童들이 합격자의 대부분을 차지하였고, 이로써 세상에서는 '粉紅牓'이라고 부르기도 하였다. 이깃은 우왕 11년(1385) 3월에 실시된 감시에서 그 실상을 알 수 있다.

> 尹就가 국자감시를 주관하였는데, 이때 선발된 사람은 모두 乳臭之童들이었다. 당시 사람들은 이를 비난하여 '粉紅牓'이라 하였다. 이것은 아이들이 분홍색의 옷을 입기 좋아하기 때문이었다.[20]

이러한 감시에 대하여 고려말의 사대부 세력들은 이의 개혁을 주창하였고, 특히 조선건국의 주역들은 이의 혁파를 적극적으로 건의하고 있다. 특히 정도전은 감시혁파의 강경론자였다. 이색은 당시 이러한 사조에서 감시의 개혁에는 동조하였으나 혁파에는 반대하였다. 그는 감시를 초학의 입문자들이 심성을 도야하고 학문을 배양하는 도장으로 파악하였다. 이것은 세종 즉위년(1418) 12월에 卞季良이

> 정도전이 처음 진사과를 폐지하고 이를 생원시에 합하니, 이색이

---

19) 『朝鮮經國典』上, 禮典 貢擧.
20) 『高麗史』 권74, 志28 選擧2 科目2 國子監試 禑王 11년 3월.

심히 한탄하였다.[21]

라고 하고 있는 것에서 보인다.

그러나 태조는 개국 후 위와 같이 개혁안을 발표하고 있지만, 그는 급진적이 아닌 점진적인 개혁을 택하게 된다. 따라서 태조는 앞의 교서에서 과거제의 개편을 성법화하고 있지만, 조선 건국 후 처음 맞이하는 式年試年인 태조 2년(1393) 3월에는 예조의 건의를 물리치고 전조 己酉年(공민왕 18)의 격식에 따라 과거를 운영하도록 하고, 監試도 아울러 설행하도록 명하고 있다.[22] 이로써 동년 5월에는 前 成均大司成 劉敬을 試官으로 삼아 감시를 설행하여 朴安臣 등 102명을 선발하였다.[23] 또 다음 달 6월에는 前朝 기유년의 격식에 따라 좌시중 趙浚을 지공거로, 예문춘추관대학사 金湊를 동지공거로 삼아 문과를 설행하여 尹定 등 33명을 선발하였으며,[24] 이어 생원시를 설행하여 尹尙信 등 132명을 선발하였다.[25]

이상의 과거설행에서 볼 수 있는 바와 같이 진사시라 불리우는 감시가 문과설행 이전에 나타나고, 문과시행 이후에 생원시가 설행되고 있는 것도 전조의 과거사례와 동일하다. 그리고 문과합격자에 대한 新及第恩榮宴이 태조 2년 7월에 나타나고,[26] 얼마 후에는 전조의 제도를 계승하여 三子合格者에 대한 부모의 포상을 명문화 하도록 도평의사사에 명하기도 하였다.[27]

---

21)『世宗實錄』권2, 世宗 즉위년 12월 戊子.
22)『太祖實錄』권3, 太祖 2년 3월 辛酉.
23)『太祖實錄』권3, 太祖 2년 5월 丁未. 이때 劉敬은 99명을 선발하였으나 태조가 3명을 증원하여 모두 102명을 선발하였다. 태조가 선발한 3명을 三殿施福이라고 일컫는다.
24)『太祖實錄』권3, 太祖 2년 6월 丁亥.
25)『太祖實錄』권3, 太祖 2년 6월 戊戌.
26)『太祖實錄』권4, 太祖 2년 7월 戊申.
27)『太祖實錄』권4, 太祖 2년 7월 丁巳.

이러한 태조의 점진적 개량주의는 그의 추대에 공을 세웠던 정도전을 비롯한 강경 사대부들의 반발을 가져왔을 것은 당연하다. 태조 4년에는 新都 이전 후 최초로 맞이하는 식년시년을 한 해 앞두고, 과거제를 비롯하여 성균관 교육 자체의 개편을 위한 정치적 개혁이 나타나고 있다. 즉 동년 11월에 文宣王 樂章을 신왕조의 이념과 결부하여 개작하였고, 동년 12월에는 신도에서의 문묘건립을 하명하였다. 이러한 과정을 거쳐 며칠 후에는 과거제도의 개편이 나타나고 있다. 이것은 태조 4년 12월에

> 예조가 과거의 격식을 상정하였다. 처음에는 講經으로 시험하여 이를 初場으로 하고, 진사시는 폐하여 생원시로 하자고 건의하였다. 왕은 이를 따랐다.[28]

라고 하고 있는 것에서 보인다. 즉 위에서 문과 초장에 강경을 설행할 것과 진사시를 혁파하고 생원시로 대체하자는 예조의 건의가 그대로 윤허되어 정책으로 수용되고 있음을 알 수 있다.

태조 4년 12월에 나타나는 이러한 개혁은 바로 태조 즉위 후에 반포되었던 과거제도의 개혁이 현실적으로 정착됨을 의미하는 것이며, 또 태조 즉위 후 고려의 구제를 답습하고자 한 정책에 반발한 강경공신들의 의견이 수렴된 것이기도 하다.

이러한 개혁으로 과거제도는 새로운 조선적 전통으로 정착을 보이고 있지만, 좌주·문생을 비롯한 고려적 전통은 초조에 의진미 계승되고 있었다. 이것은 태조 2년(1393)과 5년(1396)에 지공거를 맡아 고시를 주관하였던 개국공신 趙浚이 본인의 문생을 거느리고 은문인 李茂芳을 찾아 은문의 禮를 행하고 있는 것에서 찾아볼 수 있다. 이때 權近은 이 행사를 축하하면서

---

28) 『太祖實錄』 권8, 太祖 4년 12월 丙申.

공이 개국한 공로는 國史에 실리고, 스승을 높인 도리는 마땅히 諸
賢의 詩가 있어야 한다. 공이 스승을 극히 후하게 섬겼는지라 이미 이
로써 그의 좌주를 섬기고 또한 이로써 그의 문인을 거느린 것이니, 이
도리를 미루어 사람들에게 시행해 간다면 어찌 인륜이 후하여지지 않
고 풍속이 아름다워지지 않겠는가! 공의 문인 중에 또한 이름난 사람
과 통달한 인재가 많으니, 앞날에 반드시 공이 光陽公을 섬기듯이 공
을 섬길 사람이 나올 것이 틀림없다.[29]

라고 하고 있다. 이로 볼 때 좌주·문생의 儀도 국초에는 그대로 행
해지고 있었음을 볼 수 있다. 그러나 이 제도도 이후 소멸되어 갔다.

2. 교육개혁

태조의 학문적 배경은 유학이었다. 그는 비록 무장출신으로 입
신하였지만 일찍부터 유학에 관심을 가져 치세의 근본이 유학에
있음을 절감하고 있었다. 이러한 그의 학문 및 치세의 의지는『태
조실록』총서에서 그를 평하여

태조는 평소에 儒術을 중히 여겨 비록 軍旅에서 전쟁을 하는 여가
에도 儒士 劉敬 등을 불러 경사를 토론하였다. 더욱 陳德秀의『大學
衍義』를 즐겨 밤 늦도록 자지 않고 읽었다. 이로써 世道를 일으킬 뜻
을 갖게 되었다.[30]

라고 하고 있는 것에서 확인된다. 또한 그의 이러한 학문적 자세는
즉위한 후에도 계속되고 있다. 그는 즉위 원년 11월에 經筵의 필요
성을 주청한 사간원의 건의를 수용하여 경연을 제도화하였으며,[31]

---

29)『陽村集』권16,「賀門下侍中平壤趙公浚詩序」.
30)『太祖實錄』권1, 總書.
31)『太祖實錄』권2, 太祖 원년 11월 辛卯.

또 대사성 劉敬과 내사사인 柳觀을 매일 입직하도록 하여『대학연의』를 진강하도록 하기도 하였다.32)

태조 2년(1393) 정월에는 양광도 안렴사 趙璞이 헌진한『歷代帝王爲學爲治綱目之圖』와 交州·강원도 按廉使 鄭擢이 헌진한『師尙父奉丹書戒武王之圖』를 帝王之道의 구현을 위한 자신의 규감으로 활용할 의사를 밝혔다.33) 또 태조 3년 2월 갑신에는 領三司事 權仲和, 檢校門下侍中 李茂芳, 判三司事 정도전 등에게 명하여 하륜이 찬한『東國歷代諸賢秘錄』을 요약하여 올리도록 명하였고,34) 2일 후에 이를 찬진하자 하륜·이직 등으로 하여금 진강하게 하였다.35)

또 태조 3년 4월에는 예문관·성균관·校書監으로 하여금 역대의 경사를 고열하여 부국강병술과 臨敵應變之策을 추출하여 올릴 것을 명하였고,36) 태조 4년 6월에는 중추원사 권근으로 하여금 冠婚喪祭의 예를 유교적 덕목에 입각하여 찬진할 것을 명하였다.37) 다음 달에는 도평의사사에 명하여 전국의 孝子·順孫·義夫를 천거하게 하여 이들을 탁용하도록 하였고,38) 동년 9월에는 판삼사사 정도전에게 명하여

새로 지은 대궐의 침실 사면의 벽에 본받을 만하고 경계할 만한 훈계를 쓰고자 하니, 經·史에서 이를 뽑아 올리도록 하라.39)

---

32)『太祖實錄』권2, 太祖 원년 12월 壬寅.
33)『太祖實錄』권3, 太祖 2년 정월 丁未.
34)『太祖實錄』권5, 太祖 3년 2월 甲申.
35)『太祖實錄』권5, 太祖 3년 2월 丙戌.
36)『太祖實錄』권5, 太祖 3년 4월 戊子.
37)『太祖實錄』권7, 太祖 4년 6월 戊辰.
38)『太祖實錄』권8, 太祖 4년 7월 丁巳.
39)『太祖實錄』권8, 太祖 4년 9월 癸巳.

라고 하여 제왕으로서 지켜야 할 法戒之訓을 經史에서 추출하여 이를 新宮寢室의 四面壁에 써 두어 자신의 생활규범으로 실천하겠다는 의욕을 보이기도 하였다.

태조 치세에 나타나는 유학에 대한 이러한 관심은 앞으로 조선사회의 방향이 儒學立國으로 전개될 것임을 예시한 것이기도 하다. 태조 3년(1394) 5월에 판삼사사 정도전이 찬진한 『朝鮮經國典』은 태조에게 많은 감명을 주었는데, 태조는 이를 열독한 후에 감탄을 금치 못하고 廏馬와 비단 및 白銀을 하사하여 그 노고를 치하하고 있다.[40] 아마도 정도전이 찬진한 『조선경국전』은 평소 그가 구상하고 있었던 정치이념에 크게 부합하였던 것으로 보인다.

이러한 태조의 정치이념은 바로 학교교육에 대한 관심과 직결되고 있다. 학교교육은 '人君代天'이란 유교적 정치이념을 실천할 수 있는 인적자원의 양성이라는 점에서 유학입국을 표방한 태조에게는 가장 중요시되지 않을 수 없었다. 이러한 태조의 이념은 즉위 후 「中外大小臣僚와 閑良耆老軍民에게 내린 교서」에서

문·무 兩科는 어느 한쪽도 폐할 수 없다. 안으로 國學을 일으키고 밖으로는 향교를 일으켜 生徒를 增置하고, 더욱 열심히 講勤하여 인재를 양육하도록 하라.[41]

라고 하여 학교교육에 대한 관심으로 표명되고 있다. 또 이와 같은 시기에 발표된 문무백관의 制에 성균관 직제가 포함되어 있는데,[42] 이것은 단순한 전조의 계승이 아니라 성균관을 순수 유학기관으로 개편하려는 의도가 전제되어 있다.

---

40) 『太祖實錄』 권5, 太祖 3년 5월 戊辰.
41) 『太祖實錄』 권1, 太祖 원년 7월 丁未.
42) 『太祖實錄』 권1, 太祖 원년 7월 丁未.

다음 달 초에는 고려시대에 전통적으로 실시되어 왔던 八關會와 燃燈會를 폐지하였으며,43) 2일 후에는

> 각 道의 儒學敎授官·驛丞은 本職을 그대로 갖도록 하라.44)

라는 교서를 내려 前朝에서 임용된 교관을 그대로 향교의 교관으로 유임시켜 교육의 공백이 없게 하였다. 또 이튿날에는 예문·춘추관대학사 閔霽로 하여금 문묘에 배알하여 釋奠하게 하였으며,45) 이어 文宣王 釋奠祭를 제도화하자는 예조판서 趙璞의 건의를 수용하였다.46)

태조 원년 9월에는 도평의사사에서 裵克廉·조준 등 개국공신들이 건의한 「時務 22조」 중에서

> 학교는 風化의 근원이요, 農桑은 衣食의 本이다. 학교를 일으켜 인재를 배양하고, 농상을 장려하여 백성들의 생활을 향상시키도록 하소서.47)

라는 내용이 첫 머리로 나타나고 있는데, 태조는 이를 그대로 수용하고 있다.

태조 4년(1395) 10월에는 친히 문묘에 행차하여 酌獻하고 대궐로 돌아오면서 당면 정치과제에 대한 시정을 반포하였는데, 그 중에서

> 農桑은 政治의 本이요, 학교는 風化의 근원이다. 내가 즉위한 이래로 수차에 걸쳐 교서를 발표하여 이 뜻을 전하였다. 그러나 守令은 힘

---

43) 『太祖實錄』 권1, 太祖 원년 8월 甲寅.
44) 『太祖實錄』 권1, 太祖 원년 8월 丙辰.
45) 『太祖實錄』 권1, 太祖 원년 8월 丁巳.
46) 『太祖實錄』 권1, 太祖 원년 8월 庚申.
47) 『太祖實錄』 권2, 太祖 원년 9월 壬寅.

써 거행하지 않고, 監司 또한 이들을 考劾하지 않으니 아무런 실효가
없도다. 나는 이를 심히 염려하는 바이다. 지금부터는 서울은 사헌부
에서, 지방은 관찰사가 수시로 考課하여 해이함이 없도록 하여 내 뜻
에 부응하도록 하라.[48]

라고 하여 학교교육의 권장을 독려한 내용이 다시 포함되고 있다.
위의 교서에서 태조는 사헌부와 관찰사로 하여금 당해 학교의 장
려를 규찰하도록 하고, 이것을 그들에게 책임과제로 부여하고 있
다. 그리고 다음 달에는 교육의 성과를 진작시키기 위하여 각 도에
이첩하여 6품 이상을 역임한 사람 중에서 70세 이하인 閑良官에게
는 鄕校訓導를 제수하도록 하라는 명을 내리고, 아울러 그 결과를
품의하도록 하였다.[49]

그러나 조선초기에 가장 특기할 만한 사실은 성균관의 건립이었
다. 성균관은 새 왕조의 인재배양의 요람이라는 점에서 일찍부터
국가의 주요정책으로 부각되었다. 조선시대의 성균관 건립은 한양
으로 천도한 2년 후인 태조 6년(1397) 6월에 金師幸을 文廟造成提
調로 삼아 시공하여 다음 해 7월 驪興府院君 閔霽의 책임 하에 준
공을 보게 된다.[50] 그러나 이후 격동하는 정변 속에서 개경으로의
환도가 있었고, 태종 5년(1405)에 다시 한양으로 천도를 보게 된다.
태종은 성균관 시설을 신왕조의 새로운 교육의 중핵으로 보아
크게 관심을 표명하였다. 이로써 한양으로 다시 천도한 다음 해인
태종 6년(1406) 3월에는 예조의 건의를 수용하여 '泮宮外廣丈數'를
확정하고, 이 해 11월에는 성균관에 행차하여 文宣王을 親奠하였
다.[51] 태종 7년에는 정종 2년에 소실된 문묘의 복구를 명하고 星山

---

48) 『太祖實錄』 권8, 太祖 4년 10월 乙未.
49) 『太祖實錄』 권8, 太祖 4년 11월 辛未.
50) 『太宗實錄』 권20, 太宗 10년 9월 癸巳 文廟碑文.
51) 『太宗實錄』 권12, 太宗 6년 11월 己巳.

君 李穡과 中軍摠制 朴子靑으로 하여금 그 역을 감독하게 하였다. 이로써 성균관은 완공을 보게 되고, 이후 조선사회의 교육을 대표하면서 인재 양성의 본산으로 자리잡게 된다.

Ⅱ. 조선초기 학맥의 개창자와 그 학맥

1. 고시관 역임자

본 항에서는 조선 건국 후 태종 때까지 고시관을 역임하여 인재배출에 공헌한 사람들을 대상으로 하였다. 왜냐하면 이 시기에는 고려의 학맥이 연승되고 있었고, 또 고려적 전통에서 배양된 인재들이 당시 학맥의 주역을 담당하고 있었기 때문이다. 이 시기에 고시관을 맡아 활약하였던 사람들을 살펴보면 다음 <표 4-1>과 같다.

<표>에서 보는 바와 같이 태조가 즉위한 이후 태종 때까지 모두 10차에 걸쳐 과거가 설행되고 있다. 태종 13년까지는 지공거와 동지공거의 명칭으로 과거가 설행되고 있으나, 태종 14년(1414)부터 고시관이란 이름으로 3명이 시험관으로 확정되면서 복시도 설행되고 있다. 태종 14년에는 南在・卞季良・金汝知가 고시관이란 이름으로 과거를 주관하였으나 河崙・鄭擢・偰眉壽는 讀卷官이란 이름으로 복시를 설행하였다. 또 태종 17년(1417)에는 남재・孟思誠・변계량이 고시관이 되어 과거를 주관하였으나 맹사성・변계량・趙末生이 독권관이 되어 다시 복시를 주관하였다. 이것은 태종 14년에 와서야 고려의 과거유풍이 점차 일소되고 새로운 조

선적 과거전통이 정착되고 있음을 의미한다.

　<표>에서 과거를 맡았던 사람들 중에서 하륜·권근·남재·
맹사성·李詹·劉敬은 이색의 문생이고, 성석린·정도전은 공민
왕 17년을 전후한 시기에 이색과 함께 교육중흥에 교관으로 같이
활동하였으며, 柳亮은 고려말에 대사성으로 활약하였다.

<표 4-1> 태조 즉위 후 태종 때까지 고시관 역임자

시행 / 연도	고시관	당시 관직	좌 주	전 거 자 료
태조 2년	趙　浚	左侍中	李茂芳·廉興邦	『太祖實錄』 권3, 太祖 2년 6월 丁亥
	金　湊	藝文春秋館大學士	金得培·韓方信	
태조 5년	趙　浚	左政丞	李茂芳·廉興邦	『太祖實錄』 권9, 太祖 5년 5월 丁巳
	鄭道傳	判三司事	洪彦博·柳　淑	
정종 원년	閔　霽	驪興伯	李仁復·金希祖	『定宗實錄』 권1, 定宗 원년 4월 乙巳
	鄭　擢	淸城君	安宗源·尹　珍	
태종 원년	河　崙	領三司事	李仁復·李　穡	『太宗實錄』 권1, 太宗 원년 4월 丁卯
	趙　璞	集賢殿提調	安宗源·尹　珍	
태종 2년	權　近	僉贊議政府事	李仁復·李　穡	『太宗實錄』 권3, 太宗 2년 3월 己亥
	李　詹	藝文館大提學	李　穡	
태종 5년	李叔蕃		趙　浚·金　湊	『太宗實錄』 권9, 太宗 5년 4월 丙戌
	劉　敬	僉贊議政府事	李　穡·田祿生	
태종 8년	李　稷	吏曹判書	安克仁·權仲和	『太宗實錄』 권15, 太宗 8년 2월 乙未
	柳　亮	兵曹判書	安宗源·尹　珍	
태종 11년	河　崙	領議政府事	李仁復·李　穡	『太宗實錄』 권21, 太宗 11년 4월 辛卯
	成石璘	左議政	李仁復·金希祖	
태종 14년	南　在	監春秋館事	李　穡·田祿生	『太宗實錄』 권27, 太宗 14년 2월 庚午
	卞季良	監春秋館事	廉國寶·鄭夢周	
	金汝知	藝文館提學	柳　源·李種學	
태종 17년	南　在	領議政	李　穡·田祿生	『太宗實錄』 권33, 太宗 17년 3월 壬申
	孟思誠	禮曹判書	李　穡·廉興邦	
	卞季良	修文殿提學	廉國寶·鄭夢周	

본 항에서는 <표 4-1>에 보이는 고시관 중에서 조준·金湊·閔霽·정탁·하륜·권근·이첨·조박·이직·남재·변계량·맹사성·김여지를 대상으로 살펴 볼 것이다.

태조 5년(1396)에 과거를 주관하였던 정도전과 태종 8년(1408)에 과거를 주관하였던 유량, 태종 11년(1411)에 과거를 주관하였던 成石璘은 제3편의 제1장「이색의 학문과 학맥」에서 살펴보았다.

태종 5년에 고시관을 맡았던 李叔蕃은 태조 2년의 과거에 합격하였기 때문에 본 항에서는 생략하였으며, 이때 같이 과거를 주관하였던 유경은 조선시대에 최초로 대사성을 맡아 교육발전에 공헌하였다. 따라서 그는 다음 항「교관 역임자」에서 취급하기로 하였다.

1) 趙　浚(1345, 충목왕 원년 ～ 1404, 태종 4)

조준은 문하시중을 지낸 仁規의 증손이고, 版圖判書를 지낸 德裕의 아들이다. 자는 明仲, 호는 吁齋 또는 松堂이라 하였고, 본관은 平壤이다.

공민왕 23년(1374) 정당문학 이무방과 밀지부사 연흥방의 문하에서 급제하여 우왕 2년(1376)에는 左右衛護軍을 배수하고 이후 通禮門副使와 江陵道 按廉使를 거쳐 우왕 8년(1382) 정월에는 典法判書로 올랐다. 이 해 6월에는 崔瑩을 따라 경상도에 내려가 왜구를 물리쳤고, 이어 密直提學과 江陵交州道 都檢察使를 역임하였으며, 우왕 14년(1388) 위화도회군 후에는 知門下省事를 배수하고 대사헌을 겸하였다.52)

공양왕 원년(1389) 10월에는 상소를 올려 전국 5도에 儒學敎授

---

52)『太宗實錄』권7, 太宗 4년 6월 辛卯 趙浚 卒記.

官을 파견하여 향교교육을 장권하도록 건의하였고,53) 12월에는

> 지금의 학자들은 과거에만 합격하면 일신의 영화만을 취하고 이에
> 만족하여 배운 바의 학문을 모두 버리니, 이제부터는 급제한 4품 이하
> 는 殿庭에서 對策으로 시험을 보아 이에 합격하지 못한 사람은 좌천
> 시켜 儒風을 진작하소서.54)

라는 상소를 올렸다. 그는 이때를 전후하여 전제개혁에 대한 필요
성을 상소하고 이의 시행을 건의하였다.

공양왕 2년(1390) 정월에는 門下評理로서 師傅의 직을 배수하고
忠義君으로 봉작되었고, 이 해 6월에는 동지공거가 되어 成石璘과
더불어 과거를 주관하여 李憕 등 33명을 선발하였다.55) 또 이어 6
월에는 문하찬성사에 올라 聖節使가 되어 명에 다녀왔고, 12월에
는 定難功臣의 호를 하사받았다.

공양왕 4년(1392)에는 탄핵을 받아 유배되었으나 정몽주가 피살
되자 소환되어 문하찬성사에 복직하고, 얼마 후 경기좌·우도의
절제사로 나갔다.56)

고려말에 조선 건국의 주역으로 활동하였고, 조선이 건국되자
門下右侍中을 배수하고 平壤伯에 봉작되어 同德奮義佐命開國功
臣의 호를 받았다.

태조 2년(1393)에 지공거가 되어 33명을 선발하였으니,57) 이것은
조선 건국 후 최초로 실시한 과거이다. 이후 문하좌시중으로 올라
五道都統使를 겸직하여 병권을 장악하였고, 태조 5년(1396)에도 정

---

53)『高麗史』권74, 志28 選擧2 科目2 學校.
54)『高麗史』권73, 志27 選擧1 科目1.
55)『高麗史』권73, 志27 選擧1 科目1 選場.
56)『高麗史』권118, 列傳31 趙浚.
57)『太祖實錄』권1, 太祖 2년 6월 丁亥.

도전과 더불어 시관이 되어 과거를 운영하였다. 이후 세자책봉 문제로 神德王后 康氏의 무고를 받아 한 때 투옥되었으나 얼마 후 풀려 나와 복직하였다.

태종이 즉위하자 영의정부사에 승진되고 府院君으로 진봉되었다. 태종 4년(1404)에 죽으니, 향년 60세였다. 文忠이라 시호하였고, 태조의 묘정에 배향되었다.58)

그는 학문에 밝았고 유교적 이상국가의 실현을 목표로 삼았다. 그가 교육에 관심을 갖고 교육개혁을 수차에 걸쳐 건의하였던 것도 이러한 이념이 전제가 되고 있다. 토지제도에 대한 인식이 탁월하여 전제개혁을 주도하였으며, 조선 건국 후에는 하륜과 더불어 『經濟六典』을 편찬하였다. 또 조선 건국 후 최초로 실시된 과거에서 지공거를 맡아 인재를 배출하였다.

그는 고려말에 이색·정몽주와 정치적 견해를 달리하고 있지만, 그 이전에는 이들의 문하에 출입하면서 많은 학문적 영향을 받았다. 특히 그의 가문과 이색의 가문은 일찍부터 교분이 두터웠다. 이색의 아버지 穀은 그의 증조 趙仁規의 문하에 출입하였으며, 이후 「趙仁規祠堂記」를 써서 후세에 전하였고,59) 또 조인규의 아들 瑋의 묘지를 찬하였다.60)

이색도 그의 아버지 德裕와 가깝게 지냈으며, 이들 가문을 위하여 「趙氏林亭記」를 쓰기도 하였다.61) 또 그의 사촌형 瑚는 공민왕 14년 이색의 문하에서 과거에 합격한 문생이다. 또 그는 이색의 문생 윤소종으로부터 수학하기도 하였다. 이색의 문생인 권근·허륜과도 일찍부터 교유를 가져 조선 건국 후에는 정치적 견해를 같이

---

58) 『太宗實錄』 권7, 太宗 4년 6월 辛卯.
59) 京畿道, 1992, 『京畿金石大觀』 4, 「趙仁規祠堂記」.
60) 『稼亭集』 권2, 「平壤君趙公墓誌銘」.
61) 『牧隱文藁』 권3, 「趙氏林亭記」.

하면서 친하게 지냈다.

그는 고려말에 이색과 정치적 견해를 달리하여 조선 건국의 주역을 담당하였지만, 만년에는 역사의 변전에 대한 허무함을 느끼면서 지금까지의 자신의 행동에 대한 깊은 회오에 빠졌던 것 같다. 이것은 그가 지은 「日月寺壁上」이라는 시에서 보인다.

平生疎蕩愛淸幽	평생토록 놀이를 즐기고 맑고 그윽한 경치를 즐겼도다.
遠上寒山古寺秋	멀리 차가운 산 속, 옛 절에 오르니 가을이로구나.
一望前朝仍拭淚	前朝를 생각하며 흐르는 눈물 닦는도다.
都忘萬事獨登樓	만사를 모두 잊고 홀로 누각에 오르니
崧巒凍雨寒聲急	송악산 찬비는 찬 소리를 내며 급히 내리고
紫洞歸雲翠色浮	자하동으로 가는 구름은 푸른 빛을 뛰었구나.
安用栖栖居寵利	내 어찌 구구히 명리에만 살아 무엇하리
飄然欲與赤松遊	표연히 떨쳐버리고 赤松子와 더불어 놀리라.[62]

2) 金 湊 (1338, 충숙왕 복위 7 ~ 1404, 태종 4)

김주는 樂安郡人으로 처음에는 이름을 輳라 하였으나 후에 湊로 고쳤다. 아버지는 밀직제학을 지낸 赶이고, 할아버지는 병부상서와 대제학을 지낸 南正이다. 鄭樞의 아들 摠은 그의 4촌 매부가 된다.[63]

공민왕 9년(1360) 김득배와 한방신의 문하에서 급제하였다. 정몽주·임박·문익점 등과는 同年이 된다.[64]

공민왕 16년(1367)을 전후한 시기에 成均直講이 되었고, 이때 諫官 鄭樞 등과 辛旽을 탄핵하였다가 유배되었으나[65] 곧 서용되어

---

62) 『東文選』 권17, 「日月寺壁上」.
63) 『樂安金氏世譜』.
64) 『石灘集』 下, 附錄 榜目.

秘書監丞을 배수하였다.

우왕이 즉위하자 司憲執義, 知申事, 밀직제학을 역임하고, 우왕 12년(1386)에는 문하평리가 되어 동지밀직사사 이숭인과 함께 賀正使로 명에 다녀왔다.[66] 우왕 14년(1388)에 왜구가 楊廣道에 침입하자 元帥 都興과 더불어 이들을 막았다.[67]

공양왕이 즉위하자 경상도 도관찰사로 출보하였고, 공양왕 3년(1391)에는 문하평리로 대사헌을 겸하였다. 이때 許應과 全五倫은 左右常侍를 배수하였고, 全伯英은 右司議大夫를 배수하고 있다.[68]

이들은 이색과 정몽주의 문인들로 정도전과는 정치적 견해를 달리하고 있었다. 당시 우현보의 아들 洪得이 執義가 되었는데, 정도전의 조종을 받은 朴子良 등이 홍득에게 불경하자 그는 허응·전오륜·전백영 등과 더불어 정도전을 탄핵하여 奉化縣에 유배시켰다. 그리고 그 아들 典農正 津과 宗簿副令 澹을 폐하여 庶人으로 만들었다.[69] 이 해에 도성에 성을 쌓을 것을 건의하여 채택되었고, 얼마 후에는 羅城의 축조를 건의하였다.[70]

조선이 건국되자 문하찬성사가 되었는데, 이때 사헌부로부터 공양왕 때 정도전을 유배시킨 것에 대한 탄핵을 받아 파직되었다.[71] 그러나 다음 해에는 商議門下府事가 되어 새 도읍지의 물색에 간여하였으며, 6월에는 藝文春秋館大學士가 되어 조선이 건국된 후 최초로 실시된 과거의 殿試에서 동지공거를 맡아 좌시중 조준과 함께 尹定 등 33명을 선발하였다.[72]

---

65) 『高麗史』 권106, 列傳19 鄭諧 附 公權.
66) 『高麗史』 권136, 列傳49 禑王 12년 9월.
67) 『高麗史』 권136, 列傳49 禑王 14년 5월.
68) 『高麗史』 권46, 世家46 恭讓王 3년 4월.
69) 『高麗史』 권115, 列傳28 禹玄寶 및 『高麗史』 권108, 列傳32 鄭道傳.
70) 『高麗史』 권114, 列傳27 金湊.
71) 『太祖實錄』 권1, 太祖 원년 7월 乙巳.

태조 3년(1394) 9월에는 左僕射가 되었고, 태조 6년(1397) 6월에는 문하시랑찬성사가 되어 西北面 都察理使를 겸하여 西京의 궁궐 조성에 대한 책임을 맡았고,73) 이어 다시 商議門下府事가 되었다. 또 다음 해 5월에는 貞陵을 조성하는 책임도 맡았고, 이 해 9월에 제1차 왕자의 난이 일어나자 일찍이 궁궐을 조성하는데 있어서 金師幸과 더불어 백성들을 혹사하였다는 탄핵을 받아 寧州에 유배되었다. 태종 4년(1404) 9월에 죽으니, 향년 67세였다. 恭簡이란 시호를 내렸다.

그는 공양왕이 즉위한 이후에는 창왕 즉위의 죄를 물어 이색을 탄핵하기는 하였지만,74) 그는 공민왕 때 成均直講을 맡아 이색의 교육중흥에 함께 활약하였고, 이색의 문생인 이숭인과도 교분이 두터웠다. 그는 정몽주·이색의 편에 서서 정도전을 탄핵하여 유배시켰다. 이러한 사실은 태조 원년 7월에 사헌부에서

門下贊成事 김주가 고려 왕조에서 대사헌이 되어 이색과 우현보의 죄를 극론하고는 여러 신하들을 모아 평론할 즈음에는 도리어 죄가 없다고 말하여 전후의 의견이 달랐으며, 또 奉化君 정도전이 바른 말로써 疏를 올렸으나 흔단을 만들고 사건을 일으킨다고 하여 두 세번이나 죄 주기를 청하였으니, 그가 시세에 휩쓸려 是非를 전도시킴이 이와 같은 지경에 이르렀습니다. 청하옵건대, 그의 직첩을 회수하고 외방으로 귀양보내소서.75)

라고 하여 그를 탄핵하고 있는 것에서 보인다.

김주는 성곽의 조성에도 일가견이 있었다. 그는 국가의 성곽을 사람의 몸에 비교하여 도성을 腹心이라 하고, 군현은 肢體라 하여

72) 『太祖實錄』 권3, 太祖 2년 6월 丁亥.
73) 『太祖實錄』 권6, 太祖 6년 6월 戊申.
74) 『高麗史』 권117, 列傳30 鄭夢周.
75) 『太祖實錄』 권1, 太祖 원년 7월 乙巳.

이를 완전하게 하여야만 비로소 나라가 태평할 수 있다고 보았다. 이것은 공양왕 때에 성곽조성을 건의하면서 올린 그의 상소에서

> 대개 사람의 몸은 腹心이 가장 중요하고 肢體는 그 다음인데, 한 나라를 말할 것 같으면 도성은 복심이요, 군현은 지체라 할 수 있을 것입니다. 지체가 비록 완전하다 하나 복심이 만약에 허하다면 병을 이기지 못할 것입니다. 지금 군현에는 비록 성곽이 있으나 도성은 퇴폐하였으니, 사직의 앞날이 크게 위험하지 않을 수 없습니다. 원하건대 농한기에 諸道의 장정들을 모아 도성을 수축하소서.76)

라고 하고 있는 것에서 보인다.

3) 閔 霽 (1339, 충숙왕 복위 8 ~ 1408, 태종 8)

민제는 驪興君으로 봉작받은 抃의 아들로 자는 仲晦, 호는 漁隱이다.

공민왕 6년(1357)에 이인복과 김희조의 문하에서 과거에 급제하였다. 이후 國子直學, 典理佐郎, 禮部直郎, 典校正郎을 거쳐 공민왕 22년(1373)에는 成均司藝에 올랐다.

당시는 이색의 교육중흥이 결실을 거두는 단계에 있었고, 이숭인·박의중·정도전 등이 교관으로 있었으며, 유경도 諄諭博士를 겸직하고 있었다.

우왕 원년(1375)에 典儀摠郎을 배수하였고, 우왕 3년에는 성균사성에 올랐으며, 우왕 8년(1382)에는 判典校寺事가 되었다.

우왕 11년(1385)에는 명에서 張溥가 사신으로 와서 문묘를 참배하였는데, 그는 鄭摠과 더불어 司藝의 직을 맡아 이들을 맞이하였

---

76)『高麗史』권114, 列傳27 金湊.

다. 이때 대사성은 박의중이었고, 권근은 直講을 맡았는데, 그와 권근은 학문이 높아 임시로 충당한 것이었다.[77]

창왕이 즉위하자 開城尹과 商議密直司事를 제수 받아 禮儀判書를 겸하였고, 창왕 원년(1389)에는 예문관제학을 배수하고 簽書密直司事와 예조판서를 겸하였다.

조선이 건국되자 藝文春秋館大學士가 되었으며, 태조 3년(1394)에는 政堂文學과 同判都評議使司를 거쳤다.

태조는 새 왕조의 기반을 구축하기 위하여 한양으로 천도하였는데, 이때 궁궐과 성균관은 그의 감독 하에 조성되고 있었다. 특히 성균관 건립은 새 왕조의 인맥 배출이라는 관점에서 크게 중시되었는데, 그는 문묘와 성균관의 조성 책임을 맡아 태조 7년(1398)에 이를 준공하였다.[78]

태종이 세자로 책봉되자 輸忠補祚功臣으로 책록되고, 輔國崇祿大夫·門下右政丞·判都評議使司를 배수하였으며, 驪興伯으로 봉작되었다.

정종 원년(1399)에 지공거가 되어 과거를 주관하였다. 태종이 즉위하자 공신호의 격상을 높였으며, 태종 원년(1401)에 純忠同德補祚贊化功臣의 호와 府院君을 하사받았다. 태종 8년(1408)에 죽으니, 향년 70세였다. 文慶이란 시호를 내렸다.[79]

그는 일찍부터 이색의 문하에 출입하면서 학문을 익혔다. 그의 숙부 閔思平은 당대의 석학으로 李齊賢·崔瀣와 교유가 두터웠고, 이색도 그의 문하에 출입하였다.

그는 젊어서부터 禮에 밝아 벼슬에 나아가서는 항상 예조를 겸

---

77) 『高麗史』 권135, 列傳48 禑王 11년 9월.
78) 『太宗實錄』 권20, 太宗 10년 9월 癸巳 文廟碑文.
79) 『韓國歷代人物傳集成』 2, 「閔霽墓誌銘」.

하였고, 또 교관직을 맡아 교육에 전념하기도 하였다. 공민왕 때 成均直講으로 벼슬에 나아가 이후 司藝와 司成의 직을 맡았고, 조선이 건국되자 성균관 工役의 책임을 맡아 이를 준공하였다.

異端과 淫祀를 미워하여 화공으로 하여금 노복이 몽둥이를 가지고 개를 시켜 僧과 巫를 쫓는 형상을 벽에 그리게 하여 이를 항상 보았다.80) 그는 또 태종의 장인이 되기도 하여 당시 조정에서 國舅로 존경을 받았다.

4) 鄭 擢 (1363, 공민왕 12 ~ 1423, 세종 5)

정탁의 자는 築隱, 호는 春谷이며, 본관은 淸州이다. 할아버지는 충혜왕 때 司議大夫를 지낸 雪谷 誧이며, 아버지는 공민왕 때 정당문학을 지낸 公權이고, 어머니는 성리학으로 이름을 떨친 崔文度의 딸이다.81)

우왕 8년(1382)에 안종원과 윤진의 문하에서 丙科 제7인으로 급제하여 春秋館修撰을 배수하였다. 이후 司憲糾正, 左正言을 거쳐 공양왕 2년(1390)에는 병조좌랑이 되었다.82) 이때 성균박사 金貂가 佛殿을 허물 것을 상소하니 왕이 노하여 그를 죽이려 하였는데, 그는 정몽주와 더불어 부당함을 극간하고 용서할 것을 주청하였다.83)

공양왕 4년(1392)에 廣興倉使를 배수하였고, 조선이 건국되자 태조 2년(1393)에 司憲持平이 되었다. 얼마 후 成均司藝가 되었고, 이

---

80) 『太宗實錄』 권16, 太宗 8년 9월 戊子 閔霽 卒記.
81) 『牧隱文藁』 권20, 「鄭氏家傳」.
82) 『世宗實錄』 권22, 世宗 5년 10월 戊辰.
83) 『高麗史』 권117, 列傳30 鄭夢周.

어 交州江陵道의 按廉副使로 나갔다가 태조 4년(1395)을 전후한 시기에는 성균대사성에 올랐다.

다음 해에 명에 올리는 表箋이 문제가 되어 명에 다녀왔으며, 中樞院右承旨에 배수되었다. 이어 中樞院學士, 都評議使司事를 거쳐 태조 7년(1398)에는 淸城君에 봉작되고 定社功臣의 호를 받았다.

태종 때는 중추원사, 정당문학, 三司右使, 판한성부사를 거쳐 태종 11년(1411)에는 叅贊議政府事에 올랐고, 태종 17년(1417)에는 淸城府院君에 봉작되었으며, 세종 3년(1421)에 우의정에 올랐다. 세종 5년(1423) 10월에 죽으니, 향년 61세였다. 翼景이란 시호를 내렸고, 태종의 묘정에 배향되었다.[84]

그는 일찍부터 이색의 문하에서 수학하였다. 그의 가문과 이색의 가문은 친분이 특히 두터웠다. 그의 할아버지 諿는 이색의 아버지인 穀과 절친한 벗이었으며, 그의 아버지 公權은 이색과 성균시의 동년이면서 뜻을 같이 한 벗이었다. 그리고 그 자신도 이색의 아들인 種善과 동년으로 서로 가까운 사이였다. 이로써 그는 이색을 아버지와 같이 대하였으며, 그의 문하에서 많은 가르침을 받았다. 이색은 그의 가문을 위하여 「鄭氏家傳」을 써서 세상에 전하였다.[85]

5) 河　崙 (1347, 충목왕 3 ~ 1416, 태종 16)

하륜은 河拱辰의 후손으로 아버지는 奉翊大夫 順興院使를 지낸 允麟이며, 할아버지는 式目錄事를 지낸 恃源이다. 자는 大臨, 호는

---

84)『世宗實錄』권22, 世宗 5년 10월 戊辰.
85)『牧隱文藁』권20,「鄭氏家傳」.

浩亭이며, 본관은 晋州이다.

공민왕 9년(1360) 杏村 李嵒의 문하에서 성균시에 합격하고, 공민왕 14년(1365) 이인복과 이색의 문하에서 과거에 급제하였다. 이때 그의 나이 19세였는데, 이인복은 그의 인물됨을 보고 동생 仁美의 딸로 부인을 삼게 하였다.[86] 이후 春秋館檢閱과 試監察糾正을 역임하고, 공민왕 18년(1369)에는 辛旽을 탄핵하다가 파직되었다. 공민왕 20년(1371) 신돈이 실각하자 榮州知事가 되어 출보하였는데, 안렴사 金湊가 그의 치적이 제일이라고 보고하니, 考功佐郎을 제수하였다. 공민왕 22년(1373)에는 判圖佐郎이 되어 交州江陵道의 察訪으로 나갔다.

우왕 원년(1375) 司憲府持平을 배수하였고, 우왕 2년(1376)에는 典校副令이 되었다. 이어 典儀副令이 되고, 다음 해에 寶門閣直提學을 배수하였다.

우왕 4년(1378)에는 典校令으로 올랐고, 이어 성균대사성이 되어 성균관 교육을 총괄하였다. 우왕 7년(1381)에는 判典校寺事가 되었으며, 이후 右副代言, 左副代言, 典理判書를 차례로 역임하고, 우왕 10년(1384)에는 밀직제학을 배수하였다. 다음 해에 簽書密直이 되고, 우왕 13년(1387)에는 동지밀직이 되었디.

우왕 14년(1388)에 최영이 군사를 일으켜 遼東을 정벌하려 하자 그 불가함을 극간하였는데, 이로써 襄州로 쫓겨났다. 최영이 패하자 서울로 돌아왔으며, 공양왕이 즉위하자 동지밀직을 다시 배수하였다. 그러나 이 해 가을에 永興君 王環의 사건에 연루되어 光州로 유배되었다가 얼마 후 尹彝·李初의 獄事에 연계되어 이색·권근 등과 함께 淸州의 감옥에 구속되었다.

공양왕 3년(1391)에 죄에서 풀려나 全羅道 都巡察使로 부임하였

---

86) 『韓國歷代人物傳集成』 5, 「河崙墓誌銘」.

다. 이때 그는「無逸篇」과「立政篇」을 써서 각기 족자로 만들고, 또 朱文公의「仁字說」을 써서 병풍을 만들어 이것을 왕에게 올렸다.[87] 이는 왕으로 하여금 덕을 닦아 선정을 베풀도록 하기 위한 의도에서였다.

조선이 건국되자 국가의 중신이 되어 거의 모든 관직을 거쳤다. 태조 때는 주로 지방관으로 출보하여 치적으로 이름을 떨쳤고, 정종이 즉위하자 정당문학을 배수하고 定社功臣 1등에 책록되어 晉山君에 봉작되었다. 태종이 즉위하자 佐命功臣 1등에 책록되었고, 이후 左政丞을 거쳐 領議政府事에 올라 국정을 총괄하였으며, 晉山府院君으로 봉작되었다.

태종 16년(1416)에 왕명을 받들어 선왕의 능침을 순시하기 위하여 함길도에 갔다가 돌아오는 도중에 병을 얻어 죽으니, 향년 70세였다. 文忠이란 시호를 내렸다.[88]

그는 이색과 이인복의 문하에서 학문을 정연시켜 經·史·子·集에 통하지 않는 바가 없었고, 심지어 음양·역술·지리에도 모두 그 정미한 뜻에 관통하였다. 조선초기의 예악과 제도는 그의 손을 거치지 않은 것이 없었으니, 그는 권근과 더불어 이 당시 조선을 이끈 거봉이었다.

특히 그는 수차에 걸쳐 지공거를 역임하여 수 많은 인재를 선발하였다. 태종 원년(1401)에는 지공거가 되어 趙末生 등 33명을 선발하였고, 태종 7년(1407) 4월에는 重試의 시관이 되어 卞季良 등 17명을 선발하였으며, 다음 해 3월에는 다시 지공거가 되어 權克中 등 33명을 선발하였다.[89] 그에게서 배출된 인재들은 이후 조선사

---

87)『高麗史』권45, 世家45 恭讓王 4년 2월.
88)『太宗實錄』권32, 太宗 16년 11월 戊午 河崙 卒記.
89)『韓國歷代人物傳集成』5,「河崙墓誌銘」.

회에 중추적인 인물로 활동하였다.

6) 權 近(1352, 공민왕 원년 ～ 1409, 태종 9)

권근은 溥의 증손으로, 할아버지는 知都僉議事를 지낸 皐이고, 아버지는 護軍을 지낸 僖이다. 처음에는 이름을 晉이라 하였으나 후에 近으로 고쳤고, 자는 可遠이라 하였다가 후에 思叔으로 고쳤다. 호는 陽村이고, 본관은 安東이다. 공민왕 18년(1369) 이인복과 이색의 문하에서 과거에 급제하였다. 이때 그의 나이 18세였다.

과거에 합격하고 궁으로 들어가니, 왕이 그를 보고는 노하여 "저 어린 것이 어찌 합격하였는가"라고 하였는데, 이색이 "장차 크게 쓰일 것이니 가히 어리다고는 못할 것입니다"라고 답하고 있다.

공민왕 19년(1370) 8월 이인복과 이색이 고시관이 되어 貢士를 선발하였는데, 이때 응시하여 합격하였으나 나이가 어려 赴試하지는 못하였다. 공민왕 22년(1373) 6월에는 白文寶・權仲和가 고시관이 되어 공사를 선발하였는데, 이때도 합격은 하였지만 나이가 어려 부시는 하지 못하였다.[90]

이로써 그는 이인복과 이색・백문보・권중화를 좌주로 섬기게 되고, 이후 이들의 문하에 출입하면서 학문을 크게 정연시켜 나갔다.

공민왕 23년(1374)에 成均直講과 藝文館應敎를 역임하였고, 우왕이 즉위하자 禮儀軍溥正郞을 지내고, 이어 典校副令을 거쳐 우왕 6년(1380)에는 成均祭酒가 되었다. 이 해에 그는 升補試를 주관하여 洪尙彬 등 110명을 선발하였다.[91]

---

90) 『高麗史』 권74, 志28 選擧2 科目2 制科.
91) 『高麗史』 권74, 志28 選擧2 科目2 升補試.

우왕 8년(1382)에 左司議大夫를 배수하였고, 다음 해 8월에는 당면정치의 개혁안을 올렸는데, 그 내용은

① 여자에게 宅主를 봉하는 것과 중에게 君을 봉하는 것을 금지하고, 아울러 兩府 외에는 일체 封君을 許하지 말 것이며92)

② 添設職이 남용되어 백성들이 이를 웃음거리로 여기니, 이의 제수를 엄정히 할것이며93)

③ 鄕職을 정비하고, 또 향리로써 諸業監試에 응하는 것을 규제할 것이며94)

④ 科稅의 기준을 耕田에 입각하여 정할 것95)

등이었다. 이 해 9월에 왕이 유희와 사냥을 즐기니 이를 행하지 말도록 극간하였는데, 왕은 술에 취하여 그에게 활을 쏘려고 하였다. 이후 성균대사성에 보임되었고, 이어 禮儀判書와 左代言을 거쳐 밀직부사가 되었다. 이 해 10월에는 知申事로 동지공거가 되어 정도전과 함께 李致 등 33명을 선발하였다.96) 이어 그는 門下評理 尹承順과 더불어 명에 사신으로 갔는데, 귀국하자 명에서 보낸 國書를 먼저 보았다는 죄명으로 탄핵을 받아 牛峯縣에 유배되었다.

공양왕이 즉위하자 다시 탄핵을 받아 寧海로 유배되었고, 이어 興海로 옮겼다가 또 김해로 옮겼다. 얼마 후 尹彛·李初의 옥사가 일어나자 여기에 연루되어 淸州獄에 갇혔다가 다시 益州에 유배되었다. 그는 이 기간에『入學圖說』과『五經淺見錄』을 저술하였다.97)

---

92)『高麗史』권75, 志29 選擧3 封贈.
93)『高麗史』권75, 志29 選擧3 添設職.
94)『高麗史』권75, 志29 選擧3 鄕職.
95)『高麗史』권78, 志32 食貨1 租稅.
96)『高麗史』권73, 志27 選擧1 科目1.

조선이 개국되자 중추원사가 되었고, 태조 7년(1398) 4월에는 정도전과 더불어 成均館提調가 되어 閑良 4품 이하의 儒士와 三館 儒生들에게 경사를 習讀케 하는 임무를 맡았으며,98) 정종 때에는 정당문학에 올라 대사헌을 겸하였다. 태종이 즉위하자 推忠翊戴佐命功臣으로 책록되고 叅贊議政府事로서 겸 대사성을 맡아 성균관 교육을 담당하였다. 태종 2년(1402)에는 議政府贊成이 되었으며, 이 해에 지공거가 되어 申曉 등 33명을 선발하였다.

태종 5년(1405)에는 왕의 親試에 河崙과 더불어 讀卷官이 되어 卞季良 등 10명을 선발하였으며, 태종 7년(1407)에는 「勸學事目」을 製進하여 성균관을 비롯한 학교교육의 개혁안을 올렸고,99) 이어 學式을 제정하여 올렸다. 태종 9년(1409)에 병을 얻어 죽으니, 향년 58세였다. 文忠이라 시호하였다.100)

그는 권단과 권부의 家學을 전수하여 학문을 익혔고, 이후 이색 · 이인복 · 백문보 · 권중화의 문하에 출입하면서 더욱 학문을 정연시켜 나갔다.

이색의 가문과 그의 가문은 특별한 관계를 갖는다. 이색과 그의 아버지 穀은 권부의 사위인 李齊賢의 문생이고, 권근은 이색의 문생이면서 아울러 자녀의 통혼으로 사돈의 관계를 맺게 된다.101)

권근은 특히 이색을 존경하여 태산과 같이 받들었고, 그가 일찍이 자를 可遠이라 한 것도 이색의 문하에서 학문을 배우면서 그를 닮으려고 한 의도에서였다.102)

---

97) 『高麗史』 권107, 列傳20 權旵 附 近.
98) 『太祖實錄』 권13, 太祖 7년 4월 丙申.
99) 『太宗實錄』 권13, 太宗 7년 3월 戊寅.
100) 『太宗實錄』 권17, 太宗 9년 2월 權近 卒記
101) 이색의 아들 種善은 권근의 딸을 부인으로 삼았다.
102) 『牧隱文藁』 권3, 「陽村記」.

그는 이색을 평하여 "자질이 순수하고 기운이 맑으며 학문이 넓고 이치에 밝았다"라고 하면서 "우리 동방에 문학이 있게 된 이후로 선생처럼 훌륭한 이가 없었으니, 아 ! 거룩하도다"라고 하였다.[103)

그는 고려말에 이미 학문으로 명성을 떨쳐 성균관 대사성을 역임하였고, 또 과거를 주관하면서 많은 인재를 양성하고 배출하였다. 그가 유배 중에 저술한『入學圖說』과『五經淺見錄』은 성리학의 입문서로 이후 크게 각광을 보게 된다. 그러나 그가 학자로 빛을 크게 발하는 것은 조선 건국 이후이다.

그는 조선초기에 정도전·하륜과 더불어 국가의 기반을 확립시키는데 큰 공을 세웠고, 儀禮와 典章은 그의 손을 거치지 않은 것이 거의 없었다. 특히 그의 학문적 능력으로 오랫동안 성균관 대사성을 겸임하여 수 많은 후학들을 배출시켰고, 그가 제정한「권학사목」과 학식은 당시 학교교육의 聖典으로 받들어졌다. 그에게서 배출된 후학들은 이후 조선사회의 중추적 인물로 성장하여 그의 학문을 계승해 나갔다. 그는 하륜과 더불어 조선의 학맥을 연 거봉으로 평가할 수 있을 것이다.

7) 趙 璞 (1356, 공민왕5~1408, 태종8)

조박은 안향의 문생인 延壽의 증손이며, 할아버지는 三司左尹을 지낸 忠臣이고, 아버지는 典儀令을 지낸 思謙이다. 仁規는 그의 고조이며, 태종 李芳遠과는 동서가 된다. 자는 安石, 호는 雨亭이며, 본관은 平壤이다. 우왕 8년(1382) 順興君 안종원과 判厚德府事 윤

___
103)『陽村集』권117,「恩門 牧隱先生文集序」.

진의 문하에서 과거에 합격하였다.104) 우현보의 아들 洪福과 이색의 아들 種善과는 동년이 된다.

창왕 때 門下舍人이 되었고,105) 공양왕이 즉위하자 정도전·조준과 뜻을 같이하여 이색과 정몽주의 반대편에 서게 된다. 공양왕 원년(1390)에는 左司議 吳思忠과 함께 창왕 즉위의 죄를 물어 이색과 李仁任을 탄핵하여 이색 부자를 파면시키고, 曹敏修를 서인으로 만들었다.106) 정몽주가 실권을 잡자 청주목사로 좌천시키고, 수원에 이르렀을 때 水原府將에게 명하여 살해하도록 하였으나 도망하여 목숨을 건졌다. 공양왕 4년(1392)에는 이색의 문생인 金震陽의 탄핵을 받아 청주목사직을 삭탈당하고 먼 곳으로 유배되었으나 얼마 후 정몽주가 살해되자 소환되어 三司左尹을 배수하였다.107)

조선이 건국되자 1등 공신으로 책록되어 田 170結과 노비 20구를 하사받았으며, 또 예조판서를 배수하고 平原君에 봉작되었다. 이후 楊廣道 按廉使와 전라도 관찰사를 지냈고, 태조 4년(1395)에는 변방에 대한 보고를 늦게 하였다는 이유로 파직당하고 公州로 유배되었으나 곧 풀려나왔다.

정종이 즉위하자 定社功臣에 녹훈되고, 僉贊門下府事에 올라 대사헌을 겸하였고,108) 다음 해 정월에는 知經筵事를 겸하였다. 정종 원년(1399) 3월에는 지금까지 유명무실하였던 집현전의 직제를 개편하여 집현전을 학문연구의 실질적인 중핵기관으로 양성하도록 거의하여 주준·權仲和·권근 등과 더불어 集賢殿提調를 맡았다.109) 태종 원년(1401) 4월에는 覆試의 동지공거가 되어 하륜과 더

---

104) 『太宗實錄』 권16, 太宗 8년 12월 己亥 趙璞 卒記.
105) 『高麗史』 권137, 列傳50 昌王 즉위년 11월.
106) 『高麗史』 권45, 世家45 恭讓王 원년 12월 己亥.
107) 『高麗史』 권46, 世家46 恭讓王 2년 4월.
108) 『太祖實錄』 권15, 太祖 7년 10월.

불어 趙末生 등 33명을 선발하였고,110) 이 해 8월에는 판한성부사가 되었다.

태종 3년(1403)에는 叅贊議政府事로 올라 司憲持平을 겸하였고, 다음 해(1404) 3월에는 예문관 대제학이 되었으며, 이 해 8월에는 李詹·韓理·柳觀·李廷堅 등과 함께 겸 成均敎官이 되어 날마다 성균관에 나아가 제생들을 교육하였다.111) 이어 開城留後司 留後가 되었고, 태종 6년(1406)에는 서북면 도순문사가 되었으며, 다음 해에는 다시 참찬의정부사를 제수받아 소환되었다. 태종 8년(1408) 4월에 호조판서를 배수하였고, 7월에는 다시 동북면 東北面 都體察使를 더 하였다. 이 해 12월에 죽으니, 향년 53세였다. 文平이란 시호를 내렸다.

그의 어머니는 李齊賢의 族親인 蒨의 아들 培中의 딸이었고, 이색의 가문과 그의 가문은 특히 가까웠다. 이색의 아버지 穀은 「趙仁規祠堂記」를 썼으며, 이색은 그의 가문을 위하여 「趙氏林亭記」를 쓰고 있다. 또 그의 堂伯父 涓과 湖는 이색의 문생이고, 그는 이색의 아들 종선과는 동년이었다. 이러한 두 가문의 관계를 볼 때 그도 어려서 이색의 문하에서 가르침을 받았을 것이다. 그러나 그는 이방원과 동서가 되었고, 이로써 이성계의 편에 서서 이색·정몽주와는 정치적 견해를 달리하면서 대립적 관계로 변하게 된다. 이것은 『태종실록』태종 8년 12월조의 그의 卒記에서

太宗이 잠저에 있을 때 조박이 동서간임으로 가장 친하고 오랜 사이였다. 이로써 太祖(李成桂)의 편에 서서 그를 따르고 복종하였다.112)

---

109) 『定宗實錄』 권1, 定宗 원년 3월 甲申.
110) 「太宗實錄」 권1, 太宗 원년 4월 丁卯.
111) 『太宗實錄』 권8, 太宗 4년 8월 甲申.

라고 하고 있는 것에서 보인다.

그는 조선 건국 후 과거의 고시관을 역임하였고, 또 집현전제조·성균관교관을 역임하면서 조선초기의 학문 발전에 일익을 담당하였다.

8) 李 詹(1345, 충목왕 원년 ~ 1405, 태종 5)

이첨은 僉贊議政府事에 贈職된 熙祥의 아들로, 자는 中叔, 호는 雙梅堂이다. 본관은 洪州이다.

공민왕 14년(1365) 韓蕆의 문하에서 성균시에 합격하였고, 이색이 공민왕 16년에 성균관 대사성으로 있을 때 그 문하에서 수학하였으며, 공민왕 17년(1368) 왕이 九齋에 행차하여 經義로 親試 하였는데, 이에 1등으로 급제하였다.[113] 이때 과거를 주관한 독권관은 이색이었다. 이로써 그는 이색의 門徒가 되기도 하고, 또 문생이 되기도 한다. 친시에 합격하자 藝文檢閱에 제수되었고, 다음 해에는 藝文館修撰을 거쳐 右正言을 배수하였다. 이때 그는 時政의 당면과제를 상소하여 올렸는데, 그 내용은

① 史官을 측근에 두어 시정을 정확히 기록하도록 하며
② 言路를 개방하여 민정을 정확하게 상달할 수 있게 할 것이며
③ 상벌을 엄격히 하여 기강을 확립할 것이며
④ 考功官으로 하여금 관리의 勤怠를 고찰하여 업무에 충실을 기하게 할 것[114]

---

112)『太宗實錄』권16, 太宗 8년 12월 己卯.
113)『高麗史』권73, 志27 選擧1 科目1.
114)『高麗史』권117, 列傳30 李詹.

등이었다. 왕은 이를 가납하여 매월 六衙日에는 六部와 臺省의 관리들이 직접 일을 보고하도록 하였고, 아울러 사관으로 하여금 항상 측근에서 시종하도록 하였다.

또 얼마 후에 李金剛에 대한 告身이 문제가 되었는데, 이는 그가 전라도 도순문사로 있을 때 행한 탐학과 주색이 그 이유였다. 그는 당시 실권자인 辛旽의 압력을 받았으나 끝까지 이에 고신하지 않았다. 이로써 知通州事로 출보되었으나 신돈이 실각되자 左正言을 배수하였고, 우왕 2년(1376)에는 右獻納이 되었다. 이때 李仁任이 명의 사신을 죽이고 北元의 사신을 맞이하려고 하였는데, 그는 좌정언 全伯英과 더불어 상소를 올려 이의 불가함을 극간하고, 이인임을 처형하도록 건의하였다. 이로써 미움을 받아 형벌을 받고 河東으로 유배되었다. 이때 이색·김구용·이숭인도 유배되었고, 田祿生과 朴尙衷은 유배 도중에 죽음을 당하였다.[115] 이후 10여년 동안 정계에서 물러나 있었는데, 우왕 10년(1384)에 試典校副令으로 복귀하였고, 우왕 14년(1388)에 內府副令으로 올라 이후 門下舍人과 典理摠郞을 역임하였다. 이 기간에 그는 成均直講을 겸임하여 교육에도 종사하게 된다.

창왕이 즉위하자 司憲執義를 배수하였다. 이때 그는 唐 태종의 故事를 들어 언로의 개방과 인재등용을 건의하였다.[116]

공양왕이 즉위하자 성균대사성이 되어 성균관 교육을 총괄하였고, 이어 右常侍가 되었다가 공양왕 2년(1390) 2월에는 尹紹宗과 더불어 經筵의 講讀官이 되었다. 이후 左副代言과 左代言을 거쳐 공양왕 3년 11월에는 知申事가 되었고,[117] 다음 해 2월에는 정몽주가

---

115) 『高麗史』 권126, 列傳39 李仁任 및 『高麗史』 권112, 列傳25 田祿生.
116) 『高麗史』 권117, 列傳30 李詹.
117) 『高麗史』 권46, 世家46 恭讓王 3년 11월.

「新定律」을 만들어 바치니, 왕은 그로 하여금 이를 進講하게 하였다. 이 해(1392) 3월에는 국자감시 試官이 되어 李孟畛 등 99명을 선발하였다.118) 이맹준은 이색의 손자이다. 다음 달에 정몽주가 피살되자 정몽주의 당으로 몰려 結城에 유배되었다. 이때 이색은 漢州로 유배되었고, 이숭인·이종학 등은 폐하여 庶人으로 하였다.

조선이 건국되자 풀려나 태조 7년(1398)에 吏曹典書가 되었고, 이후 中樞院學士와 知議政府事를 역임하였으며, 태종 5년(1405) 4월에 죽으니, 향년 61세였다. 文安이라 시호하였다.

그는 고려시대에도 성균직강·성균대사성 등의 교관직을 역임하여 인재배양에 크게 공헌하였으며, 조선시대에도 태조 7년(1398)부터 태종 즉위년(1400)까지 성균대사성을 겸직하였고, 태종 3년(1403)부터 죽을 때까지 知成均館事를 겸직하여 수 많은 인재를 배출하였다. 또 공양왕 3년(1391)에는 成均試官을 맡아 많은 문생을 배출하였고, 조선 건국 후 태종 2년(1402)에도 동지공거가 되어 과거를 주관하였다.119)

이로 볼 때 그는 여말선초에 성균관 교관과 과거의 고시관으로 활약하여 이 당시 교육의 진흥과 인재의 배출에 크게 기여하였음을 알 수 있다.

9) 李 稷 (1362, 공민왕 11 ~ 1431, 세종 13)

이직은 자가 虞庭, 호는 亨齋, 본관은 星州이다. 증조는 정당문학을 지낸 兆年이고, 할아버지는 密直副使를 지낸 褒이며, 아버지

---

118) 『高麗史』 권74, 志28 選擧2 科目2 國子監試
119) 『雙梅堂先生文集』 권首, 「雙梅堂先生年譜」.

는 判開城府事를 지낸 仁敏이다. 이색이 스승으로 받들었던 李仁
復은 그의 백부가 된다. 그의 가문은 대대로 학문으로 이름을 떨쳤
다. 우왕 3년(1377) 竹城君 安克仁과 정당문학 權仲和의 문하에서
급제하였다. 이후 慶順府注簿, 司憲持平, 成均司藝, 典校副令을
역임하고, 우왕 12년(1386)에는 密直司가 되어 右副代言을 겸하였
다.120) 이 해에 李仁任이 탄핵을 받아 숙청되자, 그도 族親이라 하
여 전주로 유배당하였다. 공양왕 4년(1392) 4월에는 형조판서를 배
수하였고, 얼마 후 知申事가 되었다.

 조선이 건국되자 개국 3등공신으로 책록되었고, 태조 2년(1393)
에는 도승지를 배수하였다. 얼마 후 中樞院學士를 배수받고 推忠
翊戴開國功臣의 호를 하사받았고, 다음 해 2월에는 鄭摠·權近
등과 더불어『東國歷代諸賢秘錄撮要』를 교열하였다.121) 이 해 9
월에는 新都宮闕造成都監의 判事를 겸하여 한양에서 궁궐을 조성
하는 책임을 맡았다.122) 이어 밀직제학이 되었으며, 10월에는 謝恩
使가 되어 명에 갔다.

 태조 6년(1397) 정월에 대사헌이 되었고, 정종 원년(1399)에는 지
중추원사로 있었으며, 4월에는 西北面 都巡問察理使를 겸하였고,
이 해 12월에는 知門下府事가 되었다. 다음 해에는 三司左使로서
지의정부사를 겸하였고, 태종 원년(1401) 정월에는 三司右使가 되
고 輸誠協贊의 공신호를 하사받았다. 다음 달에는 사은사가 되어
명에 갔고, 이 해 12월에는 의정부찬성사가 되었으며, 이후 참찬의
정부사를 거쳐 태종 2년(1402) 10월에는 예문관 대제학이 되었다.

 태종 3년(1403) 2월에 나라에서 새로이 주자소를 설치하여 활자

---

120)『世宗實錄』권53, 世宗 13년 8월 己亥 李稷 卒記.
121)『太祖實錄』권5, 太祖 3년 2월 甲申.
122)『太祖實錄』권6, 太祖 3년 9월 戊戌.

를 주조하고자 하였는데, 그는 提調가 되어 이의 책임을 맡았다. 다음 달에 判司平府事가 되었고, 태종 4년(1404) 9월에는 漢陽離宮造成堤調가 되어 이궁조성의 책임을 맡았다. 다음 해 2월에 이조판서가 되었고, 태종 7년(1407)에는 中軍摠制 朴子靑과 더불어 문묘 조성의 책임을 맡아 이를 감독하였다.123) 이후 東北面 都巡問察理使 겸 병마도절제사·의정부찬성사를 거쳐 태종 8년(1408) 2월에는 이조판서가 되어 判義勇巡禁司事를 겸하였다. 이 달에 지공거가 되어 병조판서 柳亮과 더불어 과거를 관장하였고,124) 5월에는 造墓都監判事가 되어 태조의 능을 조성하는 책임을 맡았다. 태종 13년(1413)에는 나라에서 경복궁으로부터 종묘에 이르는 행랑의 役을 일으켰는데, 그는 이 역의 책임을 맡았고, 이어 京城修補都監의 提調가 되어 서울의 도시계획을 완성하였다. 이후 판의정부사가 되었는데, 태종 14년(1414) 6월에는 관제개혁에 따라 우의정으로 고쳐 제수하였다. 태종 15년(1415)에는 黃喜와 함께 忠寧大君의 세자책봉을 반대하다가 星州로 유배되었다.

세종 4년(1422) 정월에는 유배에서 풀려 나와 다음 해 2월에는 星山府院君·領藝文館事를 배수하였다. 세종 6년(1424) 9월에는 영의정에 올랐고, 11월에는 賀登極使가 되어 명에 갔다. 세종 10년(1428)에는 詳定所提調가 되어 『大典』 5권을 편찬하였고, 세종 13년(1431)에는 역법을 제정하였다. 이 해 8월에 죽으니, 향년 70세였다. 文景이라 시호하였다.125)

그의 가문과 이색의 가문은 선대부터 가끼이 지냈다. 그의 할아버지인 李兆年은 이색의 은문인 이제현과 가까이 지냈으며, 이색

---

123) 『太宗實錄』 권13, 太宗 7년 2월 己亥.
124) 『太宗實錄』 권15, 太宗 8년 2월 己未.
125) 『世宗實錄』 권54, 世宗 13년 8월 己亥 李稷 卒記.

의 아버지인 이곡과도 친분이 두터웠다. 그의 백부 이인복은 이곡의 후학으로 서로 막역한 사이였고, 이색은 이인복을 스승으로 받들었다. 그의 아버지 李仁敏도 이색과 교분이 두터웠다. 또 이색의 문생인 河崙은 그의 숙부 仁美의 사위로 그와는 족친이 된다.

이러한 가문적 배경으로 이직은 일찍부터 이색을 스승으로 받들었으며, 그 문하에서 학문적 영향을 많이 받았다. 그는 禮學에 밝아 조선초기 儀禮의 대부분을 제정하였다. 활자의 주조와 법전의 제정은 대부분 그의 주관 하에 이루어졌고, 문묘와 궁궐 및 종묘를 비롯한 조선초기의 각종 役事는 그의 감독에 의하여 완성을 보고 있다.

태종 8년(1408)에는 지공거를 맡아 많은 인재를 배출하여 조선초기의 학맥 형성에도 일익을 담당하였다.

10) 南　在(1351, 충정왕 3 ~ 1419, 세종 원년)

남재는 경상도 宜寧人으로 檢校門下侍中 乙蕃의 아들이다. 충정왕 3년(1351)에 출생하여 처음에는 이름을 謙이라 하였으나 조선이 개국되자 이성계가 在라고 이름을 지어 하사하니, 이로써 이름을 在로 고쳤다. 자는 敬之이며, 호는 龜亭이다.

공민왕 20년(1371) 이색과 田綠生의 문하에서 과거에 급제하였다. 창왕 때에는 右司議를 지냈고, 공양왕이 즉위하자 判典校寺事가 되었으며, 동왕 3년(1391) 3월에는 위화도회군의 공으로 공신으로 책록되었다. 다음 달에 執義를 겸하여 鐵原府使로 나갔으며, 동년 10월에는 廉問計定使가 되어 楊廣道에 파견되었다. 공양왕 4년(1392) 4월에는 정몽주의 탄핵을 받아 정도전·尹紹宗과 더불어

멀리 유배되었으나 얼마 후 소환되어 左副代言을 제수받았다.[126]

고려말에는 정몽주와 정치적 견해를 달리하여 정도전·조준과 더불어 이성계를 지지하였으나 조선이 건국되어 공신으로 책봉되자 세상을 피하여 은둔하였다. 그러나 태조가 힘써 찾아서 개국공신 1등으로 책훈하고, 中樞院學士 겸 司憲府大司憲을 제수하였으며, 또 宜城君으로 봉작하였다.

태조 3년(1394)에 외교문서의 표문이 문제가 되어 명의 질책을 받게 되자 방원을 수종하고 명에 다녀왔으며, 태조 5년(1396)에는 藝文春秋館大學士로서 도병마사가 되어 金士衡과 더불어 一岐島와 대마도를 정벌하기 위하여 출진하여 공을 세웠다. 태조 7년(1398) 동생 南誾이 제2차 왕자의 난 때 정도전 일파로 지목되어 죽음을 당하였으나 그는 태종의 도움으로 변을 면하였다.

태종이 즉위하자 조준과 더불어 世子書筵官이 되었으며, 태종 4년(1404)에는 의정부찬성사가 되고, 태종 14년(1414)에는 宜寧府院君·監春秋館事가 되어 과거를 주관하였다. 이후『고려사』의 개수작업에 河崙과 함께 참여하였고, 또 좌의정을 거쳐 태종 16년(1416)에는 영의정에 올랐다. 세종 원년(1419)에 죽으니, 忠景이라 시호하였고, 태조의 묘정에 배향되었다.[127]

그는 이색의 문생으로 일찍부터 그의 문하에 출입하면서 학문을 정연시켰고, 성리학에 밝았다. 그는 과거에 합격하기 전에 성균관에서 정몽주에게도 수학하였다. 조선 건국 후에는『고려사』의 개수에 참여하였으며, 世子書筵官과 師傅 등의 직을 역임하였고, 또 조선사회의 학문에 대한 방향을 제시하기도 하였다. 또 그는 시관을 맡아 많은 인재를 배출하였다. 비록 고려말 위화도회군 이후에

---

126)『高麗史』권46, 世家46 恭讓王의 해당연도 기사 참조.
127)『韓國歷代人物傳集成』1,「南在墓誌銘」.

는 정도전과 뜻을 같이 하여 정몽주와는 적대적인 관계가 되었지
만 그 전에는 그의 문하에도 출입하여 친분이 두터웠고, 이색에 대
하여는 은문으로서의 예를 다하였다.

11) 卞季良 (1369, 공민왕 18 ~ 1430 세종 12)

변계량은 資憲大夫·檢校判中樞院事를 지낸 玉蘭의 아들로 자
는 巨卿, 호는 春亭이고, 본관은 密陽이다.

14세가 되던 우왕 8년(1382) 이색의 문생인 李崇仁의 문하에서
진사시에 합격하고, 다음 해에 생원시에 합격하였으며, 우왕 11년
(1385)에는 廉國寶와 정몽주의 문하에서 과거에 급제하였다.128) 이
로써 典校注簿를 배수하였고, 이후 典校侍郎을 거쳐 공양왕 원년
(1389)에는 進德博士가 되었다.

조선이 건국되자 彰信校尉·千牛衛中郎將·典醫監丞을 제수
하였으나 병을 핑계로 나아가지 않았다. 태조 6년(1397)에 奉直
郎·校書監丞·知製敎를 배수하여 처음으로 관직에 나갔다.129)
다음 해에 司憲侍事가 되었으나 이 해에 형인 春堂公 仲良이 죽자
다시 벼슬에서 물러났다.

태종 원년(1401)에는 成均學正을 배수하고, 이후 司宰少監, 直藝
文館, 藝文應敎을 역임하고, 태종 6년(1406)에는 예문관 직제학이
되었다. 다음 해에 문신을 대상으로 親試를 행하였는데, 그는 여기

---

128) 『世宗實錄』 권48, 世宗 12년 4월 癸巳 卞季良 卒記.
129) 鄭陟이 撰한 그의 행장에서는 태조 5년에 관직에 나아갔다고 하고 있
　　 으나 『春堂先生續集』 年譜에는 태조 6년 여름에 관직을 배수한 것으
　　 로 기록되어 있다. 전후의 사실로 볼 때 연보의 기록이 정확한 것 으
　　 로 보인다.

서 을과 제1등 제1인으로 급제하여 田 20결과 本鄉奴婢 1구를 하사받았고, 예조참의로 승보하였다.130) 이 해 8월에는 권근의 건의로 3품 이하의 문신을 대상으로 仲月賦詩之法을 행하였는데, 여기서도 1등을 하여131) 이름을 떨쳤다.

태종 8년(1408) 정월에 성균대사성 柳伯淳과 함께 생원시의 시관이 되었으며, 10월에는 左衆議가 되어 侍講院 左補德을 겸하였고, 다음 달에는 吉昌君 권근과 더불어 臺諫職任事目을 제정하여 올렸다. 이후 藝文館提學, 同知春秋館事, 同知經筵事, 世子右副賓客, 檢校判漢城府事를 거쳤고, 태종 14년(1414)에는 監春秋館事 南在·예문관제학 金汝知와 더불어 會試의 고시관이 되어 趙瑞康 등 33명을 선발하였다.132) 이 동안에 그는 「健元陵碑陰記」,「圃隱鄭先生詩集序」,「光化門樓鍾銘」을 지었다.133)

태종 15년(1415) 정월에는 다시 예문관제학이 되었으며, 6월에는 「封事 6條」를 올려 時政의 방향을 제시하였고, 이어 학교교육의 獎勸과 史官揀選之法에 대한 건의를 올렸다. 다음 해에는 修文殿提學이 되어 親試文科를 주관하였으며, 태종 17년(1417) 2월에는 예조판서 孟思誠과 함께 생원시의 시관이 되어 權採 등 100명을 선발하였다.134) 또 3월에는 영의징 南在·예조판서 맹사성과 너불어 문과를 주관하였고,135) 다음 달에는 맹사성·趙末生과 함께 覆試의 독권관이 되어 韓惠 등 33명을 선발하였다.136) 이어 예문관대제학에 올라 성균대사성을 겸하였으며, 일내 又 예조판서가 되

---

130)『太宗實錄』권13, 太宗 7년 4월 丙午.
131)『太宗實錄』권14, 太宗 7년 8월 丙午.
132)『太宗實錄』권27, 太宗 14년 2월 庚午.
133)『春亭集』續集 권2, 年譜.
134)『太宗實錄』권33, 太宗 17년 2월 己巳.
135)『太宗實錄』권33, 太宗 17년 3월 壬寅.
136)『太宗實錄』권33, 太宗 17년 4월 甲子.

어 知經筵春秋館事를 겸하였다. 태종 18년(1418) 정월에는 進獻物目의 오차로 사헌부의 탄핵을 받아 파직되었으나 얼마 후 예문관 대제학 겸 우빈객으로 복직되었다.

세종 원년(1419) 2월에는 예조판서 許稠와 함께 성균관에서 생원시를 주관하였고, 다음 달에는 예문관 대제학 柳寬·예조판서 허조와 더불어 문과를 운영하여 曹尙伯·金叔滋 등 33명을 선발하였다. 김숙자는 吉再의 문하에서 수학한 제자로써 金宗直의 아버지이다. 이 해 9월에는 의정부참찬이 되어 예문관 대제학 柳寬과 함께 정도전이 찬한『고려사』를 개수하라는 명을 받았다.[137] 이 해에 그는 '公私田檢踏之制의 개혁', '寺社奴婢의 혁파'에 대한 건의를 상소로 올렸고, 왕명에 의하여 '對馬島主에게 유시하는 글'을 지었다.

세종 2년(1420) 윤 정월에는 허조·柳伯淳과 함께 생원시를 주관하였다. 다음 달에는 李原·허조와 더불어 문과 복시의 독권관이 되어 金汶 등 33명을 선발하였으며,[138] 또 集賢殿提調가 되었다. 세종 4년(1422)에 태종이 승하하자 殯殿都監提調가 되어 장례를 주관하였다. 세종 8년(1426)에는 判右軍都摠制府事에 올라 世子貳師를 겸하였고, 세종 12년(1430) 4월에 병으로 물러났다. 얼마 후 죽으니, 향년 62세였다. 조정에서는 米豆 30석을 내려 장례를 돕도록 하였고, 文肅이란 시호를 내렸다.

그는 이색의 문생인 이숭인의 문하에서 성균시에 합격하였고, 정몽주의 문하에서 과거에 급제하였다. 이로써 그는 이색·이숭인·정몽주의 문하에 출입하면서 많은 가르침을 받았다. 이것은 鄭陟이 지은 그의 행장에서

---

137)『世宗實錄』권5, 世宗 원년 9월 壬戌.
138)『世宗實錄』권7, 世宗 2년 3월 丙戌.

公은 어려서부터 총명하여 성리의 학문을 연마하였고, 날마다 圃
隱·牧隱·陶隱·陽村의 문하에 출입하면서 師友의 학문을 체득하
였고, 이후 20여년 동안 文衡을 맡으면서 사대교린의 문장은 모두 그
의 손에서 나왔는데, 明에서도 그 글을 보고는 칭송하였다.[139]

라고 하고 있는 것에서 알 수 있다.

그는 조선이 건국되자 한 때 벼슬을 버리고 한거하였다. 이것은
고려가 망하고 그의 은문인 이숭인과 정몽주가 수난을 당한 것에
대한 분노이기도 하였을 것이다. 그는 태조 6년부터 벼슬에 나아가
고 있지만 文翰으로 일관하였고, 또 여러 차례 과거의 고시관을 역
임하는 과정에서 수 많은 문생들을 배출시켰다. 길재의 제자 김숙
자도 그의 문하에서 배출되고 있다. 이로 볼 때 조선초기의 학맥형
성에 그가 크게 공헌하였음을 알 수 있다.

12) 孟思誠(1360, 공민왕 9 ~1438, 세종 20)

맹사성은 翰林御史를 지내고 벼슬에서 은퇴한 希道의 아들로
고려말 명신 崔瑩의 손녀 사위기 되기도 한다. 처음에 자를 誠之라
하였으나 후에 自明으로 고쳤고, 당시 사람들은 그의 인품을 받들
어 古佛이라 호칭하였다. 본관은 新昌이다.

일찌기 생원이 되었고, 우왕 11년(1385)을 진후한 시기에 성균관
에서 수학하였는데, 이때 교관은 대사성이 朴宜中이었고, 鄭摠과
閔霽가 司藝였으며, 權近은 直講으로 있었다.[140] 따라서 그는 이
들로부터 학문을 익혔고, 다음 해인 우왕 12년(1386)에 이색과 廉興

___

139) 『春亭集』 行狀.
140) 『高麗史』 권135, 列傳48 禑王 11년 9월.

邦의 문하에서 장원으로 급제하였다.[141] 이로써 春秋館檢閱을 배수하였고, 이후 典儀丞과 起居舍人을 역임하고, 공양왕 3년(1391)에는 獻納이 되었다. 이때 尹彝・李初의 옥사에 연계되어 유배를 당하였다.

조선이 건국된 후에는 예조・호조・공조・이조의 판서를 역임하고, 태종 17년(1417)에는 南在・卞季良과 더불어 고시관이 되어 과거를 주관하였다. 세종 9년(1427)에는 우의정을 배수하였고, 얼마 후 좌의정이 되었다.

세종 17년(1435)에 벼슬에서 물러났으며, 세종 20년(1438)에 죽으니, 향년 79세였다. 文貞이라 시호하였다.[142]

그는 박의중・권근의 문하에서 학문을 익혔고, 이색의 문하에도 출입하면서 학문을 더욱 정연시켜 나갔다. 그의 가문과 이색의 가문은 특별한 관계를 갖는다. 그의 아버지 希道는 河崙과 동년으로 공민왕 14년에 이색의 문하에서 급제하였으니, 그의 부자는 모두 이색의 문생이 된다. 또 그의 동생 思謙은 이색의 아들 種學의 문생이다. 이로써 두 가문의 친분은 각별하지 않을 수 없었다. 그는 청빈하여 조선시대 청백리의 표상으로 존경을 받았으며, 또 음률에도 뛰어난 재질이 있어 악기를 몸소 만들기도 하였으며, 특히 통소에 빼어났다.

13) 金汝知(1370, 공민왕 19 ∼ 1425, 세종 7)

김여지는 황해도 延安人으로 공민왕 때 諫官으로 이름을 떨친

---

141) 『高麗史』 권34, 志27 選擧1 科目1.
142) 『世宗實錄』 권83, 世宗 20년 10월 壬子.

濤의 아들이고, 정몽주의 문생인 自知는 그의 형이다. 자는 子行이다. 창왕 원년(1389) 9월에 판개성부사 柳源과 厚德府事 李種學의 문하에서 장원으로 합격하였다.[143] 이때 그의 나이 20세였다. 과거에 합격하자 司憲糾正을 제수받았다. 얼마 후 윤이·이초의 옥사가 일어나자 이에 연루되어 전라도에 유배되었으나 공양왕 2년(1390)에 右正言을 배수하여 소환되었다. 이때 왕이 正殿에서 그를 비롯하여 정몽주·正言 柳沂·掌令 崔咸과 더불어 이색의 죄를 의논하였는데, 정몽주가 "다만 穡이 節燥가 없을 뿐이요, 무슨 죄가 있겠습니까?"라고 하였다. 그러나 金湊를 비롯한 여러 郎舍들이 반대하였는데, 그 만이 홀로 정몽주의 의견을 따라 "臣도 또한 穡이 죄가 없다고 아룁니다"라고 하여 이색을 유배지에서 풀려 나오도록 하였다.[144]

다음 해 5월에 左正言으로 올랐는데, 이때 정몽주·이색과 뜻을 같이 하여 정도전을 탄핵하였고,[145] 이어 예조좌랑이 되었다가 鷄林府判官으로 출보하였다. 이때 이색의 아들인 그의 은문 種學이 이곳에 유배되었는데, 정도전이 孫興宗을 보내 곤장을 쳐 죽이려 하니, 그는 刑吏들에게 "법외의 형벌을 시행하지 못하도록 하라"는 명을 내려 종학을 구하였다.[146]

조선 건국 후 벼슬에 있었으나 정도전이 이전에 자기를 탄핵한 원한을 품고 그에게 "그때의 省郎들을 모두 파직하였는데, 그대만은 아직도 직임에 있구나"라고 하니, 그 날로 병을 핑계로 벼슬에서 물러났다.

정종이 즉위하자 獻納을 제수하여 다시 벼슬길에 나아갔다. 태

---

143) 『高麗史』 권73, 志27 選擧1 科目1 選場.
144) 『高麗史』 권117, 列傳30 鄭夢周.
145) 『世宗實錄』 권27, 世家 7년 정월 壬申 金汝知 卒記.
146) 『太祖實錄』 권1, 太祖 원년 8월 壬申.

종 2년(1402) 3월에는 간관으로 죄를 입어 순군옥에 갇혔고, 얼마 후 司憲掌令을 배수하였으나 이 해 11월에 趙英茂를 탄핵하여 다시 巡禁司에 구속되었다.147) 얼마 후 知鳳州事로 출보하였고, 태종 4년(1404)에는 藝文館直提學으로 소환되었으며, 이어 司憲執義가 되었으나 병으로 벼슬에서 물러났다. 태종 7년(1407)에는 判內瞻寺事를 배수하고, 이어 승정원 右代言으로 승진되었으며, 태종 9년(1409)에는 좌대언이 되었다. 이때 그는 왕에게

> 兵權을 분산하여 主掌하게 하는데, 항상 국가에서 이를 관장하는 것이 만세의 귀감입니다. 지금부터 銓選・儀仗・稟命・移文 등의 일은 병조로 하여금 맡게 하고, 나머지 軍機・侍衛・巡綽 등의 일은 의금부에 소속시키도록 할 것이며, 또 의흥부가 군사를 검열할 때는 병조로 하여금 이를 고찰하도록 하소서.148)

라는 건의를 올려 병권을 분산하도록 요구하였다. 태종 10년에는 영의정부사 하륜과 함께 무과 終場의 시험을 주관하였고, 또 武經七書를 講하였다.149) 이 해 6월에는 楮幣의 사용을 건의하였고, 10월에는 知申事를 배수하였다. 태종 11년(1411) 3월에는 성균대사성 權遇와 함께 성균시를 주관하여 權克和 등 100여명을 선발하였고, 이때 왕은 그의 노모를 위하여 榮親宴을 베풀도록 명하고 있다.150)

태종 13년(1413)에 公州人 李密沖이 전조 왕씨의 후손을 숨겨 기르고 있었는데, 그는 이를 알고도 즉시 조정에 고하지 않았다는 탄핵을 받아 파직당하였다. 그러나 얼마 후 다시 복직되었고, 태종 14년(1414) 정월에는 예문관제학을 배수하였으며, 이 해 2월에는

---

147) 『太宗實錄』 권6, 太宗 3년 11월 乙亥.
148) 『太宗實錄』 권18, 太宗 9년 9월 丁卯.
149) 『太宗實錄』 권19, 太宗 10년 3월 壬辰.
150) 『太宗實錄』 권21, 太宗 11년 3월 丁卯.

감춘추관사 南在·동지춘추관사 卞季良 등과 더불어 會試를 주관하여 新生員 趙瑞康 등 33명을 선발하였다. 이때 태종은

> 權蹈·成槪·李賀·李隨는 모두 朝士인데도 이들 중에 아무도 합격한 사람이 없으니, 가히 시험을 관장한 공정성을 알겠도다.[151]

라고 하여 치하하고 있다. 이 해 4월에는 加定提調를 겸하였고, 얼마후 충청도 관찰사로 출보하였다.

　태종 16년(1416)에는 사헌부 대사헌으로 올랐고, 다음 해 3월에는 노모의 병이 깊어 벼슬에서 물러날 것을 청하였으나 왕은 이를 불허하고 특별히 약을 내려주있다. 이 해 6월에는 공조판서를 배수하였고, 이어 예조판서가 되었다. 이때를 즈음하여 그는 趙庸·卓愼과 더불어 書筵의 賓官으로 있었는데, 왕은 이들의 학덕을 크게 기려

> 이들은 참으로 학덕을 갖춘 사람들이다. 이들을 버리고는 다시 달리 사부를 구할 수는 없다. 중국에서 구한다면 혹 있을지 알 수 없지만 본국에서 구한다면 다시 얻을 수가 없을 것이다.[152]

라는 칭송을 하고 있다. 태종 18년(1418) 6월에는 판한성부사가 되었다.

　세종이 즉위하자 請承襲奏聞使가 되었으며,[153] 얼마 후 형조판서를 배수하였고, 이 해 10월에는 賀正使가 되어 명에 갔다. 세종 4년(1422)에는 다시 예조판서가 되었고, 다음 해에는 의정부참찬으로 올랐다. 얼마 후 병으로 벼슬에서 물러났으며, 세종 7년(1425)

---

151)『太宗實錄』권27, 太宗 14년 2월 庚午.
152)『太宗實錄』권35, 太宗 18년 5월 壬申.
153)『世宗實錄』권1, 世宗 즉위년 8월 庚寅.

정월에 죽으니, 향년 56세였다. 文翼이란 시호를 내렸다.

그는 죽음에 즈음하여 아들과 사위에게 교훈의 글(戒子壻書)를 지어 내렸는데, 그 내용은 다음과 같다.

> 사람은 비록 지극히 어리석더라도 남을 책하는 것에는 밝은 법이니, 하물며 장차 죽으려 할 때에는 그 말이 착할 것은 가히 짐작하여 알 것이다. 내가 일찍이 어버이를 여의고 가히 본받을 말을 알지 못하여 남에게 업신여김을 받을 만한 행동이 많았으니, 이제 뉘우친들 어찌 미치겠는가? 너희들은 이를 경계하고 나를 거울로 삼아 임금에게 충성하고, 어버이를 잘 섬기며, 친척과 화목하고, 벗과 믿음 있게 하되 몸을 닦는 것을 습관이 되도록 힘쓰며, 항상『小學』한 부를 마음 속 깊이 새기고 잃지 말 것이며, 무릇 喪葬에 있어서는 한결같이 家禮를 따르고, 佛事를 행하지 말아라.[154]

그는 일찍부터 이색과 정몽주의 문하에 출입하면서 학문을 연마하였다. 그의 가문과 이색의 가문은 특별한 관계를 갖는다. 그의 아버지 濤는 이색의 문생이었고, 그는 이색의 아들인 종학의 문생이었다. 이로써 그는 고려말에 이색이 유배되었을 때 정몽주와 더불어 그의 석방을 주도하였고, 또 종학이 유배되어 정도전의 사주를 받은 손흥종에게 장살을 당할 위험에 처했을 때 이를 구원하기도 하였다.

2. 교관 역임자

태조의 유학이념과 교육장려 정책으로 이후 조선사회는 한양에서 성균관의 건립을 보게 되고, 이와 병행하여 새로운 교육전통을 확립하기 위한 다양한 정책이 행해지게 된다.

---

154)『世宗實錄』권27, 世宗 7년 정월 金汝知 卒記.

이 중에서 가장 중요한 것은 교관의 임용이었다. 당시 교관은 태조의 유학이념을 실현할 수 있는 사람으로 임용되었다. 특히 성균관 교육은 새 왕조의 인적자원의 배양이란 점에서 건국 초부터 관심의 대상이 되어 왔다. 따라서 당시 성균관 교관을 맡았던 사람들은 당대의 석학들로 충원되었고, 특히 성균관 교육의 책임자인 대사성은 이러한 태조의 정치적 이념을 실현시킬 수 있는 사람으로써 임용되었다.

이 시기에 대사성을 역임한 사람들은 당대를 대표할 수 있는 석학들로써, 이들은 대사성의 직을 맡으면서 수많은 인재를 배출하여 조선사회의 학문 개창에 선도적인 역할을 하게 된다. 조선이 건국된 이후부터 태종 말년까지 대사성을 맡았던 사람들을 살펴보면 <표 4-2>와 같이 정리할 수 있다.

앞의 사람들 외에도 대사성을 역임한 사람은 많았을 것이다. 그러나 고려시대에 출신한 사람들 중에서 이 시기에 대사성을 역임한 사람은 <표 4-2>의 인물들이 대표적이다. 본 항에서는 조선시대의 과거에 합격하여 대사성을 역임한 사람은 제외하였다. 표에 열거한 19명 중에서 유경·유관·김약항·이백유·이첨·권근·장덕량 등 7명은 이색의 문생이며, 함부림·박신·이맹균·변계량·권우 등 5명은 정몽주의 문생이다. 이들 중에서 이맹균은 이색의 손자이기도 하다. 나머지 사람들도 거의 모두가 이색과 정몽주의 문하에서 가르침을 받았던 문도이다. 이와 같이 볼 때 조선초기의 학문은 이색과 정몽주의 문생 및 문도들에 의하여 주도되고 있음을 알 수 있다.

위의 사람들 중에서 권근·이첨·변계량·鄭擢은 조선초기에 考試官도 맡아 많은 인재를 선발하였다. 이들의 행장은 전 항인 「고시관 역임사」에서 이미 살펴보았다.

<표 4-2> 조선초기 대사성 역임자

이 름	부임시기	전 거	비 고
劉 敬	태조 원년	『太祖實錄』 권2, 太祖 원년 12월 壬寅	이색의 문생
柳 寬	태조 3년	『世宗實錄』 권60, 世宗 15년 5월 己未 卒記	이색의문생
金若恒	태조 4년	『太祖實錄』 권12, 太祖 6년 11월 戊寅	이색의 문생
鄭 擢	태조 4년	『世宗實錄』 권22, 世宗 5년 10월 戊辰 卒記	이종선과 동년
咸傅霖	태조 5년	『太祖實錄』 권9, 太祖 5년 3월 癸酉	정몽주의 문생
李伯由	태조 5년	『全州李氏族譜』 上	이색의문생
卞仲良	태조 7년	『太祖實錄』 권13, 太祖 7년 정월 辛未	변계량의 형
朴 信	태조 7년	『世宗實錄』 권106, 世宗 26년 윤 7월 戊子 卒記	정몽주의 문생
趙 庸	정종 2년	『定宗實錄』 권5, 定宗 2년 9월 庚辰	조준과 동년
李 詹	정종 2년	『雙梅堂集』 卷首 年譜	이색의 문생
權 近	태종 즉위년	『太宗實錄』 권17, 太宗 9년 2월 卒記	이색의 문생
張德良	태종 2년	『太宗實錄』 권4, 太宗 2년 7월 癸卯	이색의 문생
鄭以吾	태종 3년	『太宗實錄』 권9, 太宗 5년 3월 丁巳	조준과 동년
柳伯淳	태종 6년	『太宗實錄』 권12, 太宗 6년 11월 己巳	이종학과 동년
崔 咸	태종 9년	『太宗實錄』 권18, 太宗 9년 7월 辛卯	이종학과 동년
權 遇	태종 9년	『國朝人物考』 上, 權遇行狀	정몽주의 문생
李孟畇	태종 13년	『世宗實錄』 권90, 世宗 22년 9월 庚子 卒記	정몽주의 문생
尹會宗	태종 16년	『太宗實錄』 권32, 太宗 16년 8월 庚午	윤소종의 동생
卞季良	태종 17년	『春堂先生文集』 年譜	정몽주의 문생

본 항에서는 이들을 제외한 나머지 사람들의 행장을 조명하면서 조선초기 학맥의 형성 과정을 살펴보고자 한다.

1) 劉 敬 (? ~ 1421, 세종 3)

유경은 江陵府 羽溪縣人으로 아버지는 天鳳이며, 할아버지는 松栢이다. 처음에는 이름을 敬이라 하였으나 후에 敞으로 고쳤다. 자는 孟儀, 호는 仙庵이다.

공민왕 20년(1371) 이색과 田祿生의 문하에서 과거에 급제하고, 成均學諭에 보임되었다. 이어 蔘職을 제수받았으나 당시 성균관 교관들이 그의 재능을 높이 평가하여 조정에 청하여 諄諭博士를 겸하게 하였다. 이후 門下注書가 되었고, 이 동안에 이성계와 친교를 맺어 서로 학문을 토론하기도 하였다

우왕 원년(1375)에는 通禮門祗侯를 배수하였고, 이어 典工佐郎, 禮儀正郎, 軍簿正郎을 역임하고, 공양왕 원년(1389)에 成均司藝가 되었으며, 이어 戶曹議郎을 거쳐 공양왕 3년(1391)에는 成均祭酒가 되었다.

다음 해에 조선이 건국되자 개국공신 2등으로 책록되고, 성균대사성이 되었다. 이로써 그는 조선 건국 후 최초로 대사성의 직을 맡게 된디. 얼마 후 左散騎常侍가 되었다가 태조 2년(1393)에는 左副承旨가 되고, 이후 僉議中樞院事와 예문관대제학을 거쳐 태종 때는 참찬의정부사가 되었고, 후에 玉川府院君에 봉작되었다. 세종 3년(1421)에 죽으니, 文禧라 시호하였다.[155]

그는 조선시대에 최초의 대사성으로 조선의 학맥을 치음으로 개창하였다. 그는 공민왕 17년에 이색이 대사성으로 있을 때 수학하였고, 3년 후에는 그의 문하에서 과거에 합격하였다.

이색은 그의 字 孟儀에 대한 說도 지어 주었는데, 여기서 그의

---

155) 『世宗實錄』 권14, 世宗 3년 12월 戊戌 劉敬 卒記.

수학시절을 다음과 같이 회상하고 있다.

> 至正 戊申年(공민왕 17, 1368)에 내가 대사성이 되었는데, 생도가 몹시 많아 五經으로 나누어 공부하게 하였다. 『書經』을 공부하는 사람이 80여명이 되었는데, 그 중에서 劉敬의 행동이 빼어났다. 그는 학업을 마친 뒤에도 단정히 앉아서 글읽기를 쉬지 않았다. 그는 '勅天之命 惟時惟幾'라는 여덟 글자를 조용히 반복해서 외우는데, 그 소리가 길게 나고 혹은 높기도 하고 혹은 낮기도 했다. 함께 글 읽는 친구들이 손가락질하고 웃었으나 그는 조금도 개의하지 않았다. 그의 마음이 專一하다는 것을 알 수가 있다. 이렇게 하기를 오래 하자 성균관에서 같이 공부하는 동료들이 모두 감복하였다. … 그는 과거에 합격되자 학관에 보직되었는데, 얼마 후 祭職을 제수받아 떠나게 되었다. 그러나 성균관의 여러 교관들이 조정에 청해서 그로 하여금 諄諭博士를 겸하게 한지 이제 5년이 되었다.[156]

그의 관직생활은 교관으로 출발하고 있다. 고려시대에는 공민왕 20년(1371)에 성균학유를 배수한 것을 비롯하여 순유박사, 성균사예, 성균좨주를 역임하였고, 조선이 개국되자 성균대사성을 배수하고 있다.

공민왕 20년은 이색이 주관이 되어 교육중흥이 활발하게 일어나고 있었던 시기이다. 이때는 金九容 · 朴宜中 · 정몽주 · 李崇仁 등이 교관으로 활동하던 시기이며, 그는 이들의 문하에서 수학도 하였고, 또 교관으로 같이 활약하기도 하면서 그의 학문을 크게 정연시켜 나갔다.

고려말에 그의 관직이 거의 모든 교관직을 거치고 있음은 그의 학문적 능력이 빼어났음을 말해주고 있고, 또 조선이 건국되자 최초로 대사성을 배수한 것도 이러한 그의 학문적 능력이 높이 평가되었기 때문이다.

---

156) 『牧隱文藁』 권10, 「孟儀說」.

2) 柳 寬(1346, 충목왕 2~1433, 세종 15)

유관은 황해도 文化縣人으로 政堂文學 公權의 7세손이다. 할아버지는 平理를 지낸 湜(혹은 諟)이고, 아버지는 宅澤이다. 처음에는 이름을 觀이라 하고, 자를 夢恩이라 하였으나 후에 이름을 寬이라 하고, 자도 敬夫라 고쳤다.

공민왕 20년(1371) 이색과 田綠生의 문하에서 급제하고, 이후 典理正郞과 典校副令을 역임하였으며, 이어 鳳山郡守로 나갔다. 우왕 때에는 成均司藝가 되었다가 이후 內史舍人을 제수받았고, 공양왕 때에는 司憲中丞이 되었다. 조선이 건국되자 태조로부터 原從功臣의 녹권을 하사받았다.

태조 3년(1394)에는 劉敬에 이어 성균대사성에 올라 교육에 전념하였다. 이후 左散騎를 거쳐 형조와 이조의 典書를 역임하였고, 또 강원도와 전라도의 관찰사를 거쳐 鷄林府尹을 배수하였다. 다시 조정에 들어와 예문관 대제학, 형조판서, 대사헌을 역임하였고, 이후 의정부의 참찬과 찬성을 거쳐 세종 6년(1424)에는 우의정에 올랐다.

세종 15년(1433) 5월에 죽으니, 향년 88세였다. 文簡이라 시호하였다.157)

그는 이색과 전녹생의 문하에서 학문을 정연시켜 경사에 통달히였고, 武經에도 박통하였다. 특히 불교를 배척하여 죽을 때를 즈음하여서는 자식들을 불러

　　내가 숙거든 불사로 장례를 치르지 말고 오로지 '朱文公家禮'에 따라 행하라.158)

---

157) 『世宗實錄』 권60, 世宗 15년 5월 己未.

는 유언을 남겼다. 청빈하여 검소하게 생활하였으며, 당시 사회에서 크게 존경을 받았다. 고려말에도 成均司藝의 직에 있으면서 교육에 전념하였으며, 조선 건국 후에는 劉敬에 이어 성균대사성이 되어 성균관 교육의 책임을 맡아 당시 학문발전에 크게 기여하였다.

3) 金若恒 (? ～ 1397, 태조 6)

김약항은 光城君 鼎의 아들로 자는 久卿이고, 호는 惕若齋, 본관은 光山이다.

공민왕 20년(1371) 이색과 田祿生의 문하에서 과거에 합격하여 다음해에 典校注簿를 배수하고, 이후 여러 관직을 거쳐 공양왕 2년(1390)에는 司憲掌令이 되었다. 이때 그를 비롯한 臺諫들이 왕에게 시정의 득실에 대한 諫言을 올렸는데 받아들여지지 않자 모두 사직을 하게 된다. 이로써 그는 知谷州郡事로 출보하였고, 이어 강원도 廉問計默使가 되었다. 얼마 후 禮儀摠郎을 배수하였으며, 공양왕 4년(1392) 4월에는 司憲執義가 되었다.159)

조선이 건국되자 右諫議大夫를 배수하였고, 태조 4년(1395)에는 성균대사성이 되었다. 다음 해에는 判典校寺事가 되었는데, 이때 明에 올리는 表箋이 문제가 되어 정당문학 鄭摠과 더불어 명에 가게 된다. 태조는 길을 떠나는 그에게 中樞院學士의 직을 내렸다. 명에서는 表箋의 내용과 형식을 문제삼아 이들에게 형벌을 가하고 고문을 하였으나 그는 의리를 지켜 끝까지 굴하지 않고 당당하게 해명하였다. 이로써 조선에 대한 명의 오해는 풀렸으나 그는 雲南

---

158)『世宗實錄』권60, 世宗 15년 5월 己未.
159)『高麗史』권45, 世家45 및 권46, 世家46 恭讓王 해당연도 기사 참조.

省에 유배되어 그곳에서 죽었다. 태종 즉위년(1400)에 吉昌君 權近의 상소로 그에게 의정부찬성사를 추증하였고, 光山君에 봉작하였다.[160] 文溫이란 시호를 내렸다.[161]

그는 3형제 중에서 2남이었는데, 형인 若采는 그와 더불어 공민왕 20년에 이색의 문하에서 과거에 급제하였고, 그의 동생 若時는 우왕 9년(1383)에 이색의 門人 禹玄寶의 문하에서 급제하였다.

이로써 이들 형제는 이색을 은문으로 대하여 항상 존경하였고, 그의 문하에서 많은 가르침을 받았다. 특히 그와 형인 약채는 공민왕 20년의 과거에 합격하였고, 그 이전에는 성균관에서 이색과 정몽주에게 직접 교육을 받았다. 공민왕 17년을 전후한 시기는 이색이 성균대사성을 겸하여 정몽주·金九容·李崇仁 등과 더불어 교육중흥에 힘쓰던 시기였다.

4) 咸傅霖 (1360, 공민왕 9 ~ 1410, 태종 10)

함부림은 檢校中樞院學士를 지낸 承慶의 아들로 처음에는 이름을 希顏이라 하였다가 후에 傅霖으로 개명하였다. 자는 潤物, 호는 蘭溪이며, 본관은 江陵이다.

우왕 11년(1385) 4월에 瑞城君 廉國寶와 정당문학 정몽주의 문하에서 과거에 급제하여 藝文館檢閱을 배수하였다. 이후 左正言을 거쳐 공양왕이 즉위하자 右獻納이 되었고, 이어 知春秋館事를 거쳐 형조정랑에 올랐다. 이때 重房의 장수들이 勢를 얻어 군림하였으나 조금도 이에 부화하지 않으니 이로써 벼슬을 잃었다. 그러나

---

160) 『太祖實錄』 권12, 太祖 6년 11월 戊寅.
161) 『太祖實錄』 권12, 太祖 6년 11월 戊寅.

632 제4편 조선초기 성리학의 보급과 학맥

공양왕 4년(1392) 이성계가 정권을 잡자 병조정랑을 제수받아 도평의사사를 겸하였고, 이후 經歷司 都事가 되었다.

조선이 건국되자 예조정랑을 배수하고 翊戴開國功臣 3등에 책록되었다. 얼마 후 左散騎常侍가 되어 尙書少尹을 겸하였으며, 태조 5년(1396)에는 鄭擢을 이어 대사성이 되었고, 이 해에 成均試官이 되어 인재를 선발하였다. 태종 3년(1403)에는 僉知議政府事가 되어 東原君에 봉작되었으며, 다음 해에 대사헌이 되었다. 태종 8년(1408)에는 형조판서가 되었으나 얼마 후 병으로 벼슬에서 물러났으며, 태종 10년(1410)에 죽으니, 향년 51세였다. 定平이라 시호하였다.

그는 강직하고 지조가 있었으며, 조정에 나아가서는 구애를 받지 않고 直言하였다.[162] 그는 우왕 7년을 전후한 시기에 성균관에서 이색의 문생인 권근으로부터 수학하였고, 과거에 합격하자 염국보와 정몽주의 문하에 출입하면서 학문을 정연시켰다.

권근은 그의 빼어난 총명을 지극히 사랑하였다. 함부림이 관찰사로 외지에 나갈 때 권근은 시를 지어 전송하면서 그의 수학시절을 다음과 같이 회상하고 있다.

그대는 가장 나이 어린 소년이었다.
옛날(우왕 6년~우왕 9년 : 필자주) 내가 선비들을 가르칠 때에
총명은 그대의 타고난 품성이었고
經術은 바로 家學을 계승한 것이었도다.
강개한 회포는 언제나 격동하였고
그 정미한 이치는 지극히 온전하였도다.
학행이 아울러 진보되었고
재주와 학식이 함께 겸전하였도다.[163]

---

162) 『太宗實錄』 권20, 太宗 10년 12월 丙子 咸傅霖 卒記.
163) 『陽村集』 권8, 「送咸觀察使傅霖」.

5) 李伯由 (1352, 공민왕 원년 ~ 1399, 정종 원년)

이백유는 嘉善大夫·檢校中樞院使를 지낸 蒙의 아들로 처음에는 이름을 才라 하였으나 이후 백유로 고쳤다. 본관은 全州이다. 충숙왕 7년 李齊賢과 朴孝修의 문하에서 장원으로 급제하고, 이후 直提學을 지낸 崔龍甲은 그의 외조가 된다.[164] 그는 일찍부터 외조의 문하에서 학문을 익혔고, 공민왕 17년을 전후한 시기에는 성균관에 입학하여 이색과 정몽주의 문하에서 학문을 익혔다. 공민왕 20년(1371)에 이색과 田祿生의 문하에서 과거에 급제하였다.[165] 공양왕 원년(1389) 7월에 右常侍를 배수하였고,[166] 공양왕 4년(1392)에는 예조판서가 되었다.

조선이 건국되자 개국공신에 책록되고 完城府院君의 봉작을 받았다.[167] 태조 5년(1396)을 전후한 시기에는 성균대사성을 역임하였고, 태조 7년(1398)에 제1차 왕자의 난이 일어나자 鄭道傳의 일파로 지목되어 유배되었다. 다음 해에 죽으니, 향년 48세였다. 良厚란 시호를 내렸다.

6) 卞仲良 (? ~ 1398, 태조 7)

변중량은 密陽人으로 호는 春堂이니. 아버지는 이조판서를 지낸 玉蘭이며, 조선초기에 文名을 떨친 季良은 그의 동생이다.

고려말에 과거에 합격하여 이성계의 이복형인 李元桂의 사위가

---

164) 『全州李氏族譜』 上.
165) 『騎牛集』 補遺 榜目.
166) 『高麗史』 권45, 世家45 恭讓王 원년 7월.
167) 『太祖實錄』 권1, 太祖 원년 8월 己巳.

되었고, 密直使를 지냈다. 공양왕 4년(1392)에 이성계의 무리들이 정몽주를 제거하려는 기밀를 알고 이를 정몽주에게 알려 대비하도록 하였다.168) 그는 평소에 이성계의 독주를 미워하여 공양왕의 사위인 益州君 王緝과 同庚契를 만들어 우의를 다지면서 이들을 견제하고자 하였다.169)

조선이 건국되자 殿中卿이 되었다. 그는 태조 2년(1393)에 趙浚·鄭道傳·南誾 등이 정권과 병권을 장악하고 있는 것에 대하여 부당하다는 견해를 밝힌 바 있는데, 이로써 이 해 11월에 巡軍獄에 갇히게 되고, 寧海에 유배되었다.170)

유배지에서 그는 동생인 계량에게 다음과 같은 시를 보내어 마음을 달래고 있다.

海郡驚時變	바닷가 고을에서 철이 변하니 놀라고
無端涕在衫	까닭 없이 눈물이 적삼을 적시네.
江雲白勝雪	강가의 구름은 눈보다 더 흰데
春水碧於藍	봄의 물은 쪽빛보다 더 푸르구나.
歸夢萱堂北	돌아가고픈 마음은 萱堂의 북쪽인데
孤蹤竹嶺南	외로운 이 몸은 죽령의 남쪽에 있네.
監丞安穩未	監丞은 편안한지 모르겠네.
相憶正難堪	보고싶은 마음 견딜 수 없네.171)

태조 6년(1397)을 전후한 시기에는 성균대사성으로 있었고, 태조 7년 7월에는 右副承旨가 되었다. 이때 그는 왕권을 부지하기 위하여 芳遠일파를 제거하려 하였으나 오히려 이들의 기습을 받아 죽음을 당하였다.

---

168) 『高麗史節要』 권33, 恭讓王 4년 3월.
169) 『太祖實錄』 권1, 總書.
170) 『太祖實錄』 권6, 太祖 2년 11월 丁巳.
171) 『東文選』 권10, 憶弟.

7) 朴 信 (1362, 공민왕 11 ～ 1444, 세종 26)

박신은 判漢城府事를 지낸 之誼의 아들로 자는 四謙, 호를 樗軒이라 하였으나[172] 후에 자를 敬夫라 고쳤다.[173] 본관은 雲峯이다. 그의 아버지 지의는 일찍이 이색과 교분이 두터웠고, 그도 이색의 문하에서 가르침을 받았다.

우왕 11년(1385) 瑞城君 염국보와 정당문학 정몽주의 문하에서 과거에 급제하였다. 이후 司憲府糾正을 지내고, 中郎將을 거쳐 고려말에는 예조와 형조의 正郎을 지냈다.

조선이 건국되자 原從功臣의 칭호를 받았으며, 이후 奉尙少卿을 거쳐 監門衛大將軍에 올라 司憲中丞을 겸하였고, 이어 左散騎常侍를 거쳐, 태조 말년에는 성균대사성이 되었다.[174] 정종 원년(1399)에는 刑曹典書로 승진하였고, 태종이 즉위하자 承樞府 左副承旨에 임용되었으며, 태종 원년(1401)에는 右代言을 배수하였다. 다음 해에는 사헌부 대사헌이 되었다가 태종 3년(1403)에는 判廣州牧事로 출보하였다.

태종 4년에는 개성유후와 한성부윤을 역임하였고, 이 해 11월에는 僉知議政府事가 되어 명에 가서 幣帛과 藥材를 내려 준 것에 대하여 사례하였다.[175] 다음 해에는 다시 대사헌이 되었는데, 이때 崔永奇의 죄를 논하는 어사가 잘못되었다는 사간원의 탄핵을 받아 牙州縣으로 유배되었으나 이듬 해에 풀려나와 東北面 都巡問察理使를 배수하였다.[176] 이때 그는 慶城과 慶源에 野人들을 위한 무

---

172) 『雲峯朴氏族譜』 권1.
173) 『世宗實錄』 권105, 世宗 26년 閏 7월 戊子 朴信 卒記.
174) 『世宗實錄』 권105, 世宗 26년 閏 7월 戊子 朴信 卒記.
175) 『太宗實錄』 권8, 太宗 4년 11월 癸巳.

역소를 설치하여 互市하도록 하자는 건의를 올려 수용되었다.

태종 7년(1407)에는 僉知議政府事가 되었고, 이 해 9월에는 세자가 명에 입조하게 되자 요동까지 호종하였으며, 이 해 12월에는 공조판서가 되었다. 다음 해에는 어머니의 상을 당하였으나 起復이 되어 西北面 都巡問察理使 겸 평양부윤이 되었고, 태종 9년(1409)에도 부친의 상을 당하였으나 역시 기복되어 知議政府事를 배수하였다. 태종 14년(1414)에 호조판서가 되었고, 이후 병조판서를 거쳐 태종 16년(1416)에는 議政府贊成事가 되었다.

세종이 즉위하자 封崇都監의 提調를 겸하였고, 얼마 후 奏聞使가 되어 명에 가서 세종의 즉위를 알렸다.[177] 세종 원년(1419)에는 태종의 딸을 아들 從愚의 부인으로 맞았으며, 이어 이조판서를 배수하여 繕工監提調를 겸하였다. 이때 선공감 관리의 부정사건이 묘정의 쟁론으로 대두되었고, 이로써 사헌부의 탄핵을 받아 通津縣에 유배되었다가 세종 14년(1432)에 소환되었다.

세종 23년(1441)에는 고려 孝思觀의 제도를 모방하여 태조의 原從功臣을 致祭하는 別殿을 건립하도록 건의하였으나 수용되지 못하였다. 세종 26년(1444)에 죽으니, 향년 83세였다. 惠肅이란 시호를 내렸다.

8) 趙　庸 (? ～ 1424, 세종 6)

조용은 眞寶人으로 처음에는 이름을 仲傑이라 하였으나 후에 庸으로 개명하였다. 공민왕 23년(1374)에 政堂文學 李茂芳과 密直

---

176) 『太宗實錄』 권11, 太宗 6년 3월 壬寅.
177) 『世宗實錄』 권1, 世宗 즉위년 9월 戊申.

副使 廉興邦의 문하에서 과거에 급제하였다.[178]

과거에 합격하자 典校注簿를 배수하였고, 이후 三司都使를 거쳐 雞林府判官으로 출보하였다. 이때 權豪들이 권력을 믿고 官物을 마음대로 하여 재정이 고갈되었는데, 그가 부임하자 이들 권호들을 구속하여 관기를 바로잡았다. 공양왕 원년(1389)에 典農寺丞이 되었으며, 다음 해에는 司憲持平이 되었다. 이때를 전후하여 書筵의 侍學을 겸하였다.[179] 공양왕 4년(1392)에는 成均司藝가 되었으며, 얼마 후 禮曹摠郎을 배수하였다.

조선이 건국되자 成均祭酒가 되어 교육에 전념하다가 얼마 후 병을 이유로 벼슬에서 물러나 甫州에 은거하여 자제들을 가르치면서 살았다. 태조 7년(1398) 7월에 諫議大夫로 소환되었고,[180] 이 해 12월에는 左政丞 趙浚·대사헌 趙璞·정당문학 河崙과 더불어 『四書切要』를 撰進하였다. 정종 2년(1400)에는 성균대사성이 되어 교육의 책임을 맡았다.[181] 이때 李詹도 겸대사성의 직을 맡고 있었다.

태종 원년(1401)에는 經筵 侍講官이 되었으며, 다음 해 7월에는 右司諫大夫에 올랐고, 12월에 刑曹典書가 되었다. 태종 3년(1403) 12월에는 성균생원 60어명의 청원을 받아들어 그를 檢校漢城尹으로 성균대사성을 겸하게 하였다.[182] 다음 해에는 世子賓客을 겸하

---

178) 『科擧事蹟』에서는 그의 이류이 누락되어 있으나 『太宗實錄』 권24, 太宗 6년 6월 卒記에서는 과거 합격연대를 甲寅年이라 하고 있다. 이 해는 공민왕 23년이다. 『定宗實錄』 권5, 定宗 2년 9월 庚辰의 기사에서는 趙浚의 문생이라고 하고 있는데, 조준이 과거를 관장한 것은 恭讓王 2년에 동지공거로 있을 때가 처음이다. 따라서 이것은 믿을 수가 없다. 필자는 『태종실록』의 기사를 따랐다.
179) 『高麗史』 권45, 世家45 恭讓王 해당연두 기사 참조
180) 『太祖實錄』 권14, 太祖 7년 7월 辛巳.
181) 『定宗實錄』 권5, 定宗 2년 9월 庚辰.

였고, 태종 9년(1409)에는 경연관이 되었다. 태종 10년(1410)에는 檢校漢城府事로서 세자빈객을 겸하고 있었는데, 이때 權近이

> 趙庸은 학술이 정미하고 才德을 갖추어 일시의 학자들이 모두 숭앙하고 있으니, 성균대사성을 겸하도록 하소서.[183]

라는 청을 올려 수용되었다.

이 해 7월에는 하륜·卞季良·卓愼과 더불어 白日場을 주관하였는데, 조선시대에 있어 백일장은 이때 처음 시작되었다. 태종 14년(1414)에는 예문관 대제학이 되었고, 다음 해 정월에는 聖節使가 되어 명에 다녀왔으며, 12월에는 예조판서가 되었다. 태종 18년(1418) 정월에는 右軍都摠制가 되었고, 4월에는 다시 예문관 대제학·세자좌빈객으로서 行成均大司成을 겸하였다.

세종 3년(1421)에는 檢校議政府贊成事로 있었는데, 이때 왕은 그에게 田 30결과 米豆 20석을 내렸다.『세종실록』에서는 이때의 사실을 다음과 같이 기록하고 있다.

> 庸은 학문이 精博하고 덕행이 있어 당시 학자들은 儒宗으로 받들었다. 집이 가난하여 능히 생활할 수 없었음으로 왕은 이를 안타깝게 생각하여 米豆를 내리고, 아들 聃에게는 義盈庫使를 제수하였다.[184]

세종 6년(1424)에 죽으니, 文貞이란 시호를 내렸다.

그는 공민왕 20년을 전후한 시기에 성균관에서 수학하였는데, 이때 이색과 정몽주는 성균관 교관으로 있었다. 과거에 합격한 후에는 이무방과 염흥방의 문하에 출입하면서 학문을 정연시켰다.

---

182)『太宗實錄』권6, 太宗 3년 12월 壬申.
183)『太宗實錄』권19, 太宗 10년 4월 甲辰.
184)『世宗實錄』권13, 世宗 3년 8월 戊申.

그는 어릴 때부터 학문이 빼어나 이후 성리학에 달통하였고, 죽을
때는 자식들을 불러 巫覡과 佛事를 멀리하도록 유언하였다. 당시
儒宗으로 존경을 받았고 성균관 교관, 특히 대사성을 오랫동안 역
임하여 수 많은 제자들을 배출시켰다.185)

9) 鄭以吾 (1350, 충정왕 2 ~1434, 세종 16)186)

정이오는 贊成을 지낸 臣重의 아들로 자는 粹可, 호는 郊隱, 본
관은 晋州이다.

공민왕 23년(1374)에 李茂芳과 廉興邦의 문하에서 급제하였다.
우왕 2년(1376)에는 藝文檢閱을 배수하였고, 다음 해 三司都事가
되었다. 이후 工部와 禮部의 正郎과 典校副令을 거쳤다.

조선이 건국되자 태조 2년(1393)에 晋州의 장관으로 출보하였고,
태조 7년(1398)에는 奉常寺小卿이 되었으며, 정종 2년(1400)에는 成
均樂正을 배수하였다. 이때 정종은 芳遠을 세자로 책봉하였는데,
왕과 세자가 접견할 때는 군사를 도열하고 서로 경계하였다. 이에
그는 "왕과 세자는 부자지간인데, 어떻게 부자가 만날 때 군사를
풀어 경계할 수 있는가"라고 하여 그 부당성을 극간하였는데, 이로
써 그는 국문을 당하게 된다.

태종이 즉위하자 兵曹議郎을 배수하였고, 이어 校書監과 예문관
의 提學을 거쳐 성균사성에 이르렀고, 태종 3년(1403)에는 성균대

---

185) 『世宗實錄』 권24, 世宗 6년 6월 庚午 趙庸 卒記.
186) 『韓國人名人辭典』에는 그의 출생연도를 1354년(恭愍王 3)으로 표기
    하고 있으나 『科擧事蹟』에는 그가 과거에 합격하였을 때(1374)의 나
    이를 25세로 표기하고 있다. 이에 의하면 그의 출생연도는 1350년(忠
    定王 2)이 된다.

사성이 되었다. 태종 5년(1405)에 工曹右叅議를 배수하였고, 이후 禮曹右叅議를 거쳐 태종 7년(1407)에는 恭安府尹에 올랐다. 태종 10년(1410)에『태조실록』의 수찬에 참여하였고, 다음 해에는 檢校 判漢城府事를 배수하였으며, 태종 13년(1413)에는 예문관 대제학 이 되어 지공거를 맡아 인재를 선발하였다.

세종이 즉위하자 議政府贊成事로 벼슬에서 물러나기를 청하니, 다음 해에 判右軍 都摠制府事를 제수하고 이를 허락하였다. 세종 16년(1434)에 죽으니, 향년 85세였다. 文定이라 시호하였다.[187]

그는 일찍부터 이색과 정몽주의 문하에서 학문을 수학하였고, 이들의 문하에서 학문을 정연시켰다. 그는 조선초기에 성균악정・성균사성・성균대사성의 직을 맡아 교육에 전념하기도 하였고, 또 지공거가 되어 인재를 배출함으로써 이 시대의 학문발전과 인재양 성에 크게 기여하였다. 그의 아들 苯도 이후 성균관과 學堂의 교관 을 맡아 학문발전에 크게 기여하고 있다.

10) 張德良 (? ~ ?)

장덕량은 竹州[188]에서 출생하였으며, 아버지는 公仁이고, 할아 버지는 正議大夫・兵部尚書를 지낸 以儉이다. 본관은 丹陽이며, 호는 林亭이다.[189] 그의 아버지 공인은 이색의 부친인 穀의 문하에 서 학문을 익혔고, 그도 일찍부터 이색의 문하에서 수학하였다.

공민왕 16년(1367)을 전후한 시기에 諄諭進士가 되었고, 공민왕 18년에 興安伯 李仁復과 三司左使 이색의 문하에서 과거에 급제

---

187)『世宗實錄』권65, 世宗 16년 8월 乙卯.
188)『陽村集』권2,「林亭記」.
189)『丹陽張氏世譜』권1.

하였다. 우왕 때에 平壤尹이 되었고, 이어 한성부윤을 배수하였다.
이러한 그의 행적은『고려사』에는 보이지 않지만 그와 가까이 교
유하였던 遁村 李集이 이때를 즈음하여 그에게 준「送漢陽張府尹
德良」이라는 시에서

態軒出自上東門　　態軒이 上東門으로 나가는데
撫字心忘就肯援　　백성 사랑하는 지극한 마음 누가 알아주지 않으리.
分政西都歌美化　　西都(평양)를 맡아 다스리니 그 치적 빛났도다.
濟民南國詠遺恩　　이제 南國(漢陽)에서 백성 다스리게 되니 遺恩이 있으
　　　　　　　　　리라.190)

라고 히고 있는 것에서 찾아볼 수 있다.

　조선이 건국되자 교관직을 주로 섭렵하였고, 태종 2년(1402)에는
성균대사성이 되었다.191) 이때 그의 나이는 60이 넘었고, 權近은
知成均館事로 있었다. 이후 성균대사성을 역임하면서 수 많은 제
자를 배출하였고, 태종 5년을 전후한 시기에는 벼슬에서 물러났다.
그러나 당시 학식이 빼어난 학자들에게는 성균관 교관을 겸직시켜
교육에 종사하도록 하는 제도가 성법화되어 있었다.192) 이로써 그
도 관직에서는 물러났지만 성균사성의 직을 겸하여 성균관 교관으
로 활동하였다. 태종 7년(1407)에는 왕의 부름을 받아 궁에 들어가
易을 강하였다.193) 그의 생몰 연대는 기록이 없어 알 수가 없다.
　그는 이색의 문생으로 그 문하에 출입하면서 학문을 연마하였
고, 특히 易에 밝았다. 李集과도 막역하게 지냈고, 또 권근과는 동

---

190)『遁村集』권2,「送漢陽張府尹德良」.
191)『太宗實錄』권4, 太宗 2년 7월 癸卯.
192) 申千湜, 1988,「朝鮮初期의 成均館運營과 敎育改革에 관한 硏究」
　　　『關東史學』3.
193)『太宗實錄』권13, 太宗 7년 4월 己酉.

년으로 친분이 두터웠으며, 함께 교관으로 활동한 때가 많았다.

그는 만년을 위하여 고향인 죽주에 정자를 짓고 그 이름을 자기의 호를 따서 林亭이라 하였는데, 그의 동년인 권근은 이에 대해 「林亭記」를 지어 주고 있다. 권근은 여기서

> 나의 同年 대사성 丹陽 張先生이 밝은 경술로 후학을 가르쳤기 때문에 그가 조정에 벼슬할 때는 유임하거나 遷任하더라도 언제나 國學의 장관이 되었다. … 永樂 원년(태종 3, 1403) 여름에 내가 知成均으로 외람되이 그의 윗자리에 있게 되어 그가 經義를 강설하는 것을 들은 일이 있는데, 참으로 의논이 자상하고 절당하여 精粗와 본말을 빠짐없이 지적해서 진술하되, 森然히 법도가 있었다. 이때 그의 나이 60이 넘었으나, 그 강한 의지가 구연하여 조금도 쇠하지 않았다.[194]

라고 하여 그의 행적을 기리고 있다. 또 권근은 위의 글을 이어 '선생의 가르침을 받은 사람 중에서 출신하여 大夫와 士가 된 사람이 가는 곳마다 많았다'라고 하여 그가 수 많은 인재를 배출하였음을 밝히고 있다.

11) 柳伯淳 (? ~ 1420, 세종 2)

유백순은 方澤의 아들로써 본관은 瑞山이다. 공민왕 18년(1369) 이색의 문하에서 장원으로 급제한 伯濡는 그의 형이다.

우왕 2년(1376)에 정당문학 洪仲宣과 知密直 韓脩의 문하에서 급제하였다. 이색의 아들 李種學은 그의 동년이 된다. 공양왕 3년(1391)에는 成均司藝로 있었는데, 이때 성균생원 朴礎 등이 왕의 崇佛를 비판하는 상소를 올리려 하자 이를 무마하는 과정에서 성

---

194)『陽村集』권14,「林亭記」.

균생원들과 알력을 빚게 되었고, 이로써 당시 대사성이었던 金子
粹는 사표를 제출하기도 하였다.195)

그는 당시의 정치상에 대하여 비판적 견해를 가지고 있었다. 특
히 우왕 14년(1388)의 위화도회군과 당시 권력을 장악하고 있던 鄭
道傳에 대하여는 더욱 그러하였다. 그는 이러한 자신의 정치적 견
해를 성균사예로 있을 때 順寧君 聃에게

> 戊辰年(우왕 14, 1388)에 여러 장수들이 명을 받아 요동을 쳤는데,
> 머뭇거리다가 군사를 돌이켰으니, 아무런 공도 없는데 지금 도리어
> 포상을 받았으며, 그 군사를 돌이켰을 때에 王氏를 세우는 것을 저지
> 하고 아들 昌을 세운 것도 또한 형세가 그렇게 된 것인데, 대신들이
> 이 일로 옥에 갇혔다. 옛날 毅宗 때 조정의 나음 또한 거울로 삼을 만
> 하다. 지금 儒者 정도전 등이 나라의 권력을 마음대로 부리려 하니,
> 혹시 前日의 亂과 같은 것이 일어난다면 우리들이 그 화를 입지 않을
> 까 두렵다.196)

라고 하였는데, 이로써 그는 사헌부의 탄핵을 받게 되고, 基州로
杖流된다. 이때 判典儀寺事로 있던 그의 형 백유도 전제개혁을 비
방하였다는 이유로 光州로 유배되었다.

조선이 건국되자 成均司藝와 成均司成의 직을 기쳐 대종 6년
(1406)에는 성균대사성이 되었고,197) 다음 해에는 왕으로부터 "卿
은 성균관에서 교육해 온 것이 오래 되었으니, 나와 더불어 토론할
博學窮經者를 천거하도록 하라"는 부탁을 받고 생원 李隨를 추천
하였다.198) 태종 8년(1408) 정월에는 예조찬이 卞季良과 함께 생원
시를 주관하였으며,199) 이 해 10월에는 左司諫大夫를 배수하였다.

---

195) 『高麗史節要』 권35, 恭讓王 3년 6월.
196) 『高麗史』 권46, 世家46 恭讓王 3년 6월.
197) 『太宗實錄』 권12, 太宗 6년 11월 己巳.
198) 『太宗實錄』 권14, 太宗 7년 7월 己寅.

세종 즉위년(1418)을 전후한 시기에는 仁寧府尹으로 행성균대사성
을 배수하여 성균관 교육을 담당하였다. 세종 2년(1420) 3월에 죽으
니, 조정에서 부의를 내려 장례를 치르었다.

그는 일찍부터 형인 백유를 따라 이색의 문하에서 학문을 익혔
고, 과거에 합격한 후에는 홍중선과 한수의 문하에 출입하면서 학
문을 더욱 정연하였는데, 성리학에 밝아 당시 학자들의 존경을 받
았다. 이것은 태종 8년(1408)에 知申事 黃喜가 성균시관으로 임용
되었을 때 그는 이를 사양하면서 "舊例에는 반드시 成均大司成을
試官으로 임용하였습니다. 지금 성균대사성 유백순은 博洽老成하
오니 신을 대신하도록 하소서"라고[200] 하고 있는 것에서 알 수 있
다. 또 그는 오랫동안 성균관 교관을 역임하여 많은 인재를 배출하
였다. 이것은 『세종실록』에서

> (伯濡는) 성품이 강직하고 경전에 능통하고 史에 달통하여 오랫동
> 안 國學의 長官이 되어 학생들을 가르치는데 전념하였다. 이로써 그
> 의 문하에서 많은 인재들이 학문을 성취하였다. 당대의 文士 중에 그
> 의 문하에서 배출된 사람이 많았다.[201]

라고 하고 있는 것에서 보인다.

12) 崔 咸 (? ~ ?)

최함은 공민왕 말년에 성균관에 수학하여 정몽주의 문하에서 학
문을 익혔다. 당시 성균관 대사성은 정몽주였다. 우왕 2년(1376) 정

---

199) 『太宗實錄』 권15, 太宗 8년 정월 戊寅
200) 『太宗實錄』 권15, 太宗 8년 정월 戊庚.
201) 『世宗實錄』 권7, 世宗 2년 3월 甲申 柳伯淳 卒記.

당문학 洪仲宣과 知密直 韓脩의 문하에서 과거에 급제하였다. 鄭摠·柳伯淳과 이색의 아들인 李種學과는 동년이 된다. 이로써 이색의 문하에도 출입하면서 많은 가르침을 받게 된다. 공양왕 3년(1391) 6월에는 司憲掌令이 되었고,[202] 이색·정몽주와 정치적 견해를 같이 하여 鄭道傳·趙浚 등을 탄핵하는데 선봉에 섰다. 이로써 공양왕 4년(1392)에 정몽주가 살해되자 禹玄寶와 더불어 遠地에 유배되었다.

얼마 후 조선이 건국되자 結黨謀亂의 죄를 입어 직첩을 회수당하고, 杖 70의 형을 받고 다시 원지로 유배당하였다.[203] 태조 때는 벼슬에 나아가지 않고 한거하였다가 태종 원년(1401) 2월에 左諫議大夫를 배수하였다.[204] 얼마 후 壽寧府司尹이 되었는데, 이때 偰長壽의 처인 그의 누이의 송사에 연계되어 潭陽으로 유배되었다.[205] 그러나 얼마 후 송환되어 다시 벼슬에 나아갔다.

태종 7년(1407)에는 左司諫大夫가 되었고,[206] 태종 9년(1409)에는 성균대사성을 배수하였다. 이때 그는

> 인재는 국가의 器用이니 선택하지 않을 수 없습니다. 그러므로 六德과 六行으로 만민을 가르쳐서 賓禮로 서울에 올려보냈습니다. 원컨대 이제부터는 비록 재능이 稱道할 만한 것이 있더라도 不孝·不睦의 행실이 있으면 일체 물리쳐서 버리소서.[207]

라는 상수를 올려 인재등용에 있어 하문보다는 행실을 위주료 할 것을 청하였다. 그의 생몰연대와 위의 행장 이후의 관력에 대하여

---

202) 『高麗史』 권46, 世家46 恭讓王 3년 6월.
203) 『太祖實錄』 권1, 太祖 원년 7월 丁未.
204) 『太宗實錄』 권1, 太宗 원년 2월 丁亥.
205) 『太宗實錄』 권2, 太宗 인년 10월 工了.
206) 『太宗實錄』 권14, 太宗 7년 7월 乙卯.
207) 『太宗實錄』 권18, 太宗 9년 8월 己丑.

는 기록이 없어 알 수가 없다.

13) 權　遇(1363, 공민왕 12 ～1419, 세종 원년)

권우는 溥의 증손이며, 檢校政丞 僖의 아들이고, 李穡의 문생인 近의 동생이다. 처음에는 이름을 遠, 자를 仲盧라 하였으나 후에 遇로 개명하고, 자도 盧甫라 하였다. 호는 梅軒이고, 본관은 安東이다.

일찍이 형 近의 문하에서 수학하였고, 이색의 문하에도 출입하면서 가르침을 받았다. 우왕 3년(1377)에 진사시에 합격하고, 우왕 8년(1382)에 사마시에 합격하였으며, 우왕 11년(1385)에 廉國寶와 鄭夢周의 문하에서 과거에 급제하였다. 과거에 합격하자 錄事를 배수하였고, 다음 해(1386) 成均博士가 되었다. 우왕 13년(1387)에는 長興庫使가 되고, 이후 軍器注簿, 司設署令, 典儀注簿를 거쳐 공양왕 3년(1391)에는 禮曹佐郞・知製敎가 되어 尙瑞錄事를 겸하였고, 다음 해에 이조좌랑이 되었다.

조선이 건국되자 校書監丞을 배수하였고, 이후 軍器監丞과 慶州判官을 역임하였으며, 태조 4년(1395)에는 中部儒學敎授官이 되었다.

태종이 즉위하자 司憲雜端을 배수하였고, 이 해 겨울에 成均直講이 되었다. 태종 원년(1401)에는 예조정랑으로 옮겼다가 태종 3년(1403)에 集賢殿知製敎가 되었고, 다음 해에는 成均司藝를 배수하였다. 태종 5년에는 藝文應敎를 거쳐 성균사성에 올랐고, 태종 8년(1408)에는 司憲執義가 되었다. 이후 判軍資監事, 司諫院右司諫, 春秋館編修官을 거쳐 태종 9년(1409) 겨울에는 성균대사성이 되었다. 성균대사성으로 있으면서 3차에 걸쳐 과거를 주관하여 수 많은 인재를 배출하게 된다.

태종 11년에는 司馬試의 시관이 되어 權克和 등 100명을 선발하였고, 태종 14년(1414)에도 사마시의 시관이 되어 趙瑞康 등 100명을 선발하였으며, 이 해에 殿試의 독권관이 되어 鄭麟趾 등 33명을 선발하였다.

태종 15년(1415)에는 刑曹右叅議와 集賢殿直提學을 배수하였고, 이어 原州牧使로 나갔다가 태종 18년에는 藝文館提學이 되어 世子의 賓客을 겸하여 世宗에게 經史를 교수하였다. 세종 원년(1419)에 죽으니, 향년 57세였다.208)

위에서 살펴본 바와 같이 권우는 형인 近의 門下에서 학문을 수학하고, 형의 恩門인 이색의 문하에도 출입하면서 학문을 익혔다. 이후 공민왕 11년에 염국보와 정몽주의 문하에서 과거에 합격하자 이들 은문의 문하에도 출입하면서 그 자신의 학문을 정연시켰다.

그는 고려시대에도 成均博士가 되어 교관직을 역임하였고, 조선이 건국되자 中部儒學敎授官, 成均直講, 成均司藝, 성균사성, 성균대사성 등 거의 모든 교관직을 거치면서 교육에 전념하게 된다. 특히 주목할 만한 것은 태종 13년에 올리고 있는 교육개혁안이다. 이때 그가 올리고 있는 교육개혁안은 태종 7년(1407) 3월에 그의 형인 권근이 올린 「勸學事目」을 보완한 것으로 이후 조선사회의 교육방향을 제시하고 있다.209)

또 그는 수차에 걸쳐 과거를 주관하였으며, 이때 그에게서 배출된 인재들은 이후 조선사회의 중추적인 인물로 성장하여 정치와

---

208) 『國朝人物考』 上, 權遇行狀.
209) 申千湜, 1988, 「朝鮮初期의 成均館運營과 敎育改革에 관한 硏究」, 『關東史學』 3.

학문에 크게 기여하게 된다. 대표적인 문인으로 정인지·권극화·조서강 등을 찾아볼 수 있고, 또 그의 아들 權採도 그의 학통을 계승하여 이후 교육과 학문의 발전에 크게 기여하였다.

14) 李孟昀(1371, 공민왕 20 ~ 1440, 세종 22)

이맹균은 이색의 장자 種德의 둘째 아들로 자는 經甫 또는 士原이라 하였고, 호는 漢蘇齋 또는 漢齋라 하였다. 본관은 韓山이다.

어려서부터 할아버지 이색의 문하에서 학문을 익혔고, 13세가 되던 우왕 9년(1383)에 知申事 廉廷秀의 문하에서 성균시에 합격하고, 우왕 1385에 염국보와 정몽주의 문하에서 과거에 급제하여 成均直學에 보임되었다.[210]

조선이 건국되자 벼슬을 버리고 한거하였으나 이후 관직에 나아가 司宰少監이 되었고, 태종 2년(1402)에는 內書舍人이 되었다. 이후 知丹陽郡事, 藝文館直學을 거쳐 태종 6년(1406)에는 司憲執義가 되었는데, 이때 言事로서 죄를 얻어 原州에 유배되었다. 얼마후 풀려나와 知永川郡事로 나갔다가 태종 11년(1411)에 知承文院事를 배수하여 소환되었고, 이어 判承文院事가 되었다. 태종 13년에는 成均大司成에 올라 교육에 전념하였고, 이어 左司諫과 右司諫을 거쳐 태종 15년 겨울에는 禮曹叅議에 올랐다.

태종 17년(1417)에는 敬承府尹을 배수하고, 변계량·卓愼과 더불어 世子賓客이 되었다. 태종 18년 6월에는 忠淸道 都觀察使로 출보하였으며, 세종 3년(1421)에는 判漢城府事를 배수하였다. 이해 9월에는 謝恩副使가 되어 朴齡과 함께 明에 갔으며,[211] 다음 해

---

210) 『韓山李氏文襄公派世譜』 下編 甲.

12월에는 경기도 관찰사로 출보하였다.212)

　세종 5년(1423)에는 同知摠制가 되었으며, 이 해에 공조판서를 배수하였다. 세종 7년에는 예조판서가 되어 陳慰使의 임무를 띠고 明에 갔고, 이후 이조판서와 병조판서를 거쳐 세종 9년(1427)에는 議政府叅贊에 올라 대사헌을 겸하였다. 이후 다시 이조판서와 예문관 대제학을 거쳐 세종 12년에는 의정부참찬을 배수하였고, 2년 후에는 성균관 대사성을 겸하였다.213) 세종 17년에는 集賢殿大提學이 되었으며, 세종 18년(1436) 9월에는 다시 예문관 대제학이 되었고, 다음 해 8월에는 判吏曹事를 겸하였다. 조선시대에 와서 판이조사를 겸직한 것은 그가 최초이다.214) 이 해 10월에는 의정부우찬성에 올라 또 判吏曹事를 겸하였고, 세종 21년(1439)에는 左贊成을 배수하였다. 다음 해에 병을 얻어 죽으니, 향년 70세였다. 文惠란 시호를 내렸다.

　그는 일찍부터 할아버지인 이색으로부터 학문을 익혔고, 과거에 합격하자 은문인 정몽주의 문하에도 출입하면서 학문을 더욱 정연시켰다. 그는 당대 제일의 학자로서 존경을 받았으며, 수차에 걸쳐 대사성을 역임하면서 수 많은 제자들을 배출시켰다.『世宗實錄』에서는

　　성품이 溫良하고 가업을 계승하여 학문이 정교하였고, 詩文 또한 典雅하였다.215)

라고 평하고 있다. 세종은 그가 죽자

---

211)『世宗實錄』 권13, 世宗 3년 9월 丙戌.
212)『世宗實錄』 권18, 世宗 4년 12월 丙申.
213)『世宗實錄』 권55, 世宗 14년 3월 癸子.
214)『世宗實錄』 권78, 世宗 19년 8월 甲戌.
215)『世宗實錄』 권90, 世宗 22년 9월 庚子.

생각하건대 公은 風姿가 온화하고 우아하였으며, 성품이 단정하고 정성스러웠도다. 집안에서는 대대로 儒者의 행실을 전해와 그 업을 한 평생 닦아 왔고, 일찍이 장원에 뽑히니, 뛰어난 이름이 사방에 빛났도다. 일찍이 간관이 되어서는 좋은 건의가 많았고, 성균관에서 교육을 펴니 모든 사람들의 모범이 되었도다. … 그대를 생각하면 옛 덕을 추모하게 되니, 이 마음 슬픔을 금할 수 없도다. … 216)

라는 祭文을 내려 애도하였고, 세자는

생각하건대 公은 천성이 단아하고 학문이 精博하였습니다. 三朝를 도우시어 명성과 업적이 많으셨고, 耆垂에 덕망이 높으시니 나라를 위하여 輕重을 헤아리셨으며, 賓이 되시고 師가 되시어 훌륭한 모범을 보이셨습니다. 백년이 다 되도록 길이 높은 풍도를 우러러 뵈려하였더니, 어찌 한차례 병으로 갑자기 세상을 떠나셨습니까.217)

라는 祭文을 지어 그의 죽음을 애도하였다.

그는 일찍이 고려의 서울 松京을 찾아보고는 역사의 무상함을 느끼면서 다음과 같은 시를 지었다.

五百年來王氣終	500년 동안 내려오다 王氣가 끝났으니
操鷄搏鴨竟何功	'닭을 잡고 오리를 친공'이218) 어디로 갔는가.
英雄一去豪華盡	영웅이 한 번 가니 호화도 다하였구나.
人物南遷市井空	인물들이 남으로 옮기니 저자도 비었구나.
上苑煙霞微雨後	가랑비 내린 후에 궁궐은 연기에 자욱하고
諸陵草樹夕陽中	석양 중의 諸陵엔 초목이 무성하구나.
秋風客恨知多少	가을 바람은 손으로 하여금 한을 남기도다.
往事悠悠水自東	지나간 일은 유유하고 물은 동으로 흐르는구나.219)

---

216) 『世宗實錄』 권91, 世宗 22년 10월 癸酉.
217) 『世宗實錄』 권91, 世宗 22년 10월 甲子.
218) 泰封 말년에 唐나라 상인 王昌瑾이 궁예에게 바친 옛 거울에 적혀 있었다는 도참문 중의 한구절. 먼저 닭을 잡고, 뒤에 오리를 친다는 것은 왕건이 鷄林(신라)을 정복하고, 후에 압록강까지 취하게 될 것을 예언한 것이라 한다.

15) 尹會宗 (? ~ ?)

　　윤회종은 栗亭 澤의 손자이며, 判典農寺事를 지낸 龜生의 아들이다. 이색의 문생 紹宗은 그의 형이 된다.

　　우왕 3년(1377)에 竹城君 安克仁과 政堂文學 權仲和의 문하에서 과거에 급제하였다. 우왕 7년(1381)에 成均博士가 되었고,[220] 공양왕 원년(1389)에는 司宰副令이 되어 禍와 昌의 죄를 논하고, 이들을 처형하도록 하는 상소를 올렸다. 다음 해 2월에는 世子侍學이 되었고, 얼마 후 刑曹摠郞에 올랐다. 이때 조정에서는 도읍을 옮기려는 의논이 분분하였는데, 그는 글을 올려

　　　국운의 장구함은 왕이 덕을 많이 쌓고 仁을 베풀어 나라의 근본을 배양하는데 있을 뿐인데, 어찌 都城地勢의 旺氣만 믿겠습니까.[221]

라고 하여 그 부당함을 극간하였다.

　　조선이 건국되자 태조 4년(1395)에 戶曹議郞이 되었으나 給田을 잘못하였다는 헌사의 탄핵을 받아 벼슬을 박탈당하고 유배되었다. 태종 7년(1407)에는 成均司藝로 있었는데, 이 해 5월에 태종이 仁政殿에서 행한 親試文科에 2등으로 입격하여 성균사성으로 승직하였고, 田 10결과 本鄕奴婢 1구를 하사받았다.[222] 이 해 8월에 문신들을 대상으로 하여 仲月賦詩之法을 처음 행하였는데, 여기서 卞季良이 1등을 하고 그는 차석을 차지하였다.

---

219) 『東文選』 권17, 「松京懷古」.
220) 『牧隱文藁』 권19, 「尹龜生妻 崔氏墓誌銘」.
221) 『高麗史節要』 권34, 恭讓王 2년 8월.
222) 『太宗實錄』 권13, 太宗 7년 5월 己丑.

태종 11년(1411)에는 司諫으로 전보되었고, 다음 해 정월에 세자의 문제로 상소를 올렸다가 왕의 노여움을 받아 유배를 당하게 된다. 태종 14년 2월에는 司諫院右司諫이 되었고, 이 해 5월에는 辨正都監都監使가 되었다. 태종 16년(1416)에는 성균대사성이 되어 判理典書 趙庸과 더불어 文科館試를 주관하였다.[223]

그는 澤의 손자로 家學을 계승하여 성리학에 크게 조예가 있었다. 일찍이 형의 은문인 이색의 문하에도 출입하면서 학문을 익혔다. 그의 할아버지 윤택은 이색의 아버지 穀과는 막역한 知己였으며, 그의 아버지 龜生도 이색과 가까이 지냈고, 그의 형 紹宗은 이색의 문생이었다. 이러한 관계로 이색은 그의 할아버지 윤택과 그의 어머니 최씨에 대한 묘지명을 쓰기도 하였다. 그의 어머니에 대한 묘지명은 그가 형인 소종의 명을 받아 직접 이색을 찾아가 부탁하고 있다. 이것은 이색이 그의 어머니의 묘지명에서

> (나의 門生) 紹宗이 그의 동생 成均博士 會宗을 보내어 銘를 청하는데, 회종이 齋衰를 이끌고 눈과 서리를 밟고 왔기에 내 슬피여겨 차마 사양하지 못하고, 이에 그 家世와 자손을 쓰고는 銘을 하는 바이다.[224]

라고 하고 있는 것에서 보인다.

그는 고려시대에도 성균박사가 되어 교육에 종사하였고, 조선이 건국된 후에는 성균사예, 성균사성, 성균대사성의 교관직을 맡아 교육에 종사하면서 조선초기의 학문발전에 크게 기여하고 있다.

---

223) 『太宗實錄』 권32, 太宗 16년 8월 庚午.
224) 『牧隱文藁』 권19, 「尹母崔夫人墓誌幷序」.

제2장

사림학맥의 개창 길재

조신전기의 학맥은 그게 官學派와 山林學派로 나누어진다. 관학파는 조선건국에 참여한 학자들과 조선 건국 후 국가의 주도 하에 성균관과 과거를 통하여 배출된 인재들이 주축을 이루고 있고, 산림학파는 조선 건국을 부정하고 정계에서 은퇴하여 학문에만 종사한 사람 및 이들에게서 배출된 인재들이 주축을 이루고 있다. 조선 건국 후에는 관학파들이 학문을 주도하고 있었고, 또 산림학파들은 산림이나 향촌에 은거하고 있어서 이들 두 학파 사이에 마찰이 있을 수 없었다.

그러나 세종 원년(1419)에 길재의 문하에서 수학한 金叔滋가 정몽주의 문생인 변계량의 문하에서 과거에 합격하여 관로에 진출하게 뇌자 누 세력간에 분쟁이 나타나게 된다. 김숙자의 관로 진출이후 그 농안 산림에서 학문에만 전념하였던 이들 학자들은 관로에 대거 진출하게 되었고, 세조 즉위를 기점으로 하여 국초의 관학파들이 勳舊派로 정비되면시 이들 산림학파들노 士林派로써 정치세력을 형성하게 된다. 이들 사림파들은 주로 길새의 학통을 계승하고 있으며, 이후 이들 학맥은 조선사회의 사상석 맥락으로 자리 잡으면서 발전되어 갔다.

이러한 관점에서 볼 때 길재는 조선시대 사림학맥의 개창자로 보지 않을 수 없다. 본 장에서는 길재의 생애와 학문 및 교육사상을 살펴봄으로써 한국사상사에 점하고 있는 그의 위상을 조명해 보고자 한다.

Ⅰ. 길재의 생애와 학문적 배경

吉再는 知錦州事를 지낸 元進의 아들로 자는 再父, 호는 冶隱 또는 金烏山人이다. 공민왕 2년(1353) 경상도 善山府의 屬縣인 海平에서 출생하여 조선 세종 원년(1419)에 67세로서 세상을 떠났다.

그의 생존 연대에서도 알 수 있는 바와 같이 그는 복잡 다기한 역사의 한 전환기에서 생애를 보냈다. 이 시기에 그는 고려의 멸망과 조선의 건국이라는 정치상의 일대변혁을 맞이하게 되며, 이 과정에서 그는 전통적 가치관의 계승이라는 역사인식과 성리학적 역사관인 正統史觀의 수용이라는 이원적 가치관에서 많은 갈등을 가지지 않을 수 없게 된다. 물론 그의 인식적 차원은 고려왕조의 승계라는 傳統的 역사인식을 기저로 하고 있지만, 새로운 天命意識에 입각하여 조선왕조 자체도 부인할 수만은 없었던 것 같다.[1] 그

---

1) 후세의 위작일 가능성이 많다는 주장도 있으나 「辭太常博士箋」·「上宰相啓」 등 그가 지은 것으로 전해지는 表箋에서 이러한 천명의식을 찾아 볼 수 있다. 또 조선왕조 성립과정에서 보이는 그의 태도와 만년에 그의 아들에게 조선에의 관로 진출을 허용하고 있는 것을 볼 때 그는 조선왕조 자체를 부정하고 있지 않다는 것을 알 수 있다.

의 이러한 태도는 조선중기에 일부 학자들에게서 중국 漢 시대에 王莽을 섬긴 楊雄에 비유당하는 혹평을 듣기도 한다.[2] 그러나 그의 학문적 배경과 당시의 시대상을 전제로 하여 그를 파악한다면 그의 이러한 인식적 가치관은 충분히 이해될 수 있을 것이다.

그의 생애를 학문적 배경과 연계하여 살펴보면 크게 3단계로 구분할 수 있을 것 같다.

첫째 단계는 그가 출생한 공민왕 2년(1353)부터 우왕 12년(1386) 과거에 합격할 때까지의 시기로서, 이때는 成長修學期로 볼 수 있을 것이며,

둘째 단계는 우왕 12년(1386)에서부터 공양왕 2년(1390)까지로 이 시기는 그가 과거에 합격하여 관로생활에 종사하였던 시기이다. 이때는 官路活動期로 볼 수 있을 것이다.

셋째 단계는 공양왕 2년(1390) 관로에서 은퇴한 후 세종 원년(1419) 세상을 떠날 때까지로서 이때는 정계에서 은퇴하여 고려에 대한 충절을 지키면서 후학의 교육에만 전념하였던 시기이다. 따라서 이때는 義理實踐期로 볼 수 있고, 또 士林學脈의 개창기로 볼 수 있을 것이다.

본 장에서는 이러한 그의 생애를 조감하면서 그의 활동을 살펴보고자 한다.

1. 성장수학기

그의 가문은 고려말의 사대부 가문에서 흔히 볼 수 있는 바와 갑

---

2) 조선시대 宣祖 때 安邦俊은 그의 問答書에서 "麗季吉再 言行出處 是 楊雄之徒"라고 하여 그를 혹평하였다.

이 華要한 가문은 아니었다.3) 그는 어린 시절을 극히 불우한 환경 속에서 생활하였다. 어릴 때 아버지와 별거하여 시골집에서 어머니와 같이 살았는데, 그것은 아버지가 서울에서 관직생활을 하고 있었고, 또 그들의 가정 형편상 서로 합하여 생활할 수 없었기 때문이었다.

그의 나이 8세가 되던 해에 아버지가 寶城大判에 서용되었는데, 이로써 그의 어머니 金氏는 아버지와 합가하였으나 남편의 박봉에 생활이 어렵자 그를 외가에 맡겨놓고 떠났다. 그는 외가에서 살면서 항상 외롭게 생활하였으며, 부모를 그리워하며 나날을 보냈다. 이 당시 그의 마음은 혼자 南溪에서 가재를 잡으면서 부른 노래에서 엿볼 수 있다. 이때 그는 어머니를 생각하면서 「石鼈歌」를 지었는데, 그 내용은 다음과 같다.

鼈乎鼈乎	가재야 가재야
汝亦失母乎	너도 어미를 잃었느냐.
吾亦失母矣	나도 역시 엄마를 잃었도다.
吾知基烹汝食之	나는 너를 삶아 먹을 줄 안다마는
汝之失母猶我也	네가 어미를 잃은 것이 나와 같으니
是以放汝因投于水	너를 풀어 물에 놓아주노라.4)

얼마 후 아버지가 본직에서 해임되어 서울로 전보되자 어머니가 다시 시골집으로 돌아오게 되어 같이 살게 되었다.

그의 부모는 금실이 그렇게 좋은 편은 아니었던 것 같다. 그가 출생한 이후 그의 부모는 거의 별거생활로 일관하였다. 그의 아버

---

3) 그의 증조 時遇는 成均生員이었을 뿐 벼슬에는 진출하지 못하였으며, 할아버지인 甫는 實職이 아닌 散員同正에 불과하였다. 아버지 元進 때에 이르러 겨우 中正大夫・知錦州事를 역임하였을 뿐이다.
4) 『冶隱先生言行拾遺』 上.

지가 寶城大判에 재직 중인 때를 제외하고는 그의 부모는 같이 살아본 일이 거의 없었다. 이후 아버지는 그의 나이 16세 때 당시 檢校軍器監 盧英의 딸과 다시 결혼함에 이르러 그의 어머니 김씨와는 더욱 소원한 관계가 되었다. 따라서 길재는 성장기에 아버지를 거의 모르고 자랐다. 그는 고향에 살면서 한 마을에 사는 외조부 金希迪의 각별한 보살핌을 받았다.

이러한 환경에서 그가 학문을 연마한다는 것은 극히 어려운 일이었을 것이다. 그가 처음으로 학문에 입문하게 된 것은 11세가 되던 때였다. 이때 그는 처음으로 冷山의 桃李寺에서 학문을 익히기 시작하였다. 이때는 공민왕 12년(1363)으로 그가 공부하였던 도리사는 신라 때 阿道가 창건한 역사 깊은 사찰이었다. 그는 이곳에서 학문에 전념하였고, 이로써 어느 정도 학문의 기초를 쌓았던 것 같다. 그가 16세에 지은 것으로 전해지는 「述志」라는 시에서 당시 그의 학문태도를 읽을 수 있다.

臨溪茅屋獨閑居   시냇가 초갓 집에 홀로 한가로이 사노라니
白月風淸興有餘   달은 밝고 바람 맑아 흥이 절로 난다.
外客不來山鳥語   밖에서 손은 오지 않고 산새만 지저귀는데
移床竹塢臥看書   대숲 속에 평상 놓고 누워서 책을 본다.[3]

그가 학문적으로 대성하는데 큰 계기가 된 것은 朴賁을 만나면서부터이다. 그는 나이 18세 때인 공민왕 19년(1370)에 당시 商山의 司錄으로 있던 朴賁의 문하에 들어가 수학하게 되었는데, 이때 비로소 『論語』와 『孟子』를 읽고, 또 성리학을 익히게 된다. 이로써 학문에 심취하게 된 그는 얼마 후 박분이 전보되어 서울로 갈 때 그를 따라 서울에 가서 아버지와 같이 생활하며 본격적으로 학

---

[3] 『冶隱先生言行拾遺』 上, '述志'.

문을 연구하게 되었다.

그는 서울에서 생활하면서 孝로써 아버지를 섬기고, 서모에게도 정성을 다하였다. 서모 盧氏는 처음에 그를 의심하였으나 이후 그의 효행에 감복되어 자기의 소생처럼 대하였다.

서울에서 성리학에 대한 공부에 몰두하게 되는데, 그의 학문에 크게 영향을 준 사람은 李穡·鄭夢周·權近이었다. 그는 상경 후 이들의 문하를 從遊하면서 학문의 至論을 들었으며, 이후 국자감에 입학하여 더욱 학문에 정진하였다. 당시 국가의 교육정책은 성리학을 교육의 주종으로 하고 있었으며, 국자감 교관은 이 분야의 전문학자들로 충원되어 있었다.

恭愍王 16년 李穡은 大司成으로서 經學에 박통한 金九容·鄭夢周·朴尙衷·朴宜中·李崇仁 등을 선발하여 교관으로 삼고 교육중흥을 일으켰다. 이때의 모든 교관들은 교육에 전념하였고, 또 이색이 學式을 세워 교육기강을 확립하여 학교는 학생들로 가득하고, 학생들은 배움에 전념하여 글 읽는 소리가 그치지 않았다. 당시 교육의 주지는 성리학이었다. 이와 같은 교육상에서 性理의 學이 비로소 흥기하게 되었고,6) 이것은 이후 고려사회의 사상적 이념으로 정착을 보게 된다.

공민왕 16년(1367)은 그의 나이 17세로서 아직도 고향에 있을 때였다. 그러나 그가 상경하던 공민왕 19년(1370)의 국자감 교관은 대사성이 이색이었고, 정몽주가 國子司業으로 있었다. 따라서 이때는 국자감교육이 성리학 교육으로 전성을 이루고 있었을 때였다.7) 이러한 시기를 전후하여 국자감에 입학하게 된 그의 학문적 배경

---

6) 『高麗史』 권115, 列傳28 李穡.
7) 申千湜, 1955, 「高麗 國子監敎官의 補任過程과 陞轉」 『高麗敎育史硏究』, 景仁文化社, 187쪽.

은 성리학일 것은 말할 것도 없다. 그는 나이 22세인 공민왕 23년 (1374)에 生員試에 합격하여 국자감 정규생으로 승보되고, 우왕 9년(1383)에는 知申事 廉廷秀의 문하에서 司馬監試에 합격하였다. 이후 그는 다시 성균관에서 학문을 정연하게 된다. 이때 그를 직접 가르쳤던 권근은 사람들에게

> 나의 문하에 출입하면서 학문을 연마하는 사람들이 얼마 있지만, 그 중에서 吉再父가 가장 독보이다.[8]

라고 평하고 있다. 사마감시에 합격한 후 그는 아버지 元進이 知事로 있는 錦州에 갔는데, 그 곳에서 당시 中郞將으로 있던 申勉의 딸을 만나 결혼하였다. 다음 해 아버지가 임지에서 죽자 그는 부인과 함께 슬픔을 다하여 예법에 따라 3년상을 마쳤다. 우왕 12년 (1386) 5월에는 한산부원군 이색과 삼사좌사 廉興邦의 문하에서 과거에 합격하였다.

이로써 그는 이색의 문생이 되어 이후 그의 문하에 출입하면서 많은 가르침을 받게 된다. 과거에 합격하자 그 해 가을에 淸州牧 司錄을 제수받았으나 부임하지는 않았다.

2. 관로활동기

그가 최종적으로 과거에 합격한 것은 우왕 12년(1386)이었고, 이때 그의 나이 34세였다. 이 시기는 국내적으로는 권문세가와 신진 사대부 세력간에 정치적 알력이 첨예화되고 있었고, 대외적으로는

---

8) 『冶隱先生言行拾遺』 上, 「行狀」.

元·明의 교체기로써 복잡한 외교적 마찰이 노출되고 있었던 시기였다.

그가 과거에 합격하던 우왕 12년(1386)은 권문세족을 대표하는 李仁任이 정권을 장악하고 있었으며, 대외적으로는 親元의 외교노선을 취하던 시기였다. 당시 신진사대부 세력들은 새로 전래된 성리학을 사상적 이념으로 수용하여 결합되어 있었다. 中華外夷의 正統史觀을 기저로 하는 성리학의 역사관에서 볼 때 이들 신진사대부들은 親明排元을 그들의 정치노선으로 취할 것은 당연한 귀결이었다.9) 특히 당시 金九容·李崇仁·鄭道傳·權近 등은 원의 사신을 맞이하는 것 자체까지도 반대하였다.10) 이러한 사대부들의 정치노선은 당시 실권자인 이인임 일파의 외교노선과는 정면으로 배치되는 것이었다. 이와 같은 시대상에서 사대부들은 추방 또는 유배를 당하지 않을 수 없게 된다.

이러한 시대상에서 과거에 합격한 그는 현실 참여에 극히 부정적일 수밖에 없었다. 그가 과거에 합격한 후 그 해 가을에 청주목사록을 제수 받았으나 부임하지 않은 것도 이와 같은 맥락에서 파악할 수 있을 것이다.

다음 해인 우왕 13년(1387)에 成均學正의 직을 제수받아 처음으로 관로에 진출하고 있지만, 그의 관로생활은 공양왕 2년(1390) 門下注書로서 은퇴할 때까지 불과 4년이었다. 이 과정에서 우왕 14년(1388)에 諄諭博士, 이 해 겨울에는 成均博士로 승보되었다.

---

9) 朱子의『通鑑綱目』에서 제시되고 있는 史觀은 正統論이다. 이것은 漢民族 우월론을 전제로 나타났으나 이후 원이 중국을 지배하자 문화적 측면에서 수용되어 왔다. 그러나 고려말 명이 건국되자 당시 고려의 신진사대부들은 이를 종족적 측면에서 해석하여 漢民族인 명의 건국을 天命으로 파악하여 이를 수용하였다.

10)『高麗史』권126, 列傳39 李仁任.

  그가 관로에서 활동한 것은 불과 4년이었지만 이 시기에 정치적으로 큰 변혁이 있었다. 그가 정치에 진출한 다음 해인 우왕 14년(1388) 정월에는 지금까지의 실권자인 이인임 일파가 崔瑩·李成桂에 의하여 숙청되었으며, 이 해 3월에는 遼東出征, 이 해 5월에는 威化島回軍, 이 해 6월에는 우왕의 퇴위와 창왕의 즉위라는 정치적 변혁을 맞게 된다. 이어 다음 해에는 이성계를 중심으로 하는 사대부세력들이 廢假立眞을 내세워 창왕을 축출하고 공양왕을 즉위시키면서 정치적 실권을 장악하게 된다.

  이러한 시기에 관로를 역임한 그는 이미 고려의 운명을 예시받고 있었다. 이것은 우왕 14년(1388) 요동출정이 진행되고 있을 때 당시 그는 成均博士로 재임 중이었는데, 이때 그가 읊은 詩에서 그 所懷를 읽을 수 있다.

龍首正東傾短墻　　용수산 동쪽 머리 짧은 담장 기울고
水芹田畔有垂楊　　미니리밭 가의 푸른 버들은 휘늘어졌네.
身雖從衆無奇特　　몸은 비록 다른 사람보다 특이한 것 없지마는
志則夷齊餓首陽　　뜻만은 首陽山 伯夷·叔齊를 바라보네.[11]

  위에서 그가 首陽山의 伯夷·叔齊를 노래하고 있는 것을 볼 때 그는 이때 이미 고려가 망할 것을 알고 있었음이 분명하다.

  이로써 그는 관직에서 물러날 것을 결심하게 된다. 다음의 詩를 보자.

曾讀前書笑古今　　옛 글을 읽고서 古今事를 비웃더니
愧隨流俗共浮沈　　무상한 세속을 따라 산 인생 부끄럽구나.
終期直道扶元氣　　이제는 바른 道를 쫓아 元氣를 시키리니
肯爲虛名役片心　　허명으로 이 마음을 어찌 즐기리요.

---

11) 『冶隱先生言行拾遺』 上, 「泮宮偶吟」.

默坐野禽啼晝景　조용히 앉았으니 들새는 낮에 울고
閉門官柳長春陰　문 닫은 관아의 버드나무 길게 봄 그늘이 드리었도다.
人間事了須先退　인간사 끝났으면 물러 날줄 알아야지
不待霜毛漸滿簪　머리털 희어지길 기다려야 되겠는가.[12]

그는 고려가 망하고 새로운 왕조가 개창되는 것을 하나의 天命으로 받아 들였는지도 모른다. 그가 이미 우왕 14년(1388)에 고려가 망할 것을 예감하였다면, 이것은 그의 학문적 배경에서 나온 역사인식의 결과였을 것이다. 그의 사상적 배경은 성리학이었고, 당시 사대부들은 성리학적 역사관에 나타나는 정통사상을 종족적 측면에서 이해하고 있었다. 이러한 사상적 배경에서 볼 때 漢民族 국가인 明을 타도하기 위하여 출정한다는 것은 이들에게 天命을 거역하는 행동으로 파악되었을 것이다. 이것은 길재뿐만 아니라 당시 거의 모든 사대부들의 공통된 의식이기도 하였다.[13]

그는 여기에서 심각한 고민을 하지 않을 수 없었던 것 같다. 고려왕조의 승계를 위한 傳統性의 계승의식과 성리학적 역사관에 입각한 正統性의 문제, 이것은 당시 거의 모든 학자들이 당면하고 있는 고민이기도 하였다. 그는 이러한 이원적 갈등 속에서 새로운 天命意識을 수용하지 않을 수 없었을 것이며, 동시에 傳統性의 계승이라는 관점에서 고려왕조에 절의를 지키지 않을 수 없었을 것이다. 그가 고려의 멸망을 예감하면서 정계를 은퇴하고 있는 것, 고려 중흥을 위한 정치활동을 포기하고 조선의 건국을 방관하였던 것, 그리고 고려가 망하자 그에 대한 의리를 지켜 조선왕조에 仕宦

---

12) 『冶隱先生言行拾遺』 上, 「無題」.
13) 우왕 14년(1388)의 遼東征軍에 대하여 거의 모든 사대부들은 반대의 입장을 취하였으며, 이색·정몽주 등 고려 지지파들도 그 근본에 있어서는 고려의 운명을 예감하고 있었다. 그들은 단지 성리학의 의리사상을 준수하여 전통적 역사인식을 고수하였다.

하지 않았던 것 등은 모두 이와 같은 관점에서 파악할 수 있을 것이다.

3. 의리실천기

그가 공양왕 2년 관직을 버리고 낙향할 때까지 그는 자신의 거취에 대하여 명확한 결론을 내리지 못하였던 것 같다. 물론 우왕 14년 對明征軍 때에 이미 고려가 망할 것을 예감하고 고려와 더불어 운명을 같이 하리라는 결심을 표현하고 있지만, 막상 벼슬을 버리고 낙향할 때는 많은 갈등이 있었던 것 같다.

이에 그는 낙향하는 도중에 長湍縣에 거처하고 있던 牧隱 李穡을 찾아 자신의 진로에 대한 자문을 구하게 된다. 이때 이색은

> 오늘날을 당해 각자는 자기의 뜻대로 행할 뿐이다. 나는 大臣이라 국가와 더불어 운명을 같이 해야 하기 때문에 의리상 떠날 수 없으나 그대는 떠날 수 있다.[14]

라고 하면서 그를 위로하고 있다. 이로써 그는 善山의 옛집으로 돌아가게 되는데, 이때 이색은 다음과 같은 시를 읊어 마음을 달래고 있다.

從遊泮水號通經	泮水에서 공부하여 경서에 통달하고
及第注書雙鬢靑	젊어서 급제하여 注書가 되었더니
辭我携家故鄕去	내게 와 벼슬을 버리고 가족과 고향으로 떠나려 하네.
且聆吾吾苦丁寧	나의 말 듣고 피 은근히 졸라되는데

---

14) 『冶隱先生續集』 下, 「月汀遺錄」. 이로 볼 때 이색노 고려가 망할 것을 예감하고 있었음을 알 수 있다.

讀書須踐古人跡   글을 읽으면 반드시 古人의 행적을 밟아야 하고
對策要登天子庭   策文을 지으면 天子에게 올려야겠지.
軒冕儻來非所急   벼슬을 하는 것에 얽매어서 급히 서두를 것은 없도다.
飛鴻一笛在冥冥   기러기 한 마리 먼 하늘을 날라 가는구나15)

이색은 관직을 버리고 떠나는 길재를 보면서 그를 한 마리의 기러기로 비유하고 있다. 그가 은퇴한 후 조정에서는 수차에 걸쳐 관직제수의 명을 내려 소환하려 하였으나 그는 끝까지 초지를 지켜 벼슬에 나아가지 않았다.

그가 은퇴한 다음 해인 공양왕 3년(1391) 봄에는 鷄林府敎授를 제수하는 소명이 있었고, 그 해 가을에는 安邊敎授를 제수하는 소명이 있었으나 그는 이를 거절하고 모두 나아가지 않았다.

조선 건국 후 定宗의 재위 때 당시 세자로 있던 芳遠의 추천으로 太常博士를 제수하는 소명이 있었으나 箋을 올려 거절하였다. 이때 길재가 정종에게 올린 「辭太常博士箋」은 당시 그가 갖고 있었던 사상적 이념을 보여준다.

남은 생명이 기구하여 시골로 물러나 있는데, 은총이 특별하시어 다시 조정의 반열에 서는 은택을 입었습니다. 생각하건대 분수에 넘침이 너무도 심하니, 어찌 함부로 이를 감당하겠습니까. 이에 힘써 이를 사양하오니, 승낙 있으시기 바랍니다. 옛 사람의 행적을 보건대 모두가 임금과 신하의 조우가 어려움을 걱정하였습니다. 두 임금을 섬기지 않음은 어찌 신하가 지조를 지켰다는 이름을 얻기 위해서였겠습니까. … 이미 前朝의 신하가 되어 몸을 바쳤으니, 진실로 힘써 그에 충성을 다하는 것이 마땅한데, 僞宗이 패망하는 때를 당해서도 목숨을 버리지 못하였고, 나라가 망한 후에도 수양산으로 들어가 伯夷·叔齊가 되지도 못하였습니다. 명분과 의리가 아울러 없어지고 곧은 절개조차 굽히게 되었으니, 미천한 목숨에 죽임을 내리어 앞으로 두 마음 가진 신하들에게 부끄러움을 느끼게 하심이 마땅한 일입니다.

---

15)『冶隱先生言行拾遺』下,「讚詠詩 並序」.

… 그렇다면 성상께서는 절의를 장려한다는 이름을 얻게 되고, 신은 임금 섬기는 의리를 얻게 될 것입니다. 삼가 깊숙한 산중에 살면서 두 임금 섬기지 않는 마음을 다 할까 합니다.[16]

이에 정종은 그 절의를 가상히 여겨 禮로써 대접하여 보내주고, 또 밭을 내려 食邑으로 쓰게 하였으며, 세금과 부역을 면해주도록 하였다. 이때 식읍으로 하사 받은 밭은 100결이었다.[17] 그러나 그는 여기에 모두 대나무를 심어 고려에 대한 그의 충절을 더욱 굳건히 하고, 또 「黃花祭伯夷」라는 시를 지어 자신의 심회를 읊었다.[18]

竹色春秋堅節義   대나무는 봄과 가을에도 절의를 굳게 하고
溪流日夜洗貪婪   시냇물은 흘러 밤낮 없이 탐욕을 씻어주네.
心源瑩靜無塵態   마음은 맑고도 고요하여 아무런 티끌도 없도다.
從此方知道味甘   이 이치 깨달으니 道의 진미를 알겠도다.[19]

길재는 일찍이 태종과 함께 성균관에서 수학하여 양인의 친분은 돈독하였다. 태종은 즉위 후에도 그를 잊지 않고 불렀으나 그는 태종에게 『詩經』을 講하여 주고는 곧 바로 물러나왔다. 이것은 세종 12년(1430)에 왕과 侍讀官 偰循의 대화에서 보이고 있다.

세종 : 춘추관에서 충신의 성명을 뽑아보냈는가.
설순 : 고려 말년에는 注書였던 吉再 뿐입니다.
세종 : 태종께서 再를 부르시니 재는 『시경』 한편의 강의를 드리고 돌아갔으니, 이는 스스로 箕子가 洪範을 진술한 것에 견준 것이다. 길재는 집안이 좋은 사람이었는가.
설순 : 한미한 집안에서 일어났습니다.

---

16) 『冶隱先生言行拾遺』 中, 「辭太常博士箋」.
17) 『冶隱先生續集』 下, 「賜田事蹟」.
18) 『冶隱先生續集』 中, 「淸風祠記」.
19) 『冶隱先生言行拾遺』 上, 「偶吟」.

> 세종 : 前朝 大家의 귀족들은 모두 우리 왕조에 벼슬하였는데, 재는
> 미천한 선비로서 벼슬하지 않았으니, 이것은 어려운 일이다.
> 그것은 陶潛과 비슷하지 아니한가. 도잠은 작은 벼슬에 있었
> 으면서도 晉에 벼슬하지 않았다. 그런 즉 그의 행적은 마땅히
> 표창하여 후세에 전하여야 할 것이다.[20]

태종은 그의 지조를 높이 받들었다. 이것은 태종 12년(1412) 徐
甄의 처벌에 대한 그의 말에서 보인다. 서견은 고려가 망하자 벼슬
에 나아가지 않고 衿州에 은거하면서 고려에 대한 충절을 지켰는
데, 이때 전조를 그리워하는 시를 지었다. 의정부의 대신들과 간관
들이 이를 문제삼아 그를 처벌하도록 건의하였는데, 이때 태종은

> 徐甄이 北面하여 나를 섬기지 않으니, 어찌 우리 신하라고 할 수
> 있겠는가? 卿들이 그의 죄를 묻고자 한다면 백이의 道가 그르다고 한
> 뒤에야 물을 수 있을 것이다. 만약에 그에게 죄를 내린다면 길재도 관
> 직을 제수하였는데도 버리고 가 버렸으니, 이것도 불가한가.[21]

라고 하여 이들의 건의를 반박하고 있다.

처음 고향에 내려왔을 때 그의 생활은 극히 어려웠다. 고향에는
그의 어머니 김씨가 홀로 생활하고 있었는데, 생활의 여유는 그가
불우했던 어릴 때의 환경과 별로 다를 바가 없었다. 이때 그의 어
머니는 예순이 넘어 있었다. 그들 부아버지는 성심으로 어머니를
봉양하였지만 그들의 생계로서는 도저히 어머니를 흡족하게 봉양
할 수 없었다. 그래서 한때 처가가 있는 錦州로 가서 어머니를 흡
족하게 봉양할까 하는 의논도 있었으나 차마 부모의 고향을 떠날
수 없어 결정을 내리지 못하고 있었다. 이러한 생활이 4~5년 계속
되었다. 태조 4년(1395) 당시 郡事로 있던 鄭以吾가 이 사실을 알고

---

20) 『世宗實錄』 권50, 世宗 12년 11월 庚申.
21) 『太宗實錄』 권193, 太宗 12년 5월 庚子.

서 梧桐洞에 있는 묵은 밭을 주어 생계에 보탬이 되도록 하였다.
당시 그의 생활은 成石璘이 지은 다음의 시에서 보인다.

山下數間溪畔廬　산아래 시냇가 두어 간 초가집에
手裁松竹碧䔲疎　손수 심은 솔과 대나무는 성글게 푸른 기운 머금고
細君洗盞開新醅　아내는 잔을 씻어 새 술을 거르며
稚子挑燈讀古書　어린아이는 등불 돋우며 옛 글을 읽네.
玩世肯爲中散鍛　세상을 비웃으며 사니 中散[22]이 풀무질하던 생활이요
韜光正似子陵漁　빛을 감추니 子陵[23]의 어부생활과 흡사하구나.
門前官道多冠盖　문전에 관의 행차가 빈번하지만
高臥從渠自覆車　높이 누워 수레가 넘어짐도 상관하지 않네.[24]

太宗 2년(1402) 어머니가 돌아가시자 歛에서부터 禫祭에 이르기까지 모두 文公의 家禮에 따르고, 浮屠의 법을 쓰지 않았다. 이 해에 당시 知郡事로 있던 李陽이 그를 방문하여 栗谷洞의 田園으로 옮겨 생활하도록 하였으며, 또 慶尙監司 南在가 州官에게 명하여 家廟를 지어드리게 하였다. 이로써 그는 비로소 정착할 만한 집을 구하게 되었고, 이후 이곳에서 여생을 마칠 때까지 살았다. 그가 후생교육을 위하여 전력하였던 곳도 바로 이곳이다. 그가 은퇴하여 생활하던 이곳에는 원근의 학자들이 사방에서 모여들었으며, 그는 항상 이들과 경전을 토론하고 성리학을 講解하면서 오로지 후학의 교육을 즐거움으로 하면서 생활하였다. 당시 그의 이러한 생활은 그가 읊은 시에서도 보인다.

盥手淸泉冷　　맑은 샘물에 손을 씻고
臨身茂樹高　　무성한 숲 속으로 몸을 숨기네

---

22) 晋의 稽康, 竹林七賢의 한사람이다.
23) 後漢 嚴光의 字이나.
24) 『東文選』권17, 「寄題吉再冶隱」.

冠童來問學   冠童이 찾아와 학문을 물으니
聊可與逍遙   유유히 그들과 더불어 소요하는구나.[25)]

또한 그는 鄕風 순화를 위한 사회교화에도 전념하였다. 이 시기
의 그는 성리학적 학문의 보급 및 실천으로 그 자신의 여생을 일관
하였다고 볼 수 있다.

세종 원년(1419)에 세상을 떠나니, 향년 67세였다.

Ⅱ. 길재의 교육활동

그는 관로에 진출한 우왕 13년(1387)부터 은퇴하여 세종 원년 세
상을 떠날 때까지 오로지 교육활동에만 전념하였다. 그의 학문은
이색·정몽주·권근의 문하에서 크게 정연되었고, 이후 고려사회
를 대표하는 학자로까지 성장하게 된다. 그 자신도 이러한 학문적
기반을 배경으로 하여 후학들의 교육을 위하여 한 생을 일관하고
있다. 그의 교육활동에 대하여 조선시대 李德懋는『靑莊館全書』
에서

　　제자들과 인사가 끝나면 곧 바로 書室에 들어가 학문을 강설하고,
　　의심나는 것은 변론하여 하루 종일 지칠 줄 몰랐다. 힘써 程·朱의 뜻
　　에 맞도록 하여 市井에 대한 말이나 異端에 대한 글은 듣거나 보려하
　　지 않았다. 대·소 관원을 막론하고 먼저 禮를 행하지 않으면 찾아가
　　만나지 않았고, 항상 道學을 밝히고 이단을 물리치는 것으로써 일을

---

25)『冶隱先生言行拾遺』上,「閑居」.

삼으니, 중들도 깨닫고 근본으로 돌아온 사람이 수십 명이었다. 동생도 僧으로써 오래 있었는데, 또한 깨달아서 儒道로 돌아와 생원시에 합격하였고, 經術에 밝은 선비들 중에는 그 門下에서 나온 사람이 헤아릴 수 없이 많았다.[26]

라고 평하고 있다.

그의 교육활동은 크게 학교교육을 통한 인재양성과 사회정화를 위한 교화활동으로 구분 할 수 있을 것이다.

1. 학교교육

관로에 진출한 후 은퇴하여 세상을 떠날 때까지 그의 생애는 후생들에 대한 교육과 일반대중에 대한 교화활동으로 거의 시종되고 있다. 그의 교육활동은 성균관 교관으로부터 출발하고 있다.

그가 관로에 진출하여 처음으로 제수받은 관직이 성균관 학생들의 교육을 맡는 成均學正이었다. 물론 전년에 청주목 사록을 제수받은 일이 있으나 이것은 그가 부임하지 않았기 때문에 그의 관력에서는 제외해도 좋을 것이다.

성균학정에 부임한 그는 학생들의 학업을 위하여 성심을 다하였다. 다음 해에 그는 諄諭博士로 전보되고, 이 해 겨울에는 成均博士로 승진하였다. 그의 승진과정에서 주목되는 것은 그가 성균학정에서 나음 해에 바로 순유박사로 승진되고 있는 점이다. 성균학정의 품계가 정9품인데 반하여 순유박사는 종7품이다.[27] 그는 불과 1년도 못되어 3품의 품계를 뛰어 승전하고 있다. 또한 순유박사

---

26) 李德懋, 『靑莊館全書』 권69, 「吉冶隱」
27) 『高麗史』 권76, 志30 百官1 成均館.

를 제수받은지 불과 6개월도 안되어 성균관 교육의 핵심교관인 성균박사로 승전되고 있다. 이와 같은 승전과정은 고려후기 교관의 전문화 과정이 일반화되는 추세에서 나타나고 있지만,[28] 이러한 승전은 극히 찾아보기 어려운 파격적인 예우이다. 이것은 그의 학문적 능력과 교육에 대한 그의 열성이 인정되어 나타난 포상으로 볼 수 있을 것이다.

그는 사실 후학이었지만 학문적으로는 당시 유학계의 태두인 이색·정몽주와 거의 동열의 위치에 있었고, 또 후학들을 교육하는 교육적 열성도 대단하였다. 따라서 그는 당시 학생들의 존경 대상이 되었다. 그는 교관으로서 學宮에 있을 때는 학생들의 교육에 전념하였고, 또 私邸로 물러나왔을 때는 양가집 자제들이 찾아와 가르침을 청하였고, 그가 가는 곳마다 학동들이 찾아와 모두 존경하며 가르침을 청하였다.[29]

이와 같은 그의 학문적 능력은 그가 관직을 은퇴하고 善山에 칩거한 다음 해에 국가에서 鷄林府敎授와 安邊敎授를 제수한 사실로도 알 수 있다. 그러나 이미 고려의 운명을 예감하고 있었고, 또 이것을 天命으로 보아 은퇴한 그로서는 비록 그것이 교관의 직이라 하더라도 다시 출사할 수는 없었다. 그렇다고 해서 그는 교육적 사명을 포기한 것은 아니었다. 오히려 그는 교육적 사명을 그에게 주어진 소명으로 생각하고 이후 교육에 더욱 전념하게 된다.

한국교육사에서 그가 차지하고 있는 비중이 且重한 것도 오히려 그가 은퇴한 이후의 교육활동에 있다고 볼 수 있다.

이 시기에 있어 그의 교육활동의 특징은 書齋敎育에서[30] 찾아

---

28) 申千湜, 앞의 논문, 169~200쪽.

29) 『冶隱先生言行拾遺』 上, 「行狀」.

30) 엄격한 의미에서는 齋舍교육이라 해야 할 것이다. 그러나 서재교육이라 파악한 견해(李秉杰, 1975, 「麗末鮮初의 科業敎育」『歷史學報』67)

볼 수 있다. 그가 은퇴 후에 다시 본격적으로 교육에 전념하게 되는 것은 太祖 4년(1395) 당시 知郡事였던 鄭以吾의 도움으로 어느 정도 생활에 기반이 잡힌 후부터이다. 그가 정이오의 도움으로 梧桐洞에 정착하자 이곳에서 여생을 보낼 결심을 하게 되고, 이후 후진양성에 전념하게 된다. 특히 태종 2년(1402) 郡事 李陽, 慶尙監司 南在의 도움으로 栗谷洞 田園으로 기반을 옮기자 여기서부터 본격적인 서재교육이 전개된다.31) 그의 서재교육에 대한 내용을 알려주는 직접적인 자료는 찾아볼 수 없으나 다음과 같은 자료에서 그 대강을 유추할 수 있다.

   자료 ① 公이 고을의 여러 생도를 모아 이들을 두개의 齋로 나누어 수입하였는데, 양반집 후예는 上齋, 마을의 賤한 무리는 下齋로 하여 經史를 가르치며, 그 권태를 시험하였다. 수업 받는 생도는 매일 100명이 되었다.32)

   ② 우리 고을 선생 吉公 再는 … 金烏山 아래 집을 짓고 자제를 가르치니, 冠童들이 구름처럼 모여들었다. 그의 가르침은 물뿌리며 쓸며 응대하는 절차에서부터 춤추며 노래하는데 까지 미쳤으며, 차례를 넘지 않도록 하였다. 일찍이 金叔滋께서도 가서 수업하였다.33)

   ③ 金烏山에 물러나 살면서 고을의 학도를 모아 가르쳤다. 齋舍를 上·下의 齋로 나누어 양반 집 후예는 上齋, 시골의 천한 무리

___

   가 있기 때문에 그 용어를 사용하였다.

31) 「冶隱行狀」에는 그가 서재교육을 실시하였다는 내용을 찾아볼 수 없다. 그러나 成俔의 『傭齋叢話』나 徐有鐸의 『請陞廡疏』 등에서는 그의 서재교육에 대한 활동이 확인된다. 그가 서재교육을 실시한 정확한 연대는 확인할 수 없지만 필자의 견해에서 볼 때 그가 은둔한 직후는 생활여건상 불가능하였을 것이며, 태조 4년(1395) 梧桐洞의 생활도 서재를 운영할 만한 여건이 되지 못하였다. 이로 보아 서재교육은 태종 2년(1402) 栗谷洞 전원생활에서 찾지 않을 수 없게 된다.

32) 『冶隱先生言行拾遺』 中, 「傭齋叢話」.

33) 『冶隱先生言行拾遺』 中, 「彝尊錄語」.

들은 下齋에 두고 經典과 역사를 가르치며 그들의 권태를 시험하니, 공부하는 생도가 하루에 100명씩이나 되었습니다.[34]

위의 자료 ①과 ③에서 書齋교육과 아울러 여기서 수업 받는 학생의 수가 100여명이 되었다는 사실을 확인할 수 있다. 학생 수 100여명이라는 것은 당시 사회상에서 볼 때는 엄청난 숫자이다. 세종대에 그가 거주하던 행정구획인 善山府 향교의 학생정원이 70명이었으며,[35] 그가 출생한 海平의 향교는 그 정원이 40여명이었다.[36] 이로 볼 때 그의 문하에서 100여명이 수학하였다는 것은 그의 본거지인 해평은 물론 安東府 관내의 거의 모든 학생들이 찾아와 수학하였음을 말해준다.

이와 같이 많은 학생을 대상으로 한꺼번에 수업한다는 것은 불가능한 일이었을 것이다. 이에 齋舍의 시설을 확충하여 상·하재로 구분하여 上齋는 양반집 후예, 下齋는 일반 서민의 자제를 수용하였음이 위의 자료에서 확인된다.

齋舍에 의한 書齋敎育은 科業敎育을 위한 당시의 일반적 교육사조였다는 견해가[37] 있다. 그러나 길재에 의한 이와 같은 서재교육은 단순한 과업교육이라기보다는 위의 자료에서 보이는 바와 같이 四書五經의 經典은 물론 金宗直이 자료 ②에서 지적한 바와 같은 생활전반에 대한 교육이었다. 따라서 그 교육은 성리학의 본질

---

34)『冶隱先生續集』下,「請陞廡疏」.
35)『經國大典』권3, 禮典.
36)『新增東國輿地勝覽』권29, 鄕校. 원래 海平은 安東府의 屬縣이기 때문에 鄕校가 국가적으로 공인될 수 없었다. 따라서 이들은 安東府의 鄕校에서 수학해야 하는데, 그 곳까지는 큰 개울을 건너야 하며, 또 거리가 20리나 되어 매우 불편하였다. 이에 이 곳 鄕先生을 중심으로 100여명이 請願하여 鄕校의 설립을 공인받았다. 당시 이곳에는 40여명의 학생이 수업받았다.
37 李秉烋, 앞의 논문, 67쪽.

적 이해는 물론 그것을 생활에 실천할 수 있도록 하는 행동적 학문
도 겸한 교육이었다.

2. 사회교화

그는 교육활동에서 四書五經을 비롯한 학문연구는 물론 일상생
활과 연계된 생활교육도 또한 중시하였다. 그가 지향한 교육목표
은 성리학적 학문의 요체를 터득하고, 아울러 그것을 생활화하는
것에 두었다.

그는 이러한 이념 하에 사회교화를 위하여 크게 노력하였다. 사
회교화에 대한 그의 이상은 성리학적 가치관에 입각한 사회정의의
실현이었다. 이것은 朱子가 지향한 교육목표이기도 하였다.

그가 이를 위하여 실천한 방법은 垂範이었다. 그는 몸소 성리학
적 규범을 실천함으로써 일반 대중들로 하여금 이를 생활화할 수
있도록 교화하였다. 朱子家禮의 생활화에서부터 異端의 배척, 충
효사상의 배양에 이르기까지 그는 이를 몸소 실천함으로써 모범을
보였다.

그의 수범은 그 자신이 철저하게 성리학적 규범을 일용생활에서
실천하는 것에 있었다. 그는 은퇴 후 어머니를 봉양하는데 온갖 정
성을 다하였다. 잠자리에 드실 때는 이부자리를 펴드리고, 아침에
는 거두는 일을 몸소 하였다. 처자가 그것을 대신하고지 하였으나
그는

> 내 어머님은 늙으셨다. 뒷날 어머니를 위하여 이와 같은 일을 하고
> 지 하나 그때는 할 수가 없을 것이다.[38]

라고 하여 거절하고는 몸소 행하였다. 이후 어머니가 돌아가시자 歛에서부터 禫祭에 이르기까지 한결같이 文公의 家禮에 따르고, 浮屠의 법을 쓰지 않았다. 이후 그는 부모의 忌日을 당할 때마다 쌀 한 톨도 입에 넣지 않았으며, 宗族이 喪을 당했을 때도 반드시 문공이 지정한 법으로서 예를 지켰다. 또 이웃에 喪事가 있을 때는 비록 미천한 사람이라 하더라도 반드시 죽을 먹고 배부르게 먹지 않았다.

이와 같이 그는 부모에 대한 효를 몸소 실천하여 수범하였으며, 또 이웃의 슬픔도 같이 나누면서 공동체의 협동의식을 선양하였다. 또 그는 부모에 대한 효와 더불어 임금에게 충성하고 스승를 공경하는 것을 綱常으로 보아 이를 덕목으로 교화하였다. 1391년에 우왕이 죽자 그는 菜果와 醯醬을 먹지 않고 方喪 3년을 행하여 고려 왕조에 대한 그의 충절을 표하였으며, 그의 스승 이색과 박분의 죽음을 듣고는 心喪 3년을 행하여 제자로서의 도리를 다하였다.[39]

그의 이러한 수범적 교화활동에 대하여 柳希春은 「續夢求」에서 당시 학자들의 평을 다음과 같이 인용하고 있다.

> 君子는 평하기를 "冶隱은 바탕이 아름답고 학문이 순수하며, 義를 좋아하고 禮를 높였다. 부모에게 효도하고, 임금에게 충성하며, 스승을 높여서 신하와 자식과 제자로서의 세 가지 직분을 다 하였다. 이미 이렇게 몸을 바치고, 또 이렇게 사람을 가르쳤으니, 옛날 순수한 선비라고 하더라도 여기에는 미치지 못할 것이다"라고 하였다.[40]

그는 밖에 나가 사람들을 대할 때에도 남녀와 신분을 가리지 않고 항상 공손하게 예의로서 대하여 이들을 감화시켰고, 또 서로 守

---

38) 『冶隱先生言行拾遺』 上, 「行狀」.
39) 『冶隱先生言行拾遺』 上, 「行狀」.
40) 『冶隱先生言行拾遺』 中, 「續蒙求」.

分하는 이치를 깨우쳐 仁과 義를 알 수 있도록 교화하였다. 그 자신은 시정배의 말과 음란한 음악은 단 한번도 귀담아 들은 적이 없으며, 異端의 글과 예의에 맞지 않는 일은 눈으로 보지도 않았다. 이것은 또한 사회교화에 대한 그의 이념이기도 하였다.

이러한 그의 노력으로 그 고장에서는 아무리 천한 사람이라 하더라도 仁과 義를 알게 되었고, 심지어 계집종들까지도 시를 암송하게 되고, 또 부녀자들도 貞烈로써 자신을 지킬 줄 알게 되었다.

그가 행한 교화활동의 영향이 어떠했는가 하는 것은 다음의 사례에서 실증되고 있다.

① 烈女 蔡哥는 鳳溪사람인데, ㄱ의 사저은 『續二綱行實』에 기록되어 있다. 세상에 전해지는 것을 살펴보면, 蔡氏는 항상 "烈女는 두 지아비를 섬기지 않는다"는 말을 외우면서 스스로 격려하였다. 어떤 사람이 "너는 시골의 천한 여자인데, 어떻게 이 말을 아느냐?"고 물으니, 채씨는 "우리 마을에 吉注書가 일찍이 충신은 두 임금을 섬기지 않으며, 열녀는 두 지아비를 받들지 않는다고 말하였다. 이 때문에 나도 안다"고 대답하였다.[41]

② 趙乙生이란 병졸이 있었는데, 멀리 변경으로 수 자리를 떠났다. 부인 藥哥는 몸을 더럽힐까 염려하여 가시나무로 울타리를 두르고 수절하기를 거의 10년이나 하였다. 어느 날 밤에 남편이 돌아와 문을 열라고 하였으나 그 아내는 이를 거절하고 말하기를 "내가 비록 남편으로 믿지만 밤중에 몰래 들어오면 어찌 반평생 수절한 뜻이 있겠습니까? 吉先生께서 들으시면 뭐라고 하시겠습니까?"라고 하였다.[42]

---

41) 『冶隱先生言行拾遺』 中, 「對詔使問」.
42) 『冶隱先生續集』 中, 「麗史提綱」.

Ⅲ. 길재의 사상

세종 원년(1419) 그가 67세로 세상을 마치자『세종실록』은 그의
행적을 다음과 같이 기록하고 있다.

> 吉再는 마침내 善山의 舊廬로 돌아갔다. 왕께서 수차에 걸쳐 벼슬
> 을 내려 불렀으나 나아가지 않았다. 辛禑가 흉변을 당하였다는 소식
> 을 듣고는 3년 상을 치르면서 채소와 과일 鹽藏을 먹지 않았다. 어머
> 니를 지극한 孝로 모셔 근면을 다하고 定省을 흐트리지 않고 맛있는
> 음식을 반드시 갖추어 드렸다. 거실에는 사람들이 거듭 오지 않아도
> 마음에 두지 않았다. 學徒를 교수하면서 孝悌・忠信・禮義・廉恥를
> 우선하였다. 上王이 세자가 되어 그를 불러 奉常博士를 제수하였으나
> 거듭 箋을 올려 스스로 말하기를 “忠臣은 두 임금을 섬기지 않습니다.
> 신은 草萊로 僞朝에 몸을 담아 벼슬을 하였는데, 다시 벼슬하여 名敎
> 를 더럽히는 것은 마땅하지 않습니다”라고 하였다. 上王은 그 절의를
> 가상히 여겨 優禮로써 돌려보내고, 그 집을 復戶하였다.43)

위에서 그의 사상에 대한 일면을 엿볼 수 있다. 여기에서는 그의
사상을 그가 갖고 있었던 이념적 사상과 그가 현실사회에서 실천
하였던 사회적 사상으로 구분하여 살펴보고자 한다.

1. 이념적 사상

그의 이념적 사상은 성리학에서 보이는 세계관과 현실관을 그대
로 수용하면서 이를 일상생활의 가치관으로 정착시키는 것에 있었

---

43)『世宗實錄』권3, 世宗 원년 4월 丙戌.

다. 즉 그의 사상적 이념은 馳心經學하여 三代之政을 재현하는 道學理念의 실천이었다.

이러한 그의 이념은 그가 은퇴한 후 서술한 「後山家序」에서

> 다만 밭갈이에 힘을 다하고 馳心經學하여 아래로는 어버이를 봉양하고, 위로는 임금을 섬길 뿐이다. 어버이를 봉양하는 것은 어버이가 만족하실 때까지 하고, 임금을 섬길 때는 임금을 堯·舜으로 만들어서 그 백성을 그 살기 좋은 요·순의 세상으로 맞아들이고, 世代를 三代의 盛世로 올려놓자는 것이 평소 나의 뜻이었다.[44]

라고 하고 있는 것에서도 확인된다.

馳心經學, 즉 성리학의 학문적 이치를 터득하고, 이를 전제로 아래로는 어버이에 효도하고 위로는 왕께 충성을 다함으로써 이 땅에 唐虞의 이상적 치세를 재현한다는 이러한 이념은 그의 사상적 기조였으며, 또한 그의 교육이념이기도 하였다.

따라서 그는 空理的 학문은 배격하였으며, 아무리 훌륭한 학문이라고 하더라도 그것이 생활에의 실천과 병행되지 않으면 正學이라고 보지 않았다.

> 대개 어려서 배운 것은 자라서 실행하는 것이 옛 사람의 도리이다. 옛날이나 오늘날이나 사람들은 배우지 않는 사람이 없다. 그러나 저 세속을 떠나 멀리 숨어서 자기의 몸만을 깨끗이 한다고 하면서 인륜을 어지럽히는 일을 한다면, 이를 어찌 군자가 하는 일이리 할 수 있겠는가.[45]

그는 철저하게 실천을 원칙으로 하였다. 그의 실천적 강령은 성리학적 가치관이었다. 그가 행한 부모에 대한 孝, 또 喪制와 祭禮,

---

44) 『冶隱先生言行拾遺』 上, 「後山家序」.
45) 『冶隱先生言行拾遺』 上, 「山家序」.

그리고 그 자신이 67세로 병이 위중하여 임종에 가까웠을 때 사위 李孝誠에게 유언한 자신의 喪禮, 이 모든 것은 文公家禮의 실천이었다.

三代之政을 재현하려는 道學理念의 실천은 그가 지향한 사상적 이념의 기조였다. 그는 국가에 대한 충성과 절의를 중시하였다. 따라서 국가에 대한 충성과 절의는 그가 가장 중시한 교육이념의 하나이기도 하였다. 그는 끝까지 고려왕조에 대한 義를 지켰으며, 조선왕조의 수차에 걸친 부름에도 나아가지 않았다. 그는 자신의 이러한 행동을 그 자신이 忠을 실현하는 이념적 사상의 실천으로 보았고, 이것은 다시 大義와 名分에 입각해 볼 때 天命에 순응하는 것으로 파악하였다.[46] 또 그는 만약에 이러한 천명을 어기고 조선왕조에 仕宦한다면 이것은 그 자신이 仁義의 명분을 어기는 것으로 생각하였다. 이러한 그의 사상은 「上宰相啓」에서

> 古今의 禮를 실천하여 지금의 포부를 행함은 다름이 아니오라 평소에는 仁을 행하고, 변을 당해서는 절의를 지키는 것입니다. 만일 甲을 섬기다가 乙로 옮겨간다면, 이는 실로 소나 말에게 옷을 입혀 놓은 것이지 사람은 아닙니다. 밤이 지나 별들의 빛이 희미해져도 長庚星만은 반짝거리고, 뭇 나무 잎이 떨어져 산이 비어도 老松만은 늠름하게 남아 있습니다.[47]

라고 하고 있는 것에서 잘 나타나고 있다.

의리와 명분, 이것은 성리학의 사상적 基底이기도 하다. 새벽녘의 長庚星, 겨울철의 老松 같이 절의로써 고려에 마지막 충성을 다하겠다는 그의 신념은 바로 성리학의 사상적 기저인 의리와 명분

---

46) 『冶隱先生言行拾遺』 上, 「山家序」에서 '樂天知命 我何憂乎'라는 말이 보인다.
47) 『冶隱先生言行拾遺』 上, 「上宰相啓」.

을 실천하겠다는 의지이기도 하였다. 그렇다고 해서 그는 조선왕조의 건국을 부정적 입장에서 보지는 않았다. 그는 고려의 멸망과 조선의 건국을 성리학적 정통사관의 입장에서 당연한 역사의 섭리, 즉 천명으로 수용하고 있었다.

따라서 그는 고려왕조에 대한 자신의 절의를 그 자신의 대의와 명분의 실천으로 보고, 이를 다른 사람에게는 강요하지 않았다. 그는 비록 고려의 신하로서 조선에 벼슬하는 사람들은 경멸하였지만, 새로이 조선왕조에 사환 하려는 사람들은 비난하지도 않았다. 오히려 그들에게는 신왕조를 忠과 절의로서 섬겨 三代之政의 도학이념을 실천하도록 격려하였다. 이러한 그의 이념은 그의 아들 師舜에게 관로진출을 허용하면서

> 내가 초야에 묻혀있는 몸으로 임금의 부름을 입었으니, 비록 爵祿은 얻지 않았다고 하더라도 그 은혜와 義理는 보통 신하와는 비교할 바가 아니다. 너는 마땅히 고려를 잊지 못하는 나의 마음을 본 받아서 너의 조선의 임금을 섬겨라. 네 아비의 마음은 이밖에 다른 소망이 없다.[48]

라고 격려하고 있는 것에서도 보이고 있다. 어떻게 보면 그는 삼대지정을 재현하려는 그의 이념이 고려의 운명으로 좌절당하자 이것을 교육이념으로 승화시켜 조선사회에서 그것을 기대했던 것으로 생각할 수 있다.

후대 李在沆이 「求仁齋記」에서

> 선생의 道는 어버이에게 효도하고, 임금에게 충성하고, 스승을 존경함으로써 萬古의 綱常을 세우고, 又 來世에 그 名敎를 천명하는 것에 있었다.[49]

---

48) 『冶隱先生言行拾遺』上, 「行狀」.

라고 한 것은 그의 이러한 이념을 간접적으로 알려주는 자료로 주목된다. 앞에서 살펴 본 그의 교육활동과 사회교화는 이러한 그의 이념이 현상적으로 나타난 결과로 파악할 수 있을 것이다.

2. 실천적 사상

교육자로서 그는 철저한 행동주의자였다. 교육에 대한 그의 이념은 현실사회에서의 실천을 전제로 하였으며, 이를 위하여 垂範이라는 그 자신의 행동으로 이를 몸소 실천하였다. 知府 李在沆이 그의 학문을 평하여

> 한갓 선생의 절개가 伯夷·叔齊의 仁만을 흠앙할 줄만 알고 옛사람의 학문에만 종사하면서 내 마음의 仁을 구할 줄 몰랐다면 어찌 求仁齋라 이름지은 의의가 있었을 것이며, 어찌 선생의 道가 백세 뒤에 흥기할 수 있었겠는가? … 선생 학문의 근본은 어디까지나 '學' 한 글자에 지나지 않는다.[50]

라고 한 것은 이러한 그의 이념을 말해주고 있다. 즉 그는 성현의 말씀을 내 마음의 덕목으로 수용하여 이것이 행동으로 나타날 때에야 비로소 이를 '仁'이라고 파악하였다. 그는 고려에 대한 그의 절의를 그 자신의 '仁'의 실천으로 보았다. 그가 은퇴하고 얼마 후에 지은 「足夢中聯句」라는 시에서

古今僚友 身新變 고금의 벗들은 몸을 새롭게 변하였지만
天地江山 是故人 천지강산은 바로 내 벗이로다.

---

49)『冶隱先生續集』中, 附錄1「求仁齋記」.
50)『冶隱先生續集』中, 附錄1「求仁齋記」.

太極眞君 應許我 천지와 인심은 나를 알아 줄 것이니
仁心不老 自靑春 仁心은 늙지 않고 영원히 청춘일세.51)

라고 한 것은 이러한 그의 마음을 그대로 말해준다.

그는 학문의 근본을 '學' 자체에 있다고 보았다. 여기서 '學'이라는 것은 단순한 '學'을 포함한 '行動之學'이며, 또 그것은 성리학 이념의 실천이었다.

그의 학문적 자세는 대단히 진지하였다. 그가 '學'의 자세로서 가장 중시한 것은 '存心'이었다. '存心'이란 즉 本心을 세우는 것을 말한다. 그렇다면 본심이란 무엇인가? 이것은 柳成龍과 그 형 柳侯와의 대담에서 그 뜻을 찾을 수 있다.

> 옛 성인은 사람에게 먼저 그 本心을 세우는 것을 가르쳤다. 본심이란 父子之間의 義, 君臣의 義와 같이 하늘이 내린 것으로 만물의 법칙이 되는 것이다. 이것은 본래 내가 가지고 있는 것이지 밖에서 얻는 것이 아닌데, 혹 그 道를 다하지 못하는 것은 욕심이 가리고 있기 때문이다. 본심이란 砥柱이다. 사람이 어찌 자기 몸에 지주를 세우지 않고 능히 세상에다 지주를 세울 수 있겠는가? 그러므로 어지럽고 위태로운 가운데 큰 절개를 세워 변하지 않는 사람은 모두 평소에 그 본심을 먼저 세워 잃지 않는 사람이며, 바로 吉선생이 그러한 분이시다.52)

그는 언제나 사람들에게 말하기를 "낮에 말과 행동이 착오가 생기는 것은 밤에 '存心'을 못하였기 때문이다"라고53) 하면서 '존심'이야말로 학문을 학문되게 하고, 행동을 행동되게 하는 모든 '學'의 기초로 파악하였다.

그 자신도 이를 위하여 밤이 되면 온갖 생각을 모두 버리고 말없

---

51)『冶隱先生言行拾遺』上,「先生遺詩」.
52)『冶隱先生言行拾遺』下,「砥柱碑陰記」.
53)『冶隱先生言行拾遺』上,「行狀」.

이 정좌하여 '존심'을 확고히 한 후에야 잠자리에 들었으며, 어떤 때에는 이를 위하여 이불을 안고 밤을 세우기까지 하였다.

그는 매일 첫 닭이 울면 세수하고 의관을 갖추고서 사당에 참배하고 이어 先聖에 배알하였다. 날이 밝아 학생을 가르칠 때나 밖에 나가 사람들을 대할 때에는 精忠과 至誠으로 하여 모든 사람들을 감화시켰다. 제자들과 挹禮를 마친 후에는 경서를 강론하는데 반드시 程朱의 뜻에 맞도록 힘 썼으며, 말은 반드시 忠과 信으로서 주장을 삼았다. 비록 몸에 병이 있을 때라도 한번도 손에서 책을 놓지 않았으며, 속된 사물에는 관심을 갖지 않았다. 학문을 연구할 때에는 항상 책상 앞에 앉아 辨證과 折衷으로 밤을 새워도 지칠 줄을 몰랐다.

이상에서 그의 사상을 살펴보았다. 이를 종합하면 그는 三代之政을 재현하는 도학이념을 사상적 기저로 하였고, 이를 실현하기 위한 현실적 이념으로는 '存心'을 기조로 변증과 절충으로 성리학의 학문적 要諦를 구명하여 馳心經學의 本旨를 터득하는데 두었다. 이러한 이념을 실현하기 위하여 그는 精忠과 至誠으로 사람들을 교육 내지 교화하였다.

3. 길재의 사상사적 위치

길재는 여말선초에 생존한 학자로 그의 생애는 교육활동으로 일관하고 있다. 특히 그는 고려후기에 수용된 성리학을 이색·정몽주·권근으로부터 수학함으로써 그 眞髓를 터득하고 독자적으로 이를 체계화시켰다. 그는 고려적 전통에서 학문을 익혔지만 그의 영향은 오히려 조선사회에서 빛을 발하게 된다. 조선시대 학자들의 그에 대한 평가가 극히 긍정적이라는 사실은 이를 말해 주고 있다.

그의 학풍은 조선사회의 사상적 이념을 마련하였으며, 이후 그의 문하에서 배출된 金叔滋·金崕·朴瑞生 등에 의하여 계승되어 조선사회의 새로운 학통으로 전승되어 갔다. 그가 생존하고 있었던 태종 3년(1403)에 당시 경상감사 南在가 시를 지어

高麗五百 獨先生	오백년 고려조에 홀로 선생 뿐
一代功命 豈足榮	한 때의 공명을 어찌 영화라 하여 족하였겠는가.
凜凜淸風 吹六合	늠늠한 맑은 기풍 천지에 불어
朝鮮億載 永嘉聲	억만년 조선에 영원히 그 명성 기리도다.
天縱宜尼 畏後生	하늘이 공자를 내고, 공자는 후생이 두렵다 했는데
道肥身瘦 德尊榮	몸은 비록 여의어도 道를 빛냈으니, 그 덕 높고도 빛나도다.
離儔獨立 淸標逈	무리를 벗어나 맑게 우뚝 서
遠播佳名 樹敎聲	좋은 이름 멀리 펴고 교화를 심었네.54)

라고 한 것이라던지, 또 태종 5년(1405)에 그의 스승 권근이

고려 500년에 교화를 배양하여 士風을 진작한 효과가 선생 한 몸에 마감하였고, 조선 억만년에 綱常을 세워 臣節의 근본을 밝히는 연원은 선생의 한 몸으로부터 시작되었다. 그의 名敎에 드리운 공이 더 없이 크고 우리 조정의 덕망 또한 선생으로 말미암아 더욱 들어 났으니, 그것이 바로 百代를 격려하는 高風이요, 만세를 보존하는 방파제이다.55)

라고 찬양한 것은 그가 행한 절의뿐만 아니라 그의 학문적 또는 교

---

54)『冶隱先生言行拾遺』下,「讚詠諸詩」.
55)『冶隱先生言行拾遺』上,「行狀」.

육적 업적을 높이 평가하였기 때문이다.

길재가 세상을 떠난 후 世宗 8년(1426) 12월에는 그의 덕과 절의를 기려 通政大夫·司諫院左司諫大夫·知製敎·兼春秋館編修官을 추증하였으며,56) 세종 13년(1431) 11월에는 「吉再抗節」이라는 題로 그의 행적을 『三綱行實圖』에 수록하였다.57)

그의 학통은 이후 조선사회에서 사림정신으로 계승되어 중종 때 조광조에 이르러서는 至治主義를 표방한 정치이념으로 승화된다.

사림정신이란 김종직의 학통에서 볼 수 있는 바와 같이 길재가 보존한 고려 풍의 절의정신을 토양으로 하여 자라난 것이었다. 그것은 대의와 의리로 표현되는 윤리 및 정치의 규범이고, 동시에 이의 실현을 위해 殺身成仁의 희생을 서슴치 않는 성리학 특유의 학통적 규범이다. 한마디로 그것은 성리학의 기초 위에서 의리의 실현을 위해 實踐躬行을 강조하는 '도학의 정신'인 것이다. 이것은 바로 길재의 학문적 세계이기도 하다.58)

조광조의 지치주의는 유교적 이념에 입각하여 삼대의 이상정치를 실현하는 것이었다. 이것은 길재의 「後山家序」에서 보이는 그의 정치 및 교육의 이념이기도 하였다.

조선시대에 계승된 그의 학통에 대하여 奇大升이

> 우리나라 학문이 서로 전하여 온 序次를 따진다면 夢周로부터 우리나라 理學의 시조로 삼아야 할 것입니다. 吉再는 몽주에게, 金叔滋는 길재에게, 金宗直은 숙자에게, 金宏弼은 종직에게, 趙光祖는 굉필에게 배워 스스로 源流가 되었습니다.59)

---

56) 『世宗實錄』 권34, 世宗 8년 12월 壬戌.
57) 『世宗實錄』 권54, 世宗 13년 11월 壬申.
58) 尹絲淳, 1975, 「朝鮮前期 性理學의 思想的 機能」, 『民族文化研究』 9.
59) 『冶隱先生續集』 下, 「靜菴事實」.

라고 하였고, 또 李在沆은 「求仁齋記」에서

> 포은이 성리학의 문을 처음 열자 선생이 그 문하에서 수업하였고,
> 그 학문은 金江湖·佔畢齋 父子를 거쳐 寒暄堂·靜菴에게 전하였고,
> 晦齋·退溪·牛溪·栗谷이 이를 계승하였으니, 우리나라 도학의 명
> 맥이 선생으로부터 시작하였다는 세상 사람들의 말이 과연 지나친 말
> 은 아니다.60)

라고 하였다. 또한 정조는 賜祭文에서

> 내 일찍 그대를 공경함은 忠만은 아니로다.
> 晦軒과 포은이 吾道를 우리나라에 전하였고
> 뭇 선비들이 唱導함은 程子와 朱子라면
> 공은 이를 전한 豫章(羅從彦)과 廷平(李侗)일세.
>
> 斯文의 규범이요 正學의 연원이로다.
> 성인의 말은 들을 수 없으나 그 광채는 밝게 비추도다.
> 공께서 거처한 이곳에서 제사를 지내니
> 단청을 한 처마 밑에는 私淑한 제자들이 가득하네.61)

라고 하여 그가 안향과 정몽주를 이어 정주의 학을 우리 사회에 정
착시킨 공로를 치하하고 있다. 또 위의 기대승과 이재항의 글에서
길재의 학통은 김숙자·김종직·김굉필·조광조의 맥락으로 계
승되었고, 이후 李彦迪·李滉·成渾·李珥에 의하여 전승되고 있
음을 밝히고 있다. 물론 이러한 학맥의 기준은 성리학이 지닌 道學
의 측면이 강조된 것이기는 하지만62) 그가 조선사회에서 사림정신

---

60) 『冶隱先生言行拾遺』 中, 「求仁齋記」.
61) 『冶隱先生言行續集』 中, 附錄 「正宗賜祭文」.
62) 尹絲淳은 이들 학파의 승계를 학문의 실제적인 전수관계보다는 성리학
　　이 지닌 도학의 측면이 평가 내지 판단의 기준으로 되었다고 보았다(尹
　　絲淳, 앞의 논문). 필자도 이에 동감한다. 그는 이색의 문생이었고, 권

의 표본으로 숭앙되었고, 이 시대 학자들의 존경대상이 되고 있었음을 알 수 있다.

이로 볼 때 길재의 학맥은 바로 조선시대 학문의 맥락을 대변하는 것이기도 하다. 그렇다면 길재는 실로 조선시대 학맥을 개척한 선구적인 학자로 평가해야 할 것이며, 그의 교육활동은 조선시대의 학문적 기초를 배양한 요람의 장으로 볼 수 있을 것이다.

근의 제자였다. 그는 이색과 권근이 죽자 제자로서의 예를 다하여 心喪 3년의 예를 치르고 있다. 이로 볼 때 그의 학통은 오히려 이들에게서 연원할 수 있을 것이다. 그러나 그는 성균관에서 정몽주로부터도 교육을 받았다. 중종 때 조광조의 문인들에 의하여 정몽주가 문묘에 종사되어 조선 학맥의 연원으로 부각되면서 길재의 학통을 이에 연결시킨 것으로 보아야 할 것이다.

찾아보기

ㄱ

「家禮要精篇」 522

家廟 239, 479, 667

家廟制度 331

可遠 603

家傳奴婢 31, 38, 67

稼亭 53, 261, 545

『稼亭集』 90, 114, 116, 218, 221, 228, 233, 235, 239, 327, 593

家學 199, 439, 605

「諫臣存吾之子」 467

「簡齋笏書」 520

碣石 172

甘露寺 22

監試 581

紺嶽山 289

「感遇」 168

姜君寶 446

「江南憶陶隱」 490

江都 24

講讀官 346

강릉향교 81

『江陵鄉校實記』 75

姜伯父 421

江城君 546

姜蓍 291, 421, 445, 446

康氏 131

康餘 445

講藝齋 189

康王 236

姜融 528

姜隱 339, 343

姜仁甫 445

강화 천도 258

姜淮季 447

姜淮伯 350, 365, 407, 419, 437, 444, 447, 460, 462, 478

「姜淮伯行狀」 420

姜淮仲 365, 445, 447, 450

姜暄 107, 112

「開國律寺重修記」 184

개혁정치 85, 99

巨卿 354, 616

學了科 218

去華 81

健元陵 552

「健元陵碑陰記」 617

「乞免書筵講說 擧贊成事安軸 密直副使李穀白代箋」 220

桀溺 509

劍履上殿 288
劍履上殿 贊拜不名 280, 486, 511
格物致知 194, 204
格齋 343
結黨謀亂 440, 442, 444, 450, 452,
    459, 460, 462, 463, 466, 565,
    571, 645
謙牧 472
謙夫 369
謙齋 155, 266
『經國大典』 672
慶大升 5
經德齋 189
經甫 648
경복궁 552
慶復興 328
敬夫 635
經史教授都監 30, 67
經史教授制 30
京城 268
敬愼 195
「庚申三月三日雨中晝寐夢韓山君」
    331
慶安殿 328
經筵 346, 584, 610
『耕隱田祖生年譜』 51
敬齋 95
『經濟文鑑』 401
『經濟文鑑別集』 401

『經濟六典』 373, 593
『慶州李氏尙書公派世譜』 549
『慶州李氏族譜』 137
敬之 391, 614
景質 450
敬天寺 172
敬平 345
經學 19, 30, 64, 100, 492, 578,
    579
『景賢祠誌』 452, 542
慶孝殿 467
季德 561
鷄林 650
鷄林府院君 146
「雞林府院君 諡文忠李公墓誌銘」
    137, 138, 140, 141, 151, 157,
    162, 181
鷄林府判官 621
「癸巳五月掌試棘圍呈同知貢擧洪
    二相」 259
季氏傳 234
啓陽 536
桂彦良 521
係危 369
戒子壻書 624
季札 21
「故政堂文學李公墓誌」 93
『古今錄』 253
「故杞城君尹公墓誌」 74

皐陶 561

高都琯 560

고려말 교관 역임자 384

『高麗名臣傳』 354, 355

『高麗墓誌銘集成』 79, 85, 91, 101, 109, 112

『高麗史』 5, 8, 12, 16, 27, 31, 50, 53, 58, 96, 110, 377

『高麗史節要』 24, 29, 31, 34, 41, 61, 66, 71, 84, 97, 110

『高麗列朝榜目』 266, 366

『高麗儒學史』 13

『高麗朝科擧事蹟』 551

古文 283

古文의 學 148

古賦 190

古佛 619

孤山 534

高世 29

考試官 39, 87, 313, 422, 589

高臣傑 410

古禮 388

古雲 246

固有道 501, 502

「高吟」 304

古朝鮮 298

高宗 24, 104, 180, 236

「古風」 316

古杭 140

「哭潘南先生文」 390

「哭成大司憲石璿」 460

曲城府院君 350

「曲城府院君 廉悌臣墓誌銘」 427

「哭李浩然」 487

恭簡 596

公權 330, 629

恭度 379

恭穆 447

「恭穆公姜蓍墓誌銘」 448

「恭穆公墓誌銘」 447

恭愍王 62, 145, 205, 274, 309, 312, 413, 521

공민왕 14년 이후의 고시관 423

孔俯 311, 368, 492

孔夫子 283

貢士 313, 335, 346, 357, 603

公私田檢踏之制의 개혁 618

공양왕 354, 399, 401

公義 430

孔子 11, 19, 30, 282

과거 39

과거개혁 578

『科擧事蹟』 74, 403, 637, 639

科擧詔 334

科業敎育 672

霍光 414

郭東珣 189

郭汝益 101

郭汝弼　45, 62, 109, 112, 119
郭預　80
郭隗　232
郭樞　460, 517, 540
郭橐駝　426
郭海龍　352
『關東瓦注』　229
關先生　524
慣中　71
官學派　653
廣敎山　367
廣度寺　181
光輅　126
光茂　369
光山君　631
『光山金氏世譜』　94, 123
『光山金氏族譜』　351
光城君　351
光肅　236
光軾　126
光陽君　127, 329
光陽府院君　329
廣源君　443
光載　94, 126
光宗　40, 578
光轍　94, 126
廣寒殿　249
「光化門樓鍾銘」　617
光厚　357, 473, 553

魁科　494
宏敏　92
교유문인　318
교육개혁　28, 32
교육중흥　42, 67, 192, 578
郊隱　639
「敎特進輔國崇祿大夫韓山君李穡」　576
「敎判厚德府事　韓脩」　432
敎化之主　300
久卿　630
九經章　177
「龜谷覺雲의　書畵에　대한　讚」　290
懼夫　379
龜城君　110
歐陽脩　168
歐陽玄　282, 305, 521
九龍山　290
九二　455
求仁齋　189
「求仁齋記」　679, 680, 685
九齋　278, 309, 609
九齋學規　195, 382, 492
龜亭　614
九疇　洪範　300
菊澗　322
「菊澗記」　284, 323
國大夫人　96

國史 215, 269
國仙 243
國滋 523
國子監 24, 25, 38, 48, 59, 67, 190, 274
國子監試 6, 66, 202, 474, 482, 487, 538, 541, 581
菊齋 13, 44, 45, 48, 203, 208
『國朝實錄』 398
『國朝人物考』 355, 365, 374, 405, 450, 647
國平 133
國學 4, 25, 29, 82, 187, 188, 249, 532, 554, 586, 642, 644
國學六齋 481
「君子」 286
君子之規 194
君子之嬉 194
屈原 166
權克中 406, 602
權克和 622, 647, 648
權近 40, 149, 203, 206, 274, 310, 311, 313, 315, 332, 335, 339, 341, 346, 352, 369, 371, 379, 380, 396, 399, 401, 433, 440, 457, 473, 489, 492, 583, 585, 598, 612, 617, 619, 638, 658, 668, 683
「權近 六條疏」 474

權咀 13, 45, 54, 114, 127, 129, 153, 156, 181
權蹈 623
權門勢族 578
權溥 15, 42, 44, 48, 52, 55, 59, 65, 85, 113, 118, 119, 130, 141, 152, 153, 164, 198, 199, 215, 251, 255
「權司諫兄左遷赴淸風郡」 464
勸善里 367
權永 124, 138, 202, 207
權遇 261, 365, 517, 548, 622, 646
權遇行狀 647
權適 189
權磧 499, 512
權宗頂 181
權準 251
權仲達 332
權仲和 205, 214, 257, 312, 321, 332, 416, 430, 435, 440, 461, 534, 544, 585, 603, 607, 612, 651
權執經 342
權採 617, 648
「勸學事目」 311, 605, 647
權漢功 45, 54, 65, 88, 93, 95, 114, 120, 127, 129, 153, 247, 305, 332, 551
權弘 365, 444, 461, 462

權壎 565

「龜山學案」 11

歸厚 112

均貞 419, 421

均衡 539

克禮 251

克仁 133

謹齋 228, 230

「謹齋先生 世系圖」 229

『謹齋集』 229

金剛山 125, 290

金文鼎 30, 38

禁防 334

「金書密敎大藏序」 182

金烏山 671

金烏山人 654

錦州君 373

及菴 243

「及菴詩集序」 245

耆卿 45

奇大升 511, 684

麒麟公子 21

「寄密陽朴中書」 397

「紀事」 305

奇三萬 215, 528

杞城君 73

「寄省郎諸兄」 281

耆英會 115, 345

騎牛子 410

『騎牛集』 352, 354, 411, 633

箕子 300, 301, 381, 513, 665

箕子廟 382

箕子祠 464

「寄題吉再冶隱」 667

奇轍 145, 191, 253, 263, 523

吉時遇 656

吉元進 659

吉再 310, 339, 343, 360, 412, 428,
    480, 514, 515, 618, 654

「吉再抗節」 684

吉昌君 251, 617, 631

『金鏡錄』 254, 298

金光軾 41, 87, 94

金光衍 71

金光載 127, 130, 202, 240, 246,
    247, 305, 321, 325

金光轍 215, 433, 520

金閎 543

金宏弼 480, 513, 514, 515, 684

金坵 85, 104

金九容 53, 226, 244, 248, 277,
    306, 307, 312, 313, 349, 391,
    397, 400, 407, 436, 438, 475,
    477, 483, 488, 492, 495, 510,
    516, 517, 535, 610, 628, 658

金君弼 257, 321

金綣 441, 443

金南得 445

金南俊 91

金達祥 528

金濤 258, 263, 326, 335, 346, 357, 397, 400, 430

金得培 199, 202, 268, 269, 474, 482, 510, 516, 523, 525, 526

金琅韻 109

金良鑑 27

金輅 461

金倫 144, 159, 211, 232, 243

「金倫墓誌銘」 268

金履 444

金畝 444

金汶 618

金文鼎 69, 74, 84

金文鉉 258

金泮 149, 205

金方慶 105, 391, 438

金賆 48, 73, 74, 75, 76, 83, 106, 200

「金賆墓誌銘」 83

金富軾 189

金富儀 189

金富佾 189

金師幸 588, 596

金士衡 615

金相穆 355

金先致 492

김세환 516

金叔滋 311, 480, 515, 618, 653, 683, 684

金恂 95, 107, 112

「金恂墓誌銘」 112

金承印 26, 68, 74, 81, 200

金信 120

金深 130

金若時 351, 631

金若采 351, 631

金若恒 53, 339, 351, 352, 425, 516, 630

金汝知 544, 617, 620

金緣 189

金永旽 202, 229, 248, 262

金英甫 91

金鏞 258, 328, 476, 524

金龍 545

金祐 233

金右鏐 262

金雲貴 367

金元祥 45, 54, 105, 114, 120, 127

金元軾 26, 68

金允壽 445

金鷹 244

金義 348, 388

金仁琯 220, 244

金日孜 148

金子粹 311, 328, 365, 380, 427, 643

金自知　311, 492, 517, 553, 621
金潛　279, 332, 335, 425
金佇　440
金廷美　127
金磾　28, 98
김제민　244
金齊顔　389, 535
金租　380
金宗直　311, 480, 514, 515, 618, 684
金湊　517, 530, 582, 594, 601, 621
金周鼎　54, 79, 96, 114, 123, 127, 129
金俊　24
金之兼　52
金之垈　98
金震陽　310, 332, 339, 420, 425, 444, 452, 460, 461, 462, 466, 565, 607
金震陽의 옥사　550, 565
金哲埈　174
金瞻　444, 454, 455
金貂　380, 599
金忠烈　13
金峙　683
金台鉉　95, 118, 120, 123, 200, 233, 240, 266
金台鎬　79
金澤　282

金澤榮　149
金漢老　439, 534
金海君　143
金海侯　145
金祐　124
金晅　76, 84, 200
「金晅自撰墓誌銘」　78
「金晅自撰墓誌後繼書」　78
金興慶　326
金希迪　657
金希祖　253, 267, 403, 405, 427, 447, 597

ㄴ

蘿葍山人　357
羅城　595
懶殘子　289
羅從彦　685
『樂安金氏世譜』　594
蘭溪　523, 631
南康祠　342
南京　430
南谷　327
「南谷記」　329
南國　641
南宮敏　115
南省試　79, 581

南陽君 257

南陽府院君 257

「南陽侯陽坡洪文正公神道碑」 257

南誾 461, 463, 565, 573, 615, 634

南乙蕃 614

南在 316, 339, 425, 575, 614, 617, 620, 623, 667, 671, 683

南正 594

南村先生 248, 250

『南平文氏系譜』 545, 546

納哈出 430, 540

內僚宮 99

內樂 40

乃顔 27

乃猷 181

「萊州海神廟」 509

盧景綸 77

盧龜山 563

魯國公主 278, 434

魯堂 71

露堂 71

「露堂先生秋適」 72

盧嵩 344

盧承縮 45, 120, 207

盧英 657

盧穎秀 563

盧異 568

盧仁度 352

魯齋 165

魯直 236

盧積 328

蘆浦 446

『論語』 107, 167, 188, 195, 234, 458, 494, 657

『農桑輯要』 291, 412, 448

「農桑輯要後序」 287, 291

ㄷ

檀君 216, 282, 299, 300, 382

「端寧君柳公墓誌銘」 265

端木智 375

丹山府院君 440

端誠保理功臣 276, 447

端誠保節贊化功臣 406

丹岩 48

『丹陽禹氏族譜』 438

『丹陽張氏世譜』 640

丹朱 561

達可 355

「達可翰林偘軍」 489

「達磨折蘆渡江圖」 290

曇秀 72

淡庵 215

『淡庵先生集』 46, 47, 55, 199, 215, 218, 251, 257

『淡庵逸集』 13, 15, 129, 140
唐 太宗 301, 415, 610
黨序 187
唐堯 299, 300
唐虞 167, 286, 677
當之 228, 230
臺諫 349
大德山 10
「大都南城興福寺碣」 183
大屯山 289
大禮 366
『戴禮』 189
대마도 615
對馬島主에게 유시하는 글 618
大明律 至正條格 479
對明征軍 663
대몽항쟁기 15, 173
大廟 366
待聘齋 189
大詞伯 82
大成殿 10, 31, 82
大義名分 18
大臨 600
大藏經 180, 290, 293
『大典』 613
「對詔使問」 675
大中正官 216
『大學』 195, 382, 392, 398, 482, 493, 494

『大學衍義』 223, 415, 450, 456, 562, 584
『大學章句』 193
『大學章句序』 193
德寧公主 266
德庵 48
德龍 435
德齋 44, 66
德興君 248, 527, 530, 545
德興君의 變 269
도교 368
道德之首 162
「悼安謹齋」 160, 231
陶淵明 341
陶隱 397, 402, 489, 619
『陶隱文集』 579
『陶隱先生文集』 426
「陶隱李先生文集序」 489
「陶隱齋記」 399
『陶隱集』 162
桃李寺 657
「悼一齋權政丞」 133
都致 31
「悼恥菴朴判事」 160
道統 283
道學 97, 369, 439, 480, 514, 515, 685
道學理念 677
道學의 唱導者 148

都興　595

「讀擧子詩賦有感」　297

禿堅帖木兒　249

獨谷　405

篤恭　284

讀卷官　278, 282, 305, 309, 312,
334, 589, 605, 609

獨樂堂　438

獨樂堂記　441

「讀書處歌幷序」　289

讀易　504

「讀易寄子安大臨兩先生」　495

「讀詠詩　幷序」　515

敎文　57

同甲　47

同庚契　634

東皐　332

東國　276

『東國歷代諸賢秘錄』　585

『東國歷代諸賢秘錄撮要』　612

『東國文鑑』　125

『東國文獻錄』　48

『東國淵源錄』　48

『東國通鑑』　13, 157

東宮侍學　65

同年　38, 40

同年會　421

東寧府　323

同德奮義佐命開國功臣　592

同頭　17

同門　38, 40

『東文選』　39, 74, 93, 182, 211,
244, 245, 276, 292, 294, 321,
324, 325, 353, 421, 426, 432,
464, 576, 594, 634, 650, 667

同榜　321

東方大儒　309

東方士林의 宗　53

東方理學의 儒宗　471

東方理學의 祖　35, 480, 514, 516

東社　216

童生　209

東西學堂　190

『動安居士文集』　296

「動安居士李公文集序」　296

東安公　77

東庵　44, 62, 156, 181

東原君　632

『東人文』　234

「童子普賢六牙白象圖」　290

動齋　215

東亭　427

「冬至豆粥」　287

「冬至吟」　501

「同崔松坡贈元郎中書」　128, 179

東浦　341

東韓　300

東軒　109

桐軒　413
頭流山　355
杜牧　175, 179, 204
杜門洞 72賢　355
『杜門洞實記』　355, 541
『杜門洞正史』　341
鈍村　76
遁村　486
「遁村卷子詩」　487
『遁村雜詠』　487
『遁村集』　641
得堅　138
得成倉　344
得珠　567
得禧　57

□

馬岩의 役事　434
萬卷堂　139, 161, 186
「萬里長城」　17, 19, 21, 172, 173
「晩詞」　162
萬壽山　249
「晩六先生墓誌銘」　386
『晩六先生文集』　386
忘年之友　415
忘川　366
梅雲堂　44, 397

「梅雲堂先生紀年」　44, 45, 47
『梅雲堂先生實記』　58, 60
『梅雲實記』　14
梅軒　261, 646
『梅軒集』　261
孟畎　424
孟思謙　620
孟思誠　335, 339, 342, 382, 428,
　　617, 619
孟雲　430
孟儀　627
「孟儀說」　628
『孟子』　107, 195, 426, 494, 657
「孟周說」　286
孟希道　253, 339, 341, 619
明經科　580
明倫堂　307, 579
『明心寶鑑』　72
明王　236
「明夷行」　141
明宗　5
明中　386, 409
明仲　591
毛居敬　523
毛燐衛　359
『毛詩』　189
牧丹山　289
「牧丹詩」　391
牧翁　307

牧隱 34, 137, 149, 273, 369, 433, 619
『牧隱文藁』 81, 105, 117, 126, 138, 140, 159, 161, 181, 209, 223, 225, 234, 245, 250, 254, 264, 265, 281, 293, 297, 329, 358, 378, 379, 393, 403, 416, 426, 427, 432, 448, 451, 452, 458, 553, 557, 561, 563, 593, 628, 651
『牧隱文集』 321, 344, 362
『牧隱先生年譜』 281, 572
「牧隱先生詩選序」 297
「牧隱先生神道碑銘」 334
「牧隱先生李文靖公行狀」 274, 288, 308
『牧隱詩藁』 281, 285, 294, 394, 437, 503, 580
牧隱翁 331
『牧隱之藁』 255
『牧隱集』 274, 288, 334, 428, 495
「牧隱集序」 310
睦仁吉 538
牧胡 531
봉고 4
「蒙金尺」 401
夢蘭 474
蒙敕掌令 212
蒙庵 81

夢恩 629
蒙川 85
妙覺寺 122
「妙蓮寺中興碑」 181
妙淸 223
妙香山 290
武經 629
武經七書 622
武科 439, 622
武科會試 359
無垢居士 85
巫女 16, 49
無悶 113
無悶子 527
武氏 168
武王 236
無畏國師 181
무인집권기 3, 4, 15, 41
「無逸篇」 223, 459, 602
「無題」 662
「茂珍金氏三子名字說」 458
『武學』 189, 439
武后 513
默菴 183
默隱 460
默軒 101, 103
「默軒先生文集序」 105, 298
文簡 128, 241, 327, 329, 331, 377, 409, 629

文敬　227, 396, 431

文景　406, 613

文慶　598

文敬公　446

「文敬公墓誌銘」　557

「文敬公安先生墓誌銘」　227

「文敬李公墓誌銘」　428

文公家禮　678

文科　47, 321

文科館試　652

文科親試　94

文匡　86

文貴　416

文克　92

「文德曲」　401

門徒　37

文良　120

文廟　4, 29, 188, 464, 471, 587, 613

文廟碑文　588

文廟釋奠　366

門生　37, 39, 187, 205

「門生栗亭尹政堂得蒙主上作詩以賀」　225

文宣王　484, 583, 587, 588

文成　10

文成公　32

文城君　410

文城府院君　410

「文殊寺記」　290

文殊會　254, 291

文淑　267

文肅　556, 618

文臣親試　45, 62, 151, 159, 380

文安　611

文安公　172

文安君　566

文良　96, 543

文烈　62

「文烈公李公墓誌銘」　58

文英　113

文溫　100, 244, 631

「文溫公閔公墓誌銘」　244, 245, 256

文王　184, 236, 286

文毅　122

文懿　134

文翼　624

文益漸　517, 524, 544

文仁　102

門人　37

「門人錄」　86, 94, 231, 522

文莊　82

文章之宗　162

文節　333, 412

文靖　107, 256, 260, 554

文正　125, 258, 391

文貞　224, 229, 237, 247, 370, 435,

442, 521, 620, 638
文定 66, 640
文正公 203, 234
文貞公 413, 527
「文正公權公墓誌銘」 153, 181
「文貞公不諠齋家狀跋」 521
文齊 110
『文宗實錄』 383
文昌侯 189, 233
文天鳳 352
文忠 146, 249, 254, 471, 593, 602, 605
文忠公 203
「文忠公權公墓誌銘」 139
「文忠公益齋先生年譜」 150, 157
「文忠公益齋先生晚詞」 162
「文忠公樵隱先生李公墓誌銘」 251, 254, 255
文忠保節贊化功臣 279
文坦 131
文平 349, 608
文憲 57, 72
「文憲公彝齋先生行狀」 13, 15, 46, 55
文惠 649
文孝 221
文禧 264, 627
文僖公 53, 516
閔開 456

「憫農黑羊」 171
閔斗基 19
民望 350
閔無咎 376, 380, 450
閔無疾 376, 380, 450
閔發 31
閔汴 542
閔思平 66, 159, 199, 203, 232, 236, 243, 266, 305, 391, 488, 598
閔祥正 120, 207, 212
閔聖徽 20
閔安仁 365, 418
「閔安仁墓誌銘」 365
閔子復 482
閔霽 268, 418, 537, 542, 587, 588, 597, 619
「閔霽墓誌銘」 598
閔中理 455
閔漬 88, 90, 91, 95, 107, 113, 118, 119, 124, 131, 144, 200, 212, 220, 229, 252, 298
「閔漬墓誌銘」 101
旻天寺 131, 143

ㅂ

朴璔 551

朴經 557

朴景亮 130

朴惇之 517, 536

朴齡 648

朴理 26, 124, 547

朴文允 536

「朴密直挽詞」 437

朴蕡 360, 657

朴尙絅 560

朴尙文 457

朴尙衷 134, 205, 214, 257, 277, 306, 307, 312, 321, 349, 385, 388, 425, 436, 477, 492, 517, 526, 610, 658

朴瑞生 683

朴錫命 554

朴松晋 62

朴信 365, 381, 481, 517, 548, 635

朴實 258, 263, 313, 335, 346

朴安臣 582

朴連 231, 237

朴瑗 255

朴遠 438

朴元桂 45, 120, 198, 207, 208, 212, 305

朴嘗 370

朴宜中 134, 277, 306, 307, 312, 313, 394, 400, 407, 492, 517, 598, 619, 628, 658

朴仁幹 66, 243

朴仁杞 394

朴子良 595

朴子靑 552, 589, 613

朴子虛 308, 421

「朴子虛貞齋記」 396

朴在中 321

朴全之 64, 76, 99, 122, 199, 200, 435

「朴全之墓誌銘」 85

朴從愚 636

朴仲容 436

朴之誼 635

朴晋祿 321, 324, 430, 492

朴礎 380, 565, 642

朴忠佐 12, 56, 144, 157, 159, 199, 202, 203, 215, 218, 231

朴泰輔 391

博學宏詞 580

朴恒 45, 62, 109, 112, 119

朴形 378, 427, 435, 461

朴浩 189

朴孝修 122, 214, 217, 218, 221, 633

朴厚植 560

朴興擇 444

班固 168

泮官 513

泮宮外廣丈數 588

「泮宮偶吟」 661

泮宮의 制 29

『潘南朴氏世蹟』 371

潘誠 524

潘城君 372

潘氏 91

返圓 85

反元意識 163, 173

磐陀石 44

「跋及菴詩集」 394

「跋愚谷諸先生送洪進士詩卷」 427

方慶 112

「榜目」 352

房士良 526

芳衍 62

芳遠 314, 371, 348

方維 28

厖村 379

方澤 346

裵克廉 573, 587

拜住 142, 158

裵仲倫 347

伯恭 368

「伯恭說」 368

伯道 462

百遼遜 441

白文寶 15, 46, 140, 145, 186, 198, 199, 205, 214, 215, 218, 266, 268, 305, 331, 416, 433, 528, 603

「白文寶行狀」 199, 218

白文節 54, 156, 246

伯父 419

『白氏大同譜』 121

伯顏禿古思 141, 174

白巖 410

伯玉 459

白雲堂 48

白元恒 73, 88, 95, 106, 121, 123

伯夷 356, 481, 572, 661, 664

白頤正 12, 13, 15, 42, 44, 45, 46, 48, 59, 80, 85, 87, 112, 114, 127, 136, 152, 153, 156, 164, 199, 203, 211, 231

「白頤正行狀」 129

白仁壽 124

白日場 638

伯住 178

伯中 378

「伯中說」 285, 379

伯持 548

白把把山 443

栢軒 210

「白華禪院政堂樓記」 183

范世東 519, 520, 521

范希文 441

法戒之訓 386

704 찾아보기

碧骨湖　395

璧水　307

薛調　28

卞季良　365, 370, 376, 512, 517,
547, 548, 581, 589, 602, 605,
616, 620, 623, 633, 638, 643,
648, 651, 653

邊東明　103

邊安烈　315, 411

卞玉蘭　616

卞仲良　365, 616, 633

「卞韓國大夫人 柳氏墓誌銘」　154

卞韓國夫人　141

丙科　599

丙吉　481

兵部　322

寶文閣　216

寶生　209

普愚　223

菩提達磨　183

寶陀山　131, 140

普塔失里王　144

卜祺　124

覆試　188, 607, 617

「復用絲字韻答安摠制魯生」　455

服膺齋　189, 481

福州　275

「復州館中井」　504

伏羲氏　304

本然之善　284, 501

本然之性　284, 296

『本朝編年綱目』　103, 144

「封事 6條」　617

鳳禮　410

「奉賀鄭圃隱拜密直」　484

奉化君　596

不器　123

不器君子　139

扶婁　21

富民侯　546

『扶安金氏世譜』　75

附元勢力　174, 176, 191

富弼　374

北宮　60

北元　397, 400, 425, 427, 477, 497,
610

北村　140

焚書坑儒　17, 173

粉紅牓　581

不遷之主　236

佛護寺　275, 291

不諼齋　519

賓興科　482

ㅅ

沙箇里　60

思儉 551

四謙 635

史官揀選之法 617

師曠 395

「賜龜谷書畵讚」 292

『史記』 26, 69, 74, 430

士林 116, 311, 342

『詞林廣記』 450

詞林院 64, 85, 99

士林派 653

司馬監試 659

司馬光 215

司馬相如 165

司馬試 73, 101, 405, 581, 646

司馬懿 176

司馬遷 168, 484, 490, 510

私兵 352

詞賦 578

四佛山 290

寺社奴婢의 혁파 618

『師尙父奉丹書戒武王之圖』 585

四書五經齋 195, 277, 492, 532

『四書切要』 637

『四書集註』 13, 46, 57, 153, 156

『四書通』 493, 494, 516

思叔 603

思肅公 526

師舜 679

「史乘遺事」 51

「史乘添載」 48, 51, 199

「事實」 400

事審官 216

思菴 262

賜額 35, 53

「師友淵源錄」 487

士原 648

士渭 556

沙劉 524

思隱 545

獅子山 235

詞章 578, 579

私田 315, 414, 478

私田改革 280, 545

賜田事蹟 665

嗣淸 325

「辭太常博士箋」 654, 664, 665

四學士 64, 99

「山家序」 677

山囧 91

三角山 289, 482

『三綱行實圖』 684

三介 527

『三國遺事』 298

三軍 359

三代實錄 220, 229, 252

二別抄 77

三別抄의 亂 4, 7, 16, 123

二覆法 373

三峯　400, 490
三峯의 道者　402
『三峯集』　180, 390, 393, 400, 403,
　　482, 491, 495, 505
三善　527
三善·三介 격파　474
三菴　159
三憂堂　544
三益友　234
三子合格者　582
三場制　580
三殿施福　582
三節　78
三朝實錄　75
「三蓄箴」　177
三韓　125, 219, 234, 301
『三賢紀年』　45
三賢堂　123, 125
「三賢堂詩」　123
常儉　95
上黨　48
上黨君　57, 431
「上都堂書」　178
上洛君　526
「上伯住丞相書」　178, 179
商山金氏　519
『商山金氏三元帥派世譜』　523
『商山金氏族譜』　516, 519
『尙書』　189

尙信　345
『惕若齋學吟集』　488
尙禮　345
「上院寺 僧堂記」　290
上元帥　524
尙義　345
尙仁　345
「上宰相啓」　654, 678
祥正　365
「上鄭達可書」　180, 505
「上征東省書」　179
尙智　345
「上札讚」　358, 397
「上札讚竝序金濤」　553
桑村　387
尙衷　370
上護君　113
生祠堂　326
生員試　379, 386, 409, 582, 617,
　　618, 659
徐居正　297
徐甄　339, 444, 460, 462, 666
西京　222
『書經』　146, 167, 223, 283, 328,
　　395, 491
徐國　21
徐均衡　407, 539
瑞寧君　264
西都　641

黍離詩 303

徐復禮 380

「書上札補正雪菴大字卷後」 302

瑞城君 378, 427, 461, 548, 631, 635

瑞雲山 452

書院 4

西原君 375, 527

徐有鐸 671

徐湮 26, 68, 74

書齋敎育 670, 672

西川君 376

釋器 429

「釋道於儒理不齊」 182

石抹也先 117

「石鼈歌」 656

石硯巖 75

釋奠 31, 188

釋奠祭 587

釋之 327

石天補 71, 118

石灘 534

『石灘集』 530, 540, 544, 594

選法 124

「先生遺詩」 681

『選粹集』 283

「選粹集序」 283

仙庵 627

宣用 138

『宣祖實錄』 511, 515

雪谷 329, 351

薛公儉 95, 124, 200

薛文遇 533

偰眉壽 589

偰符寶 299

偰循 665

雪菴 123

偰輦河 441

偰長壽 571, 645

雪齋 108

薛調 98

薛聰 149, 206

瞻學錢 10, 29, 31, 38, 67

燮均 472

成槪 623

成君美 259

成均館 31, 190, 250, 588

成均試 47, 54, 81, 85, 114, 117, 122, 124, 233, 242, 321, 357, 366, 371, 391, 403, 435, 536, 581

誠勤翊贊勁節功臣 61

性理의 書 11, 166

性理의 學 46, 104, 658

性理學 3, 37, 41, 49, 136

聖廟 29

誠夫 388

成士達 240

星山君 60, 251, 253, 397, 533, 589
星山府院君 613
星山侯 62
成石璘 253, 268, 332, 353, 415, 445, 447, 450, 592, 667
「成石璘行狀」 405
成石珚 435, 457
成石瑢 311, 365, 445, 459, 565
成臣 346
成汝完 259, 405
成王 188, 223
成元達 321
誠意 195
誠意正心 194, 204
誠齋 166
誠齋公 203
성종 31
『成宗實錄』 32
星州李氏의 家學 398
誠之 619
聖學 216
成俔 39, 671
成渾 685
「世家」 189
「世系源流」 5
「世系行事要略」 392
世基 549
『世代編年』 103
『世代編年節要』 103, 298
洗心經(周易) 495
洗硯池 7
世祖 206, 294
『世祖實錄』 295
세종 25, 205
『世宗實錄』 148, 206, 299, 335, 343, 348, 354, 359, 367, 370, 413, 462
小林長老 87
昭穆 103, 146
昭穆論 104
昭穆序次 236
小白山 290
紹修書院 33
昭王 232
疎齋 403
「疎齋記」 403
紹宗 651
『小學』 246, 370, 624
「續夢求」 674
『續三綱行實』 675
孫可興 560
損之 83
孫洪宗 445
孫興宗 440, 461, 572, 621
孫興中 550
松岡 61
松京 356, 391, 650

宋璟　481

『松京訪古錄』　20

「松京懷古」　650

松堂　240, 591

「松堂先生金公墓誌銘」　242

松都　356

「松都送朴少卿忠佐北上」　233

宋璘　118, 403

宋文中　332, 339, 416, 547

松山　354, 356

「送生員李文和歸覲安東序」　379

「送偰符寶使還詩序」　299

松雪軒　462

宋性聰　289

宋時烈　390, 480

「送辛員外北上序」　193

「宋氏傳」　289

송악산　356

「送陽廣道安廉使安侍御詩序」
　230

「送楊廣道按廉使侍史序」　322

「送楊廣按廉韓掌令哲冲」　325

「送禹祭酒守晉州」　53

『宋元學案』　11

「送李秀才赴安東書記」　474

「送李浩然赴合浦幕序」　426

宋子郊　404

「送仝五倫掌令出按慶尙」　433

「送鄭副令寅按于慶尙」　426

「送朱子蘭」　353

宋天鳳　133, 391, 403, 404

「送漢陽張府尹德良」　641

「送咸觀察使傅霖」　632

松軒　281, 316

粹可　639

修公　289

修德　195

垂範　673, 680

「受寶錄」　401

洙泗　294

輸誠翊祚功臣　331

輸誠協贊　612

首陽山　661

壽寧宮　120

壽翁　233

秀才科　215, 221

水站　479

輸忠論道佐命功臣　401

輸忠保節定遠功臣　524

輸忠補祚功臣　598

輸忠贊化功臣　431

守平　221

叔敬　374

「宿贛楡縣」　509

淑宣　544

宿水寺　7

叔孟　74

叔齊　356, 661

『肅宗實錄』　54, 391
淑昌院妃　50
順卿　534
純陵　380
純夫　262
純誠輔德協贊功臣　232
純誠輔翊贊化功臣　115
純誠補祚功臣　326
純誠翊戴輔理功臣　326
淳叟　88
順寧君　643
純仲　387
『淳昌薛氏大同譜』　95, 97
順天　554
順天君　115
純忠同德補祚贊化功臣　598
順興　4
順興君　267, 409, 417, 418, 462,
　　606
順興府院君　133
順興安氏世系圖　133
『順興安氏族譜』　5, 133, 242, 449
「述志」　657
崇文館　427, 532
崧陽書院　356
崇井山　289
僧家奴　528
升高　138
升補試　323, 348, 366, 603

『詩經』　283, 416, 458, 491, 665
始命之主　300
「時務 10조」　376
「時務 11조」　526
「時務 22조」　587
「時務數條」　310
「時務五條」　290
時務策　457
「示孫孟昀敬童」　296
時政改革　217
「時政五事」　274
「時政八事」　274
「侍從忠宣王如元時感唫」　21, 33
「詩酒歌」　295
申槩　556
信敬　519
「新曲」　101, 119
申君平　215, 345, 434, 482, 510,
　　516, 527, 538
申克禮　450
新及第恩榮宴　582
申德隣　324
神德王后　567, 593
辛旽　146, 186, 205, 249, 255, 260,
　　264, 277, 322, 324, 326, 330,
　　405, 431, 486, 521, 527, 532,
　　535, 577, 594, 610
神勒寺　575
「神勒寺 大藏閣記」　293, 294

申勉 659

申崇謙 519

申時用 528

愼言 284

辛禑 513, 561, 676

『新元史』 198

申元弼 374

申允弼 445

新律 479, 512

申翊聖 35

申子 519

信齋 374

「新定律」 611

神照 254, 288

神宗 5

申仲明 519

『新增東國輿地勝覽』 672

辛蕆 10, 15, 41, 42, 44, 48, 59,
  87, 102, 122, 199, 251, 255

申天命 529

申賢 516, 519

申曉 605

「神孝寺堂頭 正文」 11

實錄 102

實學 187

심덕부 415

沈東老 325

『心問天答』 400

「心詩一首」 314

瀋陽 453

瀋陽王 86, 88, 92, 110, 128, 131,
  143, 213, 238, 528, 533

十科取士之制 215

十韻詩 106

十二徒 190, 483, 534

十哲 189, 554

『十八史略』 558

雙冀 578

雙塘 462

雙梅堂 609

「雙梅堂先生年譜」 611

『雙梅堂先生文集』 310, 611

雙城 443

雙淸堂 324

ㅇ

阿道 657

峨眉山 140

「我昔留形影」 140

阿婆陵 168

樂甫 461

惡少輩 60

「安謙齋眞贊」 156, 155, 267

安慶公 淐 77

安珪 115, 260

安克仁 332, 433, 461, 612, 651

安魯生　311, 324, 365, 444, 453,
　462
안동김씨　438
安勉　321, 324
安牧　66, 160, 199, 236, 241, 243,
　266
安文凱　133, 199, 257, 523
安邦俊　655
安輔　140, 186, 199, 205, 214, 217,
　218, 226, 259, 305, 391, 439,
　526
安社卿　433
安社功臣　479
安謝琦　388
安石　606
安成哲　133
安市城　301
安祐　263, 524, 525, 526
安于器　66, 91, 120, 130, 199, 266
安愚世　477
安瑗　365, 445, 449
「安瑗墓誌銘」　449, 450
安元崇　199
安元龍　222, 240, 246
安裕　32, 123
安乙起　226, 248
顔子　441
『安子年譜』　7, 8, 12, 15, 25, 27,
　32, 44, 47, 151

安子美　16
安戬　6, 73
安宗源　199, 240, 246, 312, 321,
　325, 374, 386, 409, 437, 462,
　606
安俊　445
安震　127, 129, 232, 246, 252, 520
安輯　199
安軸　144, 159, 199, 202, 203, 215,
　218, 220, 226, 228, 234, 236,
　242, 246, 248, 252, 262, 305,
　325, 433, 520
「安軸墓誌銘」　218, 228, 240, 327
安漢平　433
安珦　3, 6, 37, 78, 95, 112, 118,
　119, 122, 136, 149, 152, 206,
　211, 242, 435, 520
안향 문인들의 문인　201
안향의 문인　43
安弘祐　105
安和寺　485
遏人慾　284
仰止　370
仰天齋　540
愛日箴　31
「夜雨」　303
耶律希逸　28, 31
埜隱　424
冶隱　654

『冶隱先生文集』 360

『冶隱先生續集』 663, 680

『冶隱先生言行續集』 685

『冶隱先生言行拾遺』 515, 656,
　681, 685

『埜隱逸稿』 435

『埜隱田貴生遺稿』 53, 516

「冶隱行狀」 671

野人 635

藥哥 675

「若齋遺藁序」 393

若軒 15, 54

良敬 238, 360

良景 544

襄景公 433

양녕대군 373

兩道 294

楊萬理 166

楊萬春 301

楊伯淵 357, 430

梁誠之 206

楊雄 655

養正齋 189

煬帝 561

兩宗 290

養眞堂 446

「養眞齋記」 448

陽川君 327

陽村 149, 433, 473, 603, 619

「陽村記」 286

『陽村集』 40, 204, 342, 369, 379,
　396, 433, 441, 447, 455, 460,
　466, 489, 491, 564, 566, 584,
　606, 632, 640, 642

陽坡 257

襄憲 560

養賢庫 24, 29, 189

養浩堂 438

楊弘達 381

良厚 633

魚變甲 410

「御使公神道碑銘幷序」 529

漁隱 370, 427, 597

「漁隱記」 428

漁村 368, 369, 543

「憶鄭散騎」 484, 503

憶弟 634

彦明父 233

彦父 403

彦陽府院君 267

嚴光 667

嚴宇安 77

「鄴城」 176, 179

驪江 575

旅公 181

呂克諧 560

『麗末忠義列傳』 451

盧甫 646

「麗史提綱」 675

閭山君 31

「廬山三笑」 182

旅獒篇 328

礪節功臣 328

汝靜 358

汝舟 213

女眞 474, 527

麗澤齋 189

驪興君 88, 102, 244, 597

驪興伯 598

驪興府院君 102, 588

『易經』 493

『歷代帝王爲學爲治綱目之圖』
  585

易東 44, 48, 516

易東書院 52, 53

易東先生 48

『易東先生實記』 48, 86, 94, 199,
  231, 438, 516, 519, 521, 528

『易東實記』 51

易書通考之法 334

櫟翁 225

『櫟翁稗說』 7, 11, 13, 15, 26, 31,
  56, 68, 72, 103, 141, 143, 152,
  153, 172, 221, 259

易學 483

燕京 8, 11, 13, 56, 70, 77, 130,
  140, 148, 181, 205, 222, 232,

  282

連溪 455

連魁三場 474, 482

燃燈會 587

『燃藜室記述』 355

『年譜』 144

「年譜攷異」 474, 476

演福寺 278

連山君 442

連山府院君 442

燕邸 161

延興君 85

悅軒 208

閣公 148

廉國寶 226, 548, 561, 616, 631,
  635, 646

閣復 139, 160, 164

廉承益 106

廉前試 139

廉廷秀 87, 350, 432, 549, 648,
  659

廉悌臣 257, 268, 427

廉興邦 253, 268, 312, 328, 335,
  351, 359, 365, 378, 387, 427,
  436, 437, 461, 620, 637, 639,
  659

永嘉君 115, 463

英利 351

永麟 133

榮山倉 344
永壽 71
穎叔 273
永陽君 88, 551
永儒 4, 133
『迎日鄭氏抱川公派世譜』 472
『英祖實錄』 342
靈輀 174
榮親宴 622
鈴平府院君 90
寧海伯 521
寧海府 273
영해신씨 519
『寧海申氏族譜』 519
永和公主 278
『禮記』 256
禮部試 79, 581
猊山農隱 233, 235
睿王 188
禮闈 6
豫章 685
禮制 285
睿宗 216
醴泉君 131
醴泉伯 333
「烏江亭詩」 175, 204
五經笥 71
『五經淺見錄』 604
五敎 187, 290

吳當 282, 305
오대산 573
五部學堂 499, 512, 554
吳思忠 226, 607
五常 193
吳壽山 140
吳延寵 189
伍允孚 106
吳潛 95, 109, 118, 142, 177
「吳潛墓誌銘」 109
烏川 378
吳漢絅 28
吳漢卿 64, 85, 112, 119
吳詗 95
吳會 148
玉堂 322
玉蘭 633
玉川君 410
玉川府院君 627
溫古 62
兀良哈 359
完山府院君 386
完城府院君 633
王康 339, 411, 417, 425
王琪 144
王道政治 16, 42
王莽 655
王方山 260
王伯 207, 213, 237

716 찾아보기

王裨　550

王昇　418

王鶚　75

王瑀　555

王逸　166

王眠　144

王緝　634

王昌瑾　650

「王風」　304

王環　601

王煦　160, 238

姚公　148

遼東征軍　440, 662

遼東出征　661

姚燧　139, 160, 164

堯舜　283, 286, 351, 368, 505

姚崇　481

遼陽　453, 527

姚樞　108, 165, 197

龍門山　290

容夫　332

用事者　372

龍涎　101

龍原府院君　358

『龍仁李氏大同譜』　546

『龍仁李氏大同譜上系』　556

龍藏寺　527

『傭齋叢話』　39, 671

容軒　557

用晦　76

牛溪　685

愚谷　159

于器　7, 55, 80

禹吉生　199, 438

禹達尊　199

宇文公諒　282, 305

禹寶林　199

禹王　21

禑王　264, 280, 309, 368

禹攸吉　529

「偶吟」　665

禹仁烈　348

吁齋　591

雨亭　606

虞庭　611

虞集　164

「又次遁村韻」　487, 505

禹快濟　53

禹倬　15, 42, 44, 46, 55, 59, 73, 74, 78, 84, 86, 87, 94, 106, 152, 156, 199, 203, 215, 231, 251, 483, 516, 528

『禹倬先生實記』　522

禹玄寶　199, 226, 248, 315, 406, 437, 438, 442, 450, 483, 534, 545, 549, 595, 631, 645

「禹玄寶行狀」　438

禹洪康　444

禹洪得 374, 444, 595
禹洪命 350, 365, 444, 478, 548, 549
禹洪富 445, 462
禹洪壽 365, 444
云瓏 473, 481
芸白 217
雲峰 493
『雲峯朴氏族譜』 635
雲月齋 519
芸齋 441
圓鑑國師 170
『圓鑑國師集』 171
元景王后 542
圓公 289
原功 438
圓丘 414
「原道」 283
元老 57
源了浚 416
元明 553
元明善 139, 160, 164
元復初 148
元傅 117
『元史』 198
元松壽 351, 366
元崇 449
源了浚 538
圓齋 330

『圓齋集』 332
元宗 6, 24, 104, 236
原從功臣 359, 459, 635
貟之 226
元進 654
元質 530
元天錫 412
元衡 324
圓惠國師 181
月城君 255
月曳 65, 98
「月汀遺錄」 663
魏公 166
魏公子 204
魏相 481
危素 531
魏徵 332, 561
僞平章 523, 524
威化島回軍 280, 313, 352, 407, 415, 591, 614, 661
柳謙 350
劉敬 310, 311, 339, 425, 582, 584, 590, 627, 629
柳墩 6, 41, 64, 71, 76, 567, 597
柳繼祖 386, 409
柳觀 299, 425, 585, 608
柳寬 618, 629
柳珣 543
「諭國子諸生」 23, 33, 38, 60

儒琴一張   12, 14, 37, 47
柳沂   445, 461, 621
柳亮   326, 365, 409, 465, 590, 613
儒林   48
兪明   53
「諛聞瑣錄」   25
柳方澤   642
柳伯淳   311, 347, 365, 617, 618,
    642, 645
柳伯濡   253, 279, 315, 334, 335,
    346, 397, 642
乳鼻之童   334, 581
柳成桂   261
柳成龍   681
諭誠秉義協贊功臣   244
劉松栢   627
柳淑   160, 229, 231, 258, 259, 261,
    275, 305, 357, 394, 397, 400,
    405, 410, 441
兪升旦   172
柳氏   154
柳衍   120
柳沈   28
柳源   380, 517, 544, 621
柳爰廷   557
柳子厚   166, 426
兪迪   120
柳廷顯   350, 445, 450
儒宗   39, 78, 95, 120, 136, 155,
    202, 205, 234, 257, 267, 282,
    306, 309, 513, 639
柳之淀   544
劉天鳳   627
兪千遇   65
柳淸臣   110, 127, 142, 177
兪忠吉   408
柳濯   278, 434
「柳學士思菴」   196, 265
兪咸   26, 69, 73
柳巷   430
「柳巷先生韓文敬公脩文集序」
    433
柳珦   444
劉顯   98
柳惠芳   543
柳惠孫   445
「有懷成均館」   307, 580
柳侯   681
柳希春   674
六經   190, 195, 216
六君子   15, 42, 77, 87, 139, 151,
    197, 200
六藝   187
「六友堂記」   392, 393
尹瓘   189
尹龜生   345, 413, 651
「尹龜生妻 崔氏墓誌銘」   651
尹明   477

『尹文學士遺稿』 15, 45

潤物 631

尹珤 117

尹思修 456

尹絲淳 684

尹思奕 560

尹尙信 582

尹宣佐 8, 17, 39, 87, 122, 221, 520

「尹宣佐墓誌銘」 90

尹紹宗 253, 277, 313, 315, 334, 339, 346, 379, 411, 413, 525, 547, 593, 610, 614

尹續宗 31

尹秀 106

尹承順 604

尹莘傑 26, 68, 69, 73, 84, 88, 106, 122, 200

尹安庇 9, 39, 41, 87, 90, 102

尹彦頤 189

「尹玉岳妻 朴氏墓誌銘」 91

尹溶均 15

尹瑢均 45

尹彝·李初의 獄事 333, 440, 534, 601, 604, 620, 621

尹定 582, 595

尹琼 558

尹之彪 437

尹珍 326, 374, 386, 409, 437, 462, 599, 607

尹就 371, 581

尹澤 89, 140, 186, 205, 214, 217, 218, 221, 305, 415, 524

閏統 19, 21, 167, 175, 204, 301

「潤筆菴記」 290

尹諧 90, 221

尹奕 66, 110, 236, 243, 266, 520

尹賢 528

尹淮 299

尹會宗 365, 370, 435, 651

栗谷 685

栗亭 221, 651

「栗亭先生遺稿序」 296

「栗亭先生尹文貞公墓誌銘」 223

「栗亭先生逸藁序」 225

「隱溪霜竹軒卷子」 502

『銀臺集』 46

「恩門 牧隱先生文集序」 606

殷太師 299

乙科 332

乙義 551

陰陽推步法 128

應擧試 416

宜寧府院君 615

義民 564

「義民字說」 564, 566

懿妃 563

宜城君 615

毅王　187

毅宗　472, 643

義倉　328, 479

李敢　365, 445, 461, 564

李甲　462

李岡　220, 428

李巨易　568

李瓊　522

李敬之　466, 549

李皐　366

李穀　53, 90, 115, 140, 144, 186,
　198, 199, 205, 209, 214, 215,
　217, 230, 234, 239, 252, 273,
　327, 431, 520, 545

李公遂　226, 229, 231, 248, 259,
　268, 305, 391, 439, 524, 526,
　530, 545

李光　437

李嶠　397, 413, 536, 601

李君侅　81, 240, 246, 266, 305,
　325

李奎報　104

李邵　28

李金剛　610

李吉祥　534

李來　467

李達尊　133, 134, 199, 259

李達中　66, 199

李達衷　209, 244, 245, 255, 259,
　　305, 538

李湛　133, 257, 523

李堂　365, 445, 466

李德懋　668

李侗　685

李來　365, 444, 461

李凌幹　216

李琳　315, 346, 378, 545, 563

李立尊　529, 538

李末　565

李孟畇　370, 517, 548, 648

李孟畯　611

「李明理先君惕若齋世系行事要略」
　488

李茂芳　220, 312, 321, 327, 365,
　387, 427, 583, 585, 636, 639

李文和　378, 427, 436

李密沖　622

李芳幹　468

李芳實　524, 525

李芳衍　566

李芳雨　420

李芳遠　359, 402, 440, 467, 480,
　534, 539, 558, 606, 634, 639

李培中　608

李百年　524

李伯由　339, 425, 633

李伯持　556

李磻　565

李寶林　94, 226, 248, 330, 425

李汾禧　105

李丕　352

李思安　461

李士穎　445

李思溫　130

李士渭　546

李慷　30, 63, 68, 155

里庠　187

李穡　32, 34, 105, 125, 129, 134,
　　136, 137, 145, 148, 149, 186,
　　191, 198, 205, 206, 214, 226,
　　230, 244, 254, 257, 273, 440,
　　459, 460, 472, 483, 510, 517,
　　534, 571, 658, 663, 668

「李穡辭免左代言不允批答」　276

이색의 당　406

이색의 문도　362

이색의 문생　336

李舒　268

李瑞宗　94

李釋之　321

李晟　26, 30, 68, 154, 200

李成桂　279, 313, 323, 339, 352,
　　367, 401, 414, 411, 439, 444,
　　462, 474, 477, 479, 527, 547,
　　550, 615, 661

李松縉　151

李隋　623, 643

李淑京　148

李叔琪　160

李叔蕃　380, 591

李淑眞　77

李順卿　482

李淳牧　79

李崇仁　134, 162, 200, 217, 258,
　　263, 277, 293, 306, 307, 312,
　　313, 335, 349, 350, 372, 397,
　　400, 403, 407, 411, 420, 421,
　　425, 436, 440, 444, 475, 460,
　　461, 462, 478, 483, 489, 492,
　　510, 517, 534, 579, 596, 610,
　　616, 628, 658

「李崇仁送鄭達可奉使日本詩序」
　　490

李承老　223

李升商　398

李承休　124, 298, 435

李申　444

李室　445, 549

李嵒　130, 246, 523, 557

李陽　492, 667, 671

李彦迪　685

李彦冲　87, 92, 102, 105, 117

李汝良　540

李衍宗　124

李頴　228

李英　527

722 찾아보기

李預 189

李顒 189

李沃 416

李元 215

李原 557, 618

李蒧 92

李元桂 633

李元紘 365, 441, 442, 445

李元具 397

「李原墓誌銘」 557

李允芳 366

李乙珍 445

李膺 365, 380, 551

李異 154

李珥 685

李益邦 96

李益運 445

李仁吉 213

李仁美 601

李仁敏 439, 517, 533

李仁復 144, 145, 191, 199, 200,
202, 215, 218, 251, 254, 256,
259, 268, 288, 291, 298, 305,
325, 357, 398, 403, 405, 407,
413, 422, 427, 446, 520, 533,
597, 612, 640

「李仁復墓誌銘」 346

李仁成 76, 109, 124

李仁任 254, 348, 357, 368, 370,

388, 391, 392, 400, 414, 425,
427, 429, 477, 497, 525, 533,
607, 610, 612, 660

李立尊 474

李子安 488

李子淵 378

李子庸 347, 537

李子春 280

「李子春墓誌銘」 281

李作 365, 444, 461

李藏用 6, 41, 64, 71, 76, 86

伊齋 453

彝齋 13, 15, 44, 54, 156, 211

「彝齋先生行狀」 55

李在沆 679, 680, 685

李佇 567

李挺 256

李廷堅 608

李齊賢 12, 15, 26, 31, 45, 56, 58,
68, 78, 94, 103, 120, 127, 129,
131, 136, 191, 198, 199, 202,
203, 211, 230, 234, 242, 252,
206, 266, 274, 302, 305, 321,
388, 430, 475, 520, 524, 577,
598, 605, 608, 633

이제현의 가계 138

이제현의 학맥과 문인 207

李悰 406, 592

李兆年 15, 42, 44, 57, 87, 200,

251, 397, 520, 524, 533, 611, 613
「彝尊錄語」 671
李尊庇 6, 76, 79, 96, 200, 246, 557
「李尊庇墓誌銘」 79
李存性 414
李存吾 277, 330, 389, 442, 467, 492, 517, 521, 524, 529, 534
李種德 648
李種善 437, 444, 575, 607
李從義 559
李種學 323, 369, 372, 380, 430, 444, 460, 461, 462, 534, 544, 572, 620, 621, 642, 645
李中仁 556
李至 339, 350, 407, 540
伊之 73
李之氐 119, 189
李稷 87, 365, 410, 435, 552, 589, 611
李瑱 15, 30, 42, 44, 59, 68, 77, 85, 99, 100, 112, 118, 119, 120, 130, 199, 202, 234, 266, 520
李溱 80
李集 226, 248, 312, 425, 442, 483, 486, 500, 505, 510, 517, 641
李緝 91
李蒨 124, 213, 255

李天騏 492
李千白 410
李詹 278, 309, 310, 312, 313, 334, 339, 348, 389, 392, 425, 427, 445, 462, 479, 492, 537, 590, 608, 609
爾瞻 455, 458
李春富 277, 535
李致 401, 604
李賀 623
李行 339, 410, 425
怡軒 260
頤軒 554
李瑚 131
李混 6, 31, 74, 75, 76, 81, 112, 117, 124, 200
李擴 365, 444, 461, 565
李滉 25, 35, 685
李孝誠 678
翼景 600
翊戴開國功臣 632
翊戴佐命功臣 371, 551, 555
益山府院君 249
「益山府院君李公墓誌銘」 250, 251
翼成 382
益陽郡 478
益齋 146, 148, 203, 211, 230, 302
『益齋亂藁』 38, 101, 111, 128,

129, 133, 139, 153, 160, 161,
164, 171, 173, 176, 181, 188,
220, 225, 233, 239, 245, 259,
265
「益齋先生亂藁序」　161, 302
『益齋先生年譜』　140, 157
『益齋集』　137, 150, 151, 157, 182
『益齋集拾遺』　154
益州君　634
翼之　246
益瞻　544
「麟角寺 無量堂記」　290
人君代天　586
印份　189
藺相如　165
「仁字說」　602
仁政殿　651
仁祖　35
仁宗　472
『仁州李氏族譜』　442
仁智　249
『人天寶鑑』　72
一可道人　410
一經兩敎授制　31
逸溪　553
一岐島　615
日本　361, 416, 471, 477, 536, 538
일본 정벌　4, 79, 106, 112
日新　544

一然　298
「日月寺壁上」　594
一齋　129
日彰　416
日華　343
林堅味　351, 357, 428
林樸　254, 277, 306, 323, 388, 390,
492, 517, 524
林衍　77
林完　31, 189
任翊　84
林亭　454
「林亭記」　640, 642
臨洮　172
林宗　435
林仲甫　429
臨海君　65
「立政篇」　602
立之　92
『入學圖說』　604
入學頌　31, 82

ㅈ

子固　464
子具　455, 458
子幾　369
自明　619

子美　4

子房　174, 179, 204

子復　365

「子復說」　366

自成　217, 273

自脩　405

子安　397, 489

子興　240

紫燕島　572

子嬰　173

慈雲寺　88, 131

자주의식　42

『資治通鑑』　73, 122

「自嘆詩」　281

「紫霞洞」　306

「紫霞洞新曲」　115

「自合浦赴過召到京山」　59, 63, 155

子虛　394

「子虛說」　396

子華　231

章敬　118

長庚　57

章句　187

張德良　339

莊明　74

張溥　597

長生　31

張巡　356

張養浩　160, 164

長源　357, 358

『葬日通要』　553

『莊子』　508

張子贇　118

長沮　509

莊節公　519

張沆　266

長興　572

再父　654

「在上都奉呈 柳政丞淸臣吳贊成潛」　111

「樗亭記」　347

楮幣　622

樗軒　110, 635

楮貨　559

赤城君　438

狄仁傑　513

全卿　323

『典故大方』　355

田祿生　217, 328, 330, 349, 305, 312, 424, 350, 389, 392, 410, 417, 434, 435, 430, 528, 610, 627

旃檀圓　115

田綠生　614, 629

全伯英　348, 389, 392, 425, 595, 610

「全柏軒墓誌」　39, 211

全思義 248

銓選 222, 267, 275, 379

田善生 559

田淑蒙 195

殿試 119, 124, 274, 282, 305, 418, 595, 647

殿試門生 28, 120, 159

全信 207, 210, 212

全五倫 365, 445, 450, 451, 492, 595

全以道 529

全翊 263

銓注 64, 108, 122, 130, 213, 266

『全州李氏族譜』 633

傳統性 662

田興 541

佔畢齋 685

鄭可臣 48, 73, 74, 75, 84, 95, 101, 105, 112, 200, 298

靖康 436

鄭謙 98

鄭謙榜 98

貞景 552

鄭坤 339, 342

鄭公權 312, 329, 599

鄭果 445

丁寬 52

「貞觀吟楡林開」 301

『貞觀政要』 232, 332, 415

鄭求福 192

定難功臣 441, 592

鄭達可 308, 488

鄭蹈 445

鄭道復 560

鄭道傳 134, 180, 258, 263, 306, 311, 315, 346, 371, 372, 375, 388, 397, 400, 420, 440, 459, 460, 483, 490, 510, 517, 535, 550, 560, 573, 577, 585, 614, 621, 633, 643, 645

征東省 127, 424

征東行省 168, 177, 274

貞陵 596

程明道 238

正名思想 18

鄭夢周 23, 53, 180, 260, 277, 306, 307, 312, 313, 349, 350, 355, 367, 375, 386, 396, 400, 401, 403, 406, 410, 415, 420, 436, 440, 441, 450, 454, 459, 460, 462, 471, 526, 550, 592, 607, 610, 611, 614, 621, 628, 634, 645, 646, 658, 668

정몽주의 가계 473

政房 108, 109, 145, 241, 275, 430, 431

鄭輔 256

定妃 434

定社功臣　602, 607

鄭思道　116, 247, 305, 312, 349, 434, 435, 436

「鄭三峯文集序」　491

鄭偦　120, 141, 150, 158, 203

『旌善全氏族譜』　451

正性情　34, 284

鄭世雲　263, 524, 526

鄭世忠　266

鄭襲明　472

鄭習仁　226

鄭時　106

鄭侍　202

鄭臣重　639

正心　195

「正心論相 20조」　531

正心性　297

「鄭氏家傳」　117, 329, 599, 600

廷鶚　187

靜菴　480, 685

「靜菴事實」　684

淨業院　92

鄭頠　266

定王　184

鄭寅　445, 560, 565

鄭云敬　133, 134, 400

鄭允宜　58

鄭以吾　365, 553, 639, 666, 671

程伊川　238

鄭仁卿　79

鄭麟趾　294, 647, 648

程子　13, 441, 513, 685

貞齋　394

『貞齋集』　396

鄭悛　357

『正祖實錄』　342, 356, 446

정종　551

「正宗賜祭文」　685

『定宗實錄』　347, 408, 441, 468, 537, 541, 637

鄭宗之　402, 488

程朱　307, 308, 682

程朱의 書　56, 198

程朱의 學　12, 50, 53, 56, 157

程朱全書　56

鄭芝　98

鄭知常　189

鄭陟　616

鄭天起　213

鄭天益　545, 546

鄭摠　352, 429, 431, 597, 612, 619, 630, 645

鄭樞　205, 214, 217, 257, 277, 321, 322, 425, 521, 535, 594

整治都監　215

鄭擢　365, 437, 585, 599, 632

鄭泰輔　460

正統　167

正統論 18, 33, 660
正統史觀 33, 163, 168, 179, 301, 303, 654
正統思想 21, 204
正統性 662
靖平 544
定平 632
廷平 685
鄭誧 329, 351, 387
鄭包 380
正學 677
鄭瑎 75, 86, 92, 95, 116
貞和公主 359
鄭興 114, 122
鄭熙 365, 445, 460, 541
제1차 왕자의 난 596
제2차 왕자의 난 551, 558, 615
諸葛亮 374
「題甘露寺」 22
制科 109, 198, 218, 226, 228, 229, 233, 236, 252, 288, 332, 346, 357, 397
齊戴 564
齊陵 457
「齊陵碑文」 314
齊滿 45
「題萬里長城」 17
「題惕若齋學吟後」 159
製述 578

悌臣 350
『帝王韻記』 298
霽亭 255
『霽亭集』 256
「題學宮詩」 24
「諸賢敍述鄭宗之詩文錄跋」 403
趙簡 65, 95, 101, 119, 124, 130, 138, 141, 158, 202, 203, 207
趙狷 339, 354, 355
趙卿 416
조계종 181
趙高 173
趙琯 89
趙光祖 512, 515, 684
趙德裕 591
趙廉 199, 236, 266
趙末生 553, 589, 602, 608, 617
趙孟頫 139, 160, 164
趙文琠 236
曹敏修 335, 352,l 607
趙璞 316, 365, 411, 437, 565, 573, 585, 587, 606, 637
趙胖 351, 437
朝奉郎 527
趙思謙 606
趙思義 567
趙思義의 변 567
曹尙伯 618
曹庶 352

趙瑞康 617, 623, 647, 648

『朝鮮經國典』 311, 401, 578, 580, 586

조선초기 대사성 역임자 626

朝鮮候 382

趙盾 174

曹崇禮 418

曺伸 25

曹莘卿 528

「趙氏林亭記」 593, 608

趙涓 339, 358

「趙涓 行狀」 359

趙延壽 85, 91, 102, 438, 606

趙廉 66

趙英珪 411, 480, 512, 544

趙英茂 380, 622

趙庸 365, 623, 636, 652

趙褘 17

漕運 418, 479

釣隱 370, 543

趙乙生 675

趙仁規 17, 92, 438, 591, 593, 606

「趙仁規祠堂記」 593, 608

趙仁璧 358

趙日新 145, 252, 263

趙子昂 148

曹頔 143, 213, 240, 520

趙戩 79

曹操 176

趙浚 280, 315, 329, 346, 355, 365, 372, 401, 414, 403, 406, 407, 411, 415, 420, 427, 459, 460, 497, 540, 545, 582, 583, 587, 591, 637, 645

趙瑚 88, 339, 444, 537

趙休 567

「足夢中聯句」 680

「尊慕錄 附」 435

存心 681

存天理 284

『拙稿千百』, 39

拙翁 230, 233, 235, 245, 322

從犬 354

種德 280

宗廟 146, 400, 414, 552, 568

種善 280, 600

「種樹橐駝傳」 426

宗源 242

宗儒 243

宗之 400, 490

種學 280

宗興 473

佐命功臣 359, 551, 558, 602

『左氏春秋』 89, 221

『左傳』 430

座主 39, 187, 205

座主・門生 32, 158, 333, 422, 473, 576, 584

周公 223

朱公遷 520, 521

「周官六翼序」 299

周道 410

周濂溪 238

『周禮』 189

州吏 6

朱文公 602

朱文公家禮 629

周復 137

周斌 246

周世鵬 25

『周易』 189, 232, 351, 492, 503, 507, 510

周元 216

朱子 11, 13, 18, 33, 193, 441, 513, 673, 685

朱子家禮 285, 369, 479, 499, 500, 512, 673

『朱子四書集註』 46

朱子의 書 37

『朱子章句集註』 198, 493, 494

周制 236

朱晦庵 23, 166, 238

「竹溪志序」 25

竹溪村舍 70

竹林七賢 667

竹山朴氏 438

『竹山安氏族譜』 321, 324, 433, 435, 453

竹城君 461, 612, 651

竹屋子 266

竹亭 369

竹軒 159, 211, 244

仲傑 636

中敬 374

『中京誌』 261

中啓 546

仲權 255

仲尼 176, 368

仲德 221

仲盧 646

仲明 527

重房 631

中父 217

仲思 137

中誠 546

「重修開國律寺記」 183

中叔 609

重試 602

中實 546

中菴居士 113

仲淹 221

「中外大小臣僚 및 閑良耆老軍民 에게 내린 교서」 576, 586

仲容 257

中庸 546

『中庸』 23, 142, 177, 195, 382,

482, 493, 494, 506
仲元 429
仲月賦詩之法 370, 617, 651
中仁 546
중종 32, 499
『中宗實錄』 513
仲至 451
「仲至說」 451, 452
中晋 546
中華 189, 301, 302
中和 501
中和堂 115
中和의 道 307
仲晦 597
「卽事」 294
檜谷 459
「贈金敬淑秘書詩序」 126, 234
「贈金判事詩後序」 285
「贈東浦孟斯文希道」 341
「贈孟先生詩卷序」 341
「贈宋子郊序」 287, 403, 405
「贈僧」 506
「贈李生序」 204, 309, 579
「贈陳舍人詩」 353
「贈休上人序」 322, 327
持敬 284
之公 137
至道 192
池龍壽 323

池斎 391
「地藏菴 重修記」 290
持正 79
「砥柱碑陰記」 681
之泰 473
「至咸州次惕若齋詩」 489
之顯 343
「之顯說」 344
稷山府院君 217
直言極諫 580
『直解小學』 442
陳德秀 223, 584
진사시 380, 582, 646
晋山君 447, 543
晋山府院君 602
「晉城銘」 172, 173
秦始皇 17, 173
「眞宗寺記」 290, 292
『晋州姜氏族譜』 448
晋平公 395
質齋 133
집현전 607
「澄泉軒記」 292

ㅊ

「次敬之韻贈三峯」 402, 492
「次牧隱先生九日韻」 483

「次牧隱先生韻七夕遊安和寺」 485
次山 557
「次韻田御史祿生 二首」 426
「次晦軒先生題學宮韻」 25
贊拜不名 288
粲英 415, 505
「讚詠詩 並序」 664
「讚詠諸詩」 683
蒼溪 121
昌寧 459
昌寧府院君 260, 405, 406
昌城郡 406
昌城府院君 260
昌世 273
창왕 314, 368, 407, 444, 543
蔡哥 675
蔡謨 129
採薇軒 451
蔡斌 388
蔡裯 87
蔡河中 528
蔡洪哲 45, 54, 88, 95, 113, 127,
    131, 260, 528
「蔡洪哲墓誌銘」 114, 116
「策問」 164, 166, 171, 188, 190,
    196
斥佛 34
惕若齋 391, 630

『惕若齋集』 392
天珪 48
天琪 105
「天對」 166
天磨山 440
天命 192, 343
天命意識 654, 662
「天問」 166
天民 441
天章 48
『千秋金鏡錄』 108, 298
鐵洞三菴 159
鐵嶺衛 395
鐵石 356
鐵城府院君 81, 247, 557
「鐵城府院君李文貞公墓誌銘」
    81
鐵元 520
鐵原君 81, 246, 247
添丁子 564
帖木兒不花 109
淸溪山 356
靑龍山 289
靑城君 447
淸城君 431, 600
淸城府院君 600
「請陞廡疏」 671, 672
淸燕閣 216
『靑莊館全書』 668

「請從祀文廟疏」　499

『淸州郭氏大同譜』　541

「淸平詞」　215

淸平山　247

「淸風祠記」　665

「靑行纏歌」　295

剃頭辮髮　21

草溪　58

醮詞　368

樵隱　251

初場講經法　380, 580

「初學開蒙篇」　522

寵暹　137

崔關　365, 445, 454, 464

崔老星　528

崔得和　213

「崔良敬公墓誌銘」　196

崔霖　321

崔文度　105, 157, 238, 330, 365,
　　551, 599

崔敏庸　189

崔伯倫　80

崔尙謙　566

崔宣　551

崔誠之　45, 54, 93, 95, 105, 114,
　　126, 129, 142, 153, 156, 157,
　　203, 238, 247, 551

「崔誠之墓誌銘」　129

崔承老　223

崔湜　566

崔氏傳　322

崔安道　237

崔瀁　365

崔彦父　308

崔瑩　314, 391, 440, 525, , 526,
　　591, 601, 619, 661

崔永奇　635

崔雍　28, 98

崔琔　528

崔龍甲　140, 186, 214, 218, 236,
　　633

崔瑀　24

崔云固　529

崔云嗣　565

崔源　477

崔元冲　26, 30, 68, 154

崔濡　248, 545

崔惟淸　189

崔乙義　444

崔凝　109

「崔子固說後」　466

崔拙翁　125, 234, 235

崔昷　64, 99

崔致遠　149, 206, 233

崔七夕　386

崔彪　306, 385, 403

崔咸　365, 445, 560, 621, 644

崔咸　106

崔瀣   38, 80, 93, 98, 124, 126, 159, 198, 211, 203, 230, 233, 242, 244, 322, 520, 598
「崔瀣墓誌銘」   233, 235
推誠亮節同德協議贊化功臣   191
推誠補祚功臣   395
推誠守義同德贊化功臣   247
推誠守義同德贊化翊祚功臣   247
『秋水篇』   508
『秋氏九百年史』   71
秋巖   540
秋適   26, 68, 76, 154, 199, 200
秋笛   30
推忠礪節贊化功臣   329
推忠保節同德贊化功臣   279
推忠保節同德贊化輔理   280
推忠保節同德贊化輔理功臣   279
推忠翊戴開國功臣   612
推忠翊戴佐命功臣   371, 605
推忠佐命功臣   328
推忠協輔功臣   420
築隱   599
築隱齋   416
「築隱齋記」   416, 417
春谷   442, 453, 599
春堂   633
春堂公   616
『春堂先生續集』   616
春貞   137

春亭   547, 616
『春亭集』   548, 617, 619
『春秋』   189, 494
春秋大義   11, 16, 19, 142
春軒   238, 330
「春軒記」   239
「春軒先生崔良敬公墓誌銘」   239
忠簡   217
忠謙贊化功臣   217
忠景   410, 615
충렬왕   4, 7, 8, 11, 28, 33, 38, 39, 55, 58
忠穆王   51, 274, 431, 435
忠宣   546
충선왕   9, 18, 50, 55, 181, 189
충숙왕   10, 50, 65, 435, 520
忠寧大君   613
忠義君   401, 406, 478, 592
忠靖   440
충정왕   274, 431
冲止   170
忠惠王   60, 274, 424, 520
就礪   83
取足   235
馳心經學   677, 682
雉岳山   290
恥菴   231
則天武后   142, 168
親明排元   660

親試　28, 278, 279, 312, 457, 605,
　609, 616
親試文科　617, 651
親元政策　169
七管十二徒　10, 29, 30, 48, 63, 68
七十子　30, 38, 69, 189
七月篇　416
七齋　189

ㅋ

快菴　98
快軒　123, 125

ㅌ

朶赤　170
卓夫　48
卓愼　369, 623, 638, 648
坦夫　243
坦師　183
灘翁　433
耽羅　26, 81, 410
湯炳龍　148, 149
湯先生　140
太極　283, 500
泰封　650
『太乙七十二局圖』　400

太祖　236, 277, 290, 300
태조 즉위 후 태종 때까지 고시관
　역임자　590
『太祖實錄』　260, 329, 355, 367,
　380, 403, 408, 436, 442, 444,
　573
太祖原廟　248
太宗　310, 311
『太宗實錄』　310, 311, 315, 333,
　345, 348, 349, 352, 353, 355,
　359, 370, 380, 408, 421
太初　81
吐蕃　125, 132, 141, 174, 178, 181,
　238
『通鑑綱目』　558, 660
『通鑑集覽』　450
通政　419
退溪　52, 685

ㅍ

巴溪　348
婆娑路　300
巴兒遜　359
『坡平尹氏太尉公派世譜』　91
「判書朴公墓誌銘」　209
八關會　256, 538, 587
八鈴　49

팔만대장경　25
『八陳三十六變圖譜』　400
「編年」　215
『編年綱目』　220, 229, 252
平簡　355
平康君　114
平度　374
「平度公諱崇年譜」　371
『平山申氏族譜』　516, 519, 528
平壤君　355, 555
「平壤君趙公墓誌銘」　593
平壤伯　592
『平壤趙氏大同譜　上系』　354
『평양조씨대동보』　355
平原君　607
平齋　433
廢假立眞　280, 401, 661
圃隱　23, 402, 619
『圃隱先生文集』　341, 453
「圃隱先生奉使藁序」　482, 491, 495
「圃隱先生詩卷序」　481
「圃隱先生集重刊序」　480
『圃隱先生集』　397, 402, 474, 480, 485, 489, 500
「圃隱先生行狀」　493, 494, 503
『圃隱詩藁』　484
「圃隱齋記」　495
「圃隱鄭先生詩集序」　617

抱川　260
『豊山洪氏大同譜』　94
必闍赤　79, 431

ㅎ

「賀姜代言詩序」　421
河拱辰　600
河大臨　488
河東　460
河崙　253, 311, 313, 339, 350, 369, 372, 380, 420, 458, 466, 478, 492, 495, 600, 605, 607, 614, 620, 622, 637, 638
「河崙墓誌銘」　601, 602
「賀門下侍中平壤趙公浚詩序」　40, 584
河恃源　600
河允麟　600
河乙沚　232
「賀崔寺丞登第詩序」　239
學宮　670
學堂　640
學士宴　39, 141, 158
學式　307, 605, 658
『學者指南圖』　400
學田　554
韓康　117

漢匡   260

『韓國金石文追補』   78

『韓國歷代人物傳集成』   380

『韓國人名大辭典』   639

韓國柱   538

閑良官   588

韓理   608

「韓文敬公墓誌銘」   430, 432

韓方信   226, 248, 328, 474, 482,
　　510, 516, 524, 526

韓謝奇   526

韓山   273, 331, 369

韓山君   220, 279, 327, 540

韓山伯   310, 358, 573

韓山府院君   279, 288

『韓山李氏文襄公派世譜』   648

韓山子   289

韓尙敬   374, 562

「韓尙敬遺事」   374

韓尙德   511, 561

韓尙質   427

漢生   260

『漢書』   26, 69, 74, 430

漢蘇齋   648

韓脩   220, 305, 312, 368, 386, 419,
　　428, 429, 430, 453, 461, 526,
　　561, 642, 645

「韓脩墓誌銘」   461, 561

「韓氏四子名字說」   284, 378, 563

韓安   476, 527

韓用規   246

韓愈   283

韓子純   189

漢齋   648

韓宗愈   237, 246

韓葳   609

韓哲冲   321

漢平君   359

韓惠   617

韓弘道   321

寒暄堂   685

韓希愈   124

咸傅霖   365, 493, 503, 517, 548,
　　631

咸承慶   631

咸陽君   232

咸陽府院君   232

『合刊韻濩堂文集』   149

合德部曲   71

項羽   174

『海東金石苑』   83

『海東名臣錄』   5

海神廟   509

海印寺   216, 268

『海州吳氏世譜』   98

「海平君諡文簡公墓誌銘」   438

海平府院君   437

行儉   248

『行錄』 140

杏山 64, 85

「行狀」 215, 256, 659

杏村 246, 557, 601

鄕曲 216

鄕貢進士 47, 48, 58

鄕校 187, 190, 282, 479, 499, 512, 587

享祀 388

鄕試 218, 274, 321, 397, 424

鄕驛 216

鄕學 189

鄕賢司 342

許珙 17, 88, 112, 117, 124, 267

許冠 124

許錦 415

「許文貞公魯齋墓」 165

許伯 216, 220, 327, 431

許富 226

許邃 98

許氏 408

許邕 237

許遠 356

許應 339, 444, 537, 595

許稠 352, 382, 572, 618

許衡 108, 165, 169, 197, 204, 301

獻陵 464

憲叔 413

獻之 105

賢良方正 580

玄陵 433, 578

縣吏 226, 228

玄福 138

賢嬪 557

玄錫圭 31

顯王 236

顯宗 180

衡齋 248

亨齋 611

嵇康 667

惠妃 181

惠肅 636

惠王 236

惠子 508

胡炳文 493, 494, 516

胡服 21, 350, 478, 539

胡服 혁파 420

「胡不歸行」 279

浩然 486

「浩然卷子」 487, 500

浩然之氣 285

浩仁 519

浩亭 601

胡宗旦 189

「湖中觀魚」 508

胡風 21

混修 289

忽憐 31

紅巾賊　32, 191, 216, 247, 248, 253, 258, 268, 326, 425, 427, 474, 492, 523, 524, 526, 530, 543

洪茶丘　105

洪得　440

洪命　440

洪範　275, 288, 665

洪範九疇　300

洪福　607

洪師範　496

洪尙彬　603

洪詵　52

洪壽　440

洪瀹　130

洪彥博　133, 214, 241, 257, 263, 274, 305, 321, 332, 357, 388, 394, 397, 400, 441, 524, 525

洪永通　538

洪侑　87

弘儒侯　189

洪義孫　86, 122

洪子藩　106, 118

洪仲宣　332, 357, 368, 386, 419, 429, 431, 453, 540, 642

洪縉　101

華蓋山　289, 322

『話東人物叢記』　519, 520, 521, 522

和父　215

花浮山　75

「花浮山 鄕校剙立律詩」　75

『華嚴經』　496, 507

華夷思想　11, 18, 33

『華海師全』　519, 520, 521

「幻菴卷子」　506

「幻菴記」　289

桓祖　359, 539

黃居正　372, 440, 445, 461, 550, 572

黃君瑞　379

黃均庇　379

「黃士店」　179

黃象　359

黃石良　71

黃嚴　372, 556

皇天　500

黃土店　141, 174

「黃花祭伯夷」　665

黃喜　379, 613, 644

「黃喜墓誌銘」　380

會試　274, 321, 559, 617, 623

晦庵　103, 168

「檜巖寺 修造記」　293

「檜巖寺 重修記」　290

晦齋　685

懷祖　455

晦之　117

晦軒 4, 9, 12, 19, 37, 48, 123, 685
『晦軒先生實紀』 5, 8, 11, 20, 25,
    30, 58, 68, 155, 173
『孝經』 107, 195
孝思觀 636
孝子里 241
『孝行錄』 46, 144, 154
「孝行錄序」 154
「後山家序」 677, 684
「後儒仙歌爲崔拙翁作示及菴」
    245
後朝鮮 382
勳舊派 653
萱庭 350
「萱庭記」 283, 351
興寧君 229, 326
興寧府院君 327
興邦 350
興嗣 342
興安伯 640
興安府院君 253, 413
興王寺의 변 258, 264, 525
興雨 109
希慶 424
義民 238
熙祥 609
希顏 631
希迪 324
僖靖公 433

希忠 551

신 천 식(申千湜)

慶南 鎮海 出生
서울文理師範大學, 中央大學校 史學科
서울大學校 大學院 歷史敎育科
中央大學校 大學院 史學科(文學博士)
現 明知大學校 人文大學 史學科 敎授

著 書

韓國敎育史硏究, 韓國民族史(共著)
高麗敎育制度史硏究, 高麗敎育史硏究
高麗後期 性理學의 受容과 敎育思想
牧隱 李穡의 學問과 學脈
朝鮮前期 敎育改革과 科擧運營
朝鮮前期敎育制度史硏究
存養齋 李季甸의 生涯와 行錄
한국고대민족사의 탐구
桑村先生의 生涯와 思想 외 다수의 논문이 있음

麗末鮮初 性理學의 受容과 學脈　　　정가 : 35,000원

| 2004년 3월 10일 | 초판 인쇄 |
| 2004년 3월 20일 | 초판 발행 |

저　　자 : 申 千 湜
회　　장 : 韓 相 夏
발 행 인 : 韓 政 熙
발 행 처 : 景仁文化社
편　　집 : 申 鶴 泰
　　　　서울특별시 마포구 미포동 324 - 3
　　　　전화 : 718 - 4831~2, 팩스 : 703 - 9711
　　　　E-mail : kyunginp@chollian.net
등록번호 : 제10 - 18호(1973. 11. 8)